Vue sur Reine, Les îles Lofoten. © IAKOVKALININ

Le Cap Nord. © ANIBAL TREJO - SHUTTERSTOCK.COM

© DR

Cap Nord
GAMVIK
KAMØYVÆR
BERLEVÅG
OCÉAN GLACIAL ARCTIQUE
ALTA
KIRKENES
KARASJOK
TROMSØ
NORDREISA
Lac Inari
RUSSIE
KAUTOKEINO
Ounas
NARVIK
SVOLVÆR
Vestfjord
FINLANDE
BODØ
RAGO
Fauske
Saltfjord
Kalix
SUÈDE
Tornio
MO I RANA
Pite
Vega
BRØNNØYSUND

OCÉAN ATLANTIQUE
Steinkjer
FRØYA
STIKLESTAD
Smola
TRONDHEIM
KRISTIANSUND
Storen
Östersund
Lac Stor
Bräcke
GOLFE DE BOTNIE
ÅLESUND
GEIRANGER
NORDFJORDEID
STRYN
LOM
Ljusnan
Lac Femund
FJÆRLAND
BALESTRAND
FÅBERG
LILLEHAMMER
Lac Siljan
FAGERNES
HAMAR
BERGEN
Klar
RJUKAN
OSLO
SØRUMSAND
Roldal
DRAMMEN
SELJORD
FREDRIKSTADVEIEN
Örebro
Stockholm
TONSBERG
FLÅM
FREDRIKSTAD
Lac Völner
RISØR
LYNGØR
Egersund
ARENDAL
KVINESDAL
FLEKKEFJORD
GRIMSTAD
LINDESNES
KRISTIANSAND
MANDAL
Skagerrak
Lac Vätter
MER BALTIQUE
200 KM
Altitude (en mètres)
1500
1000
500
200
Frontières
Voie ferrée
Route principale

QUAND Y ALLER

JANVIER	FÉVRIER	MARS
-7° / -2°	-7° / -1°	-4° / 4°
NORTHERN LIGHTS FESTIVAL *(TROMSØ)* Un festival qui propose des concerts de styles différents de qualité. Une ambiance bien particulière en cette saison hivernale !	**SEMAINE SÂME DE TROMSØ** *(TROMSØ)* Des animations atypiques qui mettent toute la ville à la fête, comme les championnats norvégiens de course de renne et de lasso ! **RØROSMARTNAN** *(RØROS)* Un festival au mitan de l'hiver qui réchauffe les corps, les cœurs et les esprits avec tout un tas de propositions sympa !	**VINTERFESTUKA** *(NARVIK)* Chaque année un festival de 10 jours, au milieu du mois de février. La culture est à l'honneur pour toute la durée de l'événement.
$ $ $	$ $ $	$ $

JUILLET	AOÛT	SEPTEMBRE
13° / 22°	12° / 21°	8° / 16°
SAINT-OLAV FESTIVAL - OLSOKDAGENE *(STIKLESTAD)* Un festival qui fait part belle aux reconstitutions historiques en plein air avec jolis costumes, chevaux et de la musique. **FESTIVAL CULINAIRE** *(TRONDHEIM)* Un grand festival culinaire pour tous les gourmands à la recherche de nouvelles saveurs à se mettre sous la dent ! Au top !	**VARANGER FESTIVALEN - FESTIVAL DE JAZZ** *(VADSØ)* Le plus grand festival de jazz de Norvège a lieu près du Cap Nord. Pendant 4 jours, ce petit village semble hors du temps. **SEMAINE MUSICALE DU NORDLAND - MUSIKKFESTUKA** *(BODØ)* Ce festival est plus qu'un rendez-vous local, les concerts ont lieu partout dans la ville, une visite guidée assez sympathique.	**BERGEN MATFEST - GASTRONOMIE** *(BERGEN)* Ce festival s'adresse aux gourmands, aux curieux et aux épicuriens ! Faites-vous plaisir, des découvertes en perspective !
$ $ $	$ $ $	$ $

La Norvège est un pays qui se visite tout au long de l'année. Préférez l'hiver si vous rêvez de neige, d'aurores boréales et de ski de randonnée nordique, de patin à glace sur les lacs gelés et de soirée autour de la cheminée. Si en revanche vous avez envie de journées interminables, de soleils de minuit, de kayak dans les fjords et de pouvoir vous baigner souvent, alors il vaut peut-être mieux choisir l'été. Printemps et automne sont super aussi car il y a moins de touristes !

AVRIL

1° / 10°

$ $

MAI

6° / 16°

JOUR DE LA CONSTITUTION (GRUNNLOVSDAGEN)

Dix-sept mai, le jour de la fête nationale, l'esprit est à la fête. Certainement le jour le plus important dans toute la Norvège.

FESTIVAL INTERNATIONAL DE THÉÂTRE DE STAMSUND

(STAMSUND)

C'est un événement culturel important où théâtre, musique, conférences et bien d'autres performances s'invitent sur l'archipel.

$ $

JUIN

10° / 20°

MARATHON DE MINUIT

(TROMSØ)

Une expérience unique et l'occasion de prendre part à un évènement culturel et sportif local, dans un cadre simplement sublime.

$ $

OCTOBRE

3° / 9°

FESTIVAL INTERNATIONAL DE DANSE (CODA)

(OSLO)

Coda est un chouette festival de danse qui propose de s'immerger dans les créations de la scène contemporaine norvégienne.

$ $

NOVEMBRE

-1° / 3°

FILMS FROM THE SOUTH (FILM FRA SØR)

(OSLO)

Un chouette festival de films ouverts sur le monde et l'altérité, la diversité et la multiplicité. Comme ça fait du bien !

$ $

DÉCEMBRE

-4° / 0°

PEPPERKAKEBYEN

(BERGEN)

Vous rêvez de voir en vrai un village miniature en pain d'épice ? Alors rendez-vous à Bergen à la période des fêtes de Noël !

$ $ $

LES BONNES RAISONS D'Y ALLER

© MUMEMORIES - ISTOCKPHOTO.COM

UN DÉPAYSEMENT GARANTI

Quelle que soit la saison, la Norvège séduit par sa nature préservée et grandiose.

DES ÉGLISES EN BOIS SINGULIÈRES

Quelques *Stavkirkje* ont échappé aux incendies et peuvent vous révéler leurs secrets.

© ALXPIN - ISTOCKPHOTO.COM

© LILLITVE - ISTOCKPHOTO.COM

L'HÉRITAGE AU PRÉSENT

Les traditions culturelles et mythologiques se ressentent encore aujourd'hui.

UNE FLORE BIEN ALPINE

On trouve au niveau de la mer des espèces qui, chez nous, ont besoin d'altitude.

DES PORTS PARTOUT

Petites embarcations, bateaux de pêche et voiliers jalonnent les côtes norvégiennes.

LA GASTRONOMIE

Ce n'est pas une blague ! Essayez donc une *fiskesuppe* avec du pain noir aux céréales...

LE ROYAUME DU SKI

Ski de fond, ski de randonnée nordique et Télémark sont des incontournables.

LES BONNES RAISONS D'Y ALLER

© ANDERS VESTIN - ISTOCKPHOTO.COM

NUITS ET JOURS

Très courtes en été, sans fin et colorées en hiver, des nuits déroutantes en perspective.

© AGUSTAVOP - ISTOCKPHOTO.COM

AU PAYS DE L'EAU

Lacs, mer, cascades, torrents, fjords... et pourquoi ne pas s'essayer à la pêche ?

© OLEGMIT - ISTOCKPHOTO.COM

DES MAISONS PAS COMME LES AUTRES

Toit végétal, rondins ou encore rouges et jaunes, les barres d'immeubles sont bien loin !

LES 12 MOTS-CLÉS

#FERRY

Si vous allez sur la côte ouest il vous sera quasiment impossible d'éviter de monter à bord des ferries pour traverser les fjords. Et pourquoi s'en priver ? Bon marché, ils vous permettront de gagner un temps fou, mais aussi de passer un agréable moment sur le pont à déguster une *softis* (glace à l'italienne dont sont friands les Norvégiens).

© SAIK03P - ISTOCKPHOTO.COM

#FJORD

Immenses et majestueux avec leurs falaises qui se jettent dans une eau impétueuse, témoins du mariage entre l'océan salé et les eaux douces des glaciers, les fjords sont un incontournable de votre visite en Norvège. Ils s'explorent à pied, sur l'eau, en voiture, sur les parois en via ferrata, et même dans les airs pour les plus téméraires !

#HOT-DOG

Aussi surprenant que cela puisse paraître, les Norvégiens raffolent des hot-dogs ! Vous en trouverez vraiment partout : de l'aéroport aux gares et de la ville aux campagnes ! S'il ne sont évidement pas de la gastronomie, les *pølser* (en norvégien) restent un incontournable de votre voyage. Pensez à demander le vôtre avec des petits oignons frits !

#HYTTE

Il s'agit de maisonnettes en bois souvent isolées dans la nature et au confort variable : certaines sans eau ni électricité avec toilettes sèches dehors, d'autres avec écran plat et canapé... Pour un week-end ou des vacances, les Norvégiens se pressent dans leurs *hytte* dès qu'ils le peuvent. Il y en a beaucoup à la location à travers tout le pays.

#KOS

Équivalent du mot danois *hygge,* ce terme à l'usage très vaste représente le bien-être, une atmosphère chaleureuse, conviviale et réconfortante, en somme, l'art de vivre à la scandinave ! Il est employé aussi bien pour évoquer les petits plaisirs simples de la vie, comme une soirée autour du feu avec quelques bougies et en bonne compagnie.

#PÊCHE

Comme le ski, la pêche en mer ou en eau douce est un sport national. S'il ne faut ni permis ni licence pour pêcher en haute mer et depuis la côte, les règlementations sont très strictes et respectées par tout un chacun. L'industrie aquacole représente par ailleurs une manne économique pour la Norvège qui exporte 95 % de sa production en Europe.

© PIOLA666 - ISTOCKPHOTO.COM

#PÉTROLE

C'est grâce ou à cause de lui que la Norvège est si riche et pionnière en énergies renouvelables. Fin 2020, de nouvelles licences d'extraction pétrolière en Arctique allant à l'encontre de l'accord sur le climat de Paris ont été attribuées à la Norvège. On parle d'ailleurs de « pétromonachie ». Objectif : 100 % de voitures électriques dès 2025.

#SKÅL !

C'est l'équivalent de notre « santé ! » lorsqu'on trinque et sans doute l'expression que vous utiliserez le plus, si ce n'est pas déjà le cas. Mais attention, nul besoin en Norvège de faire s'entrechoquer les verres, voici plutôt les habitudes : 1) Soulever son verre en direction de l'autre et le regarder. 2) Boire une gorgée. 3) Étape 1 à nouveau.

#SKI

On peut dire que les Norvégiens naissent avec les skis aux pieds tant cette activité fait intimement partie d'eux. Si le ski se pratique depuis la porte de chez soi dans les campagnes, il est aussi très facile d'aller skier depuis n'importe quelle ville de Norvège : à Oslo par exemple, les pistes de ski nordique et alpin sont accessibles en métro !

© SVEIN PETTER AAGARD - ISTOCKPHOTO.COM

#TROLL

Dans la mythologie nordique, un troll est une créature surnaturelle, plutôt grande, repoussante et malveillante qui vit dans les mers, les montagnes ou encore les forêts. Le troll fait partie intégrante du folklore scandinave et on le retrouve sous plusieurs formes dans les arts et la littérature, faisant de lui l'un des symboles de la Norvège.

© RUBEN RAMOS - ISTOCKPHOTO.COM

#TOILETTES SÈCHES

Même si elles ont le vent en poupe chez nous aussi, les toilettes sèches restent pour l'heure plus répandues en Norvège et en Scandinavie en général. Et c'est logique, puisque la plupart des *hytte* et autres résidences secondaires n'ont souvent pas l'eau courante ou l'évacuation des eaux usées. Quand est-ce que vous en installez chez vous ?

#VINMONOPOLET

La vente d'alcool en Norvège étant un monopole d'État rattaché au ministère de la Santé depuis 1922, seuls les magasins portant ce nom sont autorisés à distribuer des boissons alcoolisées au-delà de 4,75°. Les Vinmonopolet ferment à 16h le samedi pour encourager les gens à ne pas ressortir acheter de l'alcool le soir et conduire en état d'ébriété.

VOUS ÊTES D'ICI, SI...

- Vous aimez nager dans l'eau froide.
- Vous allez à la montagne ou à la mer dès que vous avez une journée de libre.
- Vous avez une panoplie de vêtements en laine tricotés main.
- Vous êtes presque toujours à l'heure.
- Vous buvez quatre ou cinq mugs de café par jour.
- Vous serrez volontiers la main ou faites une accolade (*klem*) plutôt que de faire un bisou pour dire bonjour.
- Vous dînez habituellement assez tôt, vers 18h, et reprenez un petit encas léger le soir.
- Un déjeuner sur le pouce à midi vous va mieux qu'un repas à table qui s'éternise et trop arrosé.
- Les mauvaises conditions météorologiques ne font pas partie de vos préoccupations majeures.
- Vous avez l'habitude d'ôter vos chaussures lorsque vous entrez chez quelqu'un.
- Le civisme fait partie de votre quotidien : ne pas resquiller dans les files d'attente, respect des règles, silence dans les transports en commun.
- Vous vous déplacez aussi aisément en voiture qu'à vélo ou à ski.
- Vous avez un tiroir chez vous réservé aux bougies.

MA NORVÈGE

avec Camille Vourc'h, auteure du guide

Interview

Depuis son enfance Camille se rend chaque année en Norvège pour pêcher le maquereau, ramasser des girolles et rendre visite à sa famille. Linguiste de formation, traductrice de l'anglais vers le français, elle a géré une librairie anglophone-salon de thé à Avignon. Aujourd'hui, son univers est nourri de voyages, de chants du monde, de rando, de ski, de tricot, d'aquarelle... Vive les découvertes !

DISTANCES

TEMPS DE TRAJET

	ALTA	BERGEN	BODØ	FREDRIKSTAD	KRISTIANSAND
ALTA		2090 KM 🚗 28h ✈ 3h	771 KM 🚗 11h45 ✈ 2h45	1817 KM 🚗 22h45 ✈ 4h45	2047 KM 🚗 25h ✈ 3h45
BERGEN	2090 KM 🚗 28h ✈ 3h		1395 KM 🚗 19h45 ✈ 1h30	553 KM 🚗 8h ✈ 1h	469 KM 🚗 8h ✈ 1h
BODØ	771 KM 🚗 11h45 ✈ 2h45	1395 KM 🚗 19h45 ✈ 1h30		1277 KM 🚗 16h45 ✈ 3h	1506 KM 🚗 19h15 ✈ 3h
FREDRIKSTAD	1817 KM 🚗 22h45 ✈ 4h45	553 KM 🚗 8h ✈ 1h	1277 KM 🚗 16h45 ✈ 3h		288 KM 🚗 4h15 ✈ 1h
KRISTIANSAND	2047 KM 🚗 25h ✈ 3h45	469 KM 🚗 8h ✈ 1h	1506 KM 🚗 19h15 ✈ 3h	288 KM 🚗 4h15 ✈ 1h	
OSLO	1730 KM 🚗 21h45 ✈ 2h	464 KM 🚗 7h ✈ 1h	1190 KM 🚗 15h45 ✈ 1h30	91 KM 🚗 1h15	319 KM 🚗 3h45 ✈ 1h
SANDEFJORD	1850 KM 🚗 23h ✈ 4h45	492 KM 🚗 7h30 ✈ 1h	1310 KM 🚗 17h ✈ 3h	91 KM 🚗 2h	204 KM 🚗 2h30
STAVANGER	2282 KM 🚗 29h ✈ 4h	210 KM 🚗 5h	1741 KM 🚗 23h ✈ 2h45	521 KM 🚗 7h30 ✈ 1h	235 KM 🚗 3h30
TRONDHEIM	1398 KM 🚗 18h ✈ 3h15	697 KM 🚗 10h30 ✈ 1h	701 KM 🚗 9h30 ✈ 1h	579 KM 🚗 7h30 ✈ 1h	810 KM 🚗 10h ✈ 1h30
TROMSØ	381 KM 🚗 5h30	1823 KM 🚗 26h ✈ 2h	533 KM 🚗 8h15 ✈ 1h	1827 KM 🚗 23h ✈ 2h	2057 KM 🚗 26h ✈ 3h15
ÅLESUND	1693 KM 🚗 23h30 ✈ 3h30	422 KM 🚗 7h30 ✈ 1h	997 KM 🚗 14h45 ✈ 2h30	632 KM 🚗 8h ✈ 1h	862 KM 🚗 10h30 ✈ 2h

Entre les fjords qu'il faut souvent contourner et les milliers de kilomètres du nord au sud, il ne faut pas sous-estimer les distances ! L'été, toutes les routes sont ouvertes, ce qui n'est pas le cas l'hiver. Au printemps et à l'automne, il peut soudain y avoir de la neige. Les péages sont tous automatisés : votre plaque d'immatriculation est prise en photo et la facture envoyée à l'agence de location ou chez vous. La vitesse est limitée en général à 60, 70 ou 80 km/h, 90 ou 110 km/h sur quelques plus grandes voies. Raison de plus pour prendre son temps et ne pas prévoir beaucoup de km par jour.

OSLO	SANDEFJORD	STAVANGER	TRONDHEIM	TROMSØ	ÅLESUND
1730 KM 🚗 21h45 ✈ 2h	**1850 KM** 🚗 23h ✈ 4h45	**2282 KM** 🚗 29h ✈ 4h	**1398 KM** 🚗 18h ✈ 3h15	**381 KM** 🚗 5h30	**1693 KM** 🚗 23h30 ✈ 3h30
464 KM 🚗 7h ✈ 1h	**492 KM** 🚗 7h30 ✈ 1h	**210 KM** 🚗 5h	**697 KM** 🚗 10h30 ✈ 1h	**1823 KM** 🚗 26h ✈ 2h	**422 KM** 🚗 7h30 ✈ 1h
1190 KM 🚗 15h45 ✈ 1h30	**1310 KM** 🚗 17h ✈ 3h	**1741 KM** 🚗 23h ✈ 2h45	**701 KM** 🚗 9h30 ✈ 1h	**533 KM** 🚗 8h15 ✈ 1h	**997 KM** 🚗 14h45 ✈ 2h30
91 KM 🚗 1h15	**91 KM** 🚗 2h	**521 KM** 🚗 7h30 ✈ 1h	**579 KM** 🚗 7h30 ✈ 1h	**1827 KM** 🚗 23h ✈ 2h	**632 KM** 🚗 8h ✈ 1h
319 KM 🚗 3h45 ✈ 1h	**204 KM** 🚗 2h30	**235 KM** 🚗 3h30	**810 KM** 🚗 10h ✈ 1h30	**2057 KM** 🚗 26h ✈ 3h15	**862 KM** 🚗 10h30 ✈ 2h
	122 KM 🚗 1h45	**552 KM** 🚗 7h30 ✈ 1h	**492 KM** 🚗 7h ✈ 1h	**1739 KM** 🚗 22h ✈ 2h	**544 KM** 🚗 7h15 ✈ 1h
122 KM 🚗 1h45		**438 KM** 🚗 5h45 ✈ 1h	**612 KM** 🚗 8h ✈ 1h	**1860 KM** 🚗 23h30 ✈ 2h	**665 KM** 🚗 8h30 ✈ 1h
552 KM 🚗 7h30 ✈ 1h	**438 KM** 🚗 5h45 ✈ 1h		**879 KM** 🚗 13h45 ✈ 1h	**2004 KM** 🚗 30h ✈ 3h	**627 KM** 🚗 12h ✈ 1h45
492 KM 🚗 7h ✈ 1h	**612 KM** 🚗 8h ✈ 1h	**879 KM** 🚗 13h45 ✈ 1h		**1130 KM** 🚗 16h ✈ 1h30	**299 KM** 🚗 5h45 ✈ 1h
1739 KM 🚗 22h ✈ 2h	**1860 KM** 🚗 23h30 ✈ 2h	**2004 KM** 🚗 30h ✈ 3h	**1130 KM** 🚗 16h ✈ 1h30		**1425 KM** 🚗 21h30 ✈ 3h30
544 KM 🚗 7h15 ✈ 1h	**665 KM** 🚗 8h30 ✈ 1h	**627 KM** 🚗 12h ✈ 1h45	**299 KM** 🚗 5h45 ✈ 1h	**1425 KM** 🚗 21h30 ✈ 3h30	

IDÉES DE SÉJOUR

Voici des positions d'itinéraires allant de quelques jours à quelques semaines. Si vous le pouvez, restez au minimum une semaine, car autrement vous n'aurez ni le temps de profiter de quelques randonnées ou d'une ville ni celui de vous attarder dans un endroit qui vous plaît particulièrement. D'autre part, la Norvège est un pays si grand et qui s'étend sur tellement de kilomètres qu'il vaut vraiment mieux explorer une zone en particulier plutôt que de chercher à tout voir pour finalement se retrouver à passer son temps dans les transports. Si vous y allez l'été, les journées à rallonge vous donneront l'impression d'un séjour beaucoup plus long. Dans ce cas, il serait judicieux de faire le plein de sommeil avant de partir pour en profiter au maximum et faire comme les Scandinaves qui dorment peu l'été. Plus vous resterez longtemps, mieux vous découvrirez la nature du pays et aurez des opportunités de discuter avec les locaux.

PREMIÈRE APPROCHE DE LA NORVÈGE

Pour un séjour d'une semaine ou même moins, il n'est pas raisonnable de prévoir un passage par le Nord ou Grand Nord : les distances se comptent en milliers de kilomètres pour s'y rendre et il serait dommage de n'y passer que quelques jours par rapport au budget investi. S'appuyer sur le tour « Norway in a Nutshell » proposé par la NSB (SNCF norvégienne) peut être une bonne chose – tour dont l'itinéraire est organisé mais non imposé. Il sera donc possible de s'en servir comme fil conducteur du voyage, puis de bifurquer en route vers des villes oubliées du parcours. Possibilité de prendre le tour depuis **Oslo** ★★★★ (p.109), **Bergen** ★★★★ (p.238), **Voss** ★ (p.251) ou **Flåm** ★★★ (p.256). Plusieurs itinéraires possibles, sur un jour ou plus. Tarifs : à partir de 1 440 NOK la journée (Train de **Bergen** ★★★★ (p.238), la ligne Flam Railway, croisière sur l'Aurlandsfjord et le Nærøyfjord et retour en bus) ; 2 790 NOK le tour avec une nuit comprise. Renseignements sur les sites www.nsb.no ou www.norwaynutshell.com).

› Jour 1 : Train vers Flåm via Myrdal et sa vallée d'Oslo

Les tunnels se succèdent et laissent apparaître à chaque sortie un paysage féerique de montagnes et vallées aussi bien en été qu'en hiver. Arrivé à Flåm, passez une nuit dans le fjord.

› Jour 2 : Embarquement sur un ferry pour le fjord Sognefjord

Ce fjord est l'un des plus grands de Norvège. Il est bordé de montagnes hautes, 1 800 m pour les plus élevées. Le bateau débarque à Gudvangen. Un arrêt indispensable avant de réembarquer vers **Voss** ★ (p.251). De **Voss** ★ (p.251), prenez le train en direction de **Bergen** ★★★★ (p.238).

› Jour 3 : Visite de Bergen

Votre première journée à **Bergen** ★★★★ (p.238) consiste à se familiariser avec cette petite ville. Faites une visite guidée dans la ville, à pied ou en bus (selon le temps !). L'après-midi, visitez les nombreux musées, dont le très célèbre **musée hanséatique** (p.242). Empruntez le funiculaire (Fløibanen) pour grimper en haut de la montagne et avoir un panorama unique sur cette petite Rome (ainsi qu'on la surnomme en raison des 7 montagnes dont elle est entourée...), si possible à la tombée de la nuit pour profiter de couleurs étonnantes.

› Jour 4 : Excursion à la journée

Au menu : le fjord de Hardanger, les montagnes, les cascades et les charmants petits villages d'Ulvk et Eidford.

› Jour 5 : Bergen comme un local

Le matin, rendez-vous sur le marché aux poissons. De nombreuses galeries se trouvent dans la ville, de nombreuses églises également. Passez votre journée à flâner dans cette petite perle des fjords. La ville est charmante, et l'atmosphère délicieuse. Armé de la carte **Bergen** ★★★★ (p.238), il vous reste encore de nombreux musées à découvrir.

› Jour 6 : Retour à Oslo

Promenade et shopping dans la rue Karl Johan. Visite du musée Munch, puis collation dans un café branché du vieux quartier Kvadraturen.

› Jour 7 : Dernières découvertes à Oslo

Promenade matinale dans le **parc Vigeland** (p.124), puis visite du musée. Déjeuner non loin de là, dans l'ancien quartier ouvrier d'**Oslo** ★★★★ (p.109), Grünerløkka ★★, aujourd'hui place forte du shopping, des designers et le quartier étudiant de la ville. Mélange savoureux. En fin d'après-midi, départ vers l'aéroport.

NORVÈGE, LE GRAND TOUR

Passer trois semaines ou plus en Norvège ne se fait idéalement pas en camping-car ou en voiture. Ces trois semaines vous donnent l'occasion de découvrir le Nord, voire le Grand Nord, ce qui peut exiger des déplacements en avion (les distances se comptent en milliers de kilomètres et Oslo - Tromsø en avion prend 3 heures). Par ailleurs, les routes sont relativement impraticables en hiver. Comme toujours, le contenu du séjour dépend en majeure partie du budget dont vous disposez. Il n'existe pas vraiment de formule bon marché pour visiter la Norvège, même si, de plus en plus, des formules intéressantes de « Pass » et des « Cards » (cartes) sont proposées par les offices de tourisme et les transporteurs. Si un passage par **Svalbard** (p.385)semble idéal et magique, il augmentera substantiellement le budget du voyageur. Un séjour prolongé devrait donc se diviser en deux parties distinctes : le Sud, l'Ouest, puis le Nord et le Grand Nord. La première partie du voyage débute en train d' **Oslo** ★★★★ (p.109) jusqu'à **Kristiansand** ★★ (p.201) par la côte, puis vous découvrez les fjords, lors de l'une des plus belles croisières du monde. Arrivés dans le Grand Nord, découvrez les plaines gelées, les terres hostiles, la lumière somptueuse et la chaleur du peuple sâme, puis redescendez vers **Oslo** ★★★★ (p.109) en passant par **Lillehammer** ★★★ (p.168). La Norvège de long en large en 3 semaines. Préparez-vous à en prendre plein les yeux !

› Jour 1 : Arrivée à Oslo

Déposez vos bagages à l'hôtel. Achetez le Pass **Oslo** ★★★★ (p.109) (à l'office de tourisme). Visitez les musées de la ville, en tête duquel le **musée Munch** (p.120). L'après-midi, promenade dans la rue Karl Johan.

› Jour 2 : Visite de la ville

Tôt le matin, promenez-vous dans le **parc Viegland** (p.124) puis visitez son musée. Déjeuner non loin de là, dans l'ancien quartier ouvrier d'**Oslo** ★★★★ (p.109), Grünerløkka ★★, aujourd'hui la Mecque du shopping, des designers et le quartier étudiant de la ville.

› Jour 3 : Découvrez le charme de Kristiansand

Départ d'**Oslo** ★★★★ (p.109) pour **Kristiansand** ★★ (p.201). Visite du vieux quartier, avec ses maisons blanches tout à fait charmantes. Les musées sont nombreux et très intéressants.

› Jour 4 : Parc de Baneheia

Faire une promenade sur le marché aux poissons (où il fait bon déguster un *fiskekake* !), puis sur le petit port. L'après-midi, faites une randonnée au départ du gigantesque parc derrière la ville.

› Jour 5 : Rejoindre Stavanger en train

Visite du vieux quartier de la ville, du musée au pétrole. La **vieille ville** (p.162) est tout simplement charmante. Une bonne nuit de sommeil est nécessaire pour la journée de demain.

› Jour 6 : Randonnée à Preikestolen

Découvrez ce rocher étonnant qui descend à pic dans la mer. Il faut 3 heures de marche environ pour s'y rendre, mais l'effort est nettement récompensé.

› Jour 7 : Direction l'ouest

Prendre le train pour **Bergen** ★★★★ (p.238) où il est également nécessaire de passer deux journées. Partez (votre Bergen Card dans la poche) visiter les musées de la ville, dont le musée hanséatique. Prenez le funiculaire pour avoir un panorama de cette petite perle entourée de 7 collines. Dégustez un plat de poissons sur le quai Bryggen et flânez entre ses étonnantes bâtisses en bois, classées au patrimoine mondial par l'UNESCO.

› Jour 8 : Bergen et ses alentours

Promenade sur le marché aux poissons puis, l'après-midi, offrez-vous une excursion en bateau dans le fjord de Hardanger. Embarquez sur l'Express-Côtier, pour un départ vers 22h30, direction **Ålesund** ★★★ (p.269).

› Jour 9 : Arrivée à Ålesund

Posez vos valises et partez visiter la ville. Le centre d'Art nouveau, le musée de la ville, le musée aux Poissons et toutes les petites rues ravissantes de cette ville, vitrine de l'Art nouveau. La ville est un ensemble de petites îles au milieu de montagnes encore enneigées. Dîner dans l'un des meilleurs restaurants de poissons de Norvège, le Sjøbua dans un cadre chaleureux et avec une vue magnifique.

› Jour 10 : Escapade dans le plus beau fjord du pays

Partez en excursion pour la journée à **Geiranger** ★★★ (p.266). De retour, grimpez jusqu'au **mont Aksla** (p.270)pour une vue imprenable sur la ville, joyau des fjords.

› Jour 11 : Cap au nord

Embarquez de nouveau sur les bateaux Hurtigruten vers midi. Suivez les excursions proposées jusqu'au Grand Nord.

› Jour 12 : Arrivée à Trondheim

Petit déjeuner à bord du navire puis départ pour la visite de la ville, troisième du pays, berceau de l'histoire norvégienne. Visitez la forteresse de Kristiansten, la **cathédrale Nidaros** (p.286) puis le **musée Ringve** (p.288).

› Jour 13 : Glacier de Svartisen

Arrivée en bateau au glacier, le deuxième glacier de Norvège par la taille. Profitez également de l'excursion en zodiac qui vous emmène à la découverte des aigles pêcheurs.

› Jour 14 : Escale à Tromsø

On ne manquera pas les phoques du musée/parc d'attraction **Polaria** (p.347), passage obligatoire pour découvrir la faune locale et ses problématiques. La **cathédrale arctique (Ishavskatedralen)** (p.346) mérite elle aussi une halte.

› Jour 15 : Cap Nord, impression de bout du monde

Le bateau fait escale au cap Nord. Vous le quittez ici. Visitez le **musée du cap Nord** (p.370). Allez jusqu'à la célèbre falaise qui culmine à 307 m au-dessus de l'eau. C'est le point le plus au nord de tout le continent, vous n'avez jamais été aussi près du pôle ! Passez la nuit ici.

› Jour 16 : Au cœur des terres lapones

Louez une voiture (c'est le mieux, pour être indépendant) et partez au cœur des plaines désertiques, vers la Laponie norvégienne.

› Jour 17 : Direction Karasjok

Dirigez-vous vers **Karasjok** ★★★ (p.358), la capitale administrative des Sâmes. Vous trouverez sur votre route (E6) un musée intéressant sur la culture et la nature norvégiennes à Stabbursnes. Arrivée à **Karasjok** ★★★ (p.358), le soir.

› Jour 18 : Immersion dans la culture sâme

Visitez le centre culturel sâme où vous apprendrez les rudiments de la culture sâme et de la vie quotidienne de ces peuples du Nord.

› Jour 19 : Safari-motoneiges

Arrivée à **Kautokeino** ★★ (p.357) tôt le matin à temps pour un safari-motoneiges, avec des guides en français. Imprégnez-vous de la nature (rude dans cette partie du pays mais somptueuse !) et des traditions lapones, qui n'auront plus de secrets pour vous.

› Jour 20 : Dernier jour en Norvège

Départ pour **Alta** ★★ (p.361), puis pour **Oslo** ★★★★ (p.109) en avion. Retour en France.

LA ROUTE HISTORIQUE

Sillonnez la route historique (RV 13) qui traverse la Norvège des fjords, de **Stavanger** ★★★ (p.219) à **Bergen** ★★★★ (p.238). Elle a été créée dans les années 1880, à l'époque où les voyageurs venaient à cheval et en calèche pour découvrir ce paysage spectaculaire de montagnes, de glaciers, de rivières cristallines, de chutes d'eau rugissantes et de fjords vierges.

› Jour1 : Arrivée à Stavanger le matin

Direction le centre-ville. Visite de la ville. Les lieux incontournables de la ville : la vieille ville, le port et les ruelles pavées du centre-ville où la vie bat son plein entre magasins, cafés, bars et restaurants. Si voir votre premier fjord vous démange, partez en croisière sur le **Lysefjord** (p.231). Passez une nuit à **Stavanger** ★★★ (p.219) ou pour ceux qui ont envie de nature posez vos valises le long du Lysefjord.

› Jour 2 : Le Preikestolen

Tôt le matin, partez pour une aventure unique dans une vie, faire une randonnée au lever du soleil pour découvrir le **Preikestolen** ★★★ (p.232). Départ en début d'après-midi pour votre prochaine étape sur la route 13. Nuit paisible à Sand.

› Jour 3 : Sand - Røldal - Hardanger

Salmon Safari à Sand ou départ pour le pour le Hardanger Fjord, arrêt à Røldal pour visiter l'église en bois debout, sauna sur le fjord, visites des vergers et dégustation de cidre. Nuit dans le Hardanger.

› Jour 4 : Le Trolltunga

Randonnée de **Trolltunga** ★★★★ (p.254), la « langue du Troll ». Nuit à Odda.

› Jour 5 : Voss

Départ pour **Voss** ★ (p.251) pour profiter des activités de plein air. Plein d'adrénaline garanti ! Nuit à Voss.

› Jour 6 : Bergen

Départ pour **Bergen** ★★★★ (p.238). Visite de la vieille ville, du port et de son patrimoine hanséatique. Visite et dégustation au marché aux poissons et tour du funiculaire pour une vue imprenable sur la deuxième ville du pays.

› Jour 7 : Bergen

Visite de **Bergen** ★★★★ (p.238) le matin. Départ pour l'aéroport de Bergen en fin de journée. Les veinards qui souhaitent une prolongation de quelques jours pourront emprunter la sublime ligne de train Bergensbanen reliant Bergen à **Oslo** ★★★★ (p.109). Passez une nuit à Flåm afin de profiter de la vue depuis le belvédère de Stegastein, faire un fjord Safari sur le Nærefjord, visiter le village viking à Gudvangen, ou arrêtez-vous au très populaire Ægir BryggeriPub, pub de la brasserie locale, lui aussi imprégné de l'histoire viking.

OFFTRACK EXPERIENCE

DES EXPÉDITIONS AU CŒUR DE L'ARCTIQUE

Parlez-nous de votre duo et de votre expérience :

Off Track Expérience a été fondée en 1998 par Delphine Garcin, française, et Espen Prestbakmo, norvégien. Après de nombreuses années à mener des expéditions en mer et en montagne, le duo d'explorateurs décide de créer leur propre concept, avec la conviction que de petits groupes à taille humaine et une logistique bien rodée sont leurs atouts majeurs pour une aventure polaire authentique, en totale immersion et sur mesure, qui allie service de qualité et respect de la nature ! Pour explorer le meilleur de l'Arctique en termes d'environnement sauvage, de culture, de patrimoine et de paysages inspirants que seules peu de personnes visitent.

Quel est votre secret pour nous assurer de superbes souvenirs ?

Notre contact personnel et individualisé, grâce à de petits groupes (4 à 8 personnes) que nous recevons chez nous, dans notre maison d'hôtes. À la ferme, la philosophie est la même. Les repas servis incluent autant que possible, et suivant les saisons, des produits locaux. Trouver des moyens pour minimiser toujours plus son impact environnemental est la ligne rouge des réalisations futures.

Quelles sont vos activités nordiques favorites ?

Le ski sous toutes ses formes (randonnée, nordique, alpin…), la navigation pour explorer l'archipel du Svalbard, le traîneau à chiens, la plongée dans les fjords, le parapente, les expéditions d'été en canoë sur les lacs et rivières de la calotte nordique.

Avez-vous des projets en cours et pour le futur ?

Nous venons d'être certifiés par le label « éco tourisme en Norvège » ! Nous développons un projet de camp de tentes dans les arbres pour la saison estivale à venir, et cherchons à acquérir un voilier d'expédition pour nos futures explorations dans l'Arctique !

OFFTRACK EXPERIENCE

Evenmoveien 158

✆ +4798001213 - offtrackexperience.com

© OFFTRACK EXPERIENCE

© OFFTRACK EXPERIENCE

© OFFTRACK EXPERIENCE

DE L'AÉROPORT AU CENTRE-VILLE

On accède en Norvège de différentes façons, mais le plus rapide (mais moins écolo !) reste l'avion. Le prix moyen d'un vol aller-retour Paris-Oslo, avec des compagnies régulières tourne autour de 150-250 euros. Dans tous les aéroports sont proposées des navettes allant de l'aéroport au centre-ville. Tarifs réduits si vous prenez le billet en ligne. On trouve aussi des agences de locations de voitures aux aéroports des grandes villes.

▸ L'aéroport international d'Oslo, Gardermoen : Plusieurs moyens de transports le desservent et vous permettent de rejoindre la gare centrale, Sentralstasjon, au cœur de la capitale. Pour 180 NOK (un peu moins de 18 euros), les bus Flybussen vous amènent en centre-ville en un peu moins d'une heure. Le train Flytoget est plus rapide (20 minutes pour la gare centrale) mais coûte un peu plus cher. Il existe aussi des liaisons régulières en bus et train vers de nombreuses autres villes, ce qui peut s'avérer une bonne option non seulement pour ne pas prendre un vol intérieur supplémentaire mais aussi voir du pays !

▸ L'aéroport de Moss : situé à 60 km au sud-est d'Oslo, cet aéroport est le spécialiste des vols lowcost, avec notamment une grosse activité de la compagnie Ryanair.

ARRIVÉE EN TRAIN

Il y a quatre grandes lignes principales. Notez que le train est peu fréquent dans les fjords et qu'il ne va pas jusqu'au cap Nord. Il s'arrête à Bodø, ville à deux tiers de la distance totale vers le Nord. Sørlandsbanen : elle dessert la côte Sud, d'Oslo à Stavanger. Bergensbanen : cette ligne va d'Oslo à Bergen en passant par Hardangervidda, « le toit de la Norvège ». L'excursion dans un petit train de Myrdal sur le plateau, à Flåm, dans un bras de fjord, est un des grands musts touristiques. Dovrebanen et Rørosbanen : ces deux lignes vont d'Oslo à Trondheim, mais en passant respectivement par la vallée de Gudbrandsdal (par Lillehammer) et par la vallée d'østerdal (par Røros). Sur le Dovrebanen, l'extension de la petite ligne magnifique de Raumabanen passe en peu de temps d'un haut plateau pelé à l'exubérance des fjords, au pied de la route des Trolls. Nordlandsbanen : elle relie les 730 km de Trondheim à Bodø en traversant le cercle polaire. Noter que pour aller jusqu'à Narvik en train, il faut emprunter le réseau ferroviaire de la Suède en faisant un grand détour par ce pays. Dans les trains express, les parents qui voyagent avec un bébé de moins de 2 ans peuvent réserver un compartiment équipé d'une table à langer. Certains trains comportent même un wagon entier aménagé avec des jeux pour enfants et un dortoir pour les plus petits. Les trains sont très confortables et plus rapides que les bus. Ils disposent très souvent de compartiments à vélos. Attention, les Norvégiens aiment le calme dans les trains et n'aiment pas que l'on enfreigne cette règle. Le moyen le plus simple et souvent le moins cher est de réserver vos billets en ligne sur le site web de la compagnie ferroviaire Vy. Il est également possible d'acheter des billets dans les distributeurs automatiques dans la plupart des gares principales, ou aux comptoirs de vente, et à bord des trains. Frais supplémentaires si vous choisissez d'acheter votre billet à bord. Chaque mois, des billets Minipris (prix réduit) sont mis en vente par Vy. Ils ne sont ni échangeables ni remboursables.

▸ www.vy.no

▸ Pass InterRail, Eurorail. Les InterRail Pass sont une solution pour voyager facilement et de manière économique en train en Europe. Deux formules s'offrent à vous, le Global Pass pour visiter jusqu'à 30 pays d'Europe. Autrement, le One Country Pass est le choix idéal pour visiter un seul pays. Vous voyagerez dans votre propre pays le premier et le dernier jour de votre voyage. Plusieurs tarifs sont proposés aux jeunes (de 12 à 27 ans), adultes (de 28 à 59 ans), seniors (60 et plus) et famille en fonction de la période pendant laquelle vous déciderez de voyager. Renseignements sur le site fr.interrail.eu.

ARRIVÉE EN BATEAU

▸ **Ferry et bac.** Ils sont incontournables et très fréquents dans les fjords. Les traversées peuvent durer de 10 minutes à plus de 1 heure. Les ferries empruntent parfois les mêmes trajets que les grands bateaux de luxe : ça donne des mini-croisières pour presque rien. Attention, en additionnant toutes les petites traversées, ça finit tout de même par coûter cher.

▸ **Hurtigruten, ou l'Express côtier,** est une liaison maritime desservant toute l'année la façade maritime de la Norvège, de Bergen au sud jusqu'à Kirkenes au nord, petite ville sur la frontière russe. Le voyage aller-retour dure 13 jours avec des escales dans 34 ports. Une manière de découvrir l'un des paysages côtiers les plus fascinants du monde. Pour obtenir une cabine, il est indispensable de réserver bien à l'avance. Tous les navires prennent des voitures.

- Traversées Hirtshals au Danemark – Larvik en Norvège en 4 heures avec Color Line.
- Traversées Kiel (Allemangne) – Göterborg (Suède) avec la Stena Line puis remonter la côte en voiture.

TRANSPORTS EN COMMUN

En Norvège, le moyen de transport le moins cher est le bus. Chaque ville de Norvège possède un service d'autocars et d'autobus locaux, et il existe un vaste réseau de cars express dans tout le pays. Pratique et très confort (de la place, prise électrique, wifi...) pour atteindre les plus grandes villes et même les coins isolés en pleine nature. Vous pourrez voyager aussi bien sur le réseau des bus longue distance que des réseaux régionaux. Flixbus (www.flixbus.no) et Nor-Way (www.nor-way.no) desservent un nombre incroyable de destinations dans le pays. Réductions pour les moins de 26 ans, les étudiants et les seniors et tarifs promo en ligne. Notez que le Grand Nord n'étant pas desservi par le chemin de fer norvégien, des autocars prennent le relais à partir de Fauske et passent par Narvik, Alta, Lakselv jusqu'à Kirkenes, une distance de 800 km. En route, il y a une extension vers le cap Nord. Dans le Sud, des services réguliers d'autocars sont assurés à partir de différentes gares ferroviaires vers les villes de Kristiansund, Molde et Ålesund. Dans le Nord, ce même système est appliqué afin de pouvoir rejoindre les villes de Harstad et de Tromsø, ainsi que les îles Lofoten et Vesterålen.

- Seule la capitale dispose d'un service de métro, simple mais cher. Gratuit avec l'Oslo Pass. Idem pour le tram.
- Prévoir son itinéraire : Google Maps vous permet de définir votre itinéraire et de trouver des transports en commun. Renseignez votre lieu de départ ainsi que le lieu d'arrivée, la date et l'heure. Vous aurez le numéro du bus (ou du train), la durée, les changements... C'est assez fiable mais vérifiez bien la date.

VÉLO, TROTTINETTE & CO

- En Norvège, les vélos sont très présents et des pistes cyclables vraiment géniales existent dans toutes les grandes villes. On trouve facilement des magasins de location de vélos (à la journée, la semaine ou autre), ainsi que des services de vélos en libre-service (il faut une app mobile...).
- Les trottinettes électriques sont omniprésentes à Oslo. Service efficace et respecté (pas de trottinettes jetées sur le milieu du trottoir...). On circule en majorité sur les pistes cyclables, et à une vitesse maximum de 20 km/h, donc attention toutefois ! Le hic, il faut aussi une application mobile.
- La Norvège est un pays idéal pour les amateurs de deux-roues. Le pays est en effet propice à ce type de voyage puisqu'il est doté de 18 routes touristiques (pour un total de 2 036 kilomètres). Ces routes vous emmènent du nord au sud, longeant les montagnes, la mer et les fjords. Ces routes labellisées sont repérables par un symbole situé sur les panneaux de signalisation. Les routes de Norvège sont en très bon état et impressionnent par leur qualité. Bien sûr, certaines portions sont fermées pendant l'hiver par raison de sécurité.

AVEC UN CHAUFFEUR

Plusieurs compagnies de taxi et chaque ville a des prestataires locaux. Les tarifs pour se rendre à l'aéroport d'Oslo depuis le centre-ville tournent autour de 800 NOK. En ville, on compte généralement autour de 300 NOK pour 15 km en taxi, mais cela varie en fonction de l'heure (les courses sont plus chères en soirée et la nuit) et du jour (les prix montent pendant le week-end et les jours fériés).

EN VOITURE

De Paris, comptez seize heures pour atteindre Hirtshals d'où vous pourrez prendre un ferry qui met quatre heures pour arriver à Larvik. L'été, toutes les routes sont ouvertes, ce qui n'est pas le cas l'hiver. Ici, et ça fait du bien, piétons et cyclistes sont rois, gardez bien cela en tête. Routes en excellent état. Pensez aux chaînes à neige pour l'hiver. Attention aux animaux assez fréquents. L'essence est assez chère.

- **Péages** : il faut enregistrer son véhicule sur autopass.no.
- **L'alcool au volant est sévèrement puni** ; le taux toléré d'alcoolémie n'est que de 0,2 g/l. En hiver, les pneus cloutés ou pneus neige sont obligatoires du 1er novembre au premier lundi après Pâques. L'Association d'automobilistes norvégiens (NAF) possède un service de secours routier qui patrouille partout dans le pays, surtout en montagne du 20 juin à fin août. Ses concurrents se nomment Falks ou Viking.
- **Fjords.** Même si le réseau routier dans les fjords s'est beaucoup amélioré ces dernières années, les routes ne sont pas toutes praticables pour les camping-cars et les caravanes. Certains axes leur sont interdits, surtout dans les fjords, où les routes peuvent passer par des corniches étroites. Des *møteplasser* (espaces pour se croiser) y sont aménagés afin de pouvoir croiser la voiture venant en face. Lorsque l'aire de dégagement se trouve de votre côté de la chaussée, vous devez vous y ranger pour laisser passer les voitures venant d'en face. Des téléphones d'urgence sont installés dans les tunnels (souvent longs et sans ventilation) et sur les passages montagneux les plus difficiles. La descente de ces cols de montagne peut être très longue, et les freins pourront facilement chauffer. Pour éviter toute surchauffe, il est recommandé de descendre à petite vitesse (la même que pour la montée). Cela permet d'éviter de freiner tout le temps et ainsi d'épargner vos freins.
- **Autoroutes.** La vitesse sur autoroute est limitée à 90 km/h. Elles sont rares, à part les ceintures autour des grandes villes, entre Oslo et la frontière suédoise et le long du fjord d'Oslo. Elles sont en principe gratuites, car le péage ne doit durer que le temps du remboursement des travaux. Routes et cols de montagne sont fermés en hiver.

LES PHRASES CLÉS

Bonjour, comment puis-je me rendre à…
Hei, hvordan kommer jeg til …

Est-ce loin à pied ? Y a-t-il le métro ou un bus... pour y aller ?
Er det langt å gå? Går det buss, trikk eller tog dit?

Pouvez-vous me montrer cet endroit sur la carte s'il vous plait ?
Kan du vise meg dette stedet på kartet?

Où puis-je acheter les tickets de transport ? Est-ce que je peux payer en carte de crédit ?
Hvor kan jeg kjøpe billett? Kan jeg betale med kredittkort?

Où est la sortie ? A gauche, à droite ou tout droit ?
Hvor er utgangen? Til venstre, til høyre eller rett fram?

Je suis perdu et je suis en retard, s'il vous plait, aidez-moi ! Merci beaucoup !
Jeg vet ikke hvor jeg er, og er sent ute. Vær så snill å hjelpe meg! Tusen takk!

PRATIQUE

A VOIR / A FAIRE

HORAIRES
La plupart des musées sont ouverts du mardi au dimanche, entre 10h et 17h, avec des horaires qui varient selon la saison, les jours fériés et les vacances scolaires.

A RÉSERVER
Pour la plupart des visites il n'y a pas besoin de réserver à l'avance, en règle générale présentez-vous au guichet pour acheter vos billets.

BUDGET / BONS PLANS
Pensez à toujours avoir sur vous votre carte d'identité, ainsi que votre carte d'étudiant si vous en avez une ! Ainsi, vous pourrez bénéficier de tarifs plus avantageux dans de nombreux musées et dans des attractions. La plupart des grandes villes proposent des PASS de 1 jour à une semaine qui donne accès à tous les musées !

LES ÉVÉNEMENTS
Beaucoup d'évènements sont organisés partout et toute l'année, cependant c'est l'été que les festivités atteignent leur apogée avec de nombreux festivals de musique, de cinéma et de culture en général. L'hiver, on profite des marchés de Noël, des sculptures sur glace et autres réjouissances hivernales.

VISITES GUIDÉES
Les offices de tourisme de toutes les villes vous indiqueront les visites guidées spécifiques du moment.

FUMEURS
On ne fume pas à l'intérieur et vous verrez, on ne fume presque pas tout court ! Ils sont forts ces Norvégiens !

LES PHRASES CLÉS

Bonjour, puis-je avoir deux entrées adultes et un enfant s'il vous plait ?
Hei. Jeg vil gjerne ha to voksne og to barnebilletter.

Le tarif enfant est jusqu'à quel âge ? Et pour les seniors, est-ce qu'il y a une réduction ?
Hvilken alder regnes som barn? Finnes det rabatt for eldre?

Est-ce qu'il y a des visites guidées en français ou un audioguide ?
Finnes det guidet omvisning på fransk eller en audioguide?

Combien de temps faut-il pour faire la visite ?
Hvor lenge varer besøket?

J'ai du mal à monter les escaliers, avez-vous un ascenseur ?
Jeg strever med trapper. Finnes det en heis?

Excusez-moi, pouvez-vous me dire où sont les toilettes ? Merci beaucoup.
Unnskyld, kan du vise meg hvor det er toalett? Tusen takk!

PRATIQUE

SE RÉGALER

HORAIRES

Les horaires des repas norvégiens diffèrent de ceux de la France. Le matin, un bon petit déjeuner, le midi, on mange à partir de 11h et jusqu'à 13h, souvent un repas léger. Le dîner (*middag*) est servi à partir de 17h. La plupart des bars et restaurants sont ouverts tous les jours et servent à manger en dehors de ces horaires.

BUDGET / BONS PLANS

Il faut compter au minimum 15 € pour un repas, même sur le pouce. Pour quelque chose d'un peu plus élaboré, les prix tournent autour de 25-35 €. Doggy bag possible même si personne ne le fait ! L'alcool est très cher. Attention, c'est malheureusement devenu quasi impossible de payer en espèces... Dans quelques établissements, on commande et on paye directement au comptoir.

EN SUPPLÉMENT

- L'eau et le pain sont servis à table gratuitement. Il y a rarement du pain pour patienter ceci dit.
- **Pourboire.** Dans les hôtels, les restaurants et les cafés, le service est compris : il n'est donc pas nécessaire de donner un pourboire. Il est, cela dit, bien vu d'arrondir la note au-dessus, mais, là encore, à vous de juger selon le service reçu. Souvent,il vous sera proposé d'ajouter le pourboire directement lors du paiement au terminal de carte bancaire.
- **Taxes.** En Norvège, les prix sont indiqués TTC.

ENFANTS

Les enfants sont les bienvenus partout et souvent un menu leur est destiné et même parfois des petits jeux. Dans les restaurants, on trouve souvent des chaises adaptées pour les tout-petits, ainsi que parfois un menu spécial enfant.

FUMEURS

On ne fume pas à l'intérieur des espaces publics.

LES PHRASES CLÉS

Bonjour, je voudrais réserver une table pour deux personnes pour ce midi ou ce soir.
Hei, jeg vil bestille et bord til to i dag til lunsj eller middag.

Avez-vous un menu en français ou en anglais ?
Har dere fransk eller engelsk meny?

Je suis végétarien, y a t-il des plats sans viande ?
Jeg er vegetarianer, er det noen retter uten kjøtt?

Je n'ai vraiment plus faim mais avez-vous une carte des desserts ?
Jeg er mett nå, men kan jeg se dessertmenyen likevel?

Puis-je avoir l'addition s'il vous plait ? Je peux payer par carte ou en espèces ?
Kan jeg få regningen? Kan jeg betale med kort, eller må det være kontant

C'était très bon, nous reviendrons. Merci et à bientôt.
Det var deilig, vi kommer igjen. Takk skal du ha, vi sees snart.

PRATIQUE

FAIRE UNE PAUSE

HORAIRES

La plupart des cafés ouvrent autour de 8h et ferment entre 16h et 18h. Pour les bars, ouverture autour de midi et jusqu'à minuit ou une heure du matin.

BUDGET / BONS PLANS

Comptez 3 € pour un café simple. Pour les pintes de bière, comptez à partir de 8 €. Les happy hours ne sont pas pratique courante, mais il existe tout de même quelques bars où elles existent.

A PARTIR DE QUEL ÂGE

Pour acheter du vin ou de la bière en Norvège, il faut avoir au moins 18 ans. Pour l'alcool, il faut avoir au moins 20 ans. Il faut avoir au moins 18 ans pour commander de l'alcool dans un bar.

▸ Vous ne trouverez pas d'alcool (sauf la bière et le cidre) en supermarché. Pour cela, rendez-vous aux différents magasins Vinmonopolet, (entendez « le monopole d'État ») qui ferment à 18h en semaine et 15h le samedi. Vous ne pourrez pas acheter de bière ou de cidre après 18h dans les supermarchés, d'ailleurs.

C'EST TRÈS LOCAL

Les Norvégiens ne boivent pas trop en semaine... mais le week-end, vous pourrez peut-être faire la fête avec eux. En général, c'est là qu'ils sont les plus abordables !

ENFANTS

Les enfants sont partout les bienvenus, et il n'y a généralement aucun problème pour les amener avec vous dans un lieu qui sert de l'alcool (bien sûr, aucun alcool ne leur sera servi).

FUMEURS

Il est interdit de fumer dans les lieux publics en Norvège. En terrasse, vous verrez plutôt les Norvégiens consommer du *snus* : il s'agit de petites portions de poudre de tabac humide que l'on place sous la lèvre... pas de tabagisme passif donc !

LES PHRASES CLÉS

Bonjour, quelle est la spécialité de la maison ? Nous voulons découvrir.
Hei, hva er spesialiteten her? Vi vil prøve den

Avez-vous de la place en terrasse ?
Har dere plass på terrassen?

Quel est votre nom ? Je m'appelle… Ravi de vous rencontrer !
Hva heter du? Jeg heter... Veldig hyggelig å møte deg!

A votre santé ! Zut, j'ai renversé mon verre… pouvez-vous m'aider ?
Skål! Uff da, jeg veltet drikken min ... Kan du hjelpe meg?

C'était très bon. Nous allons reprendre la même chose s'il vous plait.
Det var deilig. Vi tar det samme igjen.

PRATIQUE

(SE) FAIRE PLAISIR

HORAIRES

La plupart des magasins sont ouverts de 10h à 17h non-stop, du lundi au vendredi, et jusqu'à 15h le samedi. Beaucoup de boutiques sont aussi ouvertes le dimanche. Les bureaux sont fermés le samedi et les veilles de fêtes.

BUDGET / BONS PLANS

On peut vite dépenser des sommes astronomiques et les vêtements techniques et sportifs sont bien plus chers qu'en France.

SOLDES

Pas de périodes de soldes réglementées. Les soldes d'hiver commencent généralement le 27 décembre ou en janvier ; les soldes d'été fin juin jusqu'à fin juillet.

C'EST TRÈS LOCAL

De nombreux marchés aux puces permettent de voir la vie locale et de dénicher de jolies choses à moindre coût et sans encourager la fabrication de neuf.

LES ATTRAPE-TOURISTES

Beaucoup de boutiques souvenirs vendent des pulls aux motifs norvégiens, mais fabriqués partout sauf en Norvège et avec tout sauf de la laine norvégienne, voire de la laine tout court !

LES PHRASES CLÉS

Bonjour, c'est superbe, mais combien ça coûte ?
Hei, det er veldig fin, men hva er prisen?

Vous auriez ma taille ? Où se trouvent les cabines d'essayage ?
Finnes den i min størrelse? Hvor er prøverommene?

Est ce que je pourrai vous le rapporter et l'échanger si ça ne va pas ?
Kan jeg bytte hvis den ikke passer?

J'ai trop dépensé aujourd'hui, pouvez-vous me faire une réduction sympa ?
Jeg har spandert for mye i dag, er det mulig med rabatt?

Je prendrai celui-ci. Pouvez-vous me faire un paquet cadeau ?
Jeg tar denne. Kan du gavepakke den for meg?

Vous prenez la carte de crédit ? Où puis-je trouver un distributeur de billets ?
Kan jeg betale med kredittkort? Hvor finner jeg en minibank?

BUDGET / BONS PLANS

S'aérer et faire du sport n'a jamais été aussi simple qu'en Norvège ! Louez un vélo et empruntez les nombreuses vraies pistes cyclables, enfilez vos baskets et allez découvrir les zones boisées aux abords des villes, faire de la rando (attention aux tiques !), visites en kayak (même en ville !), chaussez vos skis à la sortie du métro... Les possibilités sont innombrables et on adore ! L'association DNT.no propose des tours guidés, 550 jolis refuges à la location ou au prêt et l'entretien de 7 000 km de pistes de ski de fond et pas moins de 22 000 km de sentiers de rando. Dans la rubrique insolite : la pratique du surf, surtout dans les Lofoten, est de plus en plus courante ! Adeptes du ski de fond, vous pourrez sans peine en Norvège vous procurer une paire de skis à roulettes pour pratiquer le skating toute l'année ! Côté bien-être, la grande mode est aux saunas flottants !

- Cela peut étonner, mais les salles de sport (au standard basique) sont parfois meilleur marché en Norvège. Ce qui explique leur forte fréquentation ! Être en bonne forme fait partie de l'ADN des Norvégiens. Vous n'aurez aucun mal à trouver une salle en ville.

C'EST TRÈS LOCAL

Chaque week-end, les Norvégiens s'empressent d'aller faire un tour si la pluie n'est pas au rendez-vous ! Le ski est un mode de déplacement courant en hiver, même en ville.

VOS PAPIERS SVP

La pêche en mer en Norvège est gratuite et pas besoin de permis. Un certain nombre de règles sont cependant à respecter : 100 m de distance avec les fermes piscicoles, taille minimale de capture selon les espèces.
Ce sont les associations de pêche ou les propriétaires fonciers qui délivrent les permis pour la pêche en rivière et lacs. Achat des redevances en ligne auprès de l'agence de l'environnement norvégienne et permis délivré localement par les associations de pêche ou les propriétaires.

A RÉSERVER

Il faut réserver les activités payantes et tours organisés, surtout en haute saison. Idem pour les spas qui sont souvent pris d'assaut.

LES PHRASES CLÉS

Bonjour, comment puis-je me rendre à... ? Est-ce loin ?
Hallo, hvordan kommer jeg til ...? - Er det langt dit?

J'aimerais aller courir. Il y a un coin sympa pour cela dans la ville ?
Jeg vil ta en joggetur. Er det noe fint sted å jogge rundt byen?

J'adore cuisiner. Savez-vous où je peux trouver des cours de cuisine ?
Jeg elsker å lage mat. Vet du hvor jeg kan ta et kurs i matlaging?

Vous pourriez m'indiquer une salle de sport pas très loin ?
Kan du indikere meg hvor det finnes et treningsstudio?

Quel est le sport national ?
Hva er nasjonalsporten?

Pensez-vous que nous pourrions voir cela ou même participer ?
Tror du vi kunne se det et sted, eller kanskje prøve selv?

HORAIRES

Vous qui aimez sortir et festoyer, sachez que les bars ferment relativement tard, pour la plupart entre minuit et 1h du matin, tandis que les discothèques ferment autour de 3h.

BUDGET / BONS PLANS

Le prix des consommations est généralement élevé. Il y a des happy hours de temps en temps mais pas souvent.

A RÉSERVER

Il est généralement nécessaire de réserver pour les concerts et festivals et souvent achat de billet en ligne.

TRANSPORTS NOCTURNES

À Oslo, les lignes de bus de nuit fonctionnent de 1h à 4h du matin dans la nuit du vendredi au samedi et la nuit du samedi au dimanche. Le Tram et T-Bane (métro) jusqu'à minuit ou 1h. Possible aussi d'utiliser l'application Uber ou de prendre un taxi.

A PARTIR DE QUEL ÂGE

Pensez à avoir votre carte d'identité avec vous quand vous sortez, car elle vous sera demandée si vous paraissez jeune. Il faut avoir plus de 18 ans pour rentrer dans un bar, et c'est la même chose pour rentrer dans un club. Souvent cette limite monte à 20-23 ans.

C'EST TRÈS LOCAL

Étant donné le prix des consommations, il n'est pas forcément impoli que chacun paye sa part au restaurant. Pour acheter de l'alcool, rendez-vous dans les magasins d'Etat Vinmonopolet. De même, si vous vous retrouvez à un apéro chez des Norvégiens, c'est chacun pour soi : on ne consomme que l'alcool que l'on rapporte !

FUMEURS

On ne fume pas dans les lieux publics. Les Norvégiens sont plutôt adeptes de *snus*, poudre de tabac que l'on pose sous la lèvre.

LES PHRASES CLÉS

Bonsoir, comment puis-je me rendre à…
God kveld, hvordan kommer jeg til…

Est ce que cet endroit est tranquille ? Il n'y a pas de problème de sécurité ?
Er det et rolig sted? Er det trygt?

J'aimerais voir un spectacle typique ! Qu'est-ce qu'il y a en ce moment ?
Jeg vil gjerne se et typisk norsk show! Hva finnes det akkurat nå?

Je ne comprends pas… pouvez-vous répéter s'il vous plait ? Merci.
Jeg forstår ikke, kan du gjenta? Takk skal du ha.

Est-ce que je peux vous offrir un verre ? Quel est le meilleur cocktail de la maison ?
Kan jeg få kjøpe deg en drikk? Hva er husets beste cocktail?

J'ai la gueule de bois, auriez-vous quelque chose pour que j'aille mieux ?
Jeg har litt bakrus, har du noe mot det?

BUDGET / BONS PLANS

On pense souvent que la Norvège est très chère, y compris en termes de logement, et c'est vrai ! Il existe néanmoins des solutions pour tous les budgets et selon vos envies :

▶ **Camping :** il y en a dans tout le pays. Ils proposent aussi bien des emplacements de tente ou de camping-car que des petites maisonnettes à la location. De plus, le pays est très sûr et les infrastructures sont très bonnes. L'ouest du pays grouille véritablement de camping-cars en été. Très nombreux sont les touristes souhaitant visiter des régions hors Oslo qui utilisent ce moyen de voyager. Que ce soit en canadienne ou en camping-car, les campings sont nombreux et disposés le long du parcours.Attention cependant, au-delà de Trondheim, les campings se font plus rares, car le climat, même en été, semble moins propice à planter sa canadienne... Tous les campings de Norvège proposent également des petites cabines à louer, *hytte* (entre 500 et 900 kr), disposant généralement d'un confort minimum (pas de toilettes) et d'une surface limitée (15 à 20 m²). De 23h à 7h, le calme est exigé. **Guettez les panneaux :** pratiquement tous les campings possèdent les équipements nécessaires au bon accueil des camping-cars qui sont innombrables en été. En revanche, les campings d'Oslo – Oslo représentant généralement la première étape lors de l'arrivée en Norvège par la Suède – offrent une capacité limitée, en particulier pour ce qui est des accès à l'électricité. Mais les campings ne sont pas les seuls à proposer des points de vidange des eaux usagées. La plupart des stations-service en disposent ainsi que de points de recharge en eau potable. **N'espérez pas** faire du camping à Oslo entre fin juillet et début août car, à cette période, a lieu le plus grand tournoi de football au monde pour tout âge, la Norway Cup, qui regroupe plus de 1 000 équipes occupant tout ce qui peut être habité à Oslo (campings, etc.). Les campings sont donc fermés au grand public la dernière semaine de juillet et la première semaine d'août. **La meilleure route** à suivre en camping-car est la remontée par le Danemark passant par le nouveau pont Danemark-Suède qui permet l'accès à la Norvège en remontant les côtes suédoises. Le chemin le plus court reste l'Allemagne jusqu'à Kiel avant de prendre le ferry de Kiel à Oslo (pour le ferry : www.stenaline.no).

N'oubliez surtout pas votre carte de camping !

▶ **Camping sauvage** autorisé en Norvège et règles à respecter : la nature est précieuse : ne laisser aucunes traces, laisser une distance de 150 m minimum avec la maison sur un terrain privé, interdit sur les îles Lofoten.

▶ ***Hytte*** : ces cabanes en bois sont idéales pour les amoureux de la nature qui ont toutefois envie d'être au sec, parfois avec beaucoup de confort. On en trouve pour tous les goûts et les budgets : dans les campings isolés mais aussi (et c'est encore mieux !) en pleine nature, comme nos refuges et gîtes d'étapes. Il faut réserver auprès de l'Association norvégienne de randonnée pédestre (ww.DNT.no) qui propose trois types d'hébergement : les gîtes d'étape et refuges gardés, les chalets non gardés avec provisions de vivres et les chalets non gardés sans provisions de vivres. Le plus dur c'est de choisir car tous font envie !

▶ **Auberge de jeunesse :** la plupart proposent des chambres individuelles, à 2 ou 4 lits, et parfois de 6 ou 8 lits. Certaines sont ouvertes toute l'année, d'autres seulement l'été, où il faut alors absolument réserver. Ouvertes à tous les âges. Les lits en dortoirs collectifs coûtent entre 150 et 300 NOK par nuit. Le petit déjeuner est parfois inclus, mais la plupart du temps il faudra le payer à part. On peut aussi y trouver des chambres doubles, entre 400 et 700 NOK, selon le confort et la présence ou non de toilettes personnelles.

© COOKELMA - ISTOCKPHOTO.COM

Hôtels : pour toutes les bourses. Il n'est pas prouvé que les prix s'en retrouvent plus élevés. Les hôtels de luxe sont bizarrement souvent moins chers qu'en France. Comptez en général 300 € pour deux en chambre double avec petit déjeuner et spa. Tarifs promo sur le web. En revanche, si vous travaillez pour une grande société, vous risquez d'obtenir une réduction substantielle dans le cadre d'accords passés avec les filiales locales. Les hôtels Scandic, Thon ou encore Comfort ou SAS disposent de nombreux arrangements avec de grandes sociétés.

A RÉSERVER

Les hôtels offrent une bonne capacité en toute saison, sauf au moment de la fête nationale (le 17 mai).

C'EST TRÈS LOCAL

Il est autorisé de planter sa tente ou de dormir à la belle étoile pour la nuit n'importe où dans la campagne norvégienne, en forêt comme en montagne. Il faut seulement respecter une distance d'au moins 150 mètres avec l'habitation la plus proche (ou mobile-homes et caravanes). Pour passer plus de deux nuits au même endroit, il faut demander la permission au propriétaire, sauf en montagne et dans les régions très isolées. Bien entendu, il ne faut laisser aucun déchet derrière soi. Interdiction de faire un feu de camp à proximité de forêts du 15 avril au 15 septembre. C'est permis dans les endroits où les incendies sont peu probables, comme en bord de mer. En cas de sécheresse, barbecues, cuisinières à gaz et réchauds de camping sont interdits. Si vous allumez un feu de camp ou un barbecue, vous en êtes légalement responsable.

POUR LES GOURMANDS

Climat nordique oblige, le petit déjeuner est un repas très important en Norvège. En hôtel, ils peuvent constituer un bon plan : en général, le buffet est généreux et le prix n'est pas forcément excessif. Vous aurez largement de quoi vous nourrir pour au moins une demi-journée ! Les buffets sont de qualité et sains, sucrés et (surtout) salés. On y trouve des plats pour sportifs : œufs, poisson fumé, caviar en tube à tartiner (en Norvège, on raffole de tartines !), charcuterie, graines, toutes sortes de jus énergisants, céréales, gaufres, et, cerise sur le gâteau : de l'huile de foie de morue ! N'oublions pas le café à volonté qui est une véritable institution en Norvège. On en boit des litres, mais il est essentiellement servi allongé, ce qui n'est donc pas forcément apprécié par les Français qui le préfèrent plus serré. Une boisson réconfortante quand le climat devient rude !

LES PHRASES CLÉS

Bonjour, avez-vous de la disponibilité pour une chambre double pour ce soir ou demain soir ?
Hei, har dere et ledig dobbeltrom i kveld eller i morgen?

Avez-vous un code wifi… les enfants ne tiendront pas sans !
Har dere et wi-fi-passord? Ellers blir ungene mine tullete!

C'est bruyant, est ce que je peux changer de chambre ?
Det er mye støy, kan jeg flytte til et annet rom?

Jusqu'à quelle heure est-ce que nous pouvons aller à la salle de sport et à la piscine ?
Når stenger svømmebassengen og gymen?

Est-ce que je peux laisser mon bagage et revenir plus tard le récupérer ?
Kan jeg sette igjen bagasjen og hente den senere?

Est-ce que vous pouvez nous appeler un taxi ? Merci beaucoup.
Kan du ringe etter en drosje? Tusen takk!

ALLO ?

- Pour téléphoner depuis la Norvège vers la France, composez le 00 33 puis le numéro de votre correspondant sans le zéro initial.
- Pour téléphoner de France vers la Suède, vous devez composer le 00 47, suivi du numéro.
- Utiliser son téléphone mobile : depuis juin 2017, dans le cadre de l'UE, les frais de *roaming* ont été supprimés. Appeler quelqu'un de France ou d'un autre pays membre coûte le même prix. Pour éviter les mauvaises surprises, renseignez-vous quand même auprès de votre opérateur.

ACCESSIBILITÉ

- Si vous présentez un handicap physique ou mental ou que vous partez en vacances avec une personne dans cette situation, différents organismes et associations s'adressent à vous. Pour les personnes à mobilité réduite ou souffrant de handicap, certains hôtels mettent à disposition des chambres adaptées. Il est possible d'organiser un service d'aide médicale pour assister les personnes à mobilité réduite afin qu'elles puissent participer à des activités en plein air. En ville, rampes, ascenseurs, escaliers mécaniques et trottoirs rabaissés sont très fréquents. La plupart des passages pour piétons sont dotés d'indications acoustiques pour faire savoir aux malvoyants le moment où ils peuvent traverser. Les transports publics mettent à disposition du personnel (en veste jaune, le plus souvent dans les gares) afin d'aider les voyageurs à mobilité réduite à monter et à descendre du véhicule. Il faut nécessairement les prévenir 48h à l'avance mais c'est le plus souvent gratuit.
- Voyager avec des enfants est très facile en Norvège, et la plupart des services sont accessibles avec des poussettes. La plupart des restaurants proposent des menus spécifiques et disposent de chaises pour bébés à disposition et les lieux touristiques proposent souvent des salles pour changer les couches.

SANTÉ

Attention aux morsures de tiques. Il est recommandé d'être prudent lors des promenades en forêt entre avril et octobre. Il est impératif de se protéger contre les moustiques en randonnée !

URGENCES SUR PLACE

Le plus simple et efficace sera de composer le 113, qui s'apparente au SAMU français. Une fois l'ambulance sur place, le personnel jugera de la gravité des blessures et décidera s'il convient de transporter la personne à l'hôpital ou non. Les hôpitaux publics possèdent tous une section d'urgence ouverte 24h/24.

- **Pompiers :** 110
- **Urgences médicales :** 113
- **Police :** 112
- **Appli pour téléphone mobile : Hjelp 113.** https://norskluftambulanse.no/hjelp113

© MOSTOVYI SERGII IGOREVICH - SHUTTERSTOCK.COM

SÉCURITÉ

La nuit, presque tous les Norvégiens portent un petit réflecteur accroché à leur sac ou leur manteau. On ferait bien de faire pareil !

Vigilance au Svalbard, où les ours polaires sont rois. Vous êtes ici chez eux, et on ne plaisante pas avec le danger qu'ils représentent !

LGBTQ

La communauté LGBTQ+ est très intégrée et soutenue. Vous trouverez de nombreux bars et hôtels affichant un drapeau arc-en-ciel. La Norvège est devenue en juin 2008 le sixième pays à légaliser le mariage entre personnes du même sexe ainsi que l'adoption d'enfants par les couples gay. Le « tourisme marital » se développe donc dans un pays où la population est assez ouverte sur le sujet.

AMBASSADE ET CONSULATS

L'ambassade de France en Nirvège se trouve à Drammensveien 69, 0244 Oslo, joignable au ✆ +47 23 28 46 00.

POSTE

Les bureaux de poste ont été transférés dans les magasins et petits supermarchés.

LES PHRASES CLÉS

Bonjour, mon téléphone ne fonctionne pas, pouvez-vous m'aider s'il vous plait ?
Hei, telefonen min virker ikke, kunne du være så snill og hjelpe meg?

Je ne me sens pas bien, pouvez-vous m'amener à l'hôpital le plus proche ?
Jeg kjenner meg uvel, kan du ta meg til sykehuset?

Est-ce que vous avez un médecin qui parle français ?
Har dere en lege som snakker fransk?

Je viens de me faire voler mes papiers, où est le poste de Police le plus proche ?
Passet mitt er stjålet, hvor er politistasjonen?

Est-ce un quartier dangereux ou je peux y aller sans crainte ?
Er dette området farlig, eller kan jeg gå trygt omkring?

Avez-vous des timbres pour une carte postale à envoyer en France ? C'est combien ?
Jeg trenger frimerker til et postkort til Frankrike. Hvor mye koster det?

DÉCOUVRIR

Peu importe la saison ou l'endroit, la nature norvégienne est exubérante et dévorante. Les Norvégiens savent vivent en harmonie avec la nature, que ce soit dans les terres ou sur les rives d'un fjord. Randonnée, canoë-kayak, traîneau à chiens, ski, patins à glace..., une multitude de sports sont pratiqués en Norvège, où la population alterne allègrement entre les sports d'hiver et d'été. Nation pétrie d'histoire, certaines influences d'hier perdurent encore aujourd'hui. La faune et la flore vivent au rythme des saisons sur ces terres au climat tantôt rude, tantôt très doux. Pionnière en matière d'environnement « grâce » au pétrole, on sait néanmoins que le 100 % électrique n'est pas la solution, mais bien plutôt la baisse de la consommation, ce sur quoi les Norvégiens (comme tous les pays !) ont encore bien des progrès à faire. Voici quelques dossiers pour appréhender ce fabuleux pays aux mille contrastes qu'est la Norvège.

UN PAYS DE FJORDS

Il est difficile, voire impossible de songer à la Norvège sans que les fjords s'immiscent dans nos pensées tant ils sont associés à ce pays. Et pour cause, ils rythment la vie des Norvégiens qui vivent sur la côte mais aussi celle des visiteurs qui la parcourent. L'immensité des falaises abruptes qui se jettent dans une eau bleu profond découpe les côtes norvégiennes comme de la dentelle, car les fjords sont en réalité d'anciennes vallées glaciaires, creusées par la fonte et le retrait progressif des glaciers. D'un côté du fjord ou de l'autre, le paysage n'est jamais le même et la luminosité change au gré des nuages qui vagabondent. Restés sauvages parce que les habitants savent protéger leur patrimoine naturel, ces bras de mer dans la terre accueillent des villes et des villages où il fait décidément bon passer du temps. Le Geirangerfjord et le Nærøyfjord sont d'ailleurs classés au patrimoine mondial de l'Unesco depuis 2005.

Formation d'un fjord

Afin de mieux comprendre la topographie particulière des fjords, il est utile de retracer l'histoire des glaciers. Ces masses gigantesques de glaces, formées par l'accumulation de couches de neige successives, se déplacent sous l'effet de la gravité, de leur poids et de la nature du substrat sur lequel elles se trouvent. Ces déplacements érodent le paysage et laissent l'empreinte de leur passage, creusant parfois des « vallées glaciaires ». Lorsque le glacier se retire progressivement de la vallée à cause du déséquilibre entre l'apport de neige en amont et la fonte du front glaciaire en aval, ces vallées glaciaires se retrouvent à découvert. Or il s'avère que le fond de ces vallées qui s'apprêtent à former des fjords se situe en dessous du niveau de la mer, ce qui permet aux eaux maritimes de s'engouffrer naturellement dans la vallée vidée de son glacier : le fjord est né !

Découverte du fjord Stranda en kayak.

Salinité des eaux d'un fjord

L'eau d'un fjord est composée à parts inégales d'eau de mer salée et d'eau douce provenant des lacs, des rivières et des cours d'eau alimentés par la fonte des neiges. Il s'agit d'une eau saumâtre dans laquelle l'eau salée et l'eau douce se mélangent en réalité peu car elles n'ont ni la même salinité ni la même température. Les fjords sont d'ailleurs pour cette raison considérés comme des estuaires par les océanographes. L'eau douce riche en oxygène et en nutriments forme la couche supérieure car elle est moins dense que l'eau salée. Cette stratification des eaux est accrue par l'absence d'agitation et l'eau profonde a tendance à stagner. Si l'on ajoute à cela l'absence de lumière caractéristique des profondeurs, on obtient un milieu anoxique (manque de dioxygène) et oligotrophe (pauvre en nutriments). Dans un tel milieu, la biodégradation des polluants produits par l'espèce humaine et qui se retrouvent dans l'océan est encore plus lente et difficile qu'ailleurs.

Des eaux très poissonneuses

De multiples espèces de poissons peuplent les fjords : cabillaud (*Torsk*), loup de l'Atlantique (*Steinbit*), flétan (*Kveite*), merlu (*Lysing*), églefin (*Hase*), maquereau (*Makrell*), et bien sûr le saumon pour n'en citer que quelques-uns. Née dans les lacs et les rivières, la truite des fjords ou de mer (*Sjøørret*) arrive néanmoins à s'adapter parfaitement à l'eau des fjords parce qu'elle est froide et pauvre en sel. Par ailleurs, la chaleur du Gulf Stream (courant océanique chaud qui s'écoule de la Floride aux côtes groenlandaises) conduit à une production importante de plancton qui attire de d'immenses bancs de poissons plus gros, qui eux-mêmes appâtent des espèces encore plus grosses, comme les phoques. La plupart des populations de poissons tend à augmenter parce que la Norvège applique une règlementation très stricte pour la pêche avec un système de quotas sévère et très respecté.

© VOYAGERIX - SHUTTERSTOCK.COM

Geirangerfjord.

DÉCOUVRIR

Pêcher dans les fjords

Les amateurs de pêche ne seront pas en reste puisqu'il est souvent possible de réserver une sortie de pêche en mer à la demi-journée ou à la journée, ce qui vous permettra par la même occasion de visiter les fjords d'une façon différente. Si vous venez en camping-car ou en voiture, vous pouvez sans crainte apporter votre propre matériel de pêche et vous adonner à votre passion depuis la côte sans avoir à acheter un permis ou une licence (sauf pour la pêche en eau douce). Sachez en revanche que les autres poissons et la pêche de manière générale sont aussi soumis à des règles très strictes selon les périodes, les variétés de poissons et leurs tailles, alors n'oubliez pas de bien vous renseigner auprès des offices de tourisme et organismes de pêche avant toute sortie en mer. Voici quelques-unes de ces règles : ne pas prélever des espèces protégées, respecter les périodes de reproduction et la taille minimum, se tenir à 100 m minimum d'une ferme aquacole et interdiction de vendre ses prises. Il faut aussi savoir que depuis quelques années, il est interdit de pêcher le cabillaud dans le fjord d'Oslo, et ce toute l'année, afin de permettre à l'espèce de se régénérer.

Meilleure période pour profiter des fjords

La fin du printemps et la courte période estivale sont particulièrement propices à la visite des fjords notamment parce que la fonte des neiges entraîne la formation d'une multitude de cascades et de ruisseaux le long des parois rocheuses. Les plantes littorales ne sont pas en reste et c'est une explosion de couleurs et de formes qui s'offre à vous car la nature sait que l'hiver n'est déjà pas bien loin… Avis aux amateurs, prenez un petit kit d'aquarelle avec vous et démarrez un carnet de voyage, ce sont les meilleurs souvenirs ! Au mois de juin, les journées sans fin sont un autre argument de choix car vous aurez la possibilité de prendre tout le temps qu'il vous faut pour aller d'un endroit à l'autre sans vous inquiéter des distances ou de l'obscurité. L'automne peut aussi être une bonne option pour visiter les fjords : couleurs automnales qui se reflètent dans les eaux calmes, sommets déjà saupoudrés de neige, moins de visiteurs en général et particulièrement pour les randonnées et les sorties en ferry ou en kayak. C'est aussi une bonne période pour trouver des girolles dans les sous-bois près des fjords ! Gardez toutefois en tête que certains hôtels et campings ferment aux alentours du 15 septembre et il faut donc prévoir son hébergement encore plus en amont.

Comment visiter un fjord

Il peut sembler compliqué à première vue de visiter un fjord. On peut le contourner en voiture, s'arrêter de temps à autre pour marcher un peu, s'installer dans un café pour déguster une part de *Kringle* (pâtisserie aux amandes) accompagnée d'un *Gløgg* (vin chaud épicé) et admirer la vue. Pour les plus sportifs, il existe aussi de nombreux chemins qui longent les fjords : cartes IGN locales, web et conseils des locaux vous fourniront assez d'indices pour une belle rando. Par ailleurs, de nombreuses compagnies proposent des tours en ferry pour les explorer depuis l'eau. Au pied des falaises et des chutes d'eau gigantesques, l'impression est autre et l'on se sent soudain tout petit ! Parcourir les fjords en kayak (en prêtant bien sûr attention à la météo et aux courants) peut s'avérer une très belle autre façon de lier activité physique et découverte d'un nouvel environnement. Tout le long de la côte ouest, vous trouverez sans peine de nombreuses entreprises qui louent des kayaks et/ou proposent des excursions guidées.

TOP 10

FJORDS

Selon le temps dont vous disposez et votre moyen de transport, quelques fjords valent particulièrement le détour, tantôt par ce qu'ils dégagent de spectaculaire, tantôt par le paysage alentour, les villages pittoresques qui le bordent, ou encore les activités annexes et parfois insolites que proposent les locaux.

SALTFJORD

Situé à l'est de Bodø, il abrite un détroit connu pour ses courants de marée parmi les plus puissants du monde, le *Saltstraumen*.

© RELAXFOTO.DE - ISTOCKPHOTO.COM

SOGNEFJORD

204 km à l'intérieur des terres et des falaises s'élevant à 1 800 m en font l'un des plus grands fjords de Norvège.

© BRUEV - ISTOCKPHOTO.COM

NÆRØYFJORD

Il fait partie du grand Sognefjord et s'étend sur 17 km avec de séduisants chalets en bois colorés.

© SIMONDANNHAUER - ISTOCKPHOTO.COM

NORDFJORD

Glaciers scintillants, montagnes à perte de vue et vallées arborées donnent un aspect majestueux à ce fjord du Vestland.

© NATALIYA NAZAROVA - ISTOCKPHOTO.COM

GEIRANGERFJORD

Avec ses cascades impressionnantes et son petit port, ce fjord est souvent considéré comme le plus beau de Norvège.

© MMUENZL - ISTOCKPHOTO.COM

LYSEFJORD

Littéralement « fjord de lumière », il s'admire particulièrement bien du rocher de Preikestolen.

© NO_LIMIT_PICTURES - ISTOCKPHOTO.COM

BOKNAFJORD

Le tunnel sous-marin le plus long (27 km) et profond (392 m au point le plus bas) du monde y est en cours de construction.

© LANDSCAPE NATURE PHOTO - SHUTTERSTOCK.COM

HARDANGERFJORD

Si vous avez la chance d'y aller, ne manquez pas le *Trolltunga*, ce rocher qui domine le lac Ringedalsvatnet.

© ALEXEMANUEL - ISTOCKPHOTO.COM

LYNGENFJORD

Situé tout au nord du pays, entre Tromsø et Alta, ce fjord très préservé offre de nombreuses activités.

© FOLGT - ISTOCKPHOTO.COM

OSLOFJORD

Rien de tel que ce fjord de 17 km de long parsemé d'îles paradisiaques pour entamer votre découverte du pays !

© RUSM - ISTOCKPHOTO.COM

GÉOGRAPHIE

Pays le plus à l'ouest de l'Europe du Nord, la Norvège forme avec la Suède et la Finlande la péninsule scandinave. S'étirant du 58e au 71e parallèle, avec 2 000 km du nord au sud, la Norvège est l'un des pays les plus septentrionaux au monde, couvrant pas moins de 13° de latitude de l'Europe à l'Arctique. Reliefs et paysages variés la composent : montagnes, fjords qui découpent les côtes, glaciers, forêts, lacs, cascades, plages de sable blanc et eaux turquoise ou terres désertiques… la nature revêt ici mille visages. La Norvège a une superficie de 385 200 km^2, incluant les 61 022 km^2 de l'archipel du Svalbard. Elle compte 5,35 millions d'habitants qui vivent principalement autour de la capitale Oslo et sur la côte, où sont situées les autres grandes villes : Stavanger, Bergen et Trondheim. Les villes de Norvège sont bien desservies par des axes routiers, un réseau de vols intérieurs très développé, des réseaux ferroviaires et de bus efficaces ainsi que des liaisons ferry fréquentes.

L'eau sous toutes ses formes

Salée ou douce, liquide ou solide, la Norvège est un pays où l'eau est omniprésente. Entourée par la mer du Nord au sud-ouest, par la mer de Norvège à l'ouest, par la mer de Barents au nord et par le passage maritime Skagerrak au sud, la Norvège possède parmi les plus longues côtes du monde (près de 25 150 km) et ce sans compter les 50 000 îles ! Si le degré de salinité dans l'eau du large est importante, elle l'est beaucoup moins dans les fjords car ils accueillent l'eau douce qui arrive des glaciers. Parmi les 19 rivières et fleuves principaux formés par les eaux de pluie, les lacs, la fonte des neiges et des glaciers, le plus long est le Glomma qui s'étire sur environ 600 km depuis le sud-est du Trøndelag (comté au centre du pays) jusqu'à Fredrikstad, ville portuaire au sud-est du fjord d'Oslo.

Des montagnes pas si hautes que ça

Le relief norvégien est constitué à 47 % de la chaîne des Alpes scandinaves. Excepté dans les environs d'Oslo, le pays est formé principalement de hautes terres et de plateaux, comme le Hardangervidda situé au centre du sud du pays ou la pénéplaine du Finnmark (Finnmarkvidda) qui constitue une large partie du nord de l'extrême nord du pays. Si l'altitude en Norvège est presque toujours supérieure à 500 m et qu'il y a plus de 300 sommets de plus de 2 000 m, la montagne la plus élevée de Norvège ne culmine qu'à 2 469 m au-dessus du niveau de la mer. Située dans le massif de Jotunheimen, l'un des 47 parcs nationaux, le Galdhøpiggen est aussi le plus haut sommet d'Europe du Nord. Du fait de sa latitude et malgré une moyenne d'altitude de 460 m, un tiers du relief se situe au-dessus de la limite des arbres.

Division territoriale

La Norvège est divisée en cinq régions (*Landsdeler*) dont les délimitations sont fondées sur des critères géographiques et linguistiques : Sørlandet, Østlandet, Vestlandet, Trøndelag, et Nord-Norge. Ces régions sont ensuite divisées en 11 comtés (*Fylker*) qui assurent d'importantes fonctions administratives et sont des intermédiaires entre l'État et les communes (*Kommuner*). Ces onze *fylker* sont : Agder, Innlandet, Møre et Romsdal, Nordland, Oslo, Rogaland, Vestfold et Telemark, Troms et Finnmark, Trøndelag, Vestland et Viken. Au niveau local, la Norvège compte 356 communes (*kommuner*), alors qu'il y en avait encore 747 en 1930. Les communes sont chargées d'un certain nombre de domaines : éducation primaire, soins ambulatoires, services aux aînés, routes municipales, développement économique et autres services sociaux.

© TRIDLAND - ISTOCKPHOTO.COM

Henningsvær dans les îles Lofoten.

NATURE

Avec ses vastes étendues sauvages, sa nature préservée et une faible densité humaine, la Norvège est un havre de paix pour de nombreuses espèces animales et végétales qui s'adaptent au climat particulièrement rude. Des hivers longs et rigoureux où il faut apprendre à braver le froid, à trouver sa nourriture sous la neige, à se protéger du vent et de la pluie. Entre forêts et littoral, les habitats écologiques sont multiples et la diversité des reliefs et des climats favorisent la biodiversité. Les Norvégiens sont conscients de la richesse de la nature qui les entoure et la sauvegarde de l'environnement est une des priorités du pays. Habitués depuis l'enfance à être proches de la nature, ils respectent scrupuleusement et naturellement les règles environnementales culturelles ou légales. La Norvège compte 25 parcs nationaux aux paysages très divers : plateaux immenses, glaciers, fjords, montagnes, forêts de sapins...

Des eaux encore très poissonneuses

Cabillauds, poissons plats, maquereaux..., la Norvège compte une population très variée de poissons qui jouissent des eaux froides. Saumons, truites et ombles de mer peuplent quant à eux aussi bien les rivières que la mer. Au nord du pays, on trouve également des poissons venus de la Baltique par la Russie comme la perche, la féra ou le brochet.

Les mammifères marins

On trouve en Norvège des cétacés (baleines, dauphins, orques) et des pinnipèdes (phoques). Les baleines s'approchent des côtes norvégiennes principalement pendant la période estivale qui est leur saison de reproduction, mais on peut aussi apercevoir des cétacés presque tout au long de l'année. Si les baleines à dents se nourrissent de poissons de bonne taille, de calamars et même de phoques pour les orques, les baleines à fanons filtrent quant à elles leur nourriture grâce à leurs fanons. Douze espèces de baleines sont actuellement considérées comme menacées à cause de la surpêche. Le gouvernement norvégien autorise la chasse aux phoques et la subventionne à 80 % (environ 2,5 millions NOK, soit 250 000 euros). En 2020, le quota s'élevait à 18 548 spécimens et la présence d'un inspecteur du bien-être animal n'était pas obligatoire. De nombreuses ONG et groupes de protection animale luttent pour l'interdiction de la chasse au phoque.

Requins

On trouve également dans les eaux norvégiennes la petite roussette, qui mesure 80 cm environ et vit sur des fonds de sable ou de gravier à une profondeur de 20 m à 400 m. On rencontre aussi le long de la côte norvégienne et

Phoque dans le Svalbard.

© STEFFEN.E - SHUTTERSTOCK.COM

Petite roussette.

dans la plupart des fjords le requin du Groenland (*Somniosus microcephalus*), une espèce qui vit dans les profondeurs, pèse plus d'une tonne, mesure jusqu'à 8 mètres de long et est capable de vivre près de trois siècles ! Il est aujourd'hui classé parmi les espèces menacées.

Canis lupus

La Norvège abrite actuellement une population de loups supérieure aux objectifs officiels mais la pérennité de cette espèce reste tout de même fragile. En 2016, un programme de régulation d'espèces du gouvernement norvégien prévoyait d'abattre 47 loups alors que ce mammifère est en voie d'extinction et que le pays n'en compte qu'une soixantaine ! Le ministère du Climat et de l'Environnement norvégien admit finalement qu'abattre 70 % des loups du pays violerait la Convention de Berne sur la conservation de la vie sauvage et du milieu naturel de l'Europe.

Les oiseaux

La Norvège est peuplée de très nombreuses variétés d'oiseaux, avec 300 espèces parmi les 9 000 espèces recensées dans le monde. La côte ouest est un petit paradis pour les oiseaux de mer. Elle accueille de nombreuses espèces qui vivent sur les hauteurs des petites îles le long de la côte, se nourrissent et dépendent du poisson. Depuis la fin des années 1970, des espèces d'oiseaux disparaissent, conséquence de la surexploitation de poissons, comme le hareng, le capelan ou les maquereaux. Parmi les oiseaux de mer que vous pourrez observer : les fous de Bassan, les cormorans, les guillemots de Troïl ou arctiques, l'aigle de mer, le pingouin, les macareux ou le faucon pèlerin... L'île de Runde (comté de Møre et Romsdal) accueille une grande colonie d'oiseaux de mer estimée à 600 000 oiseaux, en majorité composée de macareux moine, de mouette tridactyle et de guillemot de Troïl. Le nord de la Norvège abrite la plus grande population de pygargues à queue blanche d'Europe. Dans le Finnmark, on peut voir des espèces originaires de l'Arctique comme l'eider de Steller, l'eider à tête grise, la mésange lapone et le pipit à gorge rousse, mais aussi la chouette épervière, le pic tridactyle, le guillemot de Brünnich ou encore la chouette cendrée.

Rangifer tarandus

Emblématiques de la Norvège, les rennes se sont installés à la fin de l'ère glaciaire en colonisant les plateaux de la toundra. Pelage long et fourni, queue et museau courts, sabots évasés pour mieux marcher sur les terrains meubles et la neige, le renne s'est parfaitement adapté à son environnement. Il se sert de ses sabots pour trouver de la nourriture en hiver, sous la neige. Excellent nageur, le renne se sert également de ses sabots comme pagaies. Dans les régions polaires, les yeux du renne s'adaptent à la luminosité changeante au cours des saisons : marron doré en été et bleu profond en hiver. Chez les rennes, contrairement aux autres cervidés, les mâles et les femelles arborent des bois. Ce sont des organes osseux vascularisés recouverts de velours (qui assurent la protection, l'innervation et la vascularisation). Ce tissu tégumentaire tombe quand la croissance osseuse est finie et que démarre la période de rut, à la fin de laquelle les bois se détachent du crâne (au début de l'hiver pour les mâles, au printemps pour les femelles). Puis le cycle recommence, de nouveaux bois repoussent, ce qui est unique aux bois de cervidés !

Le renne est un animal migrateur doté d'une adaptation remarquable au climat et aux ressources alimentaires limitées, ce qui lui a d'ailleurs permis de côtoyer le mammouth et le rhinocéros laineux ! Il se nourrit principalement de lichens, mais aussi de plantes, de buissons et d'herbe. L'hiver, il survit en grande partie grâce aux réserves accumulées l'été. Avec une vitesse de pointe aux alentours de 80 km/h, un renne en bonne santé est capable de semer ses principaux prédateurs que sont les loups et les ours bruns, noirs et polaires. La femelle peut avancer ou retarder la mise à bas (habituellement en juin) du petit faon en fonction des conditions climatiques ! Dans l'archipel du Svalbard, au nord de la Norvège, on trouve la plus petite des neuf sous-espèces de rennes, la *Rangifer tarandus platyrhynchus*. Comme tous les animaux, le renne est influencé par le réchauffement climatique et les catastrophes d'origine humaine, comme Tchernobyl : les lichens et les champignons absorbant très bien le césium radioactif, le lait des rennes était devenu radioactif et néfaste pour toute l'espèce et pour les humains qui consomment sa chair, entraînant l'abattage de milliers d'animaux. La relation entre les rennes et les hommes remonte à la Préhistoire et plus précisément probablement au paléolithique supérieur, en attestent par exemple les perçoirs en bois de rennes et les gravures rupestres. La domestication du renne en Norvège a débuté avec le peuple sâme qui la pratique encore aujourd'hui et il existe également de nombreux élevages de rennes.

La flore

Du fait de la latitude de la Norvège, on y trouve au bord de l'eau des fleurs, baies et champignons qui poussent plutôt dans les montagnes en France. Les montagnes représentent trois quarts du territoire du pays et sont recouvertes de forêt qui recouvre une bonne partie de la Norvège et est surtout constituée de pins, de feuillus (bouleau) et d'épicéas (sapins). Favorisée par cette humidité, la végétation s'adapte en fonction de la température et de la lumière. Au-dessus du vaste domaine des grandes forêts de pins et de sapins, les bouleaux s'étagent en altitude pour céder la place à la zone alpine. Ce sont ces forêts boréales qui dominent la majeure partie du pays. Dans le Grand Nord, la toundra étale son tapis de mousse et de lichens parmi les bouleaux arctiques et les saules nains. Semblable à de la lande, souvent marécageuse, la toundra est recouverte d'une végétation de mousses, de bruyères et de myrtilles, qui s'éclaircit de plus en plus jusqu'aux neiges éternelles. Dans l'est et le centre du pays, les forêts de sapins dominent. La flore de la Norvège est étroitement liée au climat. L'ouest du pays au climat doux et à la neige quasi inexistante voit ainsi par exemple se développer des landes de bruyère pourpre ou de houx. Le pin domine l'ensemble du pays, résistant aux longues périodes de froid. Du sud du pays à Trondheim, on trouve aussi du chêne, du tilleul, de l'érable, du noisetier ou encore de l'orme. Dans le nord, on trouvera des arbres feuillus encore plus résistants comme le bouleau, le sorbier ou l'aulne. Dans les montagnes, certaines espèces de fleurs rappellent celles que l'on trouve dans les Alpes, comme par exemple la renoncule des glaciers. De nombreuses plantes présentes en Norvège ne se retrouvent ailleurs qu'au Canada et plusieurs variétés de plantes américaines poussent dans deux endroits bien précis du nord et du sud de la Norvège.

Le renne, emblème du pays.

LE CRABE ROYAL DU KAMTCHATKA

GASTRONOMIE, ÉCOSYSTÈME ET ÉCONOMIE : UN MARIAGE POSSIBLE ?

Introduits pour nourrir

Dans les années 1960 des scientifiques soviétiques ont eu l'idée d'implanter au large de Mourmansk (Russie) des crabes originaires du Kamchatka dans l'Extrême-Orient russe. Le crabe royal du Kamtchatka est aussi appelé crabe rouge de Norvège ou encore crabe de Staline. Des milliers de spécimens avaient alors été prélevés dans l'océan Pacifique et transportés jusqu'à la mer de Barents qui borde la Russie occidentale et la Norvège. L'objectif de l'époque pour l'URSS était d'améliorer le quotidien des populations pauvres en proposant une nouvelle ressource exploitable aux pêcheurs. Chassé par le poisson-loup dans le Pacifique, le crabe royal n'a pas de prédateur dans sa nouvelle demeure, ce qui permet à l'espèce de se reproduire de façon spectaculaire, les femelles adultes pouvant pondre jusqu'à 40 000 œufs par an. Les crabes royaux se sont très bien adaptés à leur nouvel environnement et ont eu tôt fait de passer en Norvège. Lorsque les pêcheurs norvégiens ont remonté les premiers spécimens dans leurs filets au début des années 2005, la surprise était de taille, les plus grosses prises pouvant atteindre 2 m d'envergure et peser une douzaine de kilos. *Red king crab* en anglais, *Kongekrabbe* en norvégien, *Paralithodes camtschaticus* en latin, le plus grand crustacé du monde n'a pas fini de faire parler de lui.

Les papilles et le porte-monnaie

Quand le crabe royal est apparu sur les côtes norvégiennes, les pêcheurs n'avaient pas le droit de les garder et devaient les relâcher alors même que les crabes se comptaient par milliers et endommageaient sérieusement les filets. Peu à peu, les pêcheurs et le gouvernement se sont rendu compte que la chair savoureuse de ce crustacé ressemblait à s'y méprendre à celle du homard et que les pinces énormes offraient de nombreuses possibilités. La pêche de « l'or rouge » est alors autorisée et des quotas sont instaurés. Une fois pêchés, les crabes sont étiquetés puis envoyés frais ou surgelés dans les capitales du monde entier pour garnir les tables des meilleurs restaurants. L'industrie se porte si bien qu'il existe aujourd'hui des fermes aquacoles spécialisées dans le crabe royal, dont certaines qui arrivent même à faire éclore des larves. Des entrepreneurs norvégiens sont d'ailleurs en train d'implanter des aquariums-viviers dans quelques grands restaurants des capitales européennes pour mettre en valeur ce crustacé. Le crabe royal est une aubaine financière et il est aujourd'hui commercialisé à travers le monde. Au cours de votre séjour, vous aurez sûrement l'occasion de voir que les chefs cuisiniers norvégiens les mettent souvent à l'honneur. Dans le Finnmark, où des quotas ont été mis en place pour l'industrie touristique liée à la pêche, il est aussi possible d'aller soi-même pêcher le *Kongekrabbe*. Le crabe royal coûte environ entre 100 et 150 € le kilo, prix très élevé qui fluctue sans arrêt en fonction des quotas instaurés et de l'économie. Un rapport de 2020 de la F.A.O. (Organisation des Nations unies pour l'alimentation et l'agriculture) explique par exemple que le Covid-19 a engendré une baisse du commerce des fruits de mer dans le monde (restaurants fermés, transport plus compliqué), engendrant une baisse de 8 % du prix du crabe royal.

Un problème pour l'écosystème ?

Si la pêche de ces crabes gigantesques a été autorisée et même encouragée, c'est au départ en grande mesure parce qu'ils dévorent tout sur leur passage, avec un régime alimentaire allant des poissons aux plantes et aux crustacés. Dans son environnement naturel, c'est un maillon central de la chaîne alimentaire et il est lui-même mangé par les poissons-loups. Seulement, dans les mers de Norvège, il n'a pas de véritables prédateurs, ce qui fait de lui une espèce invasive menaçante. En effet, ces crabes ratissent le fond des océans et se reproduisent très vite, ce qui bouleverse en peu de temps les écosystèmes en place. Il semblerait que les volumes de pêche autorisés soient relativement faibles au regard de l'accroissement exponentiel de la population de ces crabes. L'UICN (Union internationale pour la conservation de la nature) a d'ailleurs pour le moment donné le statut de « non évalué » à cette espèce. Cependant, la surpêche concerne presque tous les océans, mers et grands lacs du monde, empêchant la reconstitution des stocks. En 2021, si la population de crabes royaux du Kamtchatka n'est pas en danger, il faut aussi prendre en compte d'une part que la pêche intensive provoque des dégâts en eaux profondes et détruit les fonds marins et d'autre part que la hausse de la température des océans due au réchauffement climatique modifie considérablement les écosystèmes. Alors le crabe, oui, mais avec parcimonie !

TOP 10

PLANTES COMESTIBLES

Si la Norvège autorise la cueillette des baies, des champignons et des fleurs sauvages pour usage personnel, pensez à récolter avec parcimonie, la nature est précieuse ! Législation spéciale pour les plaquebières dans le nord de la Norvège. Les noms des plantes en norvégien sont indiqués entre parenthèses.

PLAQUEBIÈRE [MULTE]

Aime l'altitude et les endroits humides. Ces baies jaunes sont riches en vitamine C. Cueillette réglementée.

© EKELY - ISTOCKPHOTO.COM

ÉPILOBE [GEITRAMS]

Les jeunes pousses d'épilobe se préparent comme les asperges et les feuilles et fleurs en salade.

© ANETLANDA - SHUTTERSTOCK.COM

CHÉNOPODE [MELDESTOKK]

Les feuilles de chénopodes [*Chenopodium album*] se dégustent bien en soupe et en pesto.

© SEVEN75 - ISTOCKPHOTO.COM

MYRTILLE [BLÅBÆR]

Se ramasse dans les sous-bois en début/fin d'été selon la région. Elle contient plus d'Omega 3 que le saumon !

© IVAR ØSTBY SIMONSEN - ISTOCKPHOTO.COM

MILLEPERTUIS [PERIKUM]

Récolte juillet/août. Bourgeons et sommités fleuries séchés en infusions, frais en macérât huileux.

© HHELENE - ISTOCKPHOTO.COM

PISSENLIT [LØVETANN]

Tout se mange dans les jeunes pousses de pissenlit [*Taraxacum officinale*]. Diurétique et digestive.

© JAN ROZEHNAL - ISTOCKPHOTO.COM

ORTIES [STORNESLE]

Riches en nutriments, les orties se cuisinent en soupe, en pesto, dans les smoothies ou en omelettes.

© MAGDASMITH - ISTOCKPHOTO.COM.JPG

REINE DES PRÉS [MJØDURT]

Tanins [feuille + tige] et flavonoïdes [fleur]. La *Filipendula ulmaria* s'utilise sèche ou fraîche.

© ALASDAIRJAMES - ISTOCKPHOTO.COM

GENÉVRIER [EINER]

Les branches en tisane ou pour faire griller le maquereau, les baies lorsqu'elles sont bleu foncé.

© BAIAJAKU - ISTOCKPHOTO.COM

AIRELLES [TYTTEBÆR]

À récolter fin août/début septembre lorsque les baies sont rouge foncé. Sauces ou confiture.

© JTEIVANS - ISTOCKPHOTO.COM

CLIMAT

Lorsque vous avez dit à vos proches que vous partiez en Norvège, vous ont-ils conseillé de vous habiller chaudement ? Si vous lisez ces quelques lignes avant de faire votre valise, sachez que s'il faut effectivement prendre de bons vêtements contre la pluie, le vent et le froid quelle que soit la saison, glissez aussi dans votre sac sandales, robes et shorts si vous y allez en été. Le climat varie considérablement entre le nord et le sud du pays, mais aussi entre les côtes et l'intérieur des terres. Selon les régions, le froid mordant de l'hiver laisse souvent place à des températures avoisinant les 25 °C en été. En juillet 2021, l'eau du fjord d'Oslo a même atteint 24 °C par endroits ! Quant à la luminosité, il est à parier que les nuits à rallonge de l'été dans le nord du pays vous désorienteront autant que les longues nuits noires de l'hiver qui permettent de profiter des ambiances intérieures particulièrement chaleureuses.

Un pays, 5 climats

Bien qu'elle soit située au nord de l'Europe, la Norvège bénéficie d'un climat plus doux que dans l'imaginaire et ce, surtout grâce au Gulf Stream, ce courant d'eau chaude qui va de la mer des Caraïbes, traverse l'océan Atlantique et longe les côtes norvégiennes jusqu'au cap Nord. Ainsi, alors que les températures peuvent être rudes à l'intérieur des terres, les fjords ne sont quant à eux presque jamais recouverts de glace l'hiver. À Tromsø par exemple, ville située sur la côte tout au nord de la Norvège, la température moyenne en hiver n'est que de -4 °C, alors qu'à Karasjok, située sous la même latitude que Tromsø mais à l'intérieur du plateau du Finnmark, le thermomètre peut descendre l'hiver jusqu'à -50 °C. Le Gulf Stream adoucit le climat maritime de sorte que dans les fjords, les rives sont verdoyantes et l'eau descend rarement en dessous de zéro. Aujourd'hui, l'arrêt progressif du Gulf Stream à cause du réchauffement climatique entraîne peu à peu de nombreuses modifications irréversibles du climat, et notamment un refroidissement de l'eau là où passent actuellement les courants chauds.

- La côte ouest : avec ses nombreux fjords, elle est très exposée à l'influence maritime. Son climat est frais et humide avec de la pluie et du vent, mais des températures relativement clémentes.
- La côte nord de la Norvège : elle est un peu plus froide, même si la mer ne gèle pas encore à cette latitude, ce qui en fait un cas unique au monde. Ceci est dû à nouveau à l'influence d'une branche du Gulf Stream qui arrive jusque-là.
- La côte sud-sud-est : son climat est moins influencé par l'océan que la côte ouest. Ainsi, elle est moins humide mais plus froide en hiver et plus chaude en été.
- Les zones intérieures : climat continental, froid et neige l'hiver, doux en été et climat de montagne en altitude.
- Le Sud-Est de la Norvège : climat baltique-continental, froid et neige en hiver, doux en été. Pluie plus fréquente l'été et l'automne.

Quand les nuages rencontrent les montagnes

Les précipitations abondantes sur la côte ouest sont une autre conséquence de ce phénomène climatique et de la géographie où la mer côtoie les montagnes. Le Gulf Stream réchauffant la mer, il y a plus d'évaporation et donc plus de nuages. Ceux-ci viennent ensuite buter sur les montagnes et se transformer à nouveau en pluie. Entourée de montagne et située sur les fjords dans le sud-ouest de la Norvège, la ville de Bergen compte par exemple environ 239 jours de pluie en moyenne à l'année, ce qui fait d'elle l'une des villes les plus pluvieuses d'Europe ! Autant dire qu'il vaut mieux avoir à un bon vêtement de pluie à portée de main ! D'ailleurs comme le dit le proverbe norvégien : « *Det finnes ikke dårlig vær, bare dårlig klær* » (Il n'y a pas de mauvais temps, que des mauvais vêtements).

Des saisons inégales

Les saisons en Norvège varient considérablement d'un endroit à l'autre en raison des reliefs variés qui composent ce pays. Ainsi, lorsque dans le sud le printemps s'épanouit avec la végétation qui explose, l'hiver est souvent toujours présent dans le nord, différences que l'on retrouve par exemple en France pour une même période entre la Camargue et en altitude en Savoie. Et si la Norvège constitue en soi un pays du Nord pour nombre de visiteurs, pour les Norvégiens, le Nord ne débute qu'au-delà du cercle polaire, soit à partir de Narvik. Le Nordland serait ainsi le premier *fylke* (comté) qui appartient au Nord. La perception du climat diffère d'ailleurs entre la Norvège (et en Scandinavie en général) et les pays du sud de l'Europe : 0 °C n'est pas perçue comme étant une température vraiment froide en Norvège et inversement, il ferait plutôt chaud à partir de +10 °C, où l'on voit déjà parfois des Norvégiens sortir en T-shirt !

LES AURORES BORÉALES

UNE EXPÉRIENCE UNIQUE, MOUVANTE ET LUMINEUSE QUI NE LAISSE PAS INDEMNE.

Quand les observer ?

L'hiver est la saison de prédilection pour s'enivrer d'aurores boréales et se laisser étourdir par ces formes lumineuses mouvantes, éphémères et d'apparence magiques. Elles sont visibles par temps sec dans toute la Norvège entre l'équinoxe d'automne et l'équinoxe de printemps lorsque les nuits sont claires et froides, sans nuages ni pollution lumineuse. Cependant, c'est entre décembre et mars que vous avez le plus de chances d'observer ce phénomène extraordinaire, car les conditions climatiques sont alors optimales. S'il est vrai que l'on peut les observer dans toute la Norvège, elles sont toutefois plus fréquentes et impressionnantes au-delà du cercle polaire (îles Lofoten, Tromsø, et tout le long de la côte jusqu'au cap Nord), où elles s'observent de fin septembre à fin mars. *NorwayLights* est une application consultable en ligne et téléchargeable, spécialement conçue pour donner les lieux et heures les plus propices à l'observation des aurores. Alors vous l'aurez compris, plus vous irez vers le nord l'hiver, par une nuit noire et un temps froid et sec, plus vous aurez de chance de voir ces ballets nocturnes. Depuis une vingtaine d'années, les aurores boréales ont tellement la cote que certains filent dans les airs passer quelques jours à peine dans les contrées des aurores pour finalement faire chou blanc ! Alors n'hésitez pas à rester longtemps dans le pays, ce sera une autre façon de voyager et vous augmenterez d'autant vos chances de voir ces danseuses arctiques.

Entre Terre et Soleil

Appelées aurores boréales dans l'hémisphère nord et aurores australes dans l'hémisphère sud, les aurores polaires sont dues à l'interaction entre des particules solaires et l'atmosphère terrestre. Le Soleil émet en permanence des particules solaires (chargées électriquement) qui sont projetées dans l'espace et se déplacent avec les vents solaires. Lors d'une activité solaire plus intense (éruptions solaires), ces particules solaires sont expulsées avec encore plus de force, atteignent la Terre, protégée par le champ magnétique et l'atmosphère. Les particules s'accumulent alors dans ce qui s'appelle la ceinture de Van Allen, une zone qui entoure l'équateur magnétique terrestre. Cette zone située aux pôles, où l'intensité magnétique est la plus forte, contient donc une grande quantité de particules solaires. Lorsqu'elles entrent dans le champ magnétique terrestre, elles libèrent des rayons X qui excitent les molécules de l'atmosphère, qui relâchent à leur tour de l'énergie sous forme lumineuse et visible : les aurores polaires. Ce que nous voyons est donc en réalité l'interaction entre ces différents atomes et molécules qui produisent de l'énergie et plus l'on se rapproche de cette zone au champ magnétique intense (les pôles) plus elles sont visibles. Si les aurores boréales bougent sans cesse, c'est parce qu'elles suivent les mouvements du champ magnétique terrestre. Le plus souvent dans les tons verts, elles se déclinent aussi dans les bleu, rose et violet, en fonction des atomes rencontrés par les particules solaires : l'azote donne des couleurs bleues et rouges, voire violettes, tandis que l'oxygène produit des teintes vertes et rouges. L'hydrogène et l'hélium tirent quant à eux vers le bleu et le mauve.

Source d'inspiration

S'il est extrêmement difficile de s'installer devant une aurore boréale pour la peindre, car ce phénomène lumineux bouge sans cesse, de nombreux artistes dans tous les arts ont tout de même été inspirés par les aurores polaires. L'artiste suédoise polyvalente Ana Boberg (1864-1935) a ainsi fait par exemple de nombreux voyages dans les îles Lofoten pour peindre dans un style post-impressionniste des paysages enneigés, le soleil de minuit et… les aurores boréales. Ses toiles empreintes de lyrisme mêlent subtilement les multiples nuances de couleurs que l'on peut voir dans le ciel. Dans un tout autre style, le peintre norvégien Peder Balke (1804-1887) représente les aurores boréales au large des côtes du Finnmark dans des tons monochromes superbes et avec une technique novatrice qui lui valent aujourd'hui d'être apprécié dans le monde entier. Les aurores boréales apparaissent aussi beaucoup en littérature et sont souvent symbole du paysage arctique et métaphore de l'espoir et de la nostalgie. Romanciers et poètes scandinaves ont de tout temps été inspirés par ce phénomène fabuleux qui invite à la *fabula*, récit imaginaire en latin d'où nous est parvenu le mot fable. En France par exemple, Charles Cros écrivit ces quelques vers en 1970 :

Tes yeux, impassibles sondeurs/D'une mer polaire idéale,/S'éclairent parfois des splendeurs/Du rire, aurore boréale.

ENVIRONNEMENT

La Norvège draine un puissant imaginaire lié aux grands espaces : fjords, forêts, aurores boréales. L'*allemannsrett*, droit coutumier inscrit dans la loi depuis 1957, permet à tout un chacun de parcourir la nature, y compris dans les propriétés privées. En matière d'écologie, le pays porte cependant un profond paradoxe. La Norvège s'est engagée à l'atteinte de la neutralité carbone en 2030. Sa transition écologique repose notamment sur le développement des voitures électriques, une électricité en majorité d'origine hydraulique et des actions en faveur de la déforestation. Cependant la Norvège est l'un des plus importants exportateurs mondiaux de CO_2, via ses forages de pétrole et de gaz, qui ont assis sa richesse, et auxquels le pays ne semble pas prêt à renoncer. Cette situation, parfois qualifiée de « dissonance cognitive » par des ONG, pourrait se dénouer en faveur du climat, à mesure que monte la conscience environnementale des habitants et la judiciarisation des questions écologiques.

Parcs nationaux et biodiversité

Le pays compte différents types d'aires protégées, dont 47 parcs nationaux. Dotés d'hébergements spartiates pour certains et de sentiers balisés, ils permettent de concilier préservation des écosystèmes et accueil de randonneurs. On citera notamment le **Parc national de Folgefonna,** pour ses écosystèmes montagnards et ses glaciers, **Hardangervidda**, qui accueille des troupeaux de rennes, **Jotunheimen** (p.178), très prisé des randonneurs, **Jostedalsbreen** (p.263), qui protège le plus vaste glacier continental d'Europe, **Stabbursdalen**, pour sa forêt de pins la plus septentrionale du monde, ainsi que le parc marin de Færder. Au Svalbard, on nommera les parcs nationaux suivants, classés Ramsar pour leurs zones humides remarquables : **Sør-Spitsbergen** (p.383) et **Forlandet**. (p.382)

Le « droit d'accès à la nature (*allemannsrett*) permet à toute personne en Norvège de circuler librement dans la nature, et d'y cueillir baies et champignons. Ce droit coutumier, inscrit dans une loi de 1957, traduit un attachement ancestral à la nature, qui transcende la notion de propriété privée et pourrait s'apparenter à l'idée de « bien commun ». Le lien à la nature des Norvégiens s'exprime aussi à travers le concept de *friluftsliv*. Ce terme, que l'on doit à l'écrivain Henrik Ibsen, traduit aujourd'hui un art de vivre fondé sur une reconnexion à la nature et au plaisir du grand air.

Le pays est cependant concerné par le changement d'affectation des sols, entendez l'artificialisation des terres, qui est un des facteurs d'érosion de la biodiversité. À signaler toutefois, la Cour suprême de Norvège a statué en 2021 contre la construction d'un parc éolien, situé sur une partie des pâturages de rennes de la communauté sâme, et ce en vertu d'un pacte de l'ONU sur les droits des populations autochtones.

Parmi les autres atteintes à la biodiversité, on citera la chasse à la baleine, toujours pratiquée dans le pays, et condamnée par des ONG et scientifiques. Les élevages intensifs de saumon (pour lesquels la Norvège est le premier producteur et exportateur mondial), sont aussi un sujet de préoccupation en raison de leurs impacts sur les écosystèmes. À noter que des sociétés norvégiennes délocalisent leurs productions en Amérique du Sud, déplaçant le problème vers d'autres contrées. Une étude récente a montré que l'orthoréovirus pisciaire, un virus infectant les saumons d'élevage en Norvège et transmis aux poissons sauvages de l'Atlantique s'est répandu jusque dans le Pacifique.

Le glacier de Jostedalsbreen est le plus grand d'Europe.

DÉCOUVRIR

© LIGHTPIX - ISTOCKPHOTO.COM

Parc national de Jotunheimen.

Vers la transition écologique

La Norvège s'est engagée à atteindre sa neutralité carbone en 2030. Elle fonde sa transition écologique sur un parc automobile 100 % électrique à l'horizon 2025, et ce, via de nombreux avantages et incitations fiscales. Les centrales hydrauliques assurent plus de 95 % de la consommation électrique du pays et le chauffage au fioul est interdit depuis 2020. La Norvège a également mis en œuvre une politique visant le « zéro déforestation », via la protection de ses forêts *in situ* mais aussi par l'interdiction dans ses marchés publics de recourir à des entreprises contribuant à la déforestation. Le pays développe également des programmes d'efficacité énergétique des bâtiments. Oslo a quasiment supprimé la circulation automobile de son centre-ville, au profit des modes actifs. La capitale norvégienne développe l'agriculture urbaine, et des éco-quartiers, à l'image de celui de Vulkan à Oslo, qui tend vers l'autonomie énergétique. Autant de démarches qui permettent de classer la Norvège parmi les pays les plus avancés sur le plan de la transition écologique. Mais si l'on prend en compte les émissions de CO_2 exportées, la Norvège est reléguée la 128e place du classement.

« L'illusion boréale » en matière d'écologique

Les émissions de CO_2 par an et par habitant représentent 8 tonnes en Norvège, lorsque la neutralité carbone se situe à 2 tonnes. Le pays est le premier pays exportateur d'hydrocarbures d'Europe et le troisième exportateur de gaz naturel du monde. Des chiffres qui représentent une manne financière (17 % du PIB du pays) et d'importantes sources d'émission de gaz à effet de serre. Or le pays ne semble pas prêt à renoncer ces activités. Preuve en est le jugement rendu en 2021 par la Cour suprême, pour l'extension de forages pétroliers en Arctique. Mais l'édifice semble se fissurer au fur et à mesure que la conscience écologique de la population s'affirme et que les questions écologiques sont portées devant les tribunaux. Au rang des avancées, on notera l'abandon en 2019 d'un projet de forage dans l'archipel des Lofoten et l'engagement du fonds souverain norvégien en faveur du désinvestissant des énergies fossiles. Les élections législatives de septembre 2021 ont porté au pouvoir une coalition de gauche, qui pourrait engager le pays vers une sortie progressive de l'économie pétrolière.

Et pendant ce temps-là, le climat se réchauffe

Le changement climatique est déjà palpable sur le territoire. Il entraîne la modification des circuits migratoires de certains animaux, et affecte en premier chef les populations autochtones, qui ont l'impact environnemental le plus faible du territoire. La fonte du pergélisol (ou permafrost), sol gelé en permanence pendant au moins deux ans de suite, fait figure de bombe sanitaire et climatique en Arctique. Elle pourrait en effet libérer de grandes quantités de carbone et de méthane, et relarguer des virus jusqu'ici figés dans les glaces. La banque mondiale de graines de Svalbard (Global Seed Vault) en fonctionnement depuis 2008 a pour vocation de conserver le patrimoine semencier de l'humanité. Surnommée « coffre-fort de l'apocalypse » par ses détracteurs, elle est directement menacée par la fonte du permafrost, avec des infiltrations d'eau survenues en 2017. Financée par un partenariat public/privé, elle suscite des questionnements sur la marchandisation du vivant. Elle interroge aussi sur la pertinence du dispositif, puisque les graines, conservées dans le froid et non régénérées dans le sol, ne peuvent co-évoluer avec le milieu. Le site pourrait ainsi symboliser la caducité d'un modèle fondé sur l'exploitation des ressources naturelles, sans respect des limites planétaires et des équilibres du vivant.

HISTOIRE

L'histoire de la Norvège est intimement liée à sa géographie et à son accès direct à la mer le long de milliers de kilomètres de côte. Les premiers peuplements de populations semi-nomades débutent le long des côtes dès la fin de l'ère glaciaire, un peu avant le Xe millénaire av. J.-C. Les échanges marchands avec l'Europe du Sud se développent au cours de l'âge viking (*ca* 700-1066) avec de grandes expéditions à bord des navires qui emmènent les Norvégiens vers le Royaume-Uni et autres îles de l'Ouest. Les conflits et les unions avec les autres pays scandinaves façonnent le pays. La Norvège acquiert son indépendance du Danemark en 1905 et devient une monarchie constitutionnelle. Occupée par les Allemands pendant la Seconde Guerre mondiale, la Norvège rejoint ensuite l'OTAN mais pas l'Union européenne. La découverte du pétrole dans les années 1970 en mer du Nord relance l'économie norvégienne et place le pays parmi les plus riches du monde.

X^E^ MILLÉNAIRE AV. J.-C

Premiers peuplements

Dès la fin de l'ère glaciaire (12000 av. J.-C.), les côtes norvégiennes (premiers territoires libres de glace) voient apparaître des populations semi-nomades jusqu'à l'extrémité nord du pays. Les premières traces archéologiques remontent à plus de 10 000 ans (Melkøya, Slettnes...). Les Sâmes, qui peuplent aujourd'hui en partie le nord de toute la Scandinavie, sont parmi les descendants de ces premiers habitants des terres nordiques. Parmi les vestiges préhistoriques remarquables, l'art rupestre du nord de la Scandinavie (sites du Nordland, Alta dans le Finnmark...) atteste de la créativité de ces populations dès le VIe millénaire av. J.-C.

Peuple sâme.

VIII-XIIe SIÈCLE

Les Vikings ont le vent en poupe

Les Norvégiens voyagent vers le Royaume-Uni à la recherche de terres nouvelles à bord de navires qui servaient pour la navigation et pour les sépultures. Des embarcations décorées, sculptées et aux qualités techniques remarquables datant du IXe siècle ont été retrouvées près du fjord d'Oslo, à Oseberg. La société norvégienne s'organise en clans réunis autour de chefs et de familles princières, comme les Ynglinger. Une structure étatique émerge lentement vers 872 avec l'arrivée au pouvoir du roi Harald Hårfagre (« à la belle chevelure ») qui impose peu à peu des institutions communes dans les domaines militaire et économique. Tentative de christianisation vers 950 qui fait disparaitre peu à peu l'ordre social traditionnel alors fondé sur la famille et le clan. On voit se dessiner un pouvoir souverain et centralisé tenu par l'Eglise et la royauté.

1000

Par-delà l'Atlantique

Fils d'Erik le Rouge et originaire d'Islande, Leif Erikson voyage et arrive à la cour du roi de Norvège, Olaf Tryggvason, qui le convertit au christianisme et lui demande d'emmener un prêtre en mission au Groenland. Ils partent en expédition mais dévient de leur route. Il serait ainsi le premier Européen à découvrir l'Amérique du Nord, probablement près du Labrador et de Terre-Neuve. Il y fonde une colonie qu'il appelle « Vinland », car la vigne et le raisin poussent en abondance sur ces terres.

Leifur Eiríksson.

1030

Déclin du paganisme

Bataille de Stiklestad entre le roi chrétien Olav Ier Haraldsson (dit Olav le Saint) et les propriétaires fonciers, les Bønder, qui résistent activement contre la vague d'évangélisation. Mort du roi mais cette bataille marque la fin du paganisme en Norvège et l'introduction du christianisme.

1066

Tentative de conquête de l'Angleterre

Roi de Norvège de 1046 à sa mort, Harald Haradrada (du vieux norrois *harðráði* qui signifie « au commandement sévère ») essaie de s'emparer du trône d'Angleterre en envahissant le Yorkshire. Il y meurt face au dernier roi anglo-saxon Harold Godwinson. Quelques jours après, Guillaume le Conquérant débarque dans le Sussex et gagne avec ses troupes la fameuse bataille de Hastings qui inaugure la période anglo-normande.

1348

La grande peste noire

Les populations rurales sont anéanties par la peste noire et le pays devient dépendant des Allemands pour l'approvisionnement en céréales. La vie artistique et intellectuelle est en net recul. La langue danoise s'assimile peu à peu au norvégien, ce qui formera la base du *bokmål*, un des deux standards de norvégien parlé aujourd'hui.

1397

Union des trois royaumes scandinaves

La Suède, le Danemark et la Norvège se réunissent sous un seul monarque de 1397 à 1523 par l'Union de Kalmar. Souveraine très puissante, Marguerite Ire de Danemark propose cette union et sera sacrée reine des trois pays jusqu'à sa mort en 1412.

L'empreinte danoise

1523-1814

La charte royale imposée en 1536 par Christian III fait de la Norvège une province du Danemark. À cette même période, l'économie de la Norvège trouve un nouveau souffle grâce à l'exploitation forestière et à l'essor de la pêche au hareng et à la morue. Les paysans norvégiens peuvent acheter des fermes que vend le gouvernement danois, ce qui conduit à une expansion agricole. La Norvège se sépare du Danemark en 1814 avec l'accord de paix de Kiel. Le 10 avril 1814, une Assemblée nationale élue par le peuple se rassemble à Eidsvoll au nord d'Oslo (alors Christiania) pour mettre en place une constitution.

Roald Engelbregt Gravning Amundsen

1872-1928

Né à Borge en Norvège et mort en 1928 quelque part vers l'Île aux Ours dans le nord de la Norvège, Amundsen est un explorateur polaire et marin norvégien. Il réalise à bord de l'expédition polaire belge d'Adrien de Gerlache de Gomery le premier hivernage en Antarctique en 1898. Il franchit le premier en 1905 le passage qui relie l'océan Atlantique au Pacifique dans le Grand Nord canadien. Grâce à sa connaissance des traîneaux à chiens, du ski et à une préparation méticuleuse, il commandera l'expédition qui atteint en premier le pôle Sud le 14 décembre 1911 à partir du camp de base nommé *Framheim* qui avait été installé sur un glacier flottant dans la Baie des Baleines, à l'est de la barrière de Ross. C'est avec 52 chiens et quatre traîneaux que l'équipe ouvre une voie sur le glacier Axel-Heidberg pour arriver sur le plateau polaire. Lorsqu'ils atteignent le pôle Sud, l'expédition voisine Terra Nova de Robert Falcon Scott est à 572 km d'eux, mais les Norvégiens les ont devancés. Amundsen et ses hommes reviendront avec 11 chiens en janvier 1912, après avoir parcouru 2 824 km en 94 jours (moyenne de 30 km/jour). Trois ans avant sa mort et à l'âge de 53 ans, Amundsen (qui a obtenu son brevet de pilote en 1918) part accompagné du pilote Hjalmar Riiser-Larsen, du millionaire américain Ellsworth et de trois autres membres d'équipages. Ils décollent du Spitzberg à bord de deux hydravions et réalisent un vol compliqué d'où ils reviennent malgré tout sains et saufs. En 1928, Amundsen rejoint une expédition pour retrouver l'explorateur italien Nobile mais ce sera sa dernière : pris dans un épais brouillard, l'hydravion s'écrase quelque part dans les profondeurs de la mer de Barents et les restes ne sont toujours pas retrouvés.

Statue représentant Roald Amundsen.

1852

La révolte de Kautokeino

Révolte dans la province norvégienne de Kautokeino suite à une décision administrative d'interdire l'accès aux terres de chasse des Sâmes.

1913

Droit de vote des femmes

Pour les femmes, le suffrage universel pour les scrutins municipaux est adopté en 1910 et s'élargit aux scrutins nationaux en 1913.

1939 – 1945

Seconde Guerre mondiale

En 1938 le gouvernement annonce son intention de s'abstenir de toute participation à un conflit armé. Mais la situation géographique stratégique du pays met en péril sa sécurité. D'un côté les Britanniques utilisent les pétroliers norvégiens, et de l'autre les Allemands acheminent le fer suédois par le port de Narvik. Hitler attaque la Norvège le 8 avril 1940 et le pays tombe rapidement aux mains de l'envahisseur nazi qui occupe la Norvège jusqu'en 1945. Mais les Norvégiens ne sont pas restés sans résistance dans le pays et depuis Londres où avait pu s'exiler le gouvernement du roi Haakon VII.

1949

Adhésion à l'OTAN et à L'AELE

La Norvège adhère à l'OTAN. Onze ans plus tard, en 1960, la Norvège entre dans l'AELE (Association européenne de libre-échange). Le veto du Général de Gaulle bloque la candidature de la Norvège à la CEE (Communauté économique européenne) en même temps que celle de l'Angleterre.

© LUKASZ Z - SHUTTERSTOCK.COM

Plateforme pétrolière au large de la Norvège.

L'or noir

1969 Découverte du premier gisement de pétrole dans les eaux territoriales norvégiennes par la compagnie américaine Philips. Après le choc pétrolier de 1988, les importations norvégiennes sont réduites de 12 % et la Norvège commence à créer ses propres compagnies pétrolières.

Second refus d'adhérer à l'Union européenne

1994 Nouveau référendum sur l'adhésion de la Norvège à l'UE. Une nouvelle fois, le « non » l'emporte (52,2 % contre 47,8 %). Adhésion de la Norvège aux accords de Schengen (contrairement à la Grande-Bretagne, bien qu'elle fasse partie de l'UE). Grâce au pétrole, le budget norvégien devient largement excédentaire. En 2008, l'opposition à l'entrée dans l'Union européenne atteint un nouveau record dans le pays, selon une étude réalisée par l'agence Sentio. 53,4 % des personnes interrogées se déclarent hostiles à une adhésion à l'UE et 34,6 % y sont favorables.

Attentats d'Oslo et d'Utøya

22 JUILLET 2011 Deux attaques terroristes et meurtrières frappent le gouvernement travailliste en place et la population civile. Le quartier gouvernemental de Regjeringskvartalet à Oslo est visé en premier. Une bombe explose dans les bureaux du ministre d'État Jens Stoltenberg, tuant huit personnes et blessant quinze autres personnes. Une deuxième attaque frappe alors l'île d'Utøya, dans un camp de jeunesse organisé par le Parti travailliste norvégien. Anders Behring Breivik, ancien membre du Parti du Progrès (droite nationale-conservatrice), tire sur les civils et les hommes politiques présents, tuant 69 personnes et en blessant 38 autres. C'est l'attaque la plus meurtrière de Norvège depuis la Seconde Guerre mondiale. Le nombre de tués représente plus du double du nombre de meurtres moyen annuel. L'homme armé de la tuerie d'Utøya sera arrêté le jour même, sur les lieux du drame et condamné en 2012 à 21 ans de prison. Sa cible principale était le Premier ministre Gro Harlem Brundtland qui avait fait un discours une heure plus tôt sur l'île d'Utøya.

Toujours plus riches

2020 Le fonds souverain de la Norvège, à la fois outil financier et acteur politique, a engrangé plus de 100 milliards d'euros malgré la pandémie de Covid-19, pour atteindre près de 1 100 milliards d'euros. Destiné aux générations futures de l'« après-pétrole », il fait fructifier les revenus pétroliers de l'État et est l'un des plus gros investisseurs au monde.

SEPTEMBRE 2021 Le Parti travailliste (Arberderpartiet) arrive en tête des élections législatives. Le chef du parti, Jonas Gahr Støre, succède à la Première ministre conservatrice Erna Solberg.

13 OCTOBRE 2021 Un citoyen danois, armé d'un arc, tue 5 personnes et en blesse 3 autres dans un supermarché de la ville paisible de Kongsberg. Les victimes ont cependant été tuées à l'arme blanche. Bien que soupçonné de radicalisation islamiste, c'est finalement le motif de maladie mentale qui est privilégié.

L'ART RUPESTRE

UNE ACTIVITÉ HUMAINE QUI A LAISSÉ DES TRACES EXCEPTIONNELLES

Premiers peuplements

Les premiers peuplements en Scandinavie remontent à la fin de la dernière période glaciaire (Pléistocène), il y a 10 000 ans, au début de l'Holocène, période tempérée interglaciaire de l'ère quaternaire dans laquelle nous nous trouvons. Les populations vivent alors exclusivement de la chasse, pêche et de la cueillette. Semi-nomades, ils se déplacent avec les saisons, les migrations des troupeaux de rennes et le recul des glaciers. Les ancêtres des Sâmes ou Samis sont considérés comme les premiers habitants du nord de la Norvège. Il s'agirait vraisemblablement d'un peuple de la branche finno-ougrienne ou d'une tribu migratoire des peuplades de l'Oural ou de l'Altaï. Toujours au Mésolithique, les peuples indo-européens et germaniques migrent et arrivent peu à peu en Norvège, occupant principalement le sud du pays et les côtes libérées des glaces.

Répartition géographique et chronologique

L'art rupestre a été développé un peu partout sur le territoire norvégien durant toute la préhistoire récente (Néolithique, âge de pierre, âge du bronze, âge du fer). Les scientifiques ont pu déceler des traditions différentes dans le nord et dans le sud de la Norvège, qui ont longtemps été désignées comme l'art rupestre des chasseurs *vs* l'art rupestre des paysans. Cette dichotomie trouve son fondement dans les motifs gravés qui représenteraient plutôt des animaux de type ours, cervidés, cétacés dans le nord et plutôt des bateaux et armes dans le sud. En réalité, si la culture matérielle des traditions du nord et du sud diverge, la pertinence de cette différentiation (chasseurs *vs* paysans) pose question car de nombreux motifs sont communs aux deux traditions.

Les plus anciennes gravures se trouvent dans le Nordland (Leiknes notamment) et il s'agit d'immenses gravures animales de type cétacés et cervidés atteignant parfois plusieurs mètres. Ces grandes gravures ont été réalisées par polissage sur des roches granitiques, contrairement à la plupart des autres gravures rupestres norvégiennes qui utilisent des techniques de percussion (percussion directe et indirecte).

Gravures rupestres d'Alta

Le site préhistorique d'art rupestre d'Alta inscrit au patrimoine mondial de l'Unesco en 1985, contient des gravures rupestres qui témoignent d'une maîtrise d'outils et de la présence de populations de façon quasi continue entre 4200 et 500 av. J.-C. Des matériaux tels que la pierre (silex, chert, quartzite et autres pierres locales), le bois de cervidés, l'os, ou le bois végétal étaient utilisés pour fabriquer des outils de la vie courante et des armes. Si la conservation différentielle des matériaux n'a laissé que peu de traces d'outils en matière végétale, les gravures du site d'Alta permettent d'attester de leur réalité (arcs et flèches, nasses, enclos, skis...). Situé dans le Finnmark, la partie la plus septentrionale de la Norvège, au nord du cercle arctique, le site d'Alta rassemble des milliers de gravures et de peintures rupestres disséminées sur 45 sites dans cinq zones différentes autour du fjord d'Alta (Kåfjord, Hjemmeluft, Storsteinen, Amtmannsnes and Transfarelvdalen). Il s'agit de la plus importante concentration de représentations d'art rupestre en Europe, ce qui semble indiquer qu'Alta était un lieu important de passage et de vie. De nombreux éléments sont représentés sur les panneaux d'Alta : faune (rennes, ours, poissons, baleines, oiseaux, élans, etc.), bateaux, rituels, outils (hache), scènes de chasse et de pêche, ainsi que des symboles dont le sens nous reste encore inconnu. En 1985, le nombre de gravures rupestres connues s'élevait à environ 3 000, chiffre qui a aujourd'hui plus que doublé, et parmi lesquelles on compte une cinquantaine de peintures rupestres (à Transferdalen). L'état de conservation exceptionnel de certains panneaux (en particulier ceux de Kåfjord sur du schiste et certains de Hjemmeluft sur du grès naturellement poli) a permis une étude approfondie de ces gravures. Une étude scientifique menée par l'anthropologue Marie Vourc'h en 2008 au sein de l'Université de Toulouse a permis d'expérimenter les techniques de percussion mises en œuvre et outils probables (nature des pierres, morphologie...) pour graver ces figures. Certaines gravures ont été peintes en rouge (peinture moderne) afin de mieux les visualiser et d'éviter des dégradations (des particuliers avaient en effet malencontreusement repassé le contour de certaines gravures au crayon gras pour mieux les voir !) D'un point de vue scientifique (conservation, études techniques...), ce choix de peindre les gravures a fait l'objet de vives discussions et tend à être écarté.

LES ENJEUX ACTUELS

Les enjeux principaux de la Norvège pourraient aujourd'hui se résumer en deux mots : environnement et migrations. Le pays a fait de l'environnement son cheval de bataille depuis des décennies. Le tri sélectif n'est plus une question, la population a en grosse majorité adopté tout un tas de gestes responsables, les entreprises payent des taxes et les voitures électriques sont aujourd'hui moins chères que celles à essence ou diesel. Mais la richesse du pays est fondée sur l'exploitation pétrolière, ce qui constitue peut-être en soi le plus gros paradoxe du pays : l'idée que l'on peut associer richesse, consommation, croissance et environnement. Les migrations constituent un autre défi pour le pays qui est longtemps resté en marge des grands circuits migratoires. Si la Norvège s'organise pour accueillir au mieux les réfugiés et demandeurs d'asile, les discriminations et le racisme existent.

Coup d'œil sur le système politique

La Norvège est une monarchie constitutionnelle à tendance parlementaire qui a adopté sa Constitution le 17 mai 1814. Le roi nomme les ministres et le Premier ministre, mais le gouvernement doit également obtenir un vote de confiance du Parlement. Bien que le roi n'ait aucun pouvoir politique (il est cependant à la tête de l'Église de Norvège), la famille royale jouit d'une grande popularité. Le monarque actuel, le roi Harald V, a accédé au trône après la mort de son père, Olav V, en 1991. Le gouvernement se compose du Premier ministre et de son équipe ministérielle. Le Parlement (*Stortinget*) est l'institution législative monocamérale de la Norvège. Il siège à Oslo et comprend 169 membres élus tous les 4 ans à la représentation proportionnelle. Il est présidé par Eva Kristin Hansen depuis le 9 octobre 2021. Le pouvoir judiciaire est quant à lui incarné par la Cour suprême, ***Høyesterett***. Jonas Gahr Støre, du parti travailliste (*Arbeiderpartiet*), est Premier ministre, depuis le 14 octobre 2021.

Relations internationales

La Norvège est membre de l'OTAN, de l'ONU et du Conseil nordique (coopération politique entre le Danemark, la Finlande, la Suède et l'Islande). Le président de l'OTAN, Jens Stoltenberg, est d'ailleurs l'ancien Premier ministre norvégien. Elle fournit une aide humanitaire importante à des pays en voie de développement en Afrique et en Asie. Même si elle ne fait pas partie de l'Union européenne, la Norvège est membre de l'espace économique européen (EEE) et de l'Association européenne de libre-échange (AELE) depuis sa création en 1960.

Et l'Union européenne ?

Après deux refus successifs en 1972 et 1994, le « non » norvégien n'a pas facilité le rapprochement avec les pays communautaires. Si les gouvernements ont tenté de maintenir des liens avec les pays de l'Union européenne, la question d'une éventuelle adhésion n'est plus à l'ordre du jour et est bien souvent écartée des débats électoraux.

Élections de septembre 2021

Le travailliste (centre-gauche) Jonas Gahr Støre (millionnaire de 61 ans, diplômé de Sciences Po Paris et ministre de Jens Stoltenberg entre 2005 et 2013) a remporté lundi 13 septembre 2021 les élections législatives après 8 années de gouvernement conservateur avec Erna Solberg. Le parti travailliste soutient l'adhésion de la Norvège à l'OTAN et l'accord sur l'Espace économique européen (EEE) ce qui pourrait modifier la politique étrangère norvégienne dans les mois à venir. La question du pétrole promet aussi d'être épineuse, car les écologistes du Parti de l'environnement et des Verts (MDG, pour *Miljøpartiet De Grønne*) souhaitent l'arrêt immédiat de l'exploration pétrolière dans le pays, ce que rejette M. Støre qui préconise une sortie progressive de l'économie pétrolière. Rappelons que le rapport des experts du GIEC en août 2021 a relancé l'« alerte rouge pour l'humanité » ce qui avait placé la question du réchauffement climatique au cœur de la campagne électorale.

La crise financière de 2008

La Norvège a été assez épargnée par la crise financière mondiale de 2008. En 2009, le marché de l'emploi est affaibli et le gouvernement présente un plan de soutien de 20 milliards de couronnes, notamment issues des redevances pétrolières. Dès 2010, la reprise se fait sentir et les mesures d'urgence sont levées. L'économie norvégienne fait preuve d'un grand dynamisme, avec 3 % de croissance en 2013, boostée par les investissements pétroliers et la consommation des ménages. En juillet 2016, le chômage atteint un taux record de 5 %. Le pays est fortement pénalisé par la baisse du prix du pétrole et les prévisions pour le pays sont peu optimistes sur le sujet. En 2016, le taux de croissance du PIB était de 1,1 %.

Le Parlement à Oslo.

Norvège et coronavirus

La pandémie de COVID-19 a frappé l'économie de la Norvège début 2020 de manière rapide, car le gouvernement a tout de suite instauré un confinement de plusieurs semaines. Le prix du pétrole s'est effondré en raison de l'absence de demande énergétique de l'étranger, alors que ce secteur représente pas moins de 17 % du PIB, 19 % des investissements et 52 % des exportations. Mais les perspectives pour la Norvège sont bonnes pour plusieurs raisons : la demande mondiale d'énergie a repris, les Norvégiens soutiennent le marché intérieur, consomment beaucoup et le fonds pétrolier assure les arrières du pays.

Ressources naturelles

Du côté des ressources naturelles, on trouve en Norvège du pétrole bien sûr, mais aussi du gaz naturel, du cuivre, de la pyrite, du nickel, du fer, du zinc, du plomb, et du côté des ressources renouvelables : l'hydroélectricité, le solaire, le bois et l'éolien. Le pétrole, cette énergie fossile dont l'exploitation est responsable du réchauffement climatique (cf. rapport du GIEC d'août 2021), est la ressource naturelle principale qui permet aujourd'hui à la Norvège de figurer paradoxalement en tête de liste des pays les plus « verts » au monde, royaume des voitures électriques. Les gisements (pétrole et gaz) se trouvent principalement dans les eaux au large du nord de la Norvège.

Côté mer, la Norvège a exporté 2,7 millions de tonnes de poisson en 2020 malgré le coronavirus (pour une valeur de 10,6 milliards d'euros), ce qui fait de la pêche et de l'aquaculture le second bien d'exportation de la Norvège après le pétrole.

Paysans et pêcheurs

C'est le long du Skagerrak dans le Sud, où la plaine côtière est plus large, les étés plus chauds et les sols plus fertiles, que l'on trouve une agriculture plus intensive. L'humidité du climat qui assure une abondance d'herbages permet l'élevage sous une forme pastorale. Jadis, chaque village avait ses chalets d'alpage où l'on menait le bétail en été. La grande majorité des paysans adhère à des coopératives de vente qui réglementent le marché et favorisent la modernisation des techniques. Subventionnée par l'État, la production du lait reste très importante. Environ 2 millions de moutons paissent sur les herbages des montagnes et, dans l'extrême nord, 200 000 rennes sont élevés en semi-liberté par les Sâmes. Tout au long de la côte, en plus de l'agriculture, la plupart des paysans pratiquent la pêche, rendue aléatoire par la raréfaction de certaines espèces. Dans les eaux profondes des fjords se pratique l'élevage de saumon en fermes aquatiques. Enfin, c'était sur la côte du sud qu'on armait les navires pour la pêche à la baleine dans les eaux antarctiques. Cette chasse demeurée longtemps un quasi-monopole norvégien s'est vue concurrencée par les Soviétiques. Après l'invention du canon lance-harpon, elle devint tellement meurtrière que plusieurs espèces de cétacés sont aujourd'hui disparus ou en voie de disparition totale. Entre 1987 et 1993, les Norvégiens ont interrompu la chasse baleinière (sauf les prélèvements à des fins scientifiques) pour leur permettre de retrouver un taux de reproduction équilibré. Depuis, la chasse commerciale du mammifère marin est de nouveau autorisée et l'on peut malheureusement manger de la baleine dans de nombreux restaurants. La Norvège est un des derniers pays à reproduire cette pratique, malgré le moratoire international signé en 1986.

ARCHITECTURE

Devenues terrains de jeux des meilleurs créateurs contemporains, les routes panoramiques de Norvège perpétuent la tradition d'un dialogue millénaire entre nature et architecture. Emprunter ces routes de légende, c'est embarquer pour un voyage architectural à couper le souffle. Vous découvrirez notamment les trésors du pays : les *stavkirker*, « églises sur poteaux » en bois aux impressionnants enchevêtrements de toits. Vous apercevrez aussi les silhouettes des puissantes forteresses des XVIIe et XVIIIe siècles. Vous vous étonnerez de découvrir à ces latitudes de très beaux exemples d'Art nouveau et de style néo. Vous lirez toute la rigueur nordique dans les lignes épurées du fonctionnalisme, avant d'être emporté dans le tourbillon d'une architecture contemporaine en perpétuelle évolution… mais qui n'oublie pas pour autant d'où elle vient, s'appuyant sur les traditions d'un riche habitat autochtone et vernaculaire. Belles découvertes !

Étonnant Moyen Âge

Édifiées entre le XIe et le XIIIe siècle, les *stavkirker*, églises entièrement en bois, dont le nom signifie « églises sur poteaux », opèrent une fascinante transition entre les cultures pré-chrétiennes et le Moyen Âge roman. Héritières des savoir-faire et techniques vikings en matière d'architecture navale, elles mettent en lumière les étonnantes propriétés architectoniques et plastiques du bois. Les piliers aux allures de mâts, soutenant la toiture sur toute la hauteur de l'édifice, étaient placés sur les côtés ou dans les angles de la nef principale. Les nefs et le déambulatoire, espaces clés du plan basilical adopté par ces églises, possédaient généralement tous leurs propres toitures, créant, en extérieur, un foisonnant enchevêtrement de toits. Si les arcatures en plein-cintre et les puissantes colonnes aux chapiteaux sobrement sculptés sont une traduction de l'architecture romane, les motifs sculptés aux élégants entrelacs ciselés, serpents et autres dragons sont autant d'emprunts à la culture viking. Souvent entièrement recouvertes de bardeaux de bois, la plupart des *stavkirker* étaient enduites de goudron afin de protéger et préserver le bois. Sur les milliers d'églises construites, seules une vingtaine nous sont parvenues. L'une des plus anciennes est celle d'Urnes, dont le style aux riches éléments sculptés en a inspiré bien d'autres. Ne manquez pas non plus celle de Heddal, surnommée « la cathédrale des *stavkirker* », et dont les toits multiples donnent à l'ensemble des allures de pagode. La *stavkirke* de Hopperstad avec ses superbes faîtages en dentelle de bois et celle de Borgund avec ses impressionnantes têtes de dragons sont d'autres incontournables. En parallèle de ces merveilles de bois, le pays a vu naître de très belles églises et cathédrales de pierre.

DÉCOUVRIR

© ANDREY KRUPENKO - SHUTTERSTOCK.COM

L'Église en bois de Heddal est la plus grande du pays.

Façade Art Nouveau à Ålesund.

La cathédrale de Nidaros Domkirken à Trondheim est le plus bel exemple de gothique en Norvège. Voyez son plan octogonal inspiré des grandes cathédrales anglaises, admirez ses puissantes tours, sa nef aérienne et la richesse ornementale de ses colonnes et chapiteaux. Très religieux, le Moyen Âge fut aussi une période de grande prospérité commerciale. À Bergen, le quartier ancien de Bryggen témoigne de la puissance de la Ligue Hanséatique. Sa structure unique est faite d'unités urbaines composées de rangées de bâtiments de 2 à 3 étages, les *gård*, répartis le plus souvent sur les côtés de passages étroits faisant office de cours privées. Les maisons sont bâties en rondins de bois, tandis que les galeries sont constituées de colonnes et poutres habillées de panneaux de bois horizontaux. Les toits, portant fièrement les pignons sculptés et travaillés typiques des villes hanséatiques, sont, eux, en tuiles. Par mesure de sécurité, les cuisines, réserves et petits entrepôts de stockage étaient construits en pierre et placés à l'arrière. Isolé du reste de la ville par une barrière, le comptoir était plus que jamais soucieux de conserver les richesses et les secrets de la puissante Ligue hanséatique !

XVIe-XVIIIe siècle

C'est à cette époque qu'apparaissent les grandes citadelles et forteresses de pierre. Précédés de douves et ponctués de portes et pont-levis, les puissants remparts de Fredrikstad abritent une ville à l'urbanisme clair et ordonné inspiré des canons de la Renaissance dont les rues quadrillées sont longées de superbes demeures en bois, d'entrepôts de pierre et de très belles églises aux proportions harmonieuses. Un siècle plus tard, non loin de là, à Halden, la forteresse de Fredriksten, de plan pentagonal, fut construite pour renforcer les défenses de la ville. À Kristiansand, la forteresse Christiansholm est un autre bel exemple de génie militaire. Voyez les épais murs de ses remparts et son puissant donjon circulaire. Ne manquez pas non plus la forteresse de Vardo et son plan en étoile. Après l'harmonie Renaissance, place au foisonnement baroque, surtout dans les édifices religieux. L'église de Kongsberg est sans doute l'un des plus beaux sanctuaires baroques du pays. Regardez bien chaque élément du décor, vous découvrirez alors que ce que vous preniez pour du marbre, n'est en fait que du bois peint ! Cette église témoigne également de l'organisation très hiérarchisée de la société de l'époque. En face du chœur, les loggias des riches et puissants dominent les travées de la nef destinées aux bourgeois, tandis que les plus pauvres sont relégués en hauteur dans des galeries à la visibilité réduite. Les puissants de l'époque se font également construire de très belles demeures. La Baronnie de Rosendal est un superbe manoir Renaissance dont les jardins et l'harmonieuse roseraie ne vous laisseront pas indifférents. Les jardins du Manoir de Damsgård sont, eux, un superbe exemple de jardins baroques avec leur foisonnement de sculptures et bassins. Le manoir lui-même est un chef-d'œuvre de rococo… en bois ! Tout comme la résidence royale de Stiftsgården à Trondheim. Røros, elle, est un fascinant exemple de cité minière fondée au XVIIe siècle et construite entièrement en bois. Sa planification urbaine traduit la hiérarchie régissant la mine. Les grandes maisons éloignées de la fonderie sont réservées à la direction. Vous remarquerez que depuis le cœur de la ville, la rue se rétrécit jusqu'à la maison du directeur, créant un effet d'optique qui en souligne l'importance. Une vaste demeure au confort bien éloigné de celui des petites constructions en rondins de bois et aux toits couverts de crassier (amoncellement de déchets de la mine) réservées aux mineurs. Et regardez bien le clocher de l'église: il porte l'emblème de la cité minière !

Du néoclassique à la modernité

Pour témoigner de leur prospérité, les grandes familles du XIXe se font construire de somptueuses demeures à la rigueur toute néoclassique. Frontons, corniches et colonnades peuplent les façades de manoirs aux couleurs pastel. La Manoir Jarlsberg en est un bel exemple. Le besoin de retrouver un lien avec l'histoire et le folklore du pays est une des caractéristiques du romantisme national qui se traduit, en architecture, par un retour en force des motifs médiévaux. L'église Saint-Olaf de Balestrand avec son enchevêtrement de toits à têtes de dragons est une ode aux *stavkirker*. Les cathédrales d'Oslo et de Kristiansand sont, elles, de très beaux exemples de néogothique. La brique est l'élément phare de l'époque, que l'on retrouve également sur le Parlement d'Oslo. Les grandes demeures bourgeoises n'échappent pas à cette mode éclectique. La Villa Breidablikk, à Stavanger, est un bel exemple de « style suisse », style historicisant ancré dans les traditions locales, et que les Norvégiens finirent par adapter à leur propre folklore, créant le « style dragon » combinant architecture vernaculaire en bois et motifs vikings. Ce style est très présent dans les stations touristiques alors en plein développement. Ålesund est, elle, un véritable manifeste de l'Art nouveau. Détruite par un gigantesque incendie en 1904, et reconstruite grâce aux crédits et matériaux expédiés par Guillaume II, la ville est le résultat d'une étonnante convergence entre les besoins d'une élite urbaine commerçante et les nouveautés formelles importées d'Allemagne et d'Angleterre par un groupe de jeunes architectes norvégiens. Ålesund va alors se parer de courbes et entrelacs de pierre, brique et fer forgé. Mais cet Art nouveau est encore fortement imprégné des traditions locales comme en témoignent les tourelles ornementales et les fers de lance des pignons et lucarnes rappelant la Norvège médiévale. Respect des conditions d'illumination, d'hygiène et de densité ; limitation de la hauteur des bâtiments et du nombre de cheminées, usage des matériaux raisonnés…, les règles imposées par les urbanistes permirent d'y garantir harmonie et homogénéité. Dans les années 1930, c'est au tour du fonctionnalisme de faire son apparition. Sobriété des lignes, volumes simples et géométriques, prédominance du béton, importance donnée à la lumière…, telles sont quelques-unes des grandes caractéristiques de ce style. La Villa Stenersen, dont la structure générale n'est pas sans rappeler les édifices sur pilotis de Le Corbusier, et la Villa Dammann, toutes deux à Oslo, sont les grandes représentantes de cette modernité architecturale. L'hôtel de ville d'Oslo opère, lui, une étonnante synthèse entre géométrie et sobriété moderniste et emprunts historicisants, ses tours et sa couleur ocre rappelant le gothique. En grande partie détruite par les Allemands, la Norvège d'après-guerre fait face aux défis de la reconstruction. Très vite, on abandonne les recherches formelles, au profit d'une architecture fonctionnelle, rapide et peu coûteuse à mettre en place. C'est la naissance des villes satellites à la périphérie des grandes villes, à l'image de Lambertseter à Oslo.

Architecture contemporaine

La grande figure de l'architecture norvégienne contemporaine est Sverre Fehn, qui se vit décerner le Prix Pritzker (le Nobel d'architecture) en 1997. Ce dernier a imaginé un modernisme poétique, dans des œuvres très graphiques mais résolument fonctionnalistes, mues par une étonnante dualité entre ombre et lumière. Parmi ses œuvres phares, notons : la Storhamarlåven à Hamar, grange du XVIe reconvertie en musée où verre et béton dialoguent avec les éléments originels en bois ; le musée national d'architecture d'Oslo où son modernisme répond aux lignes classiques du bâtiment du XIXe ; l'étonnante structure sur pilotis du musée d'art de Lillehammer ; et surtout l'incroyable musée des glaciers du Fjaerland, longue structure basse en béton gris blanc dont les murs latéraux obliques suivent la ligne des glaciers. Mêlant lui aussi modernité, tradition et respect du lieu, Jan Inge Hovig est célèbre pour avoir réalisé l'étonnante Cathédrale Arctique de Tromsø aux 11 arches triangulaires pointant vers le ciel. Aujourd'hui c'est Oslo qui se transforme sous les coups de crayon d'architectes novateurs. Le Musée National d'Oslo se place déjà comme le représentant des ambitions écologiques et durables de la ville avec son élégante alliance de pierre naturelle, ardoise, bois et béton. Autre bâtiment phare de la ville : l'Opéra, œuvre du grand cabinet norvégien Snøhetta. Ses lignes épurées dessinent un toit sur lequel on peut… marcher ! Parmi les autres immanquables de la ville : le Musée Astrup Fearnley dont Renzo Piano a imaginé le toit triangulaire supporté par d'étonnantes poutres d'acier et de bois ; et le quartier Bjørvika avec sa nouvelle bibliothèque dont les entailles en façade marquent les entrées, et bien sûr son ensemble baptisé Barcode, composé de 12 immeubles de tailles différentes séparés par d'étroites bandes de terrain et qui, au loin, ressemble à un code-barre ! Et cette vitalité créatrice s'étend au-delà d'Oslo. L'agence Snøhetta a doté le pays de certaines de ses plus belles structures. C'est à elle que l'on doit le superbe Musée Petter Dass littéralement incrusté dans la montagne ; l'incroyable belvédère vitré de Hjerkinn ; ou bien encore le Centre d'Observation des rennes de Dovre avec son enveloppe transparente et son intérieur en bois sculpté. Et en 2022, l'agence inaugurera dans le Svalbard, The Arc, un igloo géant au milieu des étendues glacées.

© DMITRY PISTROV - SHUTTERSTOCK.COM

Cathédrale artique de Tromsø.

Et il y a encore bien d'autres trésors contemporains à découvrir comme The Twist, nouvel espace du Musée Kistefos dans le Hadeland. Imaginée par la célèbre agence danoise BIG, cette structure, d'une portée de 60 m, a été pensée comme un pont enjambant la rivière. Les étonnants refuges et auberges de montagne, les hôtels de glace et spectaculaires cabanes de verre et de bois, les belvédères des routes panoramiques (ne manquez pas les toilettes en forme de champignon de celui de Hardanger !)... il y a tant de choses à voir et d'autres encore à venir comme le Musée des Arts Nordiques à Kristiansand, ancien silo à grains réhabilité, qui ouvrira courant 2022 et surtout le Musée des Cétacés d'Andoya, baptisé The Whale, et dont le toit pavé servira de terrasse d'observation des baleines !

Habitat autochtone et richesse vernaculaire

Plus vieux peuple autochtone de Laponie, les Samis sont de grands éleveurs de rennes, et donc principalement nomades du fait des transhumances. La tente lavvu est d'ailleurs l'habitat privilégié lors de ces déplacements saisonniers. Elle est soutenue par un trépied de longues branches fourchues entrecroisées au sommet, sur lequel on vient assembler une dizaine de perches. Cette armature de bois est ensuite recouverte de peaux de rennes, ou aujourd'hui le plus souvent de toiles. Fiers de cet habitat traditionnel, les Samis le perpétuent aujourd'hui encore, comme en témoigne le Parlement Sami à Karasjok dont la structure en demi-cercle se termine à l'une des extrémités par une salle plénière en forme de lavvu. Les Samis ont également développé le goahti. Cette hutte, ronde ou conique, possède une armature faite de 4 poteaux de bois de bouleau courbé afin de former 2 arches. Tout l'assemblage se fait avec des chevilles de bois et sans aucun clou. Cette armature est ensuite recouverte d'écorces de bouleau maintenues par des couches de gazon, mousse ou tourbe. Le revêtement de ces huttes rappelle celui des maisons en bois traditionnelles dont les toits sont souvent couverts de carrés de tourbes sur lesquels pousse ensuite le gazon, permettant une parfaite isolation de la maison. Ces habitations étaient originellement réalisées en rondins de bois bruts empilés, puis ces derniers ont été travaillés à la hache et dotés d'entailles permettant de les emboîter les uns aux autres pour plus de stabilité. Ces maisons possèdent un plan simple rectangulaire et ne disposent généralement que d'une pièce principale. Les ouvertures sont limitées et étroites afin de préserver la chaleur. Originellement, les grandes fermes possédaient des toits en chaume ou recouverts d'écorces de bouleau et de gazon et leurs murs étaient en gazon, palissades ou treillis tissé de bandes de bois enduit de torchis. Parmi les autres richesses vernaculaires, vous découvrirez également de nombreuses maisons sur pilotis. A Longyearbyen, ces structures surélevées permettent d'éviter que les bâtiments chauffés ne fassent fondre le permafrost ! Dans les Lofoten, les *rorbuer* sont d'anciennes petites cabanes de pêcheurs sur pilotis, généralement peintes de couleurs vives, et aujourd'hui très prisées des vacanciers. La tradition, c'est aussi celle des maisons des petits villages portuaires peintes de couleurs vives pour protéger le bois, des chalets rustiques de montagnes, des maisons aux toits d'ardoise ou de tuiles colorées, des *hytte* ou cabanes en bois prisées des locaux... une richesse dont les nombreux musées en plein air se font les témoins. A ne pas manquer : le Musée des traditions populaires d'Oslo et le Musée de Maihaugen de Lillehammer. Et cette tradition du bois n'est pas prête de s'éteindre... avec la tour Mjøstarnet à Brumunddal, inaugurée en 2019, la Norvège peut s'enorgueillir de posséder, à ce jour, la plus haute tour en bois du monde... 85,4 m tout de même !

BEAUX-ARTS

La culture norvégienne est d'une variété inouïe. Sur la terre des Vikings et du peuple sâme, les esprits restent ancrés dans les vastes étendues naturelles. Dès le XIXe siècle, les artistes locaux n'ont pas hésité à parcourir l'Europe pour enrichir leur savoir. À la suite du courant naturaliste, des personnalités majeures se sont démarquées en Norvège. Le talent de l'incontournable Edvard Munch est salué par la construction d'un nouvel espace, le Musée Munch, inauguré en 2021. C'est un véritable foisonnement de lieux d'exposition qui attend le visiteur sur tout le territoire norvégien : *artist run spaces*, parcs de sculptures, parcours d'art urbain... Et la Galerie nationale mérite, elle, une journée entière. La jeune génération témoigne aussi d'une énergie débordante. Certains échappent à toute classification, comme le photographe Knut Bry, ou l'artiste multidisciplinaire Verbjorn Sand dont les créations croiseront forcément votre route…

Traditions ancestrales

Les premières manifestations artistiques norvégiennes sont réparties dans un fjord du Grand Nord. Regroupés sur cinq sites, les pétroglyphes d'Alta, classés au patrimoine mondiale de l'Unesco, illustrent les croyances et le quotidien des premiers peuplements. Des millénaires d'histoire à découvrir à l'Alta Museum.

Des siècles plus tard, les Vikings jettent l'une des bases de la culture norvégienne. La sculpture sur bois connaît sa première apogée durant le Haut Moyen Âge nordique, comme le montre la collection du musée des Navires vikings d'Oslo, actuellement fermé pour travaux. Les bas-reliefs ornent tous les objets, portails, chariots et navires. La tradition, longtemps perpétuée, évolue à partir du XIXe siècle vers le Dragestil, ou style dragon, architecture néo-viking qui intègre la culture préchrétienne à ces apports.

Culture sâme

La culture sâme découle des peuples autochtones, habitants des vastes espaces du Nord qui s'étendent jusqu'en Russie. Leur religion, fondée sur le chamanisme, est piétinée au XIIIe siècle par les missionnaires chrétiens. Toutefois, leurs croyances restent vivaces en Norvège. L'art décoratif ou *duodji* occupe une place majeure.

John A. Savio (1902-1938) est reconnu comme le premier artiste norvégien. Ses gravures sur bois, ou xylographes, illustrent le quotidien de son peuple : les rennes, la vie sauvage, la chasse et le ski. Quelques portraits également, au trait épuré fortement expressif. Savio explorait la Norvège en pratiquant le dessin et la peinture. À la même époque, Nils Nilsson Skum (1872-1951) traite par le dessin des thèmes similaires. Savio et Skum sont les premiers artistes à diffuser un regard autochtone sur leur culture.

DÉCOUVRIR

© TOMASZ WOZNIAK - SHUTTERSTOCK.COM

Peintures rupestres à Alta.

Plus récemment, Iver Jåks (1932-2007) se situe à la croisée des traditions et du modernisme. Ses installations, ancrées dans le *duodji*, font entrer la culture norvégienne dans une nouvelle ère. Dès les années 1970, ses créations participent à l'affirmation identitaire des Samis au sein d'une société qui se redéfinit.

Aujourd'hui, les artistes sâmes sont accueillis dans les plus grandes manifestations nationales et internationales. Ils bénéficient d'un centre d'art en Norvège : le musée **Sámi Dáiddaguovddáš** (p.359) (ou Sami Center for Contemporary Art), à Karasjok. Parmi les musées et festivals qui leur sont dédiés : le Sami Museum du m**usée des Collections lapones** (p.359), à Karasjok, le Musée sami de Varanger et le m**usée des Traditions populaires** (p.122) (Norsk Folkemuseum), à Oslo. Le festival sami de Pâques Kautokeino réunit concerts et expositions pour le bonheur de toute la famille.

Vers le modernisme

Jusqu'au XIXe siècle, la peinture norvégienne est exclusivement religieuse, et reproduit les codes des écoles étrangères. Le premier courant local regroupe des paysagistes. Il est porté par Johan Christian Dahl et Johannes Flintoe. Knud Larsen Bergslien (1827-1908) se fait connaître pour ses portraits et ses scènes historiques.

Harriet Backer (1845-1932) se tourne très tôt vers l'étranger. Elle parfait sa formation à Berlin, puis en Italie avant de participer à l'Exposition universelle de Paris de 1889 où son travail est salué par une médaille d'argent. À Paris, elle côtoie le peintre Léon Bonnat qui la sensibilise à l'impressionnisme. Rentrée à Oslo en 1889, elle développe le style qui fera sa réputation. On peut admirer ses jeux de lumière et de couleurs dans la *Pastorale*, tableau de 1892 exposé à la **Galerie nationale (Nasjonalgalleriet)** (p.120) d'Oslo. Elle fonde dès 1890 une école d'art d'où sortiront la plupart des peintres importants des décennies à venir. Parmi ceux-ci, Martin Aagaard (1863-1913), également élève de Knud Bergslien, excelle dans la peinture maritime. Ses œuvres ont intégré les collections du Nordmøre Museum ainsi que des musées maritimes de Trondheim et Bergen. Autre élève d'Harriet Becker, Nikolai Astrup (1880-1928) complète son apprentissage à Paris. Astrup bénéficie d'une notoriété certaine au début du XXe siècle. Peintre et graveur du néoromantisme, il exécute des paysages aux couleurs lumineuses, des scènes capturées dans la région de Jølster. Devenu enseignant, il guide la génération dite des « élèves d'Astrup » à Sandastrand, qui réunit entre autres Elias Eide, Johan Indrekvam, Toralv Flatjord, Malfinn Berquam. Cette période artistique est valorisée au m**usée d'Art (Lillehammer Kunstmuseum)**. (p.168)

Le symbolisme de Munch

C'est dans ce contexte que le plus célèbre des artistes scandinaves met la peinture au service de ses émotions. Avec Edvard Munch (1863-1944), la vie et l'œuvre ne font plus qu'un. Personnage tourmenté poursuivi par la mort, il exalte ses angoisses à travers un style singulier. Munch grandit à Oslo au sein d'une famille aisée. Enfant, il perd sa mère puis sa sœur, et est recueilli par une tante qui l'encourage à dessiner. Munch fréquente l'École royale de dessin, puis l'atelier de plein air dirigé par Frits Thaulow. Il se lance ensuite dans un voyage à travers l'Europe. À Paris, il est frappé par les œuvres de Paul Gauguin et de Vincent Van Gogh. De retour à Oslo, il est en proie à des troubles psychologiques.

En 1893, il réalise *Le Cri* (tempéra sur carton, 91 x 73,5 cm) désormais visible à la **Galerie nationale (Nasjonalgalleriet)** (p.120) d'Oslo. La légende raconte que ce personnage hurlant sous un ciel torturé lui serait apparu au cours d'une promenade. La silhouette, qui a quelque chose d'universel, évoque un hurlement enfoui en chacun de nous.

Peintre symboliste et précurseur de l'expressionnisme, Munch marque une rupture en délaissant l'aspect au profit de la psychologie, des états d'âmes et du ressenti. La mort, la mélancolie, l'angoisse qui le hantent appellent des formes picturales novatrices. Il participe régulièrement à des expositions qui font scandale. Ce faisant, sa notoriété se renforce au-delà des frontières norvégiennes. Graphiste novateur, il explore d'autres techniques dont la photographie et le court-métrage.

À la fin de sa vie, Munch s'essaie au paysage, alors qu'il souffre des troubles de la vision. Il exécute de nombreux autoportraits au cours de sa carrière. Dans l'un des derniers, *Autoportrait, entre l'horloge et le lit*, l'artiste se représente coincé entre le temps et le lit, entre la vieillesse et le repos éternel. Classé artiste dégénéré par l'envahisseur nazi, Munch lègue son œuvre à la ville d'Oslo avant de s'éteindre dans la solitude en 1944. Plusieurs œuvres majeures de Munch sont exposées au **KODE - Musées des arts de Bergen** (p.243), l'un des plus grands musées scandinaves. Pour l'essentiel, les 28 000 œuvres de la collection de l'artiste sont rassemblées au **Musée Munch (Munch Museet)** (p.120) d'Oslo, entièrement rénové par Juan Herrero et inauguré en octobre 2021. Dressé à plus de 60 mètres du sol, le bâtiment incliné transperce la ligne d'horizon urbaine.

Signalons la série de tableaux réalisés par Andy Warhol autour du travail d'Edvard Munch, et exposée au **Haugar Vestfold Kunstmuseum** (p.191) à Tønsberg.

Parc des sculptures Vigeland à Oslo.

© DESIGNIUM - SHUTTERSTOCK.COM

Ekebergparken.

Art au grand air

Les parcs de sculptures séduisent les amateurs de randonnée et de culture. Le Parc Vigeland Vigeland Sparken) (p.124), situé dans le Frognerparken à Oslo, rassemble 214 sculptures en bronze, en fer forgé ou en granit, signées Gustav Vigeland (1869-1943). Toutes d'un réalisme frappant, elles complètent la visite du Musée Vigeland (Vigeland Museet) (p.124), consacré au sculpteur, et de l'intrigant Musée Emanuel Vigeland (p.123), à proximité de la demeure bâtie par Emanuel Vigeland, frère de Gustav. Destinée à abriter ses peintures et ses sculptures, la bâtisse devint finalement son mausolée. Un musée hors du commun !

À quelques minutes de tramway du centre d'Oslo, s'étale le Ekebergparken (p.126). Dans ce parc à vocation artistique, une nature magnifiée recèle des œuvres d'artistes de renommée internationale. Les sculptures de Louise Bourgeois, James Turrell, Sarah Lucas ou encore Damien Hirst, partagent ces espaces naturels avec des ruines antiques et des gravures rupestres.

Poursuivons la balade par une découverte de l'art urbain norvégien. Longtemps rejeté, le street art s'épanouit depuis une dizaine d'années dans les villes et les contrées les plus reculées de la Norvège. Parmi les street-artistes norvégiens reconnus, Dolk, TEG et Argus officient à Bergen, Pøbel à Stavanger, Martin Whatson et DOT DOT DOT à Oslo.

Les municipalités financent des projets qui facilitent l'accueil de cette explosion chromatique par la population. Tous les ans au mois de septembre, le Nuart Street Art Festival met la ville de Stavanger aux couleurs de l'art urbain, y compris les bus. Toute l'année, Stavanger reste un stop incontournable.

Dans les rues d'Oslo, graffeurs locaux et internationaux unissent leurs talents pour entretenir l'originalité de son street art. La ville propose une carte interactive pour se repérer. Un indice ? Le quartier de Tøyen offre une forte concentration en art urbain. Il s'organise d'ailleurs en futur musée street art à ciel ouvert. La ville de Bergen est également réputée pour être un *hot spot* en la matière.

L'art urbain norvégien ne se cantonne pas aux villes. Au nord, dans les îles Lofoten, des bâtiments abandonnés abritent le projet *Ghetto spedalsk* porté par Dolk et Pøbel. Leur objectif étant d'alerter sur le dépeuplement des zones rurales.

À l'extrême sud de la Norvège, le quartier hollandais de Flekkefjord arbore ses fresques chatoyantes qui tranchent joliment avec la blancheur des anciennes maisons de bois.

Art contemporain

La scène contemporaine norvégienne est d'un dynamisme remarquable. Sa vigueur se ressent dans l'affluence des lieux d'exposition. En plus des innombrables musées publics et privés, les *artist run spaces* se multiplient.

Parmi les précurseurs, Rolf Aamot, né à Bergen en 1934, explore la peinture, la photographie et la musique. Pionnier de la peinture électronique, il allie arts du spectacle, musique et arts plastiques. Ses images électroniques incorporent son travail photographique. Les énergies électromagnétiques produisent formes et couleurs. En Norvège, on peut notamment découvrir ses créations au KODE - Musées des arts de Bergen (p.243). Depuis 1980, l'artiste multimédia Pia Myrvold a acquis une renommée internationale.

L'art norvégien de 1960 à nos jours est magnifiquement mis en valeur à Oslo, au Musée Astrup Fearnley, (p.119) une collection privée logée dans un immeuble signé Renzo Piano. Artistes contemporains norvégiens, européens et américains font l'objet d'expositions temporaires. La collection permanente compte parmi ses pièces maîtresses la sculpture monumentale la *Grande Prêtresse* d'Anselm Kiefer.

Photographie et histoire s'entremêlent harmonieusement à Horten, au Preus Museum (ou musée national de la photo). Dans ces anciens entrepôts de la Marine, toutes les époques de la photographie sont évoquées à travers des tirages et du matériel. Parmi les grands photographes norvégiens représentés : Anders Beer Wilse (1865-1949) a documenté la Norvège d'autrefois ; la photojournaliste Elisabeth Meyer (1899-1968) connue pour avoir pris les premières images de Gandhi ; Morten Krogvold (né en 1950) et ses portraits de célébrités ; Dav Aleng (né en 1953 à Oslo) dont les paysages en noir et blanc font le tour du monde.

Le bien nommé MUST abrite à Stavanger la collection de Jan Groth, dédiée à l'art des années 1960 à nos jours. Un panorama d'envergure essentiel à la compréhension de l'esprit créatif norvégien !

MUSIQUES ET SCÈNES

La richesse et la beauté de la Norvège ne s'arrêtent pas seulement à ses paysages époustouflants. Insoupçonnable, on devine souvent moins qu'il y a aussi énormément à écouter. À commencer par les traditions folkloriques, dont le *joik*, enivrant chant *a capella* préservé depuis des siècles par les Sâmes. Mais si la Norvège est une destination prisée des mélomanes, c'est beaucoup du fait de son attachement à la musique classique. Patrie d'Edvard Grieg, elle s'est constituée, à l'image de l'œuvre de ce dernier, une esthétique trait d'union entre motifs folkloriques et codes du romantisme. Le pays a de plus su développer une petite scène locale pop, hip-hop et indé. Enfin, les amoureux de jazz ne s'ennuieront jamais en Norvège, le pays possédant une des scènes les plus dynamiques et créatives du monde.

Les musique et danse traditionnelles

Schématiquement, deux grandes familles de tradition musicale cohabitent en Norvège : celle associée aux peuples issus du monde germanique et celle des Sâmes. Chez ces derniers, l'expression musicale la plus importante est sans conteste le *joik*. Ce chant poétique monocorde s'apparentant à une longue complainte lancinante et envoûtante, faisait à l'origine partie de la religion animiste des Sâmes. Parfois comparé aux chants des Amérindiens, le *joik* n'est pas une chanson au sens où nous l'entendons – ils ont peu ou pas de paroles, ne riment pas et n'ont pas de structure définie – mais plus une tentative d'exprimer l'essence d'un sujet sur un mode très personnel et spirituel. Si dans le courant du XXe siècle, le *joik* connut une lente désaffection du public, il a ces dernières années trouvé un intérêt renouvelé, entre les mains de quelques artistes de la jeune génération norvégienne lui offrant une cure de jouvence comme Ella Marie Hætta Isaksen et son groupe d'electro-joik ISAK ou le groupe Adjágas. Parmi les grands noms norvégiens du *joik*, Frode Fjellheim est un de ses plus grands ambassadeurs. Sa composition *Eatnemen Vuelie* est devenue internationalement célèbre en figurant en ouverture de la *Reine des Neiges* (oui, il y a du *joik* dans un film Disney). Citons également Mari Boine, sans doute la chanteuse sâme la plus célèbre avec son folk-rock minimaliste gorgé de *joik*. Hors des scènes, il est courant d'entendre du *joik* durant les fêtes de Pâques Sâmes à Karasjok et à Kautokeino.

DÉCOUVRIR

© MAKSYM KAHARLYK - SHUTTERSTOCK.COM

Tambours traditionnels sâmes.

© EVERETT COLLECTION - SHUTTERSTOCK.COM

Ole Bull, violoniste virtuose.

La musique vocale norvégienne issue de la tradition germanique du Nord comprend le ***kveding***, sorte de « *chant parlé* » avec des ornements et une intonation libre. On trouve aussi des ballades et chansons courtes populaires, appelés ***stev***, comprenant des variantes comme le ***gamlestev***, qui est dansé ou le ***nystev***, plus mélancoliques et rurales ou encore le ***slåttestev*** texte lié à un air pour violon.

Les chants folkloriques épiques constituent une des formes les plus importantes de musique folklorique vocale en Norvège. Transmises depuis le Moyen Âge, elles ont été transcrites pour la première fois au XIXe siècle. Ces ballades décrivent généralement des événements historiques, sur un ton le plus souvent dramatique ou tragique.

L'instrument iconique du folklore norvégien est le violon *Hardanger* (ou ***hardingfele***). S'il s'apparente à un violon standard, il en diffère cependant en de nombreux points et notamment sur le fait que ses cordes sont doublées de « cordes sympathiques » – c'est-à-dire de cordes sur lesquelles on n'exerce aucune action mais qui entrent en vibration par résonance ou par « sympathie » avec les notes jouées à la même fréquence. Ainsi, les notes jouées sont enrichies d'un bourdon. Grande maîtresse du ***hardingfele***, Annbjørg Lien a de nombreuses fois été saluée (et critiquée) pour sa fusion de sons traditionnels, rock et jazz tandis que la violoniste Tuva Syvertsen a emmené l'instrument sur de nombreux nouveaux territoires en collaborant notamment avec des groupes de rock comme Dum Dum Boys. Outre le ***hardingfele***, le folklore norvégien comprend une pléthore d'instruments dont le ***bukkehorn*** (corne de chèvre), l'***harpeleik*** (cithare), le ***langeleik*** (un dulcimer à caisson), le ***lur*** (ressemblant à une trompette), la ***seljefløyte*** (une flûte en saule) ou encore la ***tungehorn*** (une clarinette).

Certains de ses instruments peuvent être entendus dans les œuvres d'artistes tels que Kirsten Bråten Berg, figure séminale de la musique folklorique norvégienne qu'elle a participé à réinventer ou plus récemment du phénomène des ventes locales Odd Nordstoga qui travaille à rendre la musique folklorique plus accessible. Plus niches mais très appréciés, des groupes comme Gåte ou Lumsk fusionnent musique folklorique et métal.

Les danses folkloriques norvégiennes sont généralement des danses de couples bien qu'il existe également un certain nombre de danses en solo, comme le ***halling***, fameuse pour ses acrobaties et son rythme effréné. Cette dernière fait partie d'une famille plus large de danses rurales appelée ***bygdedans***, comprenant les plus anciennes et plus emblématiques danses folkloriques du pays.

Les formes de base des ***bygdedans*** sont le ***gangar***, une danse de marche et le ***springar*** une danse de course, les deux étant divisées en trois séquences. Au fil du temps, de nombreuses variations régionales se sont développées. Par exemple, dans la partie occidentale du pays, le ***gangar*** et ses airs traditionnels ont été remplacés par le ***rull*** s'approchant de la valse. Les ***bygdedans*** sont encore très pratiquées et pour la plupart toujours très liées aux événements importants comme les mariages ou fêtes comme Noël.

Deux rendez-vous où voir des musiques et danses traditionnelles norvégiennes : Rørosmartnan, grande fête hivernale qui a lieu tous les ans depuis 1854 où se mêlent artisanat traditionnel et danses, un évènement national qui regroupe jusqu'à 75 000 visiteurs ainsi que le Bergenfest, festival international de musique de Bergen, le plus important de Norvège avec des concerts classiques et modernes, du théâtre, des opéras, des ballets, de la musique et des danses folkloriques.

La musique classique

Si elle ne vient pas immédiatement à l'esprit comme une grande nation de la musique classique, la Norvège bénéficie pourtant d'une riche histoire dans le domaine. Une histoire remontant au XVIIIe siècle, époque à laquelle apparaissent ses premiers compositeurs remarquables comme Georg von Bertouch, Johan Daniel Berlin et Johan Henrik Berlin. Ils sont contemporains du fameux violoniste Ole Bull (1810-1880), premier grand musicien norvégien. Il est devenu célèbre dans le monde entier à partir des années 1830, se produisant non seulement en Norvège mais aussi dans d'autres parties de l'Europe et aux États-Unis, précédé de la réputation du « Paganini nordique ».

Prodige de son instrument, il a également donné ses lettres de noblesse au *hardingfele* et a été un des premiers à interpréter des airs folkloriques devant un public urbain. Un geste dans l'air de son temps puisque c'est à cette époque que la musique traditionnelle norvégienne commence à investir la scène.

Quelques figures importantes s'illustrent alors comme Halfdan Kjerulf, premier collecteur notable de musique folklorique et admirateur de Beethoven, lui-même admiré par un certain Edvard Grieg. L'époque est aussi celle du premier opéra norvégien *Fredkulla*, composé par Martin Andreas Udbye ainsi que celle de l'hymne national norvégien *Ja, vi elsker dette landet*, composé par Rikard Nordraak. C'est lui qui, dans les années 1860, conseille à son compatriote Edvard Grieg de s'inspirer du folklore pour composer sa musique. Figure incontournable de la musique classique, Edvard Grieg (1843-1907) a axé son travail sur la recherche d'un style musical authentiquement norvégien poussé par un fort sentiment nationaliste à une époque où la Norvège faisant alors partie intégrante du royaume du Danemark. À 25 ans, il compose son fameux *Concerto pour piano en la mineur* où les éléments typiquement norvégiens se fondent dans des harmonies plus européennes. Plus tard, c'est à la demande d'Ibsen que le musicien compose la musique de scène de *Peer Gynt* qui comprend les deux airs les plus connus de Grieg : *Le Matin* et *Chanson de Solveig*. Depuis quelques années, des partitions longtemps considérées comme secondaires ont été redécouvertes et réhabilitées. Ce que l'on remarque notamment dans l'intérêt porté par le festival de Bergen (Festspillene) sur le Grieg moins connu, offrant une place à ses musiques de scène, de chambre, ses chansons, etc.

À la fin du XIXe siècle, la Norvège connaît une croissance économique moteur de l'industrialisation et de l'urbanisation grandissante. On joue alors plus de musique dans les villes, et les représentations d'opéra et les concerts symphoniques gagnent en qualité. L'époque est toujours au romantisme, d'où sortent d'éminents compositeurs nationaux tels que Johan Svendsen ou Christian Sinding (l'autre grand compositeur norvégien avec Grieg) qui continuent de combiner traditions européennes et tonalités norvégiennes.

Après son indépendance en 1905, le nationalisme musical norvégien gagne encore en vigueur et les thèmes folkloriques fleurissent dans les œuvres de compositeurs tels que David Monrad Johansen, Eivind Groven et Geirr Tveitt. L'utilisation de la musique folklorique s'estompe après la Seconde Guerre mondiale où les mouvements internationaux d'avant-garde s'immiscent dans la création locale. Chose particulièrement perceptible chez des compositeurs comme Knut Nystedt, Finn Mortensen ou Arne Nordheim. Ce dernier est considéré comme le compositeur le plus important de l'après-guerre dans le pays, notamment pour son travail sur l'électro-acoustique. Dans la période contemporaine, se distinguent Olav Anton Thommessen, Glenn Erik Haugland, Ketil Hvoslef et surtout Marcus Paus, l'un des compositeurs classiques norvégiens contemporains les plus joués.

La Norvège possède deux orchestres nationaux. Fondé en 1765, l'orchestre philharmonique de Bergen est le plus ancien du pays. Il fut autrefois dirigé par Grieg (entre 1880 et1882) et est depuis 2015 entre les mains du chef anglais Edward Gardner (qui dirige aussi l'Opéra national). L'orchestre le plus prestigieux est sans conteste le philharmonique d'Oslo. Créé en 1919, l'ensemble a grandement contribué à la vie musicale norvégienne, en particulier grâce à l'impact du chef d'orchestre letton Mariss Jansons dans les années 1980. Ce dernier a réussi le pari de changer complètement l'idée que les Norvégiens se faisaient de la musique symphonique tout en lui offrant une notoriété internationale. Après le Letton, les grands directeurs successifs – André Previn, Jukka-Pekka Saraste, Vasily Petrenko – ont brillamment maintenu le prestige de l'institution. C'est désormais le surdoué finlandais Klaus Mäkelä (il a été à la tête de l'Orchestre de Paris, âgé de seulement 24 ans) qui en est la baguette principale. L'orchestre réside et se produit au Oslo Konserthus (p.157), impressionnant bâtiment parfois décrié pour son acoustique (elle serait même la cause de la démission de Jansons). Moins connu, moins prestigieux aussi, l'orchestre symphonique de Trondheim propose pourtant des concerts de grande qualité.

Le compositeur Edvard Grieg.

Pays amoureux de classique, les rendez-vous dédiés ne manquent pas. Dans la capitale, le plus intéressant est le Festival de musique de chambre d'Oslo, fondé par nul autre que le géant norvégien du violon Arve Tellefsen, qui a joué avec tous les grands orchestres et directeurs du monde et profite de sa notoriété pour inviter la crème de la musique classique à se produire sur place. Ailleurs dans le pays, les mélomanes adorent se rendre à la Semaine musicale du Nordland de Bodø ainsi qu'au Festival international de musique de chambre à Stavanger dont certains concerts ont lieu dans la cathédrale.

Le jazz

Les pays du Nord sont traditionnellement des viviers d'excellents musiciens de jazz et la Norvège ne déroge pas à la règle. Le pays est même un des plus dynamiques du genre. Et une des particularités de la scène locale, c'est que le violon y tient une place importante. Comme en témoigne la virtuosité d'Ola Kvernberg ou la très belle discographie d'Erlend Apneseth, jeune maître du Hardanger dont chaque sortie est couverte de louanges.

Mais naturellement, le pionnier parmi les pionniers du jazz norvégien est Jan Garbarek. Étiqueté *free* à ses débuts, Garbarek est devenu avec le temps synonyme d'un jazz éthéré, lent, ambiant et curieux d'embrasser d'autres esthétiques. Il est un des piliers du label allemand ultra-respecté ECM Records et a ouvert la porte de celui-ci à de nombreux autres jazzmen norvégiens. Parmi eux, le fabuleux pianiste Christian Wallumrod (et son ensemble) tout comme l'accordéoniste envoûtant Frode Haltli constituent des exemples majeurs du jazz norvégien contemporain. À noter qu'ils sont également signés sur le label Hubro, spécialisé dans le jazz explorateur et brouilleur de frontières.

Parmi les autres stars du jazz norvégien contemporain figurent le groupe Supersilent, le batteur Jon Christensen, un des plus grands de Scandinavie, le pianiste Bugge Wesseltoft, le contrebassiste Ingebrigt Håker Flaten ou encore le trompettiste Mathias Eick (beaucoup de ces artistes enregistrent aussi pour ECM). N'oublions pas de mentionner le trompettiste Nils Petter Molvaer et le groupe expérimental Jaga Jazzist qui, chacun à leur manière, ont emmené le jazz vers la musique électronique.

Quand on aime le jazz en Norvège, on ne s'ennuie jamais. Tout au long de l'année, on a le choix entre le Festival de jazz d'Oslo, le Festival de jazz de Trondheim, le Festival de jazz de Kongsberg, deuxième plus grande manifestation dédiée au jazz après le Festival de jazz de Vadso, installé dans une petite bourgade féerique près du Cap Nord ou encore le Sildajazz et le Moldejazz, tous deux nichés au milieu des fjords.

Les musiques actuelles

Outre A-Ha dans les années 1980, la Norvège jouit d'une scène bourdonnante de musiques actuelles. Côté pop, par exemple, trônent les Kings of Convenience menés par le très chic Erlend Øye, Anna of the North, pleine de promesse ou encore, plus expérimentale, Jenny Hval. En musique électronique, le trio de producteurs Lindstrøm, Prins Thomas et Todd Terje, est la figure de proue du « *cosmic disco* », disco lente, suave et ascensionnelle typiquement scandinave. Le duo Röyksopp, quant à lui, est originaire de Tromsø. Il est connu pour ses compositions downtempo mêlées à du trip hop. Citons également le DJ et producteur de tropical house Kygo, dont la renommée internationale fait la fierté des Norvégiens.

Moins dansant, citons aussi Biosphere, grand nom de l'ambient. Sur la scène rock, enfin, le Kaizers Orchestra, Kakkmaddafakka et les DumDum Boys ont maintes fois fait parler de la Norvège à l'internationale.

Parlons un peu plus de Kaizers Orchestra : la Norvège possède l'un des groupes les plus originaux de la scène rock actuelle et pourtant la France ne les connaît presque pas ! Fondé en 2000, le groupe, originaire de la région de Bryne, est l'un des premiers groupes norvégiens à chanter dans sa propre langue et à être connu et populaire hors de ses frontières. En effet, surtout grâce au succès de leur 3e album *Maestro* ils se font rapidement connaître pour leurs sonorités spéciales et une utilisation originale des instruments de musique. Grâce à leur popularité notamment au Danemark et en Allemagne, ils entament une tournée européenne en 2005 qui connaît un beau succès. En 2008, ils sortent *Maskineri,* puis *Våre demoner* en 2009 et *Violeta Volume 1* en 2011, album dont on attend la suite avec impatience ! Dans un style rock alternatif aux sonorités parfois influencées des Balkans, ils ont une musique très rythmique, avec des textes souvent engagés et touchant à des thèmes assez durs (folie, guerre, mafia). Très bons sur scène, ils ont été récompensés de plusieurs prix pour leurs performances en live.

Enfin, la voix puissante de Susanne Sundfør est très populaire ici. Son dernier album, *Music for People in Trouble*, est signé chez Bella Union, un label indépendant écossais.

Côté hip-hop, c'est le duo Karpe qui fait vibrer les Norvégiens avec son rap engagé pour la cause des demandeurs d'asile, ou encore Ivan Ave, MC osloïte signé au label berlinois Jakarta Records. Il a notamment collaboré avec la chanteuse de jazz brésilienne et norvégienne Charlotte Dos Santos. Plus récemment, c'est la chanteuse Okay Kaya qui fait parler d'elle, avec sa folk lo-fi. Née dans le New-Jersey, elle a grandi dans la région d'Oslo. Elle a d'ailleurs joué dans l'angoissant *Thelma* de Joachim Trier…

LITTÉRATURE

Si la musique a le pouvoir d'adoucir les mœurs, rapprocher les peuples est certainement l'apanage de la littérature, même quand elle se décline dans ses teintes les plus sombres. Les romans policiers de Jo Nesbø par exemple, ou de Gunnar Staalesen, ne sont sans doute pas étrangers au fait que les écrivains norvégiens nous paraissent familiers. Dans d'autres genres, les livres de Herbjørg Wassmo, Jon Fosse, ou Karl Ove Knausgaard – que l'on compare volontiers à Proust ! – se sont également répandus dans les rayons de nos librairies. Enfin, plus ancien mais totalement incontournable, Henrik Ibsen mérite largement sa réputation de classique dans le domaine du théâtre. Alors, comment un pays de quelques millions d'habitants a-t-il su si bien inspirer ses auteurs et leur donner la chance d'exister en dehors de ses frontières ? C'est une histoire moins paisible qu'il n'y paraît, entrecoupée de luttes d'influences et digne d'un très bon polar.

Des mythes à la réalité

Il faut remonter à l'époque lointaine où des inscriptions étaient gravées dans la pierre, si profondément que la chance nous est donnée de pouvoir encore les discerner même si leur sens nous échappe en partie. C'est la chance, encore, qui fit découvrir la pierre d'Eggja en 1917, à la faveur de travaux agricoles dans la ferme, située sur la commune de Sogndal, qui lui légua son nom. Datée du VIIIe siècle, l'inscription qui y figure – la plus longue connue en vieux futhark, près de 200 runes – s'ouvre toujours à de nombreuses interprétations, les curieux pourront en tout cas la comparer aux autres textes runiques recensés sur la base de données *Rundata* créée en ligne en 1993 par l'Université suédoise d'Uppsala. Un siècle plus tard, celui qui est considéré comme le premier écrivain norvégien n'a pas seulement marqué la mémoire littéraire, il sera également érigé au rang de divinité en inspirant, dit-on, la figure de Bragi, fils d'Odin et dieu de la Poésie. En tous les cas, Bragi Boddason est le plus ancien « scalde » (poète) dont les textes nous sont parvenus, le plus célèbre étant son poème *Ragnarsdrápa* dédié à Ragnar Lodbrók, roi scandinave – mythique ou historique – ayant pris le pouvoir vers 750. Ainsi, tandis que les poètes de cour rédigent des louanges à la gloire de leur souverain, à l'instar de Hornklofi au IXe siècle ou de Eyvindr Skáldaspillir au Xe siècle, d'autres remontent le fil des générations en mêlant épopées et récits mythologiques. Au titre de ces « sagas royales », il convient de citer tout au moins l'*Ynglingatal* (« *Le dénombrement des Ynglingar* ») et la *Haustlöng* (« *Longueur d'automne* ») de Thjódólf des Hvínir, l'*Agrip af Nóregskonungasögum* (XIIe siècle), la *Saga légendaire de Saint-Olaf* (XIIe siècle, mais basée sur un texte antérieur aujourd'hui perdu) et, enfin, la *Fagrskinna* (XIIIe siècle). L'Islandais Snorri Sturluson (1179-1241), poète et intellectuel d'envergure, a collecté certains de ces textes fondateurs, ceux concernant les Rois de Norvège ont été compilés dans la saga dite *Heimskringla*. Ce Moyen-Âge s'avère décidément foisonnant, comme semble le confirmer la belle réception du *Hirdskraa*, un recueil de lois régentant la « hird », sorte de garde royale informelle, qui aurait pourtant pu paraître abscons. C'est surtout le nombre de textes écrits par des religieux qui ne cesse de progresser, le christianisme a en effet conquis progressivement la Norvège à partir de la fin du XIe siècle, ce qui d'ailleurs sonnera progressivement le glas des croyances anciennes. Pourtant, l'*Historia Norwegiæ* du prêtre-savant Sæmundr Sigfússon (1056-1133), qui deviendra lui-même un personnage légendaire en apparaissant plus tard dans divers contes, contient la rare description d'une cérémonie chamanique des Samis, ce peuple autochtone du Grand Nord. Sa chronologie des rois norvégiens a, en outre, certainement inspiré le moine bénédictin Theodoricus Monachus pour ses propres travaux.

Plus spirituel, en quelques sortes à la croisée des chemins entre l'ancien monde et le nouveau, le *Draumkvæde* décrit les visions mystiques d'Olav Asteson durant treize nuits s'échelonnant de Noël à l'Épiphanie. Cette rêverie, qui surgit selon les estimations vers 1200 dans le Comté de Telemark, ne sera figée à l'écrit qu'au XIXe par Rudolf Steiner (à découvrir en français aux éditions anthroposophiques romandes sous le titre *Messages de Noël*), ce qui démontre l'importance et la pérennité de la tradition orale. Enfin, *Le Miroir royal* (vers 1250) est considéré comme le texte fondateur de la littérature norvégienne. Cette œuvre, anonyme mais parfois attribuée à Einar Gunnarsson, archevêque de Nidaros, est écrite sous la forme d'un dialogue entre un père et son fils, elle contient la somme fabuleuse des connaissances de l'époque, tout en donnant une précieuse description de celle-ci.

Les éditions Esprit ouvert en ont donné traduction française en 1997. L'effervescence, l'identité nationale, et même la langue, vont pourtant être vouées à douloureusement s'étioler durant de longs siècles car la Norvège va tomber sous la domination du Danemark à la fin du XIVe.

La Renaissance

Au XVIe, quelques rares textes évoquent la vie quotidienne à l'instar du *Journal* que tient le pasteur Absalon Perderssøn Beyer de 1552 à 1572, mais le fait qu'il finisse par délaisser le latin au profit du danois est sans doute l'aveu de son abandon face au joug qui pèse sur la Norvège. Cette même mélancolie se retrouve dans les travaux de Peder Claussøn Friis (1545-1614), également homme de foi, qui donne traduction en danois de la *Heimskringla* et s'attelle à décrire son pays, au plus près de sa géographie mais aussi de ses us et coutumes, dans *Norrigis Bescriffuelse*. Il espérait peut-être un certain sursaut national, bien qu'il ne cherchât pas à faire publier ses œuvres de son vivant, se contentant d'en distribuer des copies à de rares privilégiés qui ont su, fort heureusement, les préserver. S'il est notable que pour la première fois une femme put vivre de sa plume et que *Siælens Sang-Offer* ne cessa d'être réédité, il est parlant que soit reproché à Dorothe Engelbretsdotter (1634-1716) un recours jugé excessif au dialecte de Bergen, sa ville natale, une critique dont avait également fait les frais Absalon Perderssøn Beyer. Petter Dass (env.1647-1707) enfreignit habilement cette interdiction en évoquant dans *La Trompette de Nordland* – sa description en vers de la région septentrionale qui deviendra son œuvre la plus célèbre – plusieurs centaines d'espèces, animales ou végétales, pour lesquelles le danois n'avait pas le vocabulaire adéquat, la rigueur justifiait donc d'enfreindre la pureté requise !

À dire vrai, peu à peu les écrivains vont se montrer de moins en moins conciliants. Si ce n'est pas encore tout à fait le cas de Ludvig Holberg (1684-1754), natif de Bergen mais Copenhagois durant la majeure partie de sa vie, celui-ci fait tout de même preuve d'une certaine ironie quand il met en scène la société dans laquelle il évolue, s'inscrivant dans la pure tradition de Molière. Il se lit en français aux Éditions théâtrales et aux Belles lettres (*Trois comédies : Jeppe du Mont, L'Homme affairé, L'Heureux naufrage*). Joseph Herman Wessel (1742-1785) suit, quant à lui, peu ou prou le même cheminement, géographique et intellectuel, à une différence près : à Copenhague, il fréquente assidument la Société Norvégienne qui y a été fondée en 1772. Ce cercle privé, au sein duquel fermentent certainement quelques idées nationalistes, fermera en 1813, à l'aube d'un changement majeur : en 1814, la Norvège sera cédée à la Suède qui lui accordera une relative autonomie, jusqu'en 1905 où elle recouvrira enfin son indépendance. Nul n'incarnera aussi bien le réveil de la littérature norvégienne qu'Henrik Wergeland (1808-1845) dont la fougue sera annonciatrice du romantisme patriotique en vigueur durant les trois décennies suivant sa mort. Son tempérament ne lui vaudra pas que des amitiés durant sa courte existence, mais personne ne saurait renier son influence, d'autant plus sur la langue qui, après avoir été étouffée par le danois, devait

© DE JONGH PHOTOGRAPHY - SHUTTERSTOCK.COM

Statue du poète et écrivain Petter Dass.

DÉCOUVRIR

se réinventer, ce qu'elle fera sous deux formes : le *bokmål*, issu du *riksmål* (dano-norvégien), et le *nynorsk* qui tient du *landsmål* (dialecte des campagnes). Ce dernier n'aurait pas pu exister sans Ivar Aasen, linguiste vadrouilleur qui publia en 1848 une *Grammaire de la langue norvégienne populaire*. Aujourd'hui, même si le *bokmål* est majoritaire à 85 %, les deux langues ont un statut officiel.

Les « quatre grands »

Hasard ou signe, en 20 ans vont naître quatre écrivains majeurs, dont un prix Nobel de littérature. Le premier, et le plus connu sous nos latitudes, Henrik Ibsen, voit le jour en 1828 à Skien. Son parcours est truffé d'embûches, il essuie refus et déceptions, frôle l'alcoolisme et le licenciement du Théâtre qu'il dirige. C'est finalement son départ en 1864 pour l'Italie qui lui sera salutaire, lui apportant sans doute la mise à distance nécessaire pour enfin s'exercer à la critique sociale, une focale qu'il ne quittera plus et lui octroiera sa réputation. De lui sont encore jouées de nombreuses pièces sur les scènes françaises – *Une maison de poupée*, *Peer Gynt*, *Le Canard sauvage* ou *Hedda Gabler* – pour ne citer que les plus célèbres. Le second, Bjørnstjerne Bjørnson, né en 1832, est plus compliqué à découvrir dans notre langue bien que le catalogue des Belles Lettres propose *Au-delà des forces : I & II*, deux pièces oppressantes qui dénoncent les dérives du mysticisme et celles des violences économiques, et sont assez représentatives du « Poète national », couronné par le Nobel de littérature en 1903, fortement investi dans les questions politiques. Les rares textes traduits de Jonas Lie (1833-1908) sont désormais épuisés (*Trolls*, *La Famille de Gilje*), ils avaient pourtant le double intérêt d'évoquer la vie rurale et de garder mémoire des contes traditionnels. Enfin, toujours dans la veine (férocement) réaliste, Alexander Kielland offrira dans ses romans (*Les Aventures des Worse : Garman et Worse, Le Capitaine Worde*, éditions des Belles Lettres) une critique acerbe des piliers politiques et religieux sur lesquels reposait la ville qui l'avait vu naître en 1849, Stavanger.

Ce portrait de famille ne saurait être complet sans Knut Hamsun (1859-1952) car, même si son style s'éloigne du courant naturaliste pour s'approcher du modernisme, voire du post-romantisme, son roman *La Faim* (Le Livre de poche) est tout simplement un chef-d'œuvre qui lui vaut en partie d'être couronné par le Nobel en 1920. Ce texte, semi-autobiographique, qui campe un homme au bord du précipice, est en effet précurseur du « flux de conscience » qu'exploreront ensuite James Joyce ou Virginia Woolf. Distinguée à son tour par la prestigieuse récompense suédoise en 1928, Sigrid Undset se place à l'opposé du spectre et délaisse l'approche individualiste pour prôner l'engagement,

© NICKU – SHUTTERSTOCK.COM

Henrik Ibsen.

en premier lieu celui qui incombe à la femme vis-à-vis de sa famille, mais aussi celui qui se fait politique, symbole de sa propre résistance durant la Seconde Guerre mondiale. En 2022, les éditions Cambourakis ont publié *Jenny* qui donne un aperçu de son œuvre éclectique. Parmi ses contemporains, il convient de citer Cora Sandel qui est sans doute un peu plus féministe (*Alberte & la liberté*, Presses universitaires de Caen), le romancier et nouvelliste Arthur Omre qui initie le roman noir en évoquant sa propre expérience de contrebandier à l'heure de la prohibition de l'alcool, le poète Claes Gill (*Les Imperfections de la vie*, éditions de La Différence), le libertaire Jens Bjørneboe (*L'Instant de la liberté*, Plein chant éditeur), et surtout Tarjei Vesaas (1897-1970) qui a su explorer tous les courants littéraires et dont l'œuvre a été remise en avant en France grâce, notamment, à trois éditeurs indépendants : Cambourakis (*Les Oiseaux*, *Nuit de printemps*), L'Œil d'or (*L'Incendie*) et La Barque (*Ultimatum*, *Vie auprès du courant*).

La littérature norvégienne continue de se montrer prolixe et d'innover à une vitesse étonnante. Désormais, le roman s'autorise une approche quasi sociologique, voire autobiographique si l'on songe au raz de marée provoqué par *Mon Combat* (en six tomes) de l'inclassable Karl Ove Knausgaard né en 1968 à Oslo. Bien représentées en France, il est également aisé de s'emparer des œuvres de Dag Solstad (*T. Singer*, chez Noir sur Blanc), Per Petterson (chez Gallimard), Jostein Gaarder (dont son best-seller philosophique *Le Monde de Sophie*), Jon Fosse, dramaturge (L'Arche) et romancier (Bourgois), ou encore Herbjørg Wassmo et son incontournable *Livre de Dina* (éditions 10-18).

DÉCOUVRIR

TOP 10

LECTURE

Abondante, diversifiée et généreusement traduite, la littérature du petit pays de 5 millions d'âmes a vraiment tout d'une grande ! Sachant se faire classique tout en se montrant novatrice à bien des égards, elle se distille dans plein de styles, de la bande dessinée au polar, en passant par l'album jeunesse ou le roman, de quoi ravir tous les lecteurs.

RÊVE D'AUTOMNE

Quatre pièces et tout autant de façons de découvrir un dramaturge qui aime explorer les relations qui unissent ses semblables.
Jon Fosse, *Arche éditeur.*

MON COMBAT

© ÉDITIONS FOLIO

En six tomes, l'auteur explore sa vie et ses méandres dans un style complètement unique, une révélation !
Karl Ove Knausgaard, *édtions Folio.*

AU-DESSUS L'ODYSSÉE

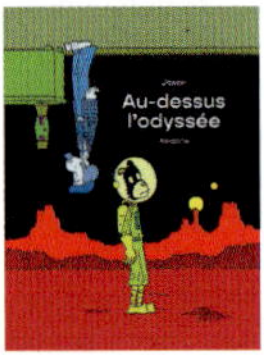

© ÉDITIONS ATRABILE

Le bédéiste norvégien continue d'essaimer ses petites histoires faussement minimalistes, diablement drôles.
Jason, *éditions Atrabile.*

LE COUTEAU

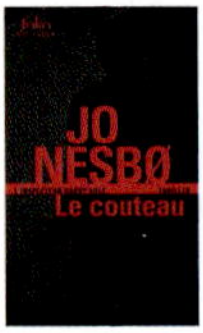

© ÉDITIONS LE COUTEAU

Se retrouver après une nuit d'ivresse couvert de sang et amnésique ? Compliqué, surtout pour l'inspecteur Harry Hole.
Jo Nesbø, *éditions Folio.*

LES FILLES D'EGALIE

© ÉDITIONS ZULMA

Dans cette dystopie, ce sont les maris qui restent à la maison et les femmes qui dirigent, mais Pétronius supportera-t-il sa condition d'homme-objet ?
Gerd Brantenberg, *éditions Zulma.*

JE MARCHERAI SUR TES TRACES

© LAURE PUBERT, CHRISTINE DELORY-MOMBERGER, AGENCEREVELATEUR, ARNAUD BIZALION ÉDITEUR 2018.

Partie en quête d'un personnage de fiction, l'auteure a ramené de Norvège le souvenir de ses rencontres.
Laure Pubert et Christine Delory-Momberger, *éditions Arnaud Bizalion.*

LES OISEAUX

© ÉDITIONS CAMBOURAKIS

Délaissé par sa sœur, un homme simple trouve refuge dans l'observation des oiseaux. Un grand livre qui réunit les thèmes chers à l'auteur.
Tarjei Vesaas, *éditions Cambourakis.*

UNE MAISON DE POUPÉE

© ÉDITIONS BABEL

L'une des plus célèbres pièces d'un homme qui a révolutionné le théâtre mondial, ou l'histoire d'une femme qui décide de partir.
Henrik Ibsen, *éditions Babel.*

CLUE : CRIME À ALODDEN

© ÉDITIONS RAGEOT 2022

Trois amis et leur chien décident d'élucider la mort d'un homme retrouvé noyé sur la plage d'Alodden. À partir de 9 ans.
Jørn Lier Horst, *éditions Rageot.*

NORVÈGE

Plus qu'une présentation de la diversité des paysages norvégiens, un essai pour comprendre l'identité contemporaine du pays.
Irena Trevisan, *éditions Vilo.*

À L'ÉCRAN

Parmi les pays scandinaves, la Norvège n'est pas forcément le terreau de cinéma le plus fertile, surtout lorsqu'on compare cette industrie avec les nombreuses productions de ses voisins suédois et finlandais. Pour autant, l'industrie cinématographique norvégienne a enfanté de grandes figures du cinéma contemporain comme Liv Ullmann, muse et actrice favorite de Ingmar Bergman, ou plus récemment le réalisateur Joachim Trier, dont les films *Oslo 31 août* (2011) et *Thelma* (2015) remportent de grands succès en festival et auprès de la critique. Tout récemment, le dernier long-métrage du cinéaste, *Julie (en 12 chapitres)* (2021), est devenu le sixième film norvégien à être nominé aux Oscars. Les paysages enneigés et les fjords servent aussi régulièrement de décors aux grandes productions hollywoodiennes comme le film culte *L'Empire contre-attaque* (1980), le dernier James Bond, *Mourir peut attendre* (2021), ou encore *Tenet* de Christopher Nolan (2020).

Petite histoire du cinéma norvégien

Le premier film de fiction norvégien aurait été réalisé entre 1906 et 1908 par le photographe suédois Julius Jaenzon. Sobrement intitulé *Les dangers de la vie d'un pêcheur,* ce court-métrage d'une petite dizaine de minutes a malheureusement été perdu. Il ne subsiste de ce film qu'une reconstitution, réalisée en 1954 et tournée à Frognerkilen, une baie à quelques encablures d'Oslo. Le premier film parlant norvégien, *Den store barnedåpen* ou *Le grand baptême*, fut quant à lui réalisé en 1931 par Tancred Ibsen, petit-fils du célèbre dramaturge Henrik Ibsen. Ibsen sera l'un des principaux réalisateurs en activité durant les décennies suivantes, avec un style mélodramatique proche des films hollywoodiens. Dans un autre registre, Thor Heyerdahl, devenu célèbre grâce à l'expédition *Kon-Tiki*, réalise en 1950 un documentaire éponyme relatant sa traversée du Pacifique sur les traces des premiers navigateurs. Un succès critique et populaire national, qui fera l'objet d'un remake en 2012, nominé aux Oscars dans la catégorie Meilleur film étranger. Une cinquième concrétisation internationale pour le cinéma norvégien, cinquante-cinq ans après *Neuf vies* de Arno Skouen, récit d'un épisode tragique de la Seconde Guerre mondiale se déroulant sur les côtes norvégiennes et premier film du pays à être salué par l'Académie.

S'il fallait ne retenir que quelques grandes figures, citons d'abord Liv Ullmann, actrice, réalisatrice et scénariste norvégienne qui s'est fait connaître au travers des films d'Ingmar Bergman comme *Persona* (1966), *Cris et chuchotements* (1972) ou encore la mini-série *Scènes de la vie conjugale* (1973). Elle tourne également plusieurs films, dont le dernier, *Miss Julie* (2014), rassemble Colin Farrell et Jessica Chastain dans une adaptation cinématographique de Strindberg. Aujourd'hui, la figure de proue du cinéma national est sans aucun doute Joachim Trier, le petit-fils du grand Erik Løchen, qui a réalisé *La Chasse* en 1959. Il est réalisateur habitué du festival de Cannes depuis la sélection de *Oslo, 31 août* (2011) dans la catégorie Un certain regard. Dernièrement, son film *Julie (en 12 chapitres)* (2021), narrant les errements et les déboires d'une femme de trente ans face à ses propres choix de vie, a été salué par la critique internationale comme l'un des films majeurs de l'année.

La Norvège, quand les blockbusters se mettent au vert

De par la beauté de ses paysages enneigés et la quiétude de ses forêts comme de ses fjords, la Norvège attire depuis longtemps les grands studios hollywoodiens. Dans *L'Empire contre-attaque* (1980), le deuxième film de la saga *Star Wars*, les montagnes de Finse constituent les décors enneigés de la planète Hoth, où se sont réfugiés les rebelles avant que l'Empire, guidé par Dark Vador, ne viennent les débusquer. Han Solo et Luke Skywalker parcourent les crêtes du glacier Hardangerjøkulen battues par le vent et les bourrasques, tandis que les scènes de bataille entre les AT-AT et les X-Wings sont restées dans les esprits comme l'un des grands moments de cet épisode de la série. Des promenades ainsi que des événements dédiés aux fans sont d'ailleurs organisés chaque hiver, informez-vous avant de planifier votre voyage.

Plus récemment, *Tenet* (2020) de Christopher Nolan amène John David Washington et Robert Pattinson sur le toit de l'Opéra d'Oslo, alors que les personnages discutent des implications du temps et de l'espace dans ce film à énigmes du réalisateur d'*Inception* et de la trilogie *Batman.* De son côté, Scarlett Johansson alias La veuve noire, s'offre une retraite temporaire à Sæbø, le long du splendide Hjørundfjord, dans *Black Widow* (2021).

© WIRESTOCK CREATORS - SHUTTERSTOCK.COM

Les montagnes enneigées de Finse qui ont servi de décor dans la saga Star Wars.

Avant un dur retour à la réalité de ce film d'espionnage de l'univers Marvel. Timothée Chalamet, lui, parcourt les Fjords de Statlandet, paysages de la fictive Caladan, préparant son départ pour la planète Arrakis, plus connue sous le nom de *Dune* (2021).

Mais les plus beaux plans sont assurément à retrouver dans le dernier opus de la saga James Bond, *Mourir peut attendre* (2021). Léa Seydoux, Daniel Craig et Rami Malek jouent au chat et à la souris dans les forêts enneigées de Hakadal et autour du lac Langvann, avant une course-poursuite captivante sur les impressionnantes Atlantic Road et Trollstigen, deux routes panoramiques parmi les plus belles du pays.

La Norvège en séries et en streaming

Du côté des séries, le géant Netflix à l'affût de nouveaux territoires a également misé sur la Norvège. Au menu, un retour comique aux sources vikings de l'histoire du pays, mais également une série d'adolescents, avec un twist nordique.

À commencer par le phénomène *Skam* (2015), une web-série qui a pris un tournant international complètement inattendu pour sa réalisatrice Julie Randem. À l'origine destiné pour les adolescents norvégiens, ce *teen drama* est produit par NRK, le plus gros groupe audiovisuel norvégien. Le succès de *Skam* peut s'expliquer par son choix d'une mise en scène plus rafraîchissante de lycéens, à l'heure où les *teen dramas* sont critiqués pour leur gros manque de réalisme. Leurs vies plus « réalistes » ont fini par émouvoir petits, grands, ados dans le monde entier. Résultat, le concept s'est exporté et il existe maintenant des versions partout : *Skam France, Skam Belgique, Skam España...*

Si vous êtes plutôt féru d'Histoire, plongez-vous donc dans les trois saisons de *Norsemen.* Avec les habitants de Norheim, vous passerez du bon temps et vivrez des aventures rocambolesques aux côtés de ces pirates des mers et grands festoyeurs. Une série décalée, mais à l'ambiance prenante, recréée grâce aux décors du comté de Rogaland, et plus précisément autour d'Avaldnes, Karmøy et sur l'île de Bukkøya. Si vous n'avez pas la chance de voyager jusqu'à ces coins reculés, sachez que la troisième saison s'est déplacée à Borre et au Midgard Vikingsenter pour la majorité de son tournage, bien plus facile d'accès depuis Oslo.

Autre production norvégienne, Ragnarök construit un univers fantastique autour de la fin du monde viking, sauce changement climatique et *teenage drama*. Les fans du genre y trouveront toutes les intrigues et romances déchirantes à leur goût, sur fond de décors grandioses de la région d'Odda. Si vous en avez l'occasion, pensez à recréer l'une des scènes mémorables de la série en visitant Trolltunga, la langue de pierre qui surplombe les eaux du lac Ringedalsvatnet. Peut-être pas cependant dans le même appareil que Vidar, l'un des protagonistes, sauf si vous voulez voir votre séjour norvégien s'écourter drastiquement.

Enfin, citons la série récente *Beforeigners*, un thriller résolument actuel où des migrants venus d'époques différentes débarquent dans une Oslo contemporaine. Entre série de détectives et voyages dans le temps, les deux saisons pourront vous tenir en haleine tout en vous faisant déambuler dans la capitale. Plus anecdotiques, mais néanmoins dignes d'intérêt, les séries *Occupied* (2015), *Lilyhammer* (2012), *Home for Christmas* (2019) et *Bloodride* (2020) témoignent de la diversité grandissante des productions norvégiennes pour le petit écran.

POPULATION

Si vous imaginez la Norvège peuplée de grands blonds aux yeux bleus, eh bien… vous ne serez pas déçu ! Côté langue, les Scandinaves de la Suède, du Danemark et de la Norvège se comprennent entre eux. Le norvégien est la langue principale de la Norvège, ne vous inquiétez pas, tout le monde parle parfaitement l'anglais ! Et si vous ne maîtrisez ni l'anglais ni le norvégien, mettez-vous à l'anglais ou au langage gestuel ! Les Norvégiens semblent souvent froids de prime abord mais ils sont en réalité très ouverts, et ils aiment faire la fête ! Préférez serrer la main plutôt que faire la bise au début pour ensuite laisser place à une généreuse accolade si toutefois vous deveniez amis. Si la population de la Norvège est en partie restée très semblable à ce qu'elle était il y a quelques décennies, elle tend aussi aujourd'hui à devenir à l'image du monde changeant dans lequel nous vivons, fait de migrations, de déplacements et de choix de vie singuliers.

Survol démographique

La Norvège est peuplée depuis environ le Xe millénaire av. J.-C. Les Sâmes, qui habitent aujourd'hui en partie le nord de toute la Scandinavie, sont parmi les descendants de ces premiers habitants des terres nordiques. La Norvège occupe les deux tiers de la surface de la France pour une population de seulement 5,4 millions de personnes. Avec une densité de population très faible (13,94 habitants/km²), la Norvège compte de grands espaces inhabités, même si l'on trouve des fermes et des hameaux isolés répartis dans tout le pays. La surpopulation est donc ici un problème inconnu, même en milieu urbain où vit la majorité de la population, comme la capitale Oslo qui concentre le plus grand nombre d'habitants (1,5 million d'habitants). Les trois autres plus grandes villes sont situées sur la côte ouest : Bergen (285 900 habitants), Trondheim (279 000) et Stavanger (145 000). La croissance démographique est assez faible (0,70 %/an), tout comme l'indice de fécondité (1,53 enfants/femme). Le taux de chômage en Norvège est très faible (aux alentours de 4 % en 2021). Les Norvégiens peuvent prendre leur retraite à l'âge de 62 ans mais un système dit « flexible » encourage les départs plus tardifs, ce que font bon nombre de Norvégiens. Plus on part tard à la retraite, plus le montant de la pension est important. Nature, richesse et technologie obligent, l'espérance de vie est d'environ 83 ans dans ce pays dont le système de santé est l'un des plus performants au monde.

Immigration

La population s'est aujourd'hui relativement diversifiée avec l'arrivée progressive de personnes issues de nationalités différentes et provenant de pays développés et en développement. En 2020, 38 075 personnes ont immigré en Norvège, dont 23 607 venant de l'Espace économique européen (EEE) (Statistics Norway - ssb.no). Des systèmes de quotas d'accueil de migrants permettent à la Norvège d'accueillir correctement les migrants qui arrivent au bout d'un voyage parfois long et difficile ! Le gouvernement a mis en place des stratégies d'intégration qui visent à offrir davantage de possibilités aux réfugiés et autres immigrés de participer à la vie active et communautaire et à renforcer les mesures d'éducation et de formation. La formation à la culture, aux valeurs norvégiennes et à la langue norvégienne sont obligatoires pour les demandeurs d'asile dans les centres d'accueil depuis septembre 2018. Il existe de nombreuses entreprises et associations pour favoriser l'insertion, à l'instar par exemple de Moving Mamas (movingmamas.no), fondée par Kirstine Holst, qui permet à des premières générations de femmes immigrées, la plupart du temps réfugiées, de s'insérer dans le monde du travail. Le taux de chômage est en effet plus élevé chez les populations d'immigrants, ce qui conduit à de plus fortes inégalités.

La langue norvégienne en quelques mots

Le norvégien est la branche scandinave de la famille des langues germaniques qui descend du vieux norrois, langue des pays scandinaves depuis le Moyen Âge et qui ressemble beaucoup à l'actuel islandais. Rappelons que les langues germaniques sont elles-mêmes une sous-famille des langues indo-européennes (le français faisant quant à lui partie des langues romanes, autre sous-famille des langues indo-européennes).

Il existe aujourd'hui deux langues écrites officielles norvégiennes :

- le bokmål (« la langue des livres »), dérivé du riksmål, la langue dano-norvégienne qui s'était répandue lors que la domination danoise. Il est utilisé par environ 85 % de la population

© FRANCO FRANCISCO MARIA - SHUTTERSTOCK.COM

Dans les rues d'Oslo.

▶ le nynorsk qui provient du landsmål. Il est plutôt utilisé à l'ouest et dans le nord du pays. Vers Bergen par exemple le « r » est prononcé à la française (alors qu'il est roulé dans le reste du pays) et cela tirerait ses origines des échanges commerciaux avec la France.

Il existe plusieurs autres dialectes parlés dans différentes régions mais globalement tout le monde se comprend et les identités norvégiennes sont ainsi façonnées. Les dialectes éloignés entre eux ont aussi comme souvent un rapport avec le relief du pays qui rendait alors le contact difficile entre différentes communautés.

La langue norvégienne est ce qu'elle est aujourd'hui grâce aux travaux d'Ivar Andreas Aasen (écrivain, poète et linguiste 1813-1896) qui a sillonné la Norvège au milieu du XIXe siècle afin d'élaborer une langue norvégienne indépendante et nationale. À l'époque, le danois était imposé et les questions de langues faisaient débat car parler la langue de « l'oppresseur » danois revenait en quelque sorte à mettre de côté sa langue à soi, son identité et ses origines. Ivar Andreas Aasen étudie ainsi de façon systématique les différents dialectes et publie une grammaire et un *Dictionnaire du parler populaire norvégien*. Il est considéré comme le père du landsmål, qui a donné le nynorsk aujourd'hui.

Les peuples minoritaires en Norvège

▶ **Les Sâmes.** Certains historiens, archéologues et anthropologues considèrent les Sâmes (ou Samis) comme les premiers habitants du nord de la Norvège. La population est aujourd'hui estimée à 400 000 personnes qui vivent principalement dans le nord de la Norvège. Attention au terme « lapon » qui est péjoratif car issu du terme *lapp* en suédois qui signifie « porteur de haillons ». La langue sâme est une branche de la famille des langues finno-ougriennes et diffère ainsi grandement du norvégien. Plusieurs dialectes cohabitent et sont reconnus par le gouvernement norvégien comme langues officielles qui sont utilisées à l'oral comme à l'écrite par les Sâmes. Interdite au début du XXe siècle, cette langue et ce peuple sont aujourd'hui reconnus juridiquement par la Norvège.

▶ **Les Juifs.** Jusqu'en 1851, interdiction était faite aux Juifs d'entrer en Norvège. Depuis, 1 800 Juifs s'y installèrent, essentiellement à Oslo et à Trondheim. Mais à partir de fin 1942 et jusqu'à la fin de la guerre, sous le gouvernement Quisling, environ 700 juifs furent déportés à Auschwitz. Aujourd'hui la population juive est d'environ un millier de personnes.

▶ **Les Kvènes.** Ce sont des éleveurs et pêcheurs finnois qui ont immigré dans le nord de la Norvège aux XVIIIe et XIXe siècles. Ils parlent une langue très proche du finnois. Interdite jusqu'aux années 1970, le kvène a obtenu en 2005 le statut de langue minoritaire. On dénombre environ 4 000 locuteurs qui vivent principalement dans l'extrême nord de la Norvège.

▶ **Les Roms.** La communauté de Roms est d'environ 500 personnes réparties dans plusieurs villes.

▶ **Les Skogfinns (littéralement les « Finlandais de la forêt »).** D'origine finlandaise, ils ont émigré dans les forêts de l'Est Norvège et au centre de la Suède entre la fin des XVIe et le début du XVIIe siècles. Il n'existe aucunes statistiques sur leur nombre, peu élevé. Dans la commune de Grue se trouve le Norsk Skogfinsk Museum. La loi norvégienne stipule que toute personne a le droit d'apprendre sa langue minoritaire et des dispositifs sont ainsi prévus pour assurer un enseignement bilingue à ceux qui le souhaitent.

SOCIÉTÉ

Il fait bon vivre en Norvège. Classé 6e pays le plus heureux du monde par l'ONU en 2021 (la France est 21e), la Norvège offre de nombreux avantages à sa population : PIB et espérance de vie en bonne santé élevés, soutien social, liberté, générosité, faible corruption et satisfaction subjective. Géographiquement, historiquement et culturellement la Norvège possède des différences marquées avec l'Europe, le « continent » comme les Norvégiens l'appellent. Habitués à lutter contre les éléments, les Norvégiens refusent toute forme de contrainte, de soumission et la hiérarchie fondée sur le seul principe d'autorité. Il revient à chacun d'assurer ses fonctions, suivant ses aptitudes, ni supérieures ni inférieures à celles des autres, mais différentes. Cet égalitarisme devient parfois synonyme de nivellement. Malgré l'image qu'ont les Latins des mœurs libérées scandinaves, le puritanisme de la religion protestante est toujours sous-jacent.

Comportements sociaux et mœurs

Les Norvégiens sont en général assez réservés, certes, mais leur froideur légendaire n'est qu'un mythe. En tant que voyageur, il vous suffira de demander un conseil dans la rue ou de discuter avec un inconnu pour vous rendre compte qu'ils sont très ouverts et souriants. En revanche, et c'est peut-être logique après tout, les liens forts s'établissent avec le temps. Les Norvégiens aiment beaucoup la France et nombre d'entre eux ont même un bon bagage linguistique appris à l'école ou en voyage. Si vous êtes invité chez des particuliers, n'oubliez pas de remercier votre hôte pour le repas en quittant la table en disant « *takk for maten* ». D'autre part, sachez que les Norvégiens ne s'embrassent pas pour se dire bonjour : ils se serrent la main pour la première rencontre et se donnent volontiers l'accolade (le *klem*) s'ils se connaissent déjà. Et puis en Norvège, les gens se remercient pour tout ou presque. Par exemple, si l'on rencontre quelqu'un vu récemment (la notion de récent peut ici aller jusqu'à plusieurs mois !), « *takk for sist* » (prononcer « tac for chiste ») est d'usage : « merci pour la dernière fois ». Un autre aspect important de la mentalité locale réside dans l'honnêteté dont chacun fait preuve. Dans les entreprises par exemple, il demeure fréquent de trouver une corbeille à friandises, une autre pour l'argent et enfin une liste de prix au-dessus : chacun s'acquittera du prix mentionné sans même imaginer tricher. Cette confiance implicite devient rapidement l'un des aspects plus appréciables en Norvège. L'un des rendez-vous majeurs de l'année dans la vie d'une entreprise est incontestablement le fameux *julebord* (table de Noël). Cette fête de Noël où tous les employés et les patrons partagent la même table donne lieu souvent à des scènes cocasses d'échanges amicaux, voire plus, entre employés de tout rang. Côté discipline, la Norvège est un pays où l'on respecte à la lettre les lois et les codes sociaux. En soirée, il faut par exemple vraiment choisir entre boire et conduire. Ici, on ne plaisante pas avec certaines choses, et on retire le permis sur-le-champ. Pas ou peu d'excès de vitesse sur l'autoroute ou en ville. On laisse traverser les piétons même si ces derniers ne sont pas engagés sur la route. On respecte l'ordre d'arrivée à la poste, dans les banques, dans les magasins et on ne gare pas sa voiture n'importe où. La société norvégienne peut apparaître très rigide à nos yeux, mais ce respect des règles facilite en réalité la vie de chacun et le respect de l'autre. Les mœurs de la société norvégienne constituent donc un tout, axé autour d'une mentalité positive et joviale. Contrairement à certains préjugés, les Norvégiens ne sont pas des gens froids ! Faire leur connaissance demeure assez simple, d'autant plus que les contacts internationaux les intéressent beaucoup, et l'étranger attire la curiosité et l'intérêt plus que la méfiance.

Éducation

Le peuple norvégien est proche et respectueux de son environnement. Ici, le tri sélectif est ancré dans les mœurs et l'éducation se fait dans une approche presque culturelle de la nature. La grande majorité des Norvégiens a son propre chalet, le *hytte*, à la montagne ou sur la côte, où ils se rendent les week-ends en famille. L'occasion d'activités de plein air, de la randonnée à la cueillette de baies sauvages, en passant par le ski. Le système éducatif norvégien est basé sur le non-élitisme. Il n'existe pas de classe préparatoire aux grandes écoles pas plus que de grandes écoles ! Le redoublement n'existe pas sauf en cas d'échec au baccalauréat. Le système scolaire bannit toute forme de concurrence et d'élitisme. Il est fondé sur trois principes : démocratie, solidarité et égalité. L'instruction (ou plutôt les « activités d'éveil ») ne donne pas lieu à une évaluation notée avant l'âge de 14 ans. Le jardin d'enfants débute à partir de 2 ou 3 ans et il en existe des publics et des privés.

À 6 ans l'enfant démarre en première classe jusqu'à la dixième où il accède au cycle final de 2 ans menant au baccalauréat à 18 ans. La notation ne commence qu'à l'entrée au collège : de 1 pour la pire notation (jamais attribuée en Norvège) à 6 pour les meilleurs élèves. La véritable sélection se fait au moment d'accéder au lycée. Plus ou moins cotés, les lycées se réservent un droit de regard sur les élèves qu'ils souhaitent accueillir. Une note de comportement sous forme de mention est adjugée à chaque élève à sa sortie du collège et pourra bloquer un éventail de possibilités à cet élève. Il existe également des lycées professionnels, traités comme des lycées d'enseignement général. Une autre sélection est opérée à l'entrée dans la vie estudiantine. Les facultés et les quelques écoles supérieures filtrent leurs élèves en fonction de leur note. Les quotas d'élèves admis dans des sections à débouchés réputés limités sont contrôlés. Les écoles d'ingénieurs, par exemple, recrutent dès la sortie du baccalauréat et la plus cotée (NTNU) se situe à Trondheim. Comme dans de nombreux pays, le système éducatif norvégien se mue perpétuellement et fait l'objet de nombreux débats enflammés. Inquiets du taux d'échecs scolaires et du manque de professeurs (leur salaire se trouve en deçà des salaires du secteur du secteur privé), les réformes se succèdent.

Oslo Pride.

Égalité homme-femme

La Norvège est l'un des pays les plus féministes qui soient. Les femmes jouent un rôle important dans la vie politique. Le travail de longue haleine des féministes a réussi à changer les mentalités. La première vague du féminisme intervient en 1879, portée par des écrivains norvégiens. Henrik Ibsen, pour ne citer que lui, embrasse la cause des femmes dans *Une maison de poupée*. La femme mariée devient majeure en 1888, et la tutelle du mari est levée. Le droit de vote des femmes est progressivement instauré entre 1884 et 1913 (contre 1944 en France). Malgré un retour en arrière dans les années 1920 (la femme mariée a interdiction de travailler), le principe de l'égalité des salaires est adopté. À partir de 1960, une nouvelle vague de féminisme intervient, afin de modifier plus en profondeur le caractère de l'État. Des rencontres ont lieu à Oslo, des mouvements se forment, les origines sociales se mêlent et les alliances se créent. Le libre avortement est questionné, avancé puis finalement voté au Parlement en 1978. Bjorg Vik, Eldrid Lunden, Liv Køltzow, Cecilie Løveid et Tove Nielsen inventent une littérature dite « de femme ». La vie politique se féminise peu à peu, des lois sont votées pour coordonner travail et vie de famille. Malgré ces nombreux progrès, on constate aujourd'hui une certaine stagnation et malgré les diverses lois, les salaires ne sont toujours pas égaux et la maltraitance des femmes existe toujours. Question congé parental, la Norvège assure ! 49 semaines (15 semaines sont réservées à chacun des parents) à 100 % ou 59 semaines à 80 %. Chaque parent indique ses souhaits sur papier libre envoyé à la Sécu et les hommes ont le droit de prendre la majorité du congé parental. Pour comparaison, la durée du congé paternité en France est fixée à 25 jours calendaires et le congé maternité à 16 semaines. Alors regardez bien autour de vous lorsque vous vous baladez en Norvège : il y a tout autant d'hommes que de femmes qui promènent les enfants, que ce soit en poussette, à pied, à vélo ou en porte-bébé.

Droits LGBTQ+

La Norvège a été l'un des premiers pays à adopter des lois pour accorder les mêmes droits à tous. La plupart des Norvégiens ont une attitude tolérante à l'égard des LGBTQ+. Les couples homosexuels ont les mêmes droits que les hétérosexuels : droit au mariage, même à l'église, procréation assistée et adoption. De nombreux événements LGBTQ+ sont organisés, surtout dans les grandes villes, à l'instar du festival de cinéma Oslo Fusion, le Skeive Ski Festival (à Hemsdal), la Oslo Pride. Depuis 2019, l'Association norvégienne de randonnée pédestre (DNT) propose même à la vente des bonnets aux couleurs arc-en-ciel !

RELIGIONS

Les croyances et pratiques anciennes en Norvège sont très proches de celles du reste de la Scandinavie : il s'agissait d'un paganisme qui accordait une place centrale aux forces naturelles (eau, terre, air, feu, vie, soleil), aux femmes (déesse-mère Freyja par exemple) et à certains animaux (ours, cheval, sanglier, loup, corbeau…). Au fil des siècles, et surtout à partir de la christianisation, les croyances en Norvège ont beaucoup changé. Il existe aujourd'hui une multitude de religions et de croyances en Norvège, tant en raison de l'évolution en termes de liberté de culte que par l'immigration qui apporte diversité culturelle et religieuse. Lorsque l'État se sépare officiellement de l'Église luthérienne en 2012, une nouvelle étape symbolique est franchie. Les cultures autochtones du Nord de la Norvège ont pu conserver leur culture et leurs croyances ancestrales.

Croyances nordiques anciennes

Les croyances des Scandinaves avant l'arrivée du christianisme peuvent être désignées par le terme paganisme, qui qualifie les religions polythéistes autant que le fait de ne pas croire en un Dieu. Attention toutefois, car ce terme est souvent employé avec une connotation péjorative, la littérature chrétienne ayant inventé ce terme pour désigner ce (ceux) qui s'oppose(nt) au christianisme. Les croyances scandinaves comprenaient de nombreux mythes, relatés dans les *Eddas*, deux manuscrits du XIIIe siècle qui traitent de mythologie, de cosmogonie, de métrique et d'art, le tout sous forme poétique. Ces récits anciens sont, comme les mythologies et religions indo-européennes (voir travaux de Georges Dumézil), organisés selon trois fonctions : juridico-magico-sacerdotale (Odin), guerrière (Thor) et de la reproduction (Vanes). La mythologie scandinave est très belle, riche et complexe et il serait vain de la résumer en quelques lignes. Vous pouvez par exemple lire les sagas de l'Islandais Snorri Sturluson, à la fois poète, homme politique, historien et diplomate. Et si vous avez envie d'être familier avec ces dieux vikings de façon plus ludique, n'hésitez pas à vous (re)plonger dans les bandes dessinées *Thorgal* de Jean van Hamme et Grzegorz Rosiński !

Arrivée du christianisme

La religion chrétienne arrive peu à peu à partir du Xe siècle avec les missionnaires allemands et anglais. Håkon Ier, élevé et baptisé à la cour d'Angleterre, 3e roi de Norvège, essaie d'imposer le christianisme vers 950. Sa tentative rencontre quelques succès sur la côte ouest, où des relations commerciales existaient déjà avec l'Angleterre. Cependant, dans les provinces centrales du Trøndelag, les plus peuplées à l'époque, il se heurte à une opposition si violente qu'il doit renoncer à tout espoir de conversion. Ce n'est que vers 995 que la résistance païenne dans le fief de Trøndelag sera brisée par un autre roi chrétien, Olav Tryggvasson. Mais celui-ci ne règne que quelques années (995-1000) : il meurt à la bataille de Svolder, contre les rois danois et suédois. Le paganisme norvégien connaît alors un bref répit avant de prendre fin quinze ans plus tard, lorsque le roi Olav II Haraldsson lance une nouvelle vague d'évangélisation, s'appuyant sur l'épée plutôt que sur le verbe. C'est encore dans le Trøndelag que la résistance se montre la plus farouche en suscitant un soulèvement des Bønder (propriétaires fonciers). Le roi Olav II trouve d'ailleurs la mort en 1030, lors de la bataille de Stiklestad contre les Bønder. Malgré la défaite de ce roi chrétien, la bataille de Stiklestad marque la fin du paganisme en Norvège. Les derniers bastions de la résistance tombent en l'espace de quelques années. Des pèlerins affluent de toute l'Europe, traversant les plateaux montagneux de Dovrefjell, jusqu'à la cathédrale de Nidaros (Trondheim) érigée à la gloire d'Olav II le Saint.

Effet du christianisme sur le paganisme

La christianisation aura des conséquences considérables dans le pays. L'ordre social traditionnel, fondé sur la famille et le clan, disparaît peu à peu, remplacé par un pouvoir fort et centralisé dont les deux principales institutions seront la royauté et l'Église. Les dieux de l'ancienne religion sont bientôt assimilés aux démons et considérés comme étant des esprits diaboliques. Le christianisme apporte avec lui une autre conception du monde et une nouvelle idée de l'homme, car le péché et la grâce étaient jusque-là des concepts inconnus des Scandinaves. La doctrine chrétienne prônant la soumission de la femme à l'homme était également une nouveauté.

La place de la religion aujourd'hui

La religion est de plus en plus perçue comme une question personnelle, voire privée. Cela étant dit, l'Église luthérienne est encore majoritaire, même si son monopole est remis en question : catholiques ou orthodoxes représentent environ 9 % de la population et l'islam est devenue récemment la seconde religion du pays par le nombre de pratiquants. La majorité des musulmans sont des immigrants de première ou seconde génération originaires entre autre des pays suivants : Pakistan, Irak, Somalie, Bosnie-Herzégovine, Iran, Turquie, Kosovo, Maroc, Algérie et Tunisie. Sont aussi présentes de nombreuses autres religions minoritaires (bouddhisme, sikhs, judaïsme, etc.) sans oublier tous ceux qui ne se déclarent d'aucune religion. Les mouvements populistes de droite anti-immigration et d'extrême droite sont bien réels en Norvège, comme en témoigne l'attaque d'une mosquée en 2019 et le drame d'Utøya en 2011. Par ailleurs, la question des religions dans l'enseignement reste un sujet sensible.

Lieux de culte en Norvège

Les lieux de culte les plus anciens retrouvés en Norvège sont les églises chrétiennes puisque avant cela si les peuples scandinaves avaient des lieux sacrés, ils n'avaient besoin ni de prêtres, ni de dogme, ni de lieux de cultes. Avec le christianisme sont arrivées les églises. Les *stavkirke*, « églises en bois debout », restent une particularité du pays, car elles datent du XIe siècle et sont entièrement en bois ! Tout le bois de charpente est posé verticalement, d'où le nom. La date de leur construction, vers la fin de l'épopée glorieuse des Vikings, les fait ressembler plutôt à des temples païens avec leurs multiples toits hérissés des mêmes têtes de dragon que celles des proues des navires vikings. Enduites de goudron pour la conservation et ne comportant pas de fenêtres, ces petites églises sombres dégagent un air un peu inquiétant. La plupart d'entre elles ont été détruites au cours du XIXe siècle (incendies surtout) et la Norvège n'en compte plus que 28 aujourd'hui. Il existe aussi de nombreuses églises plus récentes, en bois également, et souvent peintes en rouge, jaune ou blanc. Dans les villes, on trouve des églises bâties en pierre, dont la plus belle est la cathédrale de Nidaros, à Trondheim. Les autres religions présentes en Norvège ont aussi leurs lieux de culte. La première mosquée de Norvège a par exemple été ouverte en 1974 dans le Centre culturel islamique d'Oslo.

© SKIBRECK - ISTOCKPHOTO.COM

Détail architectural de l'église de Borgund.

Croyances du peuple sâme

Les Sâmes croient en l'existence indépendante de l'âme ainsi qu'aux forces de la nature, bonnes ou mauvaises, comme le tonnerre, le vent, le soleil et la lune. Les rites sacrificiels se célébraient jadis à l'air libre, les lieux de culte étant une montagne ou un monticule de pierres présentant une forme particulière. Ces lieux sacrés, au sommet desquels se trouvait une idole, portaient le nom de *seite*. Les chamans intermédiaires étaient appelés *noiades*. L'ours était considéré comme une créature mi-humaine, mi-divine. Son culte, caractéristique de la religion lapone pré-chrétienne, occupait dans cette mythologie une place privilégiée. L'ours représentant le produit le plus prestigieux d'une chasse qui impliquait de très gros dangers, une expédition de chasse nécessitait un rituel très complexe et la présence d'un *noiade*. Une fois l'ours tué, on le remerciait par un chant de s'être laissé capturer et on invoquait son âme afin qu'elle ne se vengeât point. Sa chair était préparée et répartie entre les assistants lors d'un banquet solennel, tandis que la peau et les os étaient enterrés rituellement. Le tambour était l'accessoire le plus important des *noiades*. Le chant populaire sâme est le *joik*. Le rythme du tambour accompagné du chant du *joïk* permettait au *noiade* d'accéder à l'extase grâce à laquelle son âme pouvait se séparer de son corps et voyager dans le cosmos. La colonisation, le désir d'appropriation de leurs terres et la christianisation forcée eurent évidemment des conséquences dramatiques : interdiction de pratiquer leur religion, leur langue et le joïk, tambours brûlés… Le peuple sâme est de nos jours en grande partie christianisé. La Norvège a ratifié la Convention 169 relative aux droits des peuples indigènes et tribaux et reconnaît ce peuple dont la culture tend à revivre et connaît un regain d'intérêt, notamment grâce au tourisme, à l'art et à l'artisanat.

TOP 10

ÉGLISES EN BOIS DEBOUT

Après les navires et les maisons, les Vikings se sont attelés au Moyen Âge à la construction de sublimes églises en bois. Poteaux d'angle, charpente en bois et planches murales posées sont communs à toutes ces églises ornées de sculptures plus belles les unes que les autres. Il en reste seulement 28.

RINGEBU

A une heure de route au nord de Lillehammer, belle église en bois debout du XIIIe siècle.

© ALTRENDO IMAGES - SHUTTERSTOCK.COM

URNES

Construite vers 1130, c'est la plus ancienne et elle est inscrite au Patrimoine mondial de l'Unesco.

© RPBMEDIA - ISTOCKPHOTO.COM

GOL

Cette église en bois debout datant du XIIIe siècle est un bâtiment saisissant de force et de beauté.

© VYSKOCZILOVA - ISTOCKPHOTO.COM

FANTOFT

Copie fidèle de l'édifice original, détruit par un incendie criminel d'un groupuscule sataniste en 1992.

© NATALIA COLLIER

HEDDAL

Avec ses 26 m de haut, 20 m de long et 16 m de large, Heddal est la plus grande des *stavkirke* !

© NIKIDEL - SHUTTERSTOCK.COM

LOM

Construite vers 1158, arche sculptée de Jakop Sæterdalen, peintures d'Eggert Munch.

© ZALKA - ISTOCKPHOTO.COM

HEDALEN

Elle date de 1163. Des pièces de monnaie de l'époque du roi Sverre ont été trouvées sous le plancher.

© RPBMEDIA - ISTOCKPHOTO.COM

BORGUND

Construite en 1150, elle a conservé intactes plusieurs inscriptions runiques. Intérieur d'origine.

© MELBYE - ISTOCKPHOTO.COM

HOPPERSTAD

Sauvée in extremis vers 1880 de la détérioration totale, cette église est l'une des plus anciennes.

© SANTIRF - ISTOCKPHOTO.COM

RØDVEN

Datant du XIIe siècle, cette jolie petite église est située sur les rives du fjord Rødven.

© RPBMEDIA - ISTOCKPHOTO.COM

QUE RAPPORTER ?

Ce que l'on rapporte d'un voyage est si personnel et subjectif, si différent selon les centres d'intérêt de chacun(e), qu'il serait évidemment vain de proposer ici une liste exhaustive de souvenirs à rapporter. Sont modestement présentés quelques items emblématiques de la Norvège, plutôt petits et légers afin de pouvoir les glisser facilement dans ses bagages. Comme tous les endroits du monde, la Norvège recèle des merveilles qui se voient et se vivent, alors peu importe finalement ce que vous choisirez de rapporter pour vous ou pour vos proches. Une jolie pierre ramassée sur la rive, quelques fleurs séchées glissées dans votre livre, un gilet en laine tricoté main, des images plein la tête ou une carte mémoire saturée de photos que vous pourrez imprimer et faire monter sur carton plume..., il vous appartient de vous construire votre propre histoire car chaque déplacement se vit pour soi, dans la rencontre et la découverte de l'altérité.

La râpe à fromage

Une cuisine norvégienne qui se respecte dispose en général de trois ou quatre râpes à fromage ! Eh oui! si la Norvège n'est pas particulièrement réputée pour ses fromages, les Norvégiens en raffolent pourtant ! Vous verrez d'ailleurs par vous-même, on trouve aussi de plus en plus de fromages français et étrangers dans les supermarchés, comme du camembert, du brie ou encore du roquefort. Mais le fromage que l'on retrouve le plus souvent dans un frigo norvégien est sans aucun doute l'*Original Norvegia* de la marque historique Tine. Il se râpe en fines lamelles sur une tranche de pain avec une rondelle de concombre pour le *lunch* (le déjeuner sur le pouce) et même en réalité à toute heure de la journée.

Un peigne à myrtilles

Ils existent en taille enfant et adulte pour une sortie en famille qui occupera tout le monde en automne au moment de la cueillette ! Cet outil ingénieux permet de ramasser de grandes quantités de myrtilles en très peu de temps, mais il faudra en contrepartie de la patience pour nettoyer votre récolte et enlever les feuilles une à une et autres éléments indésirables. Prenez la précaution d'utiliser ce peigne avec délicatesse afin de ne pas endommager le reste de la plante.

Du poisson séché

Les étranges constructions généralement en bois que l'on peut voir disséminées dans les paysages du nord de la Norvège et surtout dans la région des îles Lofoten ne sont autres que des séchoirs extérieurs à poisson. C'est une méthode traditionnelle très ancienne (depuis le XIe siècle en Norvège) qui permet à la fois de conserver le poisson et d'avoir un apport en protéines, en vitamines, en fer et en calcium tout au long de l'année et surtout lorsque les conditions météorologiques sont telles qu'il serait trop risqué d'aller pêcher en mer. Les filets de poissons ainsi séchés à l'air libre s'appellent le *stockfish* et le plus connu est le cabillaud, qui, une fois séché, prend le nom de morue.

Un poster avec les espèces de poissons norvégiens

Il trouvera sans peine sa place sur un mur de votre chez-vous et ne manquera pas d'intriguer vos invités avec les noms de poissons en norvégien : *Rødspette* (carrelet), *Torsk* (cabillaud), *Sjøtunge* (sole), *Krepps* (crevettes), *Steinbit* (loup de l'Atlantique)... Il en existe différents modèles, du dessin graphique à l'aquarelle ou encore des photos. Allez par exemple faire un tour du côté de la boutique du jardin botanique d'Oslo qui est associée au Muséum d'histoire naturelle.

Des oignons frits pour les hot-dogs

De retour chez vous, si la nostalgie de la gastronomie norvégienne vous prend soudain, régalez-vous donc d'un hot-dog garni des petits oignons frits que vous aurez rapportés dans votre besace. Pour un effet 100 % norvégien, prenez également un pot jaune de moutarde sucrée (*Sennep*) !

Un pot de peinture

Vous avez un cabanon de jardin, pourquoi ne pas prévoir de redonner un coup de peinture qui vous transportera instantanément en Norvège à chaque fois que vous irez chercher votre sécateur ? Des murs rouge ou jaune, avec le contour des volets blancs par exemple, comme tant de maisons norvégiennes.

Une mini maryse de cuisine aux motifs de tricot norvégien

Si tout le monde a chez soi une grande maryse de cuisine, très peu de gens en ont des petites, pourtant très pratiques pour racler les contenants de petite taille. Peu encombrante, c'est aussi un cadeau idéal à glisser dans votre sac de voyage.

Un collier de Thor.

Plaquettes en bois

Caractéristiques de tous les foyers norvégiens, les plaquettes s'y comptent par dizaines et sont généralement en bois de pin. On pose tout simplement sa tartine dessus à table. Un incontournable !

Porcelaine de Porsgrund

La fabrique de porcelaine de Porsgrund a été fondée en 1885 et la production reste aujourd'hui très convoitée. De nombreux motifs sont encore peints à la main et il peut valoir le coup de visiter l'usine si vous passez dans la ville de Porsgrunn, située dans le comté du Télémark. D'autant plus qu'en allant sur place, vous aurez accès aux invendus ou produits légèrement défectueux et déstockés, car autrement, les prix des porcelaines Porsgrund sont vraiment très élevés. Vous aurez peut-être aussi la chance d'en dénicher d'occasion dans les boutiques de seconde main dans la plupart des grandes villes de Norvège.

Le collier de Thor

Dieu du Tonnerre dans la mythologie nordique, fils d'Odin et de Jörd, Thor est l'un des dieux guerriers les plus puissants. Il symbolise la force et la protection mais aussi la fertilité. Son marteau légendaire, le *Mjöllnir*, lui permet de créer des éclairs et de combattre les géants. Porté en pendentif, il vous apportera puissance et sagesse si vous croyez en lui !

Confiture de multe

Si cette petite baie orange ressemble par son aspect à la mûre, son goût est plus doux et légèrement acidulé. Il est à parier que ce sera une découverte gustative pour vos ami(e)s ! La confiture de plaquebière (*multe*) accompagne particulièrement bien la faisselle et les crêpes !

Parure de lit en tissu « crêpe »

Presque introuvable en France, ce tissu on ne peut plus courant en Norvège dans les magasins de literie est incroyablement agréable au toucher et très résistant au lavage.

Décorations de Noël

Quelle que soit la saison de votre escapade, vous pouvez prévoir de belles décorations de Noël en bois, en papier ou lumineuses comme les Scandinaves savent les faire et qui ajouteront une touche nordique à votre intérieur en période de fêtes et vous rappelleront votre voyage.

Rouleau à pâtisserie aux motifs « Rosemaling »

Pour décorer vos petits sablés maison, rien de tel qu'un rouleau à pâtisserie décoré de motifs traditionnels de *Rosemaling*, ces motifs floraux si doux et ondulés issus des régions rurales de la Norvège au XVIIIe siècle.

Du brunost

Qui signifie littéralement « fromage brun », il s'agit d'un nom générique donné à un type de fromage de couleur brune au goût bien particulier, car sucré et légèrement caramélisé. La couleur est due au mode de fabrication : le petit-lait (ou lactosérum) est de couleur jaune et composé d'environ 94 % d'eau, de sucre et contient beaucoup de protéines et très peu de matières grasses. Ce petit-lait est réduit et l'on y ajoute de la crème ou du lait. Il existe trois variétés principales de ***brunost***, dont les fameux ***geitost*** (uniquement à base de lait de chèvre) et ***gudbrandsdalsost***, mélange de lait de vache et de chèvre fabriqué dans la vallée de Gudbrandsdal. Facilement reconnaissables au rayon frais par leurs emballages rouge ou bleu, ils se dégustent en fines tranches grâce à la râpe à fromage.

TRICOTE-MOI LA NORVÈGE !

DES MOUTONS ET DES HOMMES : UNE RELATION ANCESTRALE QUI NE S'ÉTEINT PAS.

Il y a longtemps déjà...

Les Norvégiens utilisaient déjà la laine de mouton à l'époque des vikings (*ca* 800-1050 ap. J.-C.) pour tous les usages possibles et inimaginables : le *vadmal*, un tissu filé à la main, servait aussi bien à fabriquer les voiles des bateaux vikings, que les literies, les cadeaux pour les souverains, les tapisseries et bien sûr les vêtements pour affronter le froid et la pluie. Il était de coutume de laisser des bouts de laine non filée au cours du tissage d'un vêtement afin de donner au produit final l'aspect de la fourrure. Le tricot est une activité ancestrale qui était pratiquée aussi bien par les femmes que par les hommes qui voyageaient et devaient se débrouiller seuls. Aujourd'hui, le tricot est encore très en vogue en Norvège (comme dans toute la Scandinavie) et même une activité tout à fait banale. Il est ainsi très courant de voir des gens tricoter dans les transports en commun ou lors de moments passés en famille ou entre amis. Pour vous donner une idée, ce sont à peu près 4 000 tonnes de laine qui sont produites en Norvège par an.

Un matériau de qualité

Les moutons norvégiens sont réputés pour produire une laine de grande qualité, notamment parce qu'ils paissent en plein air dans des pâturages de type alpin, couverts de jeunes pousses d'herbe et de toutes sortes de fleurs. Le climat frais de la Norvège permet aux éleveurs de moins traiter chimiquement les moutons contre les bactéries qui prolifèrent avec la chaleur. Les races norvégiennes sont sélectionnées pour leur fibres longues et la capacité des moutons à rester dehors dans des conditions parfois un peu rudes. Parmi les races historiques de moutons norvégiens, on pourra noter la *spelsau*, particulièrement appréciée des fabricants de tissus et des amateurs de tricots. Ce mouton a en effet la spécificité d'être vêtu de deux couches de laine : une couche supérieure robuste, luisante et sur laquelle l'eau glisse sans s'introduire, et la couche inférieure tendre et composée de fibres beaucoup plus douces et chaudes. De plus, comme de nombreuses races, les pelages de celle-ci s'étirent du gris très foncé au blanc et du marron foncé au beige très clair. Il est donc possible de réaliser de superbes effets de couleurs sans pour autant avoir besoin de teindre la laine. On peut aussi trouver de la laine vierge locale et teinte à la main avec des teintures végétales, souvent même avec des plantes norvégiennes. Le lichen par exemple donnera une teinte plutôt jaune alors qu'on obtiendra des roux en faisant une décoction d'écorce de bouleau.

La laine à portée de main

Non vous verrez, vous ne rêvez pas, ce sont bien des rayons entiers de laine qui colorent les allées des magasins alimentaires ! De la laine sport pour les chaussettes, à la layette pour les bébés, en passant par les laines plus épaisses pour tricoter un pull ou encore de la fibre de coton pour crocheter des maniques par exemple, vous trouverez votre bonheur au coin de chaque rue ! Gardez cependant en tête que la laine de supermarché est souvent de qualité moindre, avec un grand pourcentage d'acrylique notamment.

Sachez aussi que certaines appellations sont trompeuses, comme la laine « Wool of Norway » avec le drapeau norvégien mais qui vient en réalité de Chine. Ils n'ont d'ailleurs pas souhaité répondre à nos questions sur la provenance exacte de la laine de cette entreprise, ni la façon dont y sont traités les moutons et les hommes. Il existe en revanche un éco-label gage de qualité en Norvège qui s'appelle *The Nordic Swan* et dont fait partie environ 75 % de la production de la laine norvégienne. Mais tout de même, au pays de la laine, ce serait louper une belle occasion d'apprendre à faire quelques mailles pour vous fabriquer l'écharpe qui vous rappellera éternellement votre séjour, et même pourquoi pas offrir à toute votre famille pour Noël une pièce simple et unique sortie de votre imagination ! Voici quelques bonnes adresses pour trouver de la laine de qualité pour tricoter soi-même mais aussi dénicher des vêtements et accessoires déjà tricotés, neufs ou d'occasion :

- Boutiques Vaerbitt (Oslo), Lofoten Wool & Art (Lofoten), Varp & Veft (Stavanger), Rorøs Tweed et les magasins d'artisanats Norsk Flid Husfliden répandus dans toute la Norvège.
- Pour les vêtements d'occasion et vintage, les friperies, comme UFF, qui permettent de s'offrir un pull magnifique pour moitié prix voire moins.
- Les boutiques Dale Of Norway, spécialisées dans les pulls et autres accessoires aux motifs historiques. Ce sont eux qui confectionnent les pulls et accessoires pour tous les Jeux olympiques d'hiver et les Championnats du monde. Vous pouvez par exemple vous y procurer une réplique du pull officiel des Jeux de Tokyo !

SPORTS ET LOISIRS

En Norvège, on aime le football, où l'équipe féminine brille régulièrement, le handball, où hommes et femmes s'illustrent souvent sur la scène internationale, le hockey sur glace, mais surtout les sports d'hiver qui sont un véritable mode de vie, comme l'atteste leur 1re place aux J.O. de Pékin 2022 avec 37 médailles dont 16 en or. Les Jeux olympiques d'hiver de Lillehammer en 1994 ont marqué la nation tout entière. Les Norvégiens sont de grands skieurs, et des skieurs polyvalents, puisqu'ils pratiquent aussi bien le ski de fond, le sport phare du pays, le biathlon, le ski alpin ou le saut à ski. Mais au pays du ski, on se fait aussi plaisir en motoneige et en traîneaux à chiens dans les forêts ou en patin à glace sur les lacs gelés. À la fonte des neiges, Norvégiens et touristes profitent alors de l'exubérance de la nature pour partir en rando, faire du vélo ou du rafting, voguer en kayak au fond des fjords, pêcher ou observer les animaux.

Le royaume du ski

Ski de fond. Voilà le sport roi de la Norvège ! Les champions et les médaillés olympiques y sont innombrables. Bjorn Daehli (12 médailles olympiques dans les années 1990) demeure une véritable légende depuis ses luttes au coude à coude… et ses victoires face au Russe Smirnov. Depuis, les titres internationaux s'enchaînent pour la Norvège. Une nation qui a encore éclaboussé de sa classe les Jeux olympiques 2022 à Pékin, avec 8 médailles, dont 5 en or. Il faut souligner que ce sport est quasi obligatoire pour les enfants à l'école. Les fameux *skidag* (jour de ski) demeurent une institution où tous les enfants d'une école participent et passent une journée complète sur des skis de fond. Un des devoirs du bon père de famille réside dans le fait d'apprendre la technique de ce sport à ses enfants. Pour pratiquer, des milliers de kilomètres de pistes vous attendent partout dans le pays. Les environs de Lillehammer, d'Oslo, de Geilo, la vallée du Gudbrandsdal ou les Alpes de Lyngen sont prisés des amateurs de glisse, sous toutes ses formes.

Biathlon. La Norvège là encore est une nation dominante, grâce d'abord à la légende Ole Einar Bjørndalen dans les années 2000 et 2010. Une période dorée où il décrocha la bagatelle de 13 médailles olympiques (dont 8 en or), 20 championnats du monde et 6 gros globes de cristal. La dernière star norvégienne de la discipline est Johannes Thingnes Bø, qui a amassé 5 médailles aux Jeux olympiques de Pékin en 2022 (dont 4 en or). Un champion qui doit néanmoins en découdre régulièrement avec nos légendes tricolores : Martin Fourcade hier et Quentin Fillon Maillet aujourd'hui. Chez les femmes, Marte Olsbu Røiseland fait aussi parler la poudre ces dernières années et fut la première biathlète à remporter cinq médailles aux J.O. de Pékin 2022 (dont 3 en or).

© ALESSANDRO DE MADDALENA - SHUTTERSTOCK.COM

Observation des cétacés.

© ROB KINTS - SHUTTERSTOCK.COM

Ski de fond près de Lillehammer.

Ski alpin. La Norvège compte évidemment des skieurs renommés en alpin. Ces dernières années ont été marquées notamment par les exploits du très polyvalent Aksel Lund Svindal, vainqueur de deux gros globes de cristal (2007, 2009) et neuf petits globes de cristal dans les épreuves de descente, super-G, slalom géant et combiné. Une légende, et le digne héritier des Lasse Kjus, Kjetil André Aamodt ou Leif Kristian Haugen. Aujourd'hui, Kjetil Jansrud (champion olympique de super-G en 2014 et champion du monde de descente en 2019) ou Henrik Kristoffersen (champion du monde du slalom géant à Åre en 2019) ont pris la relève.

Saut à ski. C'est un sport traditionnel en Norvège. Après de nombreuses années de disette, 58 ans après le dernier sacre olympique dans la discipline, Marius Lindvik a fait la fierté de tout un peuple en décrochant l'or à Pékin en février 2022.

Ski Telemark. Effectué avec des skis spéciaux, les virages s'effectuent un genou à terre. Cette forme de ski domine dans certaines régions de Norvège, en particulier celle du... Telemark d'où ce sport est originaire. CQFD !

Un paradis de la randonnée

Peu importe la saison ou l'endroit, la nature norvégienne est exubérante, dévorante, et ce presque à l'excès. Sur les trois quarts du territoire, pas un bruit sauf celui du vent qui se heurte à de hautes montagnes et glisse sur des lacs et glaciers. À ce « no man's land » du Grand Nord s'ajoute la forêt norvégienne qui recouvre un cinquième du territoire. Dans ce vaste espace vert, la randonnée est évidemment reine, avec plus de 20 000 kilomètres de chemins balisés dans tout le pays, comme sur les emblématiques Preikestolen (rocher de la Chaire), crête de Besseggen, crête de Romsdalseggen, mont Hornelen, plateau de Hardangervidda ou encore rocher de Trolltunga. Mais un peu partout, voilà une activité qui fait le bonheur des marcheurs, essentiellement entre mai et septembre.

Vélo - VTT. Là encore, les routes, les chemins (et les *bike parks* pour les VTTistes) sont innombrables. Et les amateurs connaissent évidemment l'Arctic Race of Norway, la course professionnelle la plus au nord de la planète. Une épreuve particulièrement intense qui a lieu tous les ans à la mi-août.

Escalade et alpinisme. Ici aussi il y a du choix pour les fondus de grimpe, entre les Alpes de Lyngen, et surtout les fjords de la côte occidentale ou des îles Lofoten.

Au bonheur des pêcheurs

Les amateurs de pêche trouveront sans aucun doute leur bonheur dans les eaux norvégiennes. Un bon nombre de séjours sont organisés autour de ce *hobby*. On y pratique la pêche en mer, la pêche en rivière ou au bord des fjords et dans les rivières de montagnes. Mais il y a quelques règles, que les Norvégiens respectent (et les touristes aussi !). La pêche en mer est libre toute l'année, à trois exceptions près : le saumon, la truite et l'omble chevalier. Vous devez alors payer une taxe de 272 NOK (environ 24 €, payable dans les postes).
De juin à août, c'est la période idéale pour pêcher du saumon et de la truite saumonée dans les rivières à l'intérieur du pays ou tout près des côtes. Il faut s'acquitter de la taxe et parfois même d'un permis de pêche local ou régional. Il est possible d'acheter un permis de pêche dans les magasins de sport, les campings ou les offices de tourisme.

À la rencontre des animaux

Ornithologie. Pour les férus d'ornithologie, la côte est un petit paradis. Les montagnes sur la côte norvégienne accueillent de nombreuses espèces d'oiseaux de mer. Des centaines de milliers de volatiles vivent sur les montagnes des petites îles le long de la côte, depuis Runde jusqu'à Ekkerøy à la frontière russe, et dépendent du poisson. Depuis la fin des années 1970, des espèces d'oiseaux disparaissent, conséquence de la surexploitation de poissons, comme le hareng, le capelan ou les maquereaux. Parmi les oiseaux que vous pourrez observer : les fous de Bassan, les cormorans, les guillemots de Troil ou arctiques, l'aigle de mer, le pingouin, les macareux ou le faucon pèlerin…

Observation des baleines. A elle seule, l'affirmation fascine. Tous les ans pendant la période estivale, saison de reproduction, les baleines s'approchent des côtes. C'est à ce moment-là que vous aurez le plus de chance d'en apercevoir. C'est au nord des îles Lofoten que l'on en trouvera le plus. Le cétacé impressionnant et passionnant se balade aux alentours de l'archipel des Vesterålen, attendant chaque hiver la visite des orques et des baleines à bosses. Différents safaris sont proposés à la découverte des merveilles des côtes norvégiennes. Offrez-vous ce rêve d'enfant !

GASTRONOMIE

Typiquement nordique, la cuisine norvégienne est faite pour les climats rudes. Tirant parti d'une des côtes les plus longues et déchiquetées du monde, les cuisiniers locaux ont toujours mis les poissons et les fruits de mer à l'honneur. Mais les vastes forêts et steppes de l'arrière-pays offrent une infinie variété de gibier, champignons et baies sauvages. Les Norvégiens consomment donc beaucoup de viande et de poisson, accompagnés de légumes comme les pommes de terre, les carottes, le chou et le rutabaga, sans oublier les laitages. Quant aux pâtisseries, elles sont dévorées avec des litres de café. Mais le pays souffre de « malbouffe » et les locaux possèdent le surprenant record du plus grand nombre de pizzas – industrielles – consommées par an et par habitant, soit environ 5,5 kg ! En contrepartie, la Norvège a remporté six fois le Bocuse d'or depuis sa création en 1987, prouvant la qualité des chefs norvégiens et de la cuisine locale.

Produits caractéristiques

La cuisine norvégienne offre un large assortiment de plats de poissons. Lotte, morue, maquereau, colin, lieu, haddock ou turbot, le choix offert par la plupart des restaurants est vaste. Dans les nombreux lacs et les rivières, on pêche aussi la truite. On consomme ces poissons souvent pochés dans un court-bouillon, en soupe et simplement grillés, il y en a donc pour tous les goûts. Mais bien sûr le saumon demeure le poisson roi. Au siècle dernier, les aristocrates anglais venaient pour la pêche sportive au saumon, tout comme ils allaient participer à des safaris en Afrique. Si le saumon d'élevage norvégien a parfois mauvaise presse à cause de certaines pratiques aquacoles pour faire grossir les poissons plus vites, on retrouve encore dans le pays du poisson de bonne qualité. Un saumon sauvage aura une chair ferme et plutôt rouge, contrairement à du saumon d'élevage, orangé et marbré de graisse. En Norvège, le saumon se consommera donc fumé (*røklaks*) ou mariné dans un mélange sel-sucre (*gravlaks*).

On n'oubliera pas les fruits de mer bien sûr, comme les homards, crevettes, moules, huîtres, coquilles Saint-Jacques, oursins, etc. Le crabe royal du Kamtchatka est un visiteur venant de contrées lointaines et qui est devenu une espèce invasive pour les uns et une aubaine pour les autres. Introduits par les Soviétiques au nord-ouest de la Russie dans les années 1960, ce crustacé venant du Pacifique Nord a vu sa population exploser. Pouvant mesurer plus de 1,50 m pour 12 kg, ce géant est, malgré son abondance, l'un des crustacés les plus chers du monde. Comptez au minimum une centaine d'euros le kilo.

Le cheptel bovin en Norvège est surtout constitué de vaches laitières et leur viande pas très tendre se prépare hachée ou en ragoût, les grillades et les steaks saignants restant rares en dehors de restaurants spécialisés, et le bœuf de qualité – majoritairement importé – est souvent hors de prix. Le porc est par contre très apprécié en saucisses, boulettes, bacon, plats en sauce, etc. Le climat rude et la végétation clairsemée d'une grande partie du pays convient bien aux moutons. Le *fenalår* est une cuisse de mouton salée et séchée, coupée en fines lamelles et servie avec du pain et des œufs brouillés.

Le gibier fait partie intégrante de la cuisine norvégienne. La viande de renne est très commune ici, bien que la plupart de ces animaux soient semi-domestiques. On prépare la viande en sauce, en charcuterie ou en terrine. La viande d'élan est très riche en goût et plutôt maigre. On retrouve également le lièvre, le canard sauvage ou le lagopède, ou perdrix des neiges, un oiseau dont le plumage passe du brun au blanc entre l'été et l'hiver pour se fondre dans la neige. Bien que la chasse à la baleine – toujours légale dans le pays – ait fait partie du quotidien des Norvégiens pendant des siècles, la consommation de viande de baleine est quasiment anecdotique aujourd'hui.

Brunost.

© ANDREY ARMYAGOV - SHUTTERSTOCK.COM

Sandwichs de la Mer, îles Lofoten.

La Norvège possède également quelques fromages, le plus connu étant le brunost. En réalité ce « fromage » n'en est pas exactement un, mais c'est une réduction de petit-lait, additionnée de lait ou de crème que l'on fait longuement caraméliser à feu doux. Légèrement sucré, il se mange en tranches fines sur des crackers. Il peut être fabriqué avec du lait de vache, de chèvre ou un mélange des deux. On compte d'autres fromage comme le kraftkar (bleu) ou le nøkkelost (fromage au cumin).

Les classiques de la cuisine norvégienne

Parmi les plats de poisson, les plus curieux testeront le *lutefisk*. Ce poisson séché puis réhydraté dans de l'ammoniaque prend un aspect gélatineux. On le déguste mélangé à de la purée de petits pois, de bacon et de pommes de terre. Ce plat est une sorte de rituel pour les non-initiés. Le *rakfisk* est une spécialité de truite fermentée au goût très puissant servie avec des oignons crus.

Mais on retrouve des plats plus accessibles comme le *boknafisk*, une recette du nord du pays à base de poisson séché au goût corsé, servi avec des pommes de terre et du lard. Les *fiskeboller* sont des quenelles de poisson à la sauce béchamel. Le *spekesild* se compose de hareng en saumure avec oignon, pommes de terre et betterave. Le *fiskesuppe* est une soupe de poisson blanc et de saumon avec petits légumes et crème, et le « kaviar » est une pâte à tartiner à base d'œufs de poisson, que l'on retrouve en tube.

Les *kjøttboller*, souvent considérés comme le plat national norvégien, sont des boulettes de bœuf en sauce, que l'on accompagne généralement de pomme de terre et de salade de concombre. Le porc est apprécié. Le *svinekoteletter* est un plat de côtelettes de porc avec une sauce aux oignons, alors que la *medisterpolse* est une saucisse – souvent servie à Noël – parfumée avec du poivre et du quatre-épices (cannelle, noix de muscade, clou de girofle, gingembre).

Le *raspeballer og saltkjøt* est un plat de viande de porc salée avec des quenelles de pommes de terre et de la purée de rutabaga. Le *klubb og duppe* est une recette de quenelles de pomme de terre nappées d'une crème au brunost et servies avec du bacon. Enfin, les komler sont des quenelles de pomme de terre avec de la saucisse, accompagnées de navets à la graisse de bacon. Le *lapskaus* est un ragoût mêlant pomme de terre, carotte, poireau, rutabaga et viande (porc, bœuf, mouton ou poulet).

Le mouton se prépare dans une sorte de choucroute au cumin et aux pommes de terre, appelée *fårikål*. Spécialité des fjords, le *smalahove* est une tête de mouton cuite et servie entière. Pour ceux qui ont le cœur bien accroché ! Plus facile à appréhender, le *pinnekjøtt* consiste en de petites côtes d'agneau séchées et fumées. Le renne se déguste en boulettes ou en ragoût. Le *finnbiff* est un plat de minces tranches de renne arrosées de sauce d'airelles. Cette sauce, appelée *tyttebær*, est peu sucrée et son goût acidulé se marie avec le gibier. Enfin le *reinsdyrsteik* est un rôti de renne servi avec des légumes variés.

La Norvège offre un choix de pains important. Les pains complets et au seigle sont les plus consommés. Le *kneippbrød* à la farine complète est extrêmement populaire. Le *knekkebrød* est le crack-pain d'origine suédoise (*knäckebröd*), bien connu, à base de seigle, alors que le *flatbrød*, une sorte de pain azyme très mince, se prépare avec de la farine d'orge. Les *lomper* sont des petites crêpes aux pommes de terre servant à envelopper les hot-dogs à la scandinave. Comme dans le reste de la Scandinavie on apprécie le *smørgåsbord*, un grand buffet, souvent festif, d'origine suédoise, où les sandwichs sont préparés avec différents pains, comme le *smørbrød* (pain de mie), et couronnés d'une infinie variété de garnitures : poissons fumés, fruits de mer, viande froide, légumes en saumure, charcuterie, fromage, œufs durs, mayonnaise, etc.

Desserts et café

Traditionnellement assez sommaires, les desserts norvégiens se sont enrichis de spécialités plus riches avec le temps. On retrouvera divers types de tartes, de gâteaux multicouches à base de génoise, sans oublier les viennoiseries (*wienerbrød*) à base de pâte feuilletée. La cardamome et la cannelle sont des épices appréciées en pâtisserie. Le climat assez rude du pays limite la production de fruits même si pommes, poires, cerises et baies sont plutôt communes.

La *molte* – plaquebière en français – est une espèce de mûre arctique orange, au parfum très particulier. Les myrtilles et les airelles sont particulièrement appréciées. Ainsi on trouvera facilement de la *trollkrem* ou « crème des trolls », composée de blancs d'œufs en neige avec des airelles et du sucre. Le *fromasj* n'est pas un fromage, mais une mousse aux fruits, type crème bavaroise. Enfin le *bløtkake* est un grand gâteau de fête de plusieurs étages à la crème fouetté fourré de fruits.

On appréciera aussi les *skillingsboller*, des brioches roulées à la cannelle, semblables à la *kanelbulle* suédoise. Le *krumkake* est une variété de petites gaufrettes croquantes roulées en forme de cône. À ne pas confondre avec les vraies gaufres ou *vafler* – souvent en forme de cœur – très appréciées en Norvège. Les *tilslørte bondepiker*, ou « bergères voilées », sont des verrines alternant couches de pommes cuites, crème fouettée et miettes de biscuits.

Pour Noël on prépare le *julekake*, une brioche aux fruits confits et au sucre perlé. On sert aussi la *multekrem*, un mélange de crème fouettée et baies de plaquebière. Aussi préparé pour les événements importants, le *rømmegrøt* est un porridge très nourrissant à la crème aigre, saupoudré de cannelle et servi avec du beurre fondu. Le *riskrem* est du riz au lait battu avec de la crème fraîche.

Comme chez leurs voisins d'Europe du Nord, les Norvégiens adorent le café. Ils sont même les deuxièmes plus gros consommateurs au monde après les Finlandais, avec pas moins de 10 kg par an et par habitant. On consomme en général du café noir classique ou du café au lait, même si de plus en plus d'enseignes proposent des cafés à l'italienne un peu plus sophistiqués. On trouve même un cocktail – appelé *karsk* – mêlant café et alcool fort, généralement de la vodka.

Entre bière et aquavit

La production d'alcool et notamment de bière (*øl*) est très ancienne et le brassage, qu'il soit industriel ou maison, remonte à plus d'un millénaire. Les bières industrielles les plus populaires sont généralement les pilsners et les bières rouges (bayer), tandis que la bière traditionnelle est beaucoup plus riche en malt avec une forte teneur en alcool. La Juleøl ou bière de Noël, est toujours une tradition importante pour les fêtes de fin d'année. Beaucoup de particuliers brassent leur propre bière et il existe de nombreuses microbrasseries. Ringnes, Hansa, Arendals, Borg, Frydenlund ou Lundetangen sont les marques les plus connues.

Le vin de miel ou hydromel (*mjød*), est réservé aux connaisseurs et on la retrouve souvent lors d'événements spécialisés, reconstitutions historiques et festivals fokloriques néo-païens. Le terme « vin » est d'ailleurs plutôt impropre car l'hydromel ne contient pas de raisin. Le climat trop rude de la Norvège – et notamment les étés très doux – ne permet pas vraiment la culture du raisin. Le vin est donc importé et plus cher en moyenne.

L'autre boisson phare en Norvège est l'aquavit (*akevitt*). Cette eau-de-vie de grains ou de pomme de terre se distingue par sa teinte jaune et son goût unique venant des graines de carvi. La vodka est préparée de la même manière, mais ne contient pas de graines de carvi, et reste donc blanche. C'est un alcool très populaire en Europe du Nord. La vodka Vikingfjord a gagné plusieurs prix d'excellence.

Pour éviter les problèmes d'alcoolisme, la consommation d'alcool est très régulée en Norvège comme chez ses voisins. Ainsi on ne peut acheter des bières que dans des épiceries certifiées et les alcools plus forts (vins et liqueurs) sont uniquement vendus dans des magasins d'alcools appartenant et gérés par le gouvernement (Vinmonopolet).

© MALIN_82 - SHUTTERSTOCK.COM

Les vafler, gaufres typiques en forme de coeur.

AGENDA

La Norvège est un pays de traditions ancestrales et de culture dans tous les domaines. Des événements festifs se succèdent au fil des saisons pour le plaisir de tous. Les rayons du soleil sont tellement attendus et nécessaires que bien des festivités ont lieu à l'extérieur dès que les beaux jours arrivent. Un peu partout on trouvera des petits marchés, des concerts et des festivals sur des thèmes particuliers et avec des artistes nationaux et internationaux. Les fêtes sont des moments privilégiés pour rencontrer les locaux et observer un peu les modes de vie qui varient d'une société à l'autre. On trouvera toujours de quoi se restaurer sur place. La Norvège se renouvelle en permanence et cela se traduit par une scène artistique toujours en effervescence. Musique classique, jazz, pop, cinéma, danse, théâtre, costume, architecture, design... il est à parier que vous ferez de belles trouvailles culturelles !

BERGEN MATFEST - GASTRONOMIE

BERGEN

www.matfest.no

De début à mi-septembre

Grand festival de la gastronomie qui met en valeur les produits locaux de la terre et de la mer. L'occasion de découvrir les plats inventifs des meilleurs chefs cuisiniers norvégiens du moment. Cours de cuisine et menus spéciaux proposés dans de nombreux restaurants de la ville. La programmation est en ligne et il vaut mieux réserver si vous voulez être sur d'avoir une place ou une table. Site web en norvégien ! L'office de tourisme de Bergen se fera un plaisir de vous répondre.

BERGENFEST

BERGEN

bergenfest.no

Cinq jours en mai ou juin.

L'un des plus grands festivals de musique de Norvège. Bergenfest est situé au cœur de la ville, au nord du site médiéval de Bryggen classé au patrimoine mondiale de l'UNESCO. Tous les ans depuis 1993, les artistes internationaux se succèdent : Bryan ferry, Oasis, Ellie Goulding, Neil Young, Lou Reed, Patti Smith, Ben Howard... pour n'en citer que quelques-uns. Un festival pop, rock, folk, R'n'B, hip-hop, musiques du monde, électro... : autrement dit, pour tous les goûts ! Programmation en ligne et achat de billets à l'avance recommandé.

BERGEN STRIKKEFESTIVAL

BERGEN

https://bergenstrikkefestival.com

Début octobre. Pass semaine 700 NOK, pass journée 400 NOK, ateliers de 600 à 1 300 NOK.

Le festival a lieu au musée de l'Industrie textile, une ancienne usine textile à Salhus, à environ 20 minutes de Bergen en voiture. Le festival propose des ateliers, des conférences et bien sûr, plein de magnifique laine à (s') offrir ! Vendeurs et producteurs locaux et indépendants. Vous pourrez y trouver de la laine locale, mais aussi des écheveaux teints et filés à la main... un vrai plaisir pour les yeux, le toucher et les idées de tricot ! Possibilité d'y aller en bus depuis Bergen. Se renseigner à l'office de tourisme de Bergen et sur le site web du festival.

FESTIVAL CULINAIRE

TRONDHEIM

www.matriketmidt.no

Fin juillet, début août, un week-end.

Expositions, dégustations, activités pour enfants, compétitions de cuisiniers et divertissements, voici l'un des meilleurs festivals culinaires d'Europe selon certains ! De nombreux stands et des menus spéciaux dans les restaurants, y compris de luxe comme le Britannia Hotel par exemple ! Un événement à ne pas louper si vous aimez bien manger et découvrir de nouvelles saveurs et associations culinaires. Car de l'inventivité, il y en a ! Également le festival de la bière artisanale, donc en fait, que demander de plus sinon peut-être du soleil ?

FESTIVAL D'ART DE LA NORVÈGE DU NORD

HARSTAD

https://festspillnn.no

Une semaine fin juin.

Créé en 1965, ce festival est l'une des plus grandes manifestations culturelles de la région. Les arts s'expriment à travers la musique, le théâtre et la danse pendant 8 jours. La programmation est variée et se destine également aux enfants. Les évènements se déroulent un peu partout et animent la ville aux couleurs locales. Une belle occasion pour découvrir la culture d'une région, et de nouveaux artistes ! Billets à réserver en ligne ou sur place.

FESTIVAL DU VIN

STAVANGER

www.stavangervinfest.no

Début avril

Des producteurs de vins et de grands chefs du monde entier sont présents dans la ville à cette occasion. Outre les repas prévus spécialement par de nombreux restaurants, vous pouvez aussi profiter de dégustations au cours de vos déambulations dans la ville. On achète les billets en ligne sur leur site mais attention, c'est entièrement en norvégien ! Vous pouvez aussi envoyer un email en anglais à l'adresse du contact. Il est à parier que vous serez uniquement entouré de locaux ! Petit festival à tester si vous aimez le vin et si vous êtes dans les parages.

FESTIVAL D'ØYA [ØYAFESTIVALEN]

Tøyenparken - **OSLO**

www.oyafestivalen.com

Mi-août.

C'est LE festival d'Oslo ! Pendant 5 jours le festival accueillent de très grands noms de la scène internationale, tout comme des artistes norvégiens dans le parc de Tøyen. Le festival prône également activement la défense de l'environnement en ne proposant que des produits bio et écologiques. C'est le plus grand festival en plein air de la capitale. Des groupes très connus aux nouvelles pépites, ce festival saura vous faire découvrir de belles choses !

FESTIVAL INTERNATIONAL DE DANSE [CODA]

OSLO

✆ +47 46 41 21 50

www.codadancefest.no

Pendant deux semaines, de mi-octobre à fin octobre.

C'est un festival de danse contemporaine, nationale et internationale. Ce festival annuel a pour but de promouvoir la danse norvégienne à travers le monde. Ateliers et spectacles pour une programmation éclectique et de qualité. Des propositions vraiment variées, tout comme les lieux qui accueillent. Encore une façon de partager des moments culturels avec les locaux et d'ouvrir son champ de perspectives à travers le spectacle vivant. Billetterie en ligne ou sur place.

FESTIVAL DE SKI DE HOLMENKOLLEN [HOLMENKOLLEN SKIFESTIVAL]

OSLO

www.skifest.no

Début mars.

Un festival de ski à ne rater sous aucun prétexte si vous êtes de passage à ce moment-là. Le festival se tient tous les ans depuis 1892. S'il est très apprécié des passionnés de ski nordique et de saut à ski, il rassemble en réalité une grande partie des habitants d'Oslo, qui désertent le centre-ville pour se rendre à Holmenkollen et passer un des week-ends les plus arrosés de l'année ! Aussi, c'est l'occasion de voir les champions du monde entier prendre part aux compétitions.

FESTIVAL INTERNATIONAL DE MUSIQUE DE CHAMBRE

STAVANGER

www.kammermusikkfestivalen.no

Une semaine mi-août.

Festival international de musique de chambre à Stavanger créé en 1991 par Truls Mørk et Gregor Zubicky. Certains concerts ont lieu dans la cathédrale. Ce festival est considéré comme l'un des plus importants pour la musique de chambre en Europe. Vous pourrez y écouter de super musiciens dans des configurations différentes et un répertoire large. Une superbe façon de combiner votre séjour avec des jolies choses pour les oreilles. Plus d'informations sur le site web ou sur fjordnorway.no

FESTIVAL INTERNATIONAL DE THÉÂTRE DE STAMSUND

STAMSUND

✆ + 47 76087530

www.stamsund-internasjonale.no

Fin mai, pendant 3 jours.

Ce festival de théâtre a lieu dans le plus gros village de l'archipel des Lofoten. C'est un évènement culturel important pour la ville comme pour la région. Il attire locaux et touristes le temps d'un week-end, autour d'une programmation déjantée. Plus qu'un festival de théâtre, musique, conférences et bien d'autres performances s'invitent sur l'archipel. L'occasion de profiter de ce cadre magnifique tout en s'imprégnant de son indissociable culture.

FÊTE INTERNATIONALE SÂME

6 février.

La fête internationale same, le 6 février, célèbre premier rassemblement du Conseil national sâme à Trondheim en 1917. Plus de 100 Sâmes, venant de toute la Laponie, s'étaient réunis pour discuter de problématiques communes. À cette occasion, la culture sâme est célébrée dans toute la Laponie, en Norvège, Suède, Finlande et Russie. On hisse le drapeau officiel sâme, dont les couleurs sont celles du costume traditionnel, et dont le cercle symbolise à la fois le soleil et la lune. L'hymne officiel, *Sámi soga lávlla*, a été écrit en 1906 par Isak Saba.

FESTIVAL INTERNATIONAL DU FILM

TROMSØ

www.tiff.no

Une semaine à la mi-janvier.

C'est le plus grand festival de cinéma de Norvège, qui a lieu depuis 1991 en plein cœur de ville. Il a fêté ses 30 ans en 2020. À la mi-janvier, alors que le soleil s'apprête à revenir au-dessus du cercle polaire, le festival offre une occasion unique de visionner des films en extérieur. La programmation est centrée autour de courts-métrages et de films documentaires. Un festival qui rend la ville d'autant plus vivante et qui permet de découvrir le monde du cinéma norvégien.

FILMS FROM THE SOUTH [FILM FRA SØR]

OSLO ✆ +47 92 32 96 56

www.filmfrasor.no

Début à mi-novembre. Achat des billets en ligne et sur place à Vika Cinema, Oslo Cinematheque et Vega Scene.

Depuis plus de 20 ans, Oslo célèbre le cinéma d'Afrique, d'Asie et d'Amérique latine avec chaque année une sélection de 130 longs-métrages, documentaires et courts-métrages. Leur slogan : « Voir le monde sous un autre angle ». Le Silver Mirror Award est décerné chaque année. Films from the South souhaite trouver et présenter les pépites de la production cinématographique internationale en dehors de l'hémisphère occidental. Un beau festival, allez-y les yeux grand ouverts !

FESTIVAL POLARJAZZ

LONGYEARBYEN

www.polarjazz.no

Début février

Festival Polarjazz à Longyearbyen, le festival de jazz le plus septentrional du monde, a su s'imposer en quelques années comme un festival de référence et de qualité où se retrouvent les meilleurs musiciens du pays. Le festival a lieu à Longyearbyen, la plus grande ville de l'île Spitsbergen, dans l'archipel des Svalbard. Un moment particulier pour apprécier les nuits polaires et les jours qui rallongent à vue d'œil. Chaque voyage a un coût financier et écologique, alors tant qu'à faire, restez-y le plus longtemps possible !

FOOD FESTIVAL

LEKNES

www.matfestivalen.net

Mi-octobre.

C'est bien connu, les îles Lofoten ne sont pas les dernières lorsqu'il s'agit de parler cuisine, produits frais et locaux ! Eh bien ce festival est une ode à cette cuisine, par les locaux, pour tous. Pendant une semaine, rendez-vous à Leknes et à plusieurs autres spots des îles Lofoten pour goûter aux spécialités de cet archipel et du Nord de la Norvège. Au menu de ce food festival, beaucoup de poisson bien entendu, mais aussi des recettes revisitées, du sucré pour les gourmands, des animations et la possibilité d'échanger avec les producteurs !

JOUR DE LA CONSTITUTION (GRUNNLOVSDAGEN)

Le 17 mai.

17 mai (*syttende* mai), le jour de la fête nationale, célèbre la signature de la constitution, en 1814, qui a marqué l'indépendance de la Norvège. C'est sans aucun doute le jour le plus important dans toute la Norvège. Aujourd'hui, la fête nationale est célébrée en grandes pompes : le jour est férié et les Norvégiens revêtent leur *Bunad* (costumes traditionnels dont la forme et les couleurs varient selon la région). Ce jour-là, l'esprit est à la fête dans tout le pays !

MIDNATTSROCKEN

www.midnattsrocken.no

Mi-juillet.

Bienvenue au festival de musique en extérieur le plus septentrional au monde. Depuis les années 1980, Lakselv vous accueille tous les ans à la mi-juillet pour profiter de concerts en plein air pendant 4 jours. Sous le soleil de minuit, au cœur du fjord de Porsanger, dans un décor qui vous laissera bouche bée, des artistes locaux et internationaux viennent régaler vos oreilles de mélodies en tous genres. C'est l'occasion de faire une halte au milieu de ces contrées désertiques pour apprécier un peu de culture et de chaleur humaine !

MARATHON DE MINUIT

TROMSØ

www.msm.no

Fin juin.

Le Marathon de minuit de Tromsø est une course démarrant à minuit pile au mois de juin (grâce à la luminosité exceptionnelle), elle remporte un succès populaire considérable sur des distances allant de 1 km pour les enfants jusqu'au marathon en passant par 10 km ou même un semi-marathon. Pour les coureurs de fond : une expérience unique et l'occasion de prendre part à un évènement culturel local, dans le cadre fantastique de l'île. Pour les spectateurs, c'est aussi l'expérience d'une ville particulièrement animée le temps de l'évènement.

NORTHERN LIGHTS FESTIVAL

TROMSØ

www.nordlysfestivalen.no/en

Entre fin janvier et début février.

Le Northern Lights Festival a fait ses débuts en 1988 et n'était à l'époque qu'un petit festival de musique classique. Aujourd'hui, ce festival se tient sur 10 jours entre la fin janvier et début février. La scène s'est diversifiée, même si l'âme du festival reste la musique classique. On y retrouve des expressions musicales variées : moderne, jazz, orchestres symphoniques... et des musiciens locaux comme internationaux. Plusieurs concerts ont lieu chaque jour, l'après-midi et en soirée. Un festival pour tous qui attire chaque année les locaux comme les touristes.

MARATHON POLAIRE DE TROMSØ

TROMSØ

Début janvier.

Le marathon polaire n'est pas un simple marathon, mais un véritable challenge ! Au cœur de l'hiver, les coureurs s'élancent pour une course dans le noir au départ du centre-ville de Tromsø. Les circuits vont de 5 à 42 km, et malgré ce que l'on pourrait croire, les participants sont nombreux ! Mieux vaut être bien équipé, car à cette époque de l'année, les températures sont souvent négatives. Le marathon est ouvert à tous les plus de 18 ans.

NOTODDEN BLUES FESTIVAL

NOTODDEN

© +47 35 02 76 50

bluesfest.no

Fin juillet, début août.

Ce festival de blues est l'un des plus importants d'Europe, et le plus grand de Scandinavie. Des artistes internationaux se produisent pendant six jours. Dans un cadre magnifique dans le centre-ville, le Notodden Blues Festival propose des petits concerts intimes avec des artistes locaux aux croisières blues sur l'idyllique Heddalsvannet, des ateliers au Europe's Blues Center, des événements familiaux et bien sûr des grands concerts avec les plus grandes stars mondiales : BB King, Buddy Guy, ZZ Top, Robert Plant, Van Morrison, Otis Rush...

OSLO JAZZ FESTIVAL

OSLO

www.oslojazz.no

Début/mi-août.

Un excellent festival qui accueille des musiciens du monde entier pendant 6 jours. Profitez aussi des concerts de rues ! Le festival de jazz d'Oslo est une association à but non lucratif dont l'objectif est de proposer un festival de qualité avec pas moins de 60 à 70 concerts dans 15 à 18 salles du centre d'Oslo chaque année. Fondé en 1986, il couvre un large éventail de styles de jazz. Se sont entre autres produits au Festival de Jazz d'Oslo : Herbie Hancock, Jan Garbarek, Charles Lloyd, Arild Andersen, Nils Petter Molvær, Maria Schneider, Paul Bley, Karin Krog...

PEPPERKAKEBYEN

BERGEN

Période de l'Avent

Depuis 1991, en plein centre de Bergen est construite tous les ans la plus grande ville de pain d'épice du monde. C'est un village entier qui s'offre à vos yeux émerveillés. Éclairé de petites lumières féeriques bleutées, dans un décor hivernal assez impressionnant, avec des vrais petits trains miniatures qui sillonnent la ville en pain d'épice. On se croirait un peu dans un conte. Attention, ne vous risquez pas à croquer un bout d'un toit de maison, la sorcière n'est peut-être pas loin... ou a défaut les caméras de surveillance !

OSLO PRIDE

OSLO

www.oslopride.no

Entre mi et fin juin.

La Oslo Pride dure 4 jours pendant lesquels sont organisés des expos artistiques, des débats, des concerts et bien sûr une parade dans le centre-ville d'Oslo ! La Oslo Pride célèbre la diversité, l'amour, le sexe et surtout le droit de choisir qui on aime ! Personne n'est libre tant que tout le monde n'est pas libre ! Le défilé va du quartier Groenland à Spikersuppa et les rues d'Oslo s'emplissent de joie et d'arcs-en-ciel. Le défilé commence en général vers 13h et se termine environ trois heures plus tard selon le nombre de participants.

REMISE DU PRIX NOBEL DE LA PAIX [NOBEL PEACE PRIZE AWARD CEREMONY]

OSLO

www.nobelprize.org

Le 10 décembre.

Remise du prix Nobel de la paix à l'hôtel de ville d'Oslo en présence de la famille royale, du comité du prix Nobel et de quelques habitants et personnalités. Depuis 1901, les prix Nobel sont décernés le 10 décembre, jour anniversaire de la mort d'Alfred Nobel. Comme stipulé dans le testament de Nobel, les prix Nobel de physique, chimie, physiologie ou médecine et littérature sont décernés à Stockholm, en Suède, tandis que le prix Nobel de la paix est décerné à Oslo, en Norvège.

PÂQUES SÂMES

KAUTOKEINO

www.samieasterfestival.com

Fin mars, début avril, selon le calendrier.

Les Sâmes se sont toujours réunis à l'occasion des vacances de Pâques. À l'époque, on célébrait les mariages, les confirmations, et les baptêmes, et à cette occasion se tenaient les traditionnelles courses de rennes. Après les festivités, chacun retournait à ses tâches quotidiennes et la transhumance des rennes arrivait peu après. Aujourd'hui, ces 10 jours de fêtes sont rythmés par de nombreuses manifestations culturelles : courses de rennes, le Grand Prix Sami, des expositions, du cinéma, du théâtre, des fêtes religieuses et bien plus encore.

RØROSMARTNAN

RØROS

www.rorosmartnan.no

Du troisième mardi du mois de février au samedi suivant.

Cette grande fête hivernale a lieu tous les ans depuis son instauration en 1854. Pendant 5 jours, Røros se transforme en un marché géant, animé jour et nuit, où se mêlent stands de nourritures, d'artisanat traditionnel, de fermes ambulantes, de danses et d'événements culturels. La manifestation est un événement national et regroupe jusqu'à 75 000 visiteurs. Le clou du spectacle est l'arrivée de 80 attelages de chevaux venant de Suède, de l'Østerdalen, du Hedmark, de Gauldalen et de Tydal, après 15 jours de voyages sur un mode traditionnel.

SAINT-OLAV FESTIVAL - OLSOKDAGENE

Stiklestad Nasjonale Kultursenter og Stiklestad Hotell - **STIKLESTAD**
www.stiklestad.no
Fin juillet
C'est l'un des plus grands festivals de Norvège qui s'étale sur 4 jours fin juillet : concerts, expositions, animations pour toute la famille. La fête de St Olav : le plus grand saint de Norvège est commémoré à travers le pays et notamment à Stiklestad, lieu historique de la bataille au cours de laquelle il trouva la mort. Les billets sont en ligne dès le mois de novembre car c'est un événement qui attire beaucoup de monde, avis aux amateurs de reconstitutions historiques !

SEMAINE MUSICALE DU NORDLAND - MUSIKKFESTUKA

BODØ
https://musikkfestuka.no/en
Début à mi-août
Ce festival est plus qu'un rendez-vous local. Son programme attire nombre de visiteurs chaque année, qui viennent voir la ville de Bodø envahie de musique et de joie pendant une dizaine de jours tous les étés. L'occasion d'écouter des styles variés (orchestre symphonique, chants traditionnels, metal, rock, etc.) et très certainement de découvrir de nouveaux artistes. Les concerts ont lieu un peu partout dans la ville, une visite guidée plutôt sympathique.

SEMAINE SÂME DE TROMSØ

TROMSØ
www.msm.no/en/arrangement/samisk-uke
Début février.
La semaine Sâme est une ode à la culture sâme. L'évènement attire les locaux comme les visiteurs de passage. On y trouve un marché sâme, l'occasion de découvrir les produits typiques et de goûter aux spécialités locales. La semaine est ponctuée par deux championnats à ne pas rater : le championnat norvégien de lasso, et le championnat norvégien de course de renne. Des animations atypiques qui mettent toute la ville à la fête et raviront les grands comme les petits ! De plus, les commerces jouent le jeu pour créer une ambiance festive.

TREVAFEST

HENNINGSVÆR
www.trevarefest.no
Fin juillet.
Tous les étés à la fin juillet, Trevarefabrikken organise la Trevarefest. Ce lieu hétéroclite, fondé par un groupe d'amis, affiche un côté hipster et revendique une fonction culturelle. Trevarefabrikken c'est à la fois un hôtel, un bar/café, un sauna, un lieu de concert, de conférence, etc. Le temps d'un week-end, pour le plus grand plaisir des habitants comme des gens de passage, les lieux se transforment en un festival de musique au décor absolument merveilleux. En bord de mer, alors que les journées n'en finissent plus, difficile de rêver plus bel endroit.

VARANGER FESTIVALEN - FESTIVAL DE JAZZ

VADSØ
www.varangerfestivalen.no
Quatre jours début août.
Le plus grand festival de jazz de Norvège a lieu dans une petite bourgade près du Cap Nord. Féerique ! Situé sur la côté, dans le Grand Nord norvégien, ce petit village de pêcheurs semble hors du temps. Chaque année, il se retrouve en fête le temps du festival, qui attire les locaux comme les visiteurs venus de tous les coins. C'est la fête pendant quatre jours, l'occasion de voir ce petit village s'illuminer et briller de mille feux.

VINTERFESTUKA

NARVIK
www.vinterfestuka.no
Mi-mars.
La ville de Narvik accueille chaque année un festival de 10 jours, au milieu du mois de février. La culture est à l'honneur pour toute la durée de l'événement, un des plus longs et des plus fréquentés de la région. Au programme, essentiellement des concerts, dont les styles sont très variés. A l'honneur également la littérature, l'art à travers plusieurs expositions d'art, la danse, le théâtre et les talents locaux ! Les événements ont lieu un peu partout dans la ville, l'occasion de découvrir Narvik sous son meilleur jour, bien vivante sous son manteau de neige.

OSLO ET ØSTLANDET

La région atour d'Oslo s'arrondit autour du fjord. L'Østland (Østlandet en bokmål ; Austlandet en nynorsk) est l'une des cinq grandes régions géographiques de la Norvège. Elle correspond à l'Est du pays et comprend les 4 comtés suivants : Vestfold og Telemark, Viken, Oslo et Innlandet (redécoupage géographique janvier 2020). Le nom Østlandet (« Le pays de l'Est ») l'oppose à l'autre région Vestlandet (« Le pays de l'Ouest »). Tous ces comtés sont desservis par un bon réseau routier avec des infrastructures de qualité et toutes les villes de la région sont accessibles soit en train, soit en bus. Se renseigner sur le site de VY. Si vous êtes à Oslo pour une ou deux semaines, vous pourrez facilement découvrir ces endroits superbes, très riches en histoire et où l'on est en pleine nature après seulement très peu de temps en transport. Une jolie façon de visiter la Norvège sans faire trop de kilomètres.

Le fjord d'Oslo.

Oslo et Ostlandet
TYNSET
Fåset
Øversjødalen
Bjorli
Lesjaverk
Dovrefjell-Sunndalsfjella Nasjonalpark
Reinheimen
Lesja
Kjøremsgrende
DOMBÅS
DOVRE
FOLLDAL
ALVDAL
Rondane Nasjonalpark
Bergset
Bismo
LOM
Vågåmo
Nord-Sel
Reppen
Fossbergom
SEL
Otta
Engerdal
Bjølstadmo
Sandbumoen
Otnes
Åkrestrømmen
Sjoa
Kvam
JOTUNHEIMEN
Vinstra
Skåbu
Hundorp
RINGEBU
Koppang
Jotunheimen Nasjonalpark
Gålå
Fåvang
DALEN
Skei
TRETTEN
Svingvoll
Segalstad Bru
Beitostølen
Forset
Tyinkrysset
ORMTJERNKAMPEN
FÅBERG
Rena
Vang
Moane
LILLEHAMMER
Mesnlia
Slidre
Hugulia
Vingrom
Åsta
Røn
Skartlibygda
FAGERNES
Moelv
Aurdal
Rundborgbygdi
Brumunddal
Elverum
Hemsedal
Heimdal
Ullsåk
Dokka
GJØVIK
Bagn
HAMAR
Melåsberget
Fluberg
Stange
Nordhagen
Raufoss
YRLAND
GOL
HOV
Våler
Ål
Torpo
Hol
Nesbyen
Tangen
Flisa
Åslia
Geilo
Nes
Ustaoset
Kirkenær
Viker
Torget
Brandbu
Mo
Flå
Gran
Grinder
Jaren
EIDSVOLL
Lunner
Skarnes
Rødberg
JEVNAKER
Nannestad
Noresund
Kongsvinger
Jessheim
Årnes
20 KM
KRØDEREN
HØNEFOSS
Rotnes
Prestfoss
SØRUMSAND
Austbygde
Rollag
Akershusstranda
OSLO
Åmot
Sandvika
Aursmoen
HOVEDØYA
BÆRUM
Bjørkelangen
RJUKAN
Flesberg
LANGØYENE
Asker
Kolbotn
TUDDAL
Lampeland
VINTERBRO
Rømskog
Vestfossen
DRAMMEN
Hemnes
Ski
Konnerud
KONGSBERG
DRØBAK
Svelvik
Askim
Hjartdal
mot
NOTODDEN
Pepperstad
Mysen
Skog
MORGEDAL
Holmestrand
Ørje
ALEN
SELJORD
Rakkestad
Nordagutu
MOSS
Svarstad
KVITESEID
FREDRIKSTADVEIEN
Lårdal
BØ
Horten
Vrådal
Ise
Lennartsfors
Snurråsen
Bjervamoen
TONSBERG
Fossby
FREDRIKSTAD
ULEFOSS
Fyresdal
SKIEN
Stokke
Borgheim
Porsgrunn
Høysand
SANDEFJORD
Prestestranda
HALDEN
LARVIK
Hvasser
Rød
NISSEDAL
Treungen
Langesund
Stavern
Skjærhollen
Neslandsvatn
Nevlunghavn
Skagerrak
Strömstad
Vers ÅMLI
Ed
Gjerstad
KRAGERØ
Skee
Helle
99

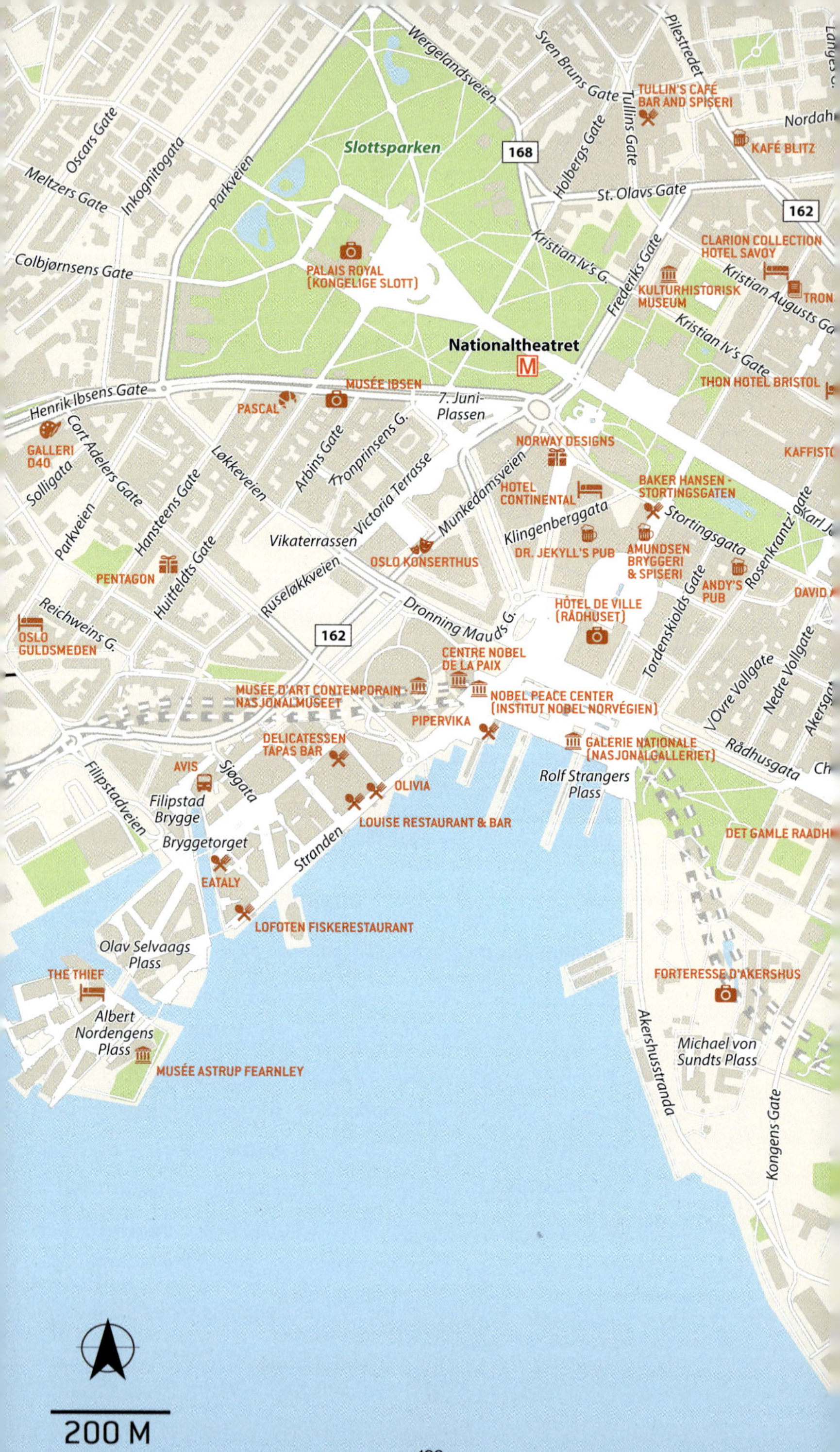
Slottsparken
Wergelandsveien
Sven Bruns Gate
Pilestredet
Tullins Gate
TULLIN'S CAFÉ BAR AND SPISERI
Nordahl
KAFÉ BLITZ
168
Holbergs Gate
St. Olavs Gate
162
Oscars Gate
Meltzers Gate
Inkognitogata
Parkveien
Colbjørnsens Gate
PALAIS ROYAL (KONGELIGE SLOTT)
Kristian Iv's G.
Frederiks Gate
CLARION COLLECTION HOTEL SAVOY
KULTURHISTORISK MUSEUM
Kristian Augusts Ga
TRON
Kristian Iv's Gate
Nationaltheatret
M
THON HOTEL BRISTOL
Henrik Ibsens Gate
MUSÉE IBSEN
PASCAL
7. Juni-Plassen
GALLERI D40
Cort Adelers Gate
Solligata
Løkkeveien
Arbins Gate
Tronprinsens G.
Victoria Terrasse
NORWAY DESIGNS
KAFFISTO
Munkedamsveien
HOTEL CONTINENTAL
BAKER HANSEN - STORTINGSGATEN
Parkveien
Hansteens Gate
Klingenberggata
Stortingsgata
Rosenkrantz' gate
Karl Jo
Vikaterrassen
OSLO KONSERTHUS
DR. JEKYLL'S PUB
AMUNDSEN BRYGGERI & SPISERI
ANDY'S PUB
Huitfeldts Gate
PENTAGON
Ruseløkkveien
Dronning Mauds G.
HÔTEL DE VILLE (RÅDHUSET)
Tordenskiolds Gate
DAVID A
Reichweins G.
OSLO GULDSMEDEN
162
CENTRE NOBEL DE LA PAIX
Øvre Vollgate
Nedre Vollgate
Akersg
MUSÉE D'ART CONTEMPORAIN - NASJONALMUSEET
NOBEL PEACE CENTER (INSTITUT NOBEL NORVÉGIEN)
PIPERVIKA
DELICATESSEN TAPAS BAR
GALERIE NATIONALE (NASJONALGALLERIET)
Rådhusgata
Ch
AVIS
Sjøgata
OLIVIA
Rolf Strangers Plass
Filipstadveien
Filipstad Brygge
LOUISE RESTAURANT & BAR
DET GAMLE RAADH
Bryggetorget
Stranden
EATALY
LOFOTEN FISKERESTAURANT
Olav Selvaags Plass
THE THIEF
FORTERESSE D'AKERSHUS
Albert Nordengens Plass
MUSÉE ASTRUP FEARNLEY
Akershusstranda
Michael von Sundts Plass
Kongens Gate
200 M

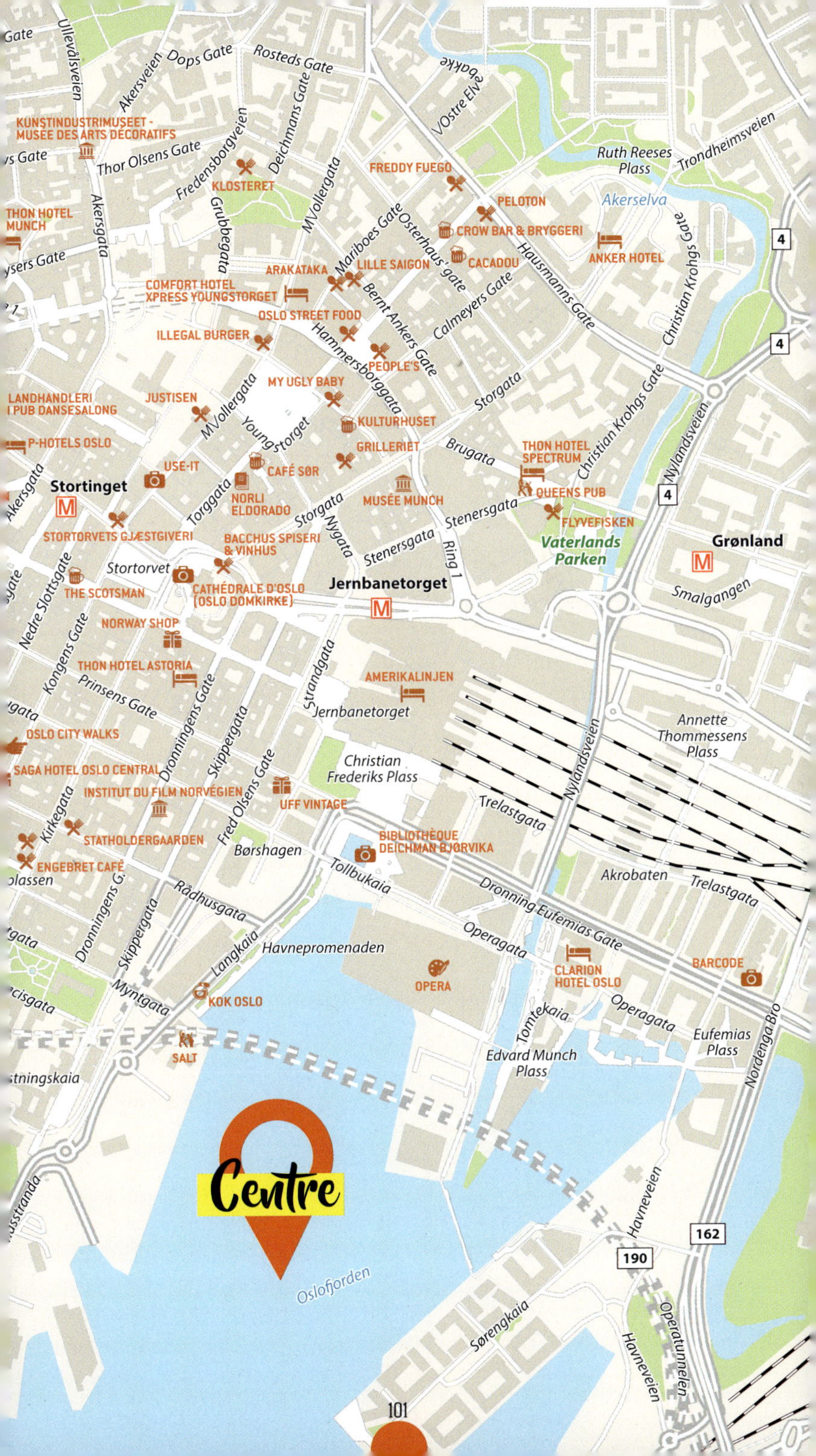
Centre
KUNSTINDUSTRIMUSEET - MUSÉE DES ARTS DÉCORATIFS
THON HOTEL MUNCH
KLOSTERET
FREDDY FUEGO
PELOTON
CROW BAR & BRYGGERI
CACADOU
ANKER HOTEL
LILLE SAIGON
ARAKATAKA
COMFORT HOTEL XPRESS YOUNGSTORGET
OSLO STREET FOOD
ILLEGAL BURGER
PEOPLE'S
MY UGLY BABY
LANDHANDLERI I PUB DANSESALONG
JUSTISEN
KULTURHUSET
P-HOTELS OSLO
GRILLERIET
THON HOTEL SPECTRUM
USE-IT
CAFÉ SØR
QUEENS PUB
NORLI ELDORADO
MUSÉE MUNCH
FLYVEFISKEN
STORTORVETS GJÆSTGIVERI
BACCHUS SPISERI & VINHUS
THE SCOTSMAN
CATHÉDRALE D'OSLO (OSLO DOMKIRKE)
NORWAY SHOP
THON HOTEL ASTORIA
AMERIKALINJEN
OSLO CITY WALKS
SAGA HOTEL OSLO CENTRAL
INSTITUT DU FILM NORVÉGIEN
UFF VINTAGE
STATHOLDERGAARDEN
ENGEBRET CAFÉ
BIBLIOTHÈQUE DEICHMAN BJØRVIKA
OPERA
CLARION HOTEL OSLO
BARCODE
KOK OSLO
SALT
Stortinget
Jernbanetorget
Grønland
Vaterlands Parken
Stortorvet
Youngstorget
Christian Frederiks Plass
Annette Thommessens Plass
Ruth Reeses Plass
Edvard Munch Plass
Eufemias Plass
Akerselva
Oslofjorden
Ullevålsveien
Dops Gate
Rosteds Gate
Akersveien
Thor Olsens Gate
Fredensborgveien
Deichmans Gate
Akersgata
Grubbegata
MVollergata
Mariboes Gate
Osterhaus'gate
Bernt Ankers Gate
Hammersborggata
Calmeyers Gate
Hausmanns Gate
Christian Krohgs Gate
Trondheimsveien
Storgata
Brugata
Torggata
Nygata
Stenersgata
Ring 1
Nylandsveien
Smalgangen
Nedre Slottsgate
Kongens Gate
Prinsens Gate
Dronningens Gate
Skippergata
Strandgata
Jernbanetorget
Trelastgata
Fred Olsens Gate
Kirkegata
Børshagen
Tollbukaia
Akrobaten
Dronning Eufemias Gate
Operagata
Rådhusgata
Langkaia
Havnepromenaden
Myntgata
Tomtekaia
Nordenga Bro
Havneveien
Sørengkaia
Operatunnelen
4
162
190

Frøen
MUSÉE DE L'ART DES ENFANTS (BARNEKUNSTMU
Priorveien
Vorkedalsveien
Borgenveien
Diakonveien
Slemdalsveien
Suhms Ga
Heggeliveien
Tårnveien
Thaulows Vei
Gydas Vei
Konventveien
Bekkeliveien
Guldbergs Vei
Skøyenveien
Vestre Gravlund
168
Gardeveien
Majorstuen
Harald Hårfagre
Monolitveien
Guldberglia
Fridtjof Nansens Vei
PANCE PIZZA
BAKER HANSEN MAJORS
FRETEX KIRKEVEIEN
Middelthuns Gate
DEN GAMLE MAJOR
PARC VIGELAND (VIGELANDSPARKEN)
VALKYRI GRILL
Maries G.
161
STA. KATARINAHJEMMET
Astrids Vei
Askeveien
Prinsessealléen
Gustav Vigelands Vei
Hyllveien
Professor Dahls Gate
Majorstu
Munthes Gate
Industrigata
Thunes Vei
Madserud Allé
Halvdan Svartes Gate
Nordraaks Gate
Schives Gate
MUSÉE VIGELAND (VIGELAND MUSEET)
Tidemands Gate
Eckersbergs Gate
Eiler
161
Drammensveien
Kristinelundveien
Hafrsfjordgata
Nobels Gate
Thomas Heftyes G.
Gimleveien
Tors G.
Gyldenløves Gate
Briskebyveien
Holt
President Harbitz' gate
SCANDIC SJØLYST
GALLERI BYGDØY ALLÉ
Odins Gate
Balders Gate
Kruses Gate
FEINSCHMECKER
Bygdøy Allé
Sjølystveien
Hafrsfjordgata
Nobels Gate
Thomas Heftyes Gate
Fritzners Gate
Sophus Lies Gate
Frederik Stangs Gate
Gabels G.
Haxthausens G.
Meltzer
Colbjørnsen
Dronning Blancas Vei
Gabels Gate
Niels Juels Gate
BYGDØY ALLÉ 3
CHAM
Drammensveien
CLARION COLLECTION HOTEL GABELSHUS
Frognerstranda
Munkedamsveien
Frognerstranda
Hjortneskaia
Museumsveien
MUSÉE DES TRADITIONS POPULAIRES
LANTERNEN
Huk Aveny
Filipstadveien
Fredriksborgveien
Langviksveien
MUSÉE KON-TIKI (KON-TIKI MUSEET)
MUSÉE DU FRAM (FRAMMUSEET)
Oslofjorden
MUSÉE DE LA MARINE (NORSK MARITIMT MUSEUM)
102

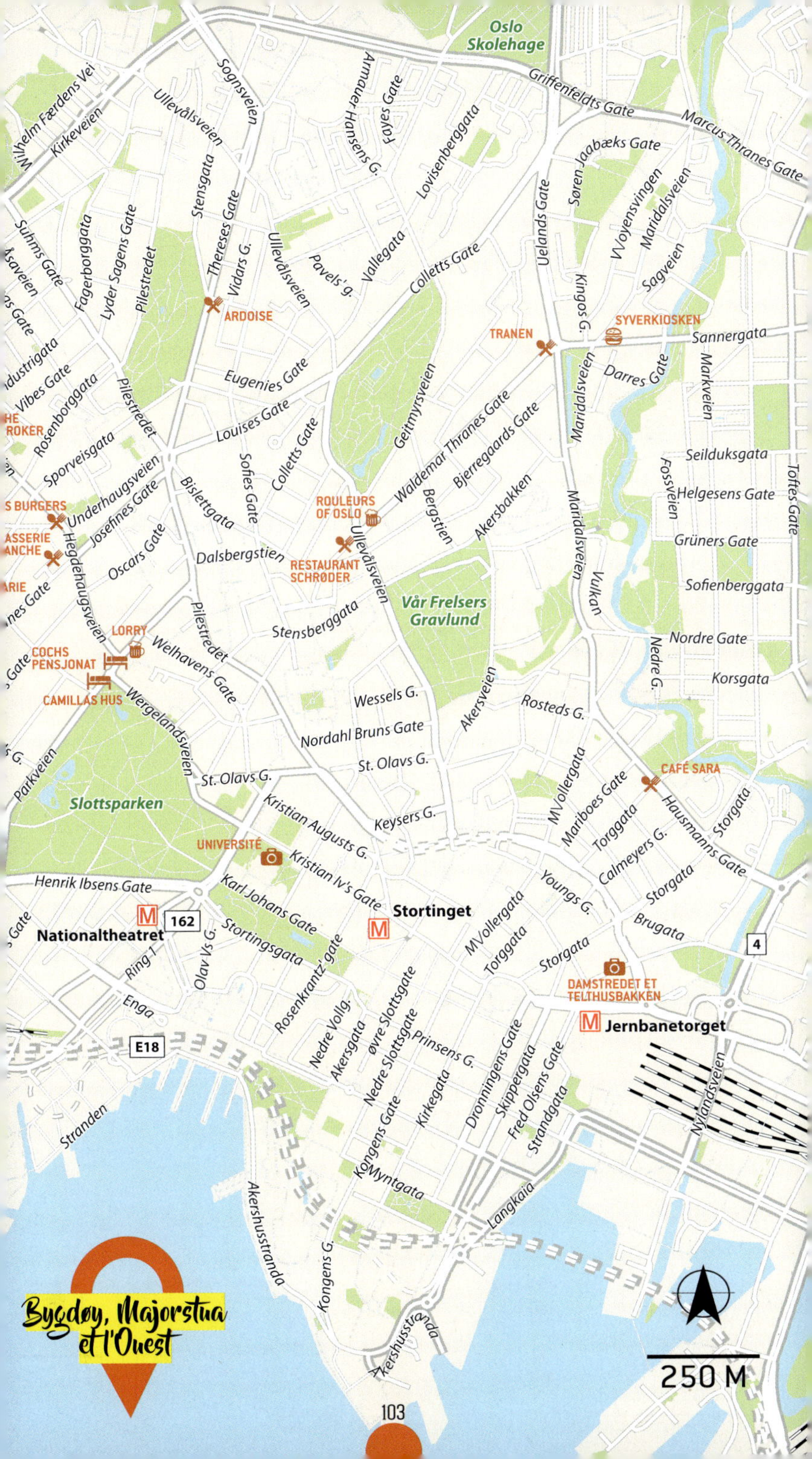
Oslo Skolehage
Griffenfeldts Gate
Marcus Thranes Gate
Wilhelm Færdens Vei
Kirkeveien
Ullevålsveien
Sognsveien
Armauer Hansens G.
Fayes Gate
Lovisenberggata
Søren Jaabæks Gate
Uelands Gate
Waoyensvingen
Maridalsveien
Sagveien
Suhms Gate
Fagerborggata
Lyder Sagens Gate
Pilestredet
Stensgata
Thereses Gate
Vidars G.
Ullevålsveien
Pavels g.
Vallegata
Colletts Gate
Kingos G.
ARDOISE
SYVERKIOSKEN
TRANEN
Sannergata
Darres Gate
Markveien
Industrigata
Vibes Gate
Rosenborggata
Eugenies Gate
Geitmyrsveien
Louises Gate
Colletts Gate
Waldemar Thranes Gate
Bjerregaards Gate
Maridalsveien
Seilduksgata
Fossveien
Helgesens Gate
Toftes Gate
Sporveisgata
Underhaugsveien
Josefines Gate
Bislettgata
Sofies Gate
ROULEURS OF OSLO
Ullevålsveien
Bergstien
Akersbakken
Grüners Gate
S BURGERS
Hegdehaugsveien
Oscars Gate
Dalsbergstien
RESTAURANT SCHRØDER
Vår Frelsers Gravlund
Sofienberggata
Vulkan
Stensberggata
Pilestredet
LORRY
Welhavens Gate
COCHS PENSJONAT
CAMILLAS HUS
Nordre Gate
Nedre G.
Korsgata
Wergelandsveien
Wessels G.
Akersveien
Rosteds G.
Nordahl Bruns Gate
St. Olavs G.
Parkveien
St. Olavs G.
Slottsparken
Kristian Augusts G.
Keysers G.
MVollergata
Mariboes Gate
CAFÉ SARA
Hausmanns Gate
Torggata
Calmeyers G.
Storgata
UNIVERSITÉ
Kristian Iv's Gate
Henrik Ibsens Gate
Karl Johans Gate
Stortinget
Youngs G.
Storgata
Brugata
Nationaltheatret
162
Stortingsgata
Olav Vs G.
Ring 1
Rosenkrantz' gate
MVollergata
Torggata
Storgata
4
DAMSTREDET ET TELTHUSBAKKEN
Jernbanetorget
Enga
E18
Nedre Vollg.
Akersgata
øvre Slottsgate
Nedre Slottsgate
Prinsens G.
Dronningens Gate
Skippergata
Fred Olsens Gate
Strandgata
Nylandsveien
Kirkegata
Kongens Gate
Stranden
Myntgata
Langkaia
Akershusstranda
Kongens G.
Akershusstranda
250 M
Bygdøy, Majorstua et l'Ouest

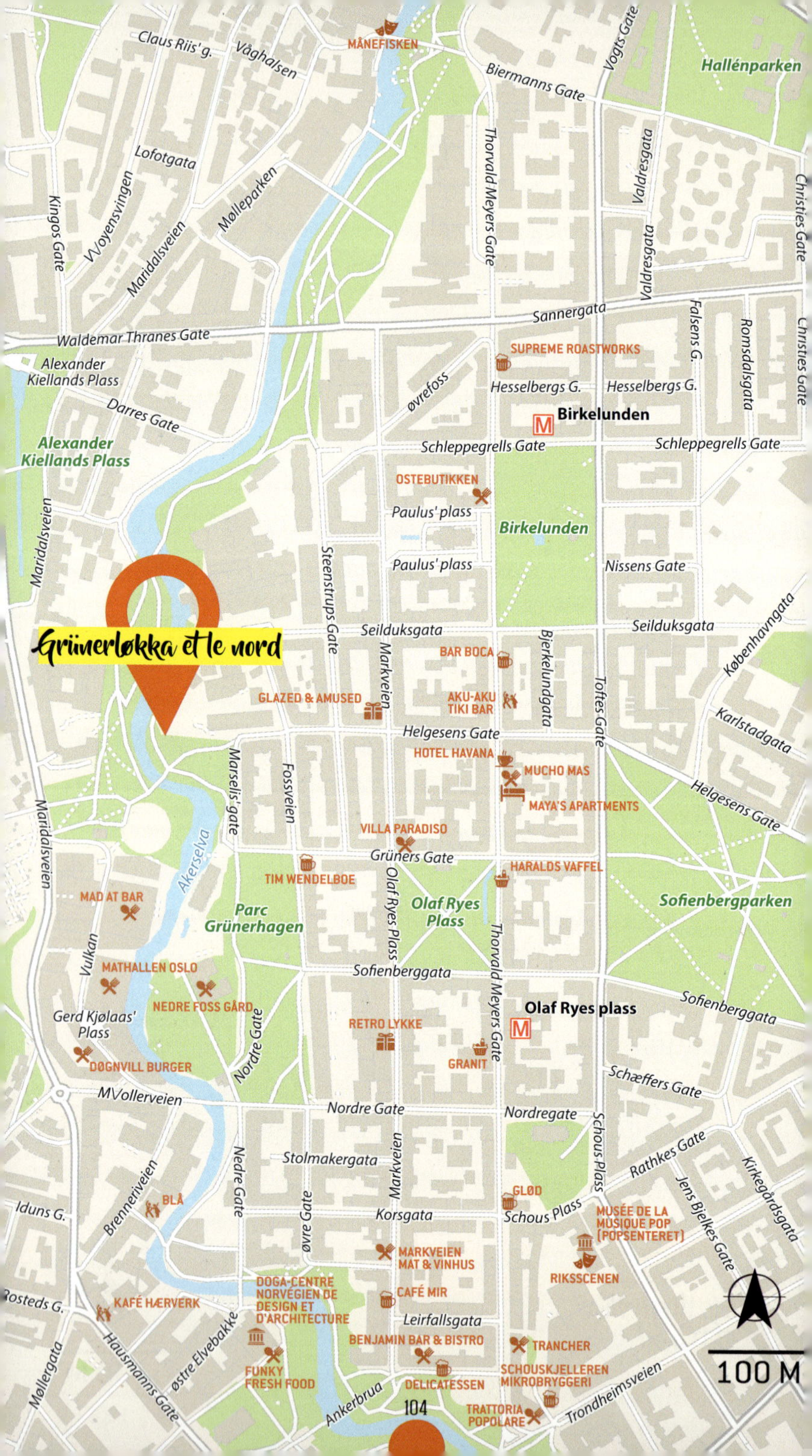

Grünerløkka et le nord
Claus Riis' g.
Våghalsen
MÅNEFISKEN
Biermanns Gate
Vogts Gate
Hallénparken
Lofotgata
Kingos Gate
Woyensvingen
Maridalsveien
Mølleparken
Thorvald Meyers Gate
Valdresgata
Christies Gate
Sannergata
Waldemar Thranes Gate
Falsens G.
Romsdalsgata
Alexander Kiellands Plass
SUPREME ROASTWORKS
Hesselbergs G.
øvrefoss
Darres Gate
Birkelunden
Schleppegrells Gate
Alexander Kiellands Plass
OSTEBUTIKKEN
Paulus' plass
Birkelunden
Nissens Gate
Steenstrups Gate
Seilduksgata
Københavngata
BAR BOCA
Markveien
Birkelundgata
GLAZED & AMUSED
AKU-AKU TIKI BAR
Toftes Gate
Karlstadgata
Helgesens Gate
HOTEL HAVANA
MUCHO MAS
MAYA'S APARTMENTS
Marselis' gate
Fossveien
VILLA PARADISO
Grüners Gate
HARALDS VAFFEL
TIM WENDELBOE
Akerselva
MAD AT BAR
Parc Grünerhagen
Olaf Ryes Plass
Sofienbergparken
Vulkan
MATHALLEN OSLO
NEDRE FOSS GÅRD
Sofienberggata
Olaf Ryes plass
Gerd Kjølaas' Plass
RETRO LYKKE
DØGNVILL BURGER
Nordre Gate
GRANIT
Schæffers Gate
MVollerveien
Nordregate
Schous Plass
Rathkes Gate
Stolmakergata
Nedre Gate
Jens Bjelkes Gate
Kirkegårdsgata
BLÅ
GLØD
Iduns G.
Brenneriveien
øvre Gate
Korsgata
MUSÉE DE LA MUSIQUE POP (POPSENTERET)
MARKVEIEN MAT & VINHUS
RIKSSCENEN
Rosteds G.
KAFÉ HÆRVERK
DOGA-CENTRE NORVÉGIEN DE DESIGN ET D'ARCHITECTURE
CAFÉ MIR
Leirfallsgata
BENJAMIN BAR & BISTRO
TRANCHER
Møllergata
Hausmanns Gate
østre Elvebakke
FUNKY FRESH FOOD
SCHOUSKJELLEREN MIKROBRYGGERI
DELICATESSEN
Ankerbrua
104
TRATTORIA POPOLARE
Trondheimsveien
100 M

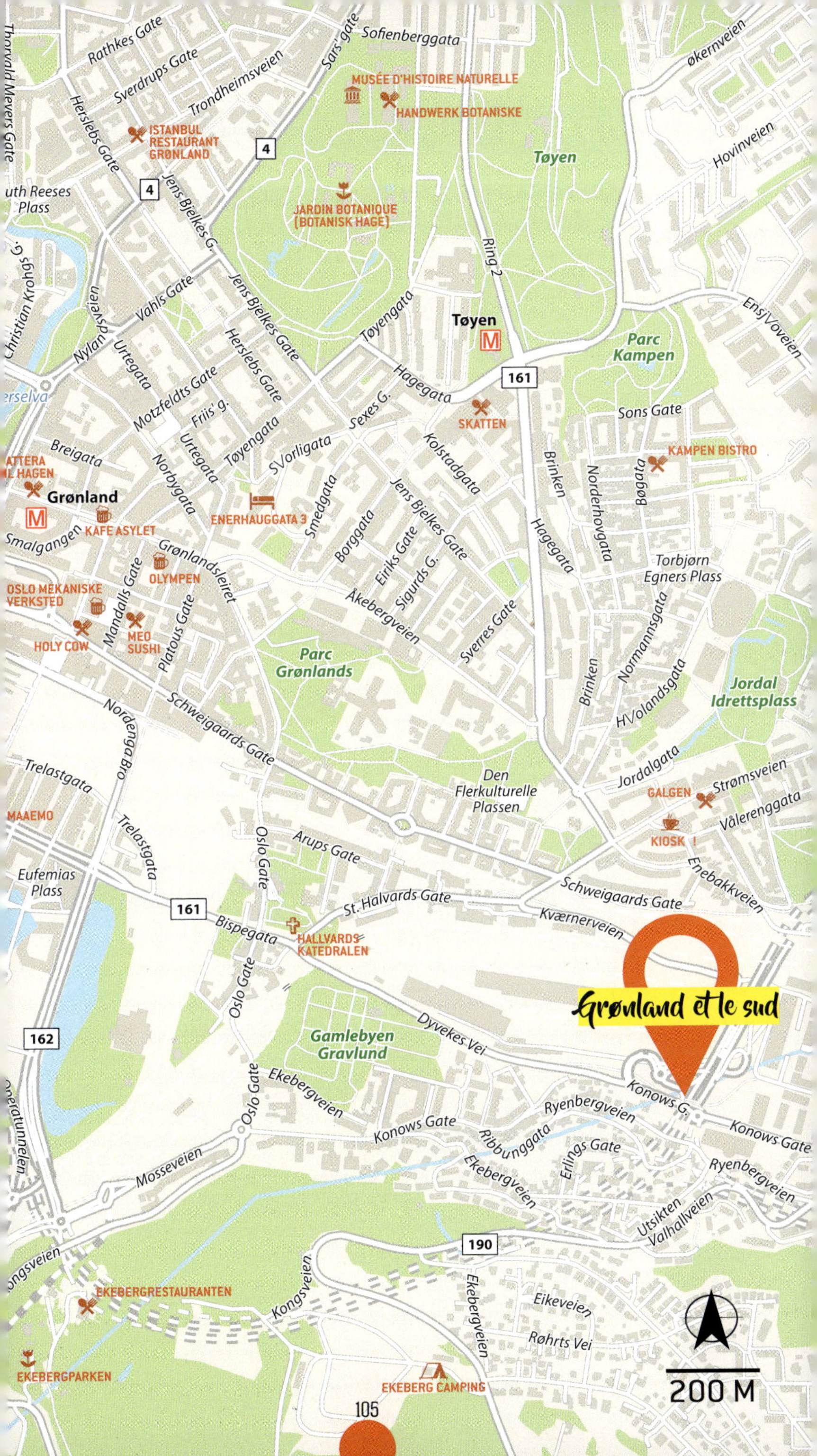
Grønland et le sud
Musée d'histoire naturelle
Handwerk Botaniske
Istanbul Restaurant Grønland
Jardin botanique (Botanisk Hage)
Tøyen
Parc Kampen
Skatten
Kampen Bistro
Grønland
Kafe Asylet
Enerhauggata 3
Olympen
Oslo Mekaniske Verksted
Holy Cow
Meo Sushi
Parc Grønlands
Jordal Idrettsplass
Den Flerkulturelle Plassen
Galgen
Kiosk !
Maaemo
Eufemias Plass
Hallvards Katedralen
Gamlebyen Gravlund
Ekebergrestauranten
Ekebergparken
Ekeberg Camping
Torbjørn Egners Plass
Sofienberggata
Økernveien
Hovinveien
Rathkes Gate
Sverdrups Gate
Trondheimsveien
Sars' gate
Herslebs Gate
Jens Bjelkes G.
Jens Bjelkes Gate
Ring 2
Ensjøveien
Vahls Gate
Nylandsveien
Urtegata
Tøyengata
Hagegata
Motzfeldts Gate
Friis' g.
Sexes G.
Sons Gate
Breigata
Norbygata
Vorligata
Smedgata
Kolstadgata
Brinken
Nordre Hovgata
Bøgata
Smalgangen
Grønlandsleiret
Borggata
Eiriks Gate
Sigurds G.
Åkebergveien
Sverres Gate
Mandalls Gate
Platous Gate
Normannsgata
Hvolandsgata
Nordenga Bro
Schweigaards Gate
Trelastgata
Jordalgata
Strømsveien
Vålerenggata
Arups Gate
Oslo Gate
Enebakkveien
St. Halvards Gate
Kværnerveien
Bispegata
Dyvekes Vei
Ekebergveien
Konows G.
Konows Gate
Ryenbergveien
Ribbunggata
Erlings Gate
Mosseveien
Utsikten
Valhallveien
Kongsveien
Eikeveien
Røhrts Vei
4
161
162
190
200 M

PAGES

Le comté tire son nom de la forteresse d'Akershus (forteresse qui fait aujourd'hui partie du comté d'Oslo), rempart contre les envahisseurs suédois. Avec son demi-million d'habitants, c'est le deuxième comté le plus peuplé après celui d'Oslo. Akershus englobe une grande partie de la banlieue chic d'Oslo, notamment la ville la plus riche de Norvège, Bærum. A 48 km au nord d'Oslo se trouve Eidsvoll, une ville historique du comté d'Akershus, où a été votée la Constitution de 1814, laquelle marque l'Indépendance du pays.

L'Østfold est le comté situé à l'extrême sud-est de la Norvège. Il est le sixième comté le plus peuplé du pays, alors qu'il est le troisième plus petit par la taille. Au niveau de l'Østfold, la Norvège est frontalière avec la Suède (avec le comté de Värmland à l'est, et avec le comté de Västra Götaland, au sud). L'Østfold offre un paysage relativement plat (le plus haut sommet ne culmine qu'à 336 m d'altitude), composé essentiellement de champs, de forêts et de rivières. La Glomma, la plus grande rivière de Norvège, traverse le comté avant de se jeter dans l'Oslofjord, à Fredrikstad. Nous explorons ici uniquement la partie occidentale de l'Østfold, c'est-à-dire la zone qui borde le fjord d'Oslo et qui est la plus touristique.

Oppland et Hedmark se situent à l'intérieur des terres, ce sont les deux seuls comtés qui ne possèdent aucune ouverture sur la mer. Jusqu'en 1953, ils ne formaient qu'un seul et même comté et cela est redevenu le cas en janvier 2020 : ils sont aujourd'hui regroupés sous le nom de Innlandet.

L'Oppland se caractérise par ses chaînes de montagnes, telles que le Dovrefjell, le Jotunheimen (qui comprend les 29 plus grands sommets du pays) ou le Gudbrandsdalen. Les vallées de l'Oppland sont réputées pour leur beauté, et il ne faut pas manquer de visiter Valdres et sa vallée, ses lacs et ses stavkirke (églises en bois debout). Le comté d'Oppland était un royaume indépendant au début de l'ère viking. Situé au centre du pays, il s'étend du lac Mjøsa et Randsfjorden et est divisé en 26 communes. Il est très connu pour son tourisme et ses stations de sports d'hiver, avec Lillehammer en tête. A ne pas rater également le glacier de Galdhopiggen, la montagne la plus haute de Scandinavie, paradis des grimpeurs.

PAGES

Entre l'Oppland et la frontière suédoise se trouve le comté de l'Hedmark. Situé à quelques kilomètres de Lillehammer, Hamar est le centre administratif de l'Hedmark. Le comté est l'un des moins urbanisés du pays (50 % des habitants vivent dans des zones rurales). La population est essentiellement concentrée autour de la prospère région agricole de Mjøsa. Ce comté, situé au sud-est de la Norvège, possède une frontière commune avec la Suède. Il est divisé en 22 communes et peut se targuer d'avoir accueilli en 1994 les J.O. d'hiver. Ce n'est pas dans cette partie du pays que vous trouverez de grands centres urbains. La moitié des habitants du comté vit en effet encore en milieu rural. C'est sûrement ce qui confère au lieu son charme : forêts et lacs dominent le paysage…

Enige og tro til Dovre faller (« unis et loyaux jusqu'à ce que s'effondre Dovre ») est le slogan adopté en 1814 comme serment d'unité du royaume. Le haut plateau de Dovre a toujours occupé une place importante dans la conscience nationale des Norvégiens. Dovre représente dans l'imaginaire norvégien l'éternel, le robuste, la sécurité.

Le Buskerud et le Telemark sont deux comtés voisins au sud et à l'ouest d'Oslo. On y découvre une nature superbe, marquée de paysages de montagnes enneigées, de lacs glaciaires et de forêts denses. Le ski est roi dans cette région, ainsi que tous les sports de montagne d'une manière générale. Ne manquez pas toutefois la petite ouverture sur la côte, au sud, qui préfigure les beautés du Sorlandet (plus à l'ouest), avec moins de touristes. Une région encore préservée finalement !

Le comté de Buskerud a une géographie variée, alliant fjord, montagnes, plaines, lacs, fleuves et forêts. C'est un endroit idéal pour apprécier la nature norvégienne, d'autant que les sites sont encore très peu touristiques. Drammen est le centre administratif du comté.

PAGES

Le Telemark s'étend du plateau de Hardangervidda jusqu'à la côte et s'ouvre sur la mer du fjord Langesundsfjorden. Kragero, sa ville phare sur la côte, annonce le début d'une autre région très touristique, l'Aust-Agder. Le Telemark est internationalement connu pour être le pays natal du ski. Ses nombreuses stations de ski et sa passion, d'une manière générale pour ce sport, en témoignent quotidiennement. Les montagnes environnantes offrent un cadre idéal à toutes les expérimentations sur neige – le ski « telemark » a d'ailleurs été inventé ici. Skien est le centre administratif du comté du Telemark, et Seljord, Notodden et Dalen en sont les centres de population. Outre le ski, le comté est également connu pour son canal, le Telemarkkanal (dont la construction s'est étendue de 1854 à 1892), long de 105 km et qui relie Skien à Dalen. Avec ses 18 écluses, le canal permet de remonter les bateaux 72 m au-dessus du niveau de la mer. Quelque peu oublié pendant quelques décennies, il reprend aujourd'hui du service avec deux bateaux, le Victoria construit en 1882, et le Henrik Ibsen, construit en Suède en 1907, qui font tous les jours cette traversée de 10h jusqu'au cœur du Telemark, à Dalen. Ne manquez pas une balade en bateau sur le canal !

OSLO ET ØSTLANDET

Le Vestfold se trouve à l'ouest de l'Oslofjord. En raison de sa proximité avec l'Oslofjord, le comté possède une flore et une faune impressionnantes : 110 espèces y sont protégées en vertu de la loi sur la conservation de la nature. Le comté est dominé par des plaines, et est devenu l'une des régions agricoles les plus productives du pays. Il est constitué de petites villes bien connues, telles que Larvik, Sandefjord, Tønsberg. Cette dernière est le centre administratif du comté et également la ville la plus ancienne de Norvège.

Pour info : la E18 d'Oslo à Larvik : 95 km. Située immédiatement au sud d'Oslo, Drammen. Plus loin, sur la E18, entre Horten et Tønsberg, à Åsgårdstrand, se trouve la maison natale d'Edvard Munch. La maison du bonheur, comme il l'appelait, est une petite habitation de pêcheurs conservée dans son état d'origine de 1897. L'atelier du peintre, détruit, a été reconstruit à l'identique.

OSLO

© WILLIAM PERUGINI - SHUTTERSTOCK.COM

Capitale d'une beauté imposante, Oslo est nichée dans un écrin de verdure, au cœur d'un fjord et de magnifiques forêts. La ville de 360 000 habitants s'affirme en tant que capitale culturelle et n'a de cesse de se renouveler. Oslo se découvre en tramway, en bus et à pied en prenant plaisir à se perdre au détour d'un café, d'un restaurant ou d'un musée. Oslo est une ville qui s'apprivoise. Le cœur de ville, de la Karl Johans Gate à l'Aker Brygge, concentre à la fois de l'histoire, des cafés et restos branchés, de magnifiques musées mais aussi une architecture futuriste. À l'Est, Grünerløkka, autrefois ouvrier, compte aujourd'hui de nombreux bars et cafés sympa. Bygdøy au sud offre de belles promenades et de passionnants musées. Blanche ou verte selon la saison, il fait tellement bon y vivre toute l'année qu'elle est considérée comme l'une des villes les plus agréables au monde !

SE REPÉRER SE DÉPLACER

C'est un jeu d'enfant de circuler à Oslo tant le système de transports en commun est bien aménagé. Les lignes de métro sont peu nombreuses et très lisibles, de même que celles du tram qui permettent, en plus de se déplacer, de voir la ville à travers les grandes fenêtres. Les bus fonctionnent bien et tout est en général à l'heure. De nombreuses bornes de vélos permettent appréhender la ville en deux-roues, d'aller un peu plus loin et surtout là où vous n'iriez autrement peut-être pas. Oslo n'est pas si grande que ça et on peut vraiment parcourir cette ville à pied. Pour les trottinettes électriques, il faut l'application mobile dédiée. Les billets de bus, métro et tram sont moins chers en ligne également, et surtout sous forme de Pass valide quelques jours. D'ailleurs, avec l'Oslo Pass, tous les transports sont gratuits en plus des musées, et ça, c'est un vrai bon plan car cela vous fera économiser plusieurs dizaines d'euros.

AÉROPORT INTERNATIONAL DE GARDERMOEN

Oslo Lufthavn Gardermoen
✆ +47 67 03 00 00
www.avinor.no
Vols dans le monde entier

L'arrivée en avion permet de découvrir un bel aéroport, inauguré en 1998 et où le bois s'associe à l'acier, à 55 km au nord de la capitale. Près de 20 millions de passagers transitent chaque année depuis 1998 par l'aéroport, ce qui en fait le deuxième plus grand aéroport de Scandinavie après l'aéroport de Copenhague, Kastrup. En 2015, l'aéroport de Gardermoen est classé deuxième plus grand aéroport de Scandinavie. Un arrêt au Duty Free s'impose si vous voulez faire quelques économies !

AIRPORT EXPRESS TRAIN [FLYTOGET]

Biskop Gunnerus' gate 14
✆ +47 23 15 90 00
www.flytoget.no
204 NOK depuis Oslo S, 140 NOK.
Cette ligne n'est valable que pour l'aéroport principal Oslo Gardermoen.

Le train rapide, Flytoget, relie l'aéroport au centre-ville toutes les 10 minutes. Trajet 20 minutes. Il y a des réductions sur les billets pour les étudiants, les jeunes de moins de 20 ans et les seniors à partir de 67 ans. Les jeunes de moins de 16 ans accompagnés d'une personne majeure, voyagent gratuitement, les jeunes entre 16 et 20 ans, ainsi que les étudiants entre 21 et 30 ans, ont 50 % de réduction (avec justificatifs). Bornes automatiques pratiques.

GARE CENTRALE D'OSLO [OSLO SENTRALSTASJON]

Jernbanetorget 1
✆ +47 61 05 19 10
www.oslo-s.no
Gare ouverte de 3h45 du matin à 1h30 du matin.

La gare est surnommée Oslo S ou Sentral, idéalement située en plein centre-ville, près de l'opéra. Trains express pour toute la Norvège jusqu'au terminus du réseau de chemin de fer : Bodø. Au-delà de cette ville il reste encore 1 000 km jusqu'au cap Nord ! Pour aller jusqu'à Narvik, à 250 km de Bodø, il faut passer par la Suède. De nombreux bus partent de juste à côté. Attention, toilettes payantes (20 NOK). Casiers à bagage. Accès facile, trams devant la gare.

COLOR LINE

Filipstadveien 25 ✆ +45 99 56 19 00
www.colorline.com
Départ tous les jours sauf fériés.
Aller simple Ferry Hltshals-Larvik 110 € avec voiture + 2 pers. 3h45 en mer.

Traversées au départ d'Oslo à destination de Kiel en Allemagne. Départ à destination de Kiel tous les jours. Tous les horaires disponibles sur le site internet. sÉgalement liaisons entre Larvik ou Kristiansand vers Hirtshals sur la pointe nord du Danemark (attention cette traversée peut secouer fort !), et de Sandefjord vers Strömstad en Suède. Prix variables selon la destination, la catégorie de cabine et la taille du véhicule, arrivée à 10h le lendemain. De très bons services à bord. Une compagnie fiable. Offres promotionnelles sur leur site Internet.

LES QUARTIERS D'OSLO

Oslo est une capitale propre et ordonnée, dans laquelle on prend plaisir à se balader, quel que soit le quartier. Si les frontières entre les différentes parties de la ville sont invisibles sur la carte, elles sont pourtant réelles. Les atmosphères changent vite de quartier en quartier qui ont chacun une âme, une spécificité, qu'elle soit architecturale, gastronomique ou culturelle. C'est dans sa diversité d'ambiances et de paysages que réside la beauté d'Oslo ! La ville se transforme sans cesse, avec des nouveaux lieux qui ouvrent leurs portes, des musées qui déménagent ou font peau neuve, à l'instar du Musée Munch et de celui des bateaux Vikings par exemple. Les bâtiment modernes dessinés par les plus grands architectes du monde se mêlent aux quelques maisons anciennes en bois rouge et jaune qui donnent un charme fou à cette ville cosmopolite. Une capitale vibrante d'où l'on peut contempler le fjord et où la nature n'est jamais bien loin.

Marjorstuen, Bygdøy et l'Ouest

À l'ouest du centre-ville se trouvent les quartiers bourgeois où sont installées la plupart des ambassades étrangères et de nombreuses enseignes de grandes marques. Immédiatement derrière le Palais royal, se trouve Homansbyen avec ses nombreuses ambassades étrangères qui se sont installées dans de grandes villas des années 1850. Ces anciennes résidences débordant largement sur Uranienborg forment un mélange de styles spectaculaire : Tudor, maure, Renaissance florentine, gothique flamboyant et baroque. C'est dans ces mêmes environs que l'on trouve les bars et boîtes qui accueillent la vie nocturne osloïte. Nature et culture se côtoient à l'ouest avec la vaste presqu'île de Bygdøy, qui accueille plusieurs musées dont les plus insolites de la capitale. On prend un ferry ou un bus pour rejoindre cet espace préservé, propice à un pique-nique en famille ou à la visite du Norske Folke Museum, entre autres. La balade en plein air parmi 158 maisons en bois reconstituées dans le pur style norvégien, de l'ère viking aux années 1950, ne laissera personne indifférent. On aperçoit plus loin le domaine skiable d'Holmenkollen et les forêts de Marka, faciles d'accès depuis le centre-ville et qui valent vraiment la peine.

Tjuvholmen.

© TRABANTOS - SHUTTERSTOCK.COM

L'Opéra d'Oslo de nuit.

Le Centre

Dense et vivant, le centre-ville d'Oslo n'en finit pas de surprendre ! Restaurants, cafés et boutiques vous invitent à déambuler dans des rues animées qui conjuguent passé, présent et futur à la perfection. Aux côtés de bâtiments historiques tels que la cathédrale et la forteresse d'Akershus, figure une architecture moderne illustrée par l'Opéra et la nouvelle bibliothèque Deichman. La culture est partout et la nature, présente jusqu'au cœur du centre-ville, confère à Oslo des airs de grand jardin. Le fjord et ses îles, qui sont à portée de main, offrent un spectacle de tous les instants. Promenade le long des quais pour contempler les superbes voiliers à trois mâts, impatients de leur prochaine aventure, ou s'installer dans un café pour déguster un ***skolebrød***..., de nombreuses expériences atypiques vous attendent ! Alors enfilez vos chaussures les plus confortables, et prenez le temps de vous perdre ! Kvadraturen est le site originel de la capitale Christiania. Cette portion du centre réalisée à partir d'un quadrillage net est aujourd'hui le centre vital d'Oslo. Un joli quartier aux buildings de toutes les couleurs qui concentre restaurants, boutiques et bars tout en gardant une ambiance bon enfant. Sur votre chemin, des façades historiques, les plus illustres hôtels de la ville, l'université ou encore la cathédrale d'Oslo. Vous passerez aussi sans doute devant le Parlement norvégien, un bâtiment imposant, richement décoré et dont la visite intéressera les passionnés d'histoire et de politique norvégienne. C'est le siège de l'Assemblée nationale norvégienne depuis 1866. On y trouve le fameux tableau de la signature de la Constitution par Oscar Wergeland, tableau reproduit dans tous les livres d'histoire.

Grünerløkka et le Nord

Dans les années 1890, un quartier ouvrier de petites maisons en bois fut construit à l'est de la rivière Akerselva qui traverse la ville du nord au sud. Il avait pour but de loger la main-d'œuvre attirée par l'industrialisation intensive le long de la rivière afin d'exploiter le bois. Cette période s'accompagna également de la création de poumons verts, des parcs destinés aux travailleurs. Malheureusement, dans les années 1970, le spectre de la démolition balaya la majeure partie de cet ensemble historique. Aujourd'hui, c'est toute cette partie des rives qui vient d'être reconvertie en une promenade verte pour piétons de plusieurs kilomètres qui part du pont Ankerbru, orné de sculptures en bronze inspirées des contes et légendes de Norvège, dont le célèbre Peer Gynt, héros populaire chevauchant le renne. Sur son chemin, la rivière croise le quartier plutôt calme de Sagene, où il fait bon prendre un café, s'asseoir dans un parc ou aller au théâtre. Plus au sud se trouve Grünerløkka, le quartier bobo d'Oslo. Surnommé le petit Brooklyn pour son côté vintage et ses nombreux bars au mètre carré, ce quartier tendance est parmi les plus vivants.

Grønland et le Sud

C'est au cœur des quartiers historiques d'Oslo que langues et nationalités diverses se mélangent. Pubs, cafés et cuisines du monde animent les rues et côtoient jardins et musées avec entre autres le musée d'Histoire naturelle, et plus au sud le musée de plein air du parc d'Ekeberg, important lieu d'art et d'histoire. Cette partie de la ville est intéressante pour plusieurs raisons. D'une part c'est ici que se situait Oslo avant qu'un incendie la ravage en 1624 et que le roi bâtisseur Kristian décide de déplacer la nouvelle capitale, Kristiania, à son emplacement actuel. C'est donc ici le seul endroit où l'on pourra voir, sur leur site original, quelques ruines de l'antique Oslo. D'autre part, c'est le quartier multiculturel de la ville, où les nationalités et les langages se mélangent en un melting-pot peu usuel en Norvège. Pour le plaisir des sens et des papilles, Grønland propose divers bars et surtout restaurants légèrement plus abordables.

DFDS SEAWAYS

Akershusstranda 31
www.dfdsseaways.no
Nombreuses traversées et croisières

Liaisons quotidiennes en ferry-croisière, entre Oslo et Copenhague au Danemark. Départs chaque jour de Copenhague et d'Oslo pour une arrivée le lendemain. Soirée à bord telle une véritable mini-croisière, avec 4 restaurants, bars, boutiques, sauna, bain bouillonnant, discothèque, casino, cinéma, jeux pour enfants et de très confortables cabines. Traversée inoubliable dans le fjord d'Oslo. La compagnie propose aussi beaucoup d'autres croisières et traversées en aller-simple ou aller-retour, avec ou sans voiture. Contactez-les pour élaborer votre voyage.

OSLO CITY BIKE [OSLO BYSYKKEL]

✆ +47 91 58 97 00
www.oslobysykkel.no
Pass 1 utilisation, Pass 1 jour : 49 NOK.

Un abonnement permet de louer des vélos à 248 stations autour de la ville pour vraiment pas très cher ! Pour ceux qui restent une semaine et ont envie de faire du vélo tous les jours, nous vous conseillons le pass au mois à seulement 149 NOK. Avec ce pass et les autres, à la journée et à l'utilisation unique, c'est à chaque fois gratuit pendant 1 heure, continu dans le cas d'un pass unique, discontinu autrement. Tout cela se fait depuis l'application mobile Oslo City Bike.

BÅTSERVICE SIGHTSEEING - VISITES EN BATEAU

Rådhusbrygge 3
✆ +47 23 35 68 90
www.nyc.no
Toute l'année.

Les ferries de la compagnie Norway Yatch Charter voyagent entre Rådhusbrygge 3 (en face de l'hôtel de ville) et Bygdøy, la péninsule à l'ouest d'Oslo, où sont situés les principaux musées de la capitale. Attention, les billets sont valables uniquement chez cette compagnie. Des croisière thématiques toute l'année : jazz, blues, dîner norvégien, déjeuner, pour Noël ou le Nouvel An, bref, beaucoup de choix pour cette compagnie haut de gamme aux prix plus que corrects !

RUTER BÅT

www.ruter.no

À Oslo, les transports en commun incluent aussi les bateaux ! Toute l'année, il est possible pour les insulaires de la communauté d'Oslo de se rendre au travail ou à l'école en empruntant le bateau des transports publics (Ruter). En été, c'est l'occasion d'aller se balader sur les îles de l'Oslofjord, avec un billet valable dans la zone 1 qui ne coûte pas cher. Une petite virée en bateau à la journée accessible à tous depuis le centre-ville, une super activité pour qui a envie d'être sur l'eau et d'observer la ville d'un autre angle !

GREEN BOATS

30 Stranden
✆ +47 400 80 440
www.greenboats.no
A partir de 500 NOK pour 1 heure 30 !
Saisons estivale seulement.

Green Boat est la première compagnie à proposer la location de bateaux électriques ! Les bateaux ont entre 5h et 7h d'autonomie et sont très faciles à manier, ce qui vous permet de partir à la découverte des perles du fjord l'esprit tranquille. 6 personnes maximum à bord. Gilets de sauvetage fournis bien sûr. Il s'agit d'un tour guidé, vous m'aurez donc pas à manier le bateau vous-même ! La visite fait le tour de l'île Hovedøya et passe le long de la Havnepromenaden, une promenade très appréciée des Norvégiens. Une chouette découverte.

TRANSPORTS EN COMMUN [RUTER]

Jernbanetorget 1
✆ +47 22 05 70 70
www.ruter.no
Ticket bus+tram+métro valable. 1h 38 NOK. 24h 118 NOK, 7 j : 320 NOK. Tarifs réduits pour enfants et seniors.

Compagnie qui gère le métro, les trams, les bus et les ferrys d'Oslo. Site Internet très complet et permet d'accéder à tous types de billets. Le réseau s'étend sur 4 zones, la zone 1 étant la plus centrale. Aller simple, 24h, 7 jours. L'Oslo Pass (vendu par l'office de tourisme) donne un accès libre aux transports en commun du Ruter. Tickets en vente dans les boutiques Narvesen et 7-Eleven, aux distributeurs automatiques des stations de métro, et sur l'app RuterBillett.

À VOIR / À FAIRE

Pas le temps de s'ennuyer à Oslo et il y en a vraiment pour tous les goûts ! Brunchs tardifs avant une galerie d'art, réveil aux aurores pour une escapade en kayak dans les îlots du fjord d'Oslo, café latte avec un roulé à la cannelle en regardant les mouettes virevolter au gré du vent... ou bien peut-être préférez-vous une visite guidée culturelle et historique pour découvrir les rues pittoresques de la vielle ville ? Quels que soient vos centres d'intérêt, plutôt nature, plutôt détente ou culture, vous trouverez de quoi satisfaire votre appétit de voyageurs. Et pour ceux qui n'ont pas envie de choisir entre tout cela, eh bien c'est parfait, car Oslo est assez petite et il est donc possible de voir et faire beaucoup de choses en très peu de temps. Mais un conseil tout de même, ne courez pas partout car vous aurez l'impression de le perdre, ce temps. Et pourtant, qu'il est justement bon de se perdre pour mieux se retrouver !

OFFICE DU TOURISME (VISIT OSLO)

Jernbanetorget

✆ +47 23 10 62 00

www.visitoslo.com

« Oslo Visitor Centre » est ouvert du lundi au vendredi de 10h à 16h.

Le site de Visit Oslo est une vraie mine d'or ! Vous y trouverez en accès libre une série de visites thématiques à faire en autonomie, les Oslo Escape Tours, que vous pourrez même télécharger au format GPX, toujours plus pratique. D'autres articles, illustrés d'une carte, recensent entre autres l'art urbain ou les sculptures dans l'espace public. N'hésitez pas à visiter l'office pour une aide personnalisée, et pour vous assurer une visite sur mesure de la capitale !

USE-IT

Møllergata 3

✆ +47 22 14 98 20

www.oslo.use-it.travel

Ouvert du lundi au vendredi de 11h à 17h, le samedi à partir de midi.

Informations touristiques pour les jeunes : hébergements bon marché, activités et attractions dans la capitale (et, dans une moindre mesure, sur le reste de la Norvège). Les moins de 27 ans y trouveront un endroit où stocker gratuitement leurs bagages, une connexion internet à disposition gratuitement, des informations à foison et de l'aide pour réserver son hébergement. Use-It propose également un excellent guide, gratuit également, Streetwise, qui répertorie des adresses dans la ville selon ses envies (restaurants par budget, vie nocturne par quartier etc.).

VISIT OSLO - OSLO PASS

Østbanehallen

✆ +47 23 10 62 00

www.visitoslo.com/fr

Musées + transport+ réductions.

Adulte 24h : 445 NOK, 48h : 655 NOK, 72h : 820 NOK. Enfant - 17 ans moitié prix.

L'Oslo Pass est la façon la plus pratique et la plus économique de découvrir Oslo ! Il donne accès à l'entrée gratuite dans presque tous les musées et les attractions de la capitale et la gratuité sur tous les moyens de transport (métro, bus, tram) pendant la durée choisie. C'est également un vrai gain de temps et d'énergie ! Ce pass fait également bénéficier de réductions (pas énormes, autour de 20 %) sur des excursions diverses et variées, sur quelques restaurant et d'autres petits services. Achat sur le web, sur l'app ou sur place à l'office de tourisme.

MAD GOATS

✆ +47 40080440

https://madgoats.no

Tour guidés 1h30, 750 NOK, équipement inclus. Plusieurs lieux de départ. Location kayak à partir de 250 NOK pour 1h.

Mad Goats vous emmène sur la river Akerselva le temps d'une balade en kayak ou SUP, au choix ! Avec ces professionnels des sports aquatiques, vous êtes entre de bonnes mains. C'est l'occasion de changer de perspective et de voir Oslo sous un autre angle, en s'amusant ! Une activité qui reflète très bien la mentalité norvégienne : la nature n'est jamais loin, et même au cœur de la capitale, on profite de la nature et des possibilités infinies de pratiquer les sports outdoor. Les tours sont au niveau débutant mais interdit aux moins de 10 ans.

NORWAY NUTSHELL TOUR

✆ +47 55 55 76 60
www.norwaynutshell.com
1 journée à partir de 1 440 NOK. Plus d'informations sur le site ou à l'office de tourisme.

Au départ d'Oslo ou de Bergen, embarquez pour un voyage vers les plus beaux fjords de la Norvège, le Geirangerfjord et le Nærøyfjord, tous les deux inscrits au Patrimoine mondial de l'Unesco. Vous pourrez ainsi découvrir de nombreux trésors de ce beau pays. Ce voyage unique est possible au départ d'Oslo, Bergen ou encore Alesund. Tours à la journée ou sur plusieurs jours selon vos envies et votre budget. Plusieurs itinéraires possibles. Voyager avec la compagnie (FjordTours) permet de découvrir un maximum de lieux superbes sans se soucier de l'organisation.

OSLO CITY WALKS

15 Kongensgate
✆ +47 22 42 28 18
www.osloguidebureau.no
Visites toute l'année. Adulte : 200 NOK.
Départ à l'office de tourisme de la gare.

Oslo Guide bureau propose 3 visites de 2 heures menées en anglais ou en norvégien par des guides certifiés, sur les thèmes suivants : les grandes attractions de la capitale, l'histoire de la rivière Akerselva, le développement urbain à Oslo. Un bon moyen de comprendre d'une part la mentalité norvégienne en en apprenant plus sur l'histoire du pays, mais aussi une façon de découvrir la ville, ses quartiers si différents, et leurs moindres secrets ! Même sans l'Oslo Pass, les prix restent parmi les plus attractifs de la ville !

OSLO HIKING

6A Parkveien
✆ +47 990 24 270
www.oslohiking.no
Ouvert toute l'année.
Réservation en ligne ou par e-mail/téléphone.

Oslo Hiking propose de nombreuses balades aux alentours d'Oslo, de la simple balade aux circuits réservés aux randonneurs expérimentés. Les balades à la journée vous emmèneront sur des sentiers un peu moins empruntés et surtout sur des chemins où vous ne seriez peut-être pas allé tout seul car certains se situent un peu en dehors de la ville, comme la superbe forêt de Marka (nombreuses pistes de fond l'hiver !) ou encore le lac de Maridalsvannet. Une belle opportunité pour ceux qui veulent découvrir Oslo sous un autre angle, sans trop se casser la tête !

OSLO OUTDOOR

✆ +47 928 48 421
www.oslooutdoor.no
Ouvert toute l'année. A partir de 550 NOK.
Détails et réservation sur le site.

Envie de nature ? Suivez le guide ! Oslo Outdoor vous emmène explorer la nature, à la norvégienne, en toutes saisons ! Vélo, randonnée, raquettes, rafting, kayak, bivouac ou observation de la nature, on vous régale d'expériences inoubliables, sur un ou plusieurs jours ! Pas besoin d'être un expert, un guide expérimenté est là pour vous accompagner et vous conseiller. Profitez, et apprenez. Appréhender un pays en pratiquant une activité sportive dans la nature est probablement l'une des plus belles formes de découverte qui soit.

OSLO SIGHTSEEING AND FJORD CRUISES

Rådhusbrygge 3
✆ +47 23 35 68 90
www.nyc.no
Ouvert toute l'année. Propose 6 tours guidés différents, de 235 à 540 NOK.

Depuis 1946, cette compagnie propose des formules de visites, de durées variables : le fjord de Oslo, le tour de nuit sur un voilier traditionnel avec un dîner typique norvégien, une croisière de 3 heures sur le thème jazz (le mardi) et blues (le samedi). Départ en face de l'hôtel de ville. Pour plus d'informations concernant les tarifs et les horaires, consulter les offres détaillées sur son site Internet qui vous fera découvrir Oslo de manière ludique seul, en groupe ou en famille.

VIKING BIKING

31 Akershusstranda
✆ +47 41 26 64 96
www.vikingbiking.com
7j/7, mars-octobre 9h30-18h (hors saison les contacter). Location dès 125 NOK/jour.

Une compagnie singulière et professionnelle située dans le centre d'Oslo. Viking Biking propose aussi bien de la location de vélos pour des personnes seules ou des groupes, que des visites guidées autour de thématiques variées. Ses guides sont de véritables experts de la ville mais aussi passionnés par la nature. Sur le site, vous avez aussi la possibilité de réserver des visites et expériences en tous genres, y compris des sessions sauna ! Avec le Pass Oslo vous bénéficiez de 30 % de remise sur les tours à vélo. Découvrez Oslo et son histoire de manière ludique !

BARCODE

Bjørvika

En peu de temps, Oslo est devenue une ville moderne et innovante. La ville ne cesse de se transformer tout en gardant son authenticité. Les immeubles modernes se mêlent aux anciens, la ville s'agrandit et voit naître de nouveaux quartiers, ce qui est le cas de Bjørvika. Ce quartier du centre d'Oslo a subi une énorme transformation, d'un ancien port de conteneurs vers un nouveau quartier urbain tendance et ultra moderne. Bjørvika est sorti de terre en quelques années seulement et est maintenant l'un des quartiers les plus huppés de la ville, en plus d'un pôle culturel majeur. Le projet se base sur une volonté d'harmonie entre ville et nature qui passe entre autres par l'aménagement d'espaces verts et de plages, comme Sørenga Sjøbad, au cœur de la ville. Outre le désormais très célèbre Barcode, Bjørvika est loin d'avoir fini son développement, puisque ont ouvert respectivement en 2020 et 2021, deux énormes complexes culturels : la bibliothèque Deichman et le nouveau musée Munch.

▸ Le Barcode (ou code barre) s'inscrit dans un ensemble conçu par des architectes norvégiens et néerlandais. Il se compose d'une rangée d' immeubles étroits, tous différents dans leurs formes et détails. Ce projet de construction a complètement changé le profil de la ville, qui possédait auparavant très peu de hauts bâtiments. En matière d'architecture, c'est l'Art nouveau qui prédomine. Les bâtiments abritent de grandes compagnies nationales et internationales, des appartements, mais aussi des restaurants, boutiques et galeries au rez-de-chaussée.

BIBLIOTHÈQUE DEICHMAN BJØRVIKA

Anne-Cath. Vestlys plass 1

✆ +47 23 43 29 00

https://deichman.no

Ouvert toute l'année tous les jours de 8h à 22h. Café. Wifi.

Rendez-vous dans la nouvelle bibliothèque Deichman des heures de plaisir ! Magnifique bâtiment autant dehors que dedans. Chaque année, l'œuvre d'un auteur est sélectionnée, placée dans la librairie du futur, et ne sera publiée que dans 100 ans ! Pour chaque manuscrit, un arbre qui servira à imprimer le futur libre, a été planté dans la forêt de Marka. Deichman est pleine de surprises : espaces géniaux pour les petits, niches sonores, art, sérénité, ateliers. Super café-resto & wifi.

CATHÉDRALE D'OSLO (OSLO DOMKIRKE) ★

Karl Johans gate 11

✆ +47 23 62 90 10

www.oslodomkirke.no

Ouverte du samedi au jeudi de 10h à 16h, le vendredi de 16h à 6h. Entrée libre.

La cathédrale Domkirke est l'un des sites les plus centraux d'Oslo et de ce fait un point de ralliement facile pour beaucoup de gens. Elle se trouvera forcément sur votre passage ! Inaugurée en 1697, cette cathédrale a conservé plusieurs éléments d'origine, comme la chaire, l'autel et le buffet d'orgue, remarquable. Les vitraux, réalisés par Emanuel Vigeland (frère cadet de Gustav), sont particulièrement intéressants, de même que la fresque du plafond.

© FRANCO FRANCISCO MARIA - SHUTTERSTOCK.COM

La nouvelle bibliothèque Deichman.

© MIKHAIL MARKOVSKIY - SHUTTERSTOCK.COM

Hôtel de ville (Rådhuset).

CENTRE NOBEL DE LA PAIX (NOBELS FREDSSENTER) ★★★

Rådhusplassen
✆ +47 48 30 10 00
www.nobelpeacecenter.org
Du jeudi au dimanche de 11h à 17h.
Adulte : 120 NOK. Tours guidés.

Oui, c'est à Oslo qu'est décerné chaque 10 décembre, le prix Nobel de la Paix. Le Centre Nobel est doté d'un emplacement exceptionnel sur l'Aker Brygge, face au fjord sur la place du City Hall. Sur la façade de ce beau bâtiment, on peut lire des mots tels que « Hope », « Peace » ainsi que le portrait du ou des lauréats de l'année en cours. Il présente l'histoire du prix Nobel, son créateur, Albert Nobel, ainsi que l'actualité et les lauréats du titre depuis 1901 !

HÔTEL DE VILLE (RÅDHUSET)

Rådhusplassen 1
✆ +47 23 46 12 00
www.oslo.kommune.no
Ouvert tous les jours de 9h à 16h. Entrée libre.
Visites guidées et possibilité de visite groupées.

Bâtiment en briques rouges flanqué de deux grandes tours visibles d'assez loin. L'architecture de l'hôtel de ville n'est pas un chef-d'œuvre du design comme savent le faire les Scandinaves, mais il a au moins le mérite d'être tourné vers le fjord. Sur ses marches, sont alignés des ouvriers en bronze d'un réalisme plus vrai que nature, réalisés par Per Palle Storm, l'un des grands sculpteurs norvégiens. Les murs à l'intérieur sont couverts de monumentales fresques des années 1930-1960.

GALLERI D40

Henrik Ibsens Gate 90
✆ +47 22 44 85 86
www.d40.no
Ouvert en semaine de 10h à 17h, le jeudi jusqu'à 18h, le samedi jusqu'à 16h, le dimanche de midi à 16h. Entrée libre.

La Galerie D40 a changé d'emplacement et se trouve désormais pas très loin du palais royal. D40 est une galerie pointue avec des pastels, des gravures et des tirages numérotés d'artistes norvégiens actuels. des œuvres bien encadrées et bien exposées pour une visite agréable. On a aimé la multiplicité des styles mis côte à côte, les éclairages, le parquet au sol et la lumière naturelle du plafond, vraiment chouette pour mieux apprécier les œuvres. Si vous passez au Slottsparken, faites-y donc un saut, ce n'est vraiment pas loin.

INSTITUT DU FILM NORVÉGIEN (NORSK FILMINSTITUTT) ★

Dronningens gate 16
✆ +47 22 47 45 00
www.nfi.no
Ouvert du lundi au vendredi 8h-16h. Entrée libre.

Pour les amateurs, c'est LE musée du film norvégien, et également un centre culturel concernant toute la cinématographie du pays. 5 séances dans la semaine, dont la programmation est visible sur le site internet, et également une salle pour les enfants. C'est là que l'on pourra se procurer des DVD de films introuvables en France. Des festivals à thème sont organisés régulièrement, pour cela aussi rendez-vous sur leur page web ou en leur téléphonant directement.

FORTERESSE D'AKERSHUS (AKERSHUS FESTNING) ★★

Akershus Festning
✆ +47 23 09 39 17
www.akershusfestning.no
Ouvert tous les jours d'octobre à avril.
Entrée libre 6h-21h.

Akershus abrite un château médiéval datant du XIIIe siècle, remodelé dès la première moitié du XVIIe siècle dans un style Renaissance. Bien que les murs de la forteresse abritent le musée de la Résistance et le château médiéval de Christian IV, c'est surtout pour ses pelouses que les gens viennent à Akershus. Le musée, situé dans un joli bâtiment en colombage du XVIIe, documente le déroulement de la Seconde Guerre mondiale en Norvège. Expositions temporaires à découvrir. La forteresse d'Akershus est l'un des monuments historiques les plus importants du pays. Sa construction démarre au Moyen Âge, dès 1299, sous le règne de Håkon V qui décide de faire d'Oslo sa capitale. Akershus abrite un château médiéval datant du XIIIe siècle, remodelé dès la première moitié du XVIIe siècle dans un style Renaissance par le roi Christian IV, à la suite de l'incendie de 1624 qui ravagea une très grande partie de la ville. Au sein des murs, le château, son église et sa prison. La forteresse occupe une place spéciale en tant que monument national en raison de sa position dans la capitale et de son histoire très étroitement liée au pouvoir royal et étatique. De nombreux événements ont marqué ces lieux qui abritent aujourd'hui une école militaire, des bureaux ainsi que plusieurs sites et manifestations culturels. La forteresse est également très prisée pour son restaurant et ses belles pelouses où l'on vient se détendre l'été. Sur le site se trouve également le musée de la Résistance qui documente le déroulement de la Seconde Guerre mondiale en Norvège, et le musée de la Défense. Une balade dans les jardins du château permet de découvrir une exposition de sculptures d'art moderne, et lors de la promenade, on peut aussi profiter de la vue magnifique sur le fjord d'un côté et sur la place de l'hôtel de ville de l'autre.

- **Le château et son église.** La visite du château d'Akershus est un voyage à travers l'histoire de la Norvège, du XIVe siècle à nos jours. Rares sont les bâtiments qui, au cours de l'histoire norvégienne, ont eu un rôle aussi central. Des vestiges de ses racines moyenâgeuses, aux chambres des rois dano-norvégiens, le décor est saisissant. De toutes évidences, il y a toujours eu une église ou une chapelle sur le site de la forteresse, depuis sa construction à l'époque de Håkon V. Mais c'est après un incendie en 1527 que le premier étage fut en partie transformé en église, et complètement réaménagé par Christian IV autour de 1630.
- **Centre d'information.** Il propose une visite guidée d'une heure de la forteresse, ainsi que deux expositions permanentes. La première retrace l'histoire des prisonniers depuis le Moyen Âge jusqu'à la fermeture de la prison en 1950. La seconde explique le siège de l'armée suédoise dans la forteresse d'Akershus, menée par le roi Charles XII de Suède.
- **Musée de la Défense.** Deux expositions déroulent l'histoire militaire norvégienne de l'époque viking à nos jours. L'accent est mis sur plusieurs périodes décisives dans l'histoire norvégienne, comme l'union avec le Danemark jusqu'en 1814, l'union avec la Suède de 1814 à 1905, l'attaque de la Norvège par l'Allemagne le 9 avril 1940 et la guerre maritime pendant la Seconde Guerre mondiale.
- **Musée de la Résistance.** À travers plusieurs expositions de photos, de documents originaux et d'objets, le musée de la Résistance vise à expliquer, sous différents angles, la situation du pays pendant la Seconde Guerre mondiale.

La forteresse d'Akershus.

OSLO

KULTURHISTORISK MUSEUM ★

Frederiks gate 2
✆ +47 22 85 19 00
www.khm.uio.no
Du mardi au dimanche de 11h à 16h.
Adulte : 120 NOK. Gratuit avec le Oslo Pass.

La civilisation des Vikings qui inspira tant de crainte fut d'une grande richesse. Bijoux, monnaie, armes, objets des fouilles de tombeaux. Ne ratez pas la pierre runique de Dunna. La salle des Ors comprend le trésor trouvé à la ferme de Hon avec des objets provenant de l'abbaye de Saint-Denis, ayant servi à payer la rançon que les Vikings réclamaient pour le Prieur, petit-fils de Charlemagne. L'exposition VIKINGR s'est ajoutée aux expositions permanentes et donne un aperçu du nouveau musée Viking Ship qui ouvrira ses portes en 2025. Expositions temporaires.

MONASTÈRE D'HOVEDØYA

Hovedøya

Hovedøya comporte les ruines d'un monastère cistercien qui rappellent son histoire. Le monastère date de 1147, et il fut fondé par des moins anglais de l'abbaye de Kirkstead. Très prospère pendant la période médiévale, il a aussi appartenu à l'armée norvégienne et fut le théâtre de conflits armés en lien avec la succession du trône dano-norvégien. Plus tard, il servit de carrière de pierres pour construire la forteresse d'Akershus. Au cœur de l'île d'Hovedøya se trouve Klosterkroa. Situé en pleine nature, ce café hors du temps est idéal pour une pause.

MUSÉE ASTRUP FEARNLEY ★★

Strandpromenaden 2
✆ +47 22 93 60 60
www.afmuseet.no
Ouvert du mardi au vendredi 12h-17h (19h le jeudi), week-end 11h-17h. Adulte : 130 NOK.

À l'endroit où Tjuvholmen rencontre le fjord se trouve une des principales attractions d'Oslo : le musée Astrup Fearnley, un musée privé, œuvre du grand architecte Renzo Piano, architecte qui est à l'origine entre autres du Centre Georges Pompidou, le Parco della Musica et le bâtiment du *New York Times*. Le musée d'Art contemporain Astrup Fearnley a certainement l'une des positions les plus avantageuses, planté au bout du nouveau quartier de Tjuvholmen avec vue sur le fjord et l'impression d'être sur un bateau. Il s'agit du nouveau quartier construit dans le prolongement d'Aker Brygge. Et quel quartier ! Épuré, classe et grandiose. Tjuvholmen est surnommé le quartier des arts. L'architecture de la presqu'île et du musée Astrup Fearnley, très inspirée de son environnement maritime et composée de trois pavillons sous un toit de verre en forme de voile, évoquent à elle seule toute la capacité de la ville à innover en permanence. À l'intérieur du musée, une collection d'art moderne et contemporain parmi les plus importantes d'Europe du Nord qui apporte une sorte de complément à la Galerie nationale. On y retrouve aujourd'hui les œuvres de grands talents américains mais aussi d'Europe, du Brésil, du Japon, de Chine et d'Inde, avec des grands noms tels que Bacon, Koons, Hirst ou Kiefer. Les expositions permanentes sont complétées par des expositions temporaires, des workshops et par le parc de sculptures de Tjuvholmen, à l'extérieur du musée. Vous pouvez aussi profiter d'une visite guidée le dimanche.

MUSÉE D'ART CONTEMPORAIN - NASJONALMUSEET ★★

Brynjulf Bulls plass 3
✆ +47 21 98 20 00
www.nasjonalmuseet.no
Depuis juin 2022 situé dans le Nasjonalmuseet

La collection d'art contemporain se déplace dans le nouveau Musée national qui ouvre ses portes en juin 2022 et comprendra la 1re expo permanente d'art contemporain ainsi que des expos temporaires. La collection d'art contemporain du Musée national comprend quelque 5 000 œuvres d'artistes norvégiens et internationaux de 1945 à nos jours. La collection contient un large éventail de genres : peinture, art graphique, dessin, photographie, sculpture, objets, installations...

MUSÉE IBSEN (IBSENMUSEET) ★

Henrik Ibsens gate 26
✆ +47400 23 630
www.ibsenmuseet.no
Fermé depuis 2018, réouverture prévue au printemps 2022.

Les anciens appartements du grand dramaturge Henrik Ibsen, où il vécut de 1895 jusqu'à sa mort en 1906, ont été transformés en musée depuis quelques années. Le mobilier d'origine a été récupéré du musée de plein air de Bygdøy afin de retrouver son cadre d'origine. L'Ibsenmuseet organise souvent des soirées de conférences et de lectures. Une exposition est dédiée à la vie et l'œuvre de l'artiste. Après rénovation, le musée rouvre ses portes en 2022 et aura sa propre scène de théâtre !

MUSÉE MUNCH (MUNCH MUSEET) ★★

Edvard Munchs plass 1 ✆ +47 23 49 35 00
www.munchmuseet.no
Ouvert du samedi au mardi 10h-18h, du mercredi au vendredi 10h-21h.
Adulte : 160 NOK, gratuit - 15 ans.

De nouveaux locaux pour le musée Munch désormais situé à Bjørvika (près de l'opéra) depuis octobre 2021.

Bâtiment très décrié pour son architecture (non sans raison..., il suffit de voir le triste habillage en tôle d'aluminium recyclée) réalisée par le cabinet de l'architecte espagnol Juan Herreros, le nouveau musée Munch a l'avantage de pouvoir présenter, en plus des œuvres qui se trouvaient dans l'ancien musée, des pièces un peu plus méconnues, comme des photographies et des sculptures mais aussi un film et des tableaux monumentaux (*Le Soleil*, *Les Chercheurs*). Pour la petite histoire, ils sont si grands qu'il a fallu les faire entrer par une ouverture spéciale prévue à cet effet pendant le chantier et refermée par la suite. Ce musée est cinq fois plus grand que l'ancien et il abrite aujourd'hui plus de 26 000 œuvres, dont 18 000 gravures de l'artiste norvégien. Une salle entière présente des versions du célèbre *Cri*, mais le tableau se trouve à la Nasjonal Galleriet.

Rappelons que le célèbre *Cri*, mais aussi *La Madonna*, avaient disparu de manière surprenante en août 2004 (un vol en plein jour) et avaient été retrouvés en « assez bon état » deux ans plus tard. Un nombre incalculable de peintures tout aussi fortes et impressionnantes rendent la visite de ce musée très précieuse. Edvard Munch (1863-1944), un des pionniers de l'expressionnisme, voit le jour à Løten, mais l'année suivante sa famille s'installe à Kristiania (Oslo). Quatre ans après, sa mère meurt de tuberculose. A l'âge de 15 ans, sa sœur préférée succombe au même mal, véritable fléau de l'époque. Elle est représentée dans son tableau *L'Enfant malade*. Munch travaille beaucoup en Allemagne et expose à Berlin, berceau de l'expressionnisme. Après une grave dépression à Copenhague en 1908, il retournera en Norvège. Parmi les tableaux exposés : *Danses sur la plage à minuit, Baiser sur les cheveux d'une femme, Jalousie, Les Solitaires, La Harpie, Le Vampire, Mélancolie, Le Baiser de la Mort, Hiver à Kragerø*. Bref, toutes les angoisses de Munch réunies dans un seul musée.

Prenez votre temps, retournez-y plusieurs fois et faites une pause déjeuner dans les alentours. Une raison de plus de ne pas y passer 6 heures d'affilée : cette visite est comprise dans l'Oslo Pass !

Accès handicapés, connexion Internet gratuite. Restaurant Tolvte au 12e étage (!) avec vue sur le fjord. Café MUNCH deli & café au rez-de-chaussée avec terrasse et bar à cocktail au dernier étage.

MUSÉE NATIONAL (NASJONALMUSEET) ★★

Rådhusplassen
✆ +47 21 98 20 00
www.nasjonalmuseet.no
Ouverture du nouveau musée juin 2022 !

Avec une surface totale de 54 600 m², la nouvelle galerie nationale accueillera dès juin 2022 environ 5 000 œuvres, des peintures classiques à l'art moderne, de l'architecture à l'art contemporain, du design et des objets de l'Antiquité à nos jours. Le 2e étage est consacré aux arts visuels du XVe à aujourd'hui. Expositions temporaires dans le Light Hall, un espace de 2 400 m² qui accueillera des artistes qui ne sont pas déjà exposés dans le musée par ailleurs. Dans cette salle, un plafond de 7 m de haut est prévu pour des installations spéciales et les murs extérieurs sont faits d'un panneau de marbre entre deux panneaux de verre pour donner un effet particulier et durable. On verra par exemple dans ce musée : le bas-relief *Helvetet* (*L'Enfer*) de Gustav Vigeland qui laisse voir une influence de Rodin, les peintures romantico-kitsch *Åsgårdsreien* (*Les Chevaliers de l'Apocalypse*) de P.-N. Arbo, la période romantique (1820-1870) avec le *Paysage de Stalheim* de J.-C. Dahl, plus beau que nature, et dont vous pourrez vérifier l'exactitude en suivant l'itinéraire de Bergen à Flåm. Le portraitiste Adolphe Tidemand et le paysagiste Hans Gude réunissaient parfois leurs talents pour peindre des paysages avec personnages. Curieusement avant-gardiste pour la même époque, Peder Balke, avec ses sombres marines du nord aux couleurs sépia, manqua de peu une commande de fresques au château de Versailles. *Un enterrement paysan*, d'Erik Werenskiold, est peint dans la tradition réaliste des années 1880. Le néo-romantisme des années 1890 dans l'étonnante *Vinternatt i Rondane, Nuit d'hiver à Rondane*, que Harald Solberg mit une quinzaine d'années à exécuter dans ces montagnes glacées. Dans un climat impressionniste, Kitty Kielland avec sa *Sommernatt fra Jæren, Nuit d'été à Jæren*, exprime la lumière exceptionnelle de cette partie de la côte sud. Et surtout, une salle consacrée à une vingtaine de tableaux d'Edvard Munch dont *Le Cri, Madonna* et *L'Enfant malade*.

Prenez le temps pour visiter ce superbe nouveau musée gigantesque (architectes Kleihues + Schuwerk), retournez-y plusieurs fois plutôt que de saturer ! Également restaurant extérieur, café, wifi, événements et ateliers pour tous les âges. Vue magnifique sur Oslo depuis la terrasse en haut de ce musée. Un pari gagné haut la main pour la ville d'Oslo qui se dote ainsi du plus grand musée d'art de toute la Scandinavie. L'occasion aussi de voir des œuvres qui n'avaient jamais été montrées faute de place.

NOBEL PEACE CENTER [INSTITUT NOBEL NORVÉGIEN]

Brynjulf Bulls Plass 1
www.nobelpeacecenter.org
Ouvert du mardi au dimanche 11h à 17h.
Adulte 120 NOK.

L'Institut loge dans une villa bourgeoise à l'entrée protégée par le buste d'Alfred. On peut visiter la bibliothèque au premier étage. En demandant gentiment, on peut voir le bureau du second étage, où se tiennent les réunions du comité qui décide du prochain prix Nobel. Chargé d'histoire, il aligne sur ses murs les portraits de tous les heureux élus. Des actvités ludiques sont proposées pour les enfants, comme par exemple l'enquête sur Alfred Nobel.

OPERA ★★

Kirsten Flagstads plass 1
✆ +47 21 42 21 21
https://operaen.no
Ouvert lundi au samedi 11h-16h. Visites guidées en anglais. Adulte 120 NOK. Boutique. Resto. Wifi. Réductions Oslo Pass.

L'Opéra, le fameux ! Inauguré en 2008, cet immense bâtiment qui semble surgir des profondeurs, au cœur de la baie de Bjørvika, est aujourd'hui sur toutes les cartes postales. S'il est agréable de se balader sur le toit de ce géant, pensé pour être la terrasse des Osloïtes et qui offre une vue à 360° sur la ville et le fjord, il est aussi très intéressant d'en visiter les coulisses ! L'Opéra se compose en réalité de l'Opéra national norvégien, du Ballet national norvégien, de l'Orchestre national norvégien, et de la Chorale d'opéra nationale norvégienne ! Tant de monde qui s'active dans les couloirs de l'immense structure, dont les coulisses sont en partie laissée à la vue des visiteurs à travers de larges fenêtres au rez-de-chaussée : salles de répétitions, confection des costumes et des décors, etc. L'Opéra offre un programme très riche et se découpe en trois scènes : la Chambre principale, la Seconde Chambre, et le Studio. Le toit sert également de scène lors de certains concerts ! Hormis les lieux accessibles au public, salles et matériel adaptés permettent la conception de performances du début à la fin, au sein du bâtiment. La visite guidée vous fera découvrir l'envers du décor de ce monde fascinant qu'est l'Opéra d'Oslo. Si vous ne deviez voir que quelques endroits dans Oslo, celui-là en fait partie. Son architecture, si froide, de marbre, mais si chaude avec ses cylindres revêtus de bois couleur miel qui donne sur le fjord, réussit à nous faire rêver et nous emmène vers un autre quelque part...

PALAIS ROYAL [KONGELIGE SLOTT] ★

Slottsplassen 1
✆ +47 22 04 88 20
www.kongehuset.no
De fin juin à mi-août.
Uniquement sur visite guidée [possible en anglais]. Réservation conseillée.

Depuis le début de sa construction en 1824, le Palais Royal est un symbole de l'histoire norvégienne et fait partie des bâtiments emblématiques du pays. Alors que le palais devait avoir une forme de H selon les plans d'origine, des problèmes financiers menèrent à la révision des plans et à la construction d'un palais en U. À la mort de Charles XIV Jean de Suède en 1844, le palais était de toute évidence trop petit pour la famille du successeur et les ailes furent donc rallongées. Depuis 1849, date où il fut habité pour la première fois, le palais a subi de nombreuses transformations, notamment au cours du dernier siècle. Il sert surtout de lieu de réception et de bureau officiel du roi. Ce long bâtiment jaune, pas très imposant par sa taille, est joliment situé sur le promontoire de Bellevue au bout de la perspective de l'avenue principale Karl Johans gate. Relève de la Garde royale à 13h30. Sur la place du 7 juin, une statue du premier roi, Haakon, sculptée par Nils Aas, ressemble étrangement aux sculptures de Giacometti [le feu roi était très grand et maigre]. Autour du palais s'étend le parc royal, un des plus anciens et des plus grands de la ville. Il fut conçu parallèlement à la construction du château selon l'idéal de l'époque. La visite guidée permet d'accéder aux pièces les plus belles et les plus importantes du palais : la très luxueuse suite du roi Haakon VII, la salle de l'Oiseau peinte en trompe-l'œil par Johannes Flintoe, ou la salle de bal.

© EINBO

OSLO

DAMSTREDET ET TELTHUSBAKKEN ★★

A l'ouest de la rivière Akerselva.
Bus 34, 54 (arrêt Møllerveien et Telthusbakken)

Dans la rue de Damstredet s'empile un charmant ensemble de petites maisons de poupée très colorées, qui sont en réalité des habitations ouvrières de la fin du XVIIIe siècle. Telthusbakken, elle, est bordée d'un côté par d'anciennes maisonnettes dans le même style, et de l'autre par les jardins des habitants de la rue. Au milieu des parcelles court le Kjærlighetsstien, le sentier de l'amour, en direction de Maridalsveien. En haut de ces deux rues se trouve le cimetière de Vår Frelser.

MUSÉE DE LA MARINE (NORSK MARITIMT MUSEUM)

37 Bygdøynesveien
✆ +47 24 11 41 50
www.marmuseum.no
Ouvert 1er mai-30 sept 10h-17h, reste de l'année 11h-16h. Adulte 140 NOK, billet combiné & famille. Gratuit Oslo Pass.

Dans ce musée qui vient plutôt en complément des autres grands musées de l'île, quelques jolies figures de proue, de nombreuses maquettes de voiliers, une belle vue sur le fjord et le restaurant Najaden, au premier étage. Une activité parfaite à faire en famille avec un espace dédié aux enfants et de nombreuses propositions ludiques et instructives. Il est situé sur la péninsule de Bygdøy, à côté des musées Fram et Kon-Tiki. Café fjord très sympa et jolie boutique.

MUSÉE DE L'ART DES ENFANTS (BARNEKUNSTMUSEET) ★★

Lille Frøens vei 4
✆ +47 22 69 17 77
www.barnekunst.no
Été : du mar au jeu & w-e 11h-16h, le reste de l'année mar-jeu 9h30-14h, w-e 11h-16h. 75 NOK, gratuit enfant/Oslo Pass.

Ce musée de l'Art des enfants propose un kaléidoscope d'oeuvres artistiques vu sous le prisme du regard des petits. Les œuvres proviennent du monde entier (180 pays sont représentés !) et permettent de s'intéresser à la sensibilité, mais également aux perspectives et opinions de ces êtres rarement sollicités dans ce domaine. Des stages et ateliers permettront également aux petits de s'initier. Expositions temporaires et permanente. Un belle découverte.

MUSÉE DES TRADITIONS POPULAIRES ★★★

10 Museumsveien
✆ +47 22 12 37 00
www.norskfolkemuseum.no
7j/7, 11h-16h. De mi-mai à mi-septembre 10h-17h. Adulte : 160 NOK. Gratuit avec l'Oslo pass.

Dans ce musée de plein air, l'un des plus grands d'Europe, on trouve des informations sur tous les aspects du folklore norvégien mais aussi sâme. On découvre leurs costumes très colorés, leur langue, qui n'est pas du tout apparentée au norvégien mais au finnois, et leurs sorciers chamans qui font penser aux Amérindiens. Dans le vaste parc, 140 vieilles maisons originaires de différentes régions de Norvège et rebâties ici. Un musée à découvrir absolument.

OSLO

© BASTIANLINDER - ISTOCKPHOTO.COM

Damstredet et Telthusbakken.

HOLMENKOLLEN MUSÉE DU SKI ET TREMPLIN ★★

Kongeveien 5 ✆ +47 22 92 32 00
www.skiforeningen.no
Ouvert du lundi au dimanche 11h-16h.
Gratuit avec le Oslo Pass.

Holmenkollen, un quartier à la lisière de la forêt de Marka, cette belle région naturelle et boisée. Fréquentée été comme hiver par les locaux et les touristes, cette forêt propose ski, luge, randonnée, pêche ou encore accrobranche ! On y trouve aussi le musée du Ski, le Ski Jump, le Ski simulator et même une tyrolienne !

Très facile d'accès en métro depuis le centre-ville. La vue sur la ville et le fjord d'Oslo est grandiose et l'endroit est mythique !

▸ **Musée du Ski et tremplin.** Le musée du Ski à Holmenkollen, situé en dessous du fameux tremplin, est le plus vieux dans son genre ! Il raconte plus de 4 000 ans d'histoire du ski et on y trouve deux expositions dont une sur le ski et le snowboard, et la plus récente, « Be prepared », sur la thématique du changement climatique. Le tremplin aussi est accessible, et du haut de cette tour vous aurez le plaisir de découvrir une vue à 360° sur la ville, son fjord et la forêt de Marka. Pour les plus courageux, une tyrolienne vous permet de descendre du tremplin en un temps record, et en bas, un simulateur de saut à ski et de slalom vous propose de prendre la place des grands athlètes !

▸ **Oslo winterpark/summerpark.** Pour le plus grand bonheur des visiteurs, le parc d'été d'Oslo à Tryvann possède l'un des parcs d'escalade les plus grands et les plus beaux de Scandinavie. L'hiver, ce parc se transforme en la plus grande station de ski des environs de la ville, qui permet ainsi d'aller skier en métro, à seulement 30 minutes du centre-ville !

© ARTMEDIAFACTORY - SHUTTERSTOCK.COM

MUSÉE DU FRAM [FRAMMUSEET] ★★

39 Bygdøynesveien
✆ +47 23 28 29 50
www.frammuseum.no
En mai 10h-18h, de juin à août 10h-17h, de septembre à décembre 11h-17h.
Adulte : 140 NOK. Accès handicapés.

Le *Fram*, c'est ce navire polaire que Fridtjof Nansen fit construire en 1892, qui continue l'essentiel du musée. C'est le plus solide au monde, celui à être allé le plus au nord, et le plus au sud ! Le célèbre explorateur le laissa volontairement se prendre dans la banquise pour une dérive vers le pôle Nord lors d'un premier voyage de 1893-1896. Le deuxième voyage, en 1898-1902, effectué par Otto Sverdrup, permit la découverte de nouvelles îles arctiques !

MUSÉE EMANUEL VIGELAND ★

8 Grimelundsveien
✆ +47 22 14 57 88
www.emanuelvigeland.museum.no
Ouvert le dimanche, achat de billet en ligne uniquement.

Tomba Emanuele est le nom qu'Emanuel Vigeland, frère du sculpteur Gustav, donna au bâtiment. Il avait décidé d'ériger un musée puis souhaita en faire son mausolée. A sa mort, les fenêtres furent murées et ses cendres placées à l'intérieur. La salle voûtée sans lumière qui contient la fresque *Vita* est étonnante. Aucun jour ne filtre à travers cette remarquable odyssée de l'existence, de la naissance à la mort, où scènes érotiques et corps nus se succèdent pour composer une pièce qui choqua les contemporains. Cette œuvre d'une vie qui fait plus de 800 m² en impose.

MUSÉE KON-TIKI [KON-TIKI MUSEET] ★

36 Bygdøynesveien
✆ +47 23 08 67 67
www.kon-tiki.no
Ouvert toute l'année. Adulte 140 NOK. -17 ans 50 NOK. Famille 300 NOK. De mars à mai 10h–17h, de juin à février 11h–17h.

Le Kon-Tiki est le radeau de balsa utilisé en 1947 par Thor Heyerdahl lors d'une de ses expéditions scientifiques sur l'île de Pâques, dans le Pacifique. Une expédition qui le rendra célèbre dans le monde entier. Le Râ II y est aussi exposé. Celui-ci est un radeau en papyrus qui permit à l'explorateur de traverser l'Atlantique entre le Maroc et les Barbades en 1970. Ce petit, mais intéressant musée retrace les voyages de cet explorateur grâce à des photos, textes et films.

OSLO

MUSÉE VIGELAND [VIGELAND MUSEET] ★

32 Nobels gate
✆ +47 23 49 37 00
www.vigeland.museum.no
Fermé le lundi. De septembre à avril 12h-16h, de mai à août 10h-17h. Adulte : 100 NOK, gratuit Oslo Pass.

Dans cet atelier que la ville d'Oslo fit construire pour l'artiste, on peut voir les techniques qu'employa Gustav Vigeland (1869-1943) pour réaliser son rêve fou. Parmi les moules et autres objets de l'importante collection, le plâtre d'une statue du Viking Egil Skallagrimsson défiant son roi par un *nidstang* (une tête de cheval empalée). L'œuvre, une statue en bronze, se trouve à Mandal, ville natale de l'artiste, située sur la côte sud de la Norvège.

UNIVERSITÉ [UNIVERSITETET] ★

Karl Johans gate 47
✆ +47 22 85 50 50
www.uio.no
Entrée libre.

© FRANCESCO BONINO - SHUTTERSTOCK.COM

À la suite du concours national de 1911, la salle des fêtes fut décorée de fresques par Edvard Munch qui gagna ce concours de justesse, au détriment d'Emanuel Vigeland, frère du sculpteur. Sur fond de grandioses paysages côtiers, les trois principales fresques représentent Le Soleil levant, l'Histoire avec le vieil homme et l'enfant qui figure sur les billets de banque, et Alma Mater, jeune femme robuste donnant le sein. Sympa de voir l'environnement des étudiants norvégiens !

PARC VIGELAND [VIGELANDSPARKEN] ★★★

Frognerparken
✆ +47 23 49 37 00
Le parc est ouvert 24h/24 toute l'année.

Gustav Vigeland (1869-1943) est un sculpteur norvégien connu pour son immense contribution à la vie artistique osloïte. Il est à l'origine du parc de Frogner, ou le Parc Vigeland, dans lequel sont exposées une bonne partie de ses sculptures. Il demeure un sculpteur unique en son genre, et un éminent symbole de l'art norvégien sur la scène internationale. Le parc Vigeland est l'une des attractions les plus visitées du pays, accueillant près d'un million de personnes par an. L'été, il n'est vraiment pas rare de voir tous les citadins aller faire bronzette en maillot de bain sur l'une des nombreuses pelouses, écouteurs sans fil dans les oreilles. Depuis 1924, le parc Vigeland réunit et expose les œuvres en granit ou en fer forgé de l'artiste norvégien dont il porte le nom. 214 œuvres sont exposées aujourd'hui, sur les 650 statues ou dessins que l'artiste avait réalisés pour ce parc, et elles sont parmi les plus forts symboles d'Oslo. Il s'agit du plus grand parc de sculptures au monde concernant un seul artiste. Ce parc est considéré comme l'œuvre de la vie de Vigeland : en effet il a consacré près de 20 ans de son existence à cette création ! Un endroit immanquable qui reflète un peu la philosophie norvégienne qui accorde une place prépondérante à la nature. Le parc est issu d'un conflit entre Vigeland et la ville d'Oslo : celui-ci se fait expulser de chez lui en 1921, mais relogé par la Ville dans le bâtiment qui est aujourd'hui le musée Vigeland. En échange de ses nouveaux locaux, maison et atelier, il promet de faire dons de toutes ses œuvres à la Ville d'Oslo. Ces sculptures très massives se déclinent dans toutes les tailles, selon plusieurs thèmes principaux : la mort, la vie quotidienne, l'homme et la femme, les enfants. C'est aussi un endroit très agréable et propre où il fait bon se promener quelle que soit la saison. Les habitants de la ville vont y faire leur jogging. Parmi les statues les plus célèbres, on trouve le *Garçon en colère* (*Sinnataggen*) ou encore le *Monolithe* (*Monolitten*) qui domine le parc de ses 17 mètres et l'imposante fontaine de bronze qui représente, grâce à ses 20 statues, le cercle de la vie, c'est *La Roue de la vie* (*Livshjulet*). La première partie ouverte au public, en 1940, fut le fameux pont : 100 mètres de long sur 15 mètres de large et exposant près de 60 statues. Une balade sympa à faire en famille pour se sentir un peu dans la nature en plein milieu de la ville ! Ouvert toute l'année.

DOGA-CENTRE NORVÉGIEN DE DESIGN ET D'ARCHITECTURE ★

16 Hausmanns gate
✆ +47 23 29 28 70
www.doga.no
Ouvert en semaine de 10h à 16h. Entrée libre.

Établi en 2004 dans une ancienne station de transformation, le DOGA Museum est tout entier dédié au design et à l'architecture. Débats, conférences, workshops, le programme est vaste. Chaque pièce est dessinée dans un style différent, où l'on reconnaît la patte scandinave moderne. Située au bord de la rivière, à côté de l'église, la bâtisse abrite un café et un restaurant (Le Funky Fresh Food, bio & vegan !), parfait pour prendre le temps d'apprécier les berges de l'Akerselva.

OSLO DES ARTISTES

Art norvégien : la peinture classique de la Galerie nationale, le musée Munch, le parc Frogner avec le musée de Vigeland, l'hôtel de ville et le Parlement. **Art moderne :** le musée d'Art contemporain (Samtidskunst), la rue Kjell Stubs gate, avec ses galeries dont Blomquist à l'angle de la rue Tordenskiold, le centre Henie Onstad. **Art viking et médiéval :** les Ladegården dans la rue Oslogt 13, la forteresse d'Akershus, la vieille église d'Aker du XIIe siècle dans la rue du même nom, le Musée historique de la rue Frederiksgt. **Art folklorique :** musée des Arts et Traditions populaires (ferry ou bus pour Bygdøy), Musée historique, musée des Arts appliqués (Kunsthistorisk).

GREFSENKOLLEN

Grefsenkollenveien 23
Site naturel ouvert toute l'année.

Vous avez envie de vous aérer, de marcher un peu dans la nature sans pour autant aller loin de la capitale ? L'idée de prendre de la hauteur pour avoir une superbe vue sur Oslo, le fjord et les montagnes autour vous plaît ? Vous aimeriez trouver un coin tranquille pour boire un verre/déjeuner/manger une gaufre/dîner avec une vue superbe (le Grefsenkollen Restaurant !) ? Ou vous voulez simplement trouver un bel endroit pour faire un jogging ? Alors Grefsen est une petite zone préservée d'Oslo (excentrée mais accessible) qui est sans doute faite pour vous !

MUSÉE DE LA MUSIQUE POP (POPSENTERET)

Trondheimsveien 2
✆ +47 22 46 80 20
www.popsenteret.no
Du mardi au vendredi 10h-16h, jeudi 10h-19h, samedi et dimanche 12h-17h. Adulte 125 NOK. Gratuit avec le Oslo Pass.

Ce musée vous propose d'explorer l'histoire de la musique populaire en Norvège de 1904 à aujourd'hui à travers toutes sortes de médias, audio, vidéo et interactifs. Le musée est très ludique, on chante, on joue d'un instrument, et on peut même enregistrer son propre titre ! Explications en anglais également. Visites guidées en anglais sur réservation uniquement. Pièce dédiée aux enfants. Accès handicapés. Instructif et amusant, de quoi passer un bon moment.

© EVIKKA - SHUTTERSTOCK.COM

Musée de la musique pop (Popsenteret).

BASSE-COUR D'OSLO [OSLO LADEGÅRD]

Oslo gate 13
✆ +47 22 19 44 68
Tours guidés tous les dimanches de juin à septembre. Vieille ville à 13h, Basse-cour à 15h. Gratuit.

Cette ancienne demeure a été construite dans les années 1720 sur les restes de ce que l'on appelait le Bishop Castle (Bispeborgen), qui datait lui du XIIIe siècle. Aujourd'hui, l'un des halls (Medieval Hall) appartient encore à l'ancienne structure, mais tout le reste du bâtiment est baroque. La demeure est située en plein cœur du parc médiéval qui contient notamment l'église Saint-Clément. Les visites guidées sont sur demande. Petit café sur place.

HALLVARDS KATEDRALEN ★

Minneparken
Ouverte tous les jours de 7h à 19h. Entrée libre.

La cathédrale a commencé à être construite en 1100. En 1130, on y a enterré le roi Sigurd le Croisé. Bâtie dans un style romanesque en tant que basilique, elle avait 2 rangées de colonnes, un transept et une tour centrale. Agrandie en 1260 dans un style gothique, c'est en 1639 qu'elle a été remplacée comme cathédrale par l'église de la Sainte Trinité. Le bâtiment s'est ensuite rapidement détérioré et ses pierres servirent à l'érection d'autres constructions, dont notamment la forteresse d'Akershus. Seules les fondations de la cathédrale restent visibles.

EKEBERGPARKEN

23 Kongsveien ✆ + 47 21 42 19 19
https://ekebergparken.com
Musée/boutique 7j/7, 11h-16h.
Dimanche 11h-16h, visite gratuite de Skyscape et Ganzfeld. Résa sur Internet 10 min avant.

Situé sur les hauteurs de la ville, le parc d'Ekeberg est un harmonieux mélange de nature, d'art et d'histoire. À quelques minutes du centre-ville seulement, le parc est vaste et propice aux balades. Aventurez-vous dans le parc pour découvrir les nombreuses sculptures disséminées le long des allées et faites un détour par l'endroit qui a inspiré *Le Cri*, célèbre tableau d'Edvard Munch. Ekebergparken est aussi connu pour ses imprenables points de vue sur Oslo et son fjord. C'est l'endroit rêvé pour apprécier un coucher de soleil, un chocolat chaud à la main !

MUSÉE D'HISTOIRE NATURELLE [NATURHISTORISK MUSEUM] ★★

Sars gate 1
✆ +47 22 85 17 00
www.nhm.uio.no
Voir site web car horaires variés au long de l'année. Gratuit Oslo Pass.

Le musée d'Histoire naturelle d'Oslo est le plus complet du pays. On y trouve différents spécimens animaux, végétaux et minéraux qui ont été étudiés ici depuis plus de 200 ans. Le Zoogeographic Hall permet de découvrir les animaux selon leur habitat naturel dans le monde. Le Norwegian Hall nous emmène depuis les océans jusqu'aux plus hautes montagnes du pays. Le Systematic Hall retrace les vertébrés norvégiens et enfin, la dernière salle accueille les expositions temporaires.

OSLO

Sculpture « Anatomie d'un ange » de Damien Hirst, dans le Ekebergparken.

© GIEDRE VAITEKUNE - SHUTTERSTOCK.COM

Rivière d'Akerselva (Akerselva Elv).

JARDIN BOTANIQUE (BOTANISK HAGE) ★★★

Sars gate 1 ✆ +47 22 85 50 50 - www.nhm.uio.no
7j/7, 7h-17h. Entrée libre.

Un jardin botanique de toute beauté appartenant au musée d'Histoire naturelle de l'université et créé en 1814. Il abrite pas moins de 7 500 espèces différentes et compte parmi les lieux de balades favoris des osloïtes. Plusieurs espaces différents sont dédiés à des thèmes spécifiques :

- **Le Herb Garden :** il abrite plantes médicinales et venimeuses, des épices et une partie dédiée aux herbes de cuisine où l'on peut trouver des plantes, graines et baies comestibles.
- **Le Systematic Garden :** l'intérêt principal est d'étudier la parenté entre les fleurs ainsi que leur évolution.
- **L'Arboretum :** ici sont regroupés des arbres scandinaves, des espèces tropicales et des très rares tels que le gingko et le tulipier.
- **Les Greenhouses :** plusieurs verrières du XIXe siècle aux thèmes différents : l'Amazone, l'Évolution, la Méditerranée, le Désert. Comme on peut l'imaginer, on découvre ici des plantes tropicales dont de magnifiques nénuphars.
- **Le Viking Garden :** ici on découvre ce que mangeaient les vikings.
- **Le Great-Granny's Garden :** traduit comme « le jardin de l'arrière grand-mère », il n'est pas surprenant de retrouver ici des espèces de fleurs très anciennes voire inexistantes autre part. Un véritable musée de la fleur.
- **Le Rock Garden :** un design de rochers et de cascades pour présenter des plantes montagneuses venant de différentes régions du monde.
- **Le Aromatic Garden :** pensé à la base pour les malvoyants, le nez sert de guide ici grâce aux nombreuses plantes et fleurs très parfumés.

RIVIÈRE D'AKERSELVA (AKERSELVA ELV) ★★

Grønland
Les bus 36, 37 et 38 relient le centre-ville au lac.

Balade verte le long de la rivière d'Akerselva aux rives nouvellement aménagées en chemins pédestres et cyclables. On peut marcher jusqu'au lac de Maridalen qui se trouve à 10 km en longeant 20 chutes d'eau. Le trajet pédestre peut très bien se combiner avec le bus. On passe d'abord sous le pont d'Anker, flanqué de ses 4 bronzes inspirés des légendes norvégiennes. On longe ensuite d'anciennes usines, des scieries et autres moulins désaffectés pour arriver enfin au grand lac de Maridal.

ST. OLAV DOMKIRKE ★★

Akersveien 1
www.stolavmenighet.info
Ouvert tous les jours de 7h à 18h. Entrée libre.

Ce monastère dominicain a été bâti en 1216 en pierre, mais la brique étant le matériau prédominant à l'époque de sa rénovation en 1300, son esthétique a été ensuite modifiée. Après la Réformation de 1537, l'aile Est de la structure est devenue le lieu de résidence du pasteur luthérien en charge du monastère. Il n'y a malheureusement pas grand chose à voir, mais ce sont parmi les rares ruines de l'Oslo originelle, avant que la nouvelle capitale Kristiania aille s'installer autour de la marina. Quelques mètres plus loin, deux autres sites de ruines valent la balade.

SE LOGER

La Norvège est un pays cher, et Oslo en constitue un exemple. Il existe cependant différents moyens et astuces afin de se loger à des prix intéressants. Il faut par exemple envisager de loger sur les extérieurs de la ville, ou encore choisir l'option avec salle de bains partagée (très courante). Voici quelques informations sur le fonctionnement de l'hôtellerie en Norvège.

- Hôtel : de mi-juin à mi-août, les locaux prennent leurs vacances et les touristes sont là. Réservez vos chambres d'hôtel longtemps à l'avance si possible pour ne pas avoir de surprises. Beaucoup d'offres promotionnelles en ligne.
- Petits budgets : il existe des super auberges de jeunesse et campings à Oslo ! Et si vous êtes prêt à habiter chez l'habitant, pensez aussi au couchsurfing, ça marche très bien à Oslo et c'est un excellent moyen d'entrer en contact avec les locaux. Pensez à apporter un cadeau de votre région par exemple.

ANKER HOSTEL €

55 Storgata
✆ +47 22 99 72 00
www.ankerhostel.no
Lit en dortoir à partir de 240 NOK, chambre double à partir de 500 NOK. Draps 50 NOK, serviettes 20 NOK. WiFi.

Anker Hostel, qui n'est autre que la version auberge de jeunesse de l'Anker Hotel, satisfera les voyageurs solo comme les groupes. Confort et propreté sont au rendez-vous dans toutes les chambres, qui disposent toutes d'une salle de bains et d'une kitchenette. On ne sert pas de petit déjeuner à Anker Hostel, mais il vous suffira de faire quelques mètres jusqu'au restaurant voisin, muni d'un voucher acheté à la réception de l'auberge, pour trouver de quoi vous rassasier. Un excellent rapport qualité-prix ! Serviettes et draps à la location.

COCHS PENSJONAT €

Parkveien 25
✆ +47 23 33 24 00
www.cochspensjonat.no
Chambre twin 900 NOK. WiFi.

Ouverte en 1900, cette pension en plein centre a une longue histoire. Vous trouverez 3 catégories de chambres, toutes propres et confortables : les moins chères partagent salle de bains et toilettes dans le couloir, tandis que les plus onéreuses disposent de leur propre salle de bains, d'une kitchenette et d'une TV. Pas de petit déjeuner sur place, mais une réduction accordée à l'Expresso House à proximité ou au joli café situé juste en bas de l'établissement. Simple et fonctionnel, c'est une adresse recommandée et recommendable !

EKEBERG CAMPING €

Ekebergveien 65
✆ +47 22 19 85 68
www.ekebergcamping.no
Ouvert du 1er juin au 1er septembre. Option Tente seule ou + voiture, camping-car. Wifi. Café.

Situé à la lisière du parc d'Ekerberg dans une zone calme et résidentielle, ce camping de 700 places surplombe la ville et offre un délicieux panorama. Dans les environs : minigolf, équitation et des cafés et restaurants à la vue imprenable. Sur le site, vous trouverez une épicerie ainsi qu'une cuisine équipée et une laverie toutes deux à disposition de 8h à 22h. Un petit coin de paradis à quelques minutes du centre-ville, idéal pour profiter des avantages de la ville tout en résidant au vert, dans les alentours paisibles et verdoyants de la capitale.

ENERHAUGGATA 3 €

3 Enerhauggata
✆ +47 90 09 06 82
oslo.steinarweb.com
Chambre simple à 400 NOK, matelas supplémentaire à 100 NOK (par terre). Cuisine et salle de bains communes. WiFi.

L'un des rares véritables logements chez l'habitant d'Oslo. Une petite chambre assez vieillotte dans sa décoration mais propre et confortable. L'avantage étant évidemment de pouvoir échanger avec des Norvégiens, tout en profitant du double avantage de l'emplacement en centre-ville et du loyer très modéré. On notera cependant que le petit déjeuner n'étant pas inclus, nous avons ôté la mention Bed & Breakfast du nom de l'établissement, pour ne pas prêter à confusion. Enerhauggata 3 reste une alternative très intéressante aux auberges de jeunesse !

HARALDSHEIM VANDRERHJEM €

Haraldsheimveien 4
✆ +47 22 22 29 65
www.haraldsheim.no
Lit en dortoir à partir de 420 NOK, chambre double 800 NOK. Petit déjeuner inclus. WiFi.

Cette auberge de jeunesse d'environ 270 chambres est perchée sur une hauteur qui dévoile un magnifique panorama sur Oslo et ses environs verdoyants. Dans les parties communes, un salon avec cheminée, lieu de rencontres internationales, et une cuisine collective, si on ne veut pas prendre ses repas au restaurant de l'établissement. À l'extérieur, une terrasse dans un superbe jardin avec vue ! Sur place, machine à laver, sèche-linge et parking. L'endroit idéal pour un séjour à des prix raisonnables, à l'écart du tumulte de la ville.

OSLO HOSTEL RØNNINGEN €

Myrerskogveien 54
✆ +47 21 02 36 09
http://oslohostel.com
De mi-mai à mi-août. chambre double 1 380 NOK. Petit déjeuner, draps et serviettes inclus. WiFi. Parking.

Il était une fois une autre auberge à la frontière entre ville et nature. Dans un cadre idyllique, à quelques pas de la forêt d'Oslo-Marka et du lac de Maridalsvannet, cet établissement rénové en 2017 fera le bonheur des amoureux du grand air et des randonneurs. Les locaux et les chambres sont modernes et confortables et l'ambiance est détendue. Billards, tables de ping-pong et jeux de société sont là pour animer les soirées. Train, tram et bus passent à proximité et vous permettent de rejoindre l'hypercentre en une trentaine de minutes !

SAGA HOTEL OSLO CENTRAL €

7 Kongensgate
✆ +47 23 10 08 00
www.sagahoteloslo.com
Chambre double à partir de 1 180 NOK. Petit déjeuner inclus. WiFi.

Cet hôtel-auberge jouit d'une situation géographique idéale, en plein cœur d'Oslo, à quelques mètres seulement de la forteresse d'Akersus, d'Aker Brygge et des autres centres d'intérêt de la ville. L'établissement offre un cadre très moderne et sans doute le mode d'hébergement qui manquait à Oslo ! Côté auberge, les prix restent compétitifs et vous assurent le luxe et le confort d'un hôtel moderne. Côté hôtel : design et confort optimal, les chambres individuelles sont spacieuses et entièrement équipées. Les parties communes elles sont chaleureuses et agréables.

COMFORT HOTEL XPRESS YOUNGSTORGET €€

Møllergata 26
✆ +47 22 03 11 00
www.nordicchoicehotels.com
Chambre simple à partir de 669 NOK, double à partir de 749 NOK. WiFi. Offres sur Internet.

« Rock'n roll et fashion » sont les mots d'ordre de cet établissement qui se veut ouvert à tous ! Dans le quartier rock d'Oslo, Youngstorget, Comfort Xpress a décidé d'en mettre plein la vue : entre les graffitis, la terrasse sur le toit qui permet de se relaxer en toute impunité et les règles de vie *trendy* du CX, rien ne va plus ! Pour réduire au maximum les prix des chambres, pas de ménage effectué dans la chambre, idem, le *check out* du dimanche est repoussé à 18h.

LOVISENBERG DIAKONALE GJESTEHUS €€

15 Lovisenberggaten
✆ +47 22 35 83 00
www.lovisenberg.no
Chambre double salle de bains commune 1 300 NOK, sdb privée 1 500 NOK. Petit déjeuner. WiFi. Parking 110 NOK/nuit.

Cette retraite-pension est située dans un établissement religieux construit à la fin du XIXe siècle. Le mobilier est ancien et classique, mais les chambres n'en sont pas moins confortables et chaleureuses. Le centre-ville est n'est qu'à une trentaine de minutes en bus, et à un quart d'heure en voiture. On peut choisir parmi 34 chambres toutes différentes et toujours confortables. Petit déjeuner copieux. Connexion Internet gratuite. Check-in 15h, check-out 11h.

OSLO GULDSMEDEN €€

Parkveien 78
✆ +47 23 27 40 00
www.guldsmedenhotels.com/oslo
Chambre à partir de 895 NOK, suite à partir de 1 995. WiFi. Spa.

Proche de l'hypercentre et des quartiers tendance d'Aker Brygge et Tjuvholmen, Oslo Guldsmeden profite d'une position stratégique. Les chambres sont spacieuses et lumineuses et la décoration finement soignée. Dans le lounge, des canapés confortables disposés au coin du feu vous donneront envie de vous attarder le temps d'un café ou d'une gourmandise. Le hammam d'inspiration turque atteint le paroxysme de la douceur et de l'intimité, avec son sauna, sa baignoire et son espace de relaxation ! Clairement une de nos adresses préférées.

OSLO HOSTEL HOLTEKILEN €€

55 Micheletsvei

✆ +47 952 50 338

www.hiholtekilen.com

Fermé de mi-août à mi-mai. Chambre double 950 NOK. Connexion Internet. Service de ménage.

Située à une petite dizaine de kilomètres à l'ouest, cette auberge est une bonne aubaine pour les backpackers, groupes et familles ! Pour le même prix que les auberges du centre, les chambres sont plus aérées et accueillent 4 personnes maximum, avec salles de bains privées en sus. À l'extérieur, un grand jardin et de quoi faire un barbecue. Tout près de l'auberge, le fjord offre de jolis coins de baignade et l'auberge vous prêtera canoës et kayaks ! Il faudra en revanche prendre le train pour se déplacer en ville. Parking gratuit.

P-HOTELS OSLO €€

19 Grensen

✆ +47 23 31 80 00

www.p-hotels.no

Chambre double 1 099 NOK. Petit déjeuner inclus. WiFi.

Cet hôtel est très bien situé et entouré de nombreux restaurants et magasins. Propre et décoré de façon traditionnelle et confortable, l'établissement propose des chambres de tous types mais aussi des lits en dortoirs femme ou homme. C'est une solution idéale pour profiter de tous les plaisirs du centre-ville à petit ou moyen budget ! Si l'endroit n'est pas chaleureux outre mesure, il est fonctionnel et apporte tout le confort nécessaire à un séjour dans la capitale. Un bon rapport qualité-prix qui vous permettra de profiter au mieux du centre-ville.

SCANDIC SJØLYST €€

5 Sjølyst Plass

✆ +47 23 15 51 00

www.scandichotels.com

Chambre double 1 100 NOK, petit déjeuner inclus, wifi.

Situé à la charnière entre le centre d'Oslo et l'île de Bygdøy, cet hôtel ravira à la fois les fous de frénésie urbaine et les amoureux du calme de la nature. À quelques minutes seulement de la plage et du cœur de ville, l'hôtel abrite des chambres décorées avec soin dans les tons pastel, et dans un style très scandinave. Réputée pour sa nature, Bygdøy est aussi l'île des musées ! Une aubaine pour ceux qui espèrent varier au mieux les activités ! Salle de fitness, petit déjeuner copieux. Connexion Internet gratuite. Check-in 15h.

STA. KATARINAHJEMMET €€

Gjørstads gate 9

✆ +47 23 21 54 10

katarinahjemmet.katolsk.no

2 nuits minimum, 10 max. Chambre double 900 NOK. WC et salle de bains sur le palier. Petit déjeuner : 50 NOK. Wifi.

Le couvent de Sainte-Catherine propose des petites chambres à la location, correctes et confortables. Le couvent, situé dans un havre de paix au cœur d'un quartier chic d'Oslo, offre 10 chambres simples et 4 chambres standard doubles. Les amateurs de tranquillité et de sérénité seront comblés par ce lieu atypique et spirituel, et les fêtards préféreront s'installer ailleurs. Pensez à arriver avant 22h le jour de votre arrivée. Attention, Katarinahjemmet ferme ses portes en juillet ainsi que pendant les vacances de Noël et de Pâques.

THON HOTEL ASTORIA €€

Dronningensgate 21

✆ +47 24 14 55 50

www.thonhotels.no

Chambre simple à partir de 782 NOK, double à partir de 1 058 NOK. Petit déjeuner inclus. WiFi.

Le Thon Hotel Astoria a le mérite d'être idéalement situé, à quelques minutes à pied de la gare centrale et dans une rue perpendiculaire à Karl Johans gate. Les chambres sont certes un peu petites, mais toutes équipées de téléphone, TV, radio et disposent d'une salle de bains avec sèche-cheveux. La salle du petit déjeuner est très agréable. Le petit déjeuner peut également être servi dans le patio. L'hôtel est réputé pour son personnel, très souriant et chaleureux. Le voisinage peut parfois être bruyant (présence de deux discothèques dans les environs).

THON HOTEL MUNCH €€

5 Munchs Gate

✆ +47 23 21 96 00

www.thonhotels.no

Chambre simple à partir de 732 NOK, double à partir de 916 NOK. Petit déjeuner inclus. WiFi.

Un hôtel très convenable, situé près de la rue Akersgata (investie par la plupart des grands quotidiens norvégiens) et à 5 minutes à pied de Karl Johans gate. Les 180 chambres sont claires et impeccables, avec un mobilier standard et moderne dans les tons acidulés. Elles sont toutes équipées de TV, téléphone, bureau, wifi, bouilloire, sèche-cheveux. Check-in à partir de 15h, check-out midi. Service nettoyage. Ascenseur. Café à volonté dans le hall de l'hôtel. Le petit déjeuner sous forme de buffet est vraiment copieux et bon.

THON HOTEL SPECTRUM €€

7 Brugata
✆ +47 23 36 27 00
www.thonhotels.no
Chambre double à partir de 962 NOK, suite à partir de 4 995 NOK. Petit déjeuner inclus. WiFi. Salle de sport.

Cet hôtel de 151 chambres dispose des mêmes équipements que les autres hôtels Thon. 3 chambres sont accessibles pour les personnes à mobilité réduite. Vous trouverez de la moquette dans les couloirs, mais du parquet dans les chambres. Il existe 2 catégories de chambres : les « standard » et les familiales. Les chambres sont modernes, confortables et certaines sont décorées dans le style traditionnel scandinave. La salle à manger dans les tons pastel est particulièrement chaleureuse. Jolis canapés bleus dans l'entrée pour boire un café !

VILLA MARIE €€

Holtegata 25
✆ +47 22 60 03 59
www.villamarie.net
Chambre simple 770 NOK avec salle de bains, double de 850 à 1 150 NOK, studio équipé de 1 500 NOK. Wifi.

Anciennement Ellingsens Pensjonat, cette charmante maison fraîchement redécorée dans un style très cosy aux couleurs chaudes, se situe dans un voisinage chic et calme. Chambres bien équipées, avec connexion Internet gratuite, bouilloire, thé, café, sèche-cheveux, télévision et mini frigo. Les chambres sont claires et les lits sont confortables. Les transports publics (tramway, bus) vers le centre-ville ne sont qu'à quelques pas, ce qui en fait un endroit idéal pour se reposer avec une journée dans les rues agitées de la capitale !

AMERIKALINJEN €€€

2 Jernbanetorget
✆ +47 21 40 59 00
www.amerikalinjen.com
Chambre double à partir de 2 740 NOK. Offres sur Internet.

Sur la place de la gare, cet édifice rouge pastel, imposant et riche d'histoire, abrite depuis 2019 l'Amerikalinjen. Cet hôtel fait écho à la société Norwegian America Line fondée en 1910 dans ce même bâtiment et qui transportait les Norvégiens vers l'Amérique. A l'intérieur, un mélange plus que réussi mêlant design américain et norvégien. Les chambres sont claires et luxueuses, peu importe le standard. A l'image des mentalités norvégienne et américaine, l'ambiance est saine et casual. Sur place une brasserie, bar, restaurant et club de jazz.

CAMILLAS HUS €€€

31 Parkveien
✆ + 47 948 560 15
www.camillashus.no
Chambre double à partir de 2 950 NOK, petit déjeuner inclus. Parking gratuit. Wifi. Service de ménage.

En plein centre d'Oslo, dans le quartier chic d'Uranienborg, cette charmante maison traditionnelle du début du XXe siècle offre 7 chambres au confort exclusif. Dans les chambres, rien n'est laissé au hasard. La décoration est luxueuse et un calme apaisant règne dans toute la propriété. Pour ceux qui peuvent se le permettre, Camillas Hus est une adresse de choix. On appréciera l'atmosphère zen et chaleureuse qui règne dans toutes les pièces et qui vous fera vite oublier que vous vous trouvez dans une capitale grouillante et sans répit.

CLARION COLLECTION HOTEL GABELSHUS €€€

16 Gabels gate ✆ +47 23 27 65 00
www.nordicchoicehotels.no
Chambre double supérieure 1 900 NOK. Petit déjeuner + dîner inclus. WiFi. Parking : 150 NOK/nuit. Offres sur Internet.

Le Gabelshus est un hôtel construit en 1912, de style anglais, situé dans un des quartiers les plus élégants de la capitale norvégienne. Ses chambres, sobres et confortables, correspondent aux standards Clarion. Dans la bibliothèque, les fauteuils rassemblés autour d'une cheminée seront très appréciés après une journée à se balader. Accessibles à tous, salle de sport et espace détente. Le petit déjeuner et le dîner sont inclus, ainsi qu'une petite douceur en milieu d'après-midi !

CLARION COLLECTION HOTEL SAVOY €€€

Universitetsgata 11
✆ +47 23 35 42 00
www.nordicchoicehotels.no
Chambre double à partir de 1 595 NOK. Petit déjeuner et dîner inclus. WiFi. Offres sur Internet.

Cet hôtel de 93 chambres, dont l'ouverture remonte au milieu des années 1800, est situé à quelques minutes à pied de Karl Johans gate. Derrière un bâtiment plutôt classique, l'intérieur affiche des couleurs vives et chaleureuses. Le restaurant est assez coté et propose un plat unique qui varie chaque jour. Les chambres sont confortables et correspondent ni plus ni moins aux standards de qualité de Clarion. Petit déjeuner sous forme de buffet très satisfaisant.

CLARION HOTEL OSLO €€€

15 Dronning Eufemias Gate
✆ +47 21 95 97 50
www.nordicchoicehotels.com
Chambre à partir de 1 890 NOK, suite à partir de 6 900 NOK.

Le Clarion Hotel Oslo a ouvert en 2019, dans le jeune quartier de Bjørvika. Clarion est un des premiers établissements à s'installer dans cette nouvelle extension du centre-ville. Son emplacement est plus que prometteur, et l'ambition du Clarion est à la hauteur. Entre le Barcode, l'Opéra, le nouveau musée Munch et la nouvelle bibliothèque Deichman, 255 chambres et suites au design purement nordique. C'est également le tout premier hôtel dans pays nordiques à engager une Art Concierge pour veiller sur sa galerie d'art contemporain ouverte au public.

HOTEL CONTINENTAL €€€

Stortingsgaten 24-26
✆ +47 22 82 40 00 - www.hotelcontinental.no
Chambre double à partir de 3 295 NOK, petit déjeuner inclus. Fitness, WiFi. Offres sur Internet.

Vénérable institution de la capitale, inaugurée – alors avec 30 chambres – en 1900, dont les belles chambres ont gardé une patine ancienne aux tendres pastels fanés. Aujourd'hui, et après d'importants travaux de rénovation en 2018, l'hôtel a sorti le grand jeu. Il compte désormais 151 chambres et suites, dont 59 ont été refaites à neuf, tout comme la réception. Un nouveau bar, le Boman, a même ouvert ses portes. Mais la cerise sur le gateau, c'est cette nouvelle Suite Continentale, disposée sur 2 étages et d'une superficie de 240 m² !

QUALITY HOTEL 33 €€€

33 Østre Aker vei
✆ +47 23 19 33 33
www.nordicchoicehotels.no
Chambre double dès 1 150 NOK, petit déjeuner inclus. WiFi. Pas de cash.

Un établissement moins enchanteur que ses confrères de la chaîne, mais qui peut toutefois satisfaire les plus exigeants avec ses suites notamment. Les plus pointilleux éviteront les chambres standards, sans charme et un peu étriquées, pour se rabattre sur les plus grands espaces. Restaurant et bar au dernier étage avec vue panoramique sur Oslo et le fjord. Attention, il est impossible de payer en espèces dans cet établissement. Connexion Internet gratuite. Des produits issus de l'agriculture bio pour le petit déjeuner buffet.

THE THIEF €€€

Landgangen 1 ✆ +47 24 00 40 00
www.thethief.com
Chambre à partir de 2 790 NOK, suite à partir de 6 390 NOK. Petit déjeuner inclus. Accès au spa, salle de sport. WiFi.

Magnifique ! Il n'y a pas d'autre mot pour décrire cet hôtel luxueux, situé sur les canaux entre le musée d'Art contemporain Astrup Fearnley et le fjord, au cœur du quartier de Tjuvholmen. Sa localisation explique sans doute la superbe vue depuis la quasi-totalité des chambres. Cet hôtel au design ultra moderne, voire futuriste, est l'œuvre d'architectes de renommée mondiale. Les chambres sont confortables et surtout, elles sont toutes décorées et personnalisées avec goût. La terrasse au sommet est à couper le souffle, tout comme la vue depuis la « Oslo Suite ».

THON HOTEL BRISTOL €€€

7 Kristian IV's gate
✆ +47 22 82 60 00
www.thonhotels.no
Chambre double 1 928 NOK, petit déjeuner inclus. WiFi. Offres sur Internet.

L'ambiance est luxueusement feutrée et l'accueil chaleureux. Les chambres spacieuses sont décorées d'un beau mobilier Empire laqué ivoire et or. Dès l'entrée, on se retrouve sous les lourds lustres en cristal du jardin d'hiver, le Vinterhaven. Installé dans de confortables canapés en cuir, nous voilà immergés dans une ambiance de salon de thé à l'anglaise. Endroit charmant à l'offre diversifiée tels le bar, la bibliothèque où déguster un whisky. Restaurant (le Bistro Grill) qui sert une excellente cuisine. Salle fitness. Accès wifi.

ANKER APARTMENT €

Københavngata 10
✆ +47 22 99 30 00
www.ankerapartment.no
Studio appartement pour deux 760 NOK la nuit. WiFi. Draps 50 NOK et serviettes 20 NOK. Laverie. Wifi.

Le groupe Anker Hotel a ouvert en 2013, une prestation hôtelière dans le centre d'Oslo qui devrait faire plaisir aux petits budgets. Anker Apartment propose deux types de chambres : la solution la plus économique, en dortoir, partage de la cuisine et de la salle de bains. Sinon, près de 120 appartements privés proposés à la location. De la chambre simple à la chambre à 6 lits, il y en a pour tout le monde. Chaque appartement est particulièrement bien situé dans Oslo, avec à proximité, supérettes, restaurants et lieux touristiques.

BJØRVIKA APARTMENTS €

15 Schweigaards gate
✆ +47 21 38 01 88
www.bjorvika-apartments.no/en
Appartement avec chambre double à partir de 1 770 NOK. 2 nuits minimum. Draps et wifi inclus.

Bjørvika Apartments met en location une dizaine d'appartements superbes dans les quartiers les plus sélects d'Oslo. Sans rentrer dans la catégories luxe, ces appartements se destinent aux couples ou aux familles qui peuvent se permettre un petit extra. En plus d'être très bien situés, tous les appartements sont décorés avec soin et disposent d'un balcon ou de grandes baies vitrées pour un maximum de lumière. Quant aux prix, difficile de faire mieux pour des prestations identiques. Attention au choix du quartier dans Oslo lors de la réservation.

BOGSTAD CAMP & TURISTSENTER €

117 Ankerveien
✆ +47 22 51 08 00
www.bogstadcamping.no
Toute l'année. Tente 400 NOK, camping-car 570 NOK, chalets 2 110 NOK. Wifi.

À 30 minutes à peine du centre-ville, ce camping est composé d'une vingtaine de chalets avec salle de bains, chambre et salon. Tentes, caravanes et camping-cars sont également les bienvenus ! Dans le camping se trouve une petite épicerie, un bistrot au premier étage et une terrasse. Minigolf et aire de jeux pour les enfants. A 5 minutes à pied, on peut nager dans le petit lac de Bogstadvannet ou louer des planches à voile. L'endroit est très populaire en été, pensez à réserver !

FORENOM APARTHOTEL OSLO €

1 Wergelandsveien
✆ +47 22 51 02 50
www.forenom.com
Appartement pour deux à partir de 1 148 NOK la nuit. Offres sur Internet.

Combinaison d'appartements et d' « appart'hôtels ». Environs 550 appartements à louer, du studio au 4-pièces, dans le centre-ville d'Oslo. Les logements sont tout confort, chaleureux, généralement sobres, bien agencés et bien localisés. Idéal pour ceux qui souhaitent s'éloigner de l'hébergement traditionnel, à des prix très raisonnables pour la capitale ! Il y en a pour tous les goûts et pour tous les budgets, il faut se rendre sur leur page Internet pour choisi l'appart qui vous plaît le plus. Ceux près de la rivière sont à essayer !

FROGNER HOUSE APARTMENTS €€

✆ +47 930 10 009
https://en.frognerhouse.no
Studio à partir de 1 073 NOK la nuit. Wifi.

Frogner House Apartments propose un nombre impressionnant d'appartements, distribués dans tout le centre d'Oslo. Disponibles sur des courts et longs séjours, les biens sont particulièrement bien situés, dans les quartiers tendance du centre-ville. Déco minutieuse et confort sont absolument au rendez-vous, le tout pensé pour procurer un sentiment de « chez soi ». Fonctionnels et parfois atypiques, certains appartements valent le coup d'étirer le budget de quelques euros ! Choisissez le vôtre directement depuis leur site Internet.

MAYA'S APARTMENTS €

38 Thorvald Meyers gate
✆ +47 91 70 77 80
Studio 1 à 4 personne à partir de 1 190 par nuit, minimum 3 nuits.

Dans une des artères principales de Grünerløkka, Maya's Apartments est idéalement situé. Installé dans un beau bâtiment qui regroupait auparavant la caserne et la station de police du quartier, l'accès aux logements se fait par une petite cour, à l'abri de la rue passante. Du studio au duplex sous les toits en passant par l'appartement familial pour 6 personnes, l'offre est large et les logements tous bien équipés et fonctionnels. Vous n'aurez plus qu'à poser vos valises, et à partir à la conquête de la ville ! Une adresse 100 % approuvée !

OVERNATTINGOSLO.NO €

1 Steenstrups gate
www.overnattingoslo.no
Chambre twin 549 NOK.
Séjour de 3 nuits minimum. Wifi.

Ce site de réservation d'appartements propose nombre d'hébergements au cœur du quartier bobo de Grünnerløkka, à quelques minutes seulement des principaux lieux touristiques. La décoration est sobre et les pièces sont peu spacieuses, mais les chambres, qu'elles soient simples ou doubles, offrent intimité et confort à un prix raisonnable. Draps et serviette de bain sont inclus, ainsi que l'accès à la laverie. La réservation se fait exclusivement via le site Internet. Le site n'est pas très pratique à utiliser mais les tarifs sont très corrects !

SE RÉGALER

Nous avons surtout cherché à sélectionner des restaurants norvégiens traditionnels parmi lesquels ceux spécialisés dans le poisson et la cuisine inventive locale. Hélas ! Malgré nos soins et nos recherches, les adresses suivantes sont assez chères (et les vins sont souvent hors de prix). C'est pour cette raison que les nouveaux cafés branchés sont intéressants, car ils servent souvent de petits plats chauds dans une ambiance jeune et sympathique et c'est l'occasion de rencontrer la vraie Norvège, celle des Norvégiens au quotidien. Nous vous recommandons cette immersion car le voyage – c'est-à-dire la rencontre avec le pays, la nouveauté et l'altérité – commence dans les cafés ! Tous les restaurants acceptent les cartes de crédit et à vrai dire, très peu de restaurants acceptent les espèces, vous voilà prévenus !

Plateau de fruits de mer.

ARAKATAKA €€

Mariboesgate 7
✆ +47 23 32 83 00
www.arakataka.no
Ouvert du lundi au samedi de 16h à 22h.
Menu 5 plats 725 NOK.

Chez Arakataka il n'y a pas de code. La règle de la maison c'est de savoir faire au jour le jour avec les produits du moment ! Les chefs cuisiniers s'amusent à de nouvelles compositions et recettes pour séduire les clients qui se prennent au jeux. Les plats sont à base de produits traditionnels norvégiens, adaptés à des recettes occidentales et modernes, pour un mélange toujours original et parfois surprenant mais jamais décevant ! Ce genre de repas test est d'ailleurs plutôt une belle surprise, car l'addition n'est jamais trop salée pour un dîner presque gastro.

BACCHUS SPISERI & VINHUS €€

Dronningens gate 27
✆ +47 22 33 34 30
Ouvert du lundi au jeudi 11h30-22h,
vendredi et samedi 11h30-23h.

Situé dans l'ancien bazar de la grande place, ce restaurant a gardé son charme d'antan. La décoration, d'époque, donne au lieu un cachet incroyable. De plus, on y mange bien et à sa faim, pour des prix tout à fait corrects. Bacchus Spiseri & Vinhus est définitivement l'un des restaurants les plus charmants d'Oslo. Tables soignées, petites lumières et façon Noël scandinave et bougies d'ambiance font que l'on se sent bien dans cet endroit. Cuisine élaborée et savoureuse, pas très originale pour un Français, mais tout de même très bon. Terrasse en été.

BAKER HANSEN - STORTINGSGATEN €

Stortingsgata 20
✆ +47 94 02 32 23
www.bakerhansen.no
Ouvert en semaine de 7h à 18h,
le samedi de 9h à 17h, le dimanche de 10h à 16h.

C'est l'endroit idéal pour de petites collations. On y trouve des *bagels* que les Norvégiens croquent ici le midi. Il y a également de nombreux gâteaux et différentes sortes de pains à déguster autour d'un café. Nous avons les croissants, les Norvégiens ont le fameux *skolebrød*, à tester si ce n'est pas déjà fait. Prononcez *skoulebreu* en roulant le R si vous le pouvez, puis dégustez ! Le pain fait vraiment partie du quotidien des Norvégiens à toute heure de la journée.

DELICATESSEN TAPAS BAR €€

Holmens gate 2
✆ +47 22 46 72 00
www.delicatessen.no
Ouvert du lundi au vendredi de 11h à 23h,
le samedi et le dimanche de midi à minuit.
A partir de 80 NOK.

Delicatessen existe depuis 1999 à Oslo, avec une première adresse à Grünerlokka. Après l'ouverture d'une deuxième maison à Majorstuen quelques années plus tard, c'est à Aker Brygge, qu'il s'installe en 2013. Le Delicatessen est certainement la meilleure adresse de tapas d'Oslo ! Il n'y a qu'à en croire la file d'attente et les restaurants souvent complets ! Choisissez d'être installés assis ou au bar, ce restaurant de tapas sert de jolis petites assiettes de tapas, des sandwichs ou des salades à partager entre amis ou en famille.

DET GAMLE RAADHUS €€€

Nedre Slottsgate 1
✆ +47 22 42 01 07
www.gamleraadhus.no
Ouvert du mardi au samedi de 16h à 21h.
Soupe de poisson le soir 205 NOK.

Voici un autre lieu incontournable du temps où la ville s'appelait Kristiania. D'une authenticité émouvante, ce restaurant aux poutres apparentes et aux fresques fanées (ce bâtiment date de 1641 et est le plus vieux restaurant de la ville) occupe l'ancien hôtel de ville dont il a pris le nom. A la carte, des plats traditionnels comme les côtes d'agneau, la soupe de poisson, le risotto aux champignons des bois, le *lutefisk* et de bons desserts comme le parfait à l'aquavit et aux baies sauvages ou le financier aux pommes. Charmante terrasse l'été.

EATALY €€

Bryggetorget 18
✆ +47 22 83 13 00
www.eataly.no
Ouvert du lundi au mercredi 11h30-21h30,
jeudi et vendredi jusqu'à 22h, samedi 13h-22h,
dimanche 13h-20h.

L'emplacement de ce restaurant est idéal car situé à deux pas des musées, du Nobel Prize Center et du centre-ville. Nous voilà en plein cœur d'Aker Brygge et pourtant un peu en Italie ! On y mange bien et pour pas trop cher. Environ 80 % des plats sont sans gluten, bon à savoir. Le choix de pizzas est large et original tout comme la carte des vins. Le service est remarquable et avec le sourire. Le restaurant est très fier d'avoir remporté la 3e place lors du championnat du monde de pizza en 2016. On vous le recommande vivement.

EILEFS LANDHANDLERI SPISERI PUB DANSESALONG €

Kristian IVs gate 1 ✆ +47 22 42 53 47
www.eilefs.no
Dimanche, Lundi et mardi 15h-00h, mercredi et jeudi 15h-1h, vendredi 15h-3h, samedi 13h-3h. Plats à partir de 195 NOK.

Dans une rue parallèle à l'avenue Karl-Johan, c'est une formule à thème, à la fois épicerie de campagne (surtout pour sa décoration qui abonde en objets insolites accrochés un peu partout), restaurant, pub et piano-bar. On peut également y acheter des articles devenus rares de nos jours, comme de la cire à moustache ou du sucre candi. Petits plats chauds et un menu du jour aussi simple qu'une grillade salade, mais également des spécialités comme de la viande séchée et du poisson fumé.

ENGEBRET CAFÉ €€€

Bankplassen 1
✆ +47 22 82 25 25
www.engebret-cafe.no
Ouvert en semaine 11h30-23h, le samedi à partir de 17h. Plats autour de 400 NOK.

La maison qui abrite le plus vieux restaurant d'Oslo date de 1700, et ce dernier a fêté ses 140 ans de service ! La bâtisse de vieilles tuiles roses possède un charme fou et de grands écrivains comme Henrik Ibsen et Bjørnstjerne Bjørnson y allaient. À droite de l'entrée se trouve toujours un bar au mobilier antique. Cuisine du terroir entre gibier et *lutefisk*. Quand il fait beau, des tables sont installées en terrasse pour rester à l'ombre des grands arbres feuillus qui se penchent vers l'humble façade tout en contemplant la plus belle place de la capitale.

FLYVEFISKEN €

Lilletorget 1
✆ +47 22 17 12 30
www.flyvefisken.no
Ouvert en semaine de 9h à 19h.

Peu de vendeurs de poissons frais dans le quartier, et même dans Oslo en règle générale, donc profitez de cette adresse pour vous faire plaisir et savourer les poissons norvégiens. Les produits sont très frais, pas de risque de mauvaise surprise ! On peut aussi bien s'asseoir pour savourer les produits cuisinés sur place ou les prendre à emporter pour un excellent rapport qualité-prix. Si vous avez opté pour un hébergement style appart' hôtel, voici une bonne adresse pour cuisiner chez vous un plat digne des plus grands restaurants. Essayez la *fiskesuppe* !

FREDDY FUEGO €

Hausmanns gate 31a
freddyfuego.no
Ouvert toute l'année du lundi au samedi de 11h à 21h. A partir de 135 NOK.

Chez Freddy Fuego, on mange bien, on mange mexicain ! Dans une ambiance latino, et donc décontractée, on s'installe sur des tables en bois, que viennent colorer les poivrons, avocats et autres tortillas. Pas de réservation chez Freddy Fuego, si on veut gagner du temps, on commande sur l'application Freddy Express. Ambiance chill, service rapide et efficace, rien à dire on peut se permettre une petite pause bien méritée entre deux attractions pour goûter aux menus exotiques de Freddy Fuego. Et en plus de ça, c'est pas si cher !

GRILLERIET €€

Storgata 21
✆ +47 22 83 56 00
www.grilleriet.no
Petit déjeuner 6h30-10h (we 8h-11h).
Dîner mar, mer 16h-22h, jeu au sam 16h-23h.
Petit déj 245 NOK, menu dès 520 NOK.

Galleriet est un endroit chaleureux où l'on vient pour boire un verre, manger en matinée ou dans la soirée. L'été, dès que la température le permet, on peut profiter de la terrasse de la petite ruelle animée. Mais c'est surtout l'intérieur que l'on adore : bibliothèque, livres de cuisine, cuisine ouverte et grand bar au cœur du restaurant. Les menus sont réalisés à partir d'aliments locaux, en fonction de la saison et cuisinés selon des inspirations venues des quatre coins du monde. En matinée, venez déguster un petit déjeuner typique et réussi.

ILLEGAL BURGER €

Møllergata 23
✆ +47 22 20 33 02
Ouvert du dimanche au jeudi de 16h à 22h, le vendredi et samedi jusqu'à minuit.
Burgers autour de 180 NOK.

N'hésitez pas à demander votre chemin, on ne le trouve pas si facilement ! Certains diront de lui, le meilleur burger de Oslo ! On y vient seul, en couple, entre amis ou en famille. La carte est originale, hamburger à la chair à saucisse, poisson, végétarien ou classique... Si l'attente peut être parfois longue car l'endroit n'est pas très grand, une fois le burger dans notre assiette, on ne regrettera pas d'avoir patienté quelques minutes ! En ce qui concerne l'ambiance, comme un peu partout à Oslo, elle est décontractée et simple ! Un bon rapport qualité/prix.

OSLO

JUSTISEN €€

Møllergata 15
✆ +47 22 42 24 72
www.justisen.no
Restaurant : du jeudi au samedi 18h-3h du matin. Samedi 18h-04h. A partir de 230 NOK.

Sous haute protection de l'État, voici le « café brun » le plus authentiquement « Oslo » de la capitale : 3 petites pièces au lambris laqué vert mousse et blanc cassé, avec un poêle à l'ancienne dans la première et dans la dernière pièce à mi-étage. Réputé pour être un lieu où avocats, policiers, hommes politiques et journalistes viennent étancher leur soif (leurs bureaux n'étant pas loin) l'endroit offre une solide cuisine du terroir. En face, à gauche sous le porche en entrant, le bar Paragrafen, avec sa spécialité un peu particulière : les œufs de goéland.

KAFFISTOVA €

Kristian IVs gate 2
✆ +47 23 21 41 00
www.kaffistova.no
Ouvert en semaine de 11h à 21h, le samedi de 11h à 19h. Plats à partir de 185 NOK. Réduction avec le Oslo Pass.

Kaffistova est une des meilleures adresses d'Oslo, et pour cause il s'agit d'une des plus anciennes ! En effet, le café à ouvert en 1901 dans la capitale norvégienne. Tous les jours Kaffistova propose des produits frais issus de productions locales et des plats traditionnels. Au menu, saumon, renne, boulettes de viande et un large choix d'accompagnements. Le cadre est clair, moderne, spacieux et surtout bien situé car à deux pas du centre-ville. Une adresse incontournable pour qui veut connaître un peu mieux les habitudes alimentaires norvégiennes !

KLOSTERET €€

Fredensborgveien 13
✆ +47 23 35 49 00
www.klosteret.no
Ouvert du lundi au samedi de 17h à 00h30.
Menus de 545 à 645 NOK, plats de 225 à 345 NOK.

Ambiance de cloître donc, comme son nom l'indique, limite grégorienne. La bâtiment date de 1899 et le restaurant s'est installé en 1992. En sous-sol, décoration impeccable avec une myriade de bougies, tonneaux et des bouteilles de vins en pagaille ! Un autre très bon rapport qualité/prix, spécialités de poissons mais aussi viande de renne très goûteuse. Menus 3, 5 et 7 plats qui sont très joliment présentés dans l'assiette et super bons ! Les produits suivent le changement des saisons. Carte des vins foisonnante. Réservation conseillée.

KLOSTERKROA HOVEDØYA OSLO €€

Hovedøya
http://klosterkroa.no
Fermé de septembre à mai.
Du mardi au dimanche 11h-17h. Comptez 250 NOK environ pour un plat, un dessert et une boisson.

Un lieu typiquement norvégien, une maisonnette en bois peinte en rouge avec les contours de fenêtres blancs. Des tables et des chaises partout dans le jardin qui compte de nombreux arbres et fleurs. Rien que le trajet pour se rendre là-bas est formidable, car il faut prendre le bateau depuis Aker Brygge qui vous y amène en 7 minutes seulement. Connexion Internet gratuite. Menu à la carte ou à emporter. Déjeuner, pause café, tous les plats sont simples et bons.

LILLE SAIGON €

Bernt Akers Gate 7
✆ +47 40 01 64 46
lillesaigon1.com
Ouvert toute l'année. Tous les jours de 11h à 23h. Menu unique à 199 NOK. A partir de 89 NOK.

Un bon, voire le meilleur, restaurant vietnamien de la capitale. Une adresses très prisée des locaux. Si l'endroit n'est pas spécialement joli, on mange bien et pour moins de 200 NOK ! Carte gigantesque, de quoi satisfaire toute votre tablée. Nombreux plats végétariens proposés. Beaucoup de soupes et de plats de riz vermicelles. Également des menus enfants. Ce restaurant est par ailleurs bien placé dans Oslo pour voir un coin où l'on ne va pas forcément autrement. Une chouette adresse pour bien manger sans dépenser beaucoup.

LOFOTEN FISKERESTAURANT €€€

Stranden 75
✆ +47 22 83 08 08
www.lofoten-fiskerestaurant.no
Du mardi au vendredi 11h30-22h, vendredi à partir de 12h. Plat à partir de 195 NOK le midi, 325 NOK le soir.

Ce restaurant, qui forme la pointe sud de la galerie commerciale d'Aker Brygge est une perle au creux du fjord ! Au menu, du poisson bien sûr. L'hiver, une grande cheminée éclaire la pièce, et l'été, une belle terrasse ouvre sur un fjord ensoleillé. Les grandes baies vitrées protègent des vents marins. Presque toutes les tables sont près d'une fenêtre. Des homards évoluent dans un aquarium près de l'entrée. La carte ne fait pas spécialement référence aux îles Lofoten. Les plats de poissons sont accompagnés de champignons, ratatouille, pâtes ou artichauts.

LOUISE RESTAURANT & BAR €€

Stranden 3
✆ +47 22 83 00 60
www.restaurantlouise.no

Du lundi au jeudi 11h-23h, vendredi-samedi 11h-3h. Dimanche 12h-22h. Plat à partir de 265 NOK le midi, 248 NOK le soir.

Portant encore le nom de son ancienne vie (ancien bateau à vapeur) et rendant hommage par sa décoration à cette époque, Louise est un endroit très agréable, décontracté, convivial et de bonne facture. La vue est magnifique – situé dans les anciens chantiers de construction d'Aker Mek – le fjord, les bateaux et la forteresse d'Akershus s'offrent à vos yeux alors que vos papilles découvrent des menus variés mélangeant l'exotisme et la cuisine traditionnelle norvégienne. Un endroit chic et assez cher, à l'ambiance tamisée mais où l'on mange très bien.

MY UGLY BABY €€

9 Youngs Gate
www.myuglybaby.no

Ouvert de 8h à 18h du lundi au vendredi, de 10h à 19h le samedi et le dimanche.

À Oslo, même les mordus de donuts trouveront leur petit coin de paradis ! La boutique colorée et excentrique My Ugly Baby confectionne des donuts, et exclusivement des donuts. Il y en a pour tous les goûts, de toutes couleurs, et même à thèmes en fonction des fêtes ou des événements du moment. Soyez sûr d'être servis avec la plus grande attention, le sourire et la bonne humeur, et puisque les places assises sont (très) limitées, un café, un donut, et en route pour de nouvelles aventures ! Une petites boutique originale à ne pas rater.

OLIVIA €€

Stranden 3 ✆ +47 21 09 02 53
www.oliviarestauranter.no

Du lundi au samedi 11h-00h, dimanche 12h-23h. Pizzas dès 154 NOK, plats autour de 200 NOK, menus de 255 à 655 NOK.

Olivia est une chaîne de cuisine italienne présente à Oslo. Les quatre restaurants sont quasi identiques à l'intérieur mais notre adresse préférée est sans doute celui de l'Aker Brygge. La cuisine est très bonne, avec un large choix de pizzas (pâte rouge ou blanche), de pâtes, d'antipasti, mais aussi une belle carte de plats composés. Pour la prestation et surtout l'emplacement du restaurant, on en sort très agréablement surpris car les prix sont peu élevés ! Un bon plan pour le budget, car on le sait à Oslo, ce n'est pas toujours facile de manger pour pas cher !

OSLO STREET FOOD €€

16 Torggata
✆ +47 22040044
www.oslo-streetfood.no

Ouvert toute l'année. Du lundi au jeudi de 11h à 23h ; le vendredi et le samedi de 11h à 3h ; le dimanche de 12h à 23h.

Cafés, bars et surtout stands de nourriture, on en voit littéralement de toutes les couleurs et de toutes les nationalités dans la nouvelle halle d'Oslo. En plein centre-ville, tous les publics se mélangent et, sur de longues tables et dans une ambiance conviviale, savourent des spécialités du monde entier. Graffitis aux murs, musique d'ambiance, vous ne saurez pas où donner de la tête. Au paradis des curieux, ou l'enfer des indécis, une chose est sûre : papilles, yeux et estomacs seront tous comblés ! Un lieu qui vaut le détour, donc !

PASCAL

Henrik Ibsens gate 36
✆ +47 22 55 00 20
www.pascal.no

Ouvert tous les jours de 11h à 17h, le dimanche à partir de midi.

Tout à côté du Slottsparken, faites une pause gourmande dans ce café-brasserie-pâtisserie d'inspiration française. On y trouve des macarons en quantité et de nombreux délices à se mettre sous la dent. C'est assez cher, assez sucré, mais le cadre est calme, les banquettes de cuir noir confortables et la musique vraiment pas forte. On peut aussi y manger le midi pour une vingtaine d'euros. Les locaux y ont de toute évidence leurs habitudes. Ils vendent aussi de petites choses à offrir si vous voulez faire plaisir à quelqu'un. On y retourne volontiers.

PELOTON €

Torggata 35
✆ +47921 56 181
www.pelotonbar.no

Ouvert tous les jours à partir de midi. Pizza à partir de 135 NOK.

En Norvège on aime la pizza, et le vélo. Alors chez Peloton on a réuni les deux, pour combler le maximum de personnes. On y va pour faire réparer son vélo, regarder les compèt' à la télé, ou bien juste manger une pizza sans se préoccuper des bécanes. Les plus motivés peuvent même apprendre à faire des pizzas avec le pizzaïolo de la maison ! Les prix sont honnêtes étant donné les standards de la ville, même pour une pizza, et l'ambiance toujours agréable ! Les amateurs de cyclisme sous toutes ses formes et les gourmands ont trouvé leur adresse !

PEOPLE'S €

Arbeidersamfunnetsplass 1
✆ +47 22 20 91 20
www.cafepeoples.no
Du lundi au mercredi 10h-1h, du jeudi au samedi 10h-15h, dimanche 12h-1h. Burgers et plats autour de 160 NOK.

People's est un bar restaurant au design soviétique assez intéressant. Le service est, pour une fois à Oslo, toujours souriant, et le *staff* cherche réellement à faire plaisir à ses clients. La cuisine mexicaine et les burgers sont à l'honneur, et d'excellents *tacos*. Le midi des plats un peu moins chers sont proposés. Un bon choix de bières à la pression (9 différentes) et même du cidre à la pression. Une adresse d'autant plus agréable qu'elle est située sur une vaste place préservée du trafic. Pas de la grande gastronomie, mais une bonne option tout de même !

PIPERVIKA €€

Rådhusbrygge 4
✆ +47 940 80 932
pipervika.no
Ouvert toute l'année. Du dimanche au mercredi de 12h à 20h ; du jeudi au samedi de 11h à 23h. Plat à partir de 129 NOK.

La poissonnerie du port vous propose des produits frais, cuisinés sur place ! Choisissez parmi les plats à la carte, un menu, ou bien sélectionnez directement votre poisson sur l'étal pour un plat personnalisé ! Soupe de poisson, fish and chips avec leur propre pâte à beignet tempura, moules au vin blanc, sélection de trois sortes de poisson avec ou sans crustacés en plus... en bref, de quoi passer un joli moment pour les yeux et les papilles. Installez-vous ensuite derrières les vitres du kiosque et profitez de la vue sur le fjord.

REST €€€

Kirkegata 1-3
✆ +47 922 50 016
restaurantrest.com
Ouvert toute l'année. Du mercredi au samedi de 18h à 00h. Menu unique à 1 950 NOK.

Rest, le nom parle pour lui-même. Dans ce restaurant de luxe, on transforme les restes en plats raffinés, pour lutter contre le gaspillage alimentaire. La cause est noble. Pas de plats à la carte donc, il faudra prendre un menu et vous laisser surprendre. Enfin, si vous avez les moyens de manger des restes. Car si l'initiative est bonne, rares sont ceux qui peuvent se permettre de l'appuyer... C'est tout de même un endroit qui vaut le détour, au moins pour se faire une idée du talent des chefs de la capitale, et pour goûter à l'originalité de la cuisine locale.

STATHOLDERGAARDEN €€€

Rådhusgate 11
✆ +47 22 41 88 00
www.statholdergaarden.no
Menu dégustation à 1 475 NOK, plats 545 NOK, menu gourmet 1 975 NOK.

L'un des meilleurs chefs cuisiniers norvégiens, Bent Stiansen (Bocuse d'or à Lyon en 1993), a ouvert son propre restaurant dans une maison rococo du XVIIe siècle. C'est ici qu'habitait de 1664 à 1679 le représentant du roi Ulrik Fredrik Gyldenløve. Le Staatholdergaarden vaut en lui-même une visite. Pendant les travaux de rénovation de 1985 à 1990 on retrouva un magnifique plafond de stuc. Le personnel explique d'une voix posée les plats du menu et la liste d'excellents vins. De superbes plats élaborés chaque jour suivant les produits frais du marché.

STORTORVETS GJÆSTGIVERI €€

Grensen 1
✆ +47 23 35 63 60
www.stortorvets-gjestgiveri.no
Ouvert du mardi au samedi de 12h à 22h. Le midi : plats de 175 à 215 NOK ; le soir : plats autour de 400 NOK.

L'un des plus anciens restaurants d'Oslo, qui date du XVIIIe siècle. L'intérieur est typiquement norvégien : énorme cheminée, bois et poutres, bougies sur les tables. Un cadre superbe et une équipe souriante et aux petits soins. Le midi, des plats typiques de la cuisine norvégienne, comme une tranche de pain avec une salade de crevettes à la mayonnaise dessus, une soupe de poisson avec des moules bio ou encore un toast à l'avocat. Le soir des plats de viande et de poisson. Leur crème brûlée est superbe ! Réservation en ligne conseillée.

TULLIN'S CAFÉ BAR AND SPISERI €

Tullinsgate 2
✆ +47 22 20 46 16
www.tullins.no
Du lundi au vendredi 11h-23h30, dimanche jusqu'à 23h. A partir de 130 NOK.

Un large choix de plats (wok, pâtes, pizzas, burgers...) à prix très raisonnables. L'ambiance est toujours au rendez-vous. On y vient déjeuner entre amis, prendre un café, étudier et aussi boire un verre en soirée. Soupe de poisson, omelette, salade de falafels, saumon et avocat, burgers (y compris végétarien), pizzas, quesadillas... du choix pour tout le monde ! Tullin's vit toute la journée ! Une adresse comme il y en a encore trop peu au centre d'Oslo.

L'ARDOISE €€

20 Thereses gate
✆ +47 22 11 09 65
www.lardoise.no
Ouvert du mardi au dimanche de 15h à minuit.

À mi-chemin entre le bistrot et le restaurant gastronomique, L'Ardoise se distingue par sa capacité à concilier cuisine française et produits norvégiens. Tenu par un sommelier et un pâtissier, tous deux français, l'établissement a ouvert ses portes en 2015 et vous accueille dans une ambiance chaleureuse et décontractée. Pour faire dans l'originalité, à la restauration s'ajoute le volet pâtisserie et bar à vin ! Dans la bibliothèque, vous pourrez vous asseoir autour d'un verre de vin et d'une planche de charcuterie ou de fromage.

BRASSERIE BLANCHE €€€

Josefinesgate 23
✆ +47 23 20 13 10
www.blanche.no
Mardi et samedi 17h-23h, mercredi et jeudi 17h-22h, vendredi 17h-01h, dimanche 16h-21h. Menus à partir de 545 NOK.

Un exquis restaurant caché dans un renfoncement de la rue, avec une petite terrasse sur le devant. Ce restaurant français propose des plats typiques préparés dans la plus grande tradition, et une carte de vins sélectionnés avec un soin tout particulier. L'intérieur est tout de pierres apparentes et de bois vêtu, la décoration, faite de caisses de vin, donne une atmosphère rustique moderne. Un choix d'entrée, de plats et de desserts très varié et satisfaisant. Également de nombreuses options végétariennes. Une adresse d'exception.

BAKER HANSEN - MAJORSTUKRYSSET €€

15 Valkyriegata
✆ +47 94 02 32 22
Ouvert du lundi au vendredi de 6h30 à 18h, le samedi de 8h à 17h et le dimanche de 9h à 17h.

Située sur le carrefour principal de Majorstuen, cette boulangerie est une adresse de choix pour ceux qui aiment observer le tumulte urbain. Avec ses deux tables seulement, cette boutique minimaliste vous servira, sinon du pain et des pâtisseries, toutes sortes de sandwichs et salades. Vous trouverez par ailleurs des boulangerie Baker Hansen un peu partout dans la ville avec à chaque fois de délicieuses pâtisseries typiques scandinaves ! À tester au moins une fois !

BYGDØY ALLÉ 3 €€€

Bygdøy Allé 3
✆ +47 22 55 11 86
www.ba3.no
Jeudi et vendredi 16h-3h, samedi à partir de 12h.

Un intérieur exquis dans un style rétro chic, Bygdøy Allé 3 enchante les papilles et les pupilles ! Toute l'année, on peut profiter d'une terrasse avec vue sur la place Solli. On retrouve des plats internationaux revisités à la norvégienne, et tous les samedis, on brunche ou on prend le thé en musique, volontiers sur un air de soul, funk ou jazz. L'ambiance est assez incroyable, un mélange typiquement norvégien de bon chic bon genre décontracte. C'est sûr, on se fait plaisir, pas seulement à manger mais aussi à observer cette clientèle bien d'ici.

BAKKEKROEN €€

81 Sørkedalsveien ✆ +47 22 14 41 59
www.bakkekroen.no
Ouvert de 12h à 23h, le week-end à partir de 13h. Le midi à partir de 128 NOK, le soir à partir de 208 NOK.

Le Bakkekroen est un ancien restaurant de 1936, typiquement norvégien. Le style de décoration intérieure n'a pas varié depuis 20 ans : lourds rideaux et nappes rouges qui s'accordent bien aux lampes en fer forgé. Au menu : steak au poivre, escalope de veau, flétan et carrelet. Au dessert, crème glacée maison. En semaine, le menu propose, pour une centaine de couronnes, une soupe aux champignons suivie du célèbre plat norvégien får-i-kål, sorte de choucroute à la norvégienne parfumée. Le café s'accompagne traditionnellement d'une liqueur aux jaunes d'œufs.

CAFÉ SARA €€

Hausmanns gate 29
✆ +47 22 03 40 00
www.cafesara.no
Ouvert du lundi au samedi de 11h à 3h30, le dimanche à partir de 13h. Plats de 99 à 239 NOK.

Une des meilleures adresses de la ville. On y mange de tout, large choix de plats (burgers, pizzas, pâtes, omelettes et salades) aux saveurs à la fois françaises (le chef y est pour quelque chose !) et mexicaines (les tacos sont délicieux). Bon rapport qualité-prix et bonne ambiance en prime, de quoi soulager un peu le portefeuille tout en se faisant plaisir. On aime bien la petite cour intérieure. Clientèle locale et variée, plutôt jeune. Bref, un endroit à ne pas manquer pour se faire une idée du café typiquement norvégien.

EL CAMINO €€

20 Bogstadveien
✆ +47 90 41 27 07
https://elcamino.no/#menu
Restaurant : tous les jours de 11h à 21h.
Bar : du mardi au jeudi 16h-23h30, vendredi et samedi à partir de 13h.

Situé au rez-de-chaussée de l'hôtel Thon Gyldenløve, ce bar-restaurant mexicain, avec sa grande véranda, jouit d'une situation idéale le long de la belle avenue de Majorstuen. Design et ultra colorée, la carte est aussi attirante que sa devanture ! Chez El Camino, burrito, tacos ou bowl, tout se facture à 33 NOK les 100 g ! Vous pouvez aussi commander les formules déjà pensées, comme le bol végétarien, le tacos au cabillaud pané ou encore un burrito aux légumes, au maïs et au guacamole. Une ambiance détendue pour ce petit restaurant très bien !

FEINSCHMECKER €€€

Balchens gate 5
✆ +47 22 12 93 80
www.feinschmecker.no
Ouvert du lundi au samedi à partir de 17h, le samedi à partir de 18h. Menu 995 NOK, plats de 325 à 495 NOK.

Ici, nous visons le « top du top », l'un des meilleurs restaurants d'Oslo. La cuisine apporte une fusion entre plats norvégiens revisités en mode postmoderne et touches d'exotisme épiçant délicatement le menu. Le service comme la nourriture est évidemment de la plus grande qualité, rien à redire sur les performances. Pas besoin de préciser qu'il vaut mieux avoir une bourse bien pleine avant d'entrer, mais pour la qualité, ça vaut vraiment la peine. Certains restaurants en Norvège sont bien plus chers pour des repas moins savoureux !

FROGNERSETEREN €€€

Holmenkollveien 200
✆ +47 22 92 40 40
www.frognerseteren.no
En semaine 12h-22h, le samedi à partir de 13h, le dimanche 13h-21h. Le midi à partir de 200 NOK, le soir 375 NOK.

Au cœur des alpages d'Oslo, ce grand chalet tout en rondins noircis autant par l'enduit de goudron que par le temps date de 1892. Le toit est hérissé de têtes de dragon qui semblent monter la garde. Faites comme tout le monde et prenez une collation sur la terrasse ou, si le temps est à la pluie, dans la jolie cafétéria, vous aurez un instant le sentiment de festoyer au temps des Vikings ! Les plus sportifs peuvent reprendre le métro à la station d'Holmenkollen, en coupant à pied la boucle de son trajet, par la forêt de la Marka.

LANTERNEN €€

2 Huk Aveny
✆ +47 22 43 78 38
www.restaurantlanternen.no
Ouvert de mi-avril à mi-septembre tous les jours de midi à 18h. Plats de 190 à 370 NOK.
Pizza à partir de 195 NOK.

Le Lanternen est une auberge qui se réveille chaque année au printemps avec le retour des beaux jours, quand les habitants de la capitale et les touristes viennent à la presqu'île de Bygdøy pour admirer les fabuleux bateaux vikings et le Musée folklorique en plein air. Ici, à quelques brassées de la vie trépidante d'Aker Brygge (10 minutes en ferry), on se retrouve plongé dans un calme champêtre au bord de l'eau. Le menu est axé sur des produits typiques (du gibier comme l'élan et le cerf dans une sauce au vin rouge) et les produits de la mer.

LILLE HERBERN €€

Herbernveien
✆ +47 22 44 97 00
www.lilleherbern.no
Ouvert de mai à septembre. Ferry jusqu'à l'île, aller-retour adulte : 40 NOK, enfant : 10 NOK.

Situé sur une petite île face à la péninsule de Bygdøy, ce restaurant, qui a ouvert en 1929, offre une expérience hors du commun ! Au cœur du fjord, goûtez au meilleur des produits et des spécialités de la mer, dans un cadre idyllique. Le tour en bateau pour s'y rendre fait partie intégrante de la visite. Départ de Herbernveien tous les quarts d'heure. On y mange bien, du fish and chips au poisson du jour en passant par un plat végétarien ou un hamburger. Menus enfants également à la carte pour 135 NOK. Le dessert de baies fraîches avec une boule vanille est top !

LORRY €€

Parkveien 12
✆ +47 22 69 69 04
www.lorry.no
Ouvert le lundi de 11h à 1h, du mardi au samedi jusqu'à 3h30, le dimanche de midi à 1h.

Lorry n'est pas seulement un bon restaurant traditionnel norvégien, c'est aussi l'un des plus anciens ! Ce lieu de caractère avec son atmosphère de bric-à-brac historique, est un lieu très populaire qui offre, en été, l'une des plus belles terrasses ! On s'y arrête volontiers pour tester quelques-unes des 129 bières disponibles. Les prix sont raisonnables et les portions généreuses, un lieu que l'on recommande sans hésiter. C'est, en plus d'être l'une des adresses les plus connues et appréciées de la ville, un lieu très représentatif de l'ambiance de la capitale.

PANCETTA PIZZA €€

69 Kirkeveien
✆ +47 22 59 90 90
www.pancetta.no
Ouvert le lundi et le jeudi 9h-22h, le mardi et le mercredi 14h-22h, vendredi au dimanche 14h-23h. Pizzas 110 à 290 NOK.

Deux options pour cette chaîne de pizzas : italienne ou gourmet. C'est-à-dire la classique ou l'exotique ! Si les prix semblent excessifs, ils sont en réalité plutôt corrects pour la capitale ! C'est surtout le nombre de pizzas au menu qui surprend avec 46 propositions en tout, dont plusieurs options végétariennes. Ils servent aussi des calzone. Pour les enfants, vous pourrez commander des pizzas plus petites pour 95 NOK. Des glaces sont proposées pour le dessert. La qualité des pizzas en fait l'une des pizzerias favorites des locaux.

RESTAURANT SCHRØDER €€

8 Waldemar Thranes gate
✆ +47 22 60 51 83
www.xn--restaurant-schrder-u4b.no
Ouvert toute l'année. Tous les jours de 15h à 23h. A partir de 139 NOK.

Un restaurant typiquement norvégien, dans le menu comme dans la décoration, et des prix qui restent tout à fait raisonnables pour des plats copieux et bons ! Des salades, des plats végétariens, de la viande, des plats de poisson sympa, comme le maquereau grillé, il y en a vraiment pour tous les goûts ici. Ils proposent aussi un plat du jour, chaque jour différent. Le samedi, c'est renne ! Cette institution est bien connue des lecteurs de l'auteur de romans policiers Jo Nesbø. En effet, son personnage principal, l'inspecteur Harry Hole, est un habitué des lieux !

SYVERKIOSKEN €

45B Maridalsveien
✆ +47 948 59 091
Ouvert tous les jours de 10h à 23h30. Le kiosque donne sur Waldemar Thranes gate.

Ce kiosque à hot-dogs, enfoncé dans un mur, a une longue histoire ! Depuis 100 ans il régale les estomacs osloïtes et fait le bonheur des curieux. Parfait pour acheter une saucisse à la volée, et continuer d'explorer les recoins de Grünerløkka ! Bien sûr ce n'est qu'un hot-dog et cela n'a rien d'un menu gourmet, mais l'endroit est original et rien de tel qu'un peu de pain et de chair à saucisse pour caler les estomacs, pendant que les esprits curieux, qui ne pensent pas à s'arrêter un instant pour manger, se rassasient des attractions de la ville.

TRANEN €€

70 Waldemar Thranes gate
✆ +4794019829
www.apentbakeri.no/tranen
Ouvert de 7h à 16h lundi au vendredi, à partir de 8h samedi et dimanche. Pizzeria tous les jours à partir de 16h.

À quelques mètres de la rivière Akerselva, le café-restaurant Tranen offre une vue imprenable sur le carrefour animé de la place Alexsander Kielland. À l'intérieur, banquettes en cuir, draperies et boiseries habillent la pièce. Tranen est tenu par deux établissements, Åpent Bakeri et Lofthus samvirkelag, ce qui fait son originalité. Si l'on y brunche, boit du café, et mange des sucreries une grande partie de la journée, à partir de 16h l'endroit se transforme en pizzeria et les boissons alcoolisées remplacent les boissons chaudes !

TROYS BURGERS €

36 Hegdehaugsveien
✆ +47 93 09 50 50
www.troys.no
Ouvert lundi-mardi 14h-21h, mercredi-jeudi-dimanche 12h-22h, vendredi-samedi 12h-23h. Burger à partir de 112 NOK.

Un burger abordable dans le quartier le plus cher d'Oslo ! Installé derrière la fenêtre, observez la vie urbaine dans la grande artère de Majorstua. Burgers faits maison. celui à la mayonnaise aux truffes maison est très bon, tout comme leur option burger végétarien très savoureux et bien relevé. Des frites de pommes de terre, mais aussi de patate douce et d'autres au parmesan, ou bien même un mélange. La plupart des sauces sont également maison. Recommandé si l'on a une envie subite de manger un plat rapidement et bien gras !

VALKYRIEN GRILL €

Bogstadveien 71B
✆ +47 22 46 93 01
Ouvert tous les jours de midi à 3h30. Burgers à partir de 95 NOK, kebabs à partir de 75 NOK, menu à partir de 115 NOK.

Derrière une lourde porte en bois, bienvenue dans l'un des endroits les plus authentiques de la capitale. Tous les soirs, les habitués se réunissent dans ce bar rustique, ils y boivent de la bière et chantent chacun leur tour, une chanson, jouent de la musique ou racontent une histoire ! L'ambiance est au rendez-vous et nous donne l'impression d'un voyage dans le temps. Possibilité de manger sur place, puisque ce bar propose la carte du restaurant asiatique voisin, mais aussi une sélection de plats snacks simples et bien préparés.

LE BENJAMIN BAR & BISTRO €€

Søndre gate 6
✆ +47 22 35 79 44
www.lebenjamin.no
Ouvert du mardi au dimanche à partir de 16h. Menu à 640 NOK.

Bienvenue dans le plus *frenchie* des restaurants d'Oslo ! On se croirait presque à Paris, dans une brasserie de quartier (décoration, service et ambiance à la française). Chaleureux, le Benjamin est certainement le meilleur restaurant français de la ville. D'ailleurs, nombreux seront les locaux à vous le conseiller. Au menu, tartes flambées, fondues, fromages, charcuteries... l'endroit est parfait pour les nostalgiques du pays ou ceux qui vivent désormais loin de la France et de sa grande cuisine. Chaque plat sera agréablement arrosé d'un des bons vins à la carte !

DØGNVILL BURGER €€

Vulkan 12
✆ +47 21 38 50 10
www.dognvillburger.no
Du mardi au jeudi 15h-23h, vendredi et samedi 12h-00h, dimanche 14h-22h.
Burgers 169 à 199 NOK.

Attention, pensez à réserver en appelant ou directement sur leur site car le restaurant est très convoité ! Et pour cause, voisin du Mathallen Food Hall, le Døgnvill Bar & Burger sert parmi les meilleurs burgers de la capitale. Les burgers sont fait à partir de viandes locales et les légumes sont aussi issus de productions locales et cuisinés sur place, comme les délicieuses sauces ! On pourra arroser le tout à l'aide d'un des délicieux vins, de bières ou de cocktails que propose le bar ! Une adresse à découvrir sans tarder.

FUNKY FRESH FOOD €€

Hausmanns gate 16
✆ +47 45 91 57 79
www.funkyfreshfoods.no
Tous les jours de 11h à 18h30.

Un café-restaurant vegan, idéalement situé sur la rivière Akerselva, dans le musée DOGA ! Burger, wraps, salades, falafels, graines germées... idéal pour caler la faim des promeneurs avec des produits dans la mesure du possible locaux, de saison et issus de l'agriculture biologique. Des gâteaux crus et bio également, une merveille, sans œufs ni lait, avec du sucre d'agave. Enfin une adresse en plein centre pour manger léger (mais copieux !) et sain. C'est de plus une occasion de visiter le musée d'architecture et de design dans lequel se trouve ce restaurant.

MAD AT BAR €€€

Vulkan 9
✆ +47 940 08 182
www.madatbar.no
Ouvert toute l'année. Du mardi au samedi de 17h à minuit. Plats environ 250 NOK.

Chez MAD at Bar, le principe c'est de partager pour goûter à tout. Pas bête ! Si la carte commence à 55 NOK pour des petits encas, ne pensez pas être rassasié ! Plusieurs entrées (dont un wrap de homard !), quelques plats assez basiques (encore du burger...) et de nombreux accompagnements. L'atout de ce bar-restaurant, c'est son intérieur, design coloré et moderne, ainsi que son emplacement, au cœur du quartier vibrant de Vulkan. Autre avantage, un rooftop ouvert de mai à septembre, et le bar qui se transforme en club le soir du jeudi au samedi !

MARKVEIEN MAT & VINHUS €€

Torvbakkgata 12
✆ +47 22 37 22 47
www.markveien.no
Ouvert du mardi au samedi de 16h à 22h30. Plats principal autour de 300 NOK.

Un restaurant qui nous a semblé un peu cher mais malgré tout très bon. Des propositions culinaires intéressantes, telles que les croquettes de crabe avec une émulsion de crustacés ou encore des rillettes de saumon fumé avec une purée de chou en entrée. En plat principal on est agréablement surpris aussi, avec du flétan à la betterave ou du canard confit accompagné de potimarron. La carte des vins est diversifiée. On redemanderait bien du cheese cake au coulis de framboise ou des pommes au four avec une sauce caramel, une crêpe et de la glace à la cardamome !

MATHALLEN OSLO €€

Vulkan 5
✆ +47 40 00 12 09
www.mathallenoslo.no
Ouvert du mardi au samedi de 10h à 20h, le dimanche de 11h à 18h.

Incontestablement l'un des endroits les plus branchés de la capitale et donc un des plus prisés. Le Mathallen Food Hall est un superbe marché intérieur d'alimentation, particulièrement bien achalandé. On peut s'y installer pour déguster des sushis, boire un verre, un café, faire son marché, manger un burger ou encore acheter de la charcuterie italienne... L'offre est relativement importante et le cadre est très chaleureux. L'hiver, il y a également possibilité de manger au restaurant au coin du feu sous un tipi installé à l'extérieur ! À découvrir absolument !

MUCHO MAS €

Thorvald Meyers gate 36
✆ +47 22 37 16 09
www.muchomas.no
Du lundi au jeudi 16h-23h, vendredi 15h-2h, samedi 12h-2h, dimanche jusqu'à 22h30. Plats de 125 à 210 NOK.

Mucho Mas signifie « beaucoup plus » en espagnol ! En effet, ici c'est quantité mais aussi qualité ! Quant à son emplacement, c'est encore au cœur de Grünerløkka que l'on vous emmène, le quartier branché de la capitale. Envolez-vous pour le Mexique. Cette belle adresse sert une cuisine fraîche et originale et à des prix raisonnables ! Que dites-vous d'un délicieux chili con carne, de poisson ou de viande au guacamole, d'un burrito ou encore de savoureux tacos sans oublier les légumes cuisinés à la mexicaine ? Le petit plus, tout est fait maison.

SMALHANS €€

Ullevålsveien 43
✆ +47 22 69 60 00
www.smalhans.no
Du mercredi au samedi 15h-1h, dimanche 15h-22h. Plats 190 NOK, menu soir 620 NOK.

Trois amis sont à l'origine de cette belle adresse qui a ouvert ses portes en 2012 dans le quartier de St. Hanshaugen, un quartier à la mode mais pas trop non plus. Un peu huppé et ancien avec ses maisons en bois et ses parcs. L'intérieur est agréable, chaleureux et détendu. Briques apparentes, poutres, peintures et service sympathique. Le midi, on sert différents plats à la carte, et après 18h, place au dîner. Les plats sont copieux et bien présentés. La maison sert des vins biologiques, mais pas seulement ! Bref, on adore !

NEDRE FOSS GÅRD €€

Nordre gate 2
✆ +47 923 38 293
www.nedrefossgaard.no
Ouvert du mardi au vendredi 14h-22h, samedi et dimanche 12h-22h. Menu 4 plats à 645 NOK. A la carte à partir de 245 NOK.

Construit en 1220, ce lieu était un moulin qui appartenait au monastère de l'île d'Hovedøya. Il est donc idéalement situé tout près de la rivière Akerselva, et l'intérieur est tout bonnement splendide : murs blancs et moulures au plafond, des plantes par-ci par-là, banquettes en cuir marron, parquet clair. Une merveille. Le menu est raffiné et les prix raisonnables. Aujourd'hui Nedre Foss Gård compte aussi un bar à vin, un bar à cocktail, et un bar à bière (qui sert de bons burgers), rien que ça ! Un endroit apaisant, champêtre bien qu'il soit au cœur de ville.

TRATTORIA POPOLARE €€

Trondheimsveien 2
✆ +47 406 75 231
www.popolare.no
Ouvert lundi au jeudi de 11h à 22h, vendredi et samedi 12h-22h, dimanche jusqu'à 21h. Plats le midi 200 NOK.

Un des meilleurs italiens de la ville. Les produits sont frais et pour beaucoup, d'origine italienne. On vous recommande le menu à 4 plats afin de goûter un maximum de spécialités (antipasti, sélection de pâtes, viandes et desserts) mais il est aussi coutume comme en Italie de choisir plusieurs plats à partager ! De plus, on lui accorde notre préférence puisqu'on en a vraiment pour son argent. Belle sélection de vins. On apprécie la carte avec la précision de la provenance de chacun d'entre eux. Victime de son succès, n'hésitez pas à réserver !

OSTEBUTIKKEN €€

Thorvald Meyers gate 27
✆ +47 22 37 80 65
www.ostebutikken.com
Mardi et mercredi 17h-22h, jeudi, vendredi, samedi 17h-23h. Plats de 139 à 265 NOK.

Cette charmante petite boutique est aussi un restaurant de spécialités fromagères. Le cadre est sympathique, l'ambiance est décontractée et chaleureuse, et la cuisine assez typique globalement d'un bistrot à la française (pas forcément très dépaysant du coup) : mobilier en bois, nappes à carreaux, décors rustiques : tout y est ! Cette petite guinguette sert des soupes, des tartines, du bon vin... Et c'est avec difficulté que l'on repartira les mains vides car les gourmands y trouveront un certain nombre de produits de qualité.

VILLA PARADISO €

Olaf Ryes plass 8
✆ +47 22 35 40 60
www.villaparadiso.no
Ouvert lundi-mardi de 8h à 22h, du mercredi au vendredi jusqu'à 23h, le samedi de 10h à 23h, le dimanche de 11h à 22h.

Le restaurant, en plein cœur de Grünerløkka, le quartier branché où nombreuses sont les bonnes adresses de bars et de restaurants. Villa Paradiso attire tout le monde : petits et grands sont les bienvenus, tout comme les groupes, les couples ou les personnes seules ! Le menu est assez classique, spécialités italiennes, pizzas classiques mais de bon goût et peu chères pour le standard. La carte des vins est belle et l'endroit est fort agréable, particulièrement en été où la terrasse est très appréciée. On y passera volontiers la soirée.

DATTERA TIL HAGEN €€

Grønland 10
✆ +47 22 17 18 61
www.dattera.no
Un food-truck sert des pizzas à consommer sur place ou à emporter.
Pour commander : ✆ +47 22 17 18 61.

Ce lieu hétéroclite de Grønland se visite tant de jour que de nuit, pour boire et danser, mais aussi pour manger ! Tous les vendredis et samedis, dans son arrière-cour à l'ambiance colorée et ses guirlandes électriques, un camion de pizza rassasie les fêtards, entre deux chorégraphies. On y rencontre des personnes de tous horizons venus boire, danser, manger, peu importe, on finit tous pas s'éterniser. Un endroit propice à la détente, aux rencontres, à l'excitation : bref, un lieu fait pour passer de bons moments, en bonne compagnie !

EKEBERGRESTAURANTEN €€€

Kongsveien 15
✆ +47 23 24 23 00
www.ekebergrestauranten.com
Ouvert lundi au samedi 12h à 22h, le dimanche de 12h à 21h. Midi : plats 225 NOK, menu à 395 NOK. Soir : plats 595 NOK.

Un restaurant splendide, tout blanc et aux vitres grandes ouvertes pour admirer le fjord juste en dessous ! Non seulement le design est impeccable mais la qualité de la cuisine suit. Pour les amoureux de gastronomie norvégienne, c'est ici un des temples en la matière. Un endroit où il fat bon passer du temps et de promener dans les environs avant le repas pour se mettre en appétit et après pour digérer ! Réservation recommandée, surtout parce qu' une fois s'être rendu sur place, ce serait dommage que toutes les tables soient prises !

GALGEN €

Stromsveien 1
✆ +47 485 12 255
www.galgen.no/kontakt
Mardi et dimanche de 11h à 21h ; du mercredi au samedi de 11h à 23h. Plats 150-250 NOK.

Qu'est-ce-qu'on est bien chez Galgen ! Plafond bas, mobilier rétro, murs en lambris aux couleurs chaudes, et derrière, la plus belle des surprises : un jardin ! Oui, avec de la pelouse ! L'été, au soleil sur un transat, on en deviendrait presque feignant. Avec ça, brunch, déjeuner et dîner à des prix très doux. Pour ceux qui ont envie de s'accorder une vraie pause dans un cadre chaleureux et convivial, vous avez trouvé votre spot ! Même en hiver lorsque la terrasse n'est pas vraiment de rigueur, l'intérieur n'est pas moins décevant.

HANDWERK BOTANISKE €

Sarsgate 1
✆ +47 22 60 85 00
handwerk.no
Du lundi au dimanche 10h-16h.
Déjeuner à partir de 80 NOK.

Un très joli café, authentique, situé dans le cadre paisible des jardins du musée d'Histoire naturelle. Intérieur épuré et très lumineux aux tons pastel et bois naturel. On y mange volontiers en terrasse l'été, au calme et au soleil ! Assez peu de choix pour ce restaurant mais des propositions très savoureuses et saines, comme le humus ou l'aïoli maison servis avec du pain de seigle comme les Nordiques savent le faire, une soupe du jour selon les produits de saison, des sandwich végétariens ou vegan sur demande. Desserts et douceurs au top !

HOLY COW €

Schweigaardsgate 16
✆ +47 401 87 419
holycowstreetfood.no
Ouvert du lundi au jeudi de 11h à 21h, le vendredi jusqu'à 22h, le samedi de 14h à 22h. A partir de 115 NOK.

Un restaurant indien à l'intérieur très design et coloré. On peut s'installer près de la vitre et regarder le quartier de Grønland qui grouille en permanence. Les plats sont bons et copieux, et c'est bien tout ce qui nous importe ! Une des meilleures adresses du coin ! Une bonne sortie en famille également car chacun pourra trouver un petit plat qui lui fait envie. Et pourquoi pas partager et goûter à tout. Nous n'allons pas vous faire un dessin de ce qu'est un restaurant indien... seulement voilà, celui-ci s'avère être particulièrement sympa et bon !

ISTANBUL RESTAURANT GRØNLAND €

Grønland 14
✆ +47 23409022
www.istanbulkebab.no
Ouvert toute l'année. Tous les jours de 10h à 0h. De 60 à 190 NOK.

Produits frais et spécialités turques, servis avec le sourire ! À l'intérieur, une déco sympa qui change des kebabs habituels, et des prix qui font vraiment envie. Des plats simples et sains traditionnels de la Turquie, comme les Børek farcis ou non, les assiettes mixtes avec des brochettes et sauce blanche maison, du riz ou boulgour, de la salade et des petits légumes crus, les soupes, les viandes marinées. Également plusieurs propositions végétariennes, c'est top !

KAMPEN BISTRO €

Bøgata 21
✆ +47 22 19 77 08
www.kampenbistro.no/#maten
Du dimanche au mercredi 17h-23h, du jeudi au samedi 17h-1h. Plats autour de 250 NOK.

Ce bistro est un endroit où l'on vient s'asseoir pour apprécier un verre ou un repas simple, préparé avec des produits locaux et de saison. Une à deux fois dans le mois on peut y voir un concert. Le cadre est sympathique et le menu change tous les jours, donc il est assez difficile de se lasser ! Du cabillaud au four, une soupe de chou-fleur, des antipastis, des menus 3 plats pour la viande ou le poisson, des burgers (y compris végétariens), des menus enfants..., il y en a pour tous les goûts. La carte des bières est impressionnante.

MAAEMO €€€

Dronning Eufemias gate 23
✆ +47 22 17 99 69
www.maaemo.no
Ouvert du mardi au samedi de 17h30 à minuit. Menu à 2 600 NOK.

Ouvert en 2010, ce restaurant a immédiatement attiré une attention internationale. On y sert une cuisine norvégienne à base de produits saisonniers et bio. Les vins sont associés à chaque plat avec talent. La décoration, moderne et lumineuse, ajoute un cachet appréciable à l'établissement. Ambiante très (très !) tamisée. Le guide Michelin lui a décerné en 2014 deux étoiles et une troisième en 2016. Maaemo est désormais considéré comme le meilleur restaurant d'Oslo. Un lieu atypique et d'excellence si l'on veut et peut se faire un resto gastronomique.

LE MEO SUSHI €€

Mandalls gate 10
✆ +47 22 17 71 80
https://lemeo.no
Ouvert tous les jours de 13h à 21h. Compter 200 NOK grand minimum.

Un bon restaurant de sushis, le premier à avoir vu le jour dans le chouette quartier de Grønland, et qui vaut donc d'autant plus la peine d'y déjeuner qu'il est fréquenté par beaucoup de riverains. Possibilité de commander à emporter. Des chefs cuisiniers qui savent ce qu'ils font, ils perpétuent la tradition familiale et réutilisent les recettes de leurs grands-parents ! Si l'on ne peut pas forcément voyager au Japon par les temps qui courent et qui durent, on peut au moins aller chez LeMeo Sushi et passer un excellent moment.

OLYMPEN €€€

Grønlandsleiret 15
✆ +47 24 10 19 99
www.olympen.no
Du mardi au jeudi 11h-23h, vendredi 11h-1h, samedi 12h-1h.

Dans le vieil Oslo, « Lompa » pour les amis, c'est le plus brun des « cafés bruns » avec une « atmosphère, atmosphère ! », comme aurait dit Arletty. Cuisine du terroir et boîte Pigalle à l'étage. Des plats recherchés, savoureux et vraiment bien présentés. En entrée, gravlaks fait maison, carpaccio de baleine ou encore croquettes au fromage. En plats principaux, pas mal de propositions de viande, et une végan, un peu décevant, une assiette de quinoa aux légumes. Les desserts en revanche sont fabuleux, comme le canole à la crème de multe, cette baie nordique !

SKATTEN €

Hagegata 22-24
✆ +4745736240
skattenoslo.no
Lundi au samedi de 9h à 23h.
Plats autour de 150 NOK le midi et le soir.

Skatten signifie le trésor, et c'en est vraiment un ! Voilà un des rares endroits à Oslo où l'on peut prendre le petit déjeuner, manger pour moins de 200 NOK, et danser jusqu'à tard ! Évidemment l'endroit est connu et fréquenté, une vraie bonne adresses où vous aurez la chance de rencontrer des locaux bien souvent autour d'un verre ou d'un petit plat. En plus de ça, l'endroit est beau et chaleureux, de quoi vous retenir un moment et vous faire passer un bon moment. Skatten organise aussi des événements. Bref on pourrait passer la journée au Skatten.

FAIRE UNE PAUSE

Qu'il fait bon décider d'arrêter de courir de musée en musée pour faire une pause et simplement prendre le temps de vivre ! À Oslo une grande majorité de cafés reçoivent beaucoup de lumières naturelles grâce aux fenêtres et vous pourrez donc sans peine vous installer confortablement et regarder les gens aller au travail ou revenir de l'école avec leurs enfants, aller faire leurs courses ou filer au cours de yoga, matelas dans le dos et casque de vélo bien vissé sur la tête ! Les cafés de la capitale (et du pays !) proposent en général de délicieuses pâtisseries avec ou sans crème, souvent avec de la cannelle et de la cardamome, un vrai délice ! Détail non négligeable, quasiment tous les cafés ont une connexion Internet gratuite, ce qui peut s'avérer pratique si vous avez un peu de travail à faire. Quoi qu'il en soit, nous ne pouvons que vous recommander de faire des pauses, vous n'en apprécierez que mieux votre périple.

AMUNDSEN BRYGGERI & SPISERI

Stortingsgata 20
✆ +47 24 20 09 00
www.amundsenspiseri.no
Ouvert du lundi au samedi à partir de 11h30.

Un très joli pub au cœur de la ville avec un large choix de bières, non négligeable pour les amateurs ! De plus, le pub brasse trois sortes de bières sur place, reconnaissables à leurs canettes au design délirant. Et comme là où il y a à boire, il y a à manger, vous trouverez au choix hamburger, fish and chips, ou des spécialités du pays finement servies. Tout ça dans une ambiance sportive et décontractée. Si le pub a tout d'un pub anglais, les prix prix eux, sont bien norvégiens !

ANDY'S PUB

Stortingsgata 8
✆ +47 22 42 68 46
www.andyspub.no
Ouvert la semaine de 15h à 3h30,
le week-end à partir de 13h.

À côté du Parlement, c'est dans ce bar que se rassemblent les passionnés de foot, en particulier les supporters de Liverpool dont c'est le lieu attitré. Deux écrans retransmettent les grands matchs sur lesquels les Norvégiens parient (tipping). Le barman est d'ailleurs un spécialiste et renseigne volontiers les moins avertis. Également des soirées piano-bar ou *quiz*, selon les jours de la semaine. Saucisses et sandwichs baguette. Un endroit sympathique et étonnant pour se frotter à une population fan de football et de pubs à l'anglaise !

BAR BOCA

Thorvald Meyers gate 30
✆ +47 22 04 13 77
Ouvert lundi-mardi 16h-1h, le mercredi et le jeudi jusqu'à 2h, le vendredi 3h, samedi 14h-3h, dimanche 14h-13h.

Le Boca est l'endroit le plus réputé pour ses cocktails. Dans une ambiance plus qu'intimiste avec ses 5 tables, il nécessite de s'y rendre assez tôt pour avoir de quoi s'asseoir. Le cadre 1950, allié à l'aspect minimaliste, fait aussi partie du décor et les gens s'y bousculent dès la sortie des bureaux. Avis aux amateurs de cocktails ! L'ambiance intimiste et vivante fait du Boca une adresse populaire de Grünerløkka qui vous renverra directement dans les années 1950. Existe depuis 1998. Restauration légère possible type sandwichs.

CACADOU

Torggata 27
✆ +47 98 82 23 25
Ouvert tous les jours de 14h à 3h30.

Un petit bar norvégien ouvert tard tous les jours de la semaine. Atmosphère populaire et détendue, le Cacadou qui a ouvert en 1989 n'est pas près de fermer. Quiz le lundi, concert parfois et bonne ambiance tout le temps, avec des verres à petits prix ! Un lieu vraiment vivant et rempli de locaux qui veulent simplement passer un bon moment après le boulot ou le week-end ! Il fait bon s'asseoir là-bas et observer ce qui se passe autour, c'est presque une enquête sociologique ! Une valeur sûre de Torggata où l'on retournera volontiers.

CAFÉ MIR

Markveien 61
www.lufthavna.no
Ouvert tous les jours de 18h à 1h.
Interdit au moins de 20 ans.

Un endroit très original, bien caché au cœur du quartier vibrant de Grünerløkka et aux mille et une couleurs qui invitent à la découverte de son intérieur. Des dizaines de *graffs* courent le long du bâtiment, dehors et dedans, dans un style hétéroclite très accueillant et somme toute assez bon enfant. De nombreux concerts et DJ de genres musicaux très variés s'y succèdent et l'on aime profiter de l'espace extérieur bariolé lorsque les conditions météorologiques le permettent. Il y a aussi des quiz le lundi ainsi que des jeux de société.

CAFÉ SØR

Torggata 11
✆ +47 41 46 30 47
www.cafesor.no
Ouvert du lundi au dimanche de 12h à 1h30.

Grand classique des jeunes et des autres parmi les Osloïtes, le Café Sør sait également séduire les visiteurs. Son emplacement sur la portion piétonne de la Torggaten n'y est bien sûr pas étranger. Si les plats n'ont rien d'exceptionnel, ils sont cependant bien servis et l'on en ressortira souvent repus. Plusieurs types de cafés, davantage de thés encore. Le service au comptoir est un peu gênant, mais ce rite est assez fréquent à Oslo. Le soir, on viendra assister à un DJ *set*, ou *surf*er sur des notes de jazz, reggae ou afro. Nombreux concerts intéressants !

CHAMPAGNERIA

2 Frognerveien
✆ +47 21 08 09 09
www.champagneria.com
Ouvert tous les jours de 16h à tard.
Fermeture cuisine 22h.

Champagneria est une adresse remarquable à tous points de vue. Supposée être l'antre des amateurs de champagne, comme son nom l'indique, sa carte ne déçoit pas, loin de là, les plus fins connaisseurs. Entre blanc de blancs, blanc de noirs et même mousseux, la carte précise même les pourcentages de chaque cépage pour chaque cru. Côté décor, le style est épuré, sobre design, évidemment *trendy*. Les tarifs suivent d'ailleurs, avec probablement la carte la plus chère de la ville. Pour les nantis uniquement, une expérience à ne pas manquer. Jolie terrasse sur le toit.

CROW BAR & BRYGGERI

Torggata 32
✆ +47 21 38 67 57
www.crowbryggeri.com
Ouvert tous les jours de 15h à 3h.

Un bar-brasserie sympa qui produit sa propre bière et qui propose des kebabs à la viande de porc ! Parfait pour un petit creux et des retrouvailles de groupe car une salle est à disposition à l'étage ! Original, avec son très bel intérieur en brique rouge et cuivre. Plusieurs sortes de bières exclusives évidemment, comme la Scream Ale, une pale ale avec des notes caramélisées et seulement 4,7° d'alcool. Attention à rentrer chez vous à temps car cet endroit peut vite s'avérer un lieu de perdition pour les amateurs de bonne bière !

DELICATESSEN

Søndre gate 8
✆ +47 22 46 72 00
www.delicatessen.no
Ouvert du lundi au dimanche de 12h à 22h.

Sans être l'un des moins chers (au contraire), ce bar-restaurant mérite que l'on si arrête car il est certainement l'un des plus conviviaux. Sur les murs aux couleurs chaudes sont dessinées de grandes fresques représentant des scènes de bar. Bougies sur les tables comme très souvent en Norvège, pour notre plus grand plaisir ! Chaque semaine des tapas différentes sont proposées avec un choix de tapas classiques mais aussi des plus innovantes. D'autres adresses dans Oslo (Majorstuen, Aker Brygge) et à Bodø et Frederikstad. Une bonne adresse !

DEN GAMLE MAJOR

66 Bogstadveien
✆ +47 22 46 29 04
www.gamlemajor.no
Ouvert du dimanche au mardi de midi à minuit, mercredi et jeudi jusqu'à 1h, le vendredi et le samedi jusqu'à 3h.

Un très joli pub à la fois *lounge* et rustique dans le beau quartier de Majorstua. L'endroit est agréable pour se retrouver entre amis autour d'une bière ou pour y manger de la cuisine norvégienne, c'est-à-dire plutôt américaine ! Des entrées traditionnelles comme la salade de mozzarella ou des moules-frites. Plats principaux standard aussi, steak frites, fish & chips, burgers... Le fondant au chocolat n'est pas mal du tout avec ses baies fraîches et coulis de framboises. Passage obligé par les toilettes, surprise, on ne vous en dit pas plus !

DR. JEKYLL'S PUB

Klingenberggata 4
✆ +47 22 41 30 44
www.jekylls.no
Ouvert du dimanche au mercredi 17h à minuit. Jeudi jusqu'à 1h. Vendredi et samedi de 15h à 3h.

Que ce soit pour un café latte dehors par une belle journée ensoleillée (si, si, il y en a !) ou pour un verre en soirée ou bien même pour danser, Jekyll's est l'endroit idéal et bien situé près de la galerie nationale et du Slottsparken. Avec un large éventail de bières pression ou bouteille et la meilleure sélection de whiskys de la ville, l'endroit est attrayant. L'ambiance du bar retient l'attention avec sa décoration en bois massif, sa salle de danse et de billard au sous-sol et sa terrasse côté cour pour les fumeurs. Également restauration légère.

FUGLEN

Universitetsgata 2
✆ +47 22 20 08 80
www.fuglen.no
Lundi et mardi 7h-21h, mercredi 7h-23h, jeudi 7h-minuit, vendredi 7h-1h, samedi 10h-1h, dimanche 10h-21h.

Dans toutes les villes il existe des endroits qu'il ne faut pas rater. Des endroits uniques avec une ambiance que l'on ne retrouve nulle part ailleurs. A Oslo, le Fuglen (qui signifie l'oiseau) pourrait bien être ce genre d'endroit. Il est unique en son genre pour la simple et bonne raison que l'on y sert l'un des meilleurs cafés de la ville, depuis 1963 ! La journée, on y va pour déguster un bon café d'Ethiopie ou d'ailleurs sur un fauteuil dans un cadre élégant et chaleureux. Le soir, l'endroit se transforme en bar à cocktails, à vin ou à bière ! On adore !

GLØD

Thorvald Meyers gate 70A
✆ +47413 65 552
Ouvert du lundi au dimanche de 14h à 3h30.

Un endroit où il fait bon se lover puisqu'il est habillé de profonds canapés où la clientèle s'amuse à moult jeux de société. Confortablement installé ou attablé près du feu, on pourrait passer des heures à discuter ou à se laisser divertir par les discussions et les jeux dans une ambiance tamisée propice à la convivialité ! Le bar est relativement récent, mais propose non seulement des consommations peu onéreuses, mais également des petits plats faits maison qui satisferont les estomacs affamés. Un des bars-restaurants les plus cosy de Grünerløkka !

HARALDS VAFFEL

3 Olaf Ryes Plass
✆ +47 922 23 230
www.haraldsvaffel.no
Lundi au vendredi de 14h à 20h, le samedi et dimanche de 11h à 20h.

Jonathan, le roi de la gaufre, vous attend derrière la fenêtre de sa boutique à Grünerløkka. L'histoire de Haralds Vaffel est complètement déjantée. À l'origine, Jonathan vendait des gaufres depuis la fenêtre de sa chambre ! Ce fut un tel succès, que Jonathan en a fait son métier, et a ouvert sa boutique. Malgré quelques encombres judiciaires, la boutique est aujourd'hui un franc succès et personne n'entend s'en passer ! Sucrées et salées, à la glace ou même vegan, les Belges ont du souci à se faire ! Donuts et glaces également au top !

KAFE ASYLET

Grønland 28
✆ +47 22 17 09 39
www.asylet.no
En semaine 11h-00h30, le samedi à partir de 12h, dimanche 12h-23h. Midi à partir de 125 NOK, soir à partir de 169 NOK.

Un grand restaurant intérieur, bien caché par la bâtisse, se dédouble par une terrasse dans une cour gigantesque, bien dissimulée aux yeux des badauds en été. Un café très chaleureux à l'intérieur traditionnel en bois peint. Cette perle, abordable au déjeuner, ne désemplit pas le soir, malgré ses prix qui ont tendance à devenir un peu élevés, alors. Feu de cheminée, petites bougies, pour échapper à la grande ville ! Il y a aussi de temps en temps des soirées quiz, des jeux, des concerts. On y passe volontiers quelques heures ! Réservation conseillée.

KAFÉ BLITZ

Pilestredet 30
www.blitz.no
Ouvert du lundi au vendredi de midi à 18h.

Graffiti anarchistes sur les murs et barricades sur le trottoir devant ce repaire squatté depuis une dizaine d'années. Le café végétarien au rez-de-chaussée est cependant ouvert à tous ceux qui osent s'y aventurer. Librairie anarchiste au premier, avec vente de tee-shirts au même signe. Edvard Munch ayant vécu dans la maison voisine, son *Cri* est reproduit sur le mur aveugle en protestation contre le spectre des démolisseurs qui rôdent, car il est régulièrement question de supprimer cette verrue sur le visage d'Oslo. Peut-être pas pour une promenade familiale.

KIOSK !

St. Halvards gate 71A
https://kioskoslo.no
Du lundi au vendredi de 7h à 17h.
Samedi et dimanche de 10h à 17h.

Voici un petit café hautement adorable et... instagramable ! Ouvert à l'automne 2021, ce tout petit café indépendant est donc une ancienne station-service reconvertie... L'ouverture du café a été rendue possible par un crowdfunding. La station-service date de 1935, ce qui en fait un lieu photogénique. On s'y arrête pour faire une pause café accompagnée d'une pâtisserie ou pour y acheter du café. Depuis son ouverture, cette petite station-café est très appréciée des habitants du quartier de par l'accueil et l'élégance du lieu.

KULTURHUSET

Youngs gate 6
www.kulturhusetioslo.no
Ouvert du lundi au jeudi 11h à minuit, vendredi jusqu'à 3h, le samedi de 16h à 3h. Interdit au moins de 23 ans.

Comme son nom l'indique, Kulturhuset est une maison de la culture. Ce café cosy, salon de thé, est l'endroit idéal pour se poser, bouquiner, lire son journal, discuter tout en buvant un thé maison, manger un bout de gâteau ou siroter un cocktail, et ce à prix raisonnable. Le soir, l'endroit se transforme en salle de concert, ou bar de nuit où la bière coule à flots. On y fera toujours de belles rencontres ! Pensez à regarder leur site Internet pour les bons plans pendant votre séjour. Encore un endroit à ne pas rater au cœur d'Oslo.

LORRY

Parkveien 12
✆ +47 22 69 69 04
www.lorry.no
Ouvert le lundi de 11h à 1h, du mardi au samedi jusqu'à 3h30, le dimanche de midi à 1h.

Lorry n'est pas seulement un bon restaurant traditionnel norvégien, c'est aussi un lieu de caractère, une véritable institution culturelle. Lorry est l'un des plus anciens restaurants d'Oslo, lieu de rendez-vous des artistes, musiciens, acteurs, personnalités, professeurs d'université et étudiants. Un restaurant qui vaut le détour autant pour son atmosphère de bric-a-brac historique que pour la qualité des repas servis comme pour tester les 129 types de bières disponibles. Les prix sont raisonnables pour un restaurant norvégien et les portions sont généreuses.

OSLO MEKANISKE VERKSTED

Tøyenbekken 34
✆ +47 45 23 75 34
www.oslomekaniskeverksted.no
Ouvert du mercredi au samedi de 15h à 2h, du dimanche au mardi jusqu'à minuit.

Un bel endroit avec terrasse, profonds canapés en cuir, guirlandes et rideaux rouges. Une ambiance toute particulière règne ici entre ces murs de briques rouges, comme une sensation de chalet à la montagne ou de maison de grand-mère, rien de bien défini mais un endroit infiniment cosy, chaleureux et qui vous retiendra facilement toute l'après-midi jusque dans la soirée ! Dans ce bar au cœur de la vieille ville, on peut même apporter son propre casse-croûte ! Les prix sont abordables et les voyageurs à petit budget en feront leur QG.

PIREN ET GLASS OG EN BIT

Rådhusbrygge 2
✆ +47 22 53 50 57
www.piren.no
Du 01/05 au 15/09 mardi au samedi 12h-1h, dimanche 12h-20h. Du 01/09 au 30/04 du mardi au samedi 15h-1h. Bar à Aquavit.

Ce bar spécialisé dans l'aquavit et les cocktails à base d'aquavit a ouvert ses portes en mai 2021 au milieu de l'eau et des bateaux à voiles ! Ils proposent aussi de petites choses légères pour sustenter les papilles. Un espace très lumineux car presque tout en verre. On se croirait dehors. L'été, la terrasse au bord de l'eau permet de prendre le soleil, admirer le fjord et déguster un super cocktail fait maison au gré des saisons ! Musique sympa, équipe souriante et accueillante. Un lieu qui va sans doute monter dans les années à venir !

ROULEURS OF OSLO

16A Ullevålsveien
www.rouleuroslo.no
Ouvert tous les jours 18h-1h.

Rouleurs of Oslo, ce n'est pas un simple café ! Tenu par des passionnés de cyclisme, l'arrière-boutique sert aussi d'atelier, et pour les rouleurs de passage, sachez qu'il est possible de louer ses jolies bécanes. Entre des vélos suspendus aux murs et des projections de beaux paysages, le tout dans un style hype et scandinave, vous pourrez vous installer le temps d'un verre ou d'un repas léger. Des super bières, des bons choix de café, une ambiance lumineuse et plus intimiste le soir, lorsque les cappuccinos font place aux verres à pied. Un concept approuvé !

SCHOUSKJELLEREN MIKROBRYGGERI

Trondheimsveien 2
✆ +47 21 38 39 30
Ouvert en soirée. Interdit aux moins de 20 ans.

Une bonne bière au Schouskjelleren, ça se mérite ! Si l'endroit n'est pas évident à trouver, il vaut la peine de chercher ! Situé dans la cave de l'ancienne brasserie Schous, cette taverne au splendide décor de pierre, de bois et de cuivre, est l'une des plus appréciées d'Oslo. Dans cette pièce où le temps semble s'être arrêté, une énorme cheminée réchauffe les convives et l'atmosphère. Ici, on sert plus de 60 bières brassées sur place, de quoi régaler les amateurs.

SUNDT GODT

Thorvald Meyersgate 18
✆ +47484 55 936
Ouvert du lundi au vendredi 8h-17h, le week-end 9h-17h

Un petit café comme on les aime dans une des rues principales du quartier Grünerløkka très sympathique et vivant. Peu de places mais une ambiance authentique, surtout occupée par les locaux. Quelques sièges dehors pour regarder passer les gens. Le café est vraiment excellent. Propositions diététiques, bio, vegan et gâteaux plus appétissants les uns que les autres. Également bar à smoothies, celui au curcuma et poivre noir est délicieux et revigorant ! Un chouette lieu pour une mini pause bonne pour la santé sur votre route. Accès wifi.

SUPREME ROASTWORKS

Thorvald Meyers gate 18
✆ +47 22 71 42 02
www.srw.no
Ouvert tous les jours de 10h à 17h.

La Norvège est connue comme étant l'un des meilleurs pays torréfacteurs de café dans le monde. Depuis 2008, Supreme Roastworks travaille majoritairement avec les grossistes, les restaurants et les cafés dans Oslo. Mais en 2013, le Supreme Roastworks s'est ouvert à la vente au détail pour le plus grand bonheur de ses habitués amateurs de bon café ! Boutique minimaliste et style épuré, l'endroit est le spot idéal pour déguster un café dans la matinée ou à l'heure du goûter. C'est sûr, on y passera un très bon moment. Une belle découverte !

THE BROKER

Bogstadveien 27
✆ +47 22 60 34 80
www.thebroker.no
Ouvert du lundi au mercredi de 11h à 23h, jeudi jusqu'à minuit, vendredi et samedi jusqu'à 2h, dimanche 13h-20h.

Dans le meilleur quartier de shopping, ce café de yuppies a repris les locaux d'une ancienne pharmacie. Atmosphère chaleureuse, superbe plafond d'origine et petits lustres dans ce bar de quartier vieux de plus de 100 ans ! Expos d'art en collaboration avec la galerie Nordstrand. On peut y déjeuner d'un excellent saumon mariné grillé ou d'une bonne salade composée. Une adresse résolument cosy et conviviale, idéale pour faire une pause après avoir arpenté la belle rue de Bogstadveien. Connexion Internet gratuite dans tout l'établissement.

THE SCOTSMAN

Karl Johans gate 17
✆ +47 22 47 44 77
www.scotsman.no
Ouvert du lundi au jeudi 11h-minuit, vendredi et samedi jusqu'à 2h, dimanche 12h-minuit.

Scotsman fait partie de ces bons vieux pubs à l'espace intérieur impressionnant et dont les tarifs reflètent bien la situation privilégiée sur Karl Johans gate. On profite cependant de la terrasse pendant les beaux jours. Possibilité de manger une salade, un *burger* ou encore une salade de chèvre ou un sandwich aux crevettes, des choix culinaires bienvenus et finalement assez rares dans un pub ! Également diffusion de matches ou des soirées quiz. Concerts et DJ le week-end. On l'aura compris, on s'ennuie rarement au Scotsman.

TIM WENDELBOE

Grüners gate 1
✆ +47 944 31 627
www.timwendelboe.no
Ouvert en semaine de 8h30 à 18h, le week-end de 11h à 17h.

Amateurs de bons cafés, bienvenue ! Ici, ce n'est pas la quantité mais la qualité qui prime. Les mots d'ordre sont traçabilité, philosophie, innovation et responsabilité. Cette « micro brûlerie » propose un large choix de cafés issus des productions du monde entier, à la vente mais aussi à la dégustation sur place. En fonction de la saison, on vous proposera le café le plus adapté en termes de responsabilité sociale et écologique. Et si Tim Wendelboe est si exigent, c'est parce qu'il compte bien faire partie des meilleurs cafés du monde. Bonne dégustation !

(SE) FAIRE PLAISIR

Oslo n'est pas une ville bon marché, on peut néanmoins y dénicher de petites boutiques plus confidentielles que les supermarchés de souvenirs. Attention, beaucoup de ces magasins ferment vers 17h ou 18h. Le dimanche, la plupart n'ouvrent pas. En été, les rues piétonnes autour de Karl Johan sont encombrées d'étals touristiques et animées par de nombreux musiciens de rue qui jouent dujazz jusque tard dans la nuit claire scandinave. Vous pouvez demander à l'office de tourisme les dates, heures et lieux des marchés aux puces où, pour les amateurs, vous pourrez dénicher des perles rares : vêtements scandinaves vintage, tasses en porcelaine de Porsgund, rappe à fromage avec un manche en bois, pull tricoté main en laine et autres trouvailles locales. Il existe aussi de nombreuses boutiques qui vendent de l'artisanat local, tant qu'à faire, plutôt acheter du Made in Norway ou bien issu du commerce équitable !

GLAZED & AMUSED

Markveien 25
✆ +47 22 71 44 00
www.glazedandamused.no
Ouvert du mardi au jeudi de 13h à 19h, le vendredi et le dimanche de 13h à 18h, le samedi de 11h à 18h.

Petit atelier qui accueille qui veut pour apprendre à décorer des verres, tasses, coquetiers et assiettes de toutes les tailles. Des objets artisanaux sont en vente. C'est un concept original et amusant. Un atelier qui se passe sur quelques jours, donc à privilégier si vous avez du temps à consacrer à cette activité bien spécifique. Possibilité de faire les ateliers en anglais sur demande. Contactez-les par email pour savoir quand ont lieu les ateliers et s'il y a par hasard un atelier plus court. Une activité ludique à tester !

NORWAY SHOP

Karl Johans gate 8
✆ +47 94 80 04 10
www.norwayshop.com
Ouvert tous les jours de 9h à 21h.
Réduction avec le Oslo Pass.

Un des magasins de la marque situé près de la gare, pour revenir de son voyage avec des souvenirs made in Norway. Pulls en laine, artisanat varié, les marques présentées sont toutes norvégiennes et vous trouverez l'essentiel des produits typiques. Le choix est large et c'est tant mieux, tout le monde y trouvera un petit quelque chose pour se faire plaisir, ou des idées cadeaux à ramener. Les prix restent norvégiens et la qualité à contrôler. Pour le textile, la vaisselles, les ustensiles, les peaux et les bois, mieux vaut aller dans une boutique artisanale.

RETRO LYKKE

Markveien 35
✆ +47 902 83 819
Ouvert du lundi au vendredi 9h-18h, le samedi 10h-18h, le dimanche 11h-18h.
Brunch avant 17h : 150 NOK avec jus de fruit

Vous aimez ce qui est rétro, vintage et vous rêvez de dénicher des petits objets typiquement vintage norvégiens comme il ne s'en fabrique plus ? Alors vous adorerez Retro Lykke, un concept store où l'on peut chiner (du choix !) mais aussi s'installer à une des tables vintage le temps d'une pause. Tout est chouette ici sans pour autant être Bisounours. L'art de l'accueil, du service et du style à la scandinave, le fameux *Hygge* dont on parle tant ! Brunch, gaufres, thé en vrac, wifi, pas de musique, des gens sympa, bref, on regrette déjà de vous en avoir parlé…

BONDENS MARKED

✆ +47 22 05 48 80
www.bondensmarked.no
Marché ambulant. Lieux et dates de passage sur le site Internet.

Ce marché fermier propose plusieurs produits (il y a une petite dizaine de stands maximum) à Oslo et ses environs. Le marché est ambulant, et donc tourne dans les différents quartiers et, pour avoir l'occasion de goûter des produits du terroir, n'hésitez pas à vérifier les jours de passage sur le site Internet, en bas de la page, dans la rubrique « Hvor er vi ? » (où somme nous ?) et cliquer sur Oslo. Vous verrez alors les dates et jours dans la ville. Un bon moyen d'encourager le local et de consommer des produits que vous ne retrouverez pas ailleurs !

GRANIT

Thorvald Meyers Gate 63-67
✆ +47 23 23 05 65
www.granit.com
Ouvert du lundi au vendredi de 10h à 19h, le samedi jusqu'à 18h.

Dans la même veine qu'Ikea, en un peu plus classe, cette enseigne a même ouvert d'autres boutiques dans Oslo (à Bygdøy Allé et Akersgata). Les prix restent raisonnables et on y trouve toujours un petit quelque chose à rapporter qui tient dans la valise sans problème. Carnets, mini bougies, agrafeuse en bois, bougeoir, petites choses en bois pour la maison, les loisirs et le travail. Ces objets restent industriels et fabriqués en masse à l'étranger, on est loin de l'artisan du coin qui tourne le bois ou tricote des chaussettes en laine !

UFF VINTAGE

Prinsens gate 2 b
✆ +47 22 42 35 55
Ouvert du lundi au vendredi de 10h à 19h, le samedi jusqu'à 18h.

Une friperie oui, mais vintage ! Très grand choix de vêtements, chaussures, et accessoires, dans tous les états et pour tous les budget. Vraiment une de nos adresses favorites ! Attention, si vous aimez ces endroits, vous risquez d'y passer un bon moment. Ce peut être aussi une super occasion de trouver un pull norvégien en laine pour bien moins cher que si c'était du neuf (environ 300 euros neufs contre 45 euros chez UFF). Une partie des recettes est reversée à des associations caritatives (320 000 euros en 2019) chaque année.

DAVID ANDERSEN

Karl Johans gate 20
✆ +47 24 14 88 10
www.david-andersen.no
Ouvert du lundi au samedi de 10h à 18h, le jeudi jusqu'à 19h.

Ce joaillier vend, outre des « cailloux » hors de prix, de beaux bijoux d'argent et d'or au design pur, presque abordables. On y trouve aussi une belle argenterie scandinave. Quelquefois de superbes expositions de couteaux précieux. Il est également possible de dessiner son propre de modèle de bagues, collier, bracelet, broche ou boucle d'oreilles pour le faire réaliser, original ! Enfin, dessiner vous-même ou faire dessiner par un pro, car ce n'est pas évident de représenter en 3D ce que l'on a dans la tête parfois ! À vos idées !

EVOMAR

Hallings gate 1B
✆ +47 901 33 167
Ouvert tous les jours de 1'h à 18h.

Vive le Mexique ! Une toute petite boutique dans une toute petite rue pour une grande idée et un grand cœur... Evomar ! Ouvert en juin 2021 par Maria, mexicaine, ce lieu qui porte le nom de sa maman a été pensé par une femme pour les femmes : tous les vêtements et accessoires proposés sont réalisés au Mexique par des femmes, rémunérées à un prix juste, et envoyés à Marie une ou deux fois par an. Bijoux, sacs, ceintures, chemises aux motifs floraux, il y a de très belles choses ! On peut même y boire un chocolat chaud bio ! Une belle trouvaille vraiment !

GRÜNERLØKKA GARN

Thorval Meyers gate 27
✆ +47 913 95 645
Ouvert du lundi au vendredi 11h-18h, le samedi 11h-17h.

Une super petite boutique de laine comme on les aime ! Vous trouverez des articles déjà tricotés pour vous ou vos proches, mais aussi évidement (et surtout) toutes sortes de laines ! Ils vendent aussi des aiguilles à tricoter, des crochets, des patrons de modèles norvégiens et un peu de mercerie. Laine locale bien mise en avant, disponible en plusieurs épaisseurs. Ils ont aussi entre autres la *Manos del Uruguay* si vous préférez la laine plus douce, car il est vrai que parfois la laine norvégienne pique un peu ! Une des nombreuses bonnes merceries à Oslo !

FRETEX KIRKEVEIEN

Kirkeveien 62A
✆ +47 23 68 11 70
www.fretex.no
Du lundi au vendredi 11h-17h30, le samedi jusqu'à 16h.

Fretex est une chaîne de boutiques 2nd *hand* qui appartient en réalité à l'Armée du Salut de Norvège, avec sa grande friperie presque aussi propre qu'une boutique neuve ! Difficile de ressortir les mains vides ! Elle est située près de Majorstua, juste à côté d'une librairie. Avec un peu de chance, vous pourrez dénicher quelques fripes vintage, des tasses super vintage qui coûtent en général bien cher, comme la porcelaine de Porsgrunn, Royal Copenhagen, et tous les motifs typiques de céramiques norvégiens assez recherchés par les antiquaires et amateurs !

HEIMEN HUSFLIDEN

Arbeidergata 1
✆ +47 23 21 42 00
www.heimenhusfliden.no
Ouvert en semaine de 10h à 18h, le samedi jusqu'à 17h.

La meilleure boutique d'artisanat et de souvenirs de qualité. De beaux jacquards norvégiens, tellement authentiques qu'ils piquent un peu, des objets en bois blanc ou peints de motifs rosemaling, des peaux de moutons noirs, dits de l'âge de pierre. Au fond, un peu surélevé, se trouve le rayon des costumes folkloriques avec des bijoux traditionnels et de très beaux couteaux d'apparat qui ornaient jadis les habits de fêtes. Tout le monde y trouvera son compte, et les idées de cadeaux ne devraient plus poser problème au milieu de tous ces jolis produits.

NORWAY DESIGNS

Stortingsgaten 28
✆ +47 23 11 45 10
www.norwaydesigns.no
Ouvert du lundi au samedi de 10h à 18h.

Produits artisanaux et décoratifs, tissages scandinaves et tricots. Vous pourrez notamment y trouver les multiples couvertures, housses de coussin et plaids en tweed fabriqués à Røros en Norvège, parfaits pour les froides journées d'hiver. Toute sorte de jolis accessoires pour les enfants. Des ustensiles pour la cuisine mais aussi des bijoux. Des céramiques, sculptures, décorations, meubles (pratique dans l'avion !), bref, de quoi (se) faire plaisir ! Le design des pays du Nord comme on se l'imagine, et dans toute sa splendeur. Pareil pour les prix...

GALLERI BYGDØY ALLÉ

Bygdøy Allé 67
✆ +47 22 44 06 00
www.galleribygdoyalle.no
Les contacter avant de se déplacer.

Ce spécialiste des cartes anciennes de la Scandinavie vend également des livres rares des XIXe et XXe siècles, des gravures et des peintures. Le magasin est très spacieux et expose des belles cartes de navigation d'antan sous verre. Une belle adresse pour les passionnés et tout simplement les personnes qui aiment bien passer du temps à chiner de jolies choses ! Pensez à vous y arrêter si vous allez à Bygdøy pour y voir des musées pour vous éviter d'y retourner car c'est un peu loin du centre-ville à pied, donc pas tous les jours !

NORLI ELDORADO

Torggata 9A
✆ +47 969 42 721
www.norli.no
Du lundi au vendredi de 10h à 19h. Le samedi de 10h à 18h.

Voici une adresse incontournable pour les férus de papeterie et de bouquins. Si vous faites du shopping sur Torggata, vous ne pourrez pas rater l'enseigne lumineuse de cet ancien cinéma, l'Eldorado donc, reconverti en temple des livres ! Vous y trouverez de tout : les dernières parutions des meilleurs auteurs norvégiens, un fonds immense, des livres en anglais et des livres d'occasion. Vous pouvez aussi vous y installer quelques heures et bouquiner grâce aux fauteuils et au café à disposition. Un vrai plaisir que de visiter ce lieu et d'y « perdre » son temps !

SAGENE BOKHANDEL

Arendalsgt. 12
✆ +47919 02 607
Ouvert toute l'année du lundi au vendredi 10h-18h, le samedi jusqu'à 17h.

Une des rares librairies 100 % indépendantes à Oslo et... en Norvège ! C'est donc un lieu où vous trouverez des livres et toutes sortes de choses géniales qu'on ne trouve pas dans les chaînes de librairies (type Ark ou Norli) car justement, à Sagene Bokhandeln, ils choisissent eux-mêmes les livres ! Plein de jeux pour enfants, des livres en anglais, des Moomin, de sublimes posters de plantes comestibles avec les noms en trois langues ! LGBTQ friendly et événements et concerts, libraires super sympa en plus. Vive les librairies et l'indépendance !

TRONSMO

Universitetsgata 12
✆ +47 22 99 03 99
www.tronsmo.no
Ouvert du lundi au mercredi de 9h à 17h, le jeudi jusqu'à 18h, le samedi de 10h à 16h.

S'il ne devait rester qu'une seule librairie en Norvège, ce serait incontestablement celle-ci. Elle affiche haut et fort ses couleurs avec ses cartes postales, ses magnets, ses badges et évidemment ses livres : anti-Bush, contre l'homophobie, pour la défense des droits de l'homme. Quelques livres en français sont vendus et un rayon est dédié à la littérature gay et lesbienne. L'ensemble est décalé, l'humour parfois acide mais très drôle ! Une bonne adresse pour les lecteurs qui souhaitent découvrir la littérature norvégienne.

BOUGER & BULLER

Question sport et détente, on peut difficilement faire mieux ! Oslo offre de nombreuses installations sportives publiques et de grands parcs où vous pourrez aller courir, randonner, ou encore faire du ski de fond (derrière Hommenkollen, absolument génial !). Le vélo est très accessible et les kayaks aussi pour arpenter le fjord et voir la ville sous un autre angle. L'activité du moment à Oslo : le Disc-Golf ! Plusieurs terrains ont fleuri ces derniers temps et c'est une activité qui mêle marche et précision. Demandez à l'office de tourisme les lieux précis et achetez-vous un kit dans un magasin de sport, c'est léger et sympa ! Côté détente, la capitale a de nombreux saunas à la location, y compris (et surtout !) situés juste à côté de l'opéra et... sur l'eau : les fjord-saunas ! Plusieurs spas proposent également des traitements type massage, gommage, pierres chaudes, etc. Allez, c'est les vacances !

KORKETREKKEREN

Korketrekkeren
✆ +47 22 49 01 21
https://akeforeningen.no
Ouverture quand il y a assez de neige. Location luge adulte : 130 NOK, moins de 18 ans : 80 NOK.

Korketrekkeren c'est la piste de luge la plus populaire d'Oslo ! Il vous suffit de louer une luge et vous laisser porter ! Sensations fortes garanties car attention, on prend vite de la vitesse ! D'ailleurs deux modèles au choix sont proposés : les luges en bois avec assise tressées et deux patins en bois, ou pour les plus avertis la luge « rodel » sur laquelle on se tient allongé pour un minimum de prise au vent et un maximum de vitesse. Une fois arrivé en bas, il suffit de reprendre le métro avec votre luge pour remonter, assez original ! 255 mètres de dénivelé.

OSLO KAYAK TOURS

Drammensveien 164
✆ +47 95 36 82 49
www.oslokayaktours.no
De mai à septembre. Excursion d'environ 2h à 750 NOK par adulte, enfant 550 NOK. Minimum 3 personnes.

Un tour de kayak de mer entre les îles du fjord ça vous tente ? Au départ du centre-ville (Sjølyst Marina), partez pour deux bonnes heures de kayak à la découverte des plages le long de la péninsule de Bygdøy, des marinas cachées ici et là, de l'architecture moderne à Fornebu, et tout simplement profiter du fjord. Visiter une ville qui donne sur un fjord, c'est aussi visiter le fjord, et c'est précisément ce que propose cette activité : se mettre au niveau de la mer pour observer ce qui nous entoure d'une autre perspective. Vous aurez bien mérité un burger après !

KOK OSLO

Langkaia
✆ +47 934 00 522
www.kokoslo.no
Ouvert toute l'année de 8h à 22h. Seulement sur réservation. Session de 2h à partir de 200 NOK.

Kok Oslo vous propose une expérience incontournable ! Commencez par vous mettre au chaud dans le sauna flottant, au creux du fjord d'Oslo et avec une vue imprenable sur l'Opéra. Quand la température devient un peu trop insupportable, sortez vous mettre au frais sur la terrasse, ou même sur le toit du sauna ! Pour les plus courageux, un petit plongeon ou autre figure dans les eaux du fjord est de mise. Pour toujours plus d'exotisme, choisissez la formule croisière, et le sauna flottant vous emmènera à la découverte de l'archipel.

SALT

1 Langkaia
www.salted.no
Sauna et bain, session d'1h, horaires variables sur leur site web.

Qui dit pays du Nord, dit sauna, et chez SALT, vous avez le choix ! Avec ses trois saunas, ses bains glacés et ses sessions DJ, il y en a pour tous les goûts. Sur réservation ou en drop-in, le week-end ou en semaine, vous êtes toujours les bienvenus. On peut même se payer le luxe de privatiser un sauna, pour transpirer en toute tranquillité. À vos maillots ! Situé en centre-ville, entre l'Opéra et Aker Brygge, c'est une adresse formidable pour se détendre après une longue journée de marche en ville. Pensez-y, ça fait découvrir la ville par l'expérience.

SORTIR

Le journal gratuit *Natt & Dag* distribué un peu partout et le *Guide des cafés*, à demander à l'office de tourisme, répertorient toutes les nouvelles boîtes, qui poussent comme des champignons. Voir aussi l'agenda en ligne *what's on* sur www.visitoslo.no. Sinon, faites comme tout le monde et suivez les files d'attente qui se forment vers 23h devant les établissements les plus branchés du moment. Lancez-vous sur ce qu'on appelle le « lysløype » (une piste de ski illuminée le soir). En effet, la tournée des bars que les Norvégiens effectuent en fin de semaine, le plus vite possible avant que le service d'alcool ne s'arrête – vers minuit –, s'apparente à un véritable marathon comme sur les pistes de ski illuminées, mais en suivant les enseignes des bars.

▶ À savoir. Presque tous les bars et les boîtes sont interdits au - de 20 ans le soir. Les bars fonctionnent selon des catégories d'âge (- de 23 ans, - de 25 ans, - de 30 ans).

OSLO

AKU-AKU TIKI BAR

Thorvald Meyers gate 32 ✆ +47 41 17 69 66
www.akuaku.no
Ouvert le lundi 18h-1h, mardi 17h-1h, mercredi et jeudi 17h-2h, vendredi et le samedi de 15h à 3h30, dimanche 17h-1h.

C'est ici que l'on viendra goûter parmi les meilleurs cocktails de la ville. Chez Aku-Aku, l'ambiance et le décor sont entièrement dédiés à Hawaii et sa légendaire « coolitude ». Les rhums viennent du monde entier et l'on ne peut que trouver son bonheur dans l'éventail de bouteilles proposé : Jamaïque, Trinidad, Trois-Rivières, Dominique, Maurice, la carte des rhums à elle seule éveille la curiosité. Et les autres alcools ne sont pas en reste. Des cocktails de professionnels qui sont aussi passionnés ça se voit ! On y va pour se déhancher et ça fait du bien !

BLÅ

Brenneriveien 9C
www.blaaoslo.no
Ouvert tous les jours. Programmation avec horaires et tarifs sur le site Internet.

L'endroit le plus populaire de la ville et, paradoxalement, le plus cher pour sortir ! Imaginez une ancienne usine entièrement revisitée par des graffitis et des autocollants, meublée de sièges improbables… Imaginez maintenant l'endroit situé au bord d'une rivière chantante, au milieu d'arbres qui la cacheraient presque des regards des curieux. Des concerts pour tous les goûts et des sessions dominicales Frank Zorn Quartet particulièrement appréciées. C'est le coin artistico-underground d'Oslo et la promesse d'une soirée sans précédent.

DATTERA TIL HAGEN

Grønland 10
✆ +47 22 17 18 61
www.dattera.no
Ouvert le mercredi et jeudi 15h à 1h30, le vendredi jusqu'à 2h30, samedi de midi à 2h30.

Sur la grande artère du quartier de Grønland se trouve l'insoupçonnable Dattera til Hagen. Ce café-restaurant, qui la nuit se transforme en club, a l'une des arrière- cours les plus colorées d'Oslo ! Loin de l'agitation de l'avenue, cette terrasse enguirlandée est l'endroit idéal pour apprécier un verre. L'intérieur, quelques degrés de plus, et le même grain de folie ! Deux étages colorés, une cour extérieure aussi agréable en été qu'en hiver (grâce aux calorifères). A Dattera il y a souvent des groupes de musique, des impros de théâtre et une bonne ambiance.

KAFÉ HÆRVERK

Hausmanns gate 34
https://kafe-haerverk.com
Ouvert tous les jours de 20h à 3h. Interdit aux moins de 20 ans.

Tous les jours, on vous invite à écouter un concert, un DJ, ou à vous attarder au bar. Dans un petit local au sous-sol, entre des murs de briques, l'ambiance est bonne et on se sent à l'aise. Une grande cour vous invite à prendre l'air de temps en temps ! Pour connaître la programmation de l'établissement, rendez-vous sur leur page Internet, tout en norvégien mais vraiment facile d'accès tout de même. Dans le menu cliquez sur programme, c'est aussi simple que cela ! Des groupes vraiment quasi tous les soirs de la semaine, chaque mois de l'année !

QUEENS PUB

Brugata 14
✆ +47 90 06 20 95
www.queenspuboslo.no
Ouvert la semaine de 15h à 3h30, le samedi à partir de 13h et le dimanche 14h.

Une jolie maison historique abrite ce pub et son piano-bar dans un cadre très britannique. Les soirées musicales et le karaoké ont beaucoup de succès, bien que le lieu soit avant tout un bar sportif. C'est assez bon enfant et l'endroit est plutôt incongru dans cette rue bardée d'immeubles modernes. On aime s'installer sur la terrasse accueillante pour regarder l'ambiance évoluer au fur et à mesure que la soirée avance en heure et en taux d'alcool dans le sang. Dedans, des mange-debout, parfait pour voir les musiciens sur la scène.

SALT

1 Langkaia
www.salted.no
Horaires d'ouverture selon programmation. Voir sur le site.

Situé sur les quais de la ville entre l'Opéra et la forteresse d'Akerhus, SALT est un lieu hétéroclite où tout est possible. Ce projet culturel nomade, construit sur le modèle des séchoirs à poissons traditionnels norvégiens, est devenu un incontournable de la vie musicale et artistique osloïte. Dans ses différents bâtiments, le complexe accueille des expositions, débats, des projections de films, des quiz, un café et tout un tas d'activités variées et délurées. Mais SALT c'est aussi un sauna que l'on peut privatiser pour passer un moment magique, à vos maillots !

MÅNEFISKEN

Sagveien 23A
✆ +47 22 35 60 22
www.manefisken.no
Ouvert de mi-mai à mi-août et de mi-août à fin-août. Voir programmation sur le site.

À Grünerløkka, sous le pont de Beierbrua sur Akerselva, cette ancienne usine de briques rouges fait un peu lainière de Roubaix racontée par Zola, surtout par temps de pluie. Sous un demi-vélo fiché à mi-hauteur dans le mur en guise d'enseigne, on entre par la cour pavée, passant au fil de l'eau entre deux petites chutes. L'immense espace intérieur, avec quelques canapés drapés sous un plafond ouvert sur 2 étages, sert de cadre aux happenings, expos temporaires et concerts pointus. Ouvert en période estivale il fait partie des lieux incontournables de Grünerløkka.

OSLO KONSERTHUS

Munkedamsveien 14
✆ +47 23 11 31 00
www.oslokonserthus.no
Réservation obligatoire.

Salle de concerts classiques, spectacles de danse et d'opéra. Super programmation en ligne facile d'accès, allez dans « program » puis cliquez sur l'onglet agenda. Pensez à réserver bien en avance, avant votre départ par exemple. Toute l'année, ce lieu situé à Vika, en centre-ville, propose des concerts variés et de qualité pour tous les publics, avertis ou non. Une équipe de professionnels, des installations et une acoustique au top. Le lieu comporte également un restaurant café. Vente de billets du lundi au vendredi de 11h à 14h ou sur billetter@okh.no

RIKSSCENEN

Trondheimsveien 2
✆ +47 991497137
www.riksscenen.no
Horaires selon spectacles, voir site web.

Un lieu de spectacle vivant polyvalent : musiques du monde, rock, pop, danse, musique classique... il y en a pour tous les goûts et tout le temps. Une programmation éclectique qui fait du bien ! Le prix des billets varie en fonction des spectacles mais tourne en général autour de 250-300 NOK. On a testé pour vous et on a beaucoup aimé le duo finlandais Vildà de chant polyphonique avec accordéon et tambours ! L'acoustique est top et l'équipe très sympathique. Plusieurs scènes, dont une intimiste où l'on s'assoit autour de tables avec un verre, vraiment sympa !

RADIO LØKKA

Thorvald Meyers gate 59
Lundi et mardi 16h-1h, mercredi et jeudi 16h-2h30, vendredi 15h-2h30, samedi 12h-2h30, dimanche 12h-1h.

Radio Løkka est un café pour vous si vous aimez les endroits animés, qui bougent avec beaucoup d'ambiance. Musique très chouette bien qu'un peu forte, mais c'est selon les goûts ! Une déco très sympa avec des photos au mur qui font du bien, de Frida Kahlo à Iggy Pop en passant par Marilyn et David Bowie ! Bonne sélection de bières, milkshakes, ambiance tamisée avec petites bougies et lampadaires orangés ici et là. On peut aussi y manger des salades de girolles, des sandwichs chauds ou froids, des burgers frites, ou encore commander un saladier entier de pop-corn !

BÆRUM ★

Le nom vient du vieux norrois *Bergheimr* autrement dit « la ferme entre les montagnes », probablement le nom donné au départ à une ferme unique située au pied de la montagne Kolsås qui borde la municipalité. Les communes limitrophes sont Asker, Lier, Hole, Ringerike et Nesodden. Le centre-ville est nommé Sandvika. Bærum est célèbre en Norvège pour avoir, en moyenne, le niveau d'éducation et le revenu le plus élevé du pays. C'est la banlieue d'Oslo la plus prisée et la plus chère. Avec le redécoupage administratif de la Norvège, elle fait maintenant partie du comté Viken. Claude Monet a peint Sandvika avec la montagne Kolsås au second plan.

MUSÉE BÆRUMS VERK - FORGE DE BÆRUM ★

Verksgata 15
✆ +47 67 13 00 18
www.baerumsverk.no
Ouvert de 10h à 17h, le samedi de 10h à 16h, le dimanche de midi à 16h. Entrée : 30 NOK.

Les anciennes fonderies de Bærums Verk furent créées en 1610 sur ordre du roi du Danemark Christian IV, époque où la Norvège n'était qu'une simple province danoise. Restaurée en 1987, l'auberge (où se trouve le restaurant) est aujourd'hui sous la protection des Monuments historiques, tout comme le musée comprenant les grands fours, les ateliers, les habitations des ouvriers et la boulangerie. Une visite intéressante qui peut valoir le détour si vous être dans le coin.

OSLO HOSTEL HOLTEKILEN €

Micheletsvei 55
✆ +47952 50 338
Ouvert de mi-mai à mi-août.
Chambre simple à partir de 650 NOK.
Petit déjeuner inclus. WiFi. Parking gratuit.

Située à une petite dizaine de kilomètres à l'ouest, cette auberge est une bonne aubaine pour les *backpackers*. Pour le même prix que les auberges du centre, les chambres sont plus aérés et accueillent 4 personnes maximum, avec salle de bains privées en sus. De plus, le petit déjeuner est inclus… Il faudra en revanche prendre le train pour se déplacer en ville, mais ce n'est vraiment pas très loin. Si vous avez une voiture, le parking est gratuit et vous pourrez vous rendre facilement sur les extérieurs d'Oslo. Une bonne option pour explorer la péninsule Fornebu.

THON HOTEL OSLOFJORD €€

Sandviksveien 184
✆ +47 67 55 66 00
www.thonhotels.com
Chambre double à partir de 1 050 NOK. P etit déjeuner non inclus. Restaurant. Accès Internet. Fitness center.

Un hôtel de bon standing, qui accueille une clientèle d'affaires. Des conférences et des congrès y sont régulièrement organisés. L'hôtel est situé au cœur de Baerum. Les chambres sont propres, modernes, bien isolées phonétiquement et lits sont confortables. Après une bonne nuit de sommeil, faites un saut à la salle de fitness pour vous réveiller et garder la forme, puis direction la salle du petit déjeuner où le buffet proposé est fort copieux et bienvenu. Le check-in se fait à partir de 15h et le check-out à midi. Une halte recommandable.

AUBERGE BÆRUMS VERK €€

Vertshusveien, 10 ✆ +47 67 80 02 00
www.vaertshusetbaerum.no
Ouvert du lundi au vendredi de 12h à 22h30, samedi et dimanche à partir de 13h. Dimanche jusqu'à 20h. Lunch de 12h à 15h

La cuisine du terroir, agrémentée de gibier et de baies sauvages en saison, est bonne mais chère. Le restaurant est logé dans cette ancienne auberge de 1640, tout en bois peint en rouge, située dans un cadre champêtre avec chevaux, chèvres et poules. Le grand salon fleuri derrière les rideaux de dentelle dispose de 25 places sous un vieux lambris laqué blanc et rose, mais de petites pièces intimes comme le « salon du docteur », la « chambre virginale » et la chaleureuse « cuisine de grand-mère » peuvent accueillir jusqu'à 4 personnes, pour un dîner au coin du feu.

LANGØYENE ★

Langøyene est l'une des îles les plus éloignées de la côte, dans le fjord d'Oslo. On y va pour la baignade l'été, le long de ses plages de sable fin. On a le droit de camper sur place, et même y faire du naturisme pour les adeptes !

Une autre île à visiter est Hovedøya. Plus proche que Langøyene, elle possède des ruines d'un couvent bâti par des moines cisterciens venus d'Angleterre au XIIe siècle. Le reste de l'île est principalement aménagé en parc ce qui en fait un chouette lieu à visiter en famille si vous voulez sortir de la capitale le temps d'une journée par exemple. Bains de mer et de soleil sur les rochers. Accès par bateau depuis Vippetangen.

VINTERBRO

Vinterbro est une petite commune densément peuplée du comté d'Akershus située au sud-est d'Oslo. Les Osloïtes s'y rendent notamment pour profiter de ses deux parcs d'attraction. Il y a aussi une assez grande proportion de magasins, dont un centre commercial. Cette ville est donc plutôt un lieu de passage. Balade assez sympa autour du petit lac. Pas vraiment de restaurants dans la ville, prévoyez donc de manger dans les parcs d'attractions, le centre commercial ou encore mieux, de préparer votre sandwich avec des produits locaux que vous n'avez jamais goûtés ! Les environs de Vinterbro sont cependant pas mal, surtout s'il l'on s'éloigne un peu de la ville !

PARC DE LOISIRS TUSENFRYD

Tusenfryd Park
✆ +47 64 97 64 97
tusenfryd.no
Horaires variables voir sur leur site web (en anglais). Gratuit pour les - 95 cm. - de 120 cm 399 NOK, 479 NOK adulte.

Dans un site verdoyant, ce grand parc propose de nombreuses attractions, comme des montagnes russes, un Space shot et des carrousels, ainsi que cafétérias, kiosques et boutiques. Décors reconstitués de westerns. Il est particulièrement apprécié des locaux. Soirée à thème comme pour Halloween par exemple. Toutes sortes de jeux sur l'eau pour se faire arroser, des petites voitures, une balade entourée de trolls, un superbe manège, une maison dans un arbre...

PRESQU'ILE NESODDTANGEN OU NESODDEN ★★

Nesodden
Site naturel.

En retournant vers Oslo, on peut prendre la petite route 156 sur la droite pour remonter la presqu'île de Nesodden jusqu'à l'église. A 1,5 km au nord se trouve Røer, une ferme médiévale bien cachée, habitée par la même famille depuis 1600. Cette presqu'île, vallonnée et couverte de forêts, était autrefois si isolée qu'un parler médiéval y subsista bien plus longtemps qu'ailleurs. Actuellement, entre Nesodden et Oslo, le ferry est très fréquenté par les touristes et les baigneurs.

DRØBAK ★★

Drøbak est une ville ancienne, qui baigne dans le fjord d'Oslo, à mi-chemin entre Oslo et Moss. Avec ses 15 000 habitants, elle serait une cité paisible et sans grand intérêt si elle ne possédait pas trois grands atouts : une vue imprenable sur le fjord d'Oslo, une forteresse historique, et enfin la maison du père Noël norvégien. Pourtant, c'est l'été qu'elle est la plus animée car dès les beaux jours, la belle endormie se réveille et devient presque une cité balnéaire. Pour certains, Drøbak est même en réalité un petit joyau caché ! Marché le dimanche, ateliers d'artistes, restaurants sympathiques, bref, on y va volontiers une journée.

AQUARIUM DE DRØBAK [DRØBAK AKVARIUM] ★

Havnegata 4
✆ +47 91 10 84 20
www.drobakakvarium.no
Ouvert tous les jours de septembre à mars de 10h à 16h, d'avril à août jusqu'à 18h30. Adulte : 60 NOK, enfant : 40 NOK.

Une attraction intéressante pour les grands comme les petits puisque c'est le seul aquarium d'eau salée de la région. La vie sous-marine du fjord d'Oslo y est expliquée avec précision et bien illustrée. Des activités ludiques sont également proposées pour les plus petits. Possibilité même d'y organiser un anniversaire ! Leur mascotte est un poisson-loup très vieux nommé Hugo. Il fait presque peur à voir, mais que la nature est belle et fascinante !

FORTERESSE D'OSCARSBORG [OSCARSBORG FESTNING] ★★

Oscarsborg Festning
✆ +47 64 90 41 61
www.forsvarsbygg.no
Site ouvert toute l'année.
Visites guidées (en anglais) sur réservation.

La forteresse est un bâtiment historique qui a joué un rôle majeur dans l'histoire du pays, notamment en coulant un croiseur allemand lors de l'invasion de la Norvège par l'Allemagne lors de la Seconde Guerre mondiale. Ce qui couvera notamment la fuite, *in extremis*, de la famille royale et du gouvernement vers le Royaume-Uni. C'est l'un des fleurons en matière d'art militaire et la fierté des habitants. Un monument à ne pas manquer si l'on se trouve dans la région.

MAISON DU PÈRE NOËL [TREGAARDEN'S JULEHUS] ★★

Havnebakken 6
✆ +47 64 93 41 78
www.julehus.no
Ouverte toute l'année mais horaires variables, voir site web. Entrée libre.

Cette région était, à la fin du siècle dernier, l'« Ecole de Barbizon » de peintres norvégiens comme Christian Krogh et Fritz Thaulow. Sur la place de Torget Tregaardens Julehus, se trouve la maison du père Noël. Les traditions de cette fête d'origine païenne sont très enracinées dans les pays du Nord. La maison du père Noël vend toute l'année des décorations pour les sapins du 25 décembre et possède son propre bureau de poste. Mais vous connaissez l'histoire, n'est-ce pas ?

REENSKAUG HOTEL €€

Storgata 32
✆ +47 64 98 92 00
www.reenskaug.no
Chambre double à partir de 1 495 NOK. Petit déjeuner inclus. WiFi.

Établissement plein d'histoires et d'histoire, c'est par exemple ici que le prix Nobel de littérature Knut Hamsun écrivit son œuvre *Rêveurs* en 1904. On ne peut qu'apprécier le confort si chaleureux et moelleux des chambres, les décors changeant d'une pièce à l'autre et le charme de la maison. Si vous ne souhaitez pas y dormir, nous conseillons particulièrement l'afternoon tea, un moment hors du temps où vous pourrez savourer des petits fours, des fromages locaux, des desserts et des sandwichs, en somme un repas complet dans un joli cadre.

OSCARSBORG HOTEL & RESORT €€€

Oscarsborg Festning
✆ +47 64 90 40 00
www.oscarsborghotel.no
Chambre double à partir de 1 700 NOK. Petit déjeuner inclus. WiFi.

Si les chambres ne sont pas les plus confortables ni les plus spacieuses, c'est surtout le décor qui impressionne. Ici, on dort dans l'aile autrefois réservée aux soldats, après avoir accédé à l'île par bateau. Car la forteresse se trouve sur une île, à 5 minutes de Drøbak, d'où elle fit son office en son temps. C'est Oscarsborg par exemple qui permit de couvrir la retraite de la famille royale et du gouvernement lors de l'invasion des Allemands en 1940.

MOSS ★

Située sur la route d'Oslo. Moss n'est qu'à 1 heure de train de la capitale. C'est une ville industrielle, assez endormie culturellement et finalement peu attractive pour les touristes. Deux raisons d'y passer : l'aéroport international de Moss Rygge où vous atterrirez peut-être, notamment si vous voyagez en low-cost, et la presqu'île de Jeløy, à 4 km du centre de Moss, où se trouve la galerie F15 et le centre naturiste de Sjøhaug. Des initiatives vertes sont régulièrement mises en place, comme dernièrement des parking fermés pour les vélos. Une ville qui risque de se développer dans les années à venir. Festival de sports nautiques en juin.

HOTEL REFSNES GODS CLASSIC NORWAY €€€

Godset 5
✆ +47 69 27 83 00
www.refsnesgods.no
Chambre double 1 480 NOK, avec des tarifs spéciaux le week-end et variant selon les saisons.

Construit en 1767, ce petit château joue la carte du luxe tranquille et du bon goût scandinave : sculpture de Nina Sundbye, Rolls Royce Silver Wraith de 1956 et piscine de plein air chauffée toute l'année, golf de 18-trous à proximité et nombreuses possibilités de navigation, de quoi rêver, non ? Le très beau restaurant de l'établissement sert une « cuisine de château ». L'établissement propose aussi une formule « afternoon tea », un bon plan pour faire une pause gourmande !

CAFÉ RIIS €

Fossen 20
✆ +47 69 25 69 28
www.caferiis.no
Ouvert du lundi au samedi à partir de 11h. Fermé le dimanche.

Le café sert des lunchs et des gâteaux faits maison à des prix abordables. L'ambiance du lieu est un mélange de vieux et de moderne. Un joli espace extérieur permet de siroter une bière ou un café au soleil. Menu très diversifié : quesadillas, sandwichs gratinés, salades, pâtes, soupes, évidemment burger, mais aussi du cabillaud cuisiné au four avec des petits légumes et des plats végétariens. Connexion wifi. Fauteuils plus que confortables, service efficace et sympathique. Bref, une halte bienvenue si jamais vous passiez par là.

FREDRIKSTAD ★★

À Fredrikstad, ce qui est le plus intéressant à voir, est sans aucun doute la vieille ville. Avec ses petites maisons de bois colorées, la vieille ville de Fredrikstad qui a été fondée 1567 par le roi Frederik (d'où la ville tire son nom) est l'une des plus belles cités fortifiées de toute la Norvège. On y trouve des traces d'habitations qui remontent à plus de 4 000 ans. La forteresse de la ville, construite entre 1661 et 1701, était en usage jusqu'en 1903 car la Norvège n'obtint son indépendance qu'en 1905. Le musée de la ville est installé dans l'ancien arsenal. C'est une ville connue pour ses équipes de sport, notamment football, handball et hockey.

En quittant Fredrikstad, prenez la route 110 pour Skjeberg et Sarpsborg. Dans cette région, près de Tune, se trouvent les plus anciens vestiges d'habitations de la Norvège : tumulus de pierre et peintures rupestres. De retour sur la E6, on passe par quelques-uns des plus importants centres industriels de la Norvège, tels Sarpsborg (Fredrikstad appartient aussi à ces centres), situés à l'embouchure de la Glomma. Ce fleuve, le plus long du pays, prend sa source 600 km plus au nord, dans la province du Trøndelag. Mais avant d'y arriver, la Glomma traverse d'abord de paisibles petits bourgs paysans, s'enfonce dans les grandes solitudes des immenses forêts de pins et de sapins de la vallée d'Østerdal, fait un coude à hauteur de la ville de Kongsvinger, pour atteindre enfin le département d'Østfold, traverser le lac Øyern et se déverser dans le fjord d'Oslo.

FORTERESSE DE FREDRIKSTAD (FREDRIKSTAD FESTNING)

Gamlebyen

Site accessible 24h/24, 7j/7.

La forteresse de Fredrikstad est la seule encore debout et dotée de remparts dans tout le pays. Construite entre 1663 et 1666 par Willem Coucheron et son fils Anthony Coucheron sur les ordres du roi dano-norvégien Frederic II, elle est édifiée selon les forteresses hollandaises et possède de larges douves qui, curiosité, esquissent une demi-étoile tout autour de la vieille ville. Elle a été attaquée une seule fois, en 1814, lors de la guerre entre la Suède et la Norvège.

MAISON NATALE DE ROALD AMUNDSEN

Framveien 9

✆ +4794 13 50 00

Ouvert toute l'année. Horaires variables, voir site web. De septembre à avril, sur rdv uniquement. Adulte 100 NOK.

C'est à Tomta, au bord de la rivière qui traverse Fredrikstad, qu'est né le plus célèbre explorateur norvégien. Roald Amundsen, qui traça la route du Nord-Ouest, c'est-à-dire passant au-dessus du continent américain, fut aussi le premier à atteindre le pôle Sud. Il mourut en tentant de porter secours à un autre explorateur, Nobile, coincé dans les glaces de l'Arctique. On pourra ici parcourir sa vie et le nombre fascinant de records et découvertes effectués par Amundsen.

Église de Fredrikstad.

MUSÉE DE FREDRIKSTAD [FREDRIKSTAD MUSEUM]

Tøihusgaten 41
✆ +4769 11 56 50
www.ostfoldmuseene.no
Ouvert de fin juin à début octobre, le reste de l'année le week-end uniquement. Adulte : 80 NOK, enfant + 5 ans 35 NOK.

Un musée qui traite de l'histoire de la cité, mais également des expositions d'art temporaires au gré des saisons. Connexion Internet gratuite dans tout le musée. Des activités ludiques sont proposées, comme par exemple en hiver la fabrication d'une reproduction miniature de la ville en petits sablés à la cardamome et au sucre glace (pour la neige !). L'occasion aussi d'une sympathique promenade au sein de la vieille ville et de s'abriter un peu en cas de pluie !

VIEILLE VILLE [GAMLEBYEN]

Gamlebyen
Ville en accès libre

Datée de 1537, époque de son édification par le roi Frédéric II, c'est la plus belle ville fortifiée de Norvège. Encore quelques centaines de personnes ont la chance de vivre entre ses murs, où les rues pavées laissent la place à de charmants cafés et restaurants où se relaxer quelques instants. Il fait bon se promener au bord de l'eau pour voir les bateaux amarrés aux pontons et le climat est souvent propices à pique-niquer près des mouettes où sur un banc entouré de maisons colorées.

AKTIVITETSBYEN GAMLE FREDRIKSTAD €€

Torsnesveien 16-18
✆ +47 99 22 19 99
https://aktivitetsbyen.no
Location de maisonnettes, emplacements tente et camping-car.

Le camping est situé en plein cœur de Fredrikstad, à deux pas de la vieille ville, mais cependant en pleine nature. Le camping offre tout le confort possible : connexion Internet gratuite, laverie, salle de télévision. Animaux acceptés pour 100 NOK de plus. Parking gratuit si vous louez une maisonnette. Aire de jeux pour les enfants. Prêt de lit pour enfant sur simple demande. Un endroit pas trop cher pour passer la nuit dans un environnement sympa.

HANKØ FJORDHOTELL & SPA €€

Vikaneveien 405 ✆ +47 69 38 28 50
www.hankohotell.no
Chambre double à partir de 1 495 NOK. Petit déjeuner inclus. WiFi.

Envie d'évasion et de repos ? Prenez le large vers l'île de Hankø, dans le fjord d'Oslo à environ 6 km des côtes. C'est en 2002 que ce spa a ouvert ses portes. Mais au XVIIIe siècle, l'île de Hankø était déjà le lieu privilégié des cures thermales pour les artistes et marchands scandinaves ! Dès lors que vous aurez posé votre valise dans l'une des 102 belles chambres, votre séjour remise en forme pourra commencer. Bain d'eau chaude, massage, spa, promenade à l'air frais. Également court de tennis, terrain de football, mini golf, salle de sport... au top !

HOTEL VICTORIA €€

Turngaten 3
✆ +47 69 38 58 00
www.hotelvictoria.no
Chambre simple à partir de 895 NOK, double à partir de 1 095 NOK. Petit déjeuner inclus. WiFi.

Cet hôtel de la fin du XIXe siècle a été entièrement rénové. Vue sur un jardin agréable. Une bonne adresse. Les lits ultra confortables permettent de passer une nuit super ressourçante. Le petit déjeuner est largement à la hauteur d'un hôtel trois étoiles. Sous forme de buffet, on peut manger pour toute la journée ou presque ! Une équipe aux petits soins, un hôtel bien situé, des chambres propres, vraiment un lieu où s'arrêter si besoin. Animaux autorisés. Restaurant où l'on mange très bien. Parking privé pour 200 NOK par jour. Wifi gratuit.

SCANDIC CITY €€

Gunnar Nilsen Gate 9
✆ +47 69 38 56 00
www.scandichotels.com
Chambre simple à partir de 850 NOK, double à partir de 1 150 NOK. Petit déjeuner inclus. WiFi.

L'hôtel propose des prix préférentiels l'été, mais il est conseillé de réserver sur Internet ou par mail plusieurs mois à l'avance. Un hôtel de 6 étages, très imposant mais également très confortable et moderne en plus de cela. Une adresse sans surprise, à la fois très agréable et semblable aux autres Scandic. Situé en centre-ville, cet hôtel est assez deisgn à l'intérieur malgré sa façade austère. Au rez-de-chaussée, deux restaurants, une boîte de nuit, 3 bars et un café dans le jardin d'hiver. Une valeur sûre pour ne pas sortir des sentiers battus.

VERDENSSPEILET €

Nygaardsgata 23A
✆ +47 904 05 990
Ouvert du lundi au vendredi de 11h à 18h, le dimanche de midi à 19h. Plats et snacks autour de 160 NOK.

Une adresse de choix à Fredrikstad. Dans ce petit café, on sert toute la journée de nombreux petits plats à la carte (snacks, omelettes, sandwichs, salades, nachos...) mais aussi des spécialités sucrées du pays, comme les gâteaux aux pommes maison, la glace à la vanille. L'endroit est idéal pour se restaurer ou faire une pause goûter en sirotant un milkshake et en dégustant une des nombreuses pâtisseries au choix. Une plus grande salle dans le fond, très belle, fait aussi office de restaurant. Connexion Internet gratuite si vous avez besoin de travailler un peu.

CITY BAR & SPISERIET €€

Nygaardsgata 44-46
✆ +47 69 38 57 84
www.citybarogspiseri.no
Ouvert variable, voir leur site web.
Plats à partir de 185 NOK le midi.

Un excellent menu gourmet dans un établissement récemment rénové. Une cuisine moderne qui propose une carte changeante en fonction des arrivages et des saisons. Le midi on peut par exemple déguster une soupe de poisson, des tartines aux crevettes, des pâtes aux crustacés ou encore une salade au poulet. Le soir on est plutôt sur des plats de viande ou de poisson, comme le filet de flétan cuit au four et accompagné d'une mousse de mozzarella burrata, de légumes et de vinaigrette à l'orange. Menus enfants. Desserts très savoureux !

ENGELSVIKEN BRYGGE €€

Engelsvikenveien 6 ✆ +47 69 35 18 40
www.engelsvikenbrygge.no
Ouvert mercredi et jeudi 16h-20h, le vendredi jusqu'à 21h, samedi 13h-21h, dimanche 13h-20h. Plats à partir de 250 NOK.

La baie d'Engel, avec ce restaurant sur le quai, est un but d'excursion très populaire pour déguster des fruits de mer. En entrée nous ne pouvons que vous recommander leur soupe de poisson qui est une de leur spécialités. Ceci dit, les langoustines accompagnées de salade de fenouil lui font bien concurrence. En plat principal, peu de choix mais parfait : de la truite panée avec des chips au parmesan et des légumes, du flétan au four avec une purée de légumes au bacon ou encore un plat de viande. Menu enfant qui en satisfera plus d'un avec ses saucisse-frites !

HALDEN ★

On a retrouvé dans cette ville des vestiges de l'âge de bronze qui attestent de la présence humaine. Situé tout près de la frontière suédoise, à 164 km d'Oslo, Halden compte quelques monuments défensifs intéressants. La ville les doit à sa proximité avec la Suède, un voisin puissant, plutôt expansionniste à ses heures. On pourra ainsi y admirer les fortifications et la forteresse Fredriksten Festning, construite vers 1660, en forme d'étoile selon le modèle français de l'époque. La ville compte de nombreuses industries de pointe, dans les domaines des câbles sous-marins et des conduites sous-marines notamment. La nature environnante est très riche.

FORTERESSE DE FREDRIKSTEN (FREDRIKSTEN FESTNING)

Generalveien
✆ +47 69 19 09 80
www.visitoestfold.com
Site ouvert 24h/24, 7j/7. Entrée libre.

On pourra y admirer les fortifications et la forteresse Fredriksten Festning, construite vers 1660 en forme d'étoile selon le modèle français de l'époque. Elle renferme des pièces de collections sur l'histoire militaire de la ville. Le château a été attaqué six fois, sans jamais être conquis. C'est un très bel endroit, joliment conservé. On peut s'y promener, aller un manger un bout ou y passer une nuit. Vue imprenable sur la ville et le fjord. Y sont aussi organisés des événements.

MANOIR ROUGE (RØD HERREGÅRD)

Herregårdsveien 10
✆ +47 69 11 56 50
www.ostfoldmuseene.no
Horaires variables, voir site web. Visites guidées. Adulte : 80 NOK. Jardins ouverts toute l'année. Entrée gratuite.

C'est un manoir des XVIIIe et XIXe siècles, entouré de deux jardins, l'un baroque, l'autre à l'anglaise. Les intérieurs et le mobilier ont été conservés dans l'état d'origine. Le manoir et sa visite sont gérés par l'association Collections historiques de Halden (*Halden Historiske Samlinger*). Une visite riche en histoire. Petite boutique et surtout super café attenant où il faut bon faire une pause et déguster un plat salé ou simplement une pâtisserie.

GRAND HOTEL HALDEN €€

Jernbanetorget 1
✆ +47 947 85 244
www.grandhotelhalden.no
Ouvert uniquement de mi-juin à mi-août.
Chambre double à partir de 1 350 NOK. WiFi.

Un hôtel de charme au style très scandinave, situé à deux minutes du centre-ville. On pourra profiter en plus, outre de chambres sobres et bien agencées, du bar charmant tout en bois. Mobilier un peu vieillot et basique mais somme tout parfait pour une nuit de repos. Les chambres comportent un bureau, ce qui peut s'avérer pratique pour travailler un peu ou faire de l'aquarelle ! Quelques soirs, des concerts y sont organisés. Bus et train à proximité si vous voyagez en sac à dos. On aime la salle au premier étage pour papoter entre amis !

THON HOTEL HALDEN €€

Langbrygga 1
✆ +47 69 21 33 00
www.thonhotels.be
Chambre twin à partir de 1 192 NOK.
Petit déjeuner inclus. WiFi.

La chaîne Thon Hotel qui possède des hôtels un peu partout en Scandinavie et aux Pays-Bas, a ouvert il y a peu un hôtel à Halden, sur le port. Celui-ci propose 88 chambres qui tout comme l'hôtel dans sa globalité, sont dotées d'un confort unique. De la chambre standard à la suite royale, chacun y trouvera son bonheur. Quoi de mieux que de se réveiller face à la mer ou mieux encore, face à la forteresse de Fredriksten ? Thon Hotel Halden donne aussi la possibilité d'organiser dans ses locaux, des événements familiaux ou professionnels (séminaires, conférences...).

PARK HOTEL €€€

Marcus Thranesgate 30
✆ +47 69 21 15 00
www.parkhotelhalden.no
Chambre double à partir de 1 390 NOK.
Dîner et petit déjeuner inclus. WiFi. Parking gratuit.

Un hôtel de 64 chambres, situé dans un grand et joli jardin, avec un restaurant, une salle de sport et un sauna ! Le petit déjeuner est à tomber, avec des œufs brouillés maison, du pain bien frais, plein de fruits et de légumes et beaucoup de produits bio. Salle de sport bienvenue pour garder la ligne, et récompense avec le sauna ensuite ! L'après-midi, l'hôtel sert même des petites pâtisseries gratuitement à ses clients entre 15h et 18h, accompagnées de thé et de café. Le dîner inclus est très bon et pratique si l'on arrive le soir fatigué !

BRYGGERHUSET €

Storgata 2A ✆ +47 69 19 56 44
www.bryggerhusetsyd.no
Ouvert du lundi au jeudi 11h-22h, 11h-00h les vendredi & samedi, 11h-20h le dimanche.
Plats à partir de 149 NOK le midi.

Un endroit agréable où déguster un bon expresso et des pâtisseries ou du pain maison. On profitera de la large terrasse pour *bruncher* plusieurs heures au soleil. Une petite épicerie vous attend à l'intérieur, si vous êtes intéressé par leurs produits. Ce lieu est également un restaurant et propose par exemple du flétan servi avec des pommes de terres au four et une sauce au beurre blanc, ou encore des lasagnes végétariennes aux épinards, courge, ricotta et mozzarella qui sont très onctueuses. Menus enfants originaux, avec bâtonnets de poisson ou quesadillas.

SØRUMSAND ★★

Cette petite ville d'environ 4 087 habitants est située sur les rives de la jolie Glomma. Son attraction principale est sans aucun doute le train à vapeur qui permet de longer la rivière, le temps d'un voyage nostalgique. Les deux autres localités à visiter dans les environs de Sørumsand sont Fetsund, à 10,5 km au sud toujours le long de la Glomma, et Lillestrøm, situé à 18 km au sud-ouest. On a retrouvé dans cette ville une barque monoxyle (une seule pièce de bois) en chêne vieille d'environ 2 200 ans (datation au Carbone 14) qui mesurait environ 10 mètres de long. Cette embarcation, le Sørumbåten, est visible au musée maritime d'Oslo.

URSKOG-HØLANDSBANEN TERTITTEN - TRAIN À VAPEUR ★★

Sorum
✆ +47 46 54 21 18
www.u-hb.no
Départs à 10h30, 11h, 12h15, 13h30 et 14h45.
Adulte 150 NOK, enfant 80 NOK.

De mi-juin à fin août, tous les dimanches, un petit train à vapeur s'élance à travers la vallée, pour un voyage nostalgique et... lent. Construit dans les années 1890, le petit train à vapeur Tertitten fut abandonné en 1960, l'écartement de ses rails n'étant pas conforme au reste du réseau ferroviaire. Aujourd'hui cet itinéraire touristique longe sur 3 km les rives du fleuve le plus important de Norvège, la Glomma. Une activité sympa à 30 minutes environ d'Oslo.

EIDSVOLL ★

Le petit manoir situé au nord d'Oslo est symboliquement important pour les Norvégiens. C'est ici que fut signée la Constitution norvégienne, fortement inspirée par le code Napoléon. En proclamant la Constitution norvégienne le 17 mai 1814, l'Assemblée constitutionnelle réagissait à la cessation de la Norvège à la Suède par le Danemark. Avec ce texte, créé en six semaines, la Norvège se déclarait Etat indépendant, ce qui provoqua une déclaration de guerre de la Suède. Mais les principaux articles – les plus politiquement libéraux qui furent alors rédigés – furent maintenus. Ce qui en fait le texte constitutionnel le plus ancien de l'Europe.

EIDSVOLL 1814 🏛 ★★

Magovegen 13
✆ +47 63 92 22 10
www.eidsvoll1814.no
Horaires variables selon la période, voir site web.

C'est le premier monument constitutionnel norvégien. La salle où se déroula cet événement historique, devenue propriété publique, est restée dans l'état où elle était à l'époque. L'original du tableau qu'en fit Oscar Wergeland se trouve au Parlement à Oslo. L'assemblée constitutive qui s'est réunie là du 10 avril au 20 mai 1814 était composée de 112 délégués. À cette époque, il s'agissait d'une demeure privée appartenant à un riche industriel. Il s'agit d'un exemple d'architecture néoclassique, inspirée des lignes de l'Antiquité.

EIDSVOLL BYGDETUN - MUSÉE 🏛 ★★

Spetalsvegen 60
✆ +47 474 71 980
https://mia.no
Ouvert de juin à août le samedi et le dimanche de 10h à 16h.

À proximité du manoir d'Eidsvoll et afin de mieux comprendre pourquoi la Constitution fut rédigée en ce lieu, vous pouvez aussi découvrir le musée de plein air, Eidsvoll Bygdetun. Il regroupe 26 bâtiments anciens de différentes tailles attestant de l'activité rurale locale du XIXe siècle. Tous les bâtiments à l'exception de quatre proviennent de différentes fermes des environs et datent des XVIIIe et XIXe siècles. Evocation de la vie à la ferme dans les années passées, reconstitutions historiques pas mal du tout qui permettent de s'immerger dans une culture passée. Les maisons sont entièrement meublées et de nombreux outils de ferme sont exposés. Les petits marmots aimeront probablement beaucoup la visite car très visuelle. Un musée de l'occupation pendant la Seconde Guerre mondiale se trouve aussi sur cet emplacement. Des visites guidées de ces deux musées sont proposées durant la période estivale. Allier plaisir et culture, c'est ce que permet ce musée, lieu populaire de pique-nique et de détente avec ses pelouses, bois et lac. Des barbecues et des tables de pique-nique sont mis à disposition, et le dimanche dégustez des plats norvégiens traditionnels à la cafétéria. De même, les usines sidérurgiques de Feiring (*Feiring jernverk*) sont situées en forêt, au nord-ouest d'Eidsvoll et attestent de ce que fut la production de fer de Carsten Anker au début des années 1800. L'intérieur de l'ancien haut fourneau est encore intact. Tableaux explicatifs présents.

Eidsvoll 1814.

HAMAR ★★

Hamar (18 000 habitants) était au Moyen Âge le siège d'un archevêché. Entièrement détruite par les Suédois en 1567, la ville n'a jamais retrouvé son éclat d'alors. Aujourd'hui, il ne reste plus que quelques arcades en ruine de la majestueuse cathédrale qui se dressait sur la pointe de Domkirkeodden. On vient aujourd'hui à Hamar principalement pour sa proximité avec le lac Mjøsa.

Dans le centre-ville, tout près de la nouvelle cathédrale, se trouve le musée de la cantatrice Kirsten Flagstad (1895-1962), l'une des premières grandes vedettes de l'opéra. Domkirkeodden avec ses pelouses en bordure du lac reste le lieu de promenade favori des habitants de Hamar. Profitez d'une promenade pour visiter le Vikingskipet, ce hall de patinage construit pour les jeux de Lillehammer, à la forme d'un bateau viking renversé, élu meilleure réalisation architecturale du XXe siècle en Norvège. Il s'agit d'un bâtiment sensationnel aussi beau de jour que de nuit ! Une mini-croisière à ne pas manquer, sur le vénérable bateau à aubes, le *Skibladner*, « le Cygne Blanc du Lac ». Il navigue depuis 1856 sur le Mjøsa de mi-juin à mi-août entre Hamar-Gjøvik-Lillehammer et Hamar-Gjøvik-Eidsvoll. On trouve à bord un restaurant, un café et un kiosque. Le menu traditionnel est composé de saumon et de fraises de production locale, très parfumées.

HEDEMARKSMUSEET ET DOMKIRKEODDEN

Strandvegen, 100
✆ +47 62 54 27 00
www.hedmarksmuseet.no
Ouverture de fin mai à mi-septembre.
Tarifs : adulte 120 NOK, enfant 60 NOK.

Le musée archéologique présente des objets de l'âge de fer, de l'époque viking et du Moyen Age. Construit sur et autour des ruines de la cathédrale médiévale et du siège de l'archevêché (XIIe siècle), il s'accompagne d'un jardin de plantes médicinales et d'un petit musée de plein air comprenant une cinquantaine de maisons antiques. La visite de ce dernier est gratuite. Possibilité de visite guidées en anglais sur différentes thématiques : médiévale, musicale, herboristerie...

KIRSTEN FLAGSTAD MUSEUM

Kirkegt, 11
✆ +47 62 54 27 00
www.kirsten-flagstad.no
Ouvert de fin avril à fin octobre, de mardi à dimanche, de 11h à 16h. Entrée adulte : 80 NOK, enfant : 40 NOK.

La légendaire cantatrice wagnérienne Kirsten Flagstad (1895-1962) est née dans Strandstuen, la plus ancienne maison de Hamar, située non loin de la cathédrale. L'exposition, consacrée à sa vie et à sa carrière, comprend des photos (elle fut cantatrice vedette au Metropolitan de New York), des objets personnels et des enregistrements. Kirsten Flagstad débuta à l'âge de 18 ans et aborda l'œuvre de Wagner en 1928. Sa voix, extrêmement puissante et bien timbrée, en fit rapidement une vedette à Oslo, Stockholm, mais aussi à Bruxelles et New York.

OSLO ET ØSTLANDET

Hamar.

MUSÉE DU CHEMIN DE FER NORDIQUE

Strandveien 163 ✆ +47 62 51 31 60
www.norsk-jernbanemuseum.no
Ouvert de mi-juin à mi-août 10h-17h.
Reste de l'année 11h-15h. Entrée adulte : 90 NOK.
Gratuit samedi en basse saison.

Situé dans un beau parc, sur les rives du lac Mjøsa, le musée du Chemin de fer nordique (Norsk Jernbanemuseum, en norvégien) abrite des structures de gares, des rails et des machines remontant à 1860. On pourra notamment observer ici l'une des plus grandes locomotives de Norvège, surnommée Dovregubben, et des wagons ayant fait partie du train royal. En été, les locomotives à vapeur Tertitten et Knertitten embarquent les visiteurs pour un tour à travers le parc.

VIKINGESKIPET

Åkersvikveien 1
✆ +47 62 51 75 00
www.hoa.no
Lun-ven 8h-15h. Été 7j/7 8h-20h. Les ouvertures varient cependant selon les activités sportives.

Ce hall de patinage, le plus rapide du monde, fut construit pour les Jeux olympiques de Lillehammer en 1994. Son architecture évoque la forme d'un bateau viking renversé (imaginé par Niels Torp et l'agence Bjong&Bjong) et c'est vrai que c'est... renversant ! Une très belle réussite. Des compétitions mondiales de patinage de vitesse y ont lieu tous les ans, mais la Vikingeskipet accueille également d'autres types d'évènements sportifs (rallye automobile, football, course de luge, cyclisme sur piste) et culturels (concerts, salons et conférences).

HAMAR SCANDIC HOTELL €€€

Vangsveien, 121 ✆ +47 21 61 40 00
www.scandichotels.com
Chambre double autour de 1 500 NOK.
Petit déjeuner inclus.

Situé à côté du superbe Hamarhallen, cet hôtel date des Jeux olympiques de 1994. Moderne, blanc, c'est une valeur sûre. Les chambres sont impeccables et le mobilier très agréable. Lits super confortables, on aimerait y rester plusieurs nuits pour se ressourcer un peu ! Le restaurant Båsen propose de bons plats, tels la truite de montagne au vin blanc et le filet de bœuf flambé. Prix réduits intéressants sur le web en réservant à l'avance et sur Internet. La chambre pour quatre avec petit déjeuner vaut vraiment le coup pour le tarif !

GJØVIK ★

Ville de 28 000 habitants située en face de Hamar, de l'autre côté du lac Mjøsa, Gjøvik trouve son origine dans une grande fabrique de soufflerie de verre fondée, en 1773, par Caspar Kauffeldt. Des bâtiments qui composaient la soufflerie, il ne reste plus que la résidence de la famille (le Gjøvik Gård), située dans le parc. Dans les ateliers de la soufflerie, exploitée jusqu'en 1843, furent fabriqués des verres style Empire en cristal gravé, des bouteilles pour officines de pharmacies, des carafes pour décanter le vin et les flacons teintés en bleu cobalt. Une belle collection de ces verres anciens, Glassamlingen, est exposée dans l'hôtel de ville.

SKIBLADNER - BATEAU À AUBES ★★

Strandgata 28A ✆ +47 61 14 40 80
www.skibladner.no/home
Opérationnel juin-août uniquement.
Croisières 7j/7 sauf le lundi. Départs à 9h30.
Durée 6h environ. 180-240 NOK.

Bienvenue à bord du plus ancien bateau à aubes opérationnel du monde ! Il s'agit d'une des attractions majeures de la région. Depuis 1856, ce magnifique « cygne » sillonne les eaux du lac Mjøsa. Le son de la vapeur qui s'échappe quand démarre le bateau est assourdissant, mais inoubliable ! Départ sur l'embarcadère à Gjøvik, avec des arrêts à Hamar, Brumunddal, Mølv, Elvjua, Kapp et Lillehammer en fonction de l'itinéraire choisi. Une expérience unique, seulement en été.

FERME DE KRAGEBERG GÅRD €€

Kragebergveien 483
✆ +47913 91 698
Tarifs variables, les contacter.

Située sur une hauteur, à 4 km au nord de Biri, elle jouit d'une très belle vue sur le lac Mjøsa. La propriété, gérée par la même famille depuis cinq générations, vit principalement de l'élevage de moutons, de productions d'œufs, de dressage de chevaux, d'exploitation forestière et de chasse au gros gibier (l'hôte est un passionné de chevaux et de chasse). Les visiteurs peuvent participer aux safaris à dos de cheval en été et aux sorties en troïka en hiver.

Possibilité de dormir sur place, dans de très jolis chalets de bois et de manger des spécialités du cru.

LILLEHAMMER ★★★

Comment passer de 50 habitants en 1827 à 28 600 en 2022 ? En recevant en 1827 les privilèges commerciaux accordés aux villes et en en faisant très bon usage. Pendant les premières années de son existence, la localité se limita à la ferme de Hammer, située près de l'église. Il est probable que c'est dans cette ferme que les deux Birkebeiner, Torstein Skjelva et Skjervald Skrukka, cachèrent pendant la période de Noël de 1205, Haakon, fils du roi et futur héritier du trône, avant de le faire passer de la vallée du Gudbrandsdal à la vallée d'Østerdal, en suivant la piste aujourd'hui connue sous le nom de « piste des Birkebeiner ». En souvenir de cet événement, 5 000 à 6 000 skieurs participent chaque année à la course qui se déroule sur 55 km entre Lillehammer et Rena. C'est en quelque sorte la Vasaloppet de la Norvège. Grâce à un climat très sec, Lillehammer est une des capitales mondiales du ski de fond et du bobsleigh et l'organisation des Jeux olympiques en 1994 lui a permis de développer de superbes infrastructures : 250 magasins, des kilomètres de pistes et de nombreux et très beaux hôtels. La ville accueille des Championnats du monde du ski, des événements culturels comme le Lillehammer Jazz Festival ou le Lillehammer Literature Festival. En hiver, Lillehammer possède un charme désuet et ses habitants se déplacent en spark, une trottinette des neiges – en solo ou en duo avec un enfant assis à l'avant – qui peut aussi être tirée par un chien.

Enfin, la ville est connue grâce à la série éponyme : *Lilyhammer* (2012). Une fresque murale représente l'acteur Steven van Zandt.

Tourisme

- **Le Festival de la Saint-Jean** à Maihaugen est l'autre des grands évènements de la ville. Plus d'infos sur www.maihaugen.no

Transports

Liaisons quotidiennes en train avec Oslo, Trondheim et Åndalsnes. Compter 2h en venant d'Oslo. Le voyage est magnifique sur le lac Mjøsa. Pour un voyage plus lent, optez pour le *Skibladner*, le bateau à aubes qui vogue sur le lac.

MAISON DE SIGRID UNDSET -BJERKEBÆK SIGRID UNDSETS ★★

Sigrid Undsets veg 16E
✆ +47 61 28 89 00 - www.bjerkebek.no
Horaires très variables, voir site web ou par téléphone. Adulte : 135 NOK, enfant de 6 à 15 ans : 65 NOK.

Cette maison a appartenu à Sigrid Undset, prix Nobel de littérature en 1928. Elle s'installa à Lillehammer en 1919. Parmi les différents bâtiments du domaine, on peut voir deux vieilles maisons provenant de la grande ferme de la vallée de Gudbrandsdal, où l'auteur puisa l'inspiration pour sa grande saga médiévale *Kristin Lavransdatter* (Editions Stock 1986). L'une des maisons abrite une collection de tableaux peints par l'époux de Sigrid Undset, A. C. Svarstad.

MUSÉE D'ART (LILLEHAMMER KUNSTMUSEUM) ★★★

Stortorget 2 ✆ +47 61 05 44 60
www.lillehammerartmuseum.com
Ouvert du mardi au dimanche de 11h à 16h. Adulte : 120 NOK, gratuit pour les moins de 18 ans.

Ouverte en 1992, cette construction nouvelle en forme de piano à queue, en pierre naturelle, métal et bois blond, abrite une grande collection de peintures norvégiennes de la période de 1830-1930. On y trouve des œuvres importantes de la période romantique, représentée par des paysages de Johan Christian Dahl, des intérieurs paysans d'Adolph Tidemand, des scènes bucoliques de Hans Gude. Ne manquez pas les quelques Munch, ainsi qu'*Idyll* de Christian Skredsvig, fierté nationale.

MUSÉE OLYMPIQUE (NORGES OLYMPISKE MUSEUM) ★★

Maihaugvegen 1
✆ +47 61 28 89 00
www.ol.museum.no
Ouvert toute l'année. Horaires précis voir site web ou par téléphone. Adulte : 140 NOK, enfant de 6 à 15 ans : 70 NOK.

Une plongée dans l'histoire des Jeux olympiques, avec de très nombreux objets offerts par les sportifs. On en a vite fait le tour, mais il reste intéressant et immanquable ! Des expositions temporaires également, ainsi que des activités pour les enfants (voir le programme sur le web ou par téléphone). On trouve des choses sympa à la boutique du musée, comme par exemple les petits miroirs avec le logo des JO de 94 ! Et si vous avez un petit creux, allez donc au café !

MUSÉE DE MAIHAUGEN (MAIHAUGEN FRILUFTSMUSEUM) ★★★

Maihaugvegen 1
✆ +47 61 28 89 00
www.maihaugen.no
Sept-mai : mar-dim 11h-16h ; juin-août tlj 10h-17h. 130/170 NOK (basse saison/haute saison). Enfant 6-15 ans 65/85 NOK.

© DMITRY NAUMOV - SHUTTERSTOCK.COM

Avec ses 140 vieilles maisons en rondins et aux toits de tourbe, c'est l'un des plus grands musées en plein air d'Europe. La ferme de Bjørnstad comporte 27 bâtiments. En tout le musée possède 4 000 objets et 185 maisons. Des visites guidées ont lieu toutes les 2 heures pour découvrir les différentes cultures rurales, la vie de jadis à la ferme et sur les alpages. On peut voir filer, tisser et sculpter sur du bois. Des spécialités locales sont servies dans le café en plein air.

LES BIRKEBEINER

Cette grande manifestation organisée chaque année au mois de mars se déroule sur 55 km de pistes de ski en altitude, de Lillehammer à Rena, dans l'Østerdalen. La tradition de cette course fait remonter à bien loin la pratique du ski en Norvège. Marquée par de longues années de guerre civile et de luttes pour le pouvoir opposant Baglers et Birkebeiner, la Norvège connaissait en 1206 un climat d'insécurité. Pour soustraire l'héritier du trône aux troubles, on décida de faire passer, en le cachant, le petit prince Haakon Haakonsson jusqu'à Trondheim. Sa mère ainsi qu'un prêtre et quelques fidèles Birkebeiner l'accompagnèrent. Arrivés à Hamar l'avant-veille de Noël, les fugitifs poussèrent jusqu'à Lillehammer, l'évêque de Hamar étant un partisan des Baglers. Comme il leur parut risqué de franchir la vallée de Gudbrandsdal, qui était le passage normal de la Voie royale vers le nord, l'enfant fut confié à deux skieurs très compétents du groupe des Birkebeiner. En pleine tempête de neige, le petit groupe passa par la montagne de Lillehammer à Rena, où les attendaient les autres membres de la suite royale. Le petit prince devint l'un des meilleurs rois qui ait jamais régné sur la Norvège. Les armoiries de Lillehammer représentent justement un Birkebeiner, skis aux pieds. Mais pourquoi ce terme de Birkebeiner ? Parce que ces skieurs avaient pour coutume d'envelopper leurs jambes (*bein*) d'écorce de bouleau (*birk*) pour les protéger de l'humidité.

PARC OLYMPIQUE DE LILLEHAMMER 🏛 ★★

Nordsetervegen 45 ✆ +47 61 05 42 00
www.olympiaparken.no
Possibilité de visiter les différentes installations, mais les horaires sont très précis. Renseignements sur le web.

Les stations des jeux olympiques de 1994 ont aujourd'hui été transformées en un grand parc d'attractions ouvert toute l'année où vous pourrez découvrir les sensations d'habitude réservées aux compétiteurs. Le tremplin de saut en ski, la piste de bobsleigh, tout est ouvert toute l'année et adapté à vos souhaits. Activités : toboggan, carte de remontée mécanique, casque et lunettes. On peut aussi y dormir, d'ailleurs recommandé pour profiter des nombreuses activités proposées !

HI LILLEHAMMER - STASJONEN HOTEL 🛏 €

Jernbanetorget 2
✆ +47 61 26 00 24
www.stasjonen.no
Lit en dortoir à 380 NOK, chambre simple à 950 NOK, double à 1 090 NOK. Petit déjeuner inclus. WiFi.

L'auberge de Lillehammer est située à proximité de la gare routière et ferroviaire, à distance de marche de la « ville olympique » et de la zone piétonne. Possibilité de se restaurer sur place, au café de la gare. Des plats locaux et internationaux, tant pour le déjeuner que pour le dîner, et très abordables. Atmosphère sympa, un peu comme à la maison car l'équipe est très souriante et sympathique. Desserts maison. Cuisine à disposition des clients.

Traineau à chiens à Lillehammer.

BIRKEBEINEREN HOTEL & APARTMENTS €€

Birkebeinervegen 24
✆ +47 61 05 00 80
https://birkebeineren.no
Chambre double à partir de 1 350 NOK. Petit déjeuner inclus. Appartements de 1 à 6 personnes. WiFi. Parking.

Depuis plus de 50 ans, l'hôtel offre 40 appartements de 6 lits et 54 chambres bien équipées, bois clair, draps blancs, dans un environnement calme (le parc olympique, à 15 minutes du centre-ville, entre Håkons Hall et la rivière Mesnaelva). Les prix sont dégressifs selon la durée du séjour, le nombre de personnes (tarifs groupe) et également si vous réservez en avance depuis leur site Internet (obtenez alors 10 % de réduction). Bonne ambiance générale !

FIRST HOTEL BREISETH €€

Jernbanegaten 1-5
✆ +47 61 24 77 77
www.firsthotels.com
Chambre simple à partir de 797 NOK, double à partir de 989 NOK. Petit déjeuner inclus. WiFi. Parking gratuit.

Situé face à la gare, cet hôtel inauguré en 1898 était anciennement appelé Dølaheimen (le foyer des paysans des vallées). En effet, les paysans qui venaient en ville par le train séjournaient ici. La réception meublée de beaux meubles anciens se trouve au premier étage. La cafétéria au rez-de-chaussée sert une bonne cuisine régionale. Une grande bâtisse grise, guère séduisante au premier abord, mais les 89 chambres au charme nordique, aux vitres bien épaisses, aux teintures lourdes et aux solides meubles nous convient aisément.

1847 BRENNERIET OG BRYGGERIKJELLEREN €€

Elvegata 19
✆ +47 61 27 06 60
www.bblillehammer.no
Ouvert du lundi au samedi de 18h à 23h, le dimanche de 15h à 22h. Plats à partir de 290 NOK.

Ce pub-steakhouse prépare sa cuisine dans les anciennes caves voûtées d'une brasserie datant de 1814. Elles servaient jadis d'entrepôt pour les tonneaux de bière, et c'est justement pour commander une bonne pinte que la plupart des gens viennent ici. On peut aussi y manger de bons petits plats (des délicieuses pièces de viandes bien sûr, mais aussi du poisson et des plats végétariens...). L'intérieur a récemment été rénové et est décoré avec goût !

NIKKERS

Elvegata 18
✆ +47 61 24 74 30
www.nikkers.no
Horaires très précis, voir site web.

Situé près de la rivière Mesna, le Nikkers propose des lunchs nourrissants à des prix abordables. La cuisine y est bonne. L'ambiance est agréable, entre pub, matchs de foot et concerts en live. L'endroit se décline en trois formules : le restaurant qui sert des plats vraiment bons, le bar orienté sport où l'on peut découvrir une de leur nombreuses bières pression locales et la boîte de nuit pour étancher sa soif de musique et de danse aux sons des platines qui n'en finissent plus de tourner et des lumières qui font de même !

NORLI

Storgata 82
✆ +47 90 93 59 31
www.norli.no
Ouvert du lundi au samedi de 9h à 18h.

Présente à travers tout le pays, Norli est l'une des plus grandes chaînes de librairies. On y trouve ce qu'on veut, et l'on peut commander. Les prix des livres en Norvège sont très élevés comparé à la France et les librairies sont presque toutes généralistes, avec aussi de la papeterie, des jeux et bien sûr la possibilité de s'installer confortablement pour boire un café latte avec une pâtisserie. Connexion Internet gratuite. Vente de timbres-poste. Si la langue norvégienne vous intéresse, rendez-vous au rayon enfant, offrez-vous donc un livre !

SPORT 1 LILLEHAMMER

Kirkegata 55
✆ +47 61 24 70 70
www.sport1lillehammer.no
Ouvert du lundi au vendredi de 9h à 18h, le samedi jusqu'à 16h.

Sport 1 offre une vaste sélection de produits de camping, randonnée et découverte *outdoor*. Egalement vêtements de la marque Fjällräven, pour la randonnée et les sports d'extérieur. Comme l'établissement est grand, on aura largement de quoi s'approvisionner pour un trek. Mais attention, le matériel technique de sport est bien plus cher en Norvège qu'en France. À privilégier donc si vous souhaitez trouver une marque spécifique norvégienne par exemple (Bergans, Norrona, HH) ou que votre imperméable ultralight vous a lâché en cours de route !

STRANDTORGET

Strandpromenaden 85
✆ +47 61 25 15 50
www.strandtorget.no
Ouvert du lundi au samedi de 9h à 20h, le dimanche jusqu'à 18h.

Ce centre commercial abrite plus de 60 boutiques. Situé au cœur du quartier commerçant de Lillehammer, il est un des magasins préférés des habitants. Si vous voulez faire un petit tour d'horizon sociologique, nous ne pouvons que vous conseiller d'y faire un saut. Et bien sûr aussi si vous avez le sentiment d'avoir besoin de quelque chose ! Des objets pour la maisons, à boire et à manger, des vêtements de sport aux chaussures de randonnée, le bonheur n'est pas loin ! Et si vous êtes en voiture, pourquoi ne pas rapporter un luminaire au design nordique ?

HAFJELL GOLF

Nermosvegen 56
✆ +47 61 27 55 80
www.hafjellgolf.no
Possibilité de loger sur place dans des appartements tout équipés. Forfait nuitée, petit déjeuner + green fee à 895 NOK.

Au pied du Gudbrandsdalen, le terrain de golf Hafjell offre un terrain de qualité (9-trous) tout autant qu'un excellent panorama. Le terrain est situé juste dans une région accessible par l'E6, qui se trouve à 800 m, à 15 minutes au nord de Lillehammer. Pour les passionnés de cette activité spécifique, voici un endroit pour varier de vos journées de visites des musées et des villes. La vue sur les montagnes environnantes et le fjord depuis ce terrain de golf est vraiment jolie. Le plus : l'herbe n'est ici pas moins verte que chez le voisin !

1847 BRENNERIET

Elvegata 19
✆ +47 61 27 06 60
www.bblillehammer.no
Ouvert du mercredi au vendredi de 18h à 1h, le samedi jusqu'à 3h. Interdit au moins de 20 ans.

La Distillerie, discothèque avec écran géant, se trouve dans la même cave voûtée que le pub-steakhouse Bryggerikjelleren. Une décoration intérieure vraiment sympa et originale, avec du mobilier qui sort du commun, des lumières tantôt bleues, tantôt dans des tons plus chauds. Fauteuils super confortables, bon choix de bières pression, pizzas savoureuses et bien garnies. Carte des vins conséquente et choix de cocktails. Haut lieu des rencontres à Lillehammer des étudiants et des noctambules, l'ambiance festive est au rendez-vous !

CINÉMA (LILLEHAMMER KINO)

Kirkegaten 69
✆ +47 61 25 10 54
www.lillehammerkino.no
Horaires et billets sur le web et sur place.

Plusieurs salles diffusant des films norvégiens comme des films étrangers. On peut réserver les billets en ligne ou depuis une application éponyme du cinéma. Également kiosque automatiques devant le cinéma et vraies personnes humaines. C'est assez sympa d'aller un cinéma à l'étranger car ça change un peu des autres visites et ça permet de voir un film en VO, et aussi de voir des locaux ! Les portes du cinéma ouvrent 30 minutes avant la projection.

FÅBERG ★★

Cette petite localité située le long du lac Lagen réunit deux points d'intérêt : le parc familial Hunderfossen et le musée de la Route. Le nom du village vient du nom de la paroisse éponyme qui se trouvait là au départ et qui était également une ferme. Fágaberg au départ, les linguistes n'ont pas pu dire ce que signifiait le préfixe *fag*, en revanche *Berg* signifie la montagne, rocher, mont en vieux norrois. C'est assez vert autour – comme quasi partout en Norvège – et si vous êtes à Lillehammer ce n'est vraiment pas un grand détour. Mais on y va surtout pour faire la balade facile Fåberg-Drotten à pied pour voir les somptueux pétroglyphes !

NORSK VEGMUSEUM ★

Hunderfoss vei 757

✆ +47 61 28 52 50 - https://vegmuseum.no

Ouvert en hiver du mardi au dimanche de 10h à 15h, en été tous les jours de 10h à 17h.

Entrée libre.

C'est le musée de la Route mis en place par l'organisme public qui gère les routes en Norvège, le NPRA. Pour tout savoir sur les ponts, les véhicules qui ont traversé la Norvège, ou encore le creusement des tunnels. 3 bâtiments plus un musée en plein air pour au total environ 5 000 m² de visite ! On peut y voir par exemple des machines qui ont vraiment été utilisées pour la construction des routes, l'extraction des roches. Les musées sont proches les uns des autres, on peut y aller à pied. Les animaux domestiques sont autorisés dans le musée de plein air.

PARC DE LOISIRS HUNDERFOSSEN ★★

Hunderfossen Vinterpark

✆ +47 61 27 55 30

www.hunderfossen.no

Horaires très variables entre hiver et été.

Voir site Internet.

L'attraction principale est un grand troll de 14 m, assis sur la grotte dans laquelle sont présentés les contes et légendes de Norvège. Des versions filmées sont projetées en permanence dans la salle de cinéma. Au restaurant Trollsalen, ces géants sortis de l'imaginaire norvégien soutiennent le plafond à la manière d'un Atlas monstrueux. Plus réelle et proche de nos préoccupations modernes, la maquette d'une plateforme de forage montre comment on extrait le pétrole en mer du Nord.

PARC NATIONAL DE LANGSUA ★

Ce parc national est situé une heure à l'ouest de Lillehammer. C'était jusqu'en 2011 le plus petit des parcs nationaux norvégiens, avec 9 km² de superficie. Mais il a été agrandi (537 km²) et s'appelle désormais le Langsua Nasjonalpark. Ici on peut se rendre compte de ce qu'était une forêt d'épicéas avant l'arrivée des bûcherons. Située à plus de 780 m d'altitude, le parc national a le caractère d'une forêt de montagne, sauf dans ses parties les plus basses. Le parc est sillonné de nombreux sentiers, dont le plus haut culmine à 1 128 m. De magnifiques randonnées en perspective, bonnes chaussures, petit encas, eau et vêtements chauds dans le sac.

RINGEBU

À une heure de route au nord de Lillehammer, par la E6, se trouve le petit village de Ringebu. On s'y arrête quelques instants pour admirer la belle église en bois debout du XIIIe siècle, ainsi que la collection de peintures de l'artiste norvégien Jacob Weidemann. Le nom de cette ville dérive du vieux norrois *Hringabú* dont le préfixe signifie un anneau (*ring* en anglais) et le suffixe *bu*, un village. Cette région est une destination touristique prisée des locaux qui veulent aller skier ou faire de la luge car l'enseignement y est souvent très bon l'hiver. D'ailleurs une piste spéciale de descente y a été créée pour les Jeux olympiques de 1994 !

STAVKIRKE - ÉGLISE EN BOIS DEBOUT ★★

Ringebu kirken

✆ +47 61 28 43 50

https://ringebustavkirke.no

Ouvert du 12 juin au 22 août de 10h à 15h.

Entrée adulte 80 NOK.

Une ancienne église en bois debout, datant du XIIIe siècle et remaniée au cours du XVIIe. De l'église originale, il ne reste que la nef centrale. On est surpris par le contraste entre son aspect extérieur plutôt sobre, et son aménagement intérieur baroque, coloré et très chargé. Ne manquez pas les têtes de dragons, juchées sur le toit de l'église et destinées à éloigner les mauvais esprits.

▶ **A voir également,** dans le presbytère, une collection du peintre norvégien Jacob Weidemann.

SEL

Nord-Sel (ou Sel) est une ville d'environ 7 000 habitants composée principalement de vieilles fermes et réputée pour avoir servi d'inspiration au roman *Kristin Lavransdatter* de Sigrid Undset, prix Nobel de littérature. C'est aussi là que fut tourné en partie le film avec Liv Ullman (géniale réalisatrice, actrice et partenaire d'Ingmar Bergman !) inspiré du roman. Devant l'église de Nord-Sel, la statue en bronze de l'héroïne du roman représente la belle Kristin. La statue fut dévoilée à l'occasion des célébrations du centenaire de l'écrivain. Le nom de la ville dérive du terme *sil* qui signifie en vieux norrois « zone d'une rivière qui coule lentement ».

DOVRE ★

Le parc national de Dovre est connu pour la richesse de sa faune (bœufs musqués, caribous et gloutons) et de sa flore. Les montagnes de Dovrefjell, outre leur beauté, sont connues pour leur habitant plutôt rare en Europe : le bœuf musqué. Par ailleurs, Dovre est également présent dans la littérature et les contes anciens et mystiques. L'animal a été réintroduit en 1930 dans ces montagnes, à partir d'une souche groenlandaise, la souche originelle ayant disparu. Attention, cet animal peut se réveler dangereux si vous l'approchez de trop près, il convient de laisser au moins 200 mètres de distance, afin de ne pas l'effrayer car il peut charger à plus de 60 km/h.

JORUNDGARD - CENTRE MÉDIÉVAL ★

Jørundgard
✆ +47 61 23 37 00
www.jorundgard.no
Ouvert tous les jours de juin à août.
Entrée 80 NOK.

Ce centre médiéval regroupe plusieurs bâtiments construits pour servir de décor au film *Kristin Lavransdatter*, réalisé en 1995 à partir du roman éponyme. On peut y voir notamment une reproduction d'une église en bois debout. Des forges aux bâtiments pour les animaux, de l'étable à la cuisine, c'est une visite qui plaira aussi aux plus petits. Début juillet, un festival de danses folkloriques y est organisé et d'autres événements de temps en temps, types concert de musique classique.

LA SAGA KRISTIN LAVRANSDATTER

Kristin Lavransdatter est le symbole idéalisé de la femme. Sigrid Undset raconte, avec un réalisme de chair et de sang, la lente acceptation de sa destinée. Les titres des trois volumes qui constituent cette trilogie médiévale se réfèrent chacun à trois moments décisifs de sa vie : l'amour humain dans *La Couronne*, la maternité et la vie familiale dans *La Femme et le service de Dieu*, lors des terribles épreuves de la peste noire, dans *La Croix*. Ces trois volumes réunis dans Kristin Lavransdatter (prix Nobel de littérature en 1928) ont été traduits en français chez Stock entre 1975 et 1986.

© MAREK RYBAR - SHUTTERSTOCK.COM

Boeufs musqués sur le Dovrefjell.

PEER GYNT

Peer Gynt, personnage fantasque, a réellement existé dans cette région. Héros de nombreux contes et légendes recueillis par Asbjørnsen & Moe à la fin du XIXe siècle (traduits aux éditions Tanum Norli, 1978-1982), Peer Gynt a également inspiré la pièce du même nom que lui consacra Henrik Ibsen (dernière traduction chez Actes Sud en 1991). Enfin, c'est toujours le même Peer Gynt que l'on retrouve dans la musique d'Edvard Grieg, dans ces quelques airs mondialement connus comme *La Chanson de Solveig* et *Le Matin*. Ce dernier morceau évoque, en musique, un lever de soleil sur les montagnes de Dovre, que l'on traversera ici.

DOVREFJELL - SUNNDALSFJELLA NASJONALPARK ★★★

Dovrefjell
✆ +47 61 24 14 44
nasjonalparkriket.no
Site naturel. Superficie : 1 693 km².

Ce grand parc national s'étend sur la chaîne des montagnes de Dovrefjell. Il a été agrandi en 2002 et couvre maintenant trois comtés, dont celui d'Oppland. Les massifs abrupts de la partie ouest sont couronnés de la cime blanche du Snøhetta, qui culmine à 2 286 m. Dans la partie Est la roche très calcaire fait éclore l'une des plus riche flore de montagne de toute la Scandinavie. On peut y voir notamment l'armoise (apparentée au génépi et à l'absinthe), le pavot et le rhododendron. Les animaux du parc sont le bœuf musqué, le renne sauvage, le glouton et le renard de montagne. Les oiseaux y sont particulièrement nombreux, et l'une des réserves ornithologiques de Norvège, le marais de Fokstumyra, n'est qu'à 20 km plus au sud, sur la E6.

On y a recensé plus de 80 espèces d'oiseaux, dont la grande bécassine, le busard et le vanneau huppé. Possibilité d'étudier les espèces rares du haut d'une tour d'observation érigée au bord du marais. Centre d'information à Kongsvold. Plusieurs accès, dont la E6. Le chemin de fer passe à Dovre. Sentiers balisés et refuge non gardé. Il y a également des possibilités de dormir en camping, dans un hôtel ou encore dans des hébergement insolites, type dôme géodésique transparent ! Différentes activités possibles selon les saisons bien sûr. Le site web est une mine d'informations.

▶ **Plus d'infos sur les randonnées et balades** sur le site de l'association de randonnée norvégienne : www.turistforeningen.no (version en anglais).

BUDSJORD - PILEGRIMSGÅRDEN €€ ★

Overbygdsvegen 145 ✆ +47 98 28 63 98
www.budsjord.no
Par personne : 550 à 1 200 NOK la nuit, petit déjeuner inclus. Possibilité de repas sur place à condition de réserver.

Une ancienne ferme, avec 17 bâtiments datant du XIVe au XVIIIe siècle, transformée en auberge pour les marcheurs, voyageurs et autres visiteurs. Les pèlerins qui se rendent d'Oslo à Trondheim trouvent cette auberge sur leur route. Les propriétaires propose également des repas. Ils espèrent en outre pouvoir mettre en place prochainement un musée, un espace pour des performances et une bibliothèque. Le propriétaire est architecte et ça se ressent dans la façon dont le lieu a été rénové.

FOLLDAL

Folldal est une ancienne ville minière qui a été en activité du début du XVIIIe siècle à 1993. Elle fut la dernière mine du pays à fermer. La population avoisine aujourd'hui les 1 600 personnes. Le nom de la ville vient de la rivière Folla et du terme *Dal*, que l'on retrouve souvent en norvégien (comme la fameuse marque de pull Dale of Norway) et qui signifie la vallée. On explosait principalement du cuivre dans ces mines et jusqu'à 550 personnes y furent employées. Tout était alors transporté sur des charrettes tirées par des chevaux. La plupart des zones autour sont aujourd'hui des parcs naturels, ce qui fait de ce lieu un bon endroit de rando !

MINES DE FOLLDAL - STIFTELSEN FOLLDAL GRUVER

Stiftelsen Folldal Gruver
✆ +47 62 49 05 05
www.folldalgruver.no
Ouvert de mi-juin à fin août de 11h à 18h. Musée et descente en train : adulte 90 NOK, enfants 50 NOK.

Ces mines ont fonctionné jusque dans les années 1970. Le musée a été ouvert en 1989, les visiteurs peuvent descendre dans les entrailles de la terre en utilisant l'ancien petit chemin de fer. Le Wormshall, tout au fond, a une acoustique étonnante. De retour à la surface, à l'air libre, le Direksjonen est l'ancienne résidence du directeur de la mine, transformée en chambres d'hôtes pour 14 personnes et en restaurant pouvant accueillir jusqu'à 30 convives.

ALVDAL ★

Petite ville calme d'environ 2 500 habitants, célèbre surtout pour son musée consacré à Kjell Aukrust (auteur de livres sur son enfance : *Simen*, *Bonden* et *Bror Min*), célèbre dessinateur et humoriste norvégien né ici. Il peut être intéressant de faire un détour de 20 km pour voir le lac de montagne de Savalen, situé dans un paysage propice aux jolies promenades. La montagne la plus élevée dans les environs s'appelle Storsølnkletten et culmine à 1 827 mètres de haut. Nous ne pouvons que vous conseiller d'enfiler vos chaussures de randonnée pour arpenter les environs et vous remplir les poumons de bon air frais, parfois bien bien frais !

LA VOIE ROYALE

Les routes royales étaient les voies que les rois empruntaient pour passer d'une région à l'autre. L'une des plus anciennes est justement celle qui traverse le plateau de Dovre, mais la récente E6 l'a effacée en partie. On la retrouve entre Hjerkinn et Kongsvoll, où elle peut être facilement suivie, ses bornes étant toujours visibles et marquées de l'ancien sceau royal. De Voie royale, elle est maintenant un chemin agréable où le pied foule un tapis de mousse et de fleurs, et d'où la vue plonge loin, arrêtée seulement par les montagnes, dont le sommet de Snøhetta (le Capuchon de Neige) à l'ouest.

AUKRUSTENTERET

Aukrustsenteret
✆ +47 42 68 78 77
www.aukrust.no
Ouvert de mi-mai à fin août tous les jours de 10h à 17h et jusqu'à 19h. Entrée : 130 NOK adultes, 90 NOK enfant.

Fondé en 1996 et inauguré par le roi Harald lui-même, ce musée rend hommage à l'œuvre de Kjell Aukrust, le dessinateur et auteur norvégien né à Alvdal. Après avoir travaillé pour un grand quotidien norvégien, il devient écrivain. Un de ses romans *The Pinchcliffe Grand Prix* (en norvégien *Flåklypa Grand Prix*) est porté à l'écran en 1975 et s'impose comme l'un des plus gros succès du cinéma norvégien. Le lieu est parfois ouvert hors saison. Boutique souvenir qui vend livres, illustrations et autres petites choses. Le Solan og Ludvigs Kafé vous accueille bien !

GRETE OG ESTEN LANGODDEN €

Gammelveien 435 ✆ +47 960 16 154
www.langodden.no
Entre 480 et 1 040 NOK par nuit selon le bâtiment. Camping : 250 NOK l'emplacement de tente avec voiture.

Une ancienne ferme traditionnelle reconvertie en musée, située sur la rive du majestueux fleuve Glomma, à 10 km au sud d'Alvdal. Plusieurs anciens bâtiments ont été restaurés et transformés en logement, la plupart avec salle de bains. Une écurie a également été transformée en habitat pour 3 personnes. Une ancienne grange à foin pour 7 personnes. Un chalet en rondins de 90 m², à *hems* (mezzanine), avec cheminée et salle de bains individuelle, pour 8 personnes. C'est assez mignon, tout confort et l'on peut aller pêcher ou faire du ski !

OSLO ET ØSTLANDET

Alvdal.

TYNSET ★

Le centre régional Tynset mérite bien son surnom de Petite Sibérie. Avec - 48 °C, cet endroit détient le record du froid de la Norvège du Sud. Un grand romancier local, Trygve Gulbransen, a écrit une saga sur une grande famille dynastique – les propriétaires d'immenses forêts de pins et de sapins peuplées d'ours et de loups : *Là-bas chante la forêt* (*Og bakom synger skogene*), traduit en français aux Editions Victor Attinger.

▸ **Le site Internet de la commune** propose quelques informations pratiques : www.tynset.kommune.no

CASCADE DE MARDALSFOSSEN ★★

Mardalsfossen

Au bout de ce chemin, environ 20 minutes de marche pour arriver au point culminant de la cascade. L'itinéraire traverse un paysage montagnard, sauvage et impressionnant, jusqu'à l'arrivée au lac de Mardalsvatnent. A partir du lac, il faut longer la rivière pendant environ 20 minutes pour atteindre le point culminant de la cascade. Par temps clair, la vue panoramique sur la cascade de Mardalsfossen et la vallée d'Eiksdalen est époustouflante. Cette chute, la plus haute d'Europe du Nord, fit beaucoup parler d'elle en 1970, lors de manifestations écologistes.

DOMBÅS ★

C'est une petite ville qui réunit tous les commerces et moyens de transports de la région de la Dovre, où se situe le parc national de Dovrefjell. L'office de tourisme loue des bicyclettes et organise des excursions dans le parc national. Une des plus anciennes routes royales traverse le plateau de Dovre, mais la récente E6 l'a effacée en partie. On la retrouve entre Hjerkinn et Kongsvoll, où elle peut être suivie, ses bornes étant visibles et marquées de l'ancien sceau royal. Il n'y a pas vraiment d'attractions propres à Dombas, si ce n'est la petite église en bois datant de 1939. On passe ici pour se ravitailler avant la traversée de la Dovre.

HJERKINN FJELLSTUE €€

✆ +47 61 24 29 27

www.hjerkinn.no

Chambre simple : 1 130 NOK.

Chambre double : 1 440 NOK.

Petit déjeuner inclus.

Le Hjerkinn Fjellstue est un hôtel confortable de 26 chambres disposant également d'un assez bon restaurant et d'un bain bouillonnant extérieur ! Les chambres sont équipées d'un lavabo (salle de bains et sauna communs) et le linge de chambre est fourni. Il est également possible de planter une tente ou de garer sa caravane. De nombreuses activités sont proposées par le gîte : randonnée, location de canoë et de ski, apprendre à conduire des traîneaux à chiens, safaris au cours desquels on peut observer des bœufs musqués et des élans…

Cascade de Mardalsfossen.

LOM ★★

Cette ville d'environ 2 500 habitants est une destination touristique importante en Norvège. Le paysage y est pour beaucoup : c'est dans sa région que l'on trouve les montagnes les plus hautes du pays, avec leur sommet atteignant jusqu'à 2 469 m d'altitude. Lom est notamment la porte d'entrée pour explorer le magnifique parc national de Jotunheimen. Ici, on pourra prendre des renseignements sur les sentiers de randonnée, s'équiper pour une expédition, et même faire un tour au musée des montagnes norvégiennes. On pourra aussi y voir l'une des 28 églises en bois debout qui restent en Norvège. En vieux norrois, Lóm signifie le pâturage.

JOTUNHEIMEN ★

Zone de montagne de 3 500 km² dans le centre-sud de la Norvège, entre Ottadalen, Gudbrandsdalen, Valdres et Sogn. C'est dans cette région que se trouvent les plus hautes montagnes de l'Europe du Nord : Galdhøpiggen (à Lom) mesure 2 469 m et Glittertinden 2 464 m. Jotunheimen c'est également un parc national de 1 151 km², créé en décembre 1980. Jotunheimen est aussi un espace de loisirs populaires avec de nombreux sentiers balisés. L'hiver, on peut par exemple réserver une semaine de ski de randonnée nordique (entre le ski de fond et le ski de randonnée) pour aller de refuge en refuge ! Testé et approuvé !

Plus d'informations :
www.visitjotunheimen.com

LOM BYGDAMUSEUM - MUSÉE EN PLEIN AIR DE LOM ★★

Brubakken 12
✆ +47 612 11 600
www.gudbrandsdalsmusea.no
Ouvert du mardi au dimanche du 29 juin au 5 août, de 11h à 16h. Entrée gratuite

Ici sont regroupées près de 23 anciennes maisons venant de la vallée d'Ottadalen. Le *stabbur* (sorte de garde-manger en rondins sur pilotis), datant du XVIe siècle, est un des plus grands et plus vieux du genre. C'est l'occasion de faire un saut dans le temps en découvrant la vie quotidienne des fermiers de cette époque. Le musée propose aussi des expositions temporaires et si vous venez avec des petits, de nombreuses activités sont prévues pour eux, principalement le mercredi.

MUSÉE DE LA MONTAGNE NORVÉGIENNE ★★

Brubakken 2 ✆ +47 61 21 16 00
www.norskfjellsenter.no
Créé par la société norvégienne d'alpinisme. Ouvert toute l'année. Adulte 130 NOK, 85 NOK pour les 4-18 ans.

Un musée sur la protection de la nature. Des expositions racontent comment l'homme a coexisté avec la nature, et notamment dans les montagnes norvégiennes. Une visite passionnante où l'on peut voir des rennes et des mammouths, un moment où l'on entre dans un conte de fée pétri de folklore local. Une pièce reproduit quelques conditions météorologiques comme la pluie, le vent et le tonnerre. Explications géologiques interactives avec ce bac de sable où l'on peut modéliser des montagnes !

GLACIER DE GALDHØPIGGEN ★★

Parc national de Jotunheimen
✆ +47 61 21 29 90
www.visitjotunheimen.com
Site naturel

La montagne du Galdhopiggen est la plus haute de Norvège et d'Europe du Nord, avec 2 469 m d'altitude. D'un côté, le précipice de 500 m dans le lac Gjende, réputé pour l'intensité de sa couleur verte, de l'autre, la vue sur le lac Bessvatnet. Et c'est ici que Peer Gynt chevaucha le grand renne qui vola dans les airs. Prévoyez une journée entière pour l'excursion à travers Besseggen ou au sommet du Galdhøpiggen, même s'il est possible de la réaliser en 5 ou 6 heures ! L'ascension est réputée difficile et s'adresse à des marcheurs expérimentés. Tours guidés aussi.

JOTUNHEIMEN FERIESENTER €

Heidal ✆ +47 61 23 49 50
www.jotunheimenferiesenter.no
Cabine 2 personnes 480 NOK/nuit, 4 personnes 720 NOK, 6 personnes 1 250 NOK ; tente 160 NOK (électricité incluse).

Le camping est situé au pied du Jotunheimen, dans un environnement magnifique. La rivière Sjoa est à proximité, ce qui permet de faire du kayak, du rafting ou simplement marcher. Vous pouvez y louer des Hytte tout confort (avec connexion Internet gratuite) pour 2 à 6 personnes. Possibilité de rajouter un matelas sur demande. Emplacements camping-car, voiture, ou moto. Électricité en sus pour 50 NOK. Un bon point de chute pour aller faire du rafting, du ski, des randonnées pédestres ou équestres ou encore faire une partie de pêche entre amis.

JOTUNHEIMEN NASJONALPARK ★★★

www.visitjotunheimen.com

Superficie : 1 145 km². Accès facile, par plusieurs routes. Sentiers de randonnées et refuges d'hébergement.

Nombreux lacs sur le massif et sur le Gjende, un service de bateau régulier fonctionne pendant l'été. Ensuite, en raison de l'eau venue des glaciers, le lac prend une profonde couleur émeraude. Le lac voisin, le Bessvatnent, garde sa couleur bleu foncé. Entre ces deux lacs, au sommet de la longue et mince crête qui les sépare, un sentier balisé constitue l'un des sites touristiques les plus réputés de Norvège. Des rennes à l'état sauvage peuplent la partie ouest du parc, tandis que des troupeaux semi-domestiques paissent près des villages de Lom et de Vågå.

FAGERNES ★★

Fagernes est une petite ville tranquille qui compte près de 1 800 habitants et se trouve sur les rives du Strondafjorden. C'est en fait la plus importante de la vallée de Valdres et une étape assez incontournable car très plaisante. C'est ici que l'on peut voir l'une des attractions touristiques les plus réputées du pays : le parc national de Jotunheimen composé d'une chaîne de 26 montagnes. Il tire son nom d'une expression signifiant « la maison des géants ». Fagernes est une bonne étape durant votre voyage, vous y trouverez toutes les commodités, dans un cadre agréable. L'hiver, tout est recouvert d'un manteau blanc pour le bonheur des skieurs !

FOLKEMUSEUM - MUSÉE DES ARTS ET TRADITIONS ★★

Tyinvegen 27
✆ +47 61 35 99 00
www.valdresmusea.no
Adulte 120 NOK. Enfant : 60 NOK, famille 300 NOK. Ouvert toute l'année mardi au samedi de 11h à 16h.

C'est le 4e écomusée par sa taille en Norvège. Valdres Folkemuseum a été fondé en 1901 et les premiers bâtiments de la « collection » ont été montés en 1906 à Fagernes. En 1917, le musée fut déplacé à la presqu'île de Storøya à côté de Fagernes. Plus tard, en 1950, le musée a loué le reste de l'île et comprend aujourd'hui un grand territoire. Le musée possède 95 bâtiments et environ 20 000 objets. Très belle visite interactive. Génial pour les mômes. Café.

CAMPING FAGERNES €€

Tyinvegen
✆ +47 61 36 05 10
www.fagernescamping.no
Emplacement tente, caravane et voiture : à partir de 250 NOK. Appartement à partir de 950 NOK, chalet 2-5 pers 545 NOK.

Possibilité de louer des bateaux et des bicyclettes. Emplacement de tentes, camping-cars et chalets équipés. Belle localisation. Bien que proches les unes des autres, les maisonnettes semblent toutefois un peu isolées et lorsqu'on est dedans, on se sent au milieu de nulle part. Tout en bois, bien tenues, propres, bien organisées, pas trop de meubles partout et des espaces de rangement. Connexion wifi. Si les réservations en ligne sont complètes, le camping accueille néanmoins toujours les gens qui arrivent au moment. Sanitaires au top.

JEVNAKER ★

Au sud de Gjøvik, Jevnaker est une petite ville industrielle connue pour sa cristallerie qui reçoit environ 600 000 visiteurs par an et comporte également un musée. C'est aussi là que se trouve le Glassheim, une salle de concerts rock très réputée. Environ 5 000 habitants vivent ici. Depuis 2020 et le redécoupage administratif de la Norvège, Jevnaker fait partie du comté de Viken (Oppland précédemment). Avant 1889, le nom de la ville s'écrivait Jævnaker, ce qui signifie en vieux norrois « le champ plat ». Comme souvent il y a de l'eau, puisque la ville se trouve sur les bords du Randsfjorden. Assez sympa de s'y promener si l'on passe par là.

HADELAND GLASSVERK - MUSÉE DE LA CRISTALLERIE ★

Glassverksveien 9
✆ +47 61 31 64 00
www.hadeland-glassverk.no
Ouvert toute l'année mais variable selon saison, voir site web.

Cette soufflerie de verre, qui date de 1762, est située au début du Randsfjord. 150 ouvriers y travaillent encore selon des méthodes ancestrales et la production actuelle y est vendue. Le musée expose une importante collection de verres anciens. Dans le bâtiment principal se déroulent aussi des expos temporaires. La grange abrite le restaurant Kokkestua et une boutique de bonbons maison. On peut piqueniquer sur la terrasse devant le restaurant. Des jeux sont aménagés pour les enfants.

GLASSHEIM ROCK & KULTURSCENE

Stampengvegen 4
✆ +47 984 24 753
Programmation variable à retrouver en ligne.

Cette ancienne usine de fabrication de verre est désormais une salle de concert connue internationalement. Elle reçoit régulièrement des artistes du monde entier, comme par exemple Eric Singer Project, Manfred Manns Earth Band, Georgia Satelittes, Doro, Paul Di Anno, Nazareth, W.A.S.P., Slade, TNT et PLUMBO. C'est la scène de rock la plus active de Norvège, ce qui n'est pas peu dire ! Ils ont reçu le prix de la culture de Jevnaker en 2009. Évidemment, on peut y boire un coup.

HØNEFOSS

Cette petite ville est concentrée autour des chutes de la rivière éponyme, source de son développement avec l'exploitation des forêts de la région. Au XVIIe siècle, il y avait ici déjà 23 scieries, appartenant pour la plupart à des bourgeois d'Oslo.

Depuis la banlieue d'Oslo, la route traverse la « vallée des ingénieurs », la Silicon Valley version norvégienne. Après une cinquantaine de kilomètres à travers de riches plaines en longeant les rives du lac Tyrifjord, on arrive au pays natal d'Asbjørnsen et Moe, les pères des contes et légendes norvégiens, avec la villa enchantée Friedheim, posée sur le lac Krødern, et la vallée aux ours de Vassfaret.

KRØDEREN

Le lac Krøderen ou Krøderfjorden s'étend sur 41 km au nord du village du même nom. A Nøresund un pont enjambe le lac, lequel est large, à cet endroit, de 200 m. Le pont mène du côté ouest du lac où les plus courageux pourront entreprendre l'ascension du Norefjell. Depuis 1872 la ville est le terminus de la ligne de chemin de fer Krøder Line et c'est aujourd'hui un héritage culturel et historique. Le lac est majestueux, entouré de montagnes aux formes douces et arrondies, comme des animaux marins sortis de l'eau pour voir ce qu'il se passe à la surface. Maisons au toit d'herbe, et belles balades en perspective dans tous les environs.

VILLA FRIDHEIM - MUSÉE DES CONTES ET LÉGENDES ★

Bjørøya

✆ +47 907 25 902

http://buskerudmuseet.com

Ouvert de mi-mai à mi-octobre, tous les jours de 10h à 17h, jusqu'à 18h en juillet.

Adulte 75 NOK, enfant 40 NOK.

Le petit château en bois qui abrite le musée fut construit dans le plus pur style dragon à la fin du XIXe siècle par un riche commerçant en bois. Il est ouvert au public depuis 1986, on peut y voir des peintures de trolls, de huldra et autres lutins qui peuplent les contes de fées norvégiens. L'après-midi, le thé est servi dans les salons anciens du château. C'est une visite superbe qui plaira aux grands comme aux plus petits. Evénements organisés toute l'année.

DRAMMEN ★★

Drammen est divisée en deux par la rivière Drammenselva. La ville se trouve à environ 40 km au sud d'Oslo. Près de 100 000 personnes habitent la ville. Elle doit sa notoriété entre autres aux magnifiques gravures rupestres (notamment un cerf) qui y ont été retrouvées, vieilles de plus de 6 000 ans, découvertes à Åskollen et Skogerveien. Il s'agit d'une ville en expansion et la 7e plus grande de Norvège. La municipalité est très engagée sur les questions environnementales et sur le développement urbain et a reçu plusieurs prix pour cela. Théâtre, fameuse brasserie Aass, musées, restaurants, piscine, il y a de quoi passer de bons moments !

ÉGLISE DE BRAGERNES (BRAGERNES KIRKE) ★★

Cappelens gate 9

✆ +47 32 98 91 80

www.drammen.kirken.no/bragernes

Ouverte du mardi au jeudi et le samedi de midi à 18h, le vendredi de 12h à 13h et le dimanche de 10h à 18h.

L'église de Bragernes se trouve près de la place du marché. Elle est construite dans le style néogothique. La peinture de l'autel, réalisée par Adolph Tidemand et représentant la scène de la Résurrection, a été copiée dans plus de 70 autres églises du pays, ce qui a assuré sa célébrité. Cette église est en usage toute l'année alors selon le jour de votre visite, vous pourrez peut-être assister au concert d'une des nombreuses chorales du pays accompagnée de l'orgue.

ÉGLISE SKOGER [SKOGER GAMLE KIRKE] ★★

A Skoger, au sud de Drammen.
http://skogerkirke.no
Ouvert selon les événements.

L'église en pierre date du Moyen Âge. Elle a été construite entre 1200 et 1220. Une église sans prétention qui se visite si vous passez par là. Un orgue magnifique qui vaut le détour, aux contours peints en bois bleu décoré de motifs a été installé en 1825 et restauré de nombreuses fois. Il est toujours en usage lors des messes et des célébrations diverses. L'église à aussi sa propre maquette de bateau, un beau trois mâts en bois tout blanc, assez original !

MANOIR DE GULSKOGEN [GULSKOGEN GÅRD] ★

Nedre Eikervei 74
✆ +47 32 20 09 30
https://drammens.museum.no
Ouvert du 1er mai à fin octobre le week-end tous les jours de 9h à 21h. Adulte : 50 NOK, gratuit jusqu'à 12 ans.

Ce manoir, édifié en 1804 dans un style Louix XIV, a longtemps appartenu à la famille Arbo, et c'est précisément là qu'a grandi le peintre Peter Nikolai Arbo. Rénové à plusieurs reprises avec soin, on peut aujourd'hui toujours admirer à l'intérieur le mobilier de l'époque, et profiter à l'extérieur du magnifique parc XVIIIe. Une visite agréable qu'apprécieront aussi les enfants qui s'en donneront probablement à cœur joie pour gambader dans les jardins.

MARCHÉ DE BRAGERNES [BRAGERNES MARKED] ★★

Bragernes Torg
Ouvert toute l'année.

Depuis qu'un gigantesque incendie a complètement détruit les alentours, Bragernes est devenu la plus vaste place de marché de Norvège et même de Scandinavie. Maraîchers, vendeurs, fêtes et autres skatepark s'improvisent souvent ici, selon le temps et la saison. C'est un des sites les plus vivants de la ville, et un symbole pour la région comme pour le pays. On peut toute l'année trouver les producteurs qui se déplacent de ville en ville sur les *Bondens Marked*, marchés de producteurs.

PAVILLON LYCHE [LYCHEPAVILJONGEN] ★★

Konnerudgata 7
✆ +47 32 20 09 30
www.drammens.museum.no
Ouvert du lundi au vendredi de 11h à 15h. Adulte : 50 NOK, réduit : 25 NOK, gratuit jusqu'à 12 ans.

Cette belle bâtisse blanche accueille nombre d'objets et de pièces d'artisanat rare : mobilier, reliques d'église, art populaire ou encore argenterie baroque. Le café du musée s'y est installé et on peut y déguster de bonnes pâtisseries, mais aussi des salades, une bonne soupe chaude ou un sandwich garni de crevettes. On y passe un bon moment confortablement assis dedans ou sur la terrasse l'été. Ce bâtiment suit les horaires du musée. Connexion Internet gratuite.

SITE RUPESTRE [HELLERISTNINGENE I SKOGERVEIEN] ★

Skogerveien 8
Site naturel

Les gravures rupestres retrouvées sur les sites d'Åskollen et d'Austad ont été datées à environ 6 000 à 7 000 ans. Ils sont les premiers signes de l'activité humaine dans la région de Drammen. La plus grande gravure rupestre du site représente un orignal. Les animaux sont décorés de lignes et de figures à l'intérieur de leurs corps, ce qui peut laisser penser qu'il s'agit là d'un représentation de leurs organes internes. Vraiment très beau à voir.

CAFÉ PICASSO €€

Erik Børresens Allé 5A ✆ +47 32 89 07 08
www.cafepicasso.no
Ouvert lundi 11h-19h, mardi-jeudi 11h-23h, vendredi et samedi 11h-minuit, dimanche 14h-21h. Plats à partir de 100 NOK.

Un restaurant un peu plus onéreux que la moyenne, mais qui paie son emplacement dans un magnifique édifice Art nouveau. Et ça marche ! L'endroit est souvent plein de gens venus profiter d'une atmosphère artistico-parisienne, dans un cadre parsemé d'anciennes affiches de music-hall. On peut y manger des omelettes diverses et variées, des frites, des escargots, des salades, des nachos, des soupes, et surtout leur fameux fish 'n chips ! Les smoothies sont très frais et peu sucrés ! Crumble aux pommes maison pas mal du tout. Une belle trouvaille.

KONGSBERG ★

Située au sud-ouest d'Oslo, sur la route qui va à l'ouest, la petite ville de Kongsberg compte environ 25 000 habitants et était au départ une ville minière. Elle est aujourd'hui notamment connue pour son très grand festival de jazz, qui a lieu début juillet. (Plus d'infos sur www.kongsberg-jazzfestival.no). Vie culturelle, université, culture sportive (ski et football), entreprises de pointe, Kongsberg est une ville en expansion. En octobre 2021, un Danois islamiste de 37 ans a tué 5 personnes avec un arc et des flèches dans un supermarché. Il s'agissait de l'attaque la plus meurtrière depuis l'attentat du suprémaciste Breivik à Utøya.

NOTODDEN ★

Notodden est une petite ville de 12 300 habitants, au cœur du Telemark. Elle est connue pour son église en bois debout de Heddal, la plus grande de ce type. Elle vaut vraiment le coup d'œil ! Pour rappel, il n'en reste plus que 28 sur les 750 probables à l'origine. L'autre point d'intérêt de Notodden, c'est son Festival de blues, l'un des plus grands d'Europe qui a lieu tous les ans, début août. Plus d'infos sur bluesfest.no. Une ville en expansion qui bouge et se démène pour proposer à sa population et aux touristes de passage de nombreuses activités tout au long de l'année. Le nom de la ville signifie « le lieu où l'on peut pêcher ».

HEDDAL STAVKIRKE ★★

Heddalsvegen 412

✆ +47 35 01 39 90

Ouvert de 9h à 19h du 20 juin au 20 août, de 10h à 17h jusqu'à mi-septembre. Entrée : 70 NOK.

© NIKIDEL - SHUTTERSTOCK.COM

Construite vers 1100, quand ce pays viking était à peine christianisé, cette église est un curieux mélange de temple païen et d'église orthodoxe avec ses multiples toits pointus sur 4 niveaux. Le magnifique portail est sculpté d'entrelacs et de têtes de dragons. A l'intérieur, se dresse un siège sculpté qui représente Sigurd aidant Gunnar à conquérir Brynhild, protégée par un rempart de flammes. Siegfried, Gunther et Brunehilde sont les trois héros qui ont inspiré à Wagner les personnages principaux du *Ring des Nibelungen*. Elle mérite absolument une halte.

TUDDAL

Tuddal est une vallée encaissée qui s'étend de la montagne Gaustatoppen (1 881 m d'altitude) à Sauland. Réputée pour son architecture caractéristique, Tuddal compte de nombreux bâtiments médiévaux classés. Sur un petit terrain, au centre de la localité, se trouve la ferme de Tuddal, un bel ensemble de maisons rurales exposant des objets anciens. La ferme comprend aussi une métairie et un alpage. En hiver, on peut skier sur une des nombreuses pistes de ski de fond et il y a même quelques remonte-pente pour le ski alpin et le snowboard. Un endroit peu connu du grand public pour le moment, pourvu que ça dure !

TUDDAL HØYFJELLSHOTELL €€

Tuddal Hoyfjellshotel ✆ +47 35 02 88 88

www.tuddal.no

Prix par personne, petit déjeuner compris : chambre double 960 NOK.

L'hôtel fut construit en 1895, dans le style tyrolien traditionnel, avec dragon en rondins enduits de goudron et faîte de toit surmonté de la gueule d'un dragon stylisée. D'abord sanatorium, le Tuddal fut transformé en hôtel de haute montagne en 1934 (Høyfjellshotell). A l'origine l'hôtel avait une véranda ouverte. Entièrement décoré d'antiquités, il se caractérise par une atmosphère véritablement unique par rapport aux autres hôtels de Norvège. Avec sa vingtaine de chambres, il offre un cadre intime et privilégié. Bon restaurant donnant sur une nature magnifique.

Heddal Stavkirke.

RJUKAN ★★

Rjukan est un ancien centre industriel, qui a prospéré au XXe siècle. On y a notamment construit de nombreux bâtiments d'intérêt, ce qui vaut à la ville d'être classée au Patrimoine mondial de l'Unesco. Rjukan est également située dans le Parc national de Hardangervidda, au pied de la montagne de Gaustatoppen. C'est l'association entre ce concept industriel (routes, bâtiments, réseaux, lignes électriques) et le cadre naturel spectaculaire qui l'entoure, qui permet à cette ville ouvrière d'être classée au patrimoine de l'Unesco. Elle est le parfait exemple du modèle de l'industrie mondiale du début XXe siècle.

SELJORD ★★

Seljord est une des plus belles bourgades du Telemark. Imaginez-vous les cimes de Skove et de Lifjell encore enneigées, les bouleaux blancs aux feuilles vert tendre, le tout se reflétant dans les eaux du lac de Seljordsvatnet, bordé de plages, plaines, douces collines et hautes montagnes.
Chaque année est organisée à Seljord une foire au bétail, le marché Dyrsku'n. Cette foire agricole, la plus grande de Norvège, commence le deuxième vendredi de septembre. Outre les animaux, on y vend aussi des couteaux d'un travail magnifique, des horloges et toutes sortes d'antiquités, dans un brouhaha de violons de Hardanger et de meuglements de bêtes.

ÉGLISE DE FLATDAL - FLATDAL KIRKE ★★

Flatdal Kirke
Toute l'année

Derrière l'édifice en rondins, construit en 1654, se trouve une pierre de 540 kg dont on raconte qu'elle a été soulevée par Sterke Nils (Nils Olavson Langedal), le géant de Seljord qui avait été nourri au lait de jument. La maison de Sterke Nils est située sur la colline derrière l'église.

L'église de Flatdal est une *langkirke*, c'est-à-dire une construction longue et étendue pour symboliser le chemin saint (« Via Sacra ») qui suit la course du soleil de l'est à l'ouest.

ÉGLISE DE SELJORD - SELJORD KIRKE ★

Seljord kirke
Toute l'année

De style roman du XIIe siècle, cette église est dédiée à Saint-Olav. Sur sa façade nord-ouest, le visage sculpté représenterait, selon la légende, le même roi canonisé. Une autre légende raconte que l'église fut édifiée par une nymphe qui, une fois son travail achevé, eut le malheur de faire une chute mortelle. A l'endroit où la nymphe est tombée, l'herbe n'a jamais repoussé. Une belle visite en perspective pour toute la famille si vous êtes dans les environs.

Seljord.

NUTHEIM GJESTGIVERI €€

Flatdalsvegen 1283
✆ +47 35 05 21 43
www.nutheim.no
Ouvert de Pâques à mi-octobre.
Chambre double à 1 750 NOK, petit déjeuner compris. Restaurant, boutique, galerie.

Plusieurs maisons en bois, certaines au toit recouvert d'herbe et au mobilier typique norvégien digne des plus beaux musées. Petits déjeuners, déjeuners et dîners traditionnels norvégiens de grande qualité dans un cadre tout simplement fabuleux. Un lieu parfait pour ceux qui cherchent le calme et le charme de l'ancien et qui sont sensibles à l'art, car ici, il est partout ! Toiles originales aux murs, galerie, cours de peinture... un rêve ! Couettes en plume d'oie sensationnelles, fleurs fraîchement cueillies... voici un lieu dont on se rappelle toute sa vie.

KVITESEID

La commune de Kviteseid compte environ 3 000 habitants et longe le canal du Telemark. Le grand atout de la municipalité, c'est qu'elle possède une station de ski, située à Vradal, qui compte pas moins de 50 km de pistes de ski de fond et de ski alpin. Kviteseid est très liée à la localité de Morgedal, où est né Sondre Norheim, le champion de ski norvégien. C'est une ville qui s'inscrit dans une région formidable que nous vous souhaitons de pouvoir découvrir. La ville et la région vivent principalement du tourisme, de l'exploitation des forêts et de l'hydroélectricité. La nature est précieuse, prenez-en grand soin lorsque vous vous baladez.

ÉGLISE DE KVITESEID - KVITESEID KIRKE ★

Elle est située sur une douce pente gazonnée qui descend vers le fjord Nisser. Edifiée en pierre (ce qui est rare en Norvège) vers 1150, elle est dédiée au saint patron de la Norvège, saint Olav. Le plafond est décoré de 20 panneaux de Thomas Blixius, réalisés en 1714. L'église a conservé son portail d'origine dont l'arcade représente deux dragons entrelacés dans une lutte figée pour l'éternité. Le petit cimetière qui l'entoure dégage une atmosphère tout à fait saisissante.

MORGEDAL ★

Le berceau du ski ! D'abord, ces montagnes du Telemark qui inspireraient tout passionné. D'ailleurs, le premier champion de ski norvégien, Sondre Norheim, né ici et dont on peut voir la maison natale. On lui doit 2 innovations majeures : la fixation de ski et le ski légèrement courbe, plus souple et flexible. La flamme olympique de 1994 est partie de là avant d'arriver à Lillehammer. Un autre habitant de Morgedal, Olav Bjaaland, skieur et artisan émérite, accompagna l'explorateur Amundsen au pôle Sud. Enfin, sachez que le mot « slalom » provient du parler local, et les pentes abruptes ont donné ici naissance au célèbre virage « Telemark ».

NORSK SKIEVENTYR - MUSÉE DU SKI NORVÉGIEN ★★

Morgedalvegen 158 ✆ +47 35 06 90 85
www.vest-telemark.museum.no
Ouvert du 01/05 au 15/09, tous les jours de 10h à 17h. Entrée : 100 NOK, enfant - 15 ans 50 NOK, famille 250 NOK.

Ce centre de documentation sur les débuts du ski propose une exposition multimédia montrant l'évolution de ce sport. Le film en Cinémascope met en scène Sondre Norheim dans le rôle principal, avant de pénétrer dans un paysage de neige reconstitué où un jeu de lumières et des effets sonores recréent une ambiance hivernale... Une activité super à faire en famille qui change un peu de l'ordinaire. Prenez le temps de vous y arrêter si c'est possible ! On recommande.

HOTELL MORGEDAL €€

Haugivegen 4
✆ +47 35 06 89 00
www.morgedal.no
Chambre double à partir de 1 1500 NOK, petit déjeuner inclus. Possibilité de restauration.

Un grand hôtel moderne, rénové depuis peu, à l'allure assez standard mais très bien à l'intérieur. L'endroit est destiné à tous ceux qui souhaitent profiter de la longue tradition de ski et de sport de plein air de cette région. Le spa est très agréable, avec sa piscine d'eau glacée, ses bains chauds et son sauna ! Vous pouvez également réserver un massage ou un soin corporel. Chambre tout confort, mais aussi cours de tennis, mini golf... vous passerez très probablement un bon moment ! Et à chaque période de l'année son atmosphère bien particulière.

DALEN ★

Au centre de la région du Telemark, Dalen est une ville de 3 400 habitants, beaucoup plus peuplée quand les touristes sont présents. Il faut dire que son cadre est séduisant : la ville s'étend le long d'un lac, lové au cœur des montagnes. Les activités de plein air prédominent ici. On passe par Dalen également pour profiter du canal du Telemark. Bâtiments historiques, offre intéressante de restaurants, nombreuses randonnées, paysages à couper le souffle, cette ville a décidément de nombreux atouts alentour ! La municipalité organise très souvent des événements que l'on peut facilement trouver depuis sa page Internet dans l'onglet *What's on* ?

DALEN HOTELL €€€

Hotellveien

© +47 35 07 90 00

www.dalenhotel.no

Chambre double autour de 2 500 NOK, petit déjeuner inclus dans les tarifs.

Il faut absolument le voir à défaut d'y séjourner ! L'hôtel Dalen est l'un des rares hôtels d'architecture dragon parfaitement préservés. Construit en bois avec des tourelles et des flèches, ce bâtiment constitue un véritable modèle des châteaux des contes de fées norvégiens. En 1994, suite à 10 années de travaux de restauration, le château a retrouvé son image qu'il avait à son inauguration en 1894. L'intérieur comporte également toute une ornementation en bois. Le restaurant propose des plats à la carte. Pourquoi pas y prendre juste un café ? Grand luxe.

GRIMDALSTUNET ★

Borsævegen

© +47 35 06 90 90

Ouvert de début juin à début septembre les w-e 10h-17h ; de mi-juin à mi-août tous les jours 10h-17h. Entrée 50 NOK.

Située à 10 km de Dalen, c'est la ferme traditionnelle où naquit le sculpteur Anne Grimdalen (représentée à la Galerie nationale d'Oslo). Expositions intérieures et extérieures de ses œuvres, dont des sculptures animalières disposées un peu partout dans l'immense jardin que les enfants se feront un plaisir d'explorer et de toucher. Les maisons en bois sont très vieilles et vraiment jolies, toutes sculptées. Un café bien lumineux vous permettra de vous restaurer autant le midi que le soir pour pas très cher et sans avoir à faire des kilomètres !

TELEMARKSKANALEN

© +47 409 20 000

www.telemarkskanalen.no

Ouvert de mi-mai à début septembre.

Au choix croisière de 2h, à la journée ou avec nuitée en chemin.

Comme à Skien, on peut partir de Dalen pour découvrir le canal du Telemark creusé à la fin du XIXe siècle, afin de relier l'intérieur des terres à la côte. Sur 105 km, entre Skien et Dalen, on découvre ce cours d'eau artificiel, en kayak, en très joli bateau avec cette compagnie locale (sur le *M/S Victoria* ou *M/S Henrik Ibsen* par exemple) ou même à vélo. Des allers-retours sont possibles, avec ou sans nuitée sur le chemin, dans des hôtels recommandés. Si vous choisissez l'aller simple, vous pourrez faire un retour en autocar pour aller récupérer votre voiture.

NISSEDAL

Avec ses 37 km de longueur, le Nisser est le plus grand lac du Telemark et le septième de Norvège. Les habitants de Nissedal se sont surtout installés sur la rive est du lac, là où le relief est moins accidenté. La route 41, qui longe cette rive, offre un superbe spectacle. Le lac, paradis pour la bronzette et les sorties en famille, est bordé de belles plages de sable, et ses hauts-fonds se prêtent à la baignade. Nissedal a même été surnommée la Riviera du Telemark. De nombreux campings, avec ou sans chalets, sont situés sur les rives du lac dans lequel on pêche la truite, la perche, le lavaret et l'omble chevalier.

NISSER HYTTEGREND & CAMPING €

Fjone © +47 35 04 78 67

www.nisser.no

Ouvert toute l'année. Prix selon saison.

Chalet 2-4 pers. avec salle de bains 600 NOK.

Tente : 250 NOK, caravane 300 NOK

Ce grand camping, situé au bord du lac du Nisser, propose des sites de tentes et caravanes, ainsi que des petits chalets tout équipés pour les familles. C'est aussi (et avant tout) un centre de varappe réputé. Des chalets très sympa, tout propres et bien meublés. Les emplacements pour tentes et camping-cars sont assez espacés et proches de l'eau. Une toute nouvelle construction vient tout juste de voir le jour : pålehytta ! Une superbe maison sur pilotis en bois ! Génial !

KRAGERØ ★

À la frontière entre le Telemark et le Sørlandet, c'est la première des minuscules villes blanches qui s'alignent le long de la côte, jusqu'à Flekkefjord à l'ouest. Dans le village, les ruelles sinueuses se faufilent entre des maisons aux toits de tuiles roses ou noires. Après l'incendie de 1800, la ville fut reconstruite avec des maisons blanches d'une hauteur n'excédant pas deux étages. La beauté du site a inspiré plusieurs peintres norvégiens, tels que Munch et Kittelsen. Comme un rappel nostalgique de son passé, la ville possède sur sa petite place, devant l'hôtel Victoria, la statue d'un marin adossé à son gouvernail et intitulée *Le Rêve du large*.

JOMFRULAND ★★

Jomfruland

Entrez libres !

Le « pays vierge » avec à peine 65 résidents permanents est composé d'îlots et de récifs formant, au large, un croissant qui protège Kragerø. Il est bordé de plages de sable vers l'intérieur et de plages de galets vers l'extérieur. Ce petit archipel représente le paysage typique du coin et abrite une réserve naturelle. L'île principale, Jomfruland, mesure à peu près 7,5 km de long sur 1 km de large. Deux phares blancs, dont un encore en usage, des pontons, de petits sentiers, de bateaux, des plages superbes et des oiseaux... pas trop mal !

MUSÉE BERG-KRAGERØ [BERG-KRAGERØ MUSEUM] ★

Louisenbergveien 45

✆ +47 35 98 14 53

telemarkmuseum.no

Ouvert de mi-juin à mi-août tous les jours de 11h à 16h. Adulte : 70 NOK, enfant : 30 NOK.

Une très belle maison d'armateur construite vers 1800. Une exposition semi-permanente est consacrée à Edvard Munch (1863-1944) et à son passage à Kragerø en 1909 pour se reposer et reprendre du poil de la bête. Certains disent que cette période à Kragerø fut l'une des plus prolifiques du peintre. Son sublime *Soleil* a par exemple vu le jour là-bas. Également un petit café et de nombreuses activités proposées tout au long de l'été. Un bel endroit pétri d'histoire.

GUMØY FERIESENTER-FERIELEILIGHETER €€

Tanganeveien 18 ✆ +47 970 47 610

www.gumoy.no

Location de bungalows bien équipés.

Le grand bungalow à partir de 7 500 NOK la semaine, le petit à partir de 5 500 NOK.

Pour les fous de golf et pour tous les autres, cet endroit est superbe. Tous les loisirs sont envisageables sur ce site : promenade, jeux pour les enfants type toboggan, balançoire, ballon de foot. On peut aussi y louer une barque et il y a également un terrain de golf. Des appartements type bungalows sont à la location pour la nuitée ou la semaine, avec salle de bains privée. Comme souvent en Norvège, pensez à prendre vos draps dans votre valise car c'est en supplément.

KRAGERØ RESORT €€

Stabbestadveien 1

✆ +47 35 97 11 00

www.krageroresort.no

Hôtel, restaurant, golf et spa. Chambre double à partir de 1 200 NOK. Petit déjeuner inclus. WiFi.

Cet hôtel à l'architecture moderne et design est remarquable. Vue sur Stabbestadveien, c'est l'endroit idéal pour se reposer et se ressourcer. Kragerø Resort n'est d'ailleurs pas un simple hôtel, l'établissement possède plus de 1 700 hectares de terrain, des installations sportives mais aussi 4 restaurants ! Sans oublier le spa évidemment qui permet de passer un moment de détente, d'oublier les soucis et de passer une super bonne nuit ensuite ! Une formule avec dîner est proposée, ce qui permet de ne vraiment s'occuper de rien !

KRAGERØ SPORTELL & APARTMENTS €€

Lovisenbergveien 20

✆ +47 35 98 57 00

www.kragero-sportell.no

Chambre double 850 NOK.

Petit déjeuner : 100 NOK par personne.

Cette auberge est située dans un bel environnement à 1,5 km du centre-ville et à quelques mètres de la mer. L'hôtel a du charme avec ses deux salons superposés et sa vue sur le petit port. Possibilité de louer un bateau à rames ou à moteur, un canoë, un kayak, ou de faire une visite guidée des nombreuses îles qui bordent Kragerø. On peut louer des appartement pour 2, 4 ou 6 personnes. Connexion Internet gratuite. Service de restauration. Une bonne option pas trop chère.

SKIEN ★

Capitale de la région du Telemark et ville natale du dramaturge Henrik Ibsen, Skien s'étale sur les deux côtés du fleuve, assez large pour que les gros bateaux puissent remonter de la mer jusqu'au centre-ville. Le commerce du bois était l'activité principale de Skien. De nombreux incendies ont jadis ravagé la ville, et notamment la grande propriété du père d'Ibsen. Les deux autres maisons où habita Ibsen, Venstøp et Snipetorp, sont aujourd'hui devenues des musées.

A Venstøp, on peut encore voir le grenier noir qui faisait tellement peur à Ibsen enfant, et qu'il décrit dans sa pièce *Le Canard sauvage*. Henrik Ibsen naquit dans une famille nombreuse dont le père, ruiné dans des spéculations, se mit à boire. Skien était aussi un des hauts lieux du piétisme norvégien. Pour se consoler de son malheur, sa mère s'adonna au mysticisme piétiste. Dans ses *Mémoires d'enfance*, Ibsen, qui n'aimait guère sa ville natale, dit de Skien : « Je suis né dans une maison sur la place, la maison Stockman, comme on l'appelait alors. » Cette maison était juste en face de la façade de l'église au haut parvis et à la tour imposante. À droite de l'église se trouvait le pilori de la ville et, à gauche, la mairie avec le dépôt et le « cabanon ». Le quatrième côté de la place était occupé par l'école primaire et le collège. L'église était isolée au milieu.

Skien.

MUSÉE HENRIK IBSEN ★★

Venstøphøgda 74
✆ +47 35 54 45 00
www.telemarkmuseum.no
Ouvert tous les jours de mai à août de 11h à 17h.
Adulte : 100 NOK, enfant : 40 NOK.

Cette ferme où Ibsen passa son enfance entre 7 et 15 ans se trouve à 5 km au nord de la ville. Elle était à l'origine la maison de vacances de la famille Ibsen, mais le père fit faillite en 1835 et dut vendre leur résidence en ville. La propriété de Venstøp brûla dans un incendie en 1886. Le grenier qui faisait si peur à Ibsen est bien le même que celui évoqué dans sa pièce de théâtre *Le Canard sauvage*. On assiste aussi à une petite représentation mettant en scène quelques productions d'Ibsen. Ce site est l'un des trois musées dédiés au dramaturge en Norvège.

SKIEN FRITIDSPARK

Moflatveien 38
✆ +47 35 54 10 00
www.skienfritidspark.no
Activités extérieures ouvertes mai à octobre.
Parc aquatique toute l'année.
Tarifs & horaires sur le web.

Skien Fritidspark est un parc d'attraction qui fait la fierté de la ville. La municipalité a investi 440 millions de couronnes sur ses installations à destination des écoles, de la population locale et des touristes. Le complexe comprend aujourd'hui : une patinoire ouverte l'hiver, un terrain de gazon artificiel, des courts de tennis, un hall de ski, une rampe de ski, des pistes éclairées, un grand complexe aquatique (6 piscines, toboggans, saunas, bain bouillonnant) et un parc d'escalade avec de l'accrobranche. Une super activité pour toute la famille !

THON HOTEL HØYERS €€

Kongensgate 6
✆ +47 35 90 58 00
www.thonhotels.no
Chambre double à partir de 1 326 NOK.
Petit déjeuner inclus. WiFi.

Un hôtel traditionnel d'une centaine de chambres, construit au début du XXe siècle. Entrée assez imposante avec ses chouettes canapés Chesterfield rouges. Rénovées il y a peu, les chambres sont assez modernes, avec des couleurs claires, des lits dans lesquels on a juste envie de rester et tout le confort contemporain (écran plat, accès Internet, vaste salle de bains, machine à café). Un soin particulier a été apporté aux couleurs. La brasserie Madame Blom, avec son atmosphère très fin de siècle, mérite un arrêt si vous avez un petit creux.

ULEFOSS ★

À Ulefoss se trouvent quelques-unes des écluses du vieux canal de Telemark, une sorte de canal du Midi qui relie la plaine à la montagne depuis plus d'un siècle. Long de 105 km, le canal de Telemark, par ses 18 écluses, remonte les bateaux 72 m au-dessus du niveau de la mer. Construit en 1892, ce canal, qui va de Skien à Dalen, reprend aujourd'hui du service avec 2 bateaux, le *Victoria* construit en 1882, et le *Henrik Ibsen*, construit en Suède en 1907. Lors des travaux de restauration du canal, les écluses ont été gardées telles qu'elles étaient à l'origine et fonctionnent à la main. Les plus spectaculaires sont un peu plus loin, à Vrangfoss.

ULEFOS HOVEDGAARD - MANOIR D'ULEFOSS ★

Nome
✆ +47 35 54 45 00
telemarkmuseum.no
Ouvert de mi-juin à mi-août du mardi au dimanche de 11h à 17h. Entrée libre.

Ce manoir date de 1807. Il fut construit pour le ministre du Commerce de l'époque Niels Aall. Outre le fait qu'il est considéré comme le plus bel exemple d'architecture empire en Norvège, c'est aussi un lieu où d'importantes décisions politiques furent prises. En effet, Aall prit part aux réflexions qui suivirent la signature de la Constitution de 1814. La balade dans le jardin est plaisante et nous vous recommandons la visite guidée, si possible avec Elisabeth !

BØ ★

Bø i Telemark est devenu l'un des centres les plus importants du Telemark touristique. La diversité du site (rivières, lacs, forêts, montagnes) garantit des vacances agréables à tous les amoureux de la nature. Située au centre de cette région touristique, Lifjell est une zone de haute montagne aux sommets culminant à plus de 1 300 m d'altitude. On peut y faire de très belles randonnées, dans une nature grandiose composée de marais, de lacs poissonneux et de hauts plateaux. Une ville très active dans une région qui ne l'est pas moins. Activités sportives, ludiques et culturelles pour tous proposées au fil des saisons. Voir la page web de la ville.

BØ SOMMARLAND

Steintjønnvegen 2
✆ +47 35 06 16 00
www.sommarland.no
Ouvert de début juin à mi-août. gratuit pour les- de 95 cm, 319 NOK pour les 95-140 cm ; 349 NOK pour les + 140 cm.

C'est une sorte d'Aqualand avec une grande piscine et un toboggan de 26 m, ainsi que d'autres jeux d'eau. Nous vous recommandons le *flowrider*, une grande vague de surf artificielle, afin de goûter à un plaisir étonnant, puissant et généralement réservé à ceux qui vivent au bord de vagues capricieuses. Sur un terrain un peu plus au sec : des poneys, des pistes de jeux, des reconstitutions d'alpages norvégiens. Tarifs un peu moins chers en achetant le billet directement depuis leur page Internet. Une chouette activité entre amis ou en famille.

SANDA CAMPING €€

Seljordveien 915
✆ +47 35 95 47 10
https://visitbo.no/sandacamping
Emplacement tente 220 NOK, camping-car 270 NOK, Hytte 4 personnes 820 NOK.

Location de chalets et emplacements pour vos tentes. Un endroit magnifique. Tout est sorti de terre en 1994 pendant les Jeux olympiques. Les activités possibles sont multiples, mais l'idée de prendre son temps et d'apprécier le calme environnant vous viendra sans doute ! Les Hytte ne sont pas très grandes mais c'est bien suffisant, et de toute manière, on a plutôt envie de sortir profiter des beaux paysages alentour. Camping calme, propre et bien organisé. Connexion Internet gratuite. Sanitaires et douches très bien également.

BØ HOTELL €€€

Gullbringvegen, 32
✆ +47 35 06 08 00
www.bohotell.no
Chambre double 1 380 NOK. Wifi.

Hôtel confortable, doté de trois étoiles. Les chambres sont lumineuses et décorées avec soin, et certaines offrent une vue magnifique sur le jardin de l'hôtel. Plusieurs types de chambres : simple, twin, double, double de luxe, chambres qui n'ont pas été rénovées, et même un appartement entier... vous aurez donc le choix ! Le restaurant de l'hôtel sert une cuisine traditionnelle très correcte le midi et le soir. Les assiettes sont très bien présentées et beaucoup de saveurs tout au long du repas. Un hôtel sans chichis très bien.

TJØME

Tjøme est une île qui fait partie de la commune de Færder. Cinq mille habitants à l'année et 40 000 l'été, car beaucoup de Norvégiens y ont une résidence secondaire. Roald Dahl (l'auteur de *Charlie et la chocolaterie*) y passait ses vacances chez ses grands-parents, petit, et continua cette tradition avec ses propres enfants. Il en parle dans le chapitre sur l'île magique dans son livre *Moi, Boy*. Chaque jour, ils exploraient une île différente, car Tjøme, c'est la magie de toutes ces îles qui se succèdent et forment le 2e parc national marin, le Parc national de Færder. Nombreuses activités l'été (via ferrata, bateau, concerts, resto, musées...)

▶ www.visitvestfold.com

CENTRE D'ACCUEIL DU PARC NATIONAL DE FAERDER

Helgerødveien 590
✆ +47 33 50 76 00
www.ferdernasjonalpark.no
Du lundi au dimanche de 11h à 17h, du 17 juin au 22 août. En dehors de ces dates, les contacter.

Situé au bout du monde (« Verdens Ende ») près de l'ancien phare en pierre, cet établissement moderne séduira les grands et les petits : exploration guidée de la nature environnante, restaurant panoramique, exposition digitale immersive, boutique-souvenir avec des produits locaux, conférences. Leur site Internet est également une mine d'informations pour qui souhaite s'informer sur le parc et les multiples activités outdoor à proximité : pêche, équitation, sortie en mer, escalade...

DITT SKAFFERI

Østveien 658
✆ +47 33 39 00 00
www.dittskafferi.no
Du mardi au samedi de 10h à 17h.
Dimanche de 11h à 16h. Comptez 15 €.

Un café où il fait bon aller passer quelques heures, bien installé dans une ambiance cosy avec un grand choix de pâtisseries maison plus appétissantes les unes que les autres ! Jus de fruits, café latte, expresso, chocolat chaud... avec comme souvent en Norvège, le choix du lait animal ou végétal. Dépaysement assuré dans ce lieu pittoresque où l'on pourra aussi trouver des accessoires pour la maison, des vêtements, une exposition temporaire d'artistes locaux et même une petite bibliothèque avec des livres à disposition au premier étage !

TØNSBERG ★★

Tønsberg est la plus ancienne cité de Norvège. Elle fut fondée un an avant que le roi viking Harald à la belle chevelure unifiât le pays en l'an 872. C'est à 5 km au nord de Tønsberg que se trouve le célèbre tumulus royal où des fouilles ont révélé des trésors. En 1904, on y a découvert le drakkar qui servit de sépulture à deux reines vikings en 830. Plus proche de nous, Sven Foyn, un natif de Tønsberg, inventa une nouvelle arme meurtrière pour la chasse à la baleine, le harpon à dynamite. La ville est entourée d'un *skjærgård* de quelque 700 îles et îlots. Lieu idéal pour la navigation car la ville est dotée de sept marinas.

Tønsberg.

CHÂTEAU - TUNSBERGHUS FESTNING

✆ +47 33 31 18 72
Entrée adulte 100 NOK, 60 NOK étudiant et senior, entrée enfant 40 NOK, gratuit - 6 ans.

Tønsberg était un pôle de commerce important. Situé dans le centre-ville, ce sont les ruines du plus important château scandinave édifié au XIIIe siècle pour le roi Håkon Håkonsson et son fils, Magnus Lagabøter et détruit en 1503. De ce château, il reste une partie des murs et des fortifications ainsi qu'une tour d'observation, le hall royal et l'église datant de 1191. Entrée payante. Une visite à ne pas manquer si vous décidez de passer par la très charmante ville de Tønsberg.

HAUGAR VESTFOLD KUNSTMUSEUM

Gråbrødregate, 17 ✆ +47 33 30 76 70
www.haugar.com

Ouvert de juin à août 11h-17h, week-end 12h-17h. De septembre à mai 11h-16h, we 12h-17h. Adulte 120 NOK, enfant 70 NOK.

Expose d'intéressantes peintures d'art contemporain. Le musée est situé dans l'ancienne université de la marine, un bâtiment en brique construit entre 1918 et 1921 par les architectes Bjerke & Eliassen, en collaboration avec le sculpteur Wilhelm Rasmussen. Des activités pour les jeunes et les moins jeunes tout au long de l'année. Par exemple des visites guidées pour les bébés ! Une petite boutique-souvenir propose des choses sympa à rapporter. Super cartes postales !

SLOTTSFJELLSMUSEET

Farmannsveien 30
✆ +47 33 31 29 19

Ouvert toute l'année du mardi au dimanche de 11h à 16h.

Ce musée abrite diverses expositions sur l'archéologie, la pêche traditionnelle, la chasse à la baleine et comporte un musée de plein air composé de 13 bâtiments. Des activités proposées pour les enfants toute l'année (voir sur leur site web), des expositions temporaires parfois, des visites guidées y compris en anglais, bref, un musée qui sait proposer des choses sympa pour le bonheur des visiteurs ! Également petit café (ouvert seulement l'été) qui propose des petites collations. Une boutique-souvenir qui vend des bijoux, des livres, des costumes.

FURUSTRAND CAMPING & HYTTESENTER €€

Tareveien, 11
✆ +47 33 32 44 03
www.furustrand.no

Ouvert l'été. Emplacement tente 250 NOK, caravane 450 NOK.

Le lieu possédait déjà des chalets, des emplacements pour tentes et caravanes et en 2007 il s'est doté de 12 cabines supplémentaires avec sauna pour 4 personnes. Idéal pour les familles. Le camping est situé à seulement 10 minutes du centre-ville de Tønsberg et au bord du fjord d'Oslo. Les petits chalets sont au milieu des pins, c'est très agréable, on a l'impression d'être un peu tout seul. La plupart d'entre eux possèdent un écran plat et la connexion Internet gratuite.

THON HOTEL TØNSBERG BRYGGE €€€

Nedre Langgate 40
✆ +47 33 34 49 00

Chambres doubles à partir de 1 088 NOK, également possibilité de louer des appartements. Petit déjeuner compris.

Cet hôtel de 72 chambres, moderne et impeccable, situé sur une place qui descend vers le port, appartient à l'Association des marins norvégiens. Le restaurant chinois peut surprendre mais s'il s'agit d'une invitation au voyage. Salle de fitness ouverte aux clients. Service bagagerie, pressing, arrivée anticipée possible sur demande si votre chambre est prête. Super petit déjeuner sous forme de buffet. Connexion Internet gratuite. Arrivée à 15h, départ midi.

WITH BRØD & KAFFE

Storgt.29
✆ +47 33 36 93 14
www.withtonsberg.no

Du lundi au vendredi 8h-17h, le samedi 9h-17h, le dimanche jusqu'à 16h.

Un café comme on les aime : lumineux, avec beaucoup de bois, des plantes, des petites choses à acheter, des assises confortables, et surtout, surtout, de délicieuses pâtisseries à la cardamome, à la cannelle ou encore des gâteaux crus et vegan. Possibilité aussi de prendre un déjeuner rapide, de type sandwich ou petite salade avec des graines germées et du quinoa par exemple. Les smoothies ne sont pas les meilleurs du monde, mais le reste est très correct et dans une bonne ambiance. Et vous serez surtout entourés de Norvégiens !

FILTMAKERIET

Øvre Langgate 63
✆ +47 924 082 66
https://filtmakeriet.no

Ouvert du lundi au vendredi 10h-16h, le samedi 11h-15h.

Vous avez envie de rapporter quelque chose de fait main, de typique norvégien, peut-être quelque chose en laine, qui se porte et s'utilise, quelque chose de très bonne qualité et loin des grandes industries, et à des prix normaux et très corrects ? Alors cet endroit est fait pour vous ! Lisbeth Naess Evensen fabrique tout elle-même dans son atelier-boutique en centre-ville ! Une quantité incroyable de gants, moufles et mitaines, des chaussettes, des pulls, mais aussi des jupes en laine cardée, des mobiles pour enfants... On a craqué pour des chaussons bleus !

SANDEFJORD ★

Cette petite ville est concentrée autour des chutes de la rivière du même nom, source de son développement avec l'exploitation des forêts de la région. En 1668, il y avait ici 23 scieries appartenant pour la plupart à des bourgeois d'Oslo.
Dans le centre-ville, près de la marina des plaisanciers, se dresse le célèbre monument à la gloire des chasseurs de baleines... Après une cinquantaine de kilomètres à travers de riches plaines en longeant les rives du lac Tyrifjord, on arrive au pays natal d'Asbjørnsen et Moe, les pères des contes et légendes norvégiens, avec la villa enchantée Friedheim, posée sur le lac Krødern, et la vallée aux ours de Vassfaret.

Transports

Le Sandefjord Airport Torp situé à 110 km au sud-ouest d'Oslo et à 10 km de Sandefjord (Vestfold County) est devenu le second plus grand aéroport international de Norvège. Les compagnies low-cost Ryanair et Norwegian y desservent de nombreuses liaisons. Navette pour Sandefjord et Tønsberg toutes les heures. L'aéroport de Sandefjord se trouve à 22 km de Larvik, 24 km de Tønsberg, 28 km de Horten, 63 km de Skien, 70 km de Drammen. A Sandefjord, correspondance avec le train pour Porsgrunn et Skien. A Tønsberg, correspondance avec le train pour Drammen et Oslo. Cet aéroport peut paraitre loin mais il est bien desservi depuis Oslo. Location de voiture.

HÔTEL WASSILIOFF €€€

Tollbodgaten 6
✆ +47 33 11 36 00
www.wassilioff.no
Tarif : chambres simples 1 150 NOK, doubles : entre 1 300 et 1 400 NOK, selon la saison.

L'hôtel fut fondé en 1844 par Michael Wassilioff, originaire de Riga et qui avait fui la Russie tsariste. Ses enfants, Ingebrigt et Tatjana, reprirent l'affaire. Les propriétaires actuels, Anne-Gerd et Gunnar Berseth, avec un grand respect des traditions, ont fait de cet hôtel un des plus renommés de la région du fjord d'Oslo. A juste titre, car l'environnement, l'accueil et la qualité des services sont un must ! Hôtel 4 étoiles récemment rénové avec goût et luxe. Il se situe à 30 minutes de route de Sandefjord. On peut aussi juste prendre le petit déjeuner !

HVALFANGSTMUSEET

Museumsgaten 39 ✆ +47 947 93 341
www.hvalfangstmuseet.no
Ouvert d'octobre à avril 11h-15h, de mai à juin 11h-17h, juillet-août 10h-17h, septembre 11h-16h. Adulte 100 NOK.

Ce musée unique en Europe présente l'ensemble des animaux vivant en Arctique. On pourra admirer des spécimens de baleines de l'Antarctique et de l'Arctique dont une maquette, taille réelle, d'une baleine bleue très impressionnante. Il montre aussi les techniques utilisées pour la chasse à la baleine, depuis les armes rudimentaires des Sâmes jusqu'aux redoutables canons des temps modernes. Par ailleurs le musée possède différents bateaux dont le Southern Actor, un baleinier des années 1950 et la copie d'un drakkar « Gaia » qui naviguent encore tous les jours.

LARVIK

Le port de Larvik est une communauté de communes de 46 000 habitants, située à l'embouchure de la Numedalslagen. Elle a prospéré grâce à l'industrie du bois et du fer, très développée sur ces rives. La ville est aussi connue pour son eau minérale Farris, distribuée dans toute la Norvège. Son port est l'une des portes d'entrée de la Norvège, car les liaisons maritimes avec le Danemark sont nombreuses. Knut Hamsun y a écrit *L'Éveil de la glèbe* qui lui a valu le prix Nobel de littérature en 1920. L'économie de Larvik est basée sur l'agriculture, la pêche et le tourisme, mais Larvik est le plus gros producteur de tomates et de concombres de Norvège !

LARVIK MUSEUM

Nedre Fritzøegate 2
✆ +47 481 06 600
www.larvikmuseum.no
Ouvert de juin à août, du mardi au samedi de midi à 16h.

Ce complexe muséal réunit trois sites : un manoir (Herregarden), bâtiment construit en 1673 pour le vice-roi du Danemark qui avait élu domicile à Larvik, c'est une construction en bois typiquement norvégienne ; le musée de la Marine (Sjøfartsmuseum), qui raconte entre autres la construction d'un navire polaire et l'histoire maritime des environs. Expositions temporaires également et activités. Une section sur la géologie et l'industrie du minerai se trouve à Verkensgarden, sur la route de Stavern. Une visite sympa à faire en famille si vous passez par Larvik.

SØRLANDET

Îlots, plages, soleil, maisons blanches en bord de mer, voilà la carte postale du Sørlandet, région la plus ensoleillée du pays. Elle est pour les Norvégiens la « Côte d'Azur » du pays, l'endroit de villégiature par excellence ou bon nombre de Norvégiens ont investi dans une résidence secondaire ou vieille maison de famille.

Le littoral et ses magnifiques plages sont appréciés des vacanciers, mais l'intérieur des terres ne manque également pas de charme, notamment la vallée de Setesdal. La région fait partie du Skagerrak, une zone côtière commune à la Suède, au Danemark et à la Norvège. Depuis janvier 2020 et le redécoupage administratif du pays, cette région comprend uniquement le comté de Agder, anciennement distincts en Vest-Agder et Aust-Agder. Une région qui vaut le détour si vous choisissez de passer par le sud. Vous le constaterez par vous-même, les Norvégiens se baignent beaucoup dans ce coin où il fait bon vivre !

Sørlandet
10 KM
194
Bygland
ÅMLI
Fiane
Søndeled
Myra
Bossvik
RISØR
Longerak
Tonstad
Byglandsfjord
Gautestad
Mykland
Geving
LYNGØR
Tvedestrand
Åseral
Flatebygd
Evje
Mjåvatn
Kilsund
Engesland
Herefoss
Blakstad
Longum
Froland
Verk
Skarestrand
Eiken
Skeide
ARENDAL
Raet Nasjonalpark
Iveland
Tromøy
Rykene
Sira
Kile
Tingvatn
Hægeland
Fevik
KVINESDAL
GRIMSTAD
BIRKENES
Austad
FLEKKEFJORD
Ytre Øye
Feda
Vennesla
HOMBORSUND
LILLESAND
Mosby
Tveit
Brekkestø
Øyslebø
Nodeland
Høvåg
Rom
Lyngdal
KRISTIANSAND
Fidje
Vestbygda
Svenevik
Krossen
Søgne
Møvik
Vanse
Farsund
Hassel
LINDESNES
Vigeland
Skagerrak
Skålevik
Høllen
MANDAL

PAGES

L'Aust-Agder est devenu Agder depuis janvier 2020. Dans cette zone, près de 80 % de la population habite sur le littoral. Dans ce chapitre, nous explorons d'ailleurs uniquement la côte, à l'exception de la petite localité d'Åmli. La côte de l'Aust-Agder fait partie du Skagerrak, une zone où le littoral est continu de la Norvège à la péninsule du Jutland au Danemark en passant par le Sud-Ouest de la Suède. En été, ce comté vit essentiellement du tourisme, avec en destinations favorites les villes de Risør, Lillesand, Arendal (centre administratif) et Grimstad. Suivez donc cette magnifique côte, ponctuée de villages blancs, d'histoires de pêcheurs et de souvenirs de deux grands écrivains norvégiens, Henrik Ibsen et Knut Hamsun.

Vest-Agder est devenu Agder depuis janvier 2020. Kristiansand en est la ville principale. Il est situé à l'extrême sud de la Norvège et fait partie, tout comme le Aust-Agder, du Skagerakk. L'Agder (anciennement Vest-Agder) bénéficie d'un climat agréable grâce au Gulf Stream qui, à cet endroit, touche la Norvège. C'est pour son climat ensoleillé que le Vest-Agder est surnommé la « Côte d'Azur de la Norvège ». Le comté à une histoire liée à l'international depuis la fin du XIXe siècle, période à laquelle de nombreux Norvégiens de la région ont émigré aux États-Unis. Depuis les années 1970, nombre de ces Américains sont revenus dans leur pays d'origine. L'Agder est connu pour avoir le plus haut niveau d'exportations à l'étranger.

RISØR ★★★

Risør est l'une des plus anciennes villes du sud de la Norvège. Avec ses coquettes maisons blanches aux tuiles noires vernissées, elle prend des airs de marina de luxe. Une grande ancre marine est posée en guise de statue sur les quais. Essayez de rencontrer Vækteren, le vieux veilleur de nuit : personnage important jadis à cause des risques d'incendie dans ces villes construites entièrement en bois, il connaît toutes les histoires de marins. Le paysage de Risør est marqué par trois grands fjords : le Nordfjord, le Sørfjorden et Sandnesfjord. Au mois d'août, des régates de bateaux en bois ont lieu, pour le plus grand plaisir des spectateurs.

SØRLANDET FERIESENTER €€

Åkvågveien 590

✆ +47 47 37154080

www.sorlandet-feriesenter.no

Chambre, emplacement de camping, caravane et mobil-home, prix en fonction de la saison. Réservation en ligne possible.

Centre de vacances qui occupe un emplacement privilégié en Norvège, entre Risør et Lyngør. Nombreuses activités : kayak, pêche, randonnée, et possibilités d'hébergement très variées, pour tous les budgets. Également aire de jeux, mini-golf, cours de tennis, espace barbecue, possibilité de louer des vélos, plage à proximité, tennis de table, douche pour les chiens, salle de fitness, location de bateaux et de canne à pêche, bassin de nage extérieur, parking et même un défibrillateur. Il ne manque décidément pas grand-chose à cet établissement !

RISØR GJESTEHUS €€

Ringveien

✆ +47 37 15 50 02

www.risorgjestehus.no/risor

Cabine de base, pour 2/4 personnes 900 NOK par jour en fonction de la saison.

Risør Guesthouse est situé dans les fjords de Bossvika, près de Risør. Une vue sur la mer, une petite plage et une jetée, voilà ce qui vous attend chaque matin. Toutes les cabines sont confortables et bien équipées (wi-fi). Location de bateaux à moteur (maximum 20 CV) et de kayaks. Pas mal pour se mettre dans la peau d'un Norvégien, pendant une semaine. Un très bon point de chute pour rayonner et découvrir la côte sud de la Norvège sans chercher un hébergement chaque soir. À 2 kilomètres de la guesthouse se trouve un super atelier de céramique.

RISØR HOTELL €€€

Tangengata, 16

✆ +47 37 14 80 00

www.risorhotel.no

Haute saison : Chambre chambre double pour 1 495 NOK. Restaurant, menu 5 plats 1 350 NOK.

Situé sur le port, c'est un ancien bâtiment blanc de 1836, flanqué de constructions rouges plus basses et séparées de l'hôtel par une terrasse. Il compte 31 chambres de standing. Bar et restaurant. Toutes les chambres possèdent un écran plat, un sèche-cheveux, une bouilloire électrique, la connexion Internet gratuite, et aussi le petit déjeuner sous forme de buffet, très correct et copieux. Check-in 15h, check-out 12h. Sur demande, ils peuvent garder vos valises la journée de votre départ si besoin. Arrivée et départs tardifs possibles sur demande.

RISØR RESORT - MOEN CAMPING €€

Moensveien 22

✆ +47 37 15 50 91

www.risorresort.no

Prix (haute saison) : de 800 à 4 000 NOK (selon la taille de la cabine), tente 300 NOK ; caravane 390 NOK.

Location de cabines (*hytter*), d'appartements, de chambres et de terrains de camping. Le site est très agréable, situé en bord de mer, à 10 km de Risor. Idéal pour servir de camp de base. Toutes les commodités sont accessibles. Possibilité de se baigner bien sûr, mais aussi petit terrain de football pour les enfants, aire de jeux pour les plus petits et même de volley-ball sur sable. Pratique de la pêche en eau douce et salée dans les environs proches.

PETER HEAD PUB

Strandgata 27

✆ +47 37 15 33 01

Ouvert tous les jours de 20h à 1h, le week-end dès 12h jusqu'à 2h.

Une institution à Risør ! Dans un style écossais, il est le rendez-vous populaire par excellence, avec son insigne aux trois rennes. Pour le trouver, demandez juste le « Hau'e » qui signifie en dialecte local *head*, la tête. On y boit et on y mange. Matchs de football retransmis régulièrement. Ce bar a ouvert ses portes en 1996 et se maintient très bien depuis, notamment connu pour son grand choix de bière pression du coin et d'ailleurs. Soirées à thème type bingo et musique, quiz musical ou encore culinaire de type paella ou burger.

Risør.

LYNGØR ★★

L'île n'est accessible que par bateau. Les voitures y sont interdites, ce qui a certainement contribué à son isolement du monde extérieur. En 1991, Lyngør, avec ses maisons blanches posées sur quatre îlots dans la mer, a été consacré « village le mieux préservé d'Europe ». Chaque bras de mer forme une rue, et l'on se promène avec plaisir entre les coquettes maisonnettes. Un saut dans le passé, où la navigation à la voile était le seul moyen de subsistance pour les habitants. La plupart des maisons sont secondaires mais il y a tout de même une petite centaine de résidents permanents. Quelques restaurants, une épicerie et un fabricant de voiles de bateau.

ARENDAL ★★★

À l'origine, les rues de cette ville, bâtie sur des îlots, étaient des canaux. Après les grands incendies des années 1860, la ville fut reconstruite en pierre et les canaux furent recouverts. Seule, la pointe de Tyholmen, autour du port Pollen, a gardé son ancien cachet. Au XIXe siècle, Arendal était un port très dynamique, en témoignent encore aujourd'hui les belles demeures de riches armateurs. L'hôtel de ville fut construit en 1815 dans un style Empire. En outre, Arendal détient le record de jours ensoleillés de la côte Sud. Au début du mois d'août ont lieu des régates auxquelles participent les bateaux les plus rapides du monde.

ÅMLI

Hors des sentiers battus, et éloignée de la côte, cette ville de 1 800 habitants est située dans la partie nord-est de l'Aust-Agder. Nous citons Åmli car elle est particulièrement bien préservée. Vallées superbes, cours d'eau poissonneux, forêts et landes infinies, lacs idylliques. On est à la frontière entre le Setesdal et le Telemark, au cœur du royaume des castors. Ici, on a la possibilité de les observer de près, de voir comment ils construisent leurs ingénieux barrages et leurs habitations soigneusement montées. De très jolies randonnées sont à faire dans les environs, comme celles qui vous mèneront aux chutes d'eau de Rjukanfossen.

JERNVERKS MUSEUM ★

Jacob Aalls vei 10 4934 Nes Verk
✆ +47 37 16 05 00
www.jernverksmuseet.no

Ouvert de mardi à dimanche de 11h à 15h mi-juin et mi-août. Entrée adulte 70 NOK, enfant 30 NOK, tarif famille 150 NOK.

Situé dans l'ancienne forge Naes Jernverks Iron Work, qui œuvra de 1650 à 1959, cet écomusée en grandeur nature reconstitue l'environnement de travail d'antan sur ce site industriel, avec des bâtiments, machines et équipements qui remontent aux XVIIe, XVIIIe et XIXe siècles. Des films d'époque en anglais montrent les différentes étapes de production du fer et de l'acier tels qu'elles étaient réalisées. Le musée était aussi un centre d'autres activités, comme la fabrication de fers à cheval. Un tour guidé est organisé dans et autour du musée.

HILLESTAD FERIESENTER €

N-4869 Dølemo
✆ +47 37 08 10 20
www.hillestad.no

Cabine à la semaine 6 500 NOK, à la nuitée possible aussi.

Galeries d'art, terrains de jeux, piscine ; un centre de vacances et grands espaces verts pour toute la famille. Possibilité de loger également dans des maisonnettes. La galerie est ouverte depuis 1985 et propose plusieurs expositions d'artistes de toute la Norvège. Chaque année elle reçoit environ 13 000 visiteurs ! Également de la céramique, des sculptures et des petits objets d'artisanat d'art à offrir ou à s'offrir ! Un bijoutier est dans les parages aussi et fait de superbes bijoux au design bien norvégien. Une découverte !

HOVE LEIRSENTER CAMPING €€

Hoveveien 100 ✆ +47 37 08 52 21
www.hoveleirsenter.no

Location de bungalows, dortoirs et emplacements pour les tentes. Possibilité de réservation en ligne.

Un camping très agréable situé sur l'île de Tromøy, à une douzaine de kilomètres du centre d'Arendal. Egalement locations de kayaks, bateaux et autres équipements nautiques. Accessible en voiture mais aussi en bus, en train ou en bateau. Un camping pour toute la famille qui promet de bons moments. De petits événements sont organisés pendant l'été. Sanitaires très propres avec toutes les commodités. Barbecue à disposition. Une bonne base pour explorer la nature dans les environs et tout ce que la région offre comme activités.

CLARION TYHOLMEN HOTEL [NORDIC CHOICE] €€€

Teaterplassen, 2
✆ +47 37 02 68 00
www.nordicchoicehotels.com
Chambre à partir de 1 552 NOK, réductions le week-end.

Tout au bout de Tyholmen, c'est un luxueux hôtel de 60 chambres tout confort, avec salles de bains en marbre. On y séjourne surtout pour sa situation géographique, face au fjord. Cela dit, le confort est tout à fait correct, seule l'ambiance manque d'authenticité. Si vous souscrivez à leur newsletter (pour se désinscrire après) vous recevez un bon de réduction de 25 %, ça c'est un plan pour les petits futés !). Un hôtel très bien pour une halte. Bon petit déjeuner.

THON HOTEL ARENDAL €€€

Friergangen, 1
✆ +47 37 05 21 50
www.thonhotels.com/arendal
Chambre double à partir de 896 NOK. Réductions le week-end.

Le plus grand hôtel de la ville, situé juste à côté de l'église en briques de Tyholmen. Les chambres sont spacieuses, avec un coin salon et une grande salle de bains. Le restaurant propose un dîner complet avec du poisson, du loup de mer par exemple, ou de la viande de renne ainsi qu'un dessert de baies polaires au whisky. La boîte de nuit est fréquentée par des trentenaires et quarantenaires, et ouvre les week-ends. Check-in à partir de 15h, check-out à midi. Salle de fitness à disposition. Café à volonté à la réception de l'hôtel. Petit déjeuner au top.

MADAM REIERSEN €€

Nedre Tyholmsvei, 3
✆ +47 37 02 19 00
www.madamreiersen.no
Du mardi au samedi de 11h30 à minuit. Menu midi à partir de 110 NOK.

Cette vieille maison du port Pollen fut épargnée par les flammes. Sa terrasse, orientée vers le marché aux poissons, s'abrite sous de grands arbres. Dans la salle, un côté bar avec de la musique le soir, et un côté restaurant, dans un style campagnard rustique. On y mange une cuisine plutôt traditionnelle, avec une touche de modernité. Une bonne adresse. Un endroit vraiment sympa, comme on les aime, avec des petites lumières ici et là, des gens qui ont le sourire, surtout des locaux. Nous conseillons particulièrement le buffet danois !

GRIMSTAD ★★★

Grimstad, surnommée « la ville des poètes », est une autre de ces perles blanches de la côte avec un centre piétonnier calme et charmant. À visiter surtout pour l'ancienne pharmacie où Henrik Ibsen a été apprenti de 1844 à 1850. Grimstad a aussi été le lieu de vie pendant trente ans de Knut Hamsun, un autre très grand écrivain norvégien.
La ville est également réputée pour la beauté de sa côte, pour son théâtre unique, et son vin fruité. Ses limites urbaines englobent également un archipel d'îles situé à 62 miles nautiques du Danemark.

▶ **Début juillet,** Grimstad accueille le Festival norvégien du court-métrage.
Infos : www.kortfilmfestivalen.no

IBSENMUSEET - MUSÉE IBSEN ★

Henrik Ibsens gate 14
✆ +47 37 04 04 90
www.gbm.no
Ouvert de mi-juin à mi-août de 11h à 16h. 80 NOK par adulte et 90 NOK tarif réduit.

Le musée se trouve dans une maison de bois blanc, qui a un temps appartenu à Ibsen. C'est la plus grande collection de souvenirs et d'objets personnels ayant appartenu à Henrik Ibsen. C'est en travaillant comme apprenti pharmacien (dans la pharmacie adjacente qui a été reconstituée pour le musée) qu'il écrivit ici ses premiers poèmes et pièces de théâtre. Un endroit pétri d'histoire et cela se ressent dans l'ambiance de ce lieu ouvert en 1916, soit seulement dix ans après sa mort !

NØRHOLM ★★

Nørholmen
www.gbm.no
Se regarde mais ne se visite pas.

Voici la ferme modèle que Knut Hamsun fit construire et qui appartient toujours à la famille. Fermée au public et sans panneau indicateur sur la route, cette grande maison blanche est difficile à trouver. Dans un article paru dans la presse en 1910, il accusait le tourisme de « rendre le peuple servile, de pourrir la vie saine de la campagne et de détourner les fermiers des valeurs traditionnelles en leur faisant oublier leur devoir qui est de défricher de nouvelles terres, de replanter la forêt et de coloniser les espaces vierges du Grand Nord ».

CAMPING MORVIGSANDEN €€

Stoleveien 25
✆ +47 994 034 12
www.morvigsanden.no
Ouvert en période estivale.
Tente, camping-car 200-300 NOK selon le mois. Cabines à partir de 650 NOK.

Ce camping est situé au bord d'un très joli fjord. Plusieurs options d'hébergement, en tente, en caravane ou bien en cabine toute équipée (même prix pour tous, un peu plus cher en juillet et août) Possibilité de louer des bateaux, kayaks, vélos et de se baigner. De belles balades à faire aussi dans les environs au bord de l'eau. Lave-linge à disposition. Connexion Internet gratuite, cuisine à disposition, accès plage, électricité. Location de kayak pour 30 NOK seulement l'heure, 100 NOK la journée, une super option pour explorer !

SCANDIC HOTEL GRIMSTAD €€

Kirkegata 3
✆ +47 37 25 08 00
www.scandichotels.com
Chambre double : 1 795 NOK petit déjeuner inclus

Anciennement Rica Hotel, le Scandic Grimstad offre un hébergement de qualité. Situé dans une belle bâtisse de bois blanc, au charme indéniable, il offre de nombreux services, dont un bon restaurant le Kjeller. Certaines chambres (double supérieure) sont immenses, et équipées de baignoire à bain bouillonnant. Mention spéciale pour l'excellent petit déjeuner gargantuesque. Prix spéciaux parfois en ligne, notamment pour les week-ends en amoureux ou les longs séjours. Check-in à partir de 15h, plus tôt si la chambre est libre sur demande.

HOMBORSUND ★

La petite route vers Eide mène à Homborsund, l'endroit où Henrik Ibsen situe son long poème épique *Terje Viken*, l'histoire de ce marin qui traversa la mer de Skagerrak à la rame pour rapporter du blé danois à son enfant et à sa jeune femme. L'histoire se passait au temps du blocus imposé par les Anglais pendant les guerres napoléoniennes alors que le royaume Danemark-Norvège s'était rangé aux côtés de la France. La tombe de Terje Viken se trouve face à la mer, sur un rocher battu par les vagues. Homborsund c'est aussi un village qui inclut 2 zones protégées : Kalvehageneset et Hoveneset. Une brasserie artisanale s'est installée dans le village en 2017.

LILLESAND ★

Un village encore plus petit que ses voisins qui compte environ 8 000 habitants. Près du port, il y a un hôtel du nom de Norge où, jadis, l'écrivain Knut Hamsun avait l'habitude de venir écrire. La localité s'est développée grâce au tourisme, mais surtout grâce à son histoire maritime. Dans les années 1700, la ville a commencé à construire des bateaux. 1800 a marqué le réel essor de la ville. C'est assez sympa de se promener sur la marina pour voir les bateaux et entendre le son des mâts qui s'entrechoquent avec les mouettes en fond sonore. La ville organise quelques événements l'été, à voir sur place ou sur le site Internet de la ville.

LILLESAND BY & SJØFARTSMUSEUM ★★

Nygårdsgaten 1 ✆ +47 46 81 75 10
www.lillesandmuseet.com
Ouvert de mi-juin à mi-août, tous les jours sauf le lundi de midi à 16h. Entrée 50 NOK adulte, 10 NOK enfant.

Datant de 1827, le bâtiment principal, de style Empire, présente des appartements bourgeois entièrement meublés d'époque. Les autres bâtiments comprennent une brasserie, des ateliers de construction de petits bateaux, un atelier de voiles, une forge et une écurie. Dans ce musée on peut voir notamment des outils historiques qui donnent une bonne idée de ce que pouvait être une ville maritime jadis. Également petite boutique souvenir dans une annexe avec de l'artisanat.

LILLESAND NORGE HOTELL €€€

Strandgaten, 3 ✆ +47 37 27 01 44
www.hotelnorge.no
Chambre double autour de 1 750 NOK. Prix avantageux le week-end et durant les vacances.

La grande bâtisse en bois qu'on voit aujourd'hui était à l'origine deux maisons construites par un Irlandais, immigré en 1837. Un Danois les acheta en 1873 et les réunit en un seul bâtiment. Trois années de restauration, terminée en 1994, ont permis de retrouver l'aspect d'origine de l'hôtel. Le restaurant est décoré avec l'ancien mobilier de l'hôtel tandis que d'autres salons sont meublés avec des antiquités. Knut Hamsun était l'un des habitués et on y trouve encore sa chambre. Une adresse superbe. L'ambiance, l'histoire, le charme… tout y est !

KRISTIANSAND ★★

Vous êtes ici dans la capitale administrative et économique du Vest-Agder avec 84 000 habitants (soit la cinquième ville du pays). Kristiansand est la plus grande ville du Sørlandet. Kristiansand fait partie des « villes blanches » de la côte Sud. Le tempérament « Renaissance » fait de la rue de Skippergaten un endroit charmant avec de ravissantes petites maisons de bois blanc.
Kristiansand est l'un des ports de ferries les plus actifs du pays ; la ville est avant tout industrielle. Cela dit, depuis quelques années, la mairie souhaite développer deux autres atouts, la vie universitaire et le dynamisme culturel. Formée uniquement de rues à angle droit, la ville fut construite en 1641 sur ordonnance royale de Christian IV qui appliquait toujours son système de Kvadraten (à Oslo, le même principe a été appliqué au point que l'un des quartiers de la capitale s'appelle Kvadraturen), la Quadrature.

Pratique

Le Sørlandet est l'une des plus belles régions du pays, elle a son guide officiel en ligne attenant à Visit Norway. Toutes les informations concernant les hébergements, restaurants, activités et visites de toute la partie sud de la Norvège. Vous y trouverez toutes les informations nécessaires à la réalisation de votre voyage. Multiples conseils et plein d'idées. Indispensable !

- www.visitsorlandet.com
- Pour info : ville à ne pas confondre avec Kristiansund N au nord. C'est d'ailleurs pour cela que Kristiansand au sud est suivi d'un « S » et Kristiansund au nord d'un « N ».

Tourisme

- Juste derrière la ville, le parc naturel Baneheia offre de beaux panoramas sur la côte ainsi que le point de vue panoramique de Ravneheia auquel on accède par de grands escaliers.
- Posebyen est le quartier le plus ancien de la ville. Les maisons blanches en bois y sont très bien conservées. Malgré le grand incendie de 1892, cette partie de la ville a su conserver son côté authentique avec ses maisons blanches en bois qui étaient à l'origine l'habitation des ouvriers, des gens modestes. Les petites rues charmantes sont le lieu agréable d'une promenade et d'une visite.

Transports

- Aéroport international notamment vers le Danemark et les Pays-Bas. Également vers Bergen, Oslo et Stavanger. Service de bus régulier entre le centre-ville de Kristiansand et l'aéroport, mais aussi vers Arendal, Grimstad et Lillesand. Horaires à l'aéroport et à l'office de tourisme.
- La gare se situe sur le port, côté ouest du centre-ville. Comptez 4h30 pour parcourir Oslo-Kristiansand, 3h30 pour rejoindre Stavanger.
- Fjord Line effectue des trajets entre Hirtshals au Danemark et les villes norvégiennes de Kristiansand, Stavanger et Bergen.
- NOR-WAY BUSS Expressen : C'est la compagnie de cars leader en Norvège. Elle propose 25 itinéraires et des liaisons à partir de l'aéroport d'Oslo-Gardemoen et Moss-Rygge.

Le port de Kristiansand.

AGDER NATURMUSEUM OG BOTANISKE HAGE ★

Gimleveien 23
✆ +47 38 05 86 20
www.naturmuseum.no
Ouvert toute l'année, horaires précis et variables selon saison voir web.

Ouvert en 1828, le musée de l'Agder est le seul musée d'Histoire naturelle de la région. Il est aussi l'un des plus anciens du pays. Il comprend un jardin botanique, des expositions permanentes (« l'âge de glace », « les minéraux », « de la mer à la terre », etc.) et temporaires. C'est toujours un plaisir de se promener dans ce genre d'endroit, apprendre un peu sur les plantes et les espèces animales locales. Si vos pas vous mènent là-bas au printemps, ne loupez pas cette visite !

ÉGLISE D'ODDERNES (ODDERNES KIRKE) ★★

Jegersbergveien 6
✆ +47 38 19 68 00
Toute l'année

Cette église médiévale comporte un très riche décor baroque avec quelques touches Renaissance ici et là. Sa pierre runique est l'une des plus belles de Norvège. Concerts d'orgue en été. Église agréable à regarder. Cimetière attenant où règne le calme et où vous pourrez vous promener entre les pierres tombales sobres à la norvégienne. Si vous passez dans les environs, pensez à vous y arrêter, mais ne faites peut-être pas non plus un détour exprès.

CHRISTIANSHOLM FESTNING (FORTERESSE) ★★

Østre Strandgate 52B
✆ +47 38 07 51 50
www.kristiansand.kommune.no
Ouverte tous les jours du 15 mai au 15 septembre de 9h à 21h. Entrée gratuite. Visite guidée sur rendez-vous.

© PHOTOBEGINNER - SHUTTERSTOCK.COM

Cette forteresse a été construite en 1672 et a été dessinée par l'architecte Willem Coucheron dans le but de pouvoir défendre la ville de Kristiansand en cas de besoin. Le fort n'a en fait servi qu'une seule fois, en 1807, contre une attaque des Britanniques (du HMS *Spencer*). En 1872, il a été fermé et appartient maintenant à la municipalité de Kristiansand. En été, des expositions temporaires d'art et d'artisanat. Une visite relativement intéressante.

FERME DE GIMLE (GIMLE GÅRD) ★★

Gimleveien 23 ✆ +47 38 10 26 80
www.vestagdermuseet.no
Ouvert tous les jours de mi-juin à fin août de 11h à 17h. Adulte 100 NOK, enfant de 4 à 18 ans 50 NOK.

C'est une grande demeure bourgeoise du XIXe siècle à la périphérie nord, près de l'église d'Oddernes, dans un parc à l'anglaise où poussent des fleurs sauvages. La salle de bal présente une collection de toiles de peintres anonymes et des copies de maîtres. Les petits salons charmants sont meublés dans le style Empire anglais. Magnifique construction. Dans le bâtiment en face, un petit musée d'Histoire naturelle expose un bœuf musqué et un ours blanc naturalisés.

KRISTIANSTAND DOMKIRKE (CATHÉDRALE) ★★

Gyldenløves gate 9
✆ +47 38 19 69 00
www.kristiansanddomkirke.no
Ouverte tous les jours de mi-mai à août de 10h à 17h ; le reste de l'année de 11h à 14h.

La cathédrale date de 1885, construite dans un style néo-gothique par l'architecte Henrik Thrap-Meyer. Avec ses 60 mètres de long, ses 38,7 mètres de large et son clocher de 70 mètres de haut, il s'agit de l'une des plus grandes du pays. Des concerts de musique classique y sont régulièrement donnés. Il y a des visite guidées jusqu'au sommet du clocher de mi-juin à mi-août. Certaines en anglais également. Récital d'orgue en semaine en été à 11h ou 15h.

SØRLANDET

MUSÉE D'ART DU SØRLANDET [SØRLANDETS KUNSTMUSEUM] ★

Skippergata 24B ✆ +47 38 07 49 00
www.skmu.no

Ouvert du mardi au samedi de 11h à 17h, le dimanche jusqu'à 21h. Adulte : 120 NOK, gratuit pour les moins de 16 ans.

Ce musée d'art situé au cœur de la ville est composé de 3 étages. Il présente des expositions d'œuvres d'artistes norvégiens de 1800 à aujourd'hui. Le musée est très spacieux et moderne. Les expositions temporaires sont remarquables et démontrent une certaine ouverture d'esprit en matière d'art. Le petit plus du musée pour les familles : un espace jeux consacré aux enfants et un très joli café au rez-de-chaussée. A voir absolument lors d'une visite à Kristiansand !

MUSÉE DU CANON [KANONMUSEUM] ★

Krooddveien ✆ +47 91 34 39 38
www.vestagdermuseet.no

Horaires précis : voir site web. Adulte : 90 NOK, réduit : 45 NOK, enfant de 4 à 18 ans : 40 NOK.

Le musée abrite l'un des plus gros canons jamais créés, le Vara Battery. Alors avis aux amateurs d'armes à feu, d'histoire et des gros engins ! Il fut construit par les Allemands en cours d'occupation du pays, pendant la Seconde Guerre mondiale, et vint par la suite rejoindre ses acolytes Dora et Gustav dans la liste des armes de guerre les plus redoutables qui soient au monde. Il fut plus tard utilisé puis enfin démantelé par l'armée norvégienne.

RAVNEDALEN ★★

Artillerivollen 63A

Ouvert toute l'année.
Restaurant et café ouverts en été.

Ce parc a été créé vers 1880 par le général Wergeland. Il se situe derrière la ville et il est très commode d'y accéder à pied. Il est très agréable de venir s'y promener l'été et de déguster une pâtisserie dans le café ou au cœur du parc, où se déroulent des concerts, sur une scène couverte. C'est également le point de départ de randonnées dans la région. Le restaurant, le Cafe Generalen, propose les meilleurs burgers de la ville et c'est très agréable de s'y arrêter en été surtout lorsqu'il fait beau. Également des événements culturels.

ZOO ET PARC D'ATTRACTIONS KRISTIANSAND DYREPARKEN ★

Kardemomme By ✆ +47 38 04 97 00
www.dyreparken.no

Ouvert toute l'année. Prix et horaires selon les activités. Forfait 389 NOK.
Logement possible sur place. voir web

Une bonne leçon aux parcs animaliers français : il s'étend sur plus de 150 hectares et est dans un état impeccable malgré ses 45 ans. Parmi les animaux les plus insolites : le panda rouge, la chèvre sauvage des neiges et les loups dans leur petite forêt clôturée. Entre autres jeux et attractions pour enfants, il y a la fameuse ville de Kardemomme By, reconstituée en 1991 d'après le livre de Thorbjørn Egner, *Gens et brigands de Pimentville* [paru en français en 1992 aux éditions Esprit Ouvert]. Cette ville de brigands gentils dispose d'un bateau de pirates qui transporte les enfants sur l'île d'Eté dans la mer du Sud. On aime aussi l'Aqualand avec son bassin extérieur chauffé à 26 °C. A l'intérieur du parc, dans la ville miniature, on se croirait dans un village d'Afrique du Nord. Tout y est. On peut louer des maisons à la taille des enfants, de 4 à 6 lits. Les enfants [et les parents] adorent ! Ce Zoo est un des plus grands de Scandinavie et le plus grand de Norvège. On recommandera de le visiter en période estivale afin de voir les animaux des pavillons Afrique et Asie en extérieur. Cependant, la visite est intéressante toute l'année, notamment l'hiver pour voir les tigres de Sibérie, les loups et les élans. Le Zoo est ouvert toute l'année et est tenu par un personnel qualifié. Petite anecdote, les « Zoo Keepers » sont aussi les acteurs d'un show télévisé, diffusé sur une chaîne norvégienne, où l'on peut suivre la vie quotidienne des animaux dans le parc !

KRISTIANSAND FERIESENTER €

Dvergsnesveien 571 ✆ +47 38 04 19 80
www.kristiansandferiesenter.no

Bungalow 680 NOK la nuit, hytter à partir de 980 NOK, appartement à partir de 2 750 NOK et camping 200 NOK.

Un très bel établissement, qui propose des chambres claires et vastes, dont certaines ont de très belles vues sur l'eau. Bungalow, appartements ou cabines sont à choisir, afin d'avoir un confort plus ou moins complet. C'est l'occasion de séjourner sur ce très bel archipel pendant plusieurs jours. Check-in 16h, check-out 11h. Un endroit vraiment sympa si vous avez envie de tranquillité [sauf si les éclats de rire des enfants vous dérangent !] et d'être en même temps au bord de l'eau. Dépaysement total assuré ! Accès wifi gratuit.

SØRLANDET

YESS HOTEL €

Tordenskjoldsgate 12
✆ +47 38 70 15 70
Chambre double à partir de 750 NOK.
Petit déjeuner inclus. WiFi.
Parking sur réservation.

Les chambres ne sont pas grandes, mais fonctionnelles et neuves. Tout le confort d'un bon hôtel, situé en plein centre-ville. Bon petit déjeuner sous forme de buffet tous les matins. Des chambres confortables et bien agencées avec tout ce dont on peut avoir besoin pour une bonne nuit de sommeil et pour travailler (bureau et chaise dans la plupart des chambres). Thé et café en libre service. Notons l'accueil chaleureux par l'équipe de l'hôtel, ambiance familiale. Une très bonne adresse à Kristiansand. Rien d'exceptionnel mais correct.

RADISSON BLU CALEDONIEN HOTEL €€

Vestre Strandgate 7
✆ +47 38 11 21 00
Chambre double à partir de 1 345 NOK, petit déjeuner inclus. WiFi.

Nature et sport pour les uns mais aussi culture ou shopping pour les autres : à deux pas des rues commerçantes, du Musée Agder Nature et pas très loin non plus du zoo, le Radisson Blu Caledonien se veut au centre de tous les centres d'intérêt de Kristiansand. Plusieurs types de chambres, de la simple à la suite. Toutes les chambres sont confortables et bien aménagées (salle de bains, mini bar, TV). Nombre d'entre elles possèdent même une terrasse privée avec vue sur la mer du Nord.

BEST WESTERN HOTEL NORGE €€€

Dronningensgate 5 ✆ +47 38 17 40 00
www.hotel-norge.no
Chambre simple à partir de 1 050 NOK, double à partir de 1 250 NOK. Petit déjeuner inclus. WiFi.

L'hôtel est situé au cœur de la ville. Les chambres dans les étages offrent une vue agréable sur la mer. Établissement de haute classe. Très confortable et propre. Bien situé en centre-ville. Rénové récemment avec goût et choix de préserver le charme de l'ancien en incluant des éléments modernes et design. Bar à cocktails pour les adeptes. Bouilloires pour le thé et le café, sèche-cheveux et écran plan dans toutes les chambres. Thé et café à volonté à la réception de l'hôtel. Également salle de fitness et connexion gratuite partout. Offres spéciales sur le web.

CLARION HOTEL ERNST [NORDIC CHOICE] €€€

Rådhusgata 2
✆ +47 38 12 86 00
www.nordicchoicehotels.com
Chambre double à partir de 1 100 NOK.
Petit déjeuner inclus. WiFi. Offres sur Internet.

Aujourd'hui membre de la chaîne Nordic Choice Hotel, le Clarion est un très bel hôtel qui hérite de la tradition du XIXe siècle. Les chambres sont spacieuses et les tentures sont lourdes et chatoyantes. L'hôtel possède un restaurant, ainsi que tous les services habituels pour un établissement de ce standard. Situé à deux pas du fjord, c'est un plaisir que de sortir se balader au bord de l'eau avant de retourner à l'hôtel prendre un super petit déjeuner copieux sous forme de buffet.

DYREPARKEN HOTELL €€€

Dyreparkveien 2
✆ +47 38 14 64 00
www.dyreparken.no
Chambre double à partir de 1 500 NOK, petit déjeuner inclus. WiFi. Parking gratuit.

Il s'agit de l'hôtel le plus proche du Zoo Dyreparken. Sous forme de bateau, l'hôtel impressionne au premier regard. En pleine nature à quelques minutes du centre de Krisitiansand et à deux pas du parc et avec une vue sur la mer. L'endroit est idéal pour un séjour en famille mais aussi pour les séjours travail et les conférences. Le restaurant Safari sert de très bons mets dans une ambiance très chaleureuse. Notons que l'aéroport de Kjevik est à seulement 15 minutes de l'hôtel ainsi que le Sorlandssenteret, un espace commercial à proximité.

SCANDIC KRISTIANSAND BYSTRANDA €€€

Østre Strandgate 74
✆ +47 21 61 50 00
www.scandichotels.com
Chambre double à partir de 1 350 NOK.
Petit déjeuner inclus. WiFi. Parking.
Offres sur Internet.

Le Scandic Kristiansand Bystranda est idéalement situé sur la marina, près du parc aquatique et à deux pas du centre-ville. Ce complexe hôtelier d'une grande qualité offre tous les types de chambres, du standard à la junior suite. Les équipements sont modernes. L'endroit est très agréable et spacieux. On apprécie beaucoup la piscine et la salle de sport. Connexion Internet gratuite. Super petit déjeuner sous forme de buffet. Il y a un spa juste à côté.

CAFÉ GENERALEN €

Ravnedalsveien 34
✆ +47 38 09 07 91
www.cafegeneralen.no
Horaires très précis, voir web. Burgers à partir de 185 NOK, plats à partir de 149 NOK.

C'est ici que l'on sert les meilleurs burgers ! Sur les hauteurs de la ville, au cœur du parc Ravnedalen, le Café Généralen et sa belle terrasse, ouvre ses portes en été pour le plus grand bonheur des locaux et des touristes. Burgers, bars et concerts à proximité, l'endroit est toujours bien rempli ! Également des assiettes vegan avec tofu. Des soupes, et aussi des menus enfant pour 130 NOK, de type frites, jus, glace et mini-burger ou saucisse au choix. Tout un programme d'événements organisés chaque année, programmation en ligne sur leur site Internet.

BØNDER I BYEN €€

Rådhusgata 16
✆ +47 91 14 72 47
www.bonderibyen.com
Ouvert lundi au samedi 11h à 22h, le dimanche midi à 20h. Plats à partir de 95 NOK le midi, à partir de 195 NOK le soir.

Une de nos adresses préférées à Kristiansand. Ici, nous sommes au carrefour entre authenticité, cuisine locale, originalité et restaurant gourmet. La carte évolue et fonction des saisons et des aliments. Il y en a pour tous les goûts. On peut voir les chefs au travail dans la cuisine qui donne sur la salle. L'endroit est chaleureux et tamisé. Des plats équilibrés, super savoureux, pas trop salés et très bien présentés. En plus, il y a le wifi si vous avez besoin de bosser ! Ceci dit vous êtes à priori en vacances ! On recommande !

SJØHUSET €€

Østre Strandgate 12A
✆ +47 38 02 62 60
www.sjohuset.no
Ouvert du lundi au samedi à partir de 15h.

Situé dans le charmant marché aux poissons, le restaurant était à l'origine un entrepôt de sel. Un repaire pour les amateurs marins. De la très bonne cuisine norvégienne. L'établissement est comme une immense verrière qui donne directement sur le fjord et de fait, on a un peu l'impression d'être en pleine nature tout en étant bien au chaud, ce qui peut s'avérer très agréable par une journée ensoleillée mais froide et balayée par les vents. Cuisine en grande partie avec des produits locaux. Menus ou à la carte. Menus enfants également.

BAKGÅRDEN BAR & RESTAURANT €€€

Tollbodgata 5
✆ +47 38 02 12 11
www.bakgardenbar.no
Ouvert du mardi au samedi de 18h à 23h. Menu à 375 NOK, plats à partir de 245 NOK.

Un des meilleurs restaurants de la ville dans une maison ancienne très chaleureuse. Cuisine traditionnelle dans un décor rustique, avec une grande collection de lampes à pétrole. Cuisine inventive et internationale. La partie pub est aussi très développée et notamment pour le sport et en particulier la rediffusion de matchs de football. Un grand choix de bières pression et bouteille. Les soirs de match, n'imaginez pas passer un dîner tranquille en amoureux !

CAFE PORTALEN

Strandpromenaden 30
✆ +47 454 56 507
Ouvert du lundi au jeudi de 12h à 15h, le dimanche à partir de midi.

Un joli café artiste dans une maison en bois, situé le long de la promenade qui longe le bord de mer. L'endroit accueille aussi des expositions et organise des concerts. Une bonne option pour ceux qui veulent s'éloigner un peu du centre-ville. Des gaufres maison et des cafés latte. On peut aussi y acheter des meubles et des petites choses d'occasion pour la maison. Vente de café. Chaque mois des expos intéressantes et diverses avec des artistes locaux. Une sortie sympa et pas chère. À noter toutefois, ce café est lié à l'église du coin.

CHRISTIANSSAND BRYGGHUS

9 Tollbodgata
✆ +47 41 72 60 00
Ouvert de lundi au samedi à partir de 15h. A la carte à partir de 150 NOK, plats principaux dès 230 NOK.

Ce bar brasse sa propre bière sur place... et elle est très bonne ! L'esprit d'un grand pub à l'anglaise avec pas mal de tables. Le menu est plutôt intéressant et ravira les amateurs de viandes : entrecôtes, burgers, etc. Une bonne adresse ! Menus enfants pour seulement 79 NOK. Les frites de patates douces ne sont pas mal du tout. Le fish and chips aussi. Dessert aux pommes et au chocolat. Une adresse sympa pour passer un moment entre amis à manger des choses grasses et de la bonne bière si on en a assez de la soupe de poisson !

MANDAL ★★

Mandal, la ville la plus méridionale de la Norvège, située à environ 40 km au sud de Kristiansand, est également réputée pour avoir la plus belle plage du pays, Sjøsanden. Le vieux quartier avec ses rues tortueuses aux petites maisons blanches s'étend à l'ouest du port. Mandal est la ville natale du peintre Adolph Tidemand et du sculpteur Gustav Vigeland. Une situation géographique idyllique pour passer un bon moment en famille dans l'un des quelques petits cafés de cette charmante bourgade d'environ 11 000 habitants. L'hiver, il ne neige pas beaucoup là-bas et c'est pourquoi les locaux vont plus au nord pour pratiquer le sport national de la Norvège.

MANOIR DE RISØBANK ★★

Risobank
www.risobank.no
Galerie ouverte de mi-mai à mi-août, tous les jours de midi à 19h.

Ce manoir fut construit dans un style anglais, en 1901, pour le lord écossais Salvesen. Les bâtiments qui composent cette propriété sont entourés d'un vaste parc, agrémenté d'une rare collection de rhododendrons et d'œuvres d'art. En été, on peut y profiter d'un café et d'une belle plage de sable. Le lieu est également très sollicité pour les mariages et autres célébrations. Les expositions temporaires d'artistes norvégiens y sont souvent de très bonne qualité, comme les peintures de Marit Grini ou de Lisbeth Skranes. Voir programme sur le web ou sur place l'été.

FURULUNDEN ★★

Furulunden
Site naturel

À 2 km à l'ouest se trouve Furulunden, une petite pointe couverte de pins, aux nombreux sentiers faciles pour tous les niveaux de marcheurs. On peut même les emprunter avec une poussette de bébé (si bonnes roues quand même !). C'est l'endroit où tous les habitants de Mandal vont faire leur jogging et la balade dominicale. À gauche au loin s'étend la charmante plage de Mandal, Sjøsanden, une crique de sable fin, bien protégée. Au large se profile un grand rocher auquel s'agrippe une petite maison. Un joli endroit, ça c'est sûr !

SJØSANDEN FERIESENTER €

Sjøsandveien, 2
✆ +47 38 26 10 94
www.sjosanden-feriesenter.no
Tente 130 NOK/nuit. Chambres 750 NOK. Possibilité aussi de louer des appartements 1 250 NOK/nuit 4 personnes.

Un beau camping dans la forêt, où plusieurs options d'hébergement sont disponibles : des sites pour planter la tente, des cabanes en bois ou encore des appartements tout équipés. Situé à 800 m au sud du centre de Mandal, c'est un endroit bien situé au bord de l'eau. Certains des appartements viennent tout juste d'être rénovés et sont donc tout confort avec du mobilier tout neuf. Pièces très lumineuses. Connexion Internet gratuite. Animaux domestiques bienvenus. Eau courante sur tout le site de camping et prises électriques. Offres sur le web.

MANDAL MUSEUM - VIGELAND HUS ★

Store Elvegate, 5-6 ✆ +47 38 25 60 23
www.vestagdermuseet.no
Ouvert de mi-juin à mi-août, du lundi au vendredi de 11h à 17h, le week-end de midi à 17h. Entrée 70 NOK.

Dans le jardin du musée une statue de bronze représente le Viking Egil Skallgrimson défiant le roi avec une tête de cheval sur un pal. La statue a été coulée à partir d'un plâtre du musée Gustav Vigeland d'Oslo. Andorsengården est une ancienne demeure d'armateur qui réunit de grandes toiles de maîtres comme *Les Hugenots* d'Adolph Tidemand et des tableaux d'Olaf Isaachsen. Elle abrite aussi la plus importante collection de tableaux d'Amaldus Nielsen ainsi que la bibliothèque de la ville.

KJØBMANDSGAARDEN HOTEL €€

57 Store Elvegate ✆ +47 38 26 12 76
Hôtel et restaurant, petit déjeuner buffet inclus. Chambre double à partir de 1 049 NOK, Wifi et petit déjeuner inclus.

Il s'agit de l'une des plus vieilles maisons de la ville (du milieu du XIXe siècle). Cette charmante demeure en bois blanc se trouve en plein cœur de Mandal. Le restaurant de l'hôtel, Kjøbmandsgaarden, propose une excellente cuisine locale que l'on vous invite à découvrir. Personnel charmant également. Toutes les chambres doubles sont équipées d'un bureau, d'une chaise, salle de bains privée, accès wifi gratuit, télévision écran plat, et petit déjeuner sous forme de buffet. Si vous voulez un lit double plutôt que deux lits simples, il faut le spécifier.

LINDESNES ★★

Cette commune d'environ 4 500 habitants prend des allures de station balnéaire l'été. L'architecture typique du sud du pays (petites maisons de pêcheurs en bois et blanches) promet d'agréables balades. Son phare est célèbre pour être l'endroit le plus méridional du pays. Les passionnés d'art moderne feront un détour par la presqu'île de Lista, avant d'arriver à Flekkefjord, petite ville qui s'endort un peu sur son vieux quartier hollandais depuis que les grands voiliers ne naviguent plus. Ne manquez surtout pas le restaurant Under situé à 5 mètres de profondeur, le seul dans le genre dans toute l'Europe du Nord. Une petite ville étonnante !

LINDESNES CAMPING & CABINES €€

Lillehavn
✆ +47 91 60 22 76
www.lindesnescamping.no
Ouvert du 1er avril au 15 septembre.
200 NOK tente. Cabine pour 4 personnes avec électricité et TV : 355 NOK.

Un beau camping, qui permet de profiter de la nature brute des environs. Situées au bord de l'eau, sur un terrain verdoyant, les petites cabanes rouges ont un très grand cachet. Egalement emplacement de tentes et caravanes. Le soir, le soleil de couche bien tard à cet endroit, exprès pour vous laisser profiter de longues journées bien remplies et puis de longues nuits car bien fatigués ! Location de cannes à pêche, de bateaux, de vélos... un super camping !

PHARE DE LINDESNES ★★

Lindesnes Fyr
✆ +47 38 25 54 20
www.lindesnesfyr.no
Ouvert toute l'année, horaires précis, voir web.
Entrée : 100 NOK pour les adultes, 25 NOK 6-16 ans.

Ce phare rouge et blanc, qui représente le point le plus méridional de la Norvège, est également le plus vieux phare du pays, bâti en 1916. La première lanterne fut installée sur cet emplacement en 1656 ! De tout temps, le Lindesnes Fyr a guidé les bateaux à travers les écueils et les récifs qui parsèment cette côte dangereuse. La vue du haut de ce phare, arrimé sur un gros rocher constamment battu par la houle, est très belle, peut-être plus impressionnante encore par mauvais temps. On trouve ici une boutique de souvenirs et des toilettes publiques.

LINDESNES HAV HOTELL €€

✆ +47 38 60 08 00
www.havhotellet.no
Hôtel, restaurant ouvert toute l'année.
Chambre double à partir de 1 350 NOK.

Situé à 8 kilomètres du phare de Lindesnes, voici un hôtel moderne et design, fraîchement rénové et typique de la Scandinavie, tout cela en plein cœur de la nature. L'hôtel comprend aussi un très bon restaurant de poisson et fruits de mer (sous l'eau !). À découvrir ! Salle de fitness très lumineuse et agréable, avec un parquet en bois. Check-in de 15h à minuit, check-out 11h, mais ils peuvent garder vos valises le reste de la journée si besoin sur demande. Accès wifi et jardin et terrasse au soleil. Vue sur le fjord depuis le restaurant et certaines chambres !

Phare de Lindesnes.

Le phare de Lindesnes.

UNDER LINDESNES €€€

4521 Båly
https://under.no
Menu immersion 2 450 NOK.
Réserver sur le site. Caution de 1 000 NOK par personne lors de la réservation.

Cette prouesse architecturale conçue par le cabinet norvégien Snøhetta est absolument unique en son genre ! Il s'agit d'un restaurant sous-marin, le premier en Europe. On le reconnait grâce à sa tête qui ressort de l'eau. L'ambiance et le décor sont futuristes, tout en restant sobres. À l'intérieur, l'immersion cinq mètres sous la surface de l'eau est totale. Avec une étoile au guide Michelin, le chef Nicolai Ellitsgaard Pedersen sert poisson et fruits de mer dont de l'algue récoltée sous le restaurant. Il est impératif de réserver plusieurs mois à l'avance.

JENTAN PA BÅLY

Bålyhavn ✆ +47 38 25 97 00
www.jentanpabaly.no
Ouvert toute l'année. En été du lundi au dimanche de 10h à 16h, en hiver vendredi et samedi de 10h à 15h.

Une belle boutique de poissons, crustacés, tous pêchés dans les eaux des environs. Quelques plats de traiteur également, comme des gratins, des puddings, des desserts et plein d'autres choses. Une occasion de profiter de la tradition maritime des lieux. Tout est extrêmement frais et bien cuisiné. De nombreux produits de producteurs locaux sont aussi en vente dans la boutique, comme les framboises de Vintland, des jus de fruits, des œufs de ferme, des tablettes de chocolat, mais aussi des légumes frais et des fruits. Essayez les *fiskekaker* maison !

KVINESDAL

La route Rv465 remonte la vallée de Kvinesdal, également appelée la vallée de Saron en raison du grand rassemblement religieux annuel. Plusieurs milliers de personnes se réunissent ou assistent à des messes en plein air et d'autres rencontres de nature religieuse.

Kvinesdal est aussi connu sous le nom de *Amerika bygd* étant donné le nombre d'habitants américains. Ils sont soit des Norvégiens ayant émigré aux États-Unis, devenus américains et revenus en Norvège, soit des descendants de Norvégiens n'ayant pas recouvert la nationalité de leurs ancêtres. Chaque année un festival de l'Émigration célèbre cette relation avec les États-Unis.

UTSIKTEN HOTELL €€

Utsikten
✆ +47 38 35 88 00
www.utsikten.no
Chambre simple à partir de 890 NOK, la double à partir de 1 495 NOK.
Restaurant, club de golf et centre d'art sur place.

Complexe hôtelier de qualité ancré en pleine nature. Sur place, un club de golf, un centre d'arts contemporains et un excellent restaurant. Des chambres pour tous les portefeuilles, de la twin standard à la suite. Certaines chambres ont vue sur le fjord qui s'étire tout en longueur entre les montagnes dans la vallée. Mobilier parfois un peu vieillot mais tout le confort nécessaire est bel et bien là : bureau, chaise, fauteuil, lit confortable, fenêtre, TV (pas sûr même que ce soit nécessaire !), salle de bains privée et sanitaires, miroir, wifi.

FLEKKEFJORD ★★

Cette petite ville se situe entre Kristiansand et Stavanger, sur la « côte verte » surnommée ainsi en raison des petits champs qui la ponctuent. Ce port est aussi réputé pour son ancien quartier hollandais qui date du XVIe siècle, souvenir du commerce florissant avec la Hollande qui avait, à l'époque, besoin de bois de construction pour bâtir ses digues et ses ports. L'essor économique de Flekkefjord déclina en même temps que la fin des grands voiliers. Il fait assez bon se promener dans les rues de cette petite ville portuaire souvent très ensoleillée, aux maisons décorées de fleurs épanouies et qui ne demandent qu'à être contemplées !

FLEKKEFJORD BYMUSEUM ★

Dr Krafts gate, 15-17
✆ +47 38 32 81 40
www.vestagdermuseet.no
Ouvert du lundi au samedi de mi-juin à mi août de 11h à 17h. Entrée : 80 NOK adulte.

Le musée de la ville se trouve dans la plus vieille maison de Flekkefjord qui date de 1724. Il nous apprend tout sur le mode de vie de l'époque en organisant des expositions temporaires sur des thèmes historiques. Un musée très intéressant qui promet une visite sympathique en famille ou entre amis. Petite boutique l'été et surtout, de nombreux ateliers divers et variés, particulièrement adaptés aux enfants, comme par exemple la construction de maisons en bois et carton pour les oiseaux, la fabrication de petits moules en plâtre et la peinture ensuite. Chouette !

HIDRA

Site naturel

Hidra est une petite île de 700 habitants située près du Flekkefjord. Reliée par un tunnel au reste du pays. Hidra vit en partie de l'élevage du saumon et est devenue en quelque temps une destination touristique populaire dans le sud. Le restaurant Isbua, le musée Fedrenes Minne, sur l'histoire maritime de l'île et les nombreuses possibilités de balades et sports nautiques, sont d'autant de bonnes raisons pour s'y rendre. Également de délicieux restaurants de poisson et fruits de mer. Le ferry pour y aller fonctionne tous les jours.

EGENES CAMPING FERIE & FRITIDSSENTER €

Selandsvegen 31

✆ +47 38 32 01 48

www.egenescamping.no

Prix en fonction de la saison et de la taille de la cabine. 210 NOK la nuit en tente en haute saison.

Le terrain de camping est situé sur une presqu'île dans le petit lac Selurvannet. Belles plages et possibilité de pêche. Le camping organise de nombreuses activités telles que canoë, sports de rivière, randonnée, football, volley, escalade, etc. Il s'agit de l'un des campings les plus vieux de Norvège (des années 1930). Environ 200 places de tente, 8 appartements modernes et quatre petites maisonnettes. Également petite boutique et café qui sert pizzas, burgers, milkshakes...

GRAND HOTEL €€

Anders Beers gt 9

✆ +47 38 32 53 00

www.grand-hotell.no

Chambre double à partir de 1 395 NOK, suite junior à partir de 1 695 NOK. Restaurant : plat à partir de 350 NOK. Wifi.

Grand Hotel Flekkefjord est l'hôtel le plus ancien de la ville. Idéalement situé, cette adresse est à la fois appropriée pour les séjours d'affaires que pour les vacances. L'hôtel fût construit en 1897, dans le style classique d'un chalet suisse. Cet hôtel est l'une des constructions les plus photographiés à Flekkefjord. L'hôtel propose 29 chambres, toutes différentes, offrant chacune un univers particulier. On y trouve également un très bon restaurant, un bar et même une discothèque. Probablement un des meilleurs endroits pour séjourner dans la région !

MARITIM FJORDHOTELL €€€

Sundegaten, 9

✆ +47 38 32 58 00

www.fjordhotellene.no

Chambre double à partir de 1 500 NOK.

Un hôtel récent, situé sur les quais au bord de l'eau. Il dispose d'un bateau pour des sorties sur le fjord et dans l'île de Torsøy (baignades et barbecue pour griller son pique-nique). 46 chambres au total, presque toutes offrent une vue sur la rivière, au 5e étage, les chambres ont un balcon privé. Entièrement rénové en 2020. À quelques minutes à pied vous trouverez toutes les commodités, petites boutiques, cafés et ruelles bordées de maisons en bois. Leur restaurant Elva Bistro propose des repas très très bons ! À tester si vous êtes dans les parages.

Flekkefjord.

VESTLANDET

Le Vestlandet est l'une des cinq grandes régions géographiques (*Landsdeler*) de Norvège. Il correspond à l'ouest du pays, et comprend depuis 2020 les *fylker* (comté) de Rogaland, Vestland et Møre og Romsdal.

La région est connue dans le monde entier pour la beauté de ses fjords, de ses montagnes et de la vallée de Jæren. Le Jotunheim et le plateau du Hardanger sont les points culminants de la région, tandis que le glacier Jostedal est le plus grand d'Europe. Eaux à la pureté cristalline, ciels changeants, parois abruptes, et végétation dense : la région des fjords qui s'étire de Stavanger au sud, jusqu'à Trondheim au nord, forme un espace unique et enchanteur. Des centaines de fjords pénètrent profondément dans les terres, reliant la mer aux montagnes, parfois même aux glaciers. Le Hardangerfjord et le Geirangerfjord passent pour être les plus beaux, Sognefjord le plus long. Au printemps, un microclimat exceptionnel créé par la douceur du Gulf Stream.

Le Bryggen à Bergen.

50 KM
Vestlandet
Kyrksæterøra
GRIP
KRISTIANSUND
Skei
Elnesvågen
MOLDE
Sunndalsøra
Brattvåg
ÅNDALSNES
Gjøra
Skodje
ÅLESUND
Ulsteinvik
Stranda
LEIKANGER
Tafjord
Ørsta
HELLESYLT
GEIRANGER
DOMBÅS
Måløy
STRYN
Hjelle
NORDFJORDEID
LOM
Kalvåg
SANDANE
Hyen
BRIGSDALSBREEN
FLORØ
Gjerde
Skei
Askvoll
FJÆRLAND
Førde
Sogndal
Høyanger
BALESTRAND
Tyinkrysset
Hardbakke
Vikøyri
BORGUND
FAGERNES
Gudvangen
GOL
Lindås
Dale
VOSS
Geilo
BERGEN
Lofthus
Rødberg
Osøyro
TROLLTUNGA
Odda
RJUKAN
HARDANGERFJORD
RØLDAL
Leirvik
Sauda
Åmot
NOTODDEN
Sand
HAUGESUND
FLÅM
Bykle
Kopervik
Prestestranda
PREIKESTOLEN
Sandnesgata
Jørpeland
Vers KRAGERØ
STAVANGER
SANDNES

AKVARIET - AQUARIUM DE BERGEN
Takhagen
HÅKONSHA
ROSENKRAN
Bradbenken
C. Sundts G.
Strandgaten
Tidemands G.
Nordnesveien
Nordnesparken
C. Sundts Gate
Fredriksbergsgaten
Haugeveien
5348
Ytre Markeveien
COMFORT HOTEL NORDIC CHOICE
AUGU
DA STEFANO
Strandgaten
Georgernes Verft
KIPPERS BAR & KAFE USF
Strangehagen
Klosteret
Lille Markeveien
Strangebakken
Skottegaten
Claus Frimanns G.
FJORD TOURS
Nordre NVostekaien
NVostegaten
Byfjorden
Jonsvollsgaten
Teatergat
Neuman
NVostegaten
NVostegaten
Baneveien
Teatergaten
Sydneskleiven
Sverres G.
BERGEN KONSER
Jekteviken
555
Sydnesgaten
Rose
VOyst
Jekteviksbakken
Torborg Nedreaas' gate
Dokkeboder
Vinjes G.
Dokkeveien
Sydnesp
Bredalsmarken
O. J. Brochs G.
O. J. Brochs Gate
5347
200 M

Bergen
HANSEATISKE MUSEUM - MUSÉE HANSÉATIQUE
BLU ROYAL HOTEL
BRYGGEN TRACTEURSTED
TO KOKKER
BERGEN GUIDE SERVICE
THON HOTEL ROSENKRANTZ
FLØIBANEN - FUNICULAIRE
GODT BRØD FLØYEN
BRYGGELOFTET & STUENE
DET HANSEATISKE HOTEL
ROEDNE - FJORD CRUISE
FISKETORGET - MARCHÉ AUX POISSONS
Fisketorget
PYGMALION ØKOCAFE & GALLERI
KAFFE MISJONEN
INSIDE ROCK CAFE
MAGIC HOTELS
FOLK OG RØVERE
DOMKIRKE - CATHÉDRALE DE BERGEN
EXPRESS CÔTIER HURTIGRUTEN
Vågsallmenningen
Tårnplassen
COLONIALEN LITTERATURHUSET
Torgallmenningen
COLONIALEN 44
MARKEN GJESTEHUS
SKIVEN GJESTEHUS
STORM KJØKKEN & BAR
Kong Olav Vs Plass
ZUPPERIA
Festplassen
Smålungeren
HOTEL GRAND TERMINUS
KODE - MUSÉES DES ARTS DE BERGEN
BIBLIOTHÈQUE MUNICIPALE DE BERGEN
LYSVERKET
KAFÉ SPESIAL
Edvard Griegs Plass
Muséhagen
STEENS HOTELL - KULTUR HOTELL
HULEN ROCK CLUB
5342
5340
585
588
5332
Sandbrogaten
Kroken
StVolegaten
Claus Fastings Gate
Professor Dahls Gate
Tordenskjolds Gate
Henrik Wergelands Gate
VØvre Blekeveien
Skanselien
Bugården
VØvregaten
Rosenkrantzgaten
Langeveien
Proms Gate
Skansebakken
FlVoyveien
Fjellien
Lille VØvregaten
Bispengsgaten
Torget
Strandkaien
Strandgaten
Fortunen
Kong Oscars Gate
Brattlien
Fjellveien
Heggebakken
Cappes Vei
Skivebakken
Allehelgens Gate
Nygaten
Markeveien
Olav Kyrres Gate
Olav Kyrres G.
Christies Gate
Marken
Kaigaten
Leitet
Torggaten
Vaskerelven
Ole Bulls Plass
Nordahl Bruns G.
Zander Kaaes G.
Kalfarveien
Rasmus Meyers Allé
StrVomgaten
Lars Hilles Gate
Fosswinckels Gate
Nygårdsgaten
Lyder Sagens Gate
FlVosangerveien
Lungegårdskaien
Hans Holmboes G.
Parkveien
Vestre StrVomkaien
Jonas Reins Gate
Ole Vigs Gate
Sotraveien
Olaf Ryes Vei
Welhavens Gate
Allégaten
Johannes Bruns Gate

Situé au sud-ouest de la Norvège, le Rogaland est une région riche en histoire. Le Hordaland a quant à lui été fusionné le 1er janvier 2020 avec l'ancien comté limitrophe de Sogn og Fjordane pour former le nouveau comté de Vestland. Les premiers habitants de la Norvège auraient débarqué ici, juste après la fonte des glaces. Il n'est alors pas rare de trouver dans les plaines des traces de l'âge de pierre et de l'âge du bronze. Fouilles et gravures rupestres ne laissent aucun doute. L'unification de la Norvège, en 872 par Harald à la belle chevelure, eut lieu dans cette région, comme en témoignent les trois épées érigées à l'entrée de Stavanger pour commémorer ce fait marquant de l'histoire norvégienne. Célèbre pour la diversité de sa nature, le territoire offre de nombreuses possibilités : baignade dans la mer du Nord (l'été, ou grâce au Gulf Stream, l'eau est parfois plus chaude qu'au Portugal), balades en vélo dans les plaines agricoles ou encore excursions dans le Lysefjord. Reste enfin une randonnée (longue et sportive !) vers le célèbre plateau rocheux de Preikestolen (Pulpit Rock ou la chaire) qui se jette tout droit dans l'eau à plus de 600 m de hauteur. Mais le Rogaland est aussi rural, dans le Jaeren, où la lumière changeante joue sur l'arrondi de la roche polie, car aux sévères averses succède rapidement un soleil éclatant. Une lumière qui a attiré de nombreux peintres (ateliers d'artistes à Ogna). Puis, on aperçoit quelques moutons noirs, ainsi que les premiers bedehus, ces temples de prière des innombrables sectes religieuses qui foisonnent sur la côte Ouest de la Norvège. Cette région compte le plus de religieux pratiquants du pays, ce qui est sans doute lié à l'isolement des fjords et à la proximité de la mer qui, tous deux, créent de difficiles conditions de vie dominées par les éléments. La fameuse route de la mer du Nord ou N44, qui longe le bord de mer jusqu'à Stavanger, attire les surfeurs en été, et les romantiques en hiver. Elle suit le bord de mer et ses plages de galets, ponctuées de petits mémoriaux en souvenir des navires qui ont sombré au large de cette côte, calme d'apparence, mais traître. Situé au nord du Rogaland, le Hordaland s'étend sur 15 634 km² et compte 416 000 habitants. Il est surtout connu pour la ville de Bergen, classée au patrimoine mondial de l'Unesco, pour sa très grande concentration de maisons de bois. 60 % de la population du Hordaland vit à Bergen. Ce comté renferme toutefois d'autres richesses. C'est un petit paradis pour les sportifs. Eté comme hiver, Voss permet de pratiquer de nombreux sports, avec en toile de fond la nature, omniprésente. Ski, kayak, pêche, randonnées, parachutes… La nature prime avec le Hardangerfjord sur lequel sont organisées de nombreuses excursions.

Le Lysefjord est évoqué par Victor Hugo dans *Les Travailleurs de la mer*. Ce site naturel, époustouflant de beauté, est devenu un haut lieu touristique avec environ 60 000 visiteurs chaque été. C'est un magnifique point de vue, peut-être le plus fabuleux de toute la Norvège. Il faut compter la journée entière pour découvrir le site.

Ne manquez sous aucun prétexte la deuxième ville du pays, véritable Rome du Nord avec son port hanséatique classé au patrimoine mondial de l'Unesco. Une halte s'impose au marché de poissons. Seul bémol : il y pleut quasiment toute l'année…

VESTLANDET

PAGES

251 **VOSS** ★

254 **EIDFJORD**

254 **HARDANGERFJORD** ★★★

254 **RØLDAL**

TROLLTUNGA ★★★★

254 Bienvenue sur le fameux rocher Trolltunga qui culmine à 1 100 m d'altitude et surplombe le lac de Ringedalsvatnet, offrant une vue à couper le souffle. Il est impératif de prévoir de bonnes chaussures de marche, des bâtons, vêtements chauds et coupe-vent car il peut faire frais !

●● SOGN OG FJORDANE

256 Ce comté a été fusionné avec le comté de Hordaland le 1er janvier 2020 pour devenir le comté de Vestland. C'est une région rurale de l'ouest du pays qui se caractérise par un paysage qui combine littoral, fjords et montagnes. La région abrite de nombreux trésors naturels, tels que le Jostedalsbreen, le plus grand glacier de Norvège, ou encore la Ramnefjellsfossen (275 m), la troisième plus grande cascade du monde. Au sud de la région se trouve le célèbre Nærøyfjord, fjord classé par l'Unesco sur la liste du patrimoine mondial.

FLÅM ★★★

256 Niché tout au fond d'un étroit bras de fjord, Flåm est un endroit unique, qui mérite un détour. Avant le percement des nouveaux tunnels sous la montagne, son seul accès était assuré par le ferry de Gudvangen ou par la courte mais, ô combien, vertigineuse ligne de chemin de fer de Myrdal ! Le petit train quitte Flåm au niveau de la mer pour atteindre Myrdal, en haute montagne, en 20 km à peine. Il longe d'abord le fond de la petite vallée aux allures d'Irlande verdoyante, avant de commencer la montée.

Le village de Flåm.

PAGES

265 ●● MØRE OG ROMSDAL

Cette province, la plus au nord de la région, peut se targuer d'avoir le plus beau fjord du monde. Sous aucun prétexte il ne faut manquer une excursion sur le Geirangerfjord, classé au patrimoine mondial par l'Unesco. La région offre de nombreuses possibilités aux touristes : plongée sous-marine à Runde ou pêche en haute mer. Reste à découvrir les charmes des villes d'Ålesund, Molde et Kristiansund, trois petites perles près des fjords.

On l'appelle parfois « la petite Venise norvégienne », avec ici des kayaks à la place des gondoles ! Cette ville côtière de 50 000 habitants, construite autour de son fleuve, a des allures d'archipel grâce aux cinq îles sur lesquelles elle s'étire le long de la côte.

VESTLANDET

STAVANGER ★★★

Stavanger est la quatrième ville de Norvège, le principal port pétrolier du pays et la capitale du Rogaland. Avec une population d'un peu moins de 128 500 habitants, la ville se vante d'être la plus petite métropole d'Europe. Stavanger est une ville très dynamique, qui ne cesse de se développer. On y vit bien - le taux de chômage est de seulement 2 % - et le climat est tempéré ; en effet, les températures moyennes sont de 3 °C en janvier et 16 °C en juillet.

Elle a été fondée en 1125, en même temps que sa cathédrale de style anglo-saxon. Mais, parce que sa croissance stagne, l'archevêque retourne à Kristiansand à la fin du XIIe siècle. Il faudra attendre 1900, avec le développement de la pêche aux harengs et à la sardine, pour que la population de Stavanger augmente. Malgré l'existence de quelques chantiers navals, les conserveries de la sardine restent l'activité principale jusqu'à la Seconde Guerre mondiale. Et puis, en 1969, de grands gisements de pétrole sont découverts à Ekofisk au large de Stavanger en mer du Nord. La Norvège ne possédant ni les moyens ni la technologie nécessaires à l'époque, Elf Aquitaine, parmi d'autres compagnies internationales, y investit d'énormes sommes d'argent.

Aujourd'hui, après plusieurs décennies de croissance économique, Stavanger est une ville moderne qui a réussi à préserver son charme d'antan. Elle a échappé aux ravages des grands incendies qu'ont subis la plupart des autres villes en bois. Qui plus est, Stavanger a largement eu les moyens de restaurer son vieux quartier. L'alignement des anciens entrepôts à pignon et les 173 maisons de bois de la vieille ville représentent le plus vaste ensemble architectural de ce type en Europe.

Une nouvelle tendance voit le jour : par manque de place, il est devenu impossible de construire des maisons individuelles traditionnelles. La ville est venue à bout de son potentiel territorial. Alors on construit de nouveaux immeubles, mélanges réussis d'une architecture moderne et traditionnelle en bois. C'est un succès en raison de la très belle vue qu'offrent ces nouveaux logements situés près de la mer. Ils sont beaucoup plus chers qu'une maison en bois avec son petit jardin.

Stavanger se targue également d'avoir une vie nocturne trépidante, aidée en cela par l'argent facile du pétrole et les inévitables flambeurs de ce nouvel âge d'or. Sa « piste lumineuse », jalonnée de restaurants chic, de boîtes de nuit et de bars plus ou moins branchés le long du Vågen, ne désemplit pas, même en semaine.

Dans un tout autre esprit, c'est à partir de Stavanger que commence la véritable région des fjords. Le Lysefjord, long de 42 km, fait partie des sites naturels incontournables de la Norvège. C'est ici qu'on peut apprécier, dans toute sa splendeur, la nature généreuse de la région : une eau émeraude remplissant le Lysefjord, des montagnes aux parois verticales impressionnantes entourent le fjord où une végétation exubérante semble pousser à même la pierre dans les interstices créés par les failles.

Le Hafrsfjord est surtout célèbre d'un point de vue historique. C'est ici que furent réunis les différents clans vikings par Harald à la belle chevelure, lors de la bataille du Hafrsfjord en 872, date qui a été retenue par l'histoire pour l'unification du premier royaume de Norvège.

Quartiers

Avant d'aller découvrir les musées de la ville, une promenade dans le vieux Stavanger s'impose. La ville est parvenue à préserver son centre-ville : 173 maisons en bois datant du XVIIIe siècle. Il est très agréable de flâner dans ces petites rues pavées. Les maisons de bois, accrochées les unes aux autres, sont ravissantes.

Transports

Stavanger est très bien reliée avec toutes les grandes villes de Norvège en train ou en avion, ainsi qu'avec toutes les villes de la région, en bus ou en ferry. Notez qu'il peut être très intéressant de louer une voiture à Stavanger, pour pouvoir se déplacer aux alentours des montagnes :

- **Gare :** Trains quotidiens pour Oslo 5 fois par jour (9h de trajet et 929 NOK) et pour Kristiansand (3h de trajet et 475 NOK), 7 fois par jour. Trains régionaux pour Nærbø et Egersund.
- **Bateau :** La compagnie de ferry Fjord Line relie Stavanger à Hirtshals au Danemark, une fois par jour, en une nuit (départ 21h30, arrivée 7h).
- **Aéroport :** C'est le plus vieux du pays, construit en 1937. Plus de 46 destinations en Norvège et à l'étranger sont desservies. Pour s'y rendre, une navette Airport Bus (Flybussen ✆ 91 63 51 65 – www.flubussen.no). Navette toutes les 20 minutes, terminus à l'hôtel Victoria à Fiskepiren (prix adulte : 80 NOK, 130 NOK aller-retour. Enfant : 40 NOK). Distributeur avec billetterie cartes de crédit 24h/24.

SOLBAKK

Les pétroglyphes sur les rochers (Helleristninger) illustrent des scènes de vie quotidienne d'hommes et de femmes de l'âge du bronze. Ces dessins forment l'ensemble le plus complet de Scandinavie. On y observe à travers les dessins de plusieurs types de bateaux et de cercles concentriques une vie destinée à la pêche, à la chasse. L'autre élément important est aussi l'observation du soleil qui pourtant se fait rare une bonne partie de l'année. Le ciel comme l'océan étaient perçus comme des divinités. Des divinités qui se déplaçaient... en bateau. Ce lieu était probablement utilisé pour d'anciennes cérémonies afin de célébrer le retour du soleil après chaque hiver long.

GAMLE STAVANGER

On y accède facilement depuis le port. Le vieux Stavanger est situé un peu en hauteur, à quelques mètres de l'office de tourisme.

www.regionstavanger.com

Il s'agit du vieux Stavanger. Le quartier surplombe la ville par le port. Une balade dans ces ruelles pavées nous permet de nous rendre compte de la ville telle qu'elle était. Les maisons sont charmantes et il y règne une atmosphère paisible. Par temps ensoleillé, les fleurs égayent les façades des maisons en bois peintes en blanc. Environ 173 maisons du XVIIIe constituent la vieille ville (en réalité on trouve plutôt 8 000 maison en bois réparties dans Stavanger). Quartier très vivant ! Immanquable évidemment lors de votre visite.

DOMKIRKE - CATHÉDRALE DE STAVANGER ★★

Haakon VIIs gate 2

✆ +47 51 84 04 00

Réouverture mai 2022.

Fervent chrétien (il participa aux croisades), le roi Sigurd Jorsalfar ordonna la construction de cette cathédrale en 1125. Bâtie en style anglo-normand à l'aide de compagnons anglais, elle fut endommagée par un incendie en 1272. Son chœur a été reconstruit en style gothique. Le reste de l'intérieur est baroque. On trouve dans la littérature l'hypothèse que des restes d'une église en bois debout construite par Erling Skjalgsson vers 1015 se situe sous la cathédrale actuelle.

IDDIS - NORSK GRAFISK MUSEUM OG HERMETIKKMUSEET ★

Øvre Strandgate, 88A

✆ +47 458 73 846

https://iddismuseum.no

Ouvert toute l'année.

IDDIS est un musée tout récent, inauguré en novembre 2021. Il se situe dans la vieille ville et regroupe le musée de la Conserverie et celui de l'Imprimerie. Le nom IDDIS est un clin d'œil au dialecte de Stavanger : une étiquette se dit *etikett* en norvégien, mais *iddikett* en dialecte local, ce qui est devenu par la suite *iddis*. Une chouette idée de regrouper ces deux musées qui partagent une histoire commune liée à l'image, le graphisme et l'imprimerie. Super café + jolie boutique.

VESTLANDET

© MARIUSZ.KS - SHUTTERSTOCK.COM

Domkirke - Cathédrale de Stavanger.

© EXPLORE LYSEFJORDEN

© EXPLORE LYSEFJORDEN

© EXPLORE LYSEFJORDEN

EXPLORE LYSEFJORDEN

26 Gjøysavegen
PREIKESTOLEN
✆ +47 919 214 99
https://lysefjorden.com
Tarifs disponibles sur leur site Internet.

Ils sont les principaux organisateurs d'aventures locales pour découvrir l'incroyable nature et le patrimoine culturel de la région. Ils proposent, entre autres, des randonnées guidées vers le Preikestolen et le Kjerag, les incontournables du Lysefjord. Leurs guides professionnels vous emmèneront dans une aventure unique, loin des foules ! Le plus, le transport aller-retour depuis Stavanger est inclus. Si vous préférez l'élément marin, choisissez l'une de leurs nombreuses activités nautiques. Une équipe incroyable dédiée à votre entière satisfaction.

© ERLEND BERNE

© EXPLORE LYSEFJORDEN

KONGEPARKEN - PARC ROYAL ★★

Kongsgata 20
✆ +47 81 52 26 66
www.kongeparken.no
A partir de 379 NOK.

Ce parc s'inspire du thème de Gulliver et de son voyage au pays des Lilliputiens. Il y a aussi un circuit de voitures tamponneuses appelé le Circuit du Mans. Dans la ferme miniature de Jæren du parc, les enfants peuvent jouer dans le foin. Les enfants pourront également visiter la reproduction d'une chocolaterie et s'essayer à la fabrication de chocolat, les parents aussi ! Possibilité de se restaurer dans des cafétérias. Ce parc s'adapte aux changements de saison et célèbre les fêtes comme Halloween et Noël. Un parc pour toute la famille.

ØVRE HOLMEGATE

Øvre Holmegate

Voici une rue colorée qui donne du baume au cœur. Ne manquez pas de passer par la plus jolie rue de Stavanger. Øvre Holmegate est sans doute une rue comme les autres, à la différence agréable que toutes les maisons sont peintes de différentes couleurs. Certains la comparent avec Notting Hill à Londres et d'autres disent qu'il s'agit de la rue la plus colorée du tout le pays ! Excellent lieu de rencontres pour venir boire un verre entre amis, la rue recèle de belles adresses, au coin du feu l'hiver et jolies terrasses l'été !

MANOIR DE LEDAAL ★★

Eiganesveien, 45
✆ +47 51 84 27 00
www.museumstavanger.no
Ouvert de mi-juin à mi-août tous les jours de 11h à 16h.

Dans le quartier Eiganes, un peu éloigné du centre, c'est une résidence du XIXe siècle d'architecture néoclassique avec, à l'intérieur, un mélange hétéroclite de styles rococo, Empire et Biedermeier. Construite entre 1799 et 1803 pour la famille Kielland comme résidence d'été. C'est en 1936 que la ville de Stavanger a pris la responsabilité de la demeure et l'a transformée en musée. Des expos temporaires ainsi que des événements sont proposés assez régulièrement. Grande et belle collection de peintures, la plus vieille datant de 1710. Superbe parc.

STAVANGER KUNSTMUSEUM - MUSÉE D'ART ★★

Henrik Ibsensgate 55
✆ +47 932 13 715
www.museumstavanger.no
Ouvert toute l'année. Entrée libre pour les enfants.

Près du lac de Mosvann et de l'auberge de jeunesse, malheureusement un peu éloigné du centre (25 minutes à pied du centre-ville, et 5 minutes en bus), ce musée moderne compte environ 1 500 tableaux des XIXe et XXe siècles et expose environ les deux tiers de la totalité des œuvres néo-romantiques de Lars Hertervig. Le musée possède également des tableaux de Kitty Kielland. Cafétéria dans l'établissement. Visites guidées. Activités pour les enfants et les familles.

NORSK OLJEMUSEUM - MUSÉE NORVÉGIEN DU PÉTROLE ★

Kjeringholmen 1 ✆ +47 51 93 93 00
www.norskolje.museum.no
Ouvert toute l'année. Adulte 150 NOK ; enfant, 75 NOK ; familles (2 adultes + 3 enfants) 350 NOK.

Un musée interactif expliquant l'aventure du pétrole norvégien. Comment le pétrole et le gaz se forment-ils, comment trouve-t-on les ressources dans les fonds marins et comment se déroulent le forage et la production ? On peut aussi découvrir tout concernant la vie sur une plate-forme offshore. Le musée propose des activités amusantes pour les enfants. Il présente également le grand défi climatique lié aux émissions de gaz à effet de serre et au réchauffement de la planète.

STAVANGER MARITIME MUSEUM- MUSÉE DE LA MARINE ★

Strandkaien 22
✆ +47 51 84 27 00
www.museumstavanger.no
Réouverture prochaine, voir horaires sur le site web.

Le musée de la Marine raconte l'histoire du chantier naval à l'aide de maquettes de bateaux. On peut également y voir la reconstitution d'un bureau d'armateur de l'époque. Des expositions interactives sont proposées pour les plus petits, comme par exemple une reconstitution d'une plateforme commerciale, où les enfants peuvent s'habiller comme à l'époque et jouer différents rôles ! On voit dans ce musée différents intérieurs tels qu'il étaient. Super visite.

UTSTEIN KLOSTER ★★★

Mosterøy
✆ +47 51 72 00 50
www.museumstavanger.no
Du 15/06 au 15/08 du lundi au samedi 11h-16h, dimanche 12h-17h. Du 16/08 au 1/11 dimanche 12h-17h. Adulte : 100 NOK

Probablement fondé en 1250 par Magnus Lagabøter, le monastère d'Utstein est situé dans un très bel environnement et entouré de jardins. Datant du Moyen Âge, il fut à l'époque la demeure royale du premier roi de Norvège, Harald dit la blonde chevelure, avant que le lieu soit laissé aux moines de Stavanger au XIIe siècle. Aujourd'hui, le manoir privé offre un cadre privilégié pour donner des concerts ponctuels dans l'église du monastère, ainsi qu'une messe tous les dimanches. Service « café d'église » avec de délicieux gâteaux.

OFFICE DU TOURISME

Strandkaien 61 ✆ +47 51 85 92 00
Ouvert du lundi au dimanche 7h-20h du 01/06 au 31/08. Sinon du lundi au vendredi 9h-16h, samedi 9h-14h.

Cet office régional du tourisme possède une équipe dynamique qui est vraiment à l'écoute et parle plusieurs langues. Ils sauront vous donner les meilleurs conseils pour découvrir au mieux Stavanger et sa belle région. Parmi les immanquables : la ville de Stavanger bien sûr, mais aussi les îles voisines, les montagnes, les fjords, les célèbres points de vue depuis Kjerag et Preikestolen, sans oublier les magnifiques plages de Jæren, les paysages lunaires du Magma Geoparc reconnus par l'Unesco ou encore les paysages hivernaux de Sirdal.

VILLA SUISSE BREIDABLIKK ★

Eiganesveien, 40A ✆ +47 51 84 27 00
www.museumstavanger.no
Ouvert du 15 juin au 15 Août tous les jours de 11h à 16h. Entrée 100 NOK, enfant 50 NOK. Must Pass.

Elle se trouve en face de la maison royale. C'est encore une maison patricienne de 1881, parfait exemple du style suisse de l'époque, ayant gardé tout son mobilier d'origine. La villa est entourée d'un parc à l'anglaise avec un petit musée de voitures à chevaux, installé dans la grange. Vous pourrez retrouver une bonne partie de la collection du musée en ligne avec plein d'informations. Cette villa s'étend sur trois étages et promet donc une visite assez sympa et diversifiée. Attention, pas d'accès aux personnes à mobilité réduite.

NUART STREET ART TOUR

https://streetarttours.no
Tours guidés dans la ville.
Contact par mail.

Le Nuart Street Art Walking Tour vous fera traverser les 20 ans de l'impressionnante histoire du Street Art de Nuart et l'évolution de Stavanger, devenu l'une des destinations les plus importantes au monde pour le Street Art, l'art de la rue. Le festival et les tours guidés dans la ville permettent d'en savoir plus sur les racines du mouvement, des graffitis, à l'art du pochoir ou encore aux fresques murales qui ont inspiré les artistes du monde entier ! Bien sûr, vous pouvez faire la visite par vous-même en suivant le plan.

NORLED

Strandkaien Bergen Strandkaien 15
✆ +47 5186 8700
www.norled.no
Croisières et excursions variées.
Exemple : Stavanger - Preikestolen 490 NOK.

Cette compagnie propose des croisières touristiques à la journée vers les différents fjords aux alentours de Stavanger. Elle propose aussi un certains nombres d'activités et tours guidés au départ de Stavanger (ascension de glaciers, randonnées...). C'est la compagnie qui opère les liaisons entre plusieurs villes et donc une bonne option pour faire un bout de chemin en aller simple. Attention, certains bateaux sont pour passagers uniquement. La compagnie propose la FJORDcard, valable 5 jours en voyages illimités dans la région, pas mal !

RØDNE FJORD CRUISE

Skagenkaien 18
✆ +47 51 89 52 70
www.rodne.no
Tour dans le fjord jusqu'au Preikestolen, avec ou sans ascension selon la saison, 550 NOK pour les adultes.

Cette compagnie organise des tours en bateau de 3h dans le Lysefjord et pour aller voir le fameux Preikestolen. La compagnie propose aussi des départs de Bergen et Tromsø. Traversées et croisières toute l'année. Tarifs de groupe. Une façon sympathique de découvrir les environs car vous n'aurez qu'à vous laisser conduire. Pensez à prendre des vêtements chauds et waterproof lorsque vous allez en mer. Vous pouvez les contacter par mail ou réserver directement depuis leur site web. Il y a presque tout le temps un petit café dans le bateau pour se restaurer.

VESTLANDET

SVERD I FJELL - LES ÉPÉES SUR LES ROCHERS ★★

Møllebukta

Situées à seulement quelques minutes de Stavanger, sur les rives du joli Hafrsfjord précisément, ces épées géantes en bronze de près de 10 m de haut, plantées sur des rochers, commémorent la bataille navale d'Hafrsfjord en 872, ayant pour conséquence l'unification de la Norvège en un seul royaume. En 1983, le roi Olav V, inaugure ce monument afin de célébrer le 1111e anniversaire de la bataille. Ces épées représentent aussi la paix dans la mesure où elles ne peuvent pas être enlevées.

PETER STEIN - SHUTTERSTOCK.COM

COMFORT HOTEL STAVANGER [NORDIC CHOICE] €€

Løkkeveien 41
✆ +47 51 56 80 00
www.nordicchoicehotels.no
Chambre pour deux personnes autour de 1 800 NOK en semaine.

L'hôtel de 90 chambres se trouve dans le centre-ville, près de l'office de tourisme. Les chambres sont très modernes, décorées avec quelques touches de couleur flashy. L'accueil est agréable. Tout est super propre et les lits vraiment confortables. On aimerait y passer plus d'une nuit en fait. Il faut absolument aller sur la terrasse en haut du bâtiment d'où il y a une superbe vue sur la ville. Petit déjeuner buffet au top avec pas mal de bio. Wifi gratuit.

STAVANGER BNB €

Butlers gate 4, 4010 Stavanger
✆ +47 465 93 007 - www.stavangerbnb.com
Appartement à partir de 750 NOK la nuit pour 2 personnes.

Stavanger BNB dispose de 9 appartements, tous situés à proximité du centre-ville. Leur emplacement est idéal pour explorer la ville. Les appartements peuvent accueillir entre 6 et 10 personnes. Ils disposent tous d'une cuisine entièrement équipée, avec tous les équipements nécessaires, notamment une cafetière, un lave-linge et une machine à laver. Une connexion Wi-Fi est également disponible dans tous les appartements. Les serviettes et le linge de lit sont fournis. Le confort d'un appartement pour vous sentir chez vous et profiter de vos vacances.

CAMPING MOSVANGEN €

Mosvangen 15
✆ +47 51 53 29 71
www.mosvangencamping.no
Emplacements de tentes et caravanes de 300 à 400 NOK, cabines de 500 à 750 NOK. Tente seule 200 NOK.

Situé à 2 km du centre de Stavanger, ce camping propose différents types d'hébergements (cabines, tente, caravane). Il est possible de traverser par bateau rapide ou par ferry pour se rendre à Stavanger. Tout confort, avec douches et wifi gratuit. Toilettes, salle de bains, chargeurs pour voiture électriques, salle de télévision, machine à laver et sèche-linge, pratique lorsqu'il ne fait ni bien beau ni bien chaud ! Le camping, la solution la plus écologique d'hébergement, encore plus si vous voyagez aussi en transport en commun !

HAVLY HOTELL BEST WESTERN €€

Valberggt, 1
✆ +47 51 93 90 00
www.havly-hotell.no
Chambre double 1 200 NOK.

Non loin du centre piétonnier, cet ancien foyer religieux pour marins a été transformé en un petit hôtel de 42 chambres. Les chambres (avec douche) sont petites et meublées très simplement, mais lumineuses et confortables. Le petit déjeuner est très bien, on s'y attarde volontiers en fait. La chaîne Best Western a repris les lieux, assurant un service assez standard et de bonne qualité. Offres promotionnelles souvent disponibles sur leur site Internet.

STAVANGER BED & BREAKFAST €

Vikedalsgaten, 1A
✆ +47 454 13 160
www.stavangerbedandbreakfast.no
Chambre double twin à partir de 470 NOK. Wifi et parking gratuits.

Une jolie maison colorée qui détonne dans ce quartier résidentiel très sage. Idéalement situé, tout près du centre-ville à pied, l'établissement propose des chambres propres, claires et lumineuses à des prix attractifs. Tous les soirs, à partir de 21h, la maison propose un repas traditionnel norvégien. Le prix comprend le petit déjeuner selon la chambre choisie ainsi que le café du soir accompagné de gaufres norvégiennes ! Un plan pas mal du tout.

CLARION HOTEL SKAGEN BRYGGE €€€

Skagenkaien, 30
✆ +47 51 85 00 00
www.nordicchoicehotels.no
Chambre double : 1 700 NOK. Réduction le week-end et prix avantageux en ligne.

Situation très stratégique au cœur de la « piste lumineuse » sur les quais du Vågen. C'est l'un des hôtels les plus agréables de la ville. Il a été construit en 1988, dans le style des vieux entrepôts maritimes. Ses 107 chambres, toutes différentes, ont été décorées par Laura Ashley. Il y a un pub et un bistrot au rez-de-chaussée. Salle de fitness à disposition pour les résidents de l'hôtel. Connexion Internet gratuite. Petit déjeuner bien copieux !

THON HOTEL MARITIM €€€

Kongsgt, 32
✆ +47 51 85 05 00
www.thonhotels.no/maritim
Chambre double à partir de 1 136 NOK.

L'hôtel est situé en plein cœur de Stavanger et offre une vue sur Breiavannet, le joli lac de la ville. Chambres assez petites mais de très bon standard. Rénové il n'y a pas très longtemps avec beaucoup de goût (enfin évidemment tout est relatif !) : couleurs très douces et agréables, du jaune d'or et du bleu clair. Bureau avec lampe, wifi, bouilloire, parapluie, sèche-cheveux, salle de bains privée. Salle de fitness à dispo. Un buffet de petit déjeuner digne d'un bon restaurant. Vraiment, on passe une très bonne nuit ici, dur dur de repartir !

TREKRONÅ €€€

Sirevåg ✆ +47 971 64 158
https://en.trekronaa.no
Basse saison 3 200 NOK en semaine, 3 600 NOK le week-end. Haute saison 3 400 NOK en semaine, 3 800 NOK le week-end.

Avez-vous déjà rêvé de dormir dans une cabane dans les arbres ? Trekronå a réussi ! Réveillez-vous au chant des oiseaux avec tout le confort que vous pouvez imaginer. Trois cabanes situées à 5 mètres de haut, parfaites pour 3 personnes (jusqu'à 5 personnes si vous vous connaissez bien). Des logements insolites pour des personnes qui ont envie d'être au plus près de la nature, des arbres et des oiseaux. Cabanes super design en bois avec de grandes baies vitrées qui laissent entrer un maximum de lumière. L'impression d'être dehors tout en étant bien au chaud !

GODT BRØD SØLVBERGET €€

4 Søregata

Produits frais, artisanaux et majoritairement d'origine biologique. Grand choix de pains bio, viennoiseries et brioches typiques, café, sandwichs et bien plus encore. Vous pouvez les déguster sur place ou les emporter. Accès Internet gratuit et illimité pour vous installer confortablement dans un coin si vous avez un livre à terminer ou un peu de travail sur ordi. Le choix est tellement vaste que c'est assez cornélien de se décider, surtout que tout donne vraiment envie ! Alors, roulé à la cannelle ou petite brioche aux noix de pécan ?

SIRKUS RENAA €

Lagårdsveien 61
✆ +47 48 89 55 46
www.sirkusrenaa.no
7j/7, lundi 8h-18h ; du mardi au vendredi 8h-22h, samedi 10h-22h, dimanche 10h-18h.
Pizzas, boulangerie, pâtisserie.

Le dernier concept de restauration de la famille Renaa. À quelques pas du centre-ville, vous trouverez de quoi vous restaurer sur place ou à emporter. Les maître-mots de Renaa : un savoir-faire artisanal au service de produits frais, locaux et de qualité. À déguster à toute heure. Les pizzas sont délicieuses et si vous êtes en manque de pain au chocolat, c'est chez eux que vous les trouverez. Renaa est aussi connue pour son restaurant, un macaron Michelin, une brasserie française, Matbaren et un bar, Loulou. Toutes ces adresses sont des valeurs sûres.

CAFE BACCHUS €

Bakkegata 13
✆ +47 97066524
https://bacchuscafe.no
Plats à partir de 150 NOK, café, bar.

Un petit café, bar, restaurant qui offre aussi quelques concerts en soirée. Ouvert toute la journée, on y voit défiler une clientèle différente et variée ! L'endroit est chaleureux, bien décoré et on y sert de très bons plats fraîchement préparés, à petits prix ! Beaucoup de tartines garnies mais aussi des omelettes en tout genre et des salades. Une bonne adresse pour manger quelque chose de sain. Également pause goûter possible car cet endroit propose des petits gâteaux maison, comme le cheesecake ou le gâteau à la carotte, un must !

BEVAREMEGVEL €€

Skagenkaien 9
✆ +47 51 84 38 00
www.herlige-stavanger.no
Ouvert toute l'année.
Plats entre 250 et 350 NOK.

C'est certainement un des endroits les plus chaleureux de la ville : un piano au milieu de la grande salle, une baie vitrée qui donne sur l'une des plus jolies rues de la vieille ville et un personnel souriant. Les prix sont certes assez élevés mais on s'y sent comme à la maison ! Des plats dans la tradition de la cuisine norvégienne, du saumon fumé, des petites herbes, des pommes de terre et d'autres délices. Les desserts sont particulièrement savoureux. Attention à la carte des vins qui est assez chère, comme partout en Norvège !

CIN CIN €€

Hospitalsgata 6
✆ +47 51 32 89 04
https://cin-cin.no
Du mardi au samedi de 17h à 1h30.
Menu découverte à partir de 995 NOK. Menu dégustation à partir de 795 NOK.

Cuisine italienne et française avec un soupçon d'Asie au cœur de Stavanger. Equipe fantastique, cuisine raffinée et explosion de saveurs. Très belle carte des vins. La décoration intérieure a été pensée avec goût : mobilier design et ultra confort, petites fleurs sur chaque table, bel éclairage, quelques plantes près des fenêtres, chouettes photos aux murs... et surtout, des propositions culinaires inventives, osées, savoureuses et on ne peut mieux présentées. On se sent chouchouté. Réservation recommandée. À tester sans faute !

FISH AND COW €€

Skagen
✆ +47 51 50 50 50
www.fishandcow.no
Ouvert du lundi au vendredi de 16h à 00h30, samedi 13h-1h. Plats à partir de 180 NOK

Dans un décor moderne et chaleureux, Fish and Cow propose, ainsi que son nom l'indique, de la viande aussi bien que du poisson cuisinés avec goût et originalité. Une cuisine issue de produits locaux et une présentation raffinée. Une excellente adresse. Un menu entrée/plat/dessert vous permettra de goûter au flétan cuit au four ou autres délices. Les entrées ne sont pas en reste avec notamment la soupe de poisson qui vaut vraiment le coup. Et en dessert, de la compote de prune accompagnée de crème anglaise, c'est osé mais ça marche !

SIDDIS GELATO

46 Pedersgata
✆ +47 459 21 939
www.siddisgelatostavanger.com
A partir de 25 NOK.

© SIDDIS GELATO

Ici, vous dégusterez les meilleurs *gelati* et sorbets de Stavanger. Jolanta, créatrice et magicienne des coulisses, vous fera découvrir la gelato comme le font les Italiens. La fabrication est artisanale avec des méthodes apprises en Italie et des machines fabriquées au pays de la gelato. Siddis Gelato a été finaliste du « Det norske måltid », le concours national des meilleurs produits alimentaires et boissons en Norvège. L'établissement compte une deuxième adresse située à Erling Skjalgssons allé 10 dans le quartier d'Eiganes.

GAFFEL & KARAFFEL €€

Øvr Holmegate, 20
✆ +47 51 86 41 58
www.gaffelogkaraffel.no
Du mercredi au vendredi 18h-1h30, samedi 15h-1h30. Plats à partir de 180 NOK.

Dans un bâtiment style classique du centre-ville, ce restaurant se démarque des autres par son design moderne et quelque peu austère. Sont proposés au menu des snacks et des petites assiettes, types entrées, mais beaucoup de choix : hummus, sashimi de truite norvégienne, sortes d'arancini aux champignons et parmesan, assiettes de légumes, salade de crevettes... et en plat le poisson du jour et de la viande, ah si! un plat de chou-fleur pour l'option végétarienne quand même ! La tarte au chocolat avec le caramel au beurre salé est un délice !

KITCHEN & TABLE €€

Arne Rettedals gate 14
✆ +47 51 50 25 00
www.kitchenandtable.no/stavanger
Ouvert de 18h à 22h (bar jusqu'à 23h) du lundi au samedi. Plats 198/365 NOK.

Il s'agit du restaurant de l'hôtel Clarion. Dans un environnement détendu et moderne, Kitchen & Table propose un cuisine subtile, mélange de cultures et de saveurs. Le chef et homme d'affaires Marcus Samuelsson souhaite apporter la culture culinaire de Manhattan en Scandinavie, et c'est un pari réussi puisqu'il a ouvert pas moins de 19 restaurants répartis dans les différents pays scandinaves. Des plats très variés donc et pas mal d'options végétariennes ou vegan, comme l'halloumi pané accompagné de petits légumes. À découvrir sans plus attendre.

N.B. SØRENSENS DAMPSKIBSEXPEDITION €€

Skagen 26
+47 815 52 881
www.nbsorensen.no
Ouvert du mardi au jeudi 17h-22h, vendredi et samedi 12h-00h. Menu 5 plats 950 NOK.

Voici un restaurant norvégien plutôt réputé, qui mise à la fois sur la cuisine, très fraîche et saine, et sur la décoration, on ne peut plus scandinave. En effet, l'intérieur reflète parfaitement l'histoire maritime de la ville. On se régale de carpaccio de bœuf braisé, ou de crabe farci. De la cuisine de haute voltige pour cet établissement. Nous avons goûté à tous les plats de nos convives et rien ne manquait en termes de saveur, de texture, d'épices, et pas trop salé !

RESTAURANT SÖL €€

Hetlandsgata 6
47 977 22 201
www.restaurantsoel.com
Soir : du mercredi au dimanche 17h-22h.
Midi : samedi 13h-15h. 619 NOK + vin 539 NOK.

Derrière le restaurant SÖL se cachent trois amis de longue date. Leur credo, c'est de vous faire vivre une expérience gastronomique pure, inspirée des traditions culinaires nordiques. Leurs plats sont fortement influencés par les légumes locaux et de saison. La viande et le poisson ne sont pas particulièrement au menu pour le plaisir des végétariens. Fournisseurs durables et la plupart du temps locaux. Excellente sélection de vin naturels, jus de fruits et bières de producteurs locaux. Accord mets et vin incroyable. Une des meilleures tables de Stavanger.

SJØHUSET SKAGEN €€

Skagenkaien 16
+47 51 89 51 80
https://smakavkysten.no
Ouvert du lundi au samedi de 11h30 à 23h et le dimanche de 13h à 21h30. Menu 400 NOK, plats à partir de 250 NOK.

Un très bon restaurant installé dans une vieille maison historique sur les quais. On y mange au milieu d'antiquités et d'objets marins de toutes sortes, comme ces anciennes maquettes de bateaux suspendues au plafond. Les prix des spécialités de poissons frais vont de 280 NOK à 450 NOK. Cuisine de grande qualité. Une terrasse l'été permet de profiter pleinement d'une ambiance typique norvégienne, quelques rayons de soleil, des maisons en bois colorées, un bon repas devant les yeux pour passer un moment entre amis dont on se souviendra.

SPISERIET STAVANGER €€

Sandvigå 1
+47 400 01 324
www.spiseriet.no
Ouvert de 11h à 15h jeudi, mercredi au samedi jusqu'à 22h. Brunch le dimanche 13h-17h.

On dit du restaurant *Spiseriet*, qu'il est à la fois un régal pour les papilles, les yeux et les oreilles. En effet, idéalement situé, le restaurant est doté de magnifiques vues sur les montagnes environnantes. Bien sûr, puisqu'il s'agit du restaurant de la salle de concert, vous pourrez aussi profiter de la musique. Enfin, *Spiseriet* c'est la promesse d'une expérience culinaire inoubliable, avec des chefs cuisiniers reconnus qui travaillent chaque jour pour une cuisine toujours plus raffinée. Le brunch du dimanche vous fera passer une belle journée !

BØKER OG BØRST

Øvre Holmegate 32
+47 51 86 04 76
https://bokerogborst.no
Ouvert tous les jours, de 10h à 2h.
Café, bar, concert, café libraire.

Notre adresse favorite à Stavanger se trouve au cœur de cette jolie rue colorée, Ovre Holmegate. Vu de l'extérieur, on dirait presque une librairie, la jolie terrasse devant nous invite à entrer et déguster un bon café bio et commerce équitable, ou une bière bien fraîche (large sélection !). L'endroit invite aussi à la discussion. Souvent plein à craquer d'ailleurs, on y fait de belles rencontres. Certains soirs, on peut assister à un concert live. Atmosphère cosy et clientèle variée, on peut y aller les yeux grands ouverts !

CAFÉ STING

Valberggt, 3
+47 51 89 38 78
www.cafe-sting.no
Horaires selon saison.

Une oasis de culture contemporaine située en haut de la butte de Valberget. Un petit café sur 2 niveaux, à la décoration épurée en noir et blanc, fréquenté aussi bien par des étudiants que leurs mères, mais aussi par des artistes, journalistes et autres bêtes de pub. Autour des tables bistrot en marbre, l'ambiance est un peu intello-branchée. Des concerts classiques et gratuits ont lieu une fois par semaine. La discothèque au sous-sol a été citée dans le magazine *The Face*. Le côté restaurant n'a rien à envier à personne car c'est frais, savoureux et pas si cher !

CHECKPOINT CHARLIE

Nedre Strandgate 5
✆ +47 51 53 22 45
www.checkpoint.no

Ouvert uniquement aux plus de 20 ans du mercredi au samedi de 18h à minuit. Programmation des concerts en ligne.

À côté du précédent, un café-rock plus jeune, agencé autour d'un grand bar circulaire du centre. On y organise souvent des concerts et les soirs, où il n'y a pas de musiciens, le DJ programme Nirvana, Rage against the machine, etc. Il arrive qu'il y ait jusqu'à trois concerts par semaine, alors en regardant la programmation avant d'arriver à Stavanger, vous devriez pouvoir trouver quelque chose à votre goût. Achat des billets en ligne si possible. Souvenez-vous simplement que l'alcool coûte super cher en Norvège, ce n'est pas un mythe.

HANEKAM

Øvre Holmegate 26
✆ +47 400 30 616
www.hanekam.no

Ouvert tous les jours de 12h à 2h.

Bar, café et quelques suggestions lunch et dîner.

Un joli bar avec un décor plutôt très sympathique, mêlant ancien et moderne et un patio pour ceux qui préfèrent siroter une bière à l'air frais. Bonne ambiance, des soirées concerts sont organisées très régulièrement, voir programmation en ligne. Principalement des soirées avec DJ pour enflammer le dancefloor. Que ça fait du bien de se défouler un peu en mouvement surtout après toute cette période de confinement et de privation de chaleur humaine ! Un lieu qui ne plaira pas à tous mais qui vaut la peine d'y passer un moment, même tout petit !

LERVIG LOCAL

Alexander Kiellands gate 2A

Lundi, mardi, mercredi et jeudi de 9h à 23h.

Vendredi et samedi 9h à 1h.

Le dimanche de 13h à 22h.

Le brasseur officiel de Stavanger a enfin son local ! Vous pourrez déguster 21 types de bières avec une sélection complète de bières Lervig et d'autres brasseries artisanales, norvégiennes et internationales. Ils organisent également de nombreuses soirées, quiz et autres animations. Pour les amateurs de bière, c'est le lieu incontournable à Stavanger. Sachez qu'ils élaborent des bières sans alcool incroyables ! Pour les septiques, testez-les et vous ne sentirez aucune différence. Plutôt utile dans un pays qui pratique la tolérance zéro envers l'alcool au volant.

PROUD MARY PUB

Skagenkaien, 6
✆ +47 51 89 59 70
https://proudmarypub.no

Ouvert du lundi au samedi de 11h à 2h.

Hamburgers et pizzas à partir de 150 NOK.

Il règne une ambiance chaleureuse et hyper sympa dans ce pub aux murs de briques rouges. Ici, les ingénieurs du pétrole se mêlent aux autres noctambules de la ville, autour d'une pizza. des bières en bouteille et à la pression, des cocktails et d'autres boissons savoureuses. Plein de sandwichs différents pour aller avec la tradition norvégienne du *matpakke*, les sandwich des écoliers le midi ou en rando. Un endroit où l'on va pour faire la fête. L'été, une terrasse où il fait bon rester quelques heures, avec des concerts souvent.

OSTEHUSET

Ryfylkegata 30
✆ +47 51 86 40 10
https://ostehuset.no/kontakt

Ouvert toute l'année

Deux adresses, deux cafés-boutiques qui proposent de bonnes pâtisseries, du fromage ainsi que des déjeuners. C'est une véritable institution à Stavanger. Des produits frais et de provenances variées dont nombre d'entre eux viennent de producteurs locaux. Une équipe de passionnés qui ont toujours le sourire, ça fait plaisir ! Le café est très sympa et sert des petits plats savoureux et de la pâtisserie maison. Si vous avez une envie furieuse de bon pain frais, c'est aussi la bonne adresse ! Bref, idéal pour se faire son casse-croûte et y passer un moment !

OGNA SCENE

Nordsjøvegen 4246
✆ +47 916 08 184
https://gronefed.no/ogna-scene

Les prix varient selon les événements.

Achat en ligne via le site Internet.

Ogna Scene est un lieu unique à une heure de train ou 40 minutes de voiture depuis Stavanger. Il s'agit d'un café-concert où musique, poèmes, danse et fantaisie sont présentés sous diverses formes et formats. Un lieu rétro, intemporel et unique. Ralentissez le rythme et vivez comme un local. On aime l'ambiance intimiste avec quelques lumières de couleur, des petits lampions style guinguette, des cadres plein les murs, des vieux objets ici et là disposés nonchalamment pour le plaisir des yeux. Mais ce que l'on apprécie le plus bien sûr, ce sont les concert au top !

SANDNES ★★

La petite voisine de Stavanger n'a plus de complexes à avoir : depuis quelques années, un vent de modernité souffle sur Sandnes. Cette ville en perpétuel mouvement fait preuve d'énergie et parvient à conserver le charme d'une petite bourgade sans prétention. Une place est faite à la culture, avec le nouvel Opéra, et la salle de concert. Des restaurants branchés ont vu le jour autour de la rue piétonne juste derrière la gare. Il fait aussi bon flâner dans le (petit !) centre-ville que pratiquer les nombreuses activités sportives proposées. La municipalité a choisi de développer le vélo, ce qui en fait l'une des villes du pays les mieux équipées.

Sandnes.

SANDNES KUNSTFORENING ★

Olav Kyrres gate 5
✆ +47 458 76 526
www.sandneskunstforening.no
Ouverture en période d'exposition le jeudi 16h à 20h, samedi de 11h à 15h, dimanche de 11h à 15h.

L'Association des arts de Sandnes a été fondée en 1955. Elle exposait, jusqu'en 2009, dans un beau bâtiment Empire, mais elle a désormais déménagé dans les locaux d'un Centre de cinéma d'art et d'essai au cœur de la ville. Des expositions de peintres et artistes issus d'horizons variés y sont proposées, comme récemment Yngve Henriksen des îles Lofoten, Anna Kristin Ferking ou encore les superbes photos d'oiseaux d'Einar Sira. Vous y verrez surtout du local, du régional et du national. Un lieu sympa à faire si vous avez le temps.

JÆRMUSEET ★★

Storgata 28
✆ +47 47 77 60 20
www.jaermuseet.no
Horaires différents chaque jour, et selon les saisons, vérifier sur le site web.

Le Jærmuseet est un centre scientifique et un musée commun à sept municipalités de la région. Le musée présente l'histoire, la culture et l'industrialisation de Jæren. Il se divise en deux branches principales : « Vitengarden » (« la ferme de la science ») à Nærbø et « Vitenfabrikken » (« l'usine de la science ») à Sandnes. Un certain nombre d'autres musées de la région en dépendent également. Le bureau central administratif est situé au Vitengarden. Elu musée de l'année 2009 par le ministère de la Culture norvégien, il a aussi reçu le prix européen du Micheletti Award la même année en tant que meilleur musée technique d'Europe. Et pour cause, la visite est vraiment passionnante et attention, le temps file sans que l'on s'en rende compte ! Les deux sites proposent des animations interactives concernant la nourriture, l'architecture ou encore les méthodes et matériaux de constructions. Le musée de Naerbo est situé dans une ancienne ferme en bois et en pierre, au cœur de la campagne. Il raconte l'histoire et le développement de l'industrialisation et propose des expositions intéressantes sur la vie quotidienne des fermiers de l'époque, puis sur l'évolution des techniques et des méthodes industrielles. Extrêmement pédagogique pour petits et grands. Quasi chaque semaine sont proposées des animations particulières, alors n'hésitez pas à aller voir sur leur site Internet ou à téléphoner directement afin de réserver une activité. Vous trouverez un chouette café qui sert des plats chauds et froids. Wifi. Parking.

VOLSTADSKOGEN HYTTER & CAMPING €

Gamle Austvollvei 5 ✆ +47 51 62 71 20
www.volstadskogen.no
Ouvert toute l'année. 25 maisonnettes, de 2 à 8 personnes, avec ou sans la douche. Emplacements camping-car.

Ce site de camping et de bungalows est situé dans les vallées alentour de Sandnes et offre un paysage entre campagne et forêt. C'est un bel endroit pour se ressourcer en famille, d'autant que les bungalows proposés sont plutôt coquets, avec leurs toits recouverts d'herbe et leurs volets verts. Bien équipés et confortables, vous aurez de quoi passer de bons moments au chaud après vos excusions quotidiennes. Wifi. Supermarché Rema 1000 pas loin, ce qui est bien pratique !

GAMLAVÆRKET GJÆSTGIVERI & TRACTERINGSSTED €€

St.Olavsgate 38
✆ +47 51 68 51 70
www.gamlavaerket.no
Chambre double historique 1 695 NOK, double standard 1 495 NOK.

Cette ancienne usine de brique est un lieu historique qui fait aujourd'hui restaurant, bar, boulangerie et également un atelier de poterie. Le décor est atypique et chaleureux. Il est agréable de voir travailler les artistes en dégustant un café et un délicieux *cheese cake*. Cet endroit est réputé pour son accueil et le style. Il fait également hôtel et propose 28 chambres confortables et à la décoration soignée. Wifi. Le nouveau bar à vin Vinværket propose des concerts chaque semaine.

KRONEN GAARD HOTELL €€

Lutsiveien 70
✆ +47 51 60 83 00
www.kronen-gaard.no
Chambre double 1 346 NOK. Restaurant. Wifi.

Situé dans les environs de Sandnes, l'hôtel Kronen Gaard, « la Ferme de la Couronne », fut construit en style dragon à la fin du siècle dernier, en 1898, par un marchand de bois, M. Block-Watne. Le Kronen Gaard servait de résidence d'été à la famille Block-Watne qui y donnait de nombreuses fêtes. Une ambiance intime flotte toujours dans l'air du restaurant. Le majestueux bouleau pleureur centenaire qui domine le côté sud de la propriété est probablement le plus vieux bouleau du département de Rogaland. Restaurant, salle de conférence et hôtel.

NOI €€€

Langgaten 41
✆ +47 51 68 85 22
www.noi.as
Ouvert du mardi au jeudi 16h-22h, vendredi et samedi midi à minuit.

Un restaurant qui propose plusieurs sortes de plats simples mais bien réalisés, comme des pizzas, des pâtes, des salades, des tacos de crevettes, ou encore des légumes tempura. La tarte au citron avec du caramel et une boule de glace n'est pas mal du tout. Possibilité de juste prendre l'apéro et une planche de charcuterie et fromage norvégiens (*spekemat og ost*). Formule à emporter sur commande. Réserver une table directement depuis leur site Internet ou par téléphone. En somme, un restaurant sympa pour manger très correctement pour pas trop cher.

LYSEFJORD

Bien sûr, on parle beaucoup du Preikestolen (le rocher de la Chaire ou Pulpit Rock), qui en fait rêver beaucoup et qui reste l'une des raisons les plus importantes pour visiter la région. Mais parlons aussi du Lysefjord, ce fjord dans lequel le Preikestolen est installé. Formé pendant l'âge de glace, ce fleuve long (et droit) de 40 kilomètres en impose. Reconnaissable de par ses hautes falaises de plus de 900 mètres au-dessus du niveau de la mer. Si une croisière sur le fjord depuis Stavanger est une aventure exceptionnelle, les plus aventureux (et sportifs) pourront choisir la randonnée afin d'atteindre les fameux sommets du Preikestolen ou le Gjerag, offrant des vues à couper le souffle et le sentiment d'être au bout d'un rêve. Le Lysefjord possède plusieurs sites qui valent le détour, comme ce rocher qui semble s'être coincé entre deux falaises abruptes, le Kjeragbolten, ou encore le plus long escalier en bois du monde (4 444 marches !) près de Flørli. En bref, un incontournable lors de votre voyage au pays des trolls !

Pratique

Attention, les routes sont coupées l'hiver (c'est pourquoi on vous recommandera la croisière) et pensez à contacter les agents de tourisme pour vous y rendre en toute sécurité.

Transports

Des navettes partent tous les jours en direction du fjord, depuis le port de Stavanger. Renseignements et horaires à l'office de tourisme.

OFFICE DU TOURISME RYFYLKE

Rådhusgaten 7
✆ +47 982 19 975
Horaires d'ouverture variables selon la saison, voir site Internet.

Le Ryfylke est surtout connu pour les icônes Preikestolen et Kjerag, qui sont toutes deux situées le long du spectaculaire Lysefjord, mais la région a bien plus à offrir. Vous y trouverez des sentiers de randonnée balisés pour les débutants et les randonneurs plus expérimentés. Vous pouvez explorer les fjords en kayak, en bateau et pourquoi pas vous laisser flotter sur la rivière tout en étudiant de près les grands saumons. On vous donnera plein de conseils pour vos vacances.

GØYSA GARD €€

Gjøysavegen 26
✆ +47 919 03 919
https://lysefjorden.com/goysa-gard
« L'appartment » : 1-2 pers. 1 000 NOK.
« La ferme » 1-6 pers. 2 800 NOK.
« La vieille ferme » : 1-6 pers. 2 300 NOK.

Bienvenue à Gøysa Gard ! C'est l'histoire de trois familles locales qui, en 2019, ont décidé de rénover une ancienne ferme. Située dans la petite ville de Forsand, elle constitue une base idéale pour explorer la région du Lysefjord. La vue sur l'entrée du Lysefjord depuis la ferme est tout simplement incroyable ! Gøysa Gard peut accueillir jusqu'à 21 personnes dans 3 appartements. Authenticité, accueil incroyable, charme et situation idéale, il ne reste plus qu'une chose à faire, profiter ! Le plus : Gøysa Gard est une entreprise de tourisme durable certifiée.

PREIKESTOLEN ★★★

Preikestolen, ou Pulpit Rock, est l'une des attractions naturelles majeures de la région de Stavanger. Ce gigantesque rocher vertigineux, découpé par l'érosion, surplombe, à la manière d'une chaire d'église, les eaux vertes du Lysefjord qui se trouvent 604 m plus bas. On peut contempler cette merveille de deux manières. Du sommet d'abord, ce qui suppose une marche à pied de 4 heures aller-retour environ pour y grimper. Les sherpas népalais viennent depuis de nombreuses années pour aménager le parcours. Même s'il est plus facilement accessible, des chaussures de randonnée et des vêtements de pluie et chauds sont recommandés. Le temps peut changer vite et les conditions devenir plus compliquées... L'autre option, plus accessible, c'est de le découvrir depuis le Lysefjord lors d'une croisière. Cette promenade prend environ 2 heures.

Transports

Les croisières sont assurément la meilleure façon de découvrir le fjord. Voici quelques compagnies touristiques qui naviguent sur le Lysefjord :

- **Rodne.** www.rodne.no/en
- **Lysefjord Safari.** www.lysefjordsafari.com
- **Fjord Tours.** www.fjordtours.com
- **Lysefjord Kayak.** +47 977 37 448
- **Explore Lysefjorden.** www.lysefjorden.com

EXPLORE LYSEFJORDEN

26 Gjøysavegen
✆ +47 919 214 99
https://lysefjorden.com
Preikestolen au lever du soleil : 1 390 NOK. 6-15 ans 990 NOK. Preikestolen Classique été ou hiver 1 290 NOK/990 NOK.

© ERLEND BERNE

Faire une randonnée au Preikestolen toute l'année, c'est possible avec Explore Lysefjorden ! Leurs guides locaux professionnels veilleront à ce que vous profitiez au maximum de votre randonnée en toute sécurité. Choisissez la randonnée au lever du soleil si vous voulez éviter les milliers de personnes sur le sentier pendant la haute saison. Faire une randonnée dans la paix et la tranquillité de l'aube est une sensation incroyable et unique. Quel que soit votre choix de randonnée, une chose est sûre, vous repartirez avec des souvenirs inoubliables.

KJERAG

Situé à 1 084 m d'altitue, le Kjerag domine les autres sommets du Lysefjord. Cette formation naturelle est devenue une attraction incontournable du Lysefjord. On se fait photographier sur le rocher solidement calé dans une crevasse entre deux parois rocheuses. La randonnée prend 6 heures aller-retour et fait 9,8 km. La saison de randonnée s'étend de juin à septembre. Hors saison, il est conseillé de la faire avec un guide. Le sentier est exigeant et le dénivelé est de 460 m. Il est recommandé d'être équipé de bonnes chaussures, vêtements chauds, nourriture et eau. Bonne condition physique nécessaire. Informez-vous toujours en amont avant de partir en montagne.

VESTLANDET

© PREIKESTOLEN BASECAMP

© ANNE RAVIER

© PREIKESTOLEN BASECAMP

PREIKESTOLEN BASE CAMP €€

521 Preikestolvegen
✆ +47 51 74 20 74
https://preikestolenbasecamp.com
Chambre double lit superposé à partir de 850 NOK, petit déjeuner et draps inclus.

Preikestolen Basecamp est LE camp de base pour vos aventures ! Pour les aventuriers, choisissez le Vancamp ! Vous dormirez dans des hamacs avec une vue unique sur le lac et vous cuisinerez au feu de bois. Endroit idéal pour les randonneurs et les férus d'activités. Vous pourrez aussi vous essayer au canoë, au kayak, et au frisbee golf. Sauna flottant, bain à bulles, jolie plage et cheminée. Offre de restauration-bar accessible à tous. L'Adventure Center permet de louer ou acheter des chaussures et équipements de rando et aussi un large choix de souvenirs.

© PREIKESTOLEN BASECAMP

© PREIKESTOLEN BASECAMP

FLØRLI

Le hameau de Flørli, accessible seulement par ferry, a plus de 100 ans d'histoire. Inaugurée en 1918, Flørli était l'une des premières centrales hydroélectriques de Norvège et un exploit d'ingénierie à l'époque. 119 ouvriers, 28 femmes et 37 enfants étaient enregistrés à Flørli en 1916.

Aujourd'hui, il reste deux résidents permanents.Flørli est connu pour son escalier en bois le plus long du monde, soit 4 444 arches qui suivent le pipeline jusqu'à la centrale électrique de Flørli. Si vous vous intéressez à l'histoire de l'énergie hydroélectrique, visitez l'ancienne centrale et l'exposition de photos et d'histoires de la période de construction.

FLØRLI 4444 €€

Accessible que par ferry, par bateau ou à pied.
4 départs quotidiens : Kolumbus / TheFjords.
www.ryfylke.com ✆ +47 902 65 133
www.florli.no
Appartement à partir de 1 690 NOK pour 2 nuits pour 2 personnes.

Flørli 4444 compte quatre appartements de location, l'auberge historique de Flørli et des chambres spéciales avec des installations communes. Toutes les maisons et la plupart des chambres ont une vue sur le fjord. Le standard des appartements est basique, mais entièrement équipé, avec une cuisine, une salle de bains et l'électricité. Nous vous recommandons tout particulièrement un séjour romantique dans la mini-suite Radioshed. Un sentiment unique d'être au bout du monde se fait sentir dès l'arrivée. Le bain à remous au feu de bois près du fjord est un must !

HAUGESUND ★

Haugesund apparaît pour la première fois dans les sagas de Snorre Sturlasson (1217) sur le roi Harald. Ville portuaire grâce au hareng de la mer du Nord, Haugesund bénéficie des industries pétrolières. En souvenir de la pêche, le festival Sildajazz, qui se tient en août, dresse le buffet de harengs le plus long du monde (www.sildajazz.no), tandis que le Festival du film norvégien bat son plein (www.filmfestivalen.no). Le père de Marilyn Monroe serait originaire de la région, une statue de l'actrice est d'ailleurs érigée en centre-ville.

▸ **L'île de Karmøy**, au sud d'Haugesund accueille en juin le festival Viking. Plus d'infos sur www.vikingfestivalen.no

HAUGESUND ART GALLERY ★

Erling Skjalgssonsgt. 4
✆ +47 52709360
Ouvert du 1er mai au 15 Août. Entrée adulte 70 NOK, - 16 ans gratuit.

Galerie d'art de la région, exposant une collection de peintures, de graphiques et de sculptures, à partir de la fin du siècle dernier jusqu'à nos jours. Grâce à des subventions, de nouvelles œuvres sont ajoutées chaque année. Des artistes internationaux, nationaux et locaux y exposent également. 1 000 m² d'exposition pour ce lieu qui propose aussi des activités pour les enfants. Le musée comporte également une petite boutique et un café, avec connexion wifi. Il est possible de faire une visite guidée, sur réservation uniquement.

OBÉLISQUE HARALDSHAUGEN ★★

Haraldshaugen
✆ + 47 52 01 08 30
www.visithaugesund.no
Ouvert toute l'année

© MARIUS DOBILAS - SHUTTERSTOCK.COM

À 2 km de Haugesund, l'obélisque Haraldshaugen est placé sur le tumulus du roi viking Harald Hårfagre (Harald à la belle chevelure) qui unifia la Norvège en 872. Erigé en 1860 pour le millénaire de la réunification, cet obélisque en granit de 17 m de haut, posé sur un tumulus de 5 m, est entouré de 29 obélisques plus modestes, dont chacun représente l'une des provinces soumises : La *Saga des rois de Norvège*, écrite par le scalde islandais Snorre Sturlasson (1179-1241) raconte tous les hauts faits des grands Vikings. Voir *Les Sagas islandaises* aux éditions Payot.

© LISE BJELLAND

© LISE BJELLAND

© LISE BJELLAND

MO LAKSEGARD €€

56 Sandsbygda - **SAND** ✆ +47 970 42 825
www.molaks.no

Appartement maison 5 personnes dès 1 395 NOK/nuit. Petit-déjeuner 55 NOK. Draps et serviettes 110 NOK/personne.

Situé dans le sud des Fjords, dans un cadre tranquille avec vue sur la rivière à saumon Suldalslågen, Mo Laksegard vous accueille dans ses chalets et appartements entièrement équipés. L'été, ils organisent des safaris au saumon, une activité unique au monde ! Pêche, rafting, sauna, et randonnées complètent les multiples possibilités de divertissement. Mo Laksegard brasse également sa propre bière. Pourquoi pas la déguster pendant un break dans leur tout nouveau sauna installé à flanc de montagne dominant la rivière. Havre de paix et équipe incroyable.

© LISE BJELLAND

© LISE BJELLAND

RÅDHUSET - HÔTEL DE VILLE ★

Rådhuset
✆ +47 52 74 30 00
www.haugesund.kommune.no
Ouvert toute l'année.
Visites guidées sur demande.

Le bâtiment est un exemple de l'architecture norvégienne néoclassique. Quoi que l'on en pense, il a été élu édifice le plus beau de la ville. À l'époque, en 1921, la construction de ce bâtiment avait coûté 1 million de couronnes norvégiennes, donnés par l'armateur richissime Knut Knutsen. Ce sont les architectes Herman Munthe-Kaas et Gudolf Blakstad qui ont finalement été choisis pour concevoir le futur hôtel de ville. La construction a pris en tout 8 années.

RYVARDEN KULTURFYR - PHARE DE RYVARDEN ★★

Mønstrevåg, Sveio
✆ +47 46 90 60 43
www.ryvarden.no
Ouvert de mars à novembre le dimanche et les vacances scolaires de 11h à 16h.

C'est un centre culturel et un musée folklorique, situé au cœur d'un fjord. Ce phare a été bâti en 1849. Vous y trouverez également un café bien agréable, avec thé et café, ainsi que leur spécialité, des gaufres avec de la confiture et de la crème. Possibilité de prendre de légers repas salés, comme des soupes, idéales après une petite randonnée ! Exposition temporaires d'art et jolie petite boutique souvenir avec des choses que l'on ne trouve pas forcément ailleurs. Dépaysant !

VILLAGE DE SKUDENESHAVN ★★

Au sud de l'île de Karmoy

C'est un village côtier très pittoresque, qui se situe à la pointe de l'île de Karmoy. Environ 3 500 personnes y vivent à l'année. Le ferry pour le village de Skudeneshavn donne un avant-goût de la façon dont il faut voyager dans les fjords. Dans l'île de Karmøy, une route alternative passe devant l'aiguille de Marie, curieux obélisque aux inscriptions runiques. Plus loin, le port de Haugesund, qui revit grâce au pétrole de la mer du Nord, accueille le festival du film norvégien. Les maisons en bois qui se trouvent à Skudeneshavn sont vraiment très belles.

CAMPING HARALDSHAUGEN €

Krossvegen 53 ✆ +47 52 72 80 77
www.hhcamping.com
Ouvert toute l'année. Camping-car 350 NOK, chalet 1 790 NOK par jour, tente 300 NOK. Wifi.

Pour profiter de la nature norvégienne, rien de tel que ce site de camping tout au bord du fjord qui propose des emplacements pour les tentes (électricité en supplément) et les camping-cars. Vous pouvez également louer un chalet entier à la nuit ou à la semaine. Utilisation salle de bains et cuisine gratuite pour les résidents du camping. Possibilité de louer des vélos électriques pour 200 NOK par jour, ainsi que d'utiliser une machine à laver (40 NOK) et un sèche-linge (40 NOK). Charger votre voiture électrique vous coûtera 200 NOK par nuit.

CLARION COLLECTION HOTEL AMANDA €€

Smedasundet, 93
✆ +47 52 80 82 00
www.nordicchoicehotels.no
Chambre double standard 1 521 NOK, petit déjeuner inclus.

Le prix Amanda est l'Oscar norvégien, d'où le nom de cet hôtel de luxe. Chaque chambre, ornée du portrait d'une star, porte le nom d'un film connu. Un passage intérieur mène au restaurant voisin, Egon, un établissement sympa qui pratique des prix pas trop élevés. Une bonne adresse pour se reposer tranquillement dans une ville nouvelle. L'hôtel Amanda, construit en 1900 et modernisé en 1997, offre en effet une structure et un confort très professionnels.

RICA MARITIM SCANDIC HOTEL €€

Åsbygata, 3
✆ +47 52 86 30 00
www.hotelmaritim.no
Chambre double 1 425 NOK, petit déjeuner inclus. Wi-fi.

Un grand hôtel, tout en verre, comme posé sur le port. Une adresse sans surprise, mais aussi sans déception : la vue est superbe. Les chambres sont confortables, bien équipées avec bureau et chaise et avec une décoration simple, voire un peu froide. Le service est cordial et le petit déjeuner permet de bien démarrer la journée. Restaurant. Connexion Internet gratuite dans toutes les salles de l'hôtel. Bien situé, donc assez pratique pour explorer la ville.

STRANDGATEN GJESTEGIVERI - B&B €€

Strandgata, 81
✆ +47 52 71 52 55
www.gjestgiveri.net
Chambre double 865 NOK, petit déjeuner inclus.

Située dans le centre, cette maison d'angle peinte en rouge est un ancien hôtel religieux transformé en un sympathique Bed & Breakfast. La décoration des chambres est assez classique et même un peu vieillotte mais tout est propre et les lits sont suffisamment confortables pour y passer une ou deux très bonnes nuits. L'accueil y est chaleureux et le petit déjeuner le matin copieux et savoureux. Si vous trouvez un travail à Haugesund, possibilité de louer sur du long terme !

BEST WESTERN HÔTEL NEPTUN €€€

Haraldsgaten, 207
✆ +47 52 86 59 00
www.hotellneptun.no
Chambre double à partir de 868 NOK, petit déjeuner inclus.

Un grand hôtel situé en plein centre de Haugesund, sur le Smedasundet. Ici, on peut déguster l'excellente cuisine du restaurant avec vue sur l'eau. Salle lounge pour se détendre avec un café et salle de fitness. Possibilité de faire le check-in soi-même directement depuis leurs tablettes à l'entrée de l'hôtel, un peu spécial mais pratique en cas d'arrivée très tardive par exemple. Lits confortables, personnel accueillant et souriant, bon petit déjeuner.

CAFÉ MM €€

Strandgata, 130
✆ +47 52 71 10 03
www.mmcafeogbar.no
Ouvert lundi au mercredi 11h à 23h, jeudi à samedi 11h à 1h30, dimanche 12h-23h. Plats à partir de 120 NOK.

Idéal pour les petits creux, ce café bar à tapas propose une carte réjouissante de petits plats savoureux : poulet mariné, légumes en sauce, fromages, tout y est délicieusement coloré. Quelques plats asiatiques, trois sortes de tacos et bien sûr le plat traditionnel norvégien : les hamburgers ! On peut aussi simplement y prendre un salade ou un dessert avec un café. Pour les bambins, 3 menus enfants au choix pour 80 NOK. La carte des boissons est très bien fournie, avec des propositions de bière sans alcool. Un endroit pas mal avec du choix.

LOTHES MAT & VINHUS €€€

Skippergaten, 4
✆ +47 52 71 22 01
lothesmat.no
Ouvert du mardi au samedi de 18h à minuit. Menu entrée, plat, dessert 655 NOK, Vinpakke en sus 495 NOK

Tout au bout du quai, le restaurant Lothes est perché sur un muret rocheux qui domine le port. Vieille de 140 ans, la maison possède son propre fantôme. L'ambiance est chaleureuse et c'est bien tenu. Un ancien buffet trône dans la minuscule entrée. Sous les combles, les petites pièces qui servent de salles à manger sont tapissées de papier rayé bleu ciel ou rose à fleurs tandis que les tables sont habillées de nappes lavande assorties... Les plats sont beaux et réussis avec au menu le poisson du jour ou de l'agneau, tous deux norvégiens. Cher mais très bon !

OS

Située à une heure de Bergen, cette ville de 25 000 habitants est intéressante pour sa situation géographique : avec le Fusafjorden à l'Est, le Bjørnafjorden au Sud et le Lysefjorden à l'Ouest, la ligne d'horizon est étendue et à la fois protégée par les îles et montagnes que l'on voit au loin. Si vous allez là-bas, le musée du violoniste et compositeur norvégien Ole Bull se trouve sur Lysøya, une petite île sur votre route. Pour y aller, il faut sortir de la E39 à Ulven et aller à Buena d'où part l'été un bateau-navette gratuit pour le musée. À Os, le Premier ministre norvégien Christian Michelsen construisit en 1896 l'hôtel Solstrand. On recommande !

SOLSTRAND HOTEL & BAD €€€

Solstrandveien 200
✆ +47 56 57 11 00
www.solstrand.com
Ouvert toute l'année. Hôtel, restaurant, Spa. Chambre double à partir de 2 980 NOK, petit déjeuner et Spa inclus.

Dans cet hôtel de luxe historique, on va de surprise en surprise. Toutes les chambres ont vue sur les fjords et les montagnes au loin. Des petits salons secrets à la promenade le long du rivage, le temps s'écoule ici sans crier gare. Piscine à débordement face au fjord, jets massants, hamam, bain glacé, sauna... le spa ne laisse pas indifférent. Matériaux nobles et art omniprésent. Personnel ultra professionnel. Conscience écologique (anti-gaspi, chauffage par le fjord !). Restauration délicieuse. On se demande seulement si on aura un jour la chance d'y retourner.

BERGEN ★★★★

Surnommée la Rome du Nord par allusion aux 7 collines qui la délimitent, Bergen, qui compte près de 265 850 habitants, se niche dans une cuvette où il pleut souvent. Très souvent. Toujours... ou presque. L'air du large, chargé d'humidité par le Gulf Stream, réchauffe la mer, bute sur les montagnes, ce qui provoque inéluctablement de la pluie qui se déverse régulièrement sur la ville. Mais Bergen, sous le déluge, sous le crachin, ou juste sous un ciel lourd, enchante.

La cité fut fondée par Olav Kyrre en 1070. Au XIIIe siècle, Bergen était déjà une ville importante, les rois ayant délaissé Trondheim comme capitale à son profit. Håkon V Magnusson s'y fit couronner en 1299 et de grands travaux furent entrepris dont, entre autres, la construction du célèbre Hall Håkon.

A partir de 1360, sous le règne d'Eirik Magnusson, les commerçants germains de la Ligue hanséatique obtinrent une charte leur donnant le droit d'y faire du commerce sur un pied d'égalité avec les habitants de Norvège.

La morue séchée arrivait des îles Lofoten au nord ; le blé du sud. Une fois les affaires conclues, les bateaux étaient chargés avant de reprendre la direction de l'Europe. Au fil du temps, la Hanse devint le véritable maître des lieux. Bergen, la plus grande ville de Scandinavie à l'époque, était l'un de leurs comptoirs les plus importants. Une reproduction exacte de la maison d'un riche marchand hanséatique se trouve au musée Bryggen. Le monopole de la Hanse dura 200 ans, et une partie des commerçants allemands et hollandais restèrent définitivement dans le pays. C'est à cette époque que la ville prit un air cosmopolite... qu'elle a toujours gardé. Aujourd'hui, même si la pêche reste un secteur important, c'est surtout le développement des plates-formes pétrolières qui forment la base de l'économie actuelle.

En effet, Bergen vit présentement son âge d'or de l'or noir. Egalement ville universitaire, Bergen et ses 30 000 étudiants, peuvent se vanter d'une vie culturelle intense. C'est à Bergen que sont nés de grands musiciens classiques comme Edvard Grieg et Ole Bull. Et l'Orchestre philharmonique de Bergen existe depuis le XVIIIe siècle. En outre, chaque année au début de l'été, a lieu le grand Festival de musique de Bergen. Mais, avant tout, la ville est un grand centre touristique, la porte ouverte sur les fjords et sur une côte unique d'une beauté dont on ne trouve son pareil nulle part ailleurs.

Devenue trop grande pour son cadre étroit de montagnes, Bergen déborde sur les presqu'îles des alentours et escalade même une partie des hauteurs environnantes. Derrière la ville, la montagne ferme la route, mais devant elle la mer s'ouvre aux rêves d'évasion. Ville-port, ville de commerce et d'artisanat, devenue première grande ville de Scandinavie, première capitale du pays et résidence des souverains, Bergen a toujours été tournée vers le large, s'est forgée au fil du temps une culture qui lui est propre. Ville internationale de Norvège, aux habitants moins enclins à la mélancolie que le reste de leurs compatriotes et plus ouverts sur le monde extérieur, Bergen peut apparaître comme une vraie patrie (ce qui est reproché par les autres Norvégiens) : beaucoup disent en effet volontiers « Je ne suis pas norvégien, je viens de Bergen ».

Bergen au patrimoine mondial de l'Unesco. Les touristes ne s'y trompent pas, l'Unesco non plus. Depuis 1980, Les maisons hanséatiques du quai Bryggen, ou le plus grand rassemblement de maisons en bois depuis le Moyen Âge, sont classées au patrimoine mondial. Ravagé par un incendie en 1702, le quartier fut reconstruit à l'identique, respectant l'architecture des maisons de pêche allemandes. Aujourd'hui, le quartier est une copie intacte de celui du XIIe siècle. Les touristes remontent le temps lors d'une promenade dans ce quartier historique et néanmoins dynamique. Restaurants, boutiques d'artisanat local et bars ont pris possession des lieux en lui conférant une ambiance définitivement chaleureuse et pittoresque. Reste qu'en 2000, la ville a été retenue comme capitale européenne de la culture, grâce à ses nombreux musées, son orchestre philharmonique et les nouveaux artistes contemporains.

Quartiers

Centre naturel de la ville, le port Vågen est coincé entre la place principale Torgalmenningen et les quais hanséatiques du Bryggen avec, tout près, le funiculaire Fløibanen. De ce côté-ci du port, on trouve de vieilles maisons de bois aux couleurs chatoyantes, reconstruites après le grand incendie de 1702, et dont les pignons serrés se reflètent dans l'eau du port. Ces vieux quais constituent l'héritage des entrepôts que les commerçants germains de la Hanse avaient établi alors qu'ils étaient devenus maîtres des lieux du XIVe au XVIe siècle. Au bout des quais, le vieux Håkonshallen et la tour Rosenkrantz font partie de la fortification de Bergenhus. Encore plus loin, il faut traverser le tunnel pour arriver à Sandviken et au musée du vieux Bergen, tout un quartier qui a été déplacé en périphérie pour sa sauvegarde. De l'autre côté de Vågen, à la pointe Nornes, sont situés l'église Nykirken et l'aquarium de la ville. Là aussi, des maisons en bois et d'étroites ruelles rappellent des temps disparus. Derrière Torgalmenningen, le petit plan d'eau central est entouré par le musée Rasmus Meyer, la salle de concerts Grieghallen, la gare ferroviaire et l'hôtel de ville. Dans le quartier de l'Université, plus éloigné, se trouvent les musées de la Marine, d'Histoire naturelle et le Jardin botanique.

▶ **Skostredet Street.** Parmi les rues pavées et les ruelles escarpées du vieux centre, Skostredet Street est une de nos préférées. Le genre de rue où se cachent quelques enseignes vintage, des graffitis colorés, des tatoueurs au fond des cours et de jolies terrasses qui se remplissent en fin d'après-midi pour une première bière.

Se restaurer

▶ Goûtez au Skilling Bolle ! En boulangerie, pour environ 60 NOK ou au supermarché pour 15 NOK, cette petite douceur sucrée à la cannelle est une spécialité de Bergen. A l'époque, l'escargot brioché coûtait 1 skilling, c'est l'ancienne monnaie norvégienne qui lui céda son nom.

Shopping

Bergen est une ville où il est vraiment agréable de marcher. Pour faire du shopping, l'idéal est de flâner dans les rues piétonnes de la ville : Gamle Strandgaten, Torgallmenningen, Hollendergaten et Marken. Pour les antiquaires : rendez-vous, rue Øvregaten. Enfin, plusieurs centres commerciaux (Galleriet, Bergen Storsenter, Kløverhuset) sont ouverts du lundi au vendredi de 9h à 20h et le samedi de 9h à 18h. Pour les gourmets, le centre Kjøttbasaren abrite uniquement des restaurants et des épiceries.

Sortir

Bergen compte des lieux sympathiques pour tous les goûts. De la salle de concert électro ou punk rock, au café littéraire, la nuit de Bergen est animée, mais les boîtes ferment en général assez tôt. Elles sont toutes regroupées autour de la place Ole Bull et sur les quais Bryggen.

Tourisme

Bergen Card. Cette carte permet d'accéder à tous les transports de Bergen et donne le droit d'entrer dans la plupart des musées et attractions de la ville pour 24h, 48h ou 72h.

▶ 24 heures : 260 NOK pour les adultes, 208 NOK pour les seniors et étudiants, 100 NOK pour les enfants entre 3 et 15 ans.

▶ 48 heures : 340 NOK pour les adultes, 272 NOK pour les seniors et étudiants, 130 NOK pour les enfants entre 3 à 15 ans.

▶ 72 heures : 410 NOK pour les adultes, 328 NOK pour les seniors et étudiants, 160 NOK pour les enfants entre 3 et 15 ans.

▶ La carte est en vente à l'Office de tourisme, en ligne (www.visitbergen.com/ BergenCard), au Montana Family and Youth Hostel, au radisson Blu Royal Hotel et Hotel Norge, au Solstrand Hotel & Bad, au Panorama Hotell & Resort et au *MS Bergensfjord* et *MS Stavangerfjord*. La carte permet l'accès à la plupart des musées et activités portant la mention Bergen Card (voir guide Bergen en ligne ou se le procurer à l'office), les transports, ainsi que des réductions dans plusieurs restaurants, magasins etc.

Bergen demeure la ville des festivals par excellence. Liste exhaustive sur le site Internet www.visitbergen.com/en

▶ Chaque année, à Bergen, de nombreux concerts classiques sont donnés dans le Hall Håkon, à l'église Sainte-Marie et surtout à Troldhaugen, la maison d'Edvard Grieg qui se trouve à quelques kilomètres du centre-ville. Ces dernières années, des concerts ont été aussi donnés dans la maison d'Ole Bull, dans l'île de Lysøen.

▶ A voir notamment, le Festival international de musique de Bergen (Bergenfest) est le plus important de Norvège avec des concerts classiques et modernes, du théâtre, des opéras, des ballets, de la musique et des danses folkloriques. En mai ou juin sur la place Edvard Grieg www.bergenfest.no • Les nuits du jazz ont lieu parallèlement au festival.

Transports

Le centre-ville est entouré d'une ceinture à péage. Il est assez simple de circuler dans Bergen ; la ville propose un bon réseau de bus qui circulent dans le centre et les alentours. Sachez qu'avec la Bergen Card, vous pouvez utiliser les bus, le funiculaire ainsi que le Bergen Light Rail ou métro léger, qui relie le centre de la ville au centre commercial de Lagunen, une ligne va jusqu'à l'aéroport.

▶ **Bergensbanen** : Construite en 1909, il s'agit de la ligne ferroviaire qui relie Bergen à Osl. Par endroits il s'agit de la plus haute d'Europedu Nord car elle atteint 1 237 m d'altitude sur le plateau du Hardangervidda. Considérée comme l'une des plus belles au monde, c'est un incontournable si vous voyagez à pieds ou à vélo. Compagnie ferroviaire www.vy.no/en

VESTLANDET

Le quartier de Bryggen, Bergen.

AKVARIET - AQUARIUM DE BERGEN ★

Nordnesbakken, 4
✆ +47 55 55 71 71
www.akvariet.no
Ouvert tous les jours de 10h à 18h.
Du 1er mai au 31 août : Entrée adulte 300 NOK, famille 840 NOK.

À 20 minutes à pied du centre-ville se trouve l'aquarium de Bergen. Il présente de nombreux poissons exotiques et locaux, ainsi que des pingouins, des spectacles d'otaries et d'orques. Les visiteurs peuvent assister aux shows dans les bassins extérieurs et voir des documentaires en 3D. À des heures bien précises, le public assiste au repas des phoques et des pingouins, et on peut aussi tenir un serpent entre ses mains. Une chouette activité à faire en famille.

DAMSGÅRD HOVEDGÅRD - MANOIR DE DAMSGÅRD ★★

Alleen 29, Laksevåg
✆ +47 55 30 80 33
www.bymuseet.no
Ouvert de mai à septembre.

C'est la plus belle maison secondaire de Bergen et, peut-être, le plus bel exemple de l'architecture rococo de Norvège. Le manoir, construit dans les années 1770, est aujourd'hui ouvert au public après de grands travaux de restauration. Le jardin attenant a été recréé tel qu'il était à l'origine, avec des plantes en vogue il y a 200 ans. Cet endroit se visite uniquement sur réservation et en visite guidée. Si vous aimez l'architecture, ne loupez pas cette belle demeure.

DOMKIRKE - CATHÉDRALE DE BERGEN ✝ ★★

Domkirkeplass, 1
✆ +47 55 59 32 70
bergendomkirke.no
Ouvert de juin à mi-août, du mardi au vendredi de 11h à 16h. Le reste de l'année, du mardi au vendredi de 11h à 12h30.

De nombreuses fois restaurée, la cathédrale a conservé une partie très ancienne, que l'on date du XIIe siècle. C'est le style gothique qui prédomine toujours, comme en témoignent le chœur et une partie de sa tour. Des récitals ont lieu pendant l'été, le jeudi et le dimanche. Office en norvégien, également en anglais l'été. À noter les églises de la ville et des alentours : l'église de Fana (à 30 minutes de bus), Johanneskirken, Korskirken, Mariakirken, Nykirken.

FANTOFT NYE STAVKIRKE - ÉGLISE EN BOIS DEBOUT ✝ ★★

Fantoftveien 46
✆ +47 55 28 07 10
https://fantoftstavkirke.no
Ouvert du 15 mai au 15 septembre de 11h à 16h.
Adulte 70 NOK, enfants 30 NOK.
Entrée libre avec la Bergen Card.

Ce monument est une copie fidèle de l'édifice original, détruit par un incendie criminel (œuvre d'un groupuscule sataniste) en 1992. A l'origine, l'église se trouvait dans le hameau de Fortun, dans le Sogn, et datait de 1150. En 1883, elle avait été transférée à Fantoft, dans Bergen. C'est tout à fait intéressant de voir qu'il est possible de reconstruire à l'identique. Même sans l'histoire de départ, cette église est très belle et vaut le détour.

EDVARD GRIEG MUSEUM TROLDHAUGEN ★★★

Troldhaugveien, 65
✆ +47 53 00 97 00
www.griegmuseum.no
Été : du mardi au dimanche 11h-17h, hiver : mardi, vendredi et week-end 11h-16h. 130 NOK.
Bergen card 65 NOK.

La petite villa enchantée du grand compositeur et pianiste norvégien de musique classique (période romantique) est située en hauteur sur une pointe de verdure dominant le lac de Nordås. Construite en 1885 pour Edvard Grieg, originaire de Bergen, cette demeure a pu être conservée en l'état depuis sa mort. Ce musée, abritant tout le mobilier d'époque ainsi que les objets personnels de Grieg, est une maison qui continue à vivre grâce aux concerts intimes qui se donnent toujours sur le vieux piano du maître. Il faut savoir que Grieg y a vécu plus de vingt ans à la fin de sa vie. Aujourd'hui, il y a des concerts tous les jours lors du Festival international de musique ainsi que des concerts en été les mercredis, samedis et dimanches. Les tickets sont en vente à l'office du tourisme. Entrée libre si vous avez opté pour le Bergen Card. La nouvelle salle de concerts, plus grande, est heureusement dissimulée sous le pont juste avant la maison. Un peu plus bas, la petite cabane de travail de Grieg, très sommaire, se trouve pratiquement au bord de l'eau. Son manteau, son chapeau et son violon sont toujours accrochés au mur. De l'unique fenêtre, on voit le lac à travers les branches des grands bouleaux pleureurs. On regrette la disparition à proximité d'un autre édifice historique, la Fantoft Stavkirke, une église en bois datant de 1150. Elle est malheureusement partie en fumée en juin 1992, dans la vague de pyromanie et de satanisme qui a traversé le pays.

BRYGGEN, « LE QUAI »

C'est à Bryggen que commence l'histoire de Bergen. Le vieux quartier des « quais » est reconnu par l'Unesco en 1979, comme le plus grand rassemblement de maisons en bois depuis le Moyen Âge. Le charme du bois et les allées qui craquent nous plongent dans une page de l'histoire. C'est ici que se sont installés les Allemands pour commercer et échanger des produits européens contre du poisson. Ils vivaient alors dans les appartements en long, hébergeant chacun un gérant, un contremaître, et six stagiaires. À raison d'une dizaine d'appartements par rangée, cela fait beaucoup beaucoup d'hommes ! Le regroupement familial était exclu, tout comme les relations avec les Norvégiennes… Aucune certitude que cela ait été respecté à la vue de la sanction qui, selon la légende, réservait au fautif le droit d'offrir un tonneau de bière à toute sa colocation ! Aujourd'hui encore, on lit sur la plaque d'une des ruelles : « le quai des Allemands » et la « Hansa », une vieille blonde allemande coule toujours dans les fûts des bars de la ville. Bien que Bergen ait survécu à une trentaine d'incendies, dont celui de 1702, où 90 % de la ville sont partis en fumée, dans Bryggen tout est en bois. Alors, les règles sont strictes : ni feu, ni cigarette. Préserver Bryggen est un combat quotidien. Seuls quelques magasins de souvenirs, des artisans et des artistes locaux possèdent leur pas-de-porte à Bryggen : « On ne veut pas que MacDonalds ni Starbucks s'installent ici ! »

FLØIBANEN - FUNICULAIRE ★★★

Vetrlidsallmenningen 21 ✆ +47 55 33 68 00
www.floibanen.com
Réouverture avril 2022 après rénovation.
Billeterie en ligne ou sur place. Bergen Card.

Les brochures touristiques vantent deux beaux panoramas de la ville : Fløyen et Ulriken. Le téléphérique du mont Ulriken est plus éloigné du centre. Le funiculaire de la colline Fløyen est sans aucun doute le plus agréable, vous faisant gagner, en 7 minutes, 320 m d'altitude et une vue superbe sur le fjord. Il se trouve à seulement 150 m du marché. Il est aussi possible de faire la promenade à pied… ou de redescendre par un chemin parfaitement balisé, à flanc de montagne et dans une belle végétation. Également café sympa et boutique.

GAMLE BERGEN ★★★

Nyhavnsvei, 4
✆ +47 47 97 95 76
www.bymuseet.no
Tours guidés possibles.
Renseignements à l'Office de tourisme.

Ce musée en plein air regroupe 50 maisons en bois d'un ancien quartier de Bergen datant du XVIIe siècle. Dans la vieille boulangerie, on peut assister à la fabrication des *Skillingsboller*, les brioches de Bergen. Il y a aussi l'ancien salon du barbier, le photographe, le cabinet de l'arracheur des dents… Le riche intérieur bourgeois aurait pu parfaitement servir de décor à la pièce d'Ibsen *Maison de poupée*. Un joli restaurant propose de plats que l'on peut déguster sur la terrasse. Quand il fait beau, c'est un lieu de promenade bien agréable.

VESTLANDET

FISKETORGET - MARCHÉ AUX POISSONS ★★

Vågsbunnen
www.visitbergen.com/en
Ouvert en semaine de 8h à 15h

© ANDREY ARMYAGOV - SHUTTERSTOCK.COM

Sur le port, s'étend le Fisketorget, le marché aux poissons. C'est un marché très animé où abondent crevettes et poissons frais. Mais on vend aussi des sandwichs au crabe surgelé et des souvenirs. Y déguster du saumon frais, grillé ou fumé, est un plaisir inoubliable. C'est une visite à faire, mais sachez que les prix y sont assez élevés en raison de l'affluence touristique. Cependant, on peut y simplement y flâner et se laisser tenter par un petit *fishcake* pour le goût.

HÅKONSHALLEN & ROSENKRANTZTÅRNET ★★★

Bergenhus Fortress ✆ +47 55 30 80 30
www.bymuseet.no
Ouvert toute l'année, horaires variables, voir site web. Entrée adulte 120 NOK, gratuit pour les moins de 16 ans.

Ce hall majestueux fut érigé en 1261 pour les cérémonies royales à Bergen, il était alors le centre des décisions politiques en Norvège (le roi Magnus Lagabøter épousa ici la princesse danoise Ingeborg Eriksdatter la même année). L'édifice a dû être restauré après avoir été gravement endommagé par un incendie en 1944. Les visites guidées (en français également) englobent la tour Rosenkrantz, forteresse bâtie dans les années 1560 par le seigneur Erik Rosenkrantz.

HANSEATISKE MUSEUM - MUSÉE HANSÉATIQUE ★★

Schøtstuene, Øvregaten 50
✆ +47 55 54 46 90
www.museumvest.no
Déplacé jusqu'en 2024 pour rénovation

Pendant la rénovation du musée emblématique de la ville, la visite se fait à Schøtstuene et permet d'en apprendre plus sur les riches commerçants de la Hanse qui avaient le monopole du commerce dans le Nord (morue séchée, grain, sel). Bergen et Novogorod étaient parmi leurs plus importants comptoirs. Ces grands commerçants vivaient séparés du reste de la population de Bergen dans de hautes maisons alignées à quelques mètres du port. Une belle visite.

HORDAMUSEET - MUSÉE DE HORDA

Hordnesveien 24
✆ +47 47 97 95 80
www.bymuseet.no
Pas d'horaires fixes. Musée extérieur entrée libre et ouvert toute l'année.

Ce musée folklorique en plein air permet de découvrir les traditions et la vie quotidienne des Norvégiens d'il y a 1 000 ans à aujourd'hui. Pendant l'été, les habitations traditionnelles sont ouvertes aux visiteurs mais il n'y a pas d'horaires fixes, le mieux est de vérifier avant votre visite. On peut y voir des maisons, des bateaux, des textiles, filets de pêche et outils. Attention, il est situé à 13 km du centre-ville de Bergen, il faut donc y aller en voiture ou en bus.

UNIVERSITETSMUSEET I BERGEN ★★

Håkon Sheteligsplass 10 ✆ +47 55 58 00 00
www.uib.no/bergenmuseum
Ouvert du mardi au samedi de 10h à 16h, le dimanche de 11h à 17h. Adulte 150 NOK (100 NOK en ligne), -18 ans gratuit.

Le musée de la ville réunit deux musées : le musée d'Histoire et le musée d'Histoire naturelle. Le musée d'Histoire raconte l'histoire de l'art, du patrimoine culturel norvégien et présente des collections archéologiques et anthropologiques importantes. Le musée d'Histoire naturelle offre de nombreuses expositions et d'importantes collections zoologiques, botaniques et géologiques. Un très joli jardin botanique et arboretum, si vous y êtes au printemps et en été bien sûr.

VESTLANDET

KODE - MUSÉES DES ARTS DE BERGEN ★★★

3-7 Rasmus Meyers Allé ✆ +47 53 00 97 00
kodebergen.no

Ouvert du 01/05 au 30/09 du mardi au dimanche 10h-17h. Du 01/10 au 30/04 : consulter le site web. Adulte 150 NOK.

KODE est l'union de quatre musées d'art, sur un même campus, et qui présentent un des meilleurs panoramas de l'art nordique dans toute la Scandinavie.

- **KODE 1** est l'ancien Musée du Design (situé Nordahl Bruns gate 9). Le bâtiment abrite la plus importante collection de sculptures bouddhistes en marbre du Nord de l'Europe. L'exposition permanente, « L'Homme et les Objets », raconte l'histoire du design et des arts appliqués à travers 5 siècles.
- **KODE 2** accueille les expositions temporaires annuelles, ainsi que les collections permanentes d'art contemporain.
- **KODE 3** abrite la collection Rasmus Meyer, avec notamment plusieurs œuvres d'Edvard Munch une vingtaine de grandes huiles, dont *Mélancolie, Soir sur Karl Johan, Jalousie* et *Les Trois Ages de la femme*, ainsi que des pièces réalisées par les grands maîtres norvégiens des XVIIIe et XIXe siècles. La période romantique est bien représentée par J.-C. Dahl avec *Le Bouleau sous la tempête* ainsi que *Le Monastère de Lyse*. On y voit Tidemand et Gude, le premier avec *La Mauvaise Nouvelle* et le second avec son *Paysage de haute montagne*. Le dur réalisme de Christian Krogh transparaît dans *La Lutte pour la survie*, tandis que la lumière magique de Kitty Kielland est captée dans son *Paysage de Jæren*.
- **KODE 4** est consacré à l'art du XXe siècle, avec notamment les nombreuses esquisses des montagnes Rondane d'Harald Solberg. A voir aussi les Klee, Picasso, Miro, ainsi que le KunstLab, laboratoire d'art pour les enfants.

EDVARD GRIEG

C'est le grand virtuose de l'époque, Ole Bull, qui persuade les parents de Grieg d'envoyer leur fils au conservatoire de Leipzig. Grieg en sort 4 ans plus tard en musicien et compositeur accompli. La Norvège faisant alors partie intégrante du royaume du Danemark, un fort sentiment de conscience nationale le pousse, comme beaucoup d'autres artistes, vers la recherche d'un style musical authentiquement norvégien. En 1866, Grieg s'installe à Christiania (Oslo) où il rencontre Lindeman, un organiste que passionne l'étude du folklore norvégien. Cette rencontre sera décisive pour l'œuvre de Grieg. À 25 ans, il compose son fameux *Concerto pour piano en la mineur* où les éléments typiquement norvégiens se fondent dans des harmonies plus européennes. Sa musique est très intimement liée aux paysages de son pays. Le petit chalet où il a l'habitude de travailler surplombe le Hardangerfjord. Sur la rive opposée, le musicien peut apercevoir les cimes du glacier de Folgefonna. Au cœur de cette nature grandiose, seul avec son piano Erard, il compose une musique venue d'une Norvège profonde. Une musique aux harmonies sonores d'un violon de Hardanger, à l'humeur vive et changeante d'un fjord. C'est à la demande d'Ibsen que le musicien compose la musique de scène de *Peer Gynt* qui comprend les deux grands airs très connus : *Le Matin* et *Chanson de Solveig*. Cette création connaît rapidement un succès international. Grieg passe les dernières années de sa vie à Troldhaugen, près de Bergen.

BIBLIOTHÈQUE MUNICIPALE DE BERGEN

Strømgaten, 6
✆ +47 55 56 85 00
bergenbibliotek.no

Ouvert du lundi au jeudi de 9h-20h, le vendredi de 9h-17h, samedi de 10h-16h, dimanche 12h-16h.

La bibliothèque municipale de Bergen a pour particularité un rayon musique bien fourni et qui présente régulièrement des expositions et des concerts. Visiter ce lieu c'est aussi une façon de se frotter à la population. Il y a par exemple des projections de films pour enfants en norvégien, ou encore un café des langues auquel vous pouvez gratuitement participer afin de parfaire vos connaissances en norvégien. Fondée en 1872, cette bibliothèque est la deuxième plus grande de Norvège.

BERGEN GUIDE SERVICE

Holmedalsgården 4 ✆ +47 55 30 10 60
www.bergenguideservice.no

Prix sur demande pour un tour privé.
Ouvert toute l'année, réservations du lundi au vendredi de 9h à 15h.

Bergen Guide Service propose des promenades, des *citysigthseeing* en car avec des guides autorisés à Bergen. Visites à la carte dans plus de 20 langues différentes. Plusieurs programmes de visites sont proposés, de 2 heures à la journée, dans Bergen, dans la région du Hordaland pour voir la demeure de Ole Bull à Lysøen par exemple... Tours organisés le samedi à 14h et 16h, en norvégien et anglais, départ Holmedalsgarden 4, à Bryggen. Contactez-les pour qu'ils vous aident à composer votre programme à Bergen. Une bonne option pour faire le plein d'infos en direct.

ULRIKEN 643

Haukelandsbakken 40

✆ +47 53 64 36 43

www.ulriken643.no/en

Toute l'année dimanche, lundi, mardi 9h-19h. Jeudi, vendredi, samedi 9h-23h.

De mai à septembre 7j/7, 9h-23h. Café.

Pour aller à Ulriken, le téléphérique de Bergen vous emmène 643 mètres au-dessus de la ville, au sommet d'une des 7 montagnes que compte la métropole. Vous pouvez acheter un ticket combiné bus-téléphérique à l'Office de tourisme (vous aurez toutes les infos nécessaires) ou prendre le bus à l'arrêt Småstrandgaten destination Haukelandsbakken, et descendre à l'arrêt « Haukeland Hospital N ». Ensuite, suivez les indications « Ulriken », vous atteindrez les portes du téléphérique en quelques minutes. Tarif réduit avec la Bergen Card. De là-haut, la vue sur Bergen, le fjord, les montagnes et la mer est spectaculaire. Privilégiez la montée par temps clair. Du sommet, partent plusieurs sentiers de randonnées. Le Mont Ulriken est certes un peu excentré mais il offre les plus belles vues sur la ville, et la possibilité de s'éloigner un peu du bruit et de la foule. Une façon aussi de se rendre compte comme la nature n'est jamais loin en Norvège. Il est également possible de monter jusqu'en haut à pied, une bien jolie balade qui prend aller-retour environ 2h30. Le téléphérique a été rénové en 2021, tout comme le restaurant qui se trouve au sommet et qui s'avère être un endroit très agréable pour faire une pause gourmande avec une super vue sur la ville et surtout sur les fjords et les îles au loin. Connexion Internet gratuite dans le bâtiment, toilettes et aussi un magasin de souvenirs. Que vous restiez deux jours ou une semaine à Bergen, la visite de Ulriken nous semble particulièrement incontournable.

FJORD TOURS

Fjord Tours AS Nordre Nøstekaien 1

✆ +47 55 55 76 60

www.fjordtours.com

Norway in a nutshell, à partir de 1 600 NOK par personne. Service client ouvert du lundi au vendredi de 8h à 16h.

Fjord Tour organise des voyages dans toute la Norvège. Depuis 2010, la compagnie a reçu le label norvégien de Miljøfyrtårn, un label qui certifie la stratégie pro-environnementale de la compagnie. Les deux produits les plus populaires de Fjord Tour sont le Fjord Pass et leur fameux Norway in a nutshell qui vous emmène voir de nombreux sites inscrits au patrimoine mondial de l'Unesco, comme l'Aurlandsfjorden et la Nærøydalen Valley, des incontournables ! Vous pouvez choisir votre mode de transport – train, bus, bateau – combinés ou non.

ROEDNE - FJORD CRUISE

✆ +47 51 89 52 70

www.rodne.no

Tous les jours, toute l'année. Les contacter pour le prix en fonction de la prestation. 680 NOK pour Bergen-Mostraumen

Embarquez sur leur bateau pour découvrir les fjords au départ de Bergen pendant une balade d'une demi-journée. Croisière Bergen-Mostraumen et visite du Hardangerfjord toute l'année sur réservation. Départs également de Stavanger (visites de Preikestolen, Pulpit rock) et de Tromsø, notamment pour aller voir les baleines et les aurores boréales en hiver par temps froid et clair. À Bergen, le départ se fait à côté du Fish Market. Selon les croisières choisies, comptez d'environ 3 heures trente de croisière à une journée complète.

EXPRESS CÔTIER HURTIGRUTEN

Strandkaien 4

✆ +33184883202

www.hurtigruten.fr

Départ toute l'année à partir de Bergen pour des croisière de 1 à plusieurs jours.

Les navires de l'Express côtier réalisent un circuit de 12 jours jusqu'au cap Nord et à Kirkenes sur la frontière russe, avant de revenir au point de départ. Cette croisière est considérée comme une des plus belles du monde. On trouve aussi : des paquebots pour le Danemark, Amsterdam, Newcastle, les îles Féroé et l'Islande (départs quai Skoltegrunnskaien) ; des Express pour Haugesund et Stavanger et des ferries pour Hardangerfjord et Sunnhorland (départ quai Strandkaiterminalen).

MARKEN GJESTEHUS €

45 Kong Oscars Gate

✆ +47 55 31 44 04

www.marken-gjestehus.com

Lit en dortoir à partir de 3 500 NOK par personne. Ouvert toute l'année.

Excellent rapport qualité/prix pour cette auberge de jeunesse dans le centre de Bergen et proche de la gare. L'établissement a été de nombreuses fois récompensé et cela est justifié. Propre, simple, mais décoré avec goût. Une très bonne solution pour les petits budgets dans un pays qui en manque cruellement ! Une façon également de rencontrer d'autres personnes de nationalités variées pour enrichir vos compétences en langue et s'échanger les bonnes adresses trouvées au cours du voyage. Marken Gjestehus peut garder vos affaires après le check-out.

MONTANA FAMILY AND YOUTH HOSTEL €

Johan Blytts vei, 30
✆ +47 55 20 80 70
www.montana.no
Lit en dortoir à partir de 270 NOK.
Chambre double avec salle de bains 750 NOK.
Petit déjeuner et parking inclus.

Cette auberge de jeunesse de 260 lits se trouve sur la route qui monte à Ulriken, à 4 km du centre. La route pour s'y rendre est un peu compliquée, mais la vue sur la ville de Bergen située en bas est très belle. Possibilité de se préparer ses propres repas dans l'une des deux cuisines mises à dispositions des visiteurs. Vous pouvez aussi réserver votre repas du midi à emporter pour la randonnée au mont Ulrik et sur le haut plateau qui s'étend à perte de vue.

SKIVEN GJESTEHUS €

Skivebakken 17
✆ +47 55 31 30 30
www.skiven.no
L'été chambre double 750 NOK, l'hiver 600 NOK.
Accès à la cuisine.

Quelques escaliers à monter, et vous y êtes. Ne cherchez pas de pancarte, il faut juste sonner. Une petite pension avec juste 4 chambres, ou vous vous sentez chez vous. Les chambres sont confortables et bien décorées. Pas de téléphone ou de TV, mais accès wi-fi. Une cuisine aménagée est à votre disposition. La salle de bains et les toilettes sont en commun, ce qui explique le prix particulièrement intéressant. Le quartier est agréable, dans les hauteurs de Bergen. Nous vous recommandons vivement de réserver à l'avance, car l'adresse est très prisée !

VIOLONISTE VIRTUOSE

Ole Bull (1810-1880) est le premier artiste norvégien dont le nom ait dépassé les frontières de la Norvège. Ce Paganini nordique ensorcelait l'Europe par ses prestations éblouissantes au violon. Il se plaisait aussi à arracher des larmes à ses compatriotes en leur offrant de façon impromptue quelques mesures d'un admirable air populaire norvégien. Sa performance comme soliste à l'Opéra de Paris, à l'âge de 25 ans, marqua le début d'une carrière internationale... C'est la Révolution française qui décida Ole Bull à aider la Norvège dans sa lutte pour son indépendance politique et culturelle. Il possédait l'étonnante faculté d'éveiller la passion et la fibre patriotes. Il fut un mécène et une source d'encouragement pour tous ces Norvégiens qui, dans les années suivantes, laisseront un nom dans la peinture, la littérature et la musique. Il contribua à l'épanouissement d'un Henrik Ibsen et d'un Bjørnstjerne Bjørnson en les engageant, pour diriger ensemble le théâtre qu'il avait fondé à Bergen. Il permit à Myllarguten (le garçon de Myllar), un virtuose autodidacte du violon de Hardanger, de venir montrer au public de Christiania (Oslo) que la musique populaire et ses interprètes n'étaient (et ne sont) en rien inférieurs à la musique classique de l'époque. Interprète et improvisateur génial, Ole Bull a laissé peu de compositions à part *Et Sæterbesøk (Une visite à l'alpage)* et *La Mélancolie*. Actuellement, un travail de recherches est mené sur des partitions retrouvées récemment dans sa résidence d'été à Lysøen.

AUGUSTIN HOTEL €€

C. Sundtsgata, 22-24
✆ +47 55 30 40 00
www.augustin.no
Chambre double standard 1 185 NOK,
petit déjeuner inclus. Salle fitness.

Cet hôtel de style Art nouveau est situé à Nordnes, de l'autre côté des quais Bryggen. Les chambres sont plutôt petites, mais confortable et décorées d'une manière assez branchée. Il est tenu depuis 4 générations par la même famille qui conserve l'authenticité de la tradition et la fraîcheur du moderne.

Le restaurant de l'hôtel, Brasserie N° 22 et Altona Wine Bar & Kitchen servent des spécialités de poisson local. Des banquettes en bois sculpté et un sol en tommettes aident à créer une ambiance rustique. Salle de fitness appréciable pour garder la forme.

COMFORT HOTEL NORDIC CHOICE €€

Strandgaten, 190
✆ +47 55 30 42 00
www.nordicchoicehotels.no
Chambre double standard 1 000 NOK,
petit déjeuner et wifi inclus.

Une bonne adresse, bien située, à la fois tout à côté du marché des pêcheurs et de la vieille ville. Une grande entrée, à l'architecture intéressante, bien intégrée dans le quartier et différente. Des chambres de très bon standing, lits confortables, couleurs et matières agréables. Le buffet du petit déjeuner n'a rien à envier aux grands hôtels de luxe. Une adresse à connaître pour son super rapport prestation/prix. Prix réduits souvent si réservation en ligne.

HOTEL GRAND TERMINUS €€

Zander Kaaes gate, 6
✆ +47 55 21 25 00
www.grandterminus.no
Chambre double standard 1 287 NOK, petit déjeuner inclus.

Le Grand Terminus est un hôtel depuis 1928 situé au cœur de Bergen. Les nouveaux propriétaires ont su insuffler une nouvelle vie à cet hôtel magnifique. La façade, les salons du rez-de-chaussée et la cage d'escalier ont été proposés à la protection par les monuments historiques. Ancien café, avec son ambiance des jours passés, salon à la cheminée monumentale et aux meubles en bois massif de style médiéval. Lieu du dernier discours de l'explorateur Amundsen, le bar éponyme est réputé pour sa carte de whiskys. Il propose également des pizzas et autres petits repas.

SCANDIC NEPTUN €€

Valkendorfsgt, 8
✆ +47 55 30 68 00
www.scandichotels.no
Chambre double standard à partir de 1 130 NOK, petit déjeuner inclus.

L'hôtel est situé au centre de Bergen, proche de toutes les commodités, musées et commerces, et à quelques mètres seulement de Bryggen, un site classé par l'Unesco. L'hôtel est réputé pour son atmosphère agréable et pour son excellente cuisine d'inspiration française. Une décoration moderne, des lits confortables, le buffet du petit déjeuner est copieux et bien fourni. Connexion Internet gratuite dans toute l'établissement. On y est bien accueilli et l'on s'y sent bien, au calme. Une salle de fitness est ouverte tous les jours.

THON HOTEL ROSENKRANTZ €€

Rosenkrantzgate 7 ✆ +47 55 30 14 00
www.thonhotels.no
Chambre standard double 1 136 NOK petit déjeuner inclus. Salle fitness. Bar/lounge.

Situé sur les quais, juste derrière le musée hanséatique, c'est un hôtel de 157 chambres. Bar/lounge ouvert tous les jours. Café à disposition à la réception de l'hôtel. Check-in à partir de 15h, check-out à midi, mais ils peuvent garder vos bagages la journée de votre départ après le check-out. Salle de fitness avec de nombreuses machines. Hôtel très bien classé pour son confort. Du lundi au jeudi, de 18h à 21h, possibilité de dîner sur place. Salle de conférence et connexion wifi gratuite dans tout l'établissement. Parking payant proche.

DET HANSEATISKE HOTEL €€€

Finnegården 2A ✆ +47 55 30 48 00
www.dethanseatiskehotel.no
Chambre double standard 1 300 NOK, petit déjeuner inclus.

Ce bâtiment historique reconstruit en 1702 après un incendie a eu depuis ses débuts de nombreuses fonctions et activités, principalement de commerce en tous genres. Aménagé en hôtel en 2006 avec 16 chambres, 21 chambres sont ajoutées en 2011 et 2012. L'Hanseatiske Hotel permet d'être en plein cœur de la ville, à deux pas de tous les commerces et des musées, tout en étant au sec la nuit. Les chambres disposent d'une machine à café et du wifi. Le musée, mitoyen à l'hôtel (Det Hanseatiske Museum) est en rénovation pendant quelques années encore.

RADISSON BLU ROYAL HOTEL €€€

Dreggsallmenningen 1 ✆ +47 55 54 30 00
Chambre double à partir de 1 590 NOK, petit déjeuner inclus.

Situé au bout de Bryggen, l'hôtel donne directement sur les quais. Les chambres de taille moyenne sont confortables, aérées et lumineuses, plutôt dans des tons beige et blanc. La situation géographique (l'intégration au Bryggen) est absolument imbattable. Dans l'hôtel se trouve depuis 2015 le très bon restaurant 26 North Restaurant (26north.no) qui propose des menus d'inspiration nordique le midi et le soir (également à la carte) dans un cadre très agréable. Les assiettes sont très joliment présentées et les produits de bonne qualité, on se régale !

STEENS HOTELL - KULTUR HOTELL €€€

Parkveien, 22
✆ +47 55 30 88 88
www.steenshotel.no
Chambre double à partir de 1 150 NOK, petit déjeuner inclus.

Situé dans l'ancien quartier chic de la rue du parc Nygård, le style de la fin du siècle dernier de ce petit hôtel bourgeois a été bien préservé. La façade blanche donne sur le petit étang du parc verdoyant où nagent des cygnes. A l'intérieur, de beaux vitraux. Check-in entre 15h et 23h (possibilité d'arriver plus tard en les prévenant). check-out à 11h, ils peuvent garder vos bagages la journée. Pas d'ascenseur. Bon petit déjeuner le matin, accès wifi.

COLONIALEN LITTERATURHUSET €

Østre skostredet 5-7
✆ +47 55 90 16 00
www.colonialen.no/en/litteraturhuset
Brasserie ouverte du mardi au samedi 17h-22h, café de 11h à 15h. Déjeuner à partir de 200 NOK.

Une bonne option de brasserie à Bergen. Différentes options possibles en fonction de l'heure. Le reste de la journée, plats à la carte. Attention les cuisines ferment à 22h. La cuisine locale et savoureuse inclue des produits de la mer, viandes et légumes (menu végétarien) et s'inspire de la culture nordique. Produits en circuit court exclusivement, le tout dans une ambiance cosy et chaleureuse dans la maison de la littérature. Un endroit à découvrir !

MAGIC HOTELS €€

Nedre Korskirkealmenningen 1a
https://magichotels.no
Chambre double à partir de 114 € la nuit, appartement à partir de 170 € la nuit.

Magic Hotels fait partie du groupe Magic Norway et comprend quatre nouveaux hôtels design à Bergen, avec un total de 403 chambres conçues par le designer industriel de renommée mondiale Karim Rashid. Les établissements sont situés dans le centre de Bergen, au cœur de la scène culturelle, gastronomique, nocturne et commerciale. L'hôtel Magic a également ouvert de nouveaux appartements uniques et modernes en 2021, dont certains offrent une vue sur Bryggen, Vågen et Fisketorget. Un hébergement de haute qualité dans le centre pour en profiter au maximum.

DA STEFANO €

Strandgaten 96
✆ +47 994 52 275
www.stefanorestaurant.no
Épicerie italienne et restaurant.
Ouvert du mardi au samedi 12h à 22h, dimanche 14h-21h. Pizzas à partir de 150 NOK.

Stefano Tavass vous accueille dans ce joli restaurant faisant aussi épicerie. Les délices de la cuisine italienne au cœur de Bergen et ce, à petits prix ! Grand choix de pizzas, mais aussi des salades, de la viande, des plats végétariens, des wraps, leur fameux sandwich Zingara, toutes sortes d'antipasti et sans oublier bien sûr leur délicieuse foccacia faite maison dans leur propre boulangerie. Le tiramisu n'est pas mal du tout. Une bonne adresse pour se faire plaisir à plusieurs sans se ruiner, un peu inédit pour la Norvège !

KAFÉ SPESIAL €

Christies gate 13
✆ +47 55 60 46 51
Ouvert du mardi au vendredi 14h-22h, le week-end 13h-21h.

Café restaurant sympa qui propose un grand choix de bières, y compris des locales. La pinte de blonde à partir de 7 euros, presque un record pour la Norvège. Ambiance assez agréable, musique pas trop forte et diverse. Équipe sympa et réactive. Un lieu prisé des locaux qui peuvent bien manger pour pas trop cher. Le soir par exemple, le plat de pavé saumon de Norvège avec des légumes et petites pommes de terre au four pour 20 euros. Assez original aussi, la pizza à la viande de renne. En somme, une bonne option pour manger dehors et boire un coup sans se ruiner.

INSIDE ROCK CAFE €

Sparebanksgaten 2
✆ +47 55 90 19 00
https://insidebergen.no
Horaires variables dû au Corona, voir leur site web. Burger à partir de 173 NOK.

Certes, si Inside Rock Cafe est réputé pour ses bons burgers (les meilleurs de la ville dit-on), on ne saura que le recommander d'avantage pour l'ambiance internationale qui y règne et les concerts en live ! L'été, on peut également profiter du jardin intérieur. On peut aussi y déguster toutes sortes de petits tapas (y compris des frites vegan !) accompagnés d'une bonne bière. Menus enfants à partir de 106 NOK. L'Inside Fløyen Rock Café a déménagé dans leur local actuel en novembre 2019 et s'est renommé l'Inside Rock Café Korskirken.

ZUPPERIA €

Vaskerelven 12
✆ +47 55 55 81 14
www.zupperia.no
Ouvert lundi au vendredi 15h-22h.
Samedi 13h-23h, dimanche 14h à 20h.
Soupe 120 NOK, salades, sandwichs.

Zupperia ou le jeu de mot pour « superior » faisant référence au fait qu'ici, on sert des soupes de qualité. Il s'agit du plus grand restaurant de soupes de la ville. Une option intéressante pour ceux qui souhaitent manger sain à un prix raisonnable ! Un endroit simple et vivant comme on les aime, malgré l'ambiance un peu trop tamisée et sombre à notre goût. La diversité de plats proposés fait que tout le monde autour de la table trouvera quelque chose à se mettre sous la dent. La hauteur sous plafond est très agréable car elle fait respirer le lieu.

BIEN €€

Fjøsangerveien 30
✆ +47 55 59 11 00
https://bienbar.no
Restaurant ouvert du lundi au samedi 16h-22h. Burgers à partir de 150 NOK.

Petter Lidal et Erik Brown ont ouvert le restaurant Bien très tendance dans un des immeubles Art déco de la ville, en 2006. Depuis, ils travaillent chaque jour avec leur équipe, pour fournir une nourriture de qualité, locale et raffinée. Bien sûr, la carte est donc plutôt restreinte puisque le local est privilégié. Il existe aussi le Bien SnackBar, ouvert en 2016 juste à côté, qui combine des plats simples mais délicieux qui vont parfaitement avec la sélection de bières et de cocktails proposés. Le bar tout en zinc est très classe, on a bien aimé le design !

BRYGGELOFTET & STUENE €€€

Bryggen, 11 ✆ +47 55 30 20 70
www.bryggeloftet.no
Ouvert du lundi au dimanche de 12h à 23h. Plats entre 200 et 600 NOK.

Ce restaurant, vieux de 300 ans, donne directement sur les quais et le port. Le bar du rez-de-chaussée est meublé de banquettes en bois sculpté et décoré de maquettes de bateaux se balançant sous le plafond bas. Au 1er étage, le restaurant, plus chic, propose au menu toutes sortes de poissons locaux et de saison, du steak de renne ou encore de l'agneau. Et l'on peut choisir la façon dont seront préparées les pommes de terre d'accompagnement. Spécialités de la maison : *Saltkjøtt* & *Raspeballer* et *lutefisk*. Il y a aussi des plats végétariens et vegans.

BRYGGEN TRACTEURSTED €€

Bryggestredet 2
✆ +47 55 33 69 99
www.bryggentracteursted.no
Ouvert du mardi au samedi 17h à 22h. Plat à partir de 170 NOK.

Une table située au cœur du quartier classé patrimoine mondial de l'Humanité qui date de 1708 qui mérite d'être connue ! On a vraiment l'impression d'être transporté ailleurs, un peu comme dans un décor de film de Far West, avec toutes ces vieilles planches en bois. La cuisine est de très bonne qualité et on peut y déguster de nombreuses spécialités locales, comme la soupe de poisson séché, le steak de baleine, le filet de renne grillé ou encore les dessert au brunost, ce fameux fromage caramélisé. Grande terrasse l'été. Pensez à réserver. On recommande !

COLONIALEN 44 €€€

Kong Oscars gate 44
✆ +47 55 90 16 00
www.colonialen.no/en
Mardi au vendredi à partir de 18h, samedi 13h. Menu de 6 plats 685 NOK. Carte de vins.

Une des meilleures adresses de Bergen. Colonialen a ouvert ses portes pour la première fois en 2005, avant de déménager dans les beaux quartiers de Kong Oscars Gate au printemps 2014. Depuis les débuts, le restaurant remporte tous les éloges pour sa cuisine raffinée basée sur des produits locaux et de saison. Digne des grands restaurants. Pour une occasion particulière ou si vous voulez vous accordez un petit plaisir ! Colonialen possède également une autre adresse, pour les repas de tous les jours la Colonialen Litteraturhuset.

CORNELIUS €€

Vestrepollsveien 109 5177 Bjorøyhamn
✆ +47 56 33 48 80
https://corneliusrestaurant.no
Ouvert du lundi au samedi midi et soir. Menus à partir de 1 045 NOK.

Restaurant de fruits de mer, Cornelius est une destination culinaire unique et populaire sur la côte nord-ouest de l'île Bjoroy, avec des vues spectaculaires sur le fjord et les îles près de Bergen. Leur menus Météroligiques sont inspirés par la beauté naturelle des fjords alentour. De nombreuses propositions de *raw-food* (crue). Les menus incluent la plupart du temps le trajet aller-retour en bateau. Aller manger là-bas, c'est toute une expérience, car on y passe en général la journée. C'est une façon de découvrir les fjords autrement, tout en se régalant ! !

ENHJØRNINGEN FISKERESTAURANT €€€

Enhjørningsgården 29
✆ +47 55 30 69 50
www.enhjorningen.no
Ouvert du lundi au samedi de 16h à 23h sauf le dimanche. Plats entre 375 et 415 NOK.

« Enhjørningen » (la licorne en norvégien) est un restaurant de poisson situé dans l'ancien quartier de la Hanse. L'immeuble, récemment restauré, a gardé son aspect d'origine du XVIIe siècle. Ici, on peut déguster des spécialités de poisson, leur spécialité, mais aussi des plats de viande. À midi, il y a un buffet de poissons et de fruits de mer à volonté. Du haut de gamme, du vrai et du très bon, agrémenté d'une vue panoramique imprenable... Réservez la table près de la fenêtre !

LYSVERKET €€€

Rasmus Meyers Allé 9
✆ +47 55 60 31 00
http://lysverket.no
Fermé dimanche et lundi. Sur réservation.
Menu 4 plats à 849 NOK.

Lysverket a pris place dans l'ancienne usine d'électricité de la ville. Le restaurant a réussi le pari risqué de mêler à la fois classe et luxe, local et goût (pour la nourriture et la décoration). Une adresse d'exception qui allège le porte-monnaie mais réchauffe les papilles de mets plus savoureux les uns que les autres. Le chef a d'ailleurs eu un prix en 2021. Ce lieu est engagé pour une agriculture locale, notamment à travers leur projet Mat-Tak. Leur menu 6 plats permet de goûter à tout un panel de produits du coin, une belle découverte !

TO KOKKER €€€

Enhjørningsgården 29
✆ +47 55 30 69 55
www.tokokker.no
Vérifier les horaires car fluctuants avec le Corona.
Menus à 625 NOK.

Les To Kokker, ou Les Deux Cuisiniers, en français, est situé sur les quais, au fond du passage couvert, parmi les vieilles maisons des marchands hanséatiques. Il a la réputation d'être l'un des meilleurs restaurants de Bergen, et même de Norvège. C'est chouette d'avoir le choix parmi trois menus car ce n'est finalement pas très souvent le cas en Norvège. Les chefs cuissots ont à cœur d'utiliser des produits frais locaux et de saison, et cela se ressent dans l'assiette. Un restaurant pour se faire plaisir et goûter à de nouvelles saveurs !

CAFE OPERA

Engen 18
✆ +47 55 23 03 15
www.cafeopera.org
Lundi au mercredi 11h-23h30, jeudi 11h-1h30, vendredi-samedi 11h-2h30, dimanche 12h-23h30. Plats à partir de 150 NOK.

Un joli café, décoration ancienne, dans le style de certains cafés parisiens. S'il est calme en journée, il peut être très animé en soirée puisqu'il accueille un certain nombre d'artistes. Prix des consommations très raisonnables et bon rapport qualité-prix. La carte est diversifiée, des salades aux burgers, des omelettes au chili con carne. Leur truite du Hardangervidda cuite au four est un délice ! Les desserts maison valent la peine aussi ! Pensez à réserver pour le restaurant. Un endroit sympa pour se retrouver à toute heure de la journée.

FOLK OG RØVERE

Sparebanksgaten 4
www.folkogrovere.net
Ouvert tous les jours de 11h à 2h30.

« Au Folk ! », c'est la réponse à la question quotidienne du baroudeur : « Où est-ce que je peux trouver un petit bar sympa, local, pour boire une bière ? » Les habitants de Bergen s'y retrouvent volontiers toute la semaine pour partager un apéro en terrasse ou tout simplement installés au comptoir. Plusieurs générations se côtoient dans ce bar et ça fait plaisir. Folk og RØVERE propose également de quoi sustenter les petits creux : soupes du jour, petits plats végétariens, riz au curry avec des petits légumes... une nourriture saine et pas chère. Wifi.

GODT BRØD FLØYEN

Vetrlidsallmenningen 19
✆ +47 55 10 20 20
www.godtbrod.no
Ouvert du lundi au vendredi 7h à 20h, samedi et dimanche 7h à 19h

Cette boulangerie située en plein centre historique propose du pain et des viennoiseries bio de super qualité. Grand espace intérieur pour se poser tranquillement ou bosser un peu (connexion Internet gratuite) et quelques tables à l'extérieur pour regarder les passants et humer l'air local. Tout est très frais ici, ça se voit et ça se sent. L'équipe est souriante. On peut y aller à tous les moments de la journée car cette boulangerie propose du sucré mais également des mini pizzas (option végétarienne) et des sandwichs que l'on peut composer soi-même.

HENRIK - ØL OG VINSTOVE - AS

Engen 10
www.ve.no
Dimanche au vendredi 16h à 00h30, samedi 15h à 00h30.

Très bonne adresse pour tester les bières locales. Les barmans vous aident à choisir selon vos envies. Et heureusement, puisque, avec plus de 100 choix de bières, dont 54 pression, il y aurait de quoi se perdre ! Ils fabriquent aussi leur propre bière. La direction a fait le choix de ne pas mettre de musique, ou très peu, ce qui fabrique une atmosphère bien particulière, faite des sons des discussions, des éclats de rires, et surtout, de concentration à la dégustation de bière !

KAFFE MISJONEN

Øvre Korskirkealmenning

www.kaffemisjonen.no

Ouvert de 8h à 18h en semaine et de 10h à 18h le week-end. Deuxième adresse, BLOM, John Lunds plass 1 à Bergen. Wifi.

Il s'agit d'une chaîne de café indépendante. Kaffe Misjonen a ouvert ses portes en 2007, dans l'optique d'offrir un café de qualité, issu de productions contrôlées et travaillé par des torréfacteurs locaux. Une belle mission ! Restauration sur place avec de bons produits frais et locaux, un vrai régal. Les desserts maison sont un délice. L'entreprise propose également un cours ouvert à tous pour devenir un vrai barista, alors n'hésitez pas à consulter leur planning sur le web, cela peut être une activité enrichissante et ludique pendant votre voyage !

KIPPERS BAR & KAFE USF

Georggernes Verft 12

✆ +47 45600819

www.kafekippers.no

Ouvert tous les jours de 11h à 23h.

Malgré sa vue splendide sur le fjord, l'endroit reste bon marché, en plus d'une ambiance conviviale. Il est très prisé par les habitants du quartier qui viennent déguster des plats chauds ou froids et pas trop chers, comme le burger végétarien ou la soupe de poisson maison. Menu enfant burger + frites. Bon choix de bières et pâtisseries fraîches. Concerts de temps en temps, connexion Internet gratuite parfaite pour y travailler quelques heures. Équipe accueillante et grande terrasse au bord de l'eau, que demander de mieux pour passer un joli moment ?

PYGMALION ØKOCAFE & GALLERI

Nedre Korsskirke

✆ +47 55 32 33 60

www.pygmalion.no

Ouvert tous les jours de 11h à 23h.

Café-brasserie-galerie. Plats à partir de 140 NOK.

Situé dans une belle maison dessinée par l'architecte Schack et juste à côté de l'auberge de jeunesse YMCA, voici un petit café chaleureux et très cosy, décor tables à carreaux et bougies. Idéal pour une pause lecture ou étude (connexion Internet gratuite), on y reste volontiers un moment. D'ailleurs, on sert de délicieux cafés, thés et petits plats maison, végétariens, burgers et autres ! Tous les produits bio sont identifiés et annoncés. À découvrir !

STORM KJØKKEN & BAR

Øvre Ole Bullsplass 3

✆ +47 55 32 11 45

www.olebullhuset.no

Ouvert du mardi au vendredi de midi à 1h du matin, samedi de midi à 2h30.

Situé au deuxième étage d'un immeuble, anciennement la maison du père de Ole Bull, Johan Storm, le Storm bar, anciennement Bola, est un lieu fashion et design, avec une belle terrasse et une décoration originale. Bar, concert et petit plus pour les après-midi thés le dimanche. Connexion Internet gratuite, fauteuils et canapés confortables en plus des tables, petits recoins et tables près de la fenêtre, il y en a pour tous les goûts. Essayez donc leur fameuse mousse au chocolat, leur soupe aux champignons ou encore les moules à la thaïlandaise !

BERGEN KINO - KONSERTPALEET

Neumannsgate

✆ +47 55 55 83 00

www.bergenkino.no

18 salles. Ouvert du lundi au dimanche de 10h à 23h45

On ne pense pas souvent à aller au cinéma dans un pays étranger, c'est pourtant une activité sympa qui permet à la fois de changer un peu des visites de musées et de voir la population locale de près sans passer pour un touriste. Un conseil : achetez vos billets en ligne et faites comme tous les Norvégiens : réservez vos sièges ! Ce cinéma est situé en plein centre-ville de Bergen et il propose des films variés pour tous les publics. Le plus : tout est en V.O., on adore !

HULEN ROCK CLUB

Olav Ryesvei 48

✆ +47 55 32 31 31

www.hulen.no

Ouvert du mercredi au samedi de 21h à 3h. Entrée payante en fonction des concerts. Programmation en ligne.

Comme son nom l'indique (en norvégien), c'est une immense grotte creusée dans la colline, sous la faculté de Bergen. C'est aussi l'endroit préféré des étudiants qui viennent grignoter des pizzas et boire de la bière. A l'écart des lumières de la ville, cette boîte est trop éloignée pour y aller à pied et bien difficile à trouver en voiture. Des groupes anglais de hard-rock viennent souvent d'en face, de Newcastle (il n'y a que la mer du Nord à traverser) pour se produire ici. Il s'agit là de l'un des plus vieux clubs de rock d'Europe du Nord.

VOSS ★

Aussi appelée Vossevangen, Voss dans est une petite ville d'environ 7 000 habitants située à 1h30 en voiture de Bergen. Elle est connue pour sa station de sports d'hiver. 91 % de la superficie de la zone montagneuse est supérieure à 300 mètres d'altitude. Voss fait un bon camp de base pour découvrir la région alentour, notamment les fjords de Hardanger et de Sogne. Pendant la Seconde Guerre mondiale, Voss était un lieu de résistance, finalement bombardé le 24 avril 1940 par la Luftwaffe puis occupée jusqu'en mai 1945. Les maisons en bois du centre-ville furent toutes détruites. Aujourd'hui, Voss est une ville vivante qui propose de nombreuses activités.

MYRKDALEN HOTEL €€

Klypeteigane, 5713 Vossestrand
✆ +47 47 47 16 00
www.myrkdalen.no/en
Chambre double à partir de 2 020 NOK.

L'hôtel se trouve au centre de la station de montagne de Myrkdalen, à seulement 30 minutes de route de Voss, 45 minutes de Flåm et 2 heures de Bergen. En hiver, vous avez accès à l'une des plus grandes stations de ski de l'ouest de la Norvège, tandis qu'en été, vous pouvez commencer à faire de la randonnée ou du vélo directement depuis le pas de la porte. L'hôtel moderne dispose de 112 chambres de différentes catégories. La station de ski offre des pistes pour tous les niveaux, mais aussi du ski hors-piste, du ski de fond et du ski de randonnée.

TVINDEFOSSEN - CHUTES DE TVINE ★★

Skulestadmo
Site naturel ouvert en permanence.

Hautes de 152 mètres, les chutes de Tvindefossen sont visibles de la route et s'étagent toutes blanches sur les corniches formées par les rochers. On raconte que s'y baigner redonnerait force et vitalité sexuelle. Jusqu'à 200 000 visiteurs par an (principalement des USA, du Japon et de la Russie) sont venus pour admirer cette chute d'eau et bien sûr remplir des petits (ou grands !) contenants. Le peintre dano-norvégien Johan Christian Dahl l'a peinte en 1830.

VOSS FOLKEMUSEUM - ÉCOMUSÉE DE PLEIN AIR ★

Mølstervegen 143, Skulestadmo
✆ +47 56 51 15 11
www.vossfolkemuseum.no
Ouvert toute l'année, horaires et jours selon les saisons. Entrée 110 NOK, enfant gratuit.

Mølstertunet est une ancienne ferme composée de 16 bâtiments, avec le mobilier d'origine. Finneloftet est un hall de banquet viking, datant de 1250, l'un des plus vieux édifices en bois de Norvège que l'on ne peut visiter qu'en groupe. Le musée est riche d'environ 20 000 instruments et outils quotidiens des siècles précédents. Il y a aussi une boutique (verre soufflé main, textiles issus de l'agriculture biologiques) ainsi qu'un café qui propose de bons gâteaux à la carotte.

VESTLANDET

Tvindefossen - Chutes de Tvine.

LA ROUTE DE LA VALLÉE

Au départ de Voss, on emprunte la E 16 pendant 30 minutes, pour rejoindre les célèbres chutes de Tvindefossen. On continue ensuite vers le Stalheim Hotel, pour prendre un verre au-dessus d'un précipice – la vue est à couper le souffle. Puis, pour profiter de la vue en descendant dans la vallée, après l'hôtel Stalheim, il faut prendre l'ancienne route (13) qui contourne le nouveau tunnel de la E16. Construite en 1850, elle est toujours en bon état. Sur 1,5 km à peine, elle fait 13 virages en épingle à cheveux, car la descente est plutôt raide. On a ainsi une vue superbe sur les chutes de Sivlefossen (240 m de hauteur). Juste au-dessus des chutes, dans ces montagnes vertigineuses, s'accroche la maison natale de l'écrivain Per Sivle, bien connu des Norvégiens. Son roman le plus populaire se situe dans ces mêmes montagnes. Il raconte l'histoire, autobiographique, d'un petit garçon qui prend en charge le chien d'un Anglais, tué accidentellement en voulant visiter Drakehiet, la grotte du Dragon. On dit que dans cette cavité, à mi-hauteur d'une paroi verticale, vit un dragon à 7 têtes, une pour chaque vallée qu'il surveille de là-haut. En bas de la descente, à Gudvangen, il faut lever la tête pour voir les petites chutes qui se jettent dans l'abîme du haut de parois vertigineuses. Elles tombent d'une telle hauteur que l'eau n'arrive pas en bas. Elle finit par se vaporiser dans l'air, emportée par le moindre courant. Enfin, après une demi-heure de route, on rejoint Gudvangen, sur les rives du fjord.

VESTLANDET

TVINDE CAMPING €

Tvinnevegen, 13
✆ +47 56 51 69 19
www.tvinde.no

Compter 250 NOK pour un emplacement de tente. A partir de 750 NOK le chalet pour 4.

Au pied des chutes de Tvindefossen, le Tvinde Camping loue de petits chalets à 4 lits pour environ 750 NOK. Le confort est sommaire, mais le site vraiment grandiose. Camping trois étoiles. Mini épicerie et petite boutique de souvenirs. Connexion Internet gratuite sur tout le site pour poster vos selfies sur Instagram sans peine. Situé à environ 12 km de Voss, vous pourrez profiter de tout ce que les environs ont à offrir : chutes d'eau, randonnées, kayak, rafting, et pourquoi pas un peu de farniente et de contemplation naïve ?

VOSS VANDRERHJEM €

Evangervegen 68
✆ +47 56 51 20 17
www.vosshostel.com

Ouvert toute l'année. 390 NOK en dortoir, chambre double à partir de 1 150 NOK, petit déjeuner inclus.

Cette auberge de jeunesse compte 40 chambres, pour un total de 200 lits. On y trouve des chambres privées de un à quatre lits, ainsi que des petits dortoirs de six lits, ce qui maintient une certaine intimité. L'établissement est situé en pleine nature, étape idéale pour venir skier l'hiver ou profiter du lac l'été. Une cuisine est à disposition pour cuisiner soi-même. Accès Wifi gratuit. Possibilité d'aller faire un plongeon dans le lac juste à côté. Cheminée l'hiver, terrain de tennis l'été. Location de kayaks. Café avec produits locaux et bio.

FLEISCHER'S HOTELL €€€

Evangerveien, 13
✆ +47 56 52 05 00
www.fleischers.no

Chambre double à partir de 1 895 NOK.

Le Fleischer's date de 1889. Luxueux, tout en bois et aux multiples pignons pointus, il est complété par une aile moderne. Depuis 4 générations, l'hôtel est dirigé par la même famille. En été, on peut profiter de grands buffets servis entre 13h et 14h30. En outre, la carte propose toujours la grande spécialité traditionnelle de cette région des fjords, le Smalahove ou tête de mouton grillée. L'ancien jardin d'hiver et le salon où les messieurs se retiraient pour fumer ont été réunis pour former le bar qui a gardé les magnifiques boiseries sculptées d'antan.

PARK HOTEL VOSSEVANGEN €€€

Uttrågata 1-3 ✆ +47 56 53 10 00
www.parkvoss.no

Ouvert toute l'année, chambre double à partir de 1 350 NOK, petit déjeuner inclus. Restaurant.

Les chambres sont plutôt spacieuses, mobilier simple et plutôt moderne mais confortable, souvent avec bureau et canapé. Accès Wifi. L'hôtel a deux restaurants. Petit déjeuner satisfaisant. Café bar avec musique live le week-end. On peut aussi se rendre dans cet hôtel pour une simple et bonne raison : tester l'endroit qui a été désigné en 2020 comme possédant la meilleure cave à vin du monde, et ce, pendant trois ans d'affilée. Le propriétaire de l'hôtel est en effet un passionné et a constitué une cave incroyable au fil des ans.

STALHEIM HOTELL €€€

5715 Stalheim
✆ +47 56 52 01 22
www.stalheim.com

Chambre double à partir de 1 980 NOK, petit déjeuner inclus.

L'établissement est situé au bord d'un précipice et donc de fait, la vue est époustouflante sur la vallée en contrebas et les montagnes alentour. On reconnaît d'ailleurs le sommet caractéristique en forme de pain de sucre du tableau de J.-C. Dahl exposé à la Galerie nationale d'Oslo. L'hôtel historique, un petit château de bois aux tourelles et toits pointus, a malheureusement été remplacé par une bâtisse imposante et moderne de 124 chambres bien lumineuses. L'hôtel possède son propre musée de maisons norvégiennes anciennes.

TRE BRØR KAFÉ €

Vangsgata 28
✆ +47 468 35 537

Ouvert tous les jours.
Plats à partir de 180 NOK.

Grand café situé sur la place principale de Voss, près de l'église. Accueil très sympathique. Salle intérieure vraiment lumineuse et avec parquet en bois, parfaite pour les expositions d'art que propose le lieu. Les burgers (y compris végé) et frites de patate douces sont servis dans des petites boîtes en bois. Un endroit où se retrouvent les locaux pour passer un bon moment décontracté, semble-t-il. La terrasse est très grande et bien agencée. On peut aussi voir à l'étage supérieur des expos, et l'été, dehors, des concerts de tous styles musicaux le week-end.

STORE RINGHEIM HOTELL & RESTAURANT €€

44 Mølstervegen
✆ +47 954 06 135
https://storeringheim.no/en

Chambre twin : à partir de 2 030 Kr avec petit déjeuner. Junior suite : 2 600 Kr.

La ferme au bardage en bois patiné à l'extérieur possède 6 chambres d'hôtel historiques et uniques. Gardshuset a été soigneusement restauré et les chambres sont confortables avec toutes les commodités. Le restaurant FLOR'N est ouvert toute l'année. Superbe carte avec produits locaux. Reiskapshuset, l'ancien hangar à outils, a aussi été rénové en hôtel en 2017. Un établissement familial où l'accueil et l'atmosphère sont à la hauteur du lieu, incroyables !

© STORE RINGHEIM

© STORE RINGHEIM

VESTLANDET

EIDFJORD

Située au fond du Hardangerfjord qui délimite le nord-ouest du plateau du Hardangervidda, Eidfjord est une petite ville tranquille. On peut y pratiquer plusieurs sports nautiques et aussi partir en randonnée. Juste avant d'arriver à Eidfjord, sur la route 7 en venant de Granvin, se trouve l'incroyable tunnel de Vallaviktunnel : il possède un grand rond-point tout de bleu illuminé ! Ne manquez pas Vøringsfossen, une chute d'eau de 182 mètres de haut ! Si vous disposez de peu de temps, comme nous, privilégiez le sentier aménagé qui part du parking proche de l'hôtel Fossli. Tout est gratuit et les sensations fortes assurées car il y a pas mal de gaz !

HORDATUN HOTEL & APPARTEMENT €€

Håra 18-20 ✆ +47 93 45 02 93

www.hordatun.no/en

Chambre double à partir 1 490 NOK, triple 1 785 NOK. Appartements à partir de 1 700 NOK. Petit déjeuner inclus

Chambres d'hôtel et appartements spacieux bénéficiant d'un emplacement central entre l'est et l'ouest de la Norvège, le long de la E134, donc très accessible si vous vous déplacez en voiture. Bonne étape sur la route pour une nuit. Chambres propres, lumineuses et confort. Offre une vue fantastique sur le lac Røldal et les montagnes. L'établissement comprend également un bar (bar après-ski avec musique en direct live pendant la saison d'hiver) et un restaurant et lobby bar combinés.

HARDANGERFJORD ★★★

Hardangerfjord est le nom du fjord qui s'étend sur 179 kilomètres, de l'océan Atlantique à l'ouest au plateau du Hardangervidda. Il s'agit du deuxième plus grand fjord du pays et du cinquième plus grand fjord du monde. Ce fjord traverse de nombreuses municipalités et des paysages variés : falaises escarpées qui se jettent dans le fjord, glacier Folgefonna, stations de ski d'été, route panoramique du Hardanger, cascades plus impressionnantes les unes que les autres à ne plus pouvoir les compter, vallées des merveilles qui compte les plus jolis vergers de Norvège qui se couvrent de fleurs au printemps et de fruits à l'automne... Une région splendide !

TROLLTUNGA ★★★★

Trolltunga est une des attractions touristiques majeures du pays. Pensez à surveiller la météo et à demander aux randonneurs qui redescendent. Trolltunga se mérite car la randonnée nécessite environ 10-12 heures de marche. Il faut donc être en bonne forme physique, être prudent, prendre de l'eau et des fruits secs et ne pas hésiter à rebrousser chemin si besoin. Avec un guide, vous pouvez faire cette randonnée de mars à octobre, sans guide de juin à septembre. Soyez particulièrement prudent en cas de vents forts ou de brouillard, les falaises abruptes ne pardonnent pas. Appelez le 112 ou le 113 en cas d'urgence. Randonnée bien balisée tout le long du sentier.

RØLDAL

Røldal est connu pour recevoir plus de chutes de neige que toute autre région de Norvège. C'est également l'une des meilleures stations de ski *freeride* du pays, et un paradis pour les amoureux de ski de fond. Situé à l'ouest des montagnes de Langfjella et au pied du plateau montagneux de Hardangervidda, Røldal est un point de départ idéal pour d'innombrables randonnées pédestres et cyclistes dans une nature authentique. Vous pourrez visiter l'une des 28 dernières églises en bois debout. Construite au XIIIe siècle, elle est l'une des plus anciennes du pays. L'église est située au milieu du village et constitue l'une des principales attractions de Røldal.

TROLLTUNGA HOTEL €€

Vasstun 1 5750 Odda

✆ +47 400 04 486

www.trolltungahotel.no/en

Chambre à partir de 1 400 NOK par nuit pour 2 personnes.

L'hôtel Trolltunga est idéalement situé en plein cœur de la ville d'Odda. Le magnifique bâtiment date de 1928 mais il a été rénové en 2017. En 2021, d'autres chambres ont été ajoutées à l'étage d'une nouvelle aile, ainsi qu'un spectaculaire restaurant en verre devant l'hôtel. L'intérieur est un mélange de décoration nordique, moderne et rétro. L'environnement direct est incroyable : montagnes, chutes d'eau et eau de glacier. La nature est le décor principal. Un camp de base idéal pour explorer la magnifique région du Hardanger.

© TROLLTUNGA ACTIVE

© TROLLTUNGA ACTIVE

© TROLLTUNGA ACTIVE

TROLLTUNGA ACTIVE

Skjeggedal 20, 5770 Tyssedal
✆ +47 991 12 121
www.trolltunga-active.com
Trolltunga randonnée guidée :
du 01/05 au 06/11 à partir de 1 475 NOK.
Du 02/01 au 29/05 à partir de 1 600 NOK

Trolltunga Active est l'un des acteurs locaux les plus connus et reconnus de la region. Il propose plus de 12 activités différentes sur et autour de Trolltunga, en mettant l'accent sur la durabilité, la qualité, l'effet de surprise et surtout la sécurité. Ils partageront leurs connaissances sur la nature et la faune, les traditions et l'histoire norvégiennes sans oublier les trolls et les Vikings ! À faire : combinez la randonnée avec une nuit dans l'un des dômes arctiques ! Un personnel incroyable qui se consacre entièrement à rendre vos vacances inoubliables.

© TROLLTUNGA ACTIVE

© TROLLTUNGA ACTIVE

FLÅM ★★★

Le train relie la station Flåm, nichée près d'Aurlandfjord et la station de montagne Myrdal via le Bergen Railway. Ici, les dernières fermes avant la montée ne servent plus guère que de pâturage aux chèvres, la petite route qui double la voie ferrée étant trop souvent fermée en hiver à cause des avalanches. Bientôt, sur les sommets, apparaissent les premières neiges éternelles. Le conducteur signale de quel côté se trouvent les plus belles vues et arrête même le train à mi-chemin pour que les voyageurs puissent descendre admirer les chutes d'eau. Pendant 40 minutes, vous longez de profonds ravins et des cascades bouillonnantes. C'est l'un des chemins de fer les plus étroits et pentus du monde.

LE TRAIN DE FLÅM

A-Feltvegen 11, 5742 Flåm
✆ +47 57 63 21 00
À partir de 500 NOK le billet adulte.

C'est l'un des chemins de fer les plus spectaculaires du monde et l'un des sites les plus populaires de Norvège. Ouvert en 1940, ce chemin de fer de 20 kilomètres de long est l'un des plus escarpés du monde, avec un dénivelé de 864 mètres. En remontant la vallée étroite et escarpée, vous aurez des vues sur de puissantes cascades, des gorges, des rivières et de petites fermes. En arrivant à la gare de Myrdal, située à 867 mètres au-dessus du niveau de la mer, vous pourrez poursuivre votre voyage vers Oslo ou Bergen, ou louer un vélo et redescendre dans la vallée.

FLÅM CAMPING, HOSTEL AND CABINS €

Nedre Brekkevegen 12
✆ +47 94 03 26 81
www.flaam-camping.no
Ouvert 8h-22h d'avril à octobre.
Chalets à partir de 880 NOK, hostel 650 NOK, tente 350 NOK, vans 360 NOK.

Ce lieu offre de nombreuses options (petits ou grands chalets, auberge de jeunesse, terrain pour poser sa tente ou son camping-car, tourné vers la sublime nature environnante. Les équipements sont rudimentaires, mais propres et bien entretenus. On séjourne ici pour pouvoir louer des vélos, participer à une balade en drakkar (reconstitué), découvrir le Sognefjord, voir la chute d'eau Brekkefossen et peut-être prendre le fameux train ! Épicerie à proximité.

HEIMLY PENSION €€

Vikjavegen 15
✆ +47 57 63 23 00
www.norwaysbest.com
Ouvert du 11 juin au 12 septembre.
Chambre double 1 800 NOK, petit déjeuner et dîner inclus pour 2 personnes.

À 400 mètres de la gare de Flåm, tout près du Aurlandsfjord, cette pension de famille possède 22 chambres qui ont été rénovées en 2018. Un accueil des plus chaleureux, du mobilier sobre mais efficace et confortable. La vue sur le fjord est assez impressionnante depuis le restaurant panoramique et il fait bon prendre un café dans le jardin au calme ou dans le lounge. Un excellent rapport qualité-prix. L'équipe sera ravie de vous donner des idées de balades ou de choses à faire/voir dans le coin, alors n'hésitez pas à les solliciter.

VATNAHALSEN HØYFJELLSHOTELL €€

5718 Myrdal
✆ +47 57 63 37 22
www.vatnahalsen.no
Chambre double 1 790 NOK, petit déjeuner inclus. Option dîner. Bar, Lounge, sauna.
Fermé en décembre.

Hôtel situé à Myrdal. On ne peut le rejoindre qu'à pied ou par le petit train, car aucune route ne va jusqu'à Myrdal. De là, on a une vue sur tout le Sognefjord, du haut des 820 mètres de dénivelé. Ça vaut le détour ! Construit en 1953 et rénové en 2017, cet hôtel offre de nombreuses prestations bienvenues, comme le sauna sur demande et gratuit pour les résidents de l'hôtel, ou encore le dîner sur réservation. L'été, il y a même une petite piscine à l'extérieur.

FRETHEIM HOTEL €€€

Nedre Fretheim ✆ +47 57 63 63 00
www.norwaysbest.com/fr/fretheim-hotel
Chambre historique autour de 2 390 NOK, petit déjeuner inclus. Restaurant sur place. wifi, parking.

L'hôtel existe depuis la moitié du XIXe siècle. Il fut construit sur l'emplacement d'une ancienne ferme. A l'époque, les premiers touristes, principalement de riches Lords anglais, commencent à affluer pour visiter le Songefjord. Les chambres sont donc aménagées en conséquence. On peut aujourd'hui dormir dans certaines d'entre elles, rénovées avec goût, ou bien dans les chambres plus récentes, datant des années 1960. L'hôtel de 121 chambres est classé au patrimoine historique. Les animaux sont ici les bienvenus. Location de kayaks et de bateaux.

FLÅMSBRYGGA HOTELL €€

25 A-Feltvegen ✆ +47 57 63 20 50
www.flamsbrygga.no

Doubles à partir de 150 €. Restaurant et café. Bière artisanale brassée dans le pub. Ouvert toute l'année. Accès PMR.

Flåmsbrygga est un ensemble de bâtiments comprenant un hôtel, le restaurant Flåmstova, le Furukroa Cafè et le Ægir BrewPub. L'hôtel est à taille humaine avec un style à la fois traditionnel et rustique, mais aussi moderne et délicat. Le restaurant de qualité est chaleureux et accueillant, avec de belles vues sur le port et le fjord. Le bâtiment de l'Ægir BrewPub est inspiré de la mythologie nordique et rappelle une église en bois debout. La bière Ægir est de classe mondiale et a remporté des médailles lors de concours internationaux. Camp de base idéal à Flåm !

FJORDSAFARI

Inner harbour Flåm center
✆ +47 990 90 860
www.fjordsafari.com
1h30 : 790 NOK, enfant 580 NOK.
2h15 : 940 NOK, enfant 700 NOK.
Dégustation 3h : 1 090 NOK, enfant 830 NOK.

Découvrez Flåm et le Nærøyfjorden, un site classe à l'Unesco. Le Nærøyfjorden est le fjord le plus étroit de Norvège, et la meilleure façon de le découvrir est sans conteste lors de ce qui s'appelle safari à bord d'un bateau. FjordSafari vous embarque sur son bateau pneumatique (rib-boat) pour vous faire découvrir des montagnes escarpées, des fjords étroits et des animaux sauvages. Une nouvelle perspective ! Ils proposent également des excursions sur mesure avec des guides locaux. Une expérience inoubliable et disponible toute l'année !

© KEVIN BREUER

© THEA HERMANSEN

VIKSDALEN

Une vallée magnifique où il fait bon passer quelques jours et faire le plein de bon air frais et de randonnées ! Prenez le temps de faire une balade pour voir les chutes d'eau de la rivière qui sont superbes. On recommande tout particulièrement de rester au camping qui a l'air tout simplement génial : Hov Holiday Cabins, plus d'infos sur www.hovhyttegrend.no. Des cabanes en bois au milieu de la nature et avec pas grand-chose autour. Des lacs, des truites (carte de pêche !), des myrtilles à foison (attention à ne pas trop pêcher et à ne pas abimer les plantes) et des sentiers !

BALESTRAND ★★★

Au fond d'une anse du Sognefjord, ce petit village est l'un des hauts lieux du tourisme norvégien. Le site est grandiose et comporte de nombreuses maisons construites dans le style dragon. Dans la foulée de la vague nationaliste qui s'était réveillée à la fin du siècle dernier avant l'indépendance, on avait tenté de créer un style architectural propre à la Norvège. Ces maisons en bois s'inspiraient des églises en bois debout mais aussi des Stabbur, petites constructions sur pilotis très répandues dans les campagnes. Peintes en rouge sang de bœuf, elles sont facilement reconnaissables à leurs vérandas en bois ajouré et aux têtes de dragons sculptées sur les toits.

ST OLAF'S CHURCH ✝ ★★

Kong Beles veg 35
Accès libre.

Cette église en bois debout a été achevée en 1897. Elle appartient à l'Église d'Angleterre et est sous l'administration spirituelle de l'évêque de Gibraltar, qui est responsable de toutes les églises anglicanes du continent européen. Elle a été érigée à la mémoire de Margaret Sophie Green Kvikne, fille d'un vicaire du Yorkshire, venue en Norvège en tant que pionnière de l'alpinisme, et qui s'y maria. Elle mourut en 1894 mais, sur son lit de mort, son mari lui promit de construire une église anglicane. St Olaf' est aujourd'hui l'une des 28 églises en bois.

DRAGSVIK FJORDHOTELL €€

Dragsvik, 6
✆ +47 57 69 44 00
www.dragsvik.no
Chambre double 1 500 NOK petit déjeuner. Possibilité de dîner. Petit déjeuner inclus. Ouvert d'avril à octobre.

Situé sur la péninsule de Dragsvik, près du village de Balestrand et sur les rives du Sognefjord, cet hôtel familial depuis trois générations propose des chambres d'hôtel, des chalets et aussi des lits en pension. Confort moderne et accueil simple et chaleureux. Le jardin verdoyant offre une vue imprenable sur les glaciers au loin, les montagnes alentour et le fjord. Le restaurant est assez chic avec une atmosphère calme et relaxante. Menu de saison et cuisine très agréable pour les papilles. Un hôtel parfait pour se faire plaisir !

LE STYLE DRAGON

Une halte à Balestrand constitue la parfaite occasion de s'initier au style Dragon, appelé aussi le style Viking. Ce style est né lors de la dissolution de l'union entre la Norvège et la Suède, prononcée en 1905. Son objectif était de promouvoir un style national qui affirme une culture différente de celle de la Suède. À travers lui les artistes multipliaient les références, tant du point de vue technique que formel au passé norvégien. La technique du bois peint et sculpté connut ainsi un renouveau : les maisons, les meubles s'ornèrent alors de têtes d'animaux, de navires vikings ou de bas-reliefs tels ceux qui ornaient les portails des églises du Moyen Âge.

KRINGSJÅ HOTELL VANDRERHJEM €€

9 Lærargata
✆ +47 57 69 13 03
www.kringsja.no
Ouvert de mai à mi-septembre. Chambre double à partir de 1 150 NOK. Petit déjeuner inclus.

Ce bâtiment date de 1932. Il fait office à la fois d'auberge de jeunesse, avec une solution en dortoir pour les petits budgets, mais aussi d'hôtel. La façade de l'établissement est plutôt belle, le confort assez sommaire mais suffisant. Jolie vue sur le Sognefjord. Petit déjeuner de bonne qualité, connexion wifi gratuite, bureau, salle de bains, WC dans toutes les chambres. Marchez 5 minutes et vous pourrez visiter l'aquarium. Sur place, un billard et une table de ping-pong.

KVIKNES HOTEL €€€

8 Kviknevegen
✆ +47 57 69 42 00
www.kviknes.no
Chambre double à partir de 2 090 NOK petit déjeuner inclus. Ouvert de mi-avril à octobre.

Le Kviknes date de la fin XVIIIe, à l'époque où la bourgeoisie aisée européenne et norvégienne faisait construire des résidences secondaires dans le style dragon. La famille Kvikne, qui est toujours propriétaire de l'endroit, reprit Balholm en 1877. L'hôtel Kviknes est l'une des plus grandes constructions en bois de la Scandinavie. Superbe façade blanche tournée vers le fjord, de style suisse doté de vérandas et de galeries formant une véritable dentelle de bois. Des tableaux de maîtres dans toutes les salles. Soupe du jour délicieuse. On recommande !

VESTLANDET

St Olaf's Church.

LEIKANGER ★

A Leikanger, ancien fief d'un célèbre chef viking, on peut voir le plus grand menhir de Norvège. Haut de 8 m, il est dédié au dieu païen Balder. En janvier 2020, Leikanger s'est regroupée avec Balestrand et Sogndal pour former la municipalité de Sogndal. Pour rejoindre Leikanger, on peut prendre le ferry au départ de Dragsvik et traverser le fjord vers Hella. A partir de Hella (la ville la plus proche de Leikanger), il y a également un ferry pour Vangsnes. Ce bateau passe devant la pointe Veganeset, un ancien lieu de supplices des sorcières et autres réprouvés du Moyen Age où leurs têtes coupées et empalées étaient exposées en guise d'avertissement. Traversées très fréquentes.

SOGNEFJORD HOTEL €€

Sognefjordvegen 20
✆ +47 57 65 11 00
www.sognefjordhotel.no
Ouvert toute l'année.
Chambre double à partir de 825 NOK.

Une grande bâtisse, certes pas la plus jolie de tous les hôtels de la région, mais disposant d'une situation exceptionnelle. Les prix sont très honnêtes pour les prestations, et le cadre fabuleux. Un séjour ici, c'est un grand bol d'air et de calme. L'hiver, l'hôtel est ouvert en mode self-service, les contacter pour plus de renseignements sur la procédure à suivre. Toutes les chambres (55 en tout) sont équipées d'une TV, de connexion Internet gratuite et de sèche-cheveux. La plupart d'entre elles ont même une vue sur le Sognefjord !

DE BALESTRAND À STRYN

Le ferry a été supprimé en 1995 à l'ouverture de la nouvelle route Sogndal-Fjærland. C'est dommage, car la remontée en bateau de ce bras très étroit du Sognefjord était très belle. On voyait le glacier de Jostedal aux reflets bleutés. « Un monde ensorcelé se relevait, composé de monticules, de voûtes, de coupoles givrées, de courbes harmonieuses et de dentelures complexes. Rien que de la glace, sur laquelle l'eau, éclaboussant sans cesse, continuait son œuvre de construction. Malgré l'absence du soleil, c'était un éblouissement de couleurs, des jaillissements de bleus et de verts. Un froid de mort y régnait. » *Palais de glace*, Tarjei Vesaas (Flammarion 1985).

FJÆRLAND ★★

On vient de loin jusqu'à Fjærland pour profiter de la beauté des paysages. Il faut dire qu'il y a de quoi : Fjærland et ses alentours comptent cinq *stavkirker*, deux parcs nationaux, le chemin de fer de Flåm et des randonnées dans un décor à couper le souffle. L'église d'Urnes est classée au patrimoine mondial de l'humanité. Fjærland est aussi connu pour être le point de rencontre du Sognefjord et du plus grand glacier d'Europe, le Jostedalsbreen. Il est facilement accessible en bus. L'office de tourisme vous donnera toutes les informations nécessaires pour profiter de votre séjour là-bas : sorties en mer, randonnées glacières, ski de rando l'hiver...

Sports / Loisirs

- A 3 km du musée du Glacier, prendre la route à droite vers le bras du glacier le plus accessible, appelé Supphelle. Sur les 2 derniers kilomètres, la route devient un chemin de terre qui passe par la cour d'une ferme. Tout au bout, à côté de la chute d'eau qui vient directement du glacier, un café-kiosque, dans un petit chalet rouge, permet de se restaurer. Des chemins pédestres montent vers d'autres bras du glacier. wwAutre excursion de l'autre côté du glacier, accessible par Sogndal par la route 55 et la 604.
- La vallée isolée de Jostedal est connue en Norvège par la légende de Jostedalsrypa. Cette enfant, seule survivante de la peste noire au Moyen Age, était retournée à l'état sauvage dans ces montagnes coupées du monde extérieur. Sur la route 5 vers Skei, juste avant le tunnel inauguré par Walter Mondale en 1986, il faut s'arrêter en contrebas du bras de glacier Bøyabreen, où se trouve un petit centre touristique. Un chemin de randonnée passe pardessus la montagne et le tunnel routier, pour rejoindre la route à la sortie du tunnel dans la vallée de Jølster. A Skei, prendre la direction Byrkjelo. La route longe Våtdalen (la vallée humide) aux précipices menaçants. Cette vallée sert de pâturages aux nombreux troupeaux de chèvres qui se promènent ou dorment sur la route. Lorsqu'on s'arrête pour les pousser, elles viennent quémander chocolats et cigarettes ou, en toute simplicité, entrent dans votre voiture pour se servir elles-mêmes.

BREHEIMSENTERET - CENTRE D'INFORMATIONS ★★

Nigardsbreen
✆ +47 57 68 32 50
www.jostedal.com
Ouvert de mai à septembre, tous les jours de 10h à 17h.

Un musée captivant est situé au pied glacier de Nigardsbreen dans la vallée du Jostedalen. Ce centre donne des informations aux visiteurs sur les parcs nationaux Jostedalsbreen et Breheimen. Histoire naturelle, culture régionale, activités sportives diverses sur glacier. Cafétéria très agréable, boutique de souvenirs et salle d'escalade pour les petits. On trouvera ici également toutes les informations pour réserver une visite guidée du glacier ou bien une croisière sur le lac.

NORSK BREMUSEUM - MUSÉE NORVÉGIEN DU GLACIER ★

Norsk Bremuseum ✆ +47 57 69 32 88
www.bre.museum.no
Ouvert d'avril à octobre 10h-16h (haute saison 9h-19h). Sur résa novembre et mars. Adulte 140 NOK, famille 290 NOK.

On y apprend que le glacier est bleu à cause du spectre de lumière qu'il crée, et que le fjord est vert à cause des particules entraînées par l'eau de la fonte. On y voit aussi exposée la copie d'une paire de skis datant de 1170, restés emprisonnés dans le glacier. Texte explicatif en français. A la cafétéria, on peut se réchauffer d'un potage et de petits pains tout en admirant la vue par les grandes baies vitrées. Le musée organise aussi des randonnées guidées sur le glacier.

URNES STAVKIRKE - ÉGLISE EN BOIS DEBOUT ★★

Ornes
✆ +47 413 94 821
www.stavechurch.com/en/urnes
Ouvert de mai à fin septembre, de 10h30 à 17h45. Entrée adulte 100 NOK, enfant 80 NOK, famille 240 NOK.

Trois églises ont été construites sur ce site. Celle que l'on peut visiter aujourd'hui date d'environ 1130. Elle est classée au patrimoine mondial de l'humanité car c'est la plus ancienne de Norvège, et aussi l'une des plus décorées. On peut notamment y voir des figures datant du XIIe siècle (les plus anciennes du pays) qui représentent une scène sur le Golgotha (Jésus sur la Croix). Possibilité de faire des visites guidées sur réservation. WC sur place.

PARC NATIONAL DE JOSTEDALSBREEN ★★★

Fosnes
✆ +47 57 87 72 00
www.jostedalsbre.no
Centre d'information ouvert tous les jours de mi-avril à mi-août de 11h à 17h, d'octobre à mars de midi à 16h.

© DMITRY CHULOV - SHUTTERSTOCK.COM

Plus grand glacier d'Europe (superficie 474 km²), Jostedalsbreen est un vaste plateau glaciaire d'où se détachent plusieurs langues de glace. Le contraste entre les fertiles vallées en forme d'auge et les glaciers qui descendent presque jusqu'à la mer est pour le moins spectaculaire. Noter que les randonnées sur le glacier sont difficiles, et même dangereuses, si vous souhaitez tenter l'aventure, prenez un guide ! Beaucoup de sentiers pour voir le glacier de près.

FJÆRLAND FJORDSTUE HOTELL €€€

Fjærlandsfjorden 258
✆ +47 410 00 200
fjaerlandhotell.no
Chambre double à partir de 1 850 NOK. Ouvert toute l'année. Restaurant.

Cet hôtel compte six catégories de chambres, dont la décoration et la vue (sur le fjord, ou pas) font varier les prix. Le cadre est agréable, les couleurs pastel et le lambris assurent une atmosphère chaleureuse. Certaines chambres sont meublées de lits traditionnels norvégiens. Possibilité de restauration sur place (menu entrée, plat, dessert) dans un cadre très sympa. Un sauna flottant vient d'ouvrir sur le fjord juste à côté, une expérience formidable !

BORGUND ★

Borgund est un village de montagne (son point culminant est à 1 920 m d'altitude). De hautes montagnes entourent la vallée principale. Le village est surtout connu pour son église en bois, la Borgund stavkyrkje, construite aux alentours de 1200 et aujourd'hui considérée comme l'une des mieux préservées de Norvège. Le nom de la ville vient du vieux norrois *Borgyndr, Borg* signifiant ville ou fortesse. Si vous vous rendez de Bergen à Oslo, ce peut être là une bonne option de trajet, car la bourgade est également située sur l'axe routier E16 qui relie ces deux grandes métropoles.

SANDANE ★

Le centre de Sandane est relativement moderne, mais certains bâtiments historiques demeurent, comme la *Heradshuset med et fireveis klokketårn* (« la tour aux quatre horloges ») ou comme le Gloppen Hotel qui fait partie des « hôtels historiques » du pays. Située entre fjord et montagnes, Sandane est une ville proche de la nature. Sandane est le centre administratif de la municipalité de Gloppen située dans le comté de Vestland. Tout au bout du Gloppefjorden, on y arrive par la route E39. Chaque année a lieu en juin le célèbre Glopperock, le festival de rock le plus vieux de Norvège (il fête ses 42 ans d'existence en juin 2022), avis aux amateurs !

VESTLANDET

BORGUND STAVKIRKE - ÉGLISE EN BOIS DEBOUT ★

Borgund
✆ +47 57 66 81 09
www.stavechurch.com
Ouverte du 1er mai au 15 septembre de 10h à 17h. Entrée : 90 NOK.

Cette église aux allures de temple païen est joliment située en rase campagne entre 2 collines verdoyantes. Construite en 1150, elle a conservé intactes plusieurs inscriptions runiques. L'intérieur est d'origine. Le portail en bois sculpté d'entrelacs est un des plus magnifiques de ce genre. Des têtes de dragons se hérissent vers le ciel au bout des multiples toits sur lesquels les petites tuiles de bois sont posées comme des écailles d'un reptile.

BORLAUG VANDRERHJEM €

Lærdalsvegen 3463
✆ +47 97157788
www.hihostels.no
Ouvert du 1er juin au 30 septembre.
Chambre privée pour 4 personnes 1 040 NOK. Wifi.

Cette auberge de jeunesse est située à proximité de l'église et de la Lærdalselva, réputée pour être l'une des meilleures rivières à saumon de Norvège. Les permis de pêche peuvent être achetés à la réception de l'auberge. L'auberge ne sert pas les petit déjeuners mais les hôtes peuvent se préparer à manger dans la cuisine bien équipée prévue à cet effet. Prévoir d'apporter sa nourriture. Options chambres privées pour 1, 2 ou 4 personnes à des prix très abordables. Réception ouverte de 18h à 20h. L'hiver, les pistes de ski ne sont pas bien loin.

MUSÉE FOLKLORIQUE - NORDFJORD FOLKEMUSEUM ★

Gota 16 ✆ +47 480 63 234
www.nordfjord.museum.no
Ouvert du 01/01 au 20/06 et du 01/09 au 31/12. Du mardi au vendredi 11-15h, l'été 7j/7 11-18h. 100 NOK, enfant 50 NOK.

Une quarantaine de maisons datant des XVIIIe et XIXe siècles ont été préservées et regroupées sur ce musée de plein air créé en 1920. L'intérieur des maisons tend à représenter le style de vie des Norvégiens de l'époque. Un superbe bateau, appelé Holvikejekta, est exposé à 2 kilomètres du centre-ville. Réalisé par les frères Jakob et Andreas Apalset en 1881 à Krånafjøra, il mesure 20 mètres de long et 8,6 mètres de large. Tours guidés. Parking gratuit. Café agréable et boutique.

GLOPPEN HOTELL - HÔTEL HISTORIQUE €€

Sørstrandvegen 16
✆ +47 57 86 53 33
www.gloppenhotell.no
Chambre double à partir de 1 750 NOK.
Possibilité de restauration sur place.

Situé dans un magnifique paysage de fjords à Sandane, l'hôtel Gloppen, il n'y avait ici qu'un relais de diligence, mais en 1866 une première structure d'hébergement y fut construite. Agrandie en 1921 dans un style néogothique réalisé en bois, l'hôtel compte 18 chambres décorées de manière historique, avec du mobilier en bois sculpté dans le style dragon ; depuis 2011, 24 chambres modernes, au design scandinave contemporain ont été ajoutées. Également, vingt chambres standard.

NORDFJORDEID ★★

Située au bout du Eidsfjorden, une branche du gigantesque Nordfjorden, Nordfjordeid est réputée pour être une ville très touristique, du fait de sa position privilégiée dans les fjords. Outre son cadre magnifique, la ville est connue pour deux raisons : le mathématicien Sophus Lie y est né (il a pensé la théorie de la symétrie continue qu'il a appliquée à la géométrie et aux équations différentielles) et c'est ici que l'on trouve le plus grand nombre d'élevages de chevaux norvégiens de la race fjords. Nombreuses possibilités de belles randonnées dans les environs. La ville est aussi célèbre pour sa troupe d'opéra, la Nordfjord Opera Company.

Nordfjordeid.

NORDFJORD HOTELL €€€

Sandplassen 1
✆ +47 57 86 33 33
www.nordfjord-hotell.no
Chambre double à partir de 1 790 NOK.
Restaurant. Bain à remous et sauna.

Un hôtel de 55 chambres où l'accent a été mis sur la décoration traditionnelle. Le restaurant propose de très bons plats et organise aussi régulièrement des soirées dansantes. Les hôtes peuvent profiter d'un salon, où l'on peut se détendre devant la cheminée. Super piscine et spa. Également un bain extérieur. L'hôtel propose des packages moins chers sur son site Internet, qui valent vraiment le coup. Court de tennis, volley de plage, location de vélos et de barques. Connexion Internet gratuite dans tout l'hôtel. Un bon point de chute.

STRYN ★★

Stryn est situé à environ 5 heures d'Oslo, de Trdonheim et de Bergen en voiture, 2h30 de Ålesund et 1h de Geiranger. Peuplée de quelques milliers d'habitants, c'est une petite bourgade simple, entourée de fjords et de lacs. La ville est surtout célèbre pour sa station de ski qui se trouve à 30 km du centre-ville et qui a la particularité d'ouvrir également l'été. C'est un lieu de prédilection pour les amateurs de sport de glisse et de nature qui offre un spectacle unique. L'été, lorsque le soleil ne se couche jamais, on peut se balader jour et nuit, contrairement à l'hiver où la neige recouvre tout de son manteau blanc si majestueux.

JOSTEDALSBREEN NASJONALPARKSENTER - MUSÉE DU PARC

Fosnes 6799 Oppstryn
✆ +47 480 02 997
http://visitjostedalsbreen.no/en
De mai à septembre.

Pas à Stryn exactement. Un tout petit musée qui vaut toutefois le détour (surtout si vous passez par là en fait !) principalement pour le film de 13 minutes sur les glaciers qui est proposé. Très informatif, clair et avec des modélisations très bien faites. Il est de plus disponible en 8 langues, dont le français. Belle vue sur le lac qui jouxte le musée et les sommets enneigés. Une halte culturelle bienvenue. Un café propose thé et café, muffins, etc. Wifi. Boutique souvenir.

LOEN SKYLIFT

Fjordvegen 1011
✆ +47 57 87 59 00
Ouvert toute l'année, horaires variables selon saisons.
À partir de 450 NOK pour 1 adulte aller-retour.

Un téléphérique certes cher mais formidable si vous passez par là, et surtout l'occasion de prendre de la hauteur rapidement et de découvrir tous les sentiers de rando qui partent du sommet. L'été, les amplitudes horaires sont évidemment plus grandes qu'en l'hiver. L'été aussi, des randonnées à faire à pied, mais aussi parapente, VTT, via ferrata et même une tyrolienne ouverte le samedi selon la météo. La cabine est assez spacieuse et nous élève doucement à plus de 1 000 mètres d'altitude en dix minutes à peine. Vertigineux !

VESTLANDET

HJELLE HOTELL €€€

Hjellevegen 240
✆ +47 57 87 27 50
www.hjelle.com
Chambre double avec douche et WC à partir de 1 610 NOK. Petit déjeuner inclus.

C'est dans la partie ancienne que les chambres sont les plus ravissantes. Dans l'hôtel, on trouve aussi un petit salon ancien à rideaux de velours rouge, et une salle à manger très lumineuse aux baies vitrées donnant sur le lac. Possibilité de demi-pension. L'hôtel a été créé par Thor Hjelle en 1896. Le cadre est magnifique avec cette bâtisse historique, le lac juste à côté et les glaciers que l'on aperçoit au loin. Les chambres ont tout le confort nécessaire et l'accueil est très sympathique. Petit déjeuner d'excellente qualité.

STRYN KAFFEBAR & VERTSHUS €

Tonningsgata, 19 ✆ +47 57 97 05 30
www.strynvertshus.no
Toute l'année du matin au soir.
Cabillaud au four 23 NOK. Très grand choix.
Accès Wifi. 5 chambres à la location.

Cette grande maison en bois de 1870 au cœur de Stryn attire l'attention et pour cause, on devine à travers les vitres une atmosphère chaleureuse et vivante. L'équipe est très accueillante et souriante, le menu vraiment diversifié : salade (rare en Norvège !), poisson, burgers, focaccia, tacos, pizza, pâtes. La soupe de poisson du jour était délicieuse. Ambiance intime et intérieur traditionnel norvégien où touristes et locaux se côtoient pour passer un bon moment. On recommande !

STRYN SOMMERSKI & VINTERSKI

Gamle Strynefjellsvegen 800, 6793 Hjelledalen
✆ +47 45837077
http://strynsommerski.com
Pass à la journée 450 NOK, enfant 390 NOK.
Ouvert de fin mai à fin juin l'été.
L'hiver à partir d'octobre.

Cette station de ski ouvre ses pistes en hiver bien sûr, mais aussi en été, pour une courte période. Après une matinée de ski aux aurores, vous pourrez aller vous baigner dans un fjord et prendre quelques rayons de soleil. Skier l'été c'est aussi l'occasion d'admirer des panoramas étonnants sans pour autant avoir à gravir une montagne à pied. Niveau sensation, la neige l'été est souvent très dure le matin et se ramollit rapidement l'après-midi, alors, pensez à vous levez tôt !

BRIKSDALSBREEN ★

Briksdal Glacier fait partie du glacier de Jostedal, le plus grand glacier d'Europe et parc national de 486 km² (accès également par Fjaerland). Point culminant 1 950 m au-dessus de la mer.
Olden, situé à 20 km au nord, sur la rive, est un bon point de départ pour entreprendre la découverte du glacier.

Au départ d'Olden, prendre la route pour le glacier Briksdalsbreen. En longeant le lac vert émeraude d'Oldenvatnet, la route s'enfonce sur 20 km dans une vallée étroite flanquée de hautes montagnes en forme de pain de sucre. Tout au fond se dressent peu à peu d'imposants sommets parmi lesquels déborde l'impressionnant glacier Briksdalsbreen.

BRIKSDAL GLACIER MOUTAIN LODGE €€

1 Oldedalsvegen ✆ +47 57 87 68 00
www.briksdalsbre.no
Ouvert de mai à septembre.
Chambre double 1 350 NOK, chalet 4 personnes 1 700 NOK. Petit déjeuner, draps, wifi inclus.

La route carrossable s'arrête ici ! Kiosque à souvenirs, restaurant, chambres simples et doubles. Le lieu propose aussi à la location des chalets tout confort, bien équipés, avec une vue magnifique sur le glacier, sur une immense cascade et en même temps sur le fjord (chalet Kvilsbu). Balade facile (environ 2 km) à pied ou en voiturette (sur réservation) qui vaut vraiment la peine. Une rando de 6 km permet de faire un petit sommet pour les plus aguerris. Génial !

NÆRØYFJORD ★★★★

Le Naeroyfjord (littéralement le fjord étroit) est le bras le plus beau et le plus sauvage du Sognefjord et il est inscrit sur la liste du patrimoine mondial de l'Unesco depuis 2005. 18 kilomètres de long et seulement 500 mètres de large à certains endroits ! La rivière Nærøydalselvi descend la vallée Nærøydalen dans le fjord au village de Gudvangen, près de l'autoroute E16. Il a été classé par le *National Geographic* comme le site du patrimoine naturel n° 1 au monde avec le Geirangerfjord. Vous pouvez y faire une croisière dans un cadre unique, avec des montagnes abruptes et enneigées, des cascades et des fermes accrochées aux flancs des montagnes.

HELLESYLT ★

Hellesylt est depuis plusieurs siècles une destination touristique. L'endroit était une destination populaire pour l'aristocratie européenne. Ibsen lui-même y a fait un séjour en 1862. Il y fit la connaissance de beaucoup de gens dont il a retranscrit l'histoire dans ses écrits. Hellesylt est sous la menace du mont Åkerneset, dont les éboulis se déversent dans le Geirangerfjord. Un glissement de terrain important risquerait de provoquer un tsunami destructeur. Entouré de montagnes abruptes, Hellesylt est situé au fond du Sunnylvsfjord qui, comme le Geirangerfjord, est une branche du Storfjord. Une superbe chute d'eau traverse le village.

Balade

Au départ de Hellesylt et en direction de Sæbø se trouve une superbe vallée qui s'étend, sinueuse et sauvage. Roches escarpées, comme taillées au couteau, chutes d'eau vertigineuses, glaciers bleutés, la mousse qui recouvre toutes les roches. D'anciennes petites maisons de bergers, elles aussi dévorées par la mousse. Étangs ici et là, formés par le reste de la rivière coupée par l'éboulis de mais 1908 qui a enseveli entièrement 8 fermes, dont on peut voir les ruines à travers l'eau transparente du lac

- Lygnstøylvatnet. C'est très rare et ça vaut vraiment la peine. Plongée sous-marine autorisée sous réserve de respecter scrupuleusement l'environnement et de ne toucher à rien. Côté végétation, bouleaux et trembles tapissent le fond de vallée. On s'arrête toutes les 5 minutes tellement c'est beau. Lors de notre visite, sous la pluie, le soleil jouait à cache-cache avec les nuages pour réapparaître au sommet des falaises saupoudrées de quelques flocons. La végétation s'illumine alors et absorbe les rayons de ce soleil qu'elle sait précieux.
- De Hellesylt, on peut continuer par la 60 jusqu'à Ålesund ou prendre la 655 pour Øye. Øye est un petit endroit secret, caché dans une vallée perdue sur les rives du très beau Norangsfjord qu'entourent les plus hautes montagnes du Sunnmøre. Traditionnellement, c'est dans ces montagnes que les alpinistes anglais commençaient leur carrière.

Transports

Un ferry assure la liaison Geiranger-Hellesylt en aller simple ou AR. Quatre traversées quotidiennes de mai à septembre ; trois traversées quotidiennes hors saison. Moins cher que les croisières de luxe, le ferry met 1 heure pour rejoindre Hellesylt. Compagnie : The Fjords. www.fjordnorway.com

SÆBØ

Située à deux heures en voiture d'Ålesund, sur les rives du Hjørundfjord, Sæbø est un petit village qui vaut vraiment le détour, surtout pour sa situation géographique. La route pour s'y rendre est déjà très belle : à l'arrivée du ferry de Ålesund prendre la petite route pittoresque qui part à gauche [Fylkesveg] et longe le fjord, puis prendre à gauche la route 655 jusqu'à Sæbø. Sentiers de randonnées pédestres dans les montagnes environnantes et pour les plus sportifs jusqu'au sommet du Skårasalen, pêche au saumon dans la rivière Bondalselva ou tout simplement admirer la vue dégagée sur le fjord. Un bon itinéraire bis pour rejoindre ensuite Geiranger.

SAGAFJORD HOTEL €€

N-6165
✆ +47 700 49 500
www.classicnorway.com
Chambre double à partir de 1 500 NOK.
Ouvert toute l'année. Wifi. Restaurant.

Hôtel charmant situé au bord du fjord avec ses maisonnettes aux toits d'herbe. Les chambres [simple, double, suite] sont équipées d'une machine à café. Lits confortables, petit bureau et wifi. Lounge avec cheminée. Vous trouverez sans doute comme nous les tableaux surprenants. L'hôtel dispose d'un restaurant qui propose des plats savoureux. Le poisson vient de Norvège [ce qui n'est pas partout le cas !] et la biche du plat principal d'un élevage à proximité. Les réceptionnistes, le chef ainsi que les serveurs sont très disponibles.

FJORDSAUNA

Øyragata
Ouvert tous les jours sur réservation via Facebook. 1 pers 600 NOK, 2 pers 300 NOK, 3 pers 250 NOK, 5 pers 200 NOK.

Envie de sauter dans le fjord au pied du sauna comme les locaux ? Vous en avez la possibilité avec Fjordsauna ! Ce sauna flottant tout en bois offre une vue imprenable sur le fjord. Ici, on se change sur le ponton, les affaires restent dans un coffre dehors, on entre se réchauffer quelques instants dans le sauna [chauffé au feu de bois, bûches à disposition !] et puis hop ! un plongeon dans l'eau quelque peu rafraîchissante ! Attention toutefois au risque d'hydrocution si l'eau est vraiment très froide. Activité dépaysante et atypique, on a beaucoup aimé !

VESTLANDET

GEIRANGER ★★★

La route débouche sur le précipice de Flydalsjuvet qui domine la petite ville de Geiranger tout en bas, sur la rive du fjord enserré de hautes montagnes. Les parois qui bordent le fjord sont parsemées de nombreuses cascades aux noms évocateurs (les Trois Sœurs, le Voile de la mariée...). C'est pourquoi le fjord, sans être le plus large, ni le plus long, est réputé pour être le plus beau de Norvège. Il est inscrit au patrimoine mondial de l'Unesco. Lieu très prisé, il y a beaucoup de monde, de ferries, de voitures, de cars et de structures hôtelières assez importantes qui ne sont donc pas des plus charmantes. Un incontournable néanmoins !

ÉGLISE DE GEIRANGER - GEIRANGER KIRKE ★★

Geiranger Kirke

© +47 70 26 03 33

Ouvert tous les jours de juin à août de 10h à 21h.

© LAURENS HODDENBAGH - SHUTTERSTOCK.COM

L'église de Geiranger est une petite église en bois, de forme octogonale, construite en 1842. Cette église serait construite sur les restes d'une églises du XVe siècle. L'église a été décorée par le sculpteur sur bois Einar Flydal après les présentations de l'artiste par Vigeland. Le travail a été effectué au cours de la période 1938-1945. Les sculptures sur bois ont été peintes par Lars Tynes, Karl Gjere et Nils Bjørdal, tous originaires de Geiranger.

THE FJORDS

© +47 57 63 14 00

4 traversées quotidiennes départ Hellesylt ou Geiranger. Réservation en ligne et sur place. 2 adultes + voiture 995 NOK.

Voici l'une des traversées en ferry les plus prisées au monde ! Depuis le pont ou confortablement installé dans un fauteuil à l'avant du bateau, vous pourrez admirer durant une heure environ le Geirangerfjord depuis l'eau. Hautes falaises de part et d'autre, une eau lisse comme celle d'un lac, des cascades à ne plus pouvoir les compter. Certaines maisonnettes sur les rives étaient encore habitées jusqu'en 1960. Ascenseur pour les personnes à mobilité réduite, café, restauration légère et bonne humeur de toute l'équipe ! On a le sentiment d'être au bout du monde !

GEIRANGERFJORDEN FERIESENTER €

Ørnevegen 180

© +47 951 0 75 27

www.geirangerfjorden.net

Ouvert d'avril à octobre. tente et voiture 250 NOK, chalets à partir de 1 150 NOK pour 4 pers.

Ce camping est idéal pour regarder passer les bateaux de croisière, confortablement installé sur l'agréable pelouse. Impressionnant et pourtant très calme. Options chalets un peu plus confortables, d'autant que la décoration est assez soignée. Ce point de chute à proximité des cascades des Sept Sœurs vous permettra de séjourner à Geiranger à moindre frais et dans un calme plutôt sympathique même si nombreux touristes. Préférez le hors-saison si possible.

GRANDE FJORD HOTEL €€

Ørnevegen 200

© +47 70 26 94 90

www.grandefjordhotel.com

Chambre double avec vue sur le fjord et balcon 1 800 NOK. Petit déjeuner inclus. Dîner possible.

Très bien situé sur la rive du fjord, à l'écart de la foule du centre de Geiranger, le Grande Fjord Hotel propose une prestation de grande qualité (hôtel 4 étoiles) que ce soit avec ses chambres tout confort et très bien équipées, son restaurant panoramique avec une vue à couper le souffle, ses deux bains à bulles sur la terrasse et ses salons confortables pour déguster un café latte en toute quiétude. Choisir cet hôtel c'est avoir envie de se faire vraiment plaisir sans non plus dépenser tout son budget voyage en une seule soirée.

© AGUSTAVOP

Le fjord de Geiranger.

GRANDE HYTTEUTLEIGE & CAMPING €€

Grande Hytteutleige & Camping
✆ +47 70 26 30 68
www.grande-hytteutleige.no
Ouvert d'avril à octobre. Chalets (3 nuits mini) à partir de 850 NOK. Tente+voiture : 260 NOK.

Lieu calme et vue directe sur le fjord et les montagnes. À 2 km du centre de Geiranger. On apprécie surtout le fait que tous les chalets possèdent une terrasse. Plusieurs tailles de chalets selon vos besoins, jusqu'à 6 lits max. Très beau cadre et personnel sympathique et accueillant. Le camping propose à la location des bateaux à moteur (si vous avez la licence), des cannes à pêche, des visites en bateau des fermes alentour... Un chouette endroit !

HAVILA HOTEL GEIRANGER €€

Geirangervegen 22
✆ +47 70 26 30 05
https://havilahotelgeiranger.no
Chambre double confort avec vue sur le fjord et petit déjeuner à partir de 200 €. Wifi.

Havila Hotel Geiranger est situé à proximité de la chocolaterie, du café Olé et de plein d'autres petits commerces de centre-ville. Un hôtel très correct qui propose différents types de chambres, dont certaines avec une vue imprenable sur le fjord. Les lits sont confortables, il y a un bureau, une machine à café et même un canapé. L'option de dîner sur place n'est pas mal car bien pratique mais ne casse pas non plus trois pattes à un canard. Le plus de la soirée : un jeu de billard à disposition ! Un bon hôtel de façon générale.

HOTELL UTSIKTEN €€€

Geirangervegen 348
✆ +47 70 26 96 60
Ouvert de début mai à fin septembre.
Chambre double à partir de 2 400 NOK, petit déjeuner inclus. Restaurant

Situé au début de la descente, à côté du précipice de Flydalsjuvet, le vieil hôtel Utsikten Bellevue était, il n'y a pas si longtemps, tenu par des religieux. Aujourd'hui, l'établissement a été racheté par la chaîne Classic Norway Hotel qui lui a donné une touche de classe et de confort moderne. La vue sur le fjord est magnifique de certaines chambres. L'hôtel compte 29 chambres, certaines avec vue sur le fjord. Connexion Internet gratuite dans toutes les chambres. Restaurant avec des produits locaux. Buffet du petit déjeuner copieux.

FJORDNAER GEIRANGER SJOKOLADE

Holenaustet Maråksvegen 29
✆ +47 967 252 05
geirangersjokolade.no
Ouvert d'avril à octobre. Café.

Cette chocolaterie a ouvert ses portes en 2010. Le chocolat vient surtout d'Amérique latine et les baies utilisées pour la confection des bonbons sont locales, comme le fromage, car ils font du chocolat au fameux Brunost norvégien ! Une partie du chocolat de couverture utilisé est bio. 8 sortes de bonbons sont proposées à la vente ou en dégustation dans leur café sympathique et bien décoré, comme dans une vieille ferme norvégienne. On recommande le chocolat aux airelles et au gin !

ÅNDALSNES ★

C'est ici qu'a eu lieu la bataille du Romsdalsfjord, au cours de laquelle le roi Viking, Håkon Herdebrei, Håkon au dos large, (1161-1162) fut tué par Erling Skakke, un homme de main d'Inge Krokrygg.
Aujourd'hui, cette petite ville industrielle, située tout au fond du Romsdalfjord, est surtout connue pour son site grandiose au pied de montagnes imposantes, les Trolltindene, ou cimes des Trolls, et son centre de varappe. Åndalsnes est également le terminus du chemin de fer Raumabanen et une escale sur la route maritime des bateaux de croisières dans les fjords de Norvège.

CORNE DE LA VALLÉE DU ROMSDAL - ROMSDALSHORN ★★

Romsdalshornet

Site naturel ouvert toute l'année.

La corne de la vallée du Romsdal, qui dresse son sommet de 1 550 m au-dessus de la vallée, cache dans son flanc une station hydroélectrique. Une ancienne ferme noble, ayant appartenu à des lords anglais (les Davenport) depuis des générations, se niche sur les rives de la Rauma, qui traverse toute la vallée du Romsdal avant de se jeter dans le fjord, près d'Åndalsnes. Pendant de nombreuses années, elle a été considérée comme l'une des meilleures rivières à saumon et à truite de Norvège.

ÉGLISE EN BOIS DEBOUT - RØDVEN STAVKIRKE ★

Rødven

✆ +47 916 46 969

www.stavechurch.com

Ouvert tous les jours de fin-juin à mi-août de 11h à 15h. Tarif adulte : 60 NOK.

Sur la route 64, en direction de Molde (à 30 km d'Åndalsnes), l'église en bois debout de Rødven vaut le détour. L'édifice, joliment situé sur les rives du fjord Rødven, date du XIIIe siècle. À l'intérieur de l'église, vous pourrez voir un crucifix aussi vieux que l'église elle-même. Parking, WC, visites guidées tous les jours pendant la saison d'été. Toute la rive nord du Romsdalsfjord offre de splendides panoramas sur les montagnes environnantes.

MUR DES TROLLS - TROLLVEGGEN ★★

Trollvegen

Site naturel ouvert toute l'année.

Le mur des Trolls est une paroi verticale de plus de 1 000 m de haut, dont l'ascension passe pour être l'une des plus difficiles du monde. Inexplorée jusqu'en 1965, l'escalade s'y pratique aujourd'hui été comme hiver. Dans les années 1980, le mur devint, hélas, très populaire pour les sauts en parapente. Les dangereux vents ascendants, traîtres, occasionnèrent plusieurs accidents mortels, et la pratique du parapente y fut finalement interdite en 1986.

ROUTE DES TROLLS - TROLLSTIGVEGEN ★★★

Route 63

✆ +47 70 25 77 67

www.fjordnorway.com

A 6 heures en voiture d'Oslo, 4 heures de Trondheim. En train, s'arrêter à Åndalsnes.

La route des Trolls est la route touristique la plus visitée de Norvège. Cette route comporte le fameux tronçon appelé Trollstigen, l'Echelle des Trolls, ou encore The Golden Route. De fin juin au 10 août, le musée de la Route des Trolls est ouvert. Montez par Ørnesvingen, le virage de l'Aigle, corniche d'où l'on profite d'une dernière vue magnifique sur Geiranger et le fjord. Après 20 km, prendre le ferry Eidsdal-Linge qui fait la navette. La route traverse des paysages de haute montagne sur environ 40 km avant de commencer la descente du Trollstigen. Pendant des centaines d'années, un ancien chemin de muletier, grimpant le long des 180 m de chutes écumantes du Stigfossen, était la seule voie de communication entre les fjords des départements de Sunnmøre et Romsdal. Il est aujourd'hui reconverti en chemin de randonnée (pour les sportifs non sujets au vertige). Achevée en 1936, la nouvelle route du Trollstigen remonte le flanc de la montagne en 11 virages serrés et avec une déclivité de 12 %. Cette route, qui ferme pour l'hiver dès la mi-septembre, est fortement déconseillée aux caravanes. Avant de commencer la descente il y a un relais de montagne, Trollstigen Fjellstue, avec un kiosque à souvenirs et une cafétéria. Un chemin pédestre derrière le relais mène à un point de vue époustouflant, près des marmites des Géants. Sur la route, à partir du virage nommé Bispesvingen, ou le virage de l'Evêque, on a une très belle vue sur Åndalsnes et le fjord de Romsdal.

ÅLESUND ★★★

Levez les yeux sur les façades et leurs ornements de fleurs ou de serpents entrelacés de l'époque viking et de style Art nouveau. Un des plus grands ports de pêche du pays, Ålesund est aussi l'une des villes les plus séduisantes, avec ses petites rues pavées, ses maisons colorées, les ponts qui donnent à voir une nouvelle perspective. Ne manquez surtout pas de tester les bancs chauffants !

Histoire

Ravagée par un incendie dévastateur en 1904, Ålesund fut entièrement reconstruite en trois ans, mobilisant la main-d'œuvre de toute la Norvège, alors en crise. Ce drame fut paradoxalement une chance. Grandement aidée par le kaiser Wilhelm II d'Allemagne qui aimait y passer ses vacances, la reconstruction fut réalisée dans le style Art nouveau, une architecture unique en Norvège. Aujourd'hui encore, le charme singulier opère. Ici, la promenade s'impose. Les détails de porte, les balcons en fer forgé, les tours, tout semble sortir tout droit d'un conte de fées médiéval. L'actuel espace urbain que constitue la ville était au IXe siècle les terres d'origine du Viking Rollon, né sur l'île de Giske, au large d'Ålesund.

Rollon, le Viking qui fonda la Normandie. Rollon fut un grand Viking, au sens propre comme au sens figuré. Physiquement, il était si grand et si lourd qu'un cheval des fjords avait du mal à le porter. Il préféra donc souvent la marche à pied, d'où son sobriquet de Gange Rolf (« Rolf qui marche »). Dans sa jeunesse, Rollon passa plusieurs années au service de différents roitelets norvégiens (le pays n'était pas encore unifié), avant d'aller en Angleterre former sa propre armée (surtout composée de Vikings danois en exil). En l'an 911, il remonta la Seine avec sa flotte de drakkars et leurs équipages de guerriers redoutables. Le roi des Francs, Charles le Simple, se rappela peut-être alors l'horreur du premier pillage de Paris par les Vikings, en 845. En tout cas, il céda à Rollon une partie de la Neustrie (déjà occupée par les Nordiques) qui prit le nom de duché de Normandie à la suite du traité de Saint-Clair-sur-Epte. En contrepartie, Rollon s'engagea à interdire à d'autres Vikings de remonter la Seine. Dès lors, il eut la sagesse de baser sa politique sur une collaboration étroite entre les immigrés scandinaves et les indigènes francs. Il rappela même l'archevêque de Rouen. Le fils de Rollon, Guillaume Longue Épée, épousa une princesse de sang carolingien pour consolider encore les liens entre les deux peuples. Par la suite, l'arrière-petit-fils de Guillaume Longue Épée, Guillaume le Conquérant, fut couronné roi d'Angleterre après la bataille de Hastings, en 1066. *La Tapisserie de la reine Mathilde*, à Bayeux (Calvados), relate cet épisode glorieux de l'histoire des Vikings.

Transports

Attention : il n'y a pas de gare ferroviaire à Ålesund ! La gare la plus proche se trouve dans la ville d'Åndalsnes à 120 km environ. Des bus partent d'Ålesund 3 ou 4 fois par jour.

Hurtigruten : En provenance de Geiranger, ce paquebot de croisière longe toute la côte de la Norvège et fait escale quotidiennement à Ålesund. www.hurtigruten.no

L'aéroport est situé à 15 km du centre-ville. Navettes pour Skateflukaia de 5 à 10 minutes après l'atterrissage.

La ville aujourd'hui

Longtemps oublié au profit de ses deux puissantes rivales, Bergen et Trondheim, Ålesund ne joua longtemps qu'un rôle secondaire dans l'activité portuaire de Norvège. Un des plus grands ports de pêche du pays, Ålesund est incontestablement l'une des villes les plus séduisantes du pays. Aujourd'hui, bien que la ville ait beaucoup changé, l'activité du centre-ville baisse au profit de centres commerciaux, les bateaux de pêcheurs vendant leur poisson à la criée sont remplacés par un ponton de yachts, et la ville vit au rythme des bateaux de croisière. Mais malgré tout, Ålesund tente de faire perdurer ce charme d'antan.

VESTLANDET

AQUARIUM D'ÅLESUND - ATLANTERHAVSPARKEN ★

Atlanterhavsparken
✆ +47 70 10 70 60
www.atlanterhavsparken.no
Ouvert toute l'année de 10h à 16h.
Entrée adulte 215 NOK, - 15 ans 95 NOK.

L'un des plus grands aquariums d'Europe du Nord. Construit par des architectes qui ont pris soin d'intégrer le décor naturel. Horaires indiqués sur le site web pour voir les animaux en train d'être nourris. Dans une salle aux horaires restreints, les enfants peuvent venir pêcher des crabes, toucher des étoiles de mer, des oursins et des crabes. À la fin du parcours, une piscine ouverte permet de nourrir les animaux (méfiance : certains poissons ont des dents !).

BYRAMPEN VIEWPOINT ★★★

Mont Aksla
www.visitalesund.com
418 marches pour avoir une vue splendide sur Ålesund.

C'est un haut rocher qui surplombe la ville. Un escalier de 418 marches mène à son sommet, mais on peut aussi s'y rendre en voiture par la route qui contourne la colline. Tout en haut se trouvent un café avec une terrasse et un restaurant d'été (Fjellstua) sous une coupole de verre. On a une vue fantastique sur la ville qui s'étale tout en longueur sur la mer, avec au large, de sombres îlots rocheux. En se tournant, on découvre vers l'intérieur des terres une rangée de pics coiffés de glaces. Des sentiers là-haut peuvent prolonger la balade de quelques heures.

JUGENDSTIL SENTERET - MUSÉE D'ART NOUVEAU ★

Apotekergt, 16 ✆ +47 70 10 49 70
www.jugendstilsenteret.no
Du mercredi au dimanche 11h-16h.
Adulte 90 NOK, gratuit -18 ans, seniors 75 NOK. Billet valable pour le KUBE.

Cette ancienne pharmacie, et demeure du pharmacien, est aujourd'hui un musée consacré à l'Art nouveau dont Ålesund est certainement l'une des meilleures vitrines. Une machine à remonter le temps (un ascenseur...) plonge les visiteurs au cœur de l'incendie de 1904. Au 1er étage, l'appartement du pharmacien accueille des expositions temporaires. Le café est agréable, les pâtisseries sont joliment présentées et la boutique du musée a de très beaux comptoirs en bois !

MUSÉE D'ÅLESUND - ÅLESUNDS MUSEUM ★★

Rasmus Rønnebergsgt, 16 ✆ +47 905 712 60
www.aalesunds.museum.no
Ouvert du lundi au vendredi 11h-15h.
Samedi-dimanche 12h-15h. Adultes 60 NOK, enfants 30 NOK.

Dans le centre-ville, ce musée relate l'histoire de la ville. Le bâtiment est une ancienne propriété individuelle et, malgré des pièces parfois exiguës, la visite est des plus agréables.

On peut voir une maquette représentant Ålesund avant le grand incendie de 1904, qui la ravagea pendant une effroyable tempête d'hiver, des objets caractéristiques de l'Art nouveau, des restes de l'occupation allemande, un ancien cabinet de dentiste ou un studio de photos reconstitué sous les toits.

MUSÉE DE LA PÊCHE - FISKERIMUSEET ★

Molovegen, 10
✆ +47 70 23 90 00
www.sunnmoremuseum.no
Ouvert toute l'année, de septembre à mai sur rendez-vous. Adulte 60 NOK, famille 150 NOK.

Dans un ancien entrepôt de poisson, typique de la ville d'Ålesund, le musée du poisson reconstitue l'histoire de la pêche, avec un zoom particulier sur l'exportation de certains poissons. Explications sur le transport du poisson, et aussi bien sûr, beaucoup d'infos sur la production du fameux Klippfisk, le poisson séché et salé qui a fait la renommée d'Ålesund depuis les années 1950. Aujourd'hui encore, la production de Kippfisk d'Alesund est exportée principalement vers le Brésil.

VESTLANDET

Vue sur Ålesund.

MUSÉE MÉDIÉVAL - SUNNMØRE MUSEUM ★★

Borgundgavlen
✆ +47 70 23 90 00
www.sunnmore.museum.no

Ouvert de août à décembre (sujet à modification post-Covid) du jeudi au dimanche 12h-15h.

Ce musée en plein air présente la vie quotidienne des habitants de la région, les outils et l'environnement des hommes du Nord, voici 1 100 ans. La partie en plein air permet de visiter l'été les maisons traditionnelles norvégiennes des siècles précédents. Le site est particulièrement agréable, au bord d'un lac, où il fait bon se promener, et pique-niquer l'été. Parfait pour découvrir l'histoire de la région Sunnmøre. Ce musée est construit de part et d'autre d'un site archéologique.

HOTEL 1904 €€€

Løvenvoldgata 8 ✆ +47 701 57 800
www.1904.no

Ouvert toute l'année. Restauration le midi. Café. Terrasse. Chambre double 1 595 NOK, petit déjeuner inclus.

Construit en 1904 après l'incendie, cet hôtel historique de style Art nouveau a été complètement rénové récemment par l'équipe du directeur qui est aussi architecte et barista chevronné. Chaque espace est pensé pour que l'on s'y sente bien. L'hôtel dispose aussi d'un tout nouveau Green Garden, une terrasse très verte et agréable où il y a même un food-truck ! Hotel 1904 est un bel exemple du mariage entre l'ancien et le moderne. Lumineux, aéré, confortable, matériaux nobles, meubles scandinaves et de design du monde entier, art... l'élégance du vrai luxe !

SUKKERTOPPEN

Keiser Wilhelms

Départ du sentier accessible à vélo, en bus ou en voiture, puis compter une bonne heure pour atteindre le sommet situé à 314 mètres de haut. Puisque l'on part du niveau de la mer, ça fait quand même un bout. Attention par temps de pluie car les sentiers deviennent vite boueux et glissants. De là-haut, la vue à 360° sur la ville et le fjord est tout simplement époustouflante. C'est un lieu très prisé avec donc beaucoup de marcheurs et notamment les locaux qui vont s'y promener le week-end. À faire absolument et pour la vue et pour la marche !

SCANDIC PARKEN ALESUND €€

Storgata 16 ✆ +47 70 13 23 00
www.scandichotels.com

Hôtel, restaurant, bar, salle de conférence, wifi. Chambre double à partir de 1 795 NOK. Sauna. Fitness. Parking

Idéalement situé sur le port et dans le centre, le Scandic Parken Alesund est une bonne adresse. L'hôtel offre tous types de chambres, de la standard simple à la suite présidentielle. L'hôtel dispose d'un sauna ainsi que d'une salle de sport, bien agréable après une journée de marche ! Le restaurant de l'hôtel propose une très belle carte dans un cadre exceptionnel au bord de l'eau. Buffet du petit déjeuner copieux et bon. Les attractions touristiques de la ville et des alentours sont à deux pas. Connexion Internet gratuite.

HOTEL BROSUNDET €€

Apotekergata 5
✆ +47 70 11 45 00
www.brosundet.no

Chambre double à partir de 1 330 NOK. Petit déjeuner non inclus. Réservations en ligne.

Hôtel de luxe bâti dans les anciens hangars à poissons. Un soin particulier a été apporté à la décoration, type scandinave. La chambre n° 47 est située dans le phare, juste en face de l'hôtel, une occasion de séjourner dans un cadre atypique et intimiste. Tout a entièrement été réalisé sur mesure pour s'intégrer dans ce joli espace rond. Attenant à l'hôtel, le restaurant Apotekergata N° 5 se spécialise dans les plats de poisson ultra-frais, accommodés de légumes de saison. Option déjeuner sur le pouce dans la super Butikken attenante. Une très bonne adresse.

BRO €€

Notenesgata 1
✆ +47 70 30 81 81
http://brobro.no

Ouvert du mardi au samedi de 18h à minuit. Fermé le lundi. Menu entrée-plat-dessert 549 NOK.

Difficile de rater cette belle adresse qui trône sur deux étages au cœur d'Ålesund. Entièrement retapé avec goût, le Bro a tout ce que l'on attend des intérieurs *cocoon* typiquement scandinaves : à la fois moderne, épuré et chaleureux. Dans les assiettes, de délicieuses (petites) tartines et de bons et beaux plats, à base de poisson local. Le Klippfish vient par exemple de Dybvik. La terrasse toute en couleur au bord de l'eau est l'endroit idéal pour profiter d'une pause au soleil. Des concerts sont souvent organisés le week-end.

LYSTGAARDEN BAR & RESTAURANT €€

Kongens gate 12
✆ +47 90946617
www.lystmeny.no
Ouvert de 11h-23h du lundi au samedi, à partir de 13h dimanche. Plats à partir de 160 NOK.

Le Lystgaarden est une des meilleures adresses de la ville, d'un bon rapport qualité-prix. Le restaurant sert une cuisine originale, locale et met l'accent sur la présentation. On peut aussi y déguster toutes sortes de tacos. On vous recommande la soupe de poisson, crémeuse avec de bons morceaux de poissons. Il y a également un jardin intérieur, très apprécié l'été, le tout dans une bâtisse Art nouveau avec des tournesols sur la façade. Ne manquez pas la micro maison mitoyenne !

SJØBUA €€

Brunholmgata, 1
✆ +47 70 12 71 00
www.sjoebua.no
Ouvert du mardi au samedi de 17h à minuit. Plats principaux à partir de 375 NOK.

Cet établissement historique situé entre l'hôtel Bryggen et l'hôtel Scandic occupe une charmante maison sur les quais, autrefois utilisée comme hangars à poissons. En été, une barque en bois installée devant le restaurant sert de bar. à l'époque le Sjøbua était l'un des meilleurs restaurants de poisson de toute la côte et les pêcheurs accostaient directement devant. Le cuisinier choisissait alors ses poissons sur le ponton. Aujourd'hui, les menus changent avec les saisons et les arrivages de poissons et de crustacés. La soupe de homard est vraiment fameuse.

ZUUMA SUSHIS €€

Skansegata 20 ✆ +47 70 12 70 70
www.zuuma.no
Ouvert tous les jours 14h-22h30, vendredi et samedi 23h30. La cuisine ferme 1 heure + tôt. Plats à partir de 100 NOK.

Une envie de sushis à Alesund ? Zuuma est votre endroit ! Dans un cadre moderne, classe et chaleureux, Vincent et ses équipiers vous accueillent avec bonne humeur. Les inconditionnels de sushis ne seront pas déçus, car les chefs proposent tous les jours des nouveautés, dignes des meilleurs chefs japonais. Tradition et création sont au cœur de la recette ! Prendre leur menu dégustation pour deux peut s'avérer une bonne option afin de pouvoir goûter plusieurs types de sushi, maki et nigiri ! Une belle découverte qui allège tout de même le porte-monnaie.

XL DINER €€€

Skaregata 1B
✆ +47 70 12 42 53
www.xldiner.no
Du mardi au jeudi 18h-00h. Vendredi-samedi 17h-1h30. Fermé le dimanche et lundi. Comptez 400 NOK pour un bacalao.

Bien que le nom de l'établissement ne sonne pas très raffiné, il faut se détromper : ce restaurant hautement gastronomique vous promet un moment inoubliable avec ses bacalaos délicieux et sa vue imprenable sur Ålesund. Le restaurant a été plusieurs fois nommé meilleur restaurant à bacalao d'Europe ! Véritable cuisine fusion entre le Portugal et la Norvège, les résultats sont surprenants. Il faut absolument choisir le menu dégustation : le Royal bacalao plate. Sinon, optez pour le klippefisk ou la fiskesuppe. Réservation nécessaire !

MØLLA PUB & KARAOKE

1 Kirkegata
✆ +47 483 21 136
https://mlla.business.site
Ouvert 7j/7 à partir de 10h et jusqu'au départ du dernier client ! 75 NOK la pinte de Dahl, 110 pour une IPA.

Ce petit pub qui ne paye pas de mine de l'extérieur est en fait un endroit très sympathique. Les locaux y viennent depuis 40 ans malgré les changements de propriétaires successifs. Aux murs, des tableaux de Joan Baez, Miles Davis, Bob Dylan & Co. Tout pareil dans les oreilles, et ça fait plaisir ! Leur pinte de blonde est la moins chère de toute la ville et leur IPA locale est particulièrement bonne, avec comme un goût de fumé. Au sous-sol, karaoké, billard et discothèque certains soirs de la semaine. N'hésitez pas à y aller pour avoir un peu de saveur locale.

RACOON COFFEE & MORE

Kongens gate 6
✆ +47 969 19 588
www.racooncoffee.no
Ouvert du lundi au vendredi de 7h30 à 18h, le week-end de 10h à 18h.

Racoon c'est l'endroit parfait pour une pause gourmande. Large choix de cafés et pâtisseries plus appétissantes les unes que les autres. Leurs muffins sont souvent parsemés de fleurs comestibles, c'est vraiment joli à voir ! Racoon propose des sandwhichs frais également. Accueil très sympathique et professionnel. Un café où l'on se sent bien pour papoter entre copains mais aussi pour s'installer travailler un peu, car la musique n'y est pas trop forte et l'endroit bien lumineux. Sucré ou salé, tout est préparé avec des produits ultra-frais !

SPØTERIET - MAGASIN DE LAINE

Parkgata 3
✆ +47 4000 8401
Ouvert lundi, mardi, vendredi 10h-17h, mercredi, jeudi 10h-19h, samedi 10h-15h.

Une vitrine qui donne envie d'emblée tant elle est soignée, avec de jolis modèles de pulls, gilets, bonnets design et colorés en exposition. À l'intérieur, de nombreuses étagères de laines variées, y compris de la locale, rangées comme souvent par marque et par couleur. Un petit espace avec canapé est mis à disposition des clients le temps de lire son patron, choisir une laine, etc. Le tout parfois accompagné d'un thé ! La patronne connaît son métier !

62° NORD

Skansekaia
✆ +47 70 11 44 30
www.62.no
Ouvert toute l'année. Croisières bateau, sea rafting, sea safari, hélicoptères et activités outdoor.

Une compagnie rattachée à trois hôtels de la ville qui organise plusieurs croisières dans le fjord, ainsi que des excursions pêche, kayak, vélo, ski, rafting, safari en mer pour voir les otaries et même des sorties en hélicoptère pour ceux qui ne savent plus toucher terre. On peut se renseigner au bureau du centre-ville, ou les contacter directement. Bonne documentation en ligne. Les services proposés par 62 Nord sont de très haute gamme, idéal pour tous les amoureux de sensations fortes et de nature qui sont à la fois exigeants sur les prestations proposées.

KAYAK MORE TOMORROW

3 Notenesgate ✆ +47 48 65 04 09
www.kayakmoretomorrow.com
Ouvert du 1er avril au 15 septembre tous les jours. Excursion, location, tours guidés, kayak, stand-up paddle, vélo...

Kayak More Tomorrow est une compagnie très professionnelle implantée dans le domaine sportif et touristique depuis plusieurs années. De la balade en paddle au cœur d'Ålesund, la ville de l'art nouveau, au trek-kayak sur plusieurs jours jusqu'à Geiranger, ou encore dans les îles Lofoten, Kayak More Tomorrow propose plusieurs options selon vos envies. Les guides sont certifiés et vous assurent des moments inoubliables ! Possibilité également de leur demander d'organiser votre périple de A à Z afin que vous puissiez y aller sereinement sans guide.

MOLDE ★

Un site merveilleux et enchanteur. 87 cimes enneigées au-delà du vaste fjord de Romsdal, une ville qui se pare de roses, de tilleuls, de frênes, d'érables et de trembles. Étonnamment, devant ces cimes blanches, les jardins et des arbres oublient la latitude. Le festival de jazz met la ville en fête pendant toute une semaine à la fin juillet. Molde s'est développé à partir du domaine de Moldegård où Henrik Ibsen aimait passer ses vacances. Sa pièce, *Rosmersholm* (Ed. du Porte-Glaive, 1991), fut écrite dans le salon bleu de Moldegård.

Plus d'informations sur le festival de jazz : www.moldejazz.no

MOLDE FJORDSTUER CLASSIC NORWAY €€€

Julsundveien, 6
✆ +47 71 20 10 60
Chambre double avec petit déjeuner à partir de 914 NOK selon saison, petit déjeuner inclus. Restaurant.

Un bel hôtel aux airs de marina privée et intime, alliant avec subtilité appartements et chambres, vérandas et repas directement sur les pontons lorsque le temps le permet. 60 chambres aux lits douillets, TV, connexion Internet gratuite et, non négligeable, la possibilité de se faire du café et du thé. Le restaurant ouvert 6 jours par semaine est très agréable et les plats sont délicieux, souvent à base de produits locaux. On recommande la soupe de poisson au déjeuner !

THON HOTEL MOLDEFJORD €€€

Storgata 8 ✆ +47 71 20 35 00
www.thonhotels.com/moldefjord
Chambre simple standard à partir de 695 NOK, chambre double à partir de 1 136 NOK. Salle de sport.

Voici un hôtel de la chaîne Thon, très répandue en Norvège. Le service est de bonne qualité et le personnel a plutôt l'habitude d'une clientèle d'affaires. Certaines chambres ont de belles vues sur le fjord, avec une terrasse. Également restaurant. Le check-in se fait à partir de 15h et le check-out à midi, mais ils gardent volontiers vos valises dans un peu plus longtemps si besoin. Connexion Internet gratuit. Salle de sport pour garder la forme. Station de chargement pour voiture électrique. Buffet du matin idéal pour se faire plaisir sans garder la ligne !

VESTLANDET

VARDESTUA CAFE - RESTAURANT €€

Vardevegen
✆ +47 90 85 99 02
www.visitnorway.com
Ouvert de mai à septembre, tous les jours de midi à 18h. Comptez 80 à 200 NOK.

Ce restaurant est situé sur les hauteurs de Molde, sur la colline Vardestua qui domine le fjord, au bout de la route panoramique et à coté du Varden View Point, fin de balade de nombreux randonneurs depuis Molde. Avec plus de 220 sommets enneigés qui se détachent à l'horizon, le paysage est fantastique. Au menu, des plats traditionnels : Kjötsúpa (soupe à l'agneau), Rømmegrøt (bouillie norvégienne à base de crème fouettée), Elsteik (steak d'Elan)... Terrasse super par beau temps.

AVERØY

Cette île se situe juste avant la fameuse Atlantic Road, la route de l'Atlantique qui se situe sur la route 64 entre Trondheim et Molde. Des îles qui se suivent les unes les autres avec un horizon sur l'océan à perte de vue ! Cette route dite mythique n'est vraiment pas très longue, nous vous conseillons donc de prendre un hébergement à côté afin de profiter de la nature environnante, faire du kayak par exemple pour découvrir tous les petits îlots. Si vous avez la moindre question, les offices de tourisme de Molde, de Alesund ou de Kristiansund seront sans aucun doute les meilleurs conseils. On recommande !

- www.fjordnorway.com

KRISTIANSUND ★

Commune de 24 500 habitants, Kristiansund s'étend sur quatre îles principales. Kristiansund vivait principalement de la morue séchée jusqu'aux années 1960. Étant dépendante des ferries, son développement a beaucoup pâti de son isolement. La Shell et la Conoco, installées ici pour leurs forages pétroliers, ont participé au projet routier Krifast terminé en 1992. Une escale à Kistiansund sera l'occasion de goûter au fameux *Klippfisk*. Ici la morue était séchée non pas sur les séchoirs à poissons mais sur de grosses pierres au soleil et au vent. Aujourd'hui Kristiansund est animé et un nouveau centre culturel et opéra va bientôt voir le jour !

Transports

- **Bateau :** Les différents quartiers de Kristiansund étant construits sur plusieurs îles, un réseau de petits bateaux de quartier fait la navette depuis plus de 100 ans. C'est la compagnie de transport la plus ancienne au monde. Ces célèbres Sundbåtene font partie des attractions caractéristiques de la ville : on peut simplement les prendre pour avoir un aperçu, sans faire d'arrêt. Le trajet dure alors une petite demi-heure. On peut aussi s'arrêter, se balader, prendre un café, visiter le musée Norsk Klippfiskmuseum ou l'église Nordlandet Kirke, puis prendre le prochain bateau. www.sundbaten.no
- **Avion :** Liaisons quotidiennes pour Trondheim, Oslo et Bergen.

LYSØ NATURCAMPING & RORBUER

Ljøsøyveien 116
✆ +4771 51 21 13
www.lysoenrorbuer.com
Ouvert de mai à octobre.
Prix de 200 à 1 500 NOK par nuit.

Un endroit magnifique, loin de tout, préservé et où la nature est reine (attention à vos déchets ! comme partout ceci dit). Réception qui fait petit café. Accueil très sympathique de Matthias. Ponton avec bateau pour la location et kayaks. Barbecue et tables. Wifi gratuit. Canne à pêche, jeux de société à dispo. Aire de jeux pour les enfants. En dehors de la saison, les contacter par email car si vous souhaitez y aller, c'est possible de louer une maisonnette. Juste génial.

VARDETÅRNET, TOUR DE GUET ★

Vardetårnet
✆ +47 70238800
www.visitnorthwest.no
Accessible toute l'année.

On accède à cette tour en 5 minutes à pied depuis le centre-ville. Du haut de ce rocher, une belle vue s'offre sur le large, sur l'île de Grip au nord et sur les grandes montagnes de Nordmøre et de Romsdal. En été, on y installe une petite terrasse avec des rafraîchissements. De nombreux sentiers de promenade se trouvent un peu en contrebas, autour des *Vandamman* (anciens réservoirs d'eau douce de la ville) dont l'emplacement a été reconverti en parc.

SUNDBÅTENE ★★

Kongens plass, 1
✆ +47 92 85 17 44
www.sundbaten.no
Passage toutes les 20 à 30 minutes.
Adulte 45 NOK, enfant 20 NOK. Pass à la journée 120 NOK. Gratuit le samedi.

Les différents quartiers de Kristiansund étant construits sur plusieurs îles, un réseau de petits bateaux de quartier fait la navette depuis plus de 100 ans. C'est l'une des compagnies de transport la plus ancienne au monde. Ces célèbres Sundbåtene font partie des attractions caractéristiques de la ville : on peut les prendre pour avoir un aperçu, sans faire d'arrêt. Le trajet dure alors une petite demi-heure. On peut aussi s'arrêter, se balader, prendre un café, visiter le musée Norsk Klippfiskmuseum ou l'église Nordlandet Kirke, puis prendre le prochain bateau.

ATLANTEN HOTEL €

Dalaveien, 22
✆ +47 71 67 11 04
www.atlanten.no
Chambre simple avec petit déjeuner 750 NOK, chambre double 995 NOK, appartement 2-4 pers : 995 NOK. Tente : 110 NOK.

Un motel pratique et assez rustique qui propose de jolis appartements et bungalows avec des revêtements en bois. Les prix sont très corrects pour la prestation de bonne qualité. Situé à seulement 15 minutes à pied du centre-ville, cet hôtel sera une halte bienvenue et confortable au milieu de votre périple. Parking, wifi, cafétéria, cuisine, WC, douches, machine à laver à disposition, salle de conférence, jeux, aire de vidange pour camping-car et nombreuses activités aux alentours font de ce lieux un bon point de chute pour explorer les environs.

SCANDIC KRISTIANSUND HOTELL €€€

Storgata, 41-43
✆ +47 71 57 12 00
www.scandichotels.no
Chambre double standard à partir de 840 NOK, petit déjeuner inclus.

Sur le quai de la ville pétrolière de Kristiansund et à courte distance des rues commerçantes. L'hôtel de la chaîne scandinave possède sa propre jetée maritime. Le service est haut de gamme, le restaurant de l'hôtel est très bon, un peu cher. On retient l'excellence du petit déjeuner ! La salle de sport avec son parquet en bois permet de garder la forme pendant les vacances. Possibilité de garer sa voiture au parking. Connexion Internet gratuite.

BESTEMORS HAGE €

N, Hagbart Brinchmanns vei 1C
✆ +47926 86 746
Ouvert du mardi au vendredi de 11h à 15h.

Surplombant la rive du premier plan d'eau en allant vers Varden, un joli chalet blanc, tout cosy. Typiquement l'endroit où les jeunes mères de famille se retrouvent pour boire le thé après une balade, un espace est dédié aux enfants dans le jardin. Les peaux de mouton couvrent les bancs en bois, on s'installe pour déguster un des nombreux cafés de la carte assorti d'une tartines aux crevettes, saumon, ou jambon... Et pourquoi pas le fameux *cinnamon roll* pour un petit plaisir sucré ? Une adresse très agréable, où les moineaux viennent presque siroter votre *latte*.

MÆTT & GO ETERI OG LANDHANDLERI €

Kaibakken 2
✆ +47 949 72 063
Ouvert du lundi au samedi de 10h à 18h.

Sur la place principale du port, la terrasse de ce restaurant se remplit vite les midis ensoleillés. À la fois épicerie fine et café-brasserie, Mætt & Go attire les touristes aussi bien que les locaux. Au menu, bières, poissons locaux, frites, salades. La spécialité ? Le *Klæppfeskkjerringa* ou *klippfisk burger* ! On y retrouve presque le goût et la sensation de la quenelle de brochet. Côté épicerie, on recommande de goûter les *fiskekake* fabriqués par le restaurant Smia.

MIA M11K REKER - BATEAU CREVETTES €

Omsund as
✆ +478 35 861
Bateau à quai en face de Kristiansund kommune. Environ 80 NOK la demi-livre de crevettes.

Avec un peu de chance, le Mia sera à quai lors de votre passage. Ce n'est pas un restaurant, mais bien un joli bateau de pêche qui vend ses crevettes à la fraîche ! On achète sa livre pardessus bord avant d'aller décortiquer tout ça sur le port en guise d'apéro, espérons-le, sous un rayon de soleil ! Pensez à prendre un pot de mayonnaise au supermarché du coin, un pain aux céréales, et selon l'humeur, une bouteille de vin blanc bien fraîche. Bonheur garantit !

BOTECO €€

Skolegata 16
+47 995 03 513
www.boteco.no
Ouvert tous les jours, du mardi au samedi de 11h30 à 00h, et de 15h à 23h le dimanche et lundi.

L'alliance entre le Brésil et la Norvège est parfaite. Un intérieur rétro et chaleureux, pensé par Øyvind, passionnée par le recyclage de meubles anciens. Et surtout, en échos aux origines brésiliennes de Marcos, du soleil dans les assiettes ! Epices, patates douces, sauce à l'orange ou à la mangue... Tout l'art d'inviter les tropiques à se mêler aux produits des eaux froides. La terrasse est très agréable. N'hésitez pas à jeter un œil à la page Facebook, avec un peu de chance, un concert de Bossa Nova ou de jazz brésilien se joue !

BRYGGEKANTEN BRASSERIE OG BAR €€

Storkaia 1
+47 71 67 61 60
www.fireb.no
Brasserie ouverte le midi, restaurant le soir. Fermé le dimanche. Fish & chips à 20 €. Beaucoup de choix.

Pour profiter de la vue, c'est à la brasserie Bryggekanten qu'il faut s'arrêter. De la terrasse chauffée, comme suspendue au-dessus du port, la vue est dégagée sur l'île de Nordlandet et ses jolies maisons de toutes les couleurs. A la carte, plutôt de bonne qualité, quelques plats du jour, burger, fish & chips et pizza. Le céviche de cabillaud est particulièrement savoureux. Ceux qui voudront une expérience plus raffinée, il y a le restaurant à l'étage !

SMIA €€

Fosnagata 30B
+47 71 67 11 70
www.smia.no
Ouvert du lundi au samedi de 11h à 22h.
Le midi comptez 20 €, le soir 35 € le plat principal.

Nichée à 5 minutes de l'embarcadère, dans une jolie maison rouge, le Smia, c'est LA bonne adresse de Kristiansund. Dans un cadre chaleureux, on y va pour manger frais et local au coin du feu. Du poisson forcément, dont le fameux *klippfisk*, que l'on retrouve à toutes les sauces ! En entrée, le filet de flétan à l'orange nous ravit les papilles. Côté dessert, le cheesecake fait maison donne une sacré touche finale à ce repas digne d'un semi-gastronomique. Attention, la cuisine ferme 30 minutes avant la fermeture du restaurant. Réservation recommandée.

GRIP ★

Grip est une île située à 14 km au large de Kristiansund, un hameau de pêcheurs qui n'est plus habité que l'été. L'église en bois, bâtie en 1400, comporte un beau triptyque hollandais du Moyen Âge.
Très belle messe célébrée certains dimanches en été à 17h30, et le jour de la fête de saint Olav, le 29 août. Il règne une atmosphère particulière sur cet avant-poste loin dans la mer. Une nuit d'automne de 1796, pendant une grosse tempête, la mer emporta d'un seul coup jusqu'à 100 maisons du hameau. Visites touristiques en été pour Grip.

VESTLANDET

© TTPHOTO - SHUTTERSTOCK.COM

Grip.

TRØNDELAG

Le Comté de Trøndelag est situé au centre du pays et a été créé en 2018 à partir de la réunion des deux anciens comtés de Nord-Trøndelag et Sør-Trøndelag. La géographie de la région est marquée par de grandes zones boisées, des vallées et des voies navigables comme les rivières Orkla, Gaula, Stjørdalsvassdraget et Verdalsvassdraget qui se jettent dans le fjord, à Trondheim.

La partie orientale (à la frontière suédoise) est montagneuse. Des fouilles archéologiques ont révélé que la région a été habitée depuis des milliers d'années, les premiers signes d'habitation remonteraient à l'âge de fer.

Le Trøndelag est une région historique de la Norvège, où se trouve la première capitale du pays, Trondheim, ville du sacre et berceau de la cathédrale Nidaros. Une région très belle que vous prendrez plaisir à arpenter et où chaque saison offre son lot de surprises naturelles et culturelles. Vous y passerez forcément si vous allez au nord du pays.

Trondelag
20 KM
Au
Utvorc
Lauvsnes
Sætervik
Vingsand
Yttervåg
Halten
Roan
Stokkøy
Sauøy
Åfjord
Lysøysundet
Mausund
Sula
Bjugn
Råkvåg
FRØYA
Titran
Brekstad
Leksvi
HITRA
Hestvika
Vanvikan
Hopen
Dyrnes
TRONDHEIM
Vikhammer
Krokstadøra
ORKANGER
Kyrksæterøra
Melhus
Lundamo
KRISTIANSUND
Løkken Verk
Rindal
Støren
Skei
Tingvoll
Budal
BERKÅK
Eidsvåg
Nerskogen
Innset
Sunndalsøra
FOROLLHOGNA
OPPDAL
BERKÅK
Kvikne
Åndalsnes
Gjøra

Michel
NAMSSKOGAN
Røyrvik
Rørvik
Salsbruket
Stora Blåsjön
Abelvær
Trones
Salsnes
Skorovatn
Jøa
Høylandet
Otterøya
Harran
Namsos
Skage
GRONG
Sandvika
Gäddede
Snåsa
Namdalseid
Sørli
BLÅFJELLA - SKJÆKERFJELLA
Vellamelen
Malm
Steinkjer
Rötviken
Straumen
Skjækra
STIKLESTAD
Levanger
Skogn
Inna
Åbo
Anjehem
dal
Kaxås
Meråker
Änge
SUÈDE
Handöl
Mällbyn
Mebond
Nea
Handölan
Hallen
VÅLÅDALEN
Tydal
Tossåsen
Stugudalen
Ålen
Storsjö
Särvan
Brekkebygd
Hitterdalen
Vers FEMUNDSMARKA
Skålan
RØROS
Särvsjön
Åsvallen

OPPDAL ★★

La ville d'Oppdal est l'une des stations de sports d'hiver les plus réputées du pays. Outre ses multiples équipements – une trentaine de pistes réparties sur quatre montagnes –, Oppdal est aussi connue pour sa nature préservée. C'est le point de départ idéal pour de longues randonnées dans des espaces encore sauvages du pays, de s'essayer à l'escalade sur glace ou au traîneau à chien. Vous pourrez profiter de la plus grande étendue skiable de Norvège ou faire du canoë sur le lac de montagne Gjevilvannet, dans le Trollheimen (« la maison des trolls »). Ce lac est entouré de montagnes abruptes et de charmants chalets de transhumance.

STATION DE SKI D'OPPDAL - OPPDAL SKISENTER

www.oppdalbooking.no

Novembre à mars-avril en fonction de la météo. Forfait valable sur les 4 montagnes. 1 jour 370 NOK, enfant 300 NOK.

La station de ski d'Oppdal s'étend sur quatre montagnes. Elle dispose de 17 remontées mécaniques, 30 pistes de ski aux difficultés variables, et d'un snowpark. Le slalom géant d'Oppdal est également très réputé. Magasins de location de skis et autres écoles de ski sont aussi à disposition. Une option à ne pas négliger pour tous les amateurs de glisse ! Notons également que la station propose des hébergements qui conviendront à toutes les bourses.

Oppdal.

BERKÅK

Accessible par la route E6, cette petite bourgade compte environ un millier d'habitants à l'année. Située dans la vallée Orkladalen, cette petite ville est aussi le centre administratif de la province de Rennebu. Il y coule la rivière Orkla, une des meilleures rivières à saumon de Norvège. Ne pas louper Birka, un centre national pour l'art et l'artisanat situé le long de la route E6 au sud du village. Chaque année, Berkåk organise la Rennebumartnan, une fête de l'art et d'artisanat à la fois traditionnel et contemporain qui a lieu début novembre. Elle réunit pas moins de 150 artisans venus de tout le pays pour présenter leur savoir-faire.

FRICH'S OPPDALSPORTEN €€

Trondheimsveien 1220, Fagerhaug

✆ +47 72 40 06 40

frich.no/oppdal

Chalets à partir de 950 NOK la nuit/2 personnes. Restaurant ouvert tous les jours 8h-22h. 250 NOK pour un repas.

Chalets à louer, emplacements de tentes et camping-cars, Internet sans fil gratuit, restaurant, Oppdalsporten fait office de point de rendez-vous à Oppdal. On y passe forcément à un moment, au moins pour un café. La carte du restaurant est assez large et se concentre en grande partie sur des produits locaux de bonne qualité. Situé à 12 km de Oppdal, les chambres et les appartements à louer sont simples mais ont néanmoins tout le confort nécessaire pour passer un agréable moment avant ou après la randonnée. Joli toit végétal !

CAMPING HALLAND €€

Rennebu

✆ +47 905 39 121

www.hallandcamping.no

A 7 km au nord de Berkåk. Chalet entier pour 6 personnes à partir de 990 NOK.

Terrain de camping familial avec des activités pour enfants, comme la visite aux cochons nains, lapins, chèvres et des jeux tels que trampoline, balançoire, mini-golf, toboggan, bac à sable... Sur ce site au bord de la rivière, on peut louer des chalets entiers, des apparements ou bien simplement louer un emplacement de caravane ou de tente. Animaux acceptés. Pêche à la truite gratuite sur place. Pêche au saumon (payante) dans la Gaula et l'Orkla, à une quinzaine de kilomètres du camping. Parking, TV, aire de jeux, accès Wifi gratuit.

RØROS ★

La petite ville de Røros (5 623 habitants) est située à une altitude de 615 m, vers le cours supérieur de la Glomma, la plus longue rivière du pays. Elle jouit d'un climat légèrement continental. C'est l'un des endroits les plus froids de Norvège, et c'est définitivement la ville la plus froide du Trøndelag (record : -50,4 °C au début de janvier 1914 et -42 °C en janvier 2010). Ses hivers froids sont favorables au ski ; en été, les journées sont agréables mais les nuits restent très fraîches. Fondée en 1644 pour l'exploitation des mines de cuivre (qui ont continué à fonctionner jusqu'en 1977), Røros était à l'époque de sa gloire l'un des centres industriels les plus importants d'Europe du Nord. Aujourd'hui, un ensemble unique du vieil habitat en bois ainsi que la grande église baroque de 1784 ont pu être conservés dans la vieille ville du Bergstaden, la cité de la montagne, son ancien nom d'inspiration allemande. En effet, la Norvège, à l'époque réduite à une pauvre province inculte du royaume du Danemark, était obligée de faire venir des ingénieurs allemands pour superviser le travail de la mine. Sa vieille ville est désormais inscrite au patrimoine mondial de l'Unesco (depuis 1980). Les habitants aiment sortir, et Røros est plus animée que la plupart des autres villes de la longue vallée d'Østerdal. La ville compte également plusieurs musées intéressants tels que Olavsgruva (la mine d'Olav) et Smeltehytta (la fonderie), de nombreuses galeries d'art pictural, des festivals annuels, comme, au mois de février, le Rørosmartnan (la foire de Røros depuis 1854, jadis d'agriculture), et des courses de traîneaux à chiens.

- **Une grande fête hivernale**, Rorosmartnan, a lieu au mois de février. Pour en savoir plus : www.rorosmartnan.no

Tourisme

Infos sur les musées de la ville et ses environs : www.rorosmuseet.no – Il est possible d'acheter un billet combiné pour les fonderies et la mine (130 NOK par adulte, 105 NOK tarif réduit et gratuit pour les moins de 15 ans).

Transports

- **Trains** quotidiens pour Oslo (5 heures) et Trondheim (2 heures 30).
- **Bus** quotidiens pour Trondheim (3 heures) et Oslo (6h).
- **Avion.** Vols pour Oslo (principalement), Trondheim, Kristiansand, Ålesund... Ce petit aéroport est situé à moins de 2 km du centre-ville. Taxi pour rejoindre le centre, environ 100 NOK, également navettes.

ÉGLISE DE RØROS ★

Peder Hiorts gt.
✆ +47 72 41 00 50
Ouverte du lundi au samedi en été de 10h à 17h. Le reste de l'année ouverte le dimanche 11h-13h. Entrée 35 NOK.

Cette église de 1784, de forme octogonale très particulière, est marquée du sigle des compagnons allemands. C'est également le seul édifice en pierre de la ville. Des concerts y sont organisés. Cette église est l'une des plus grandes de Norvège. Témoin de l'époque où Røros était une ville minière, l'emblème de la mine figure sur le clocher et des portraits des directeurs successifs de la mine sont accrochés dans l'église. À l'intérieur, on peut voir les peintures bleu et blanc à dorures, typiques de cette région. L'orgue baroque est assez bien conservé.

FONDERIES - SMELTEHYTTA ★

Rørosmuseet ✆ +47 72 40 61 70
www.rorosmuseet.no
Du 20/06 au 15/08 : 10h-18h, du 16/08 au 10/09 : 10h-16h, du 01/06 au 19/06 : 10h-16h. 120 NOK, -16 ans gratuit.

Smelthytta (les fonderies de la mine de cuivre) à Malmplassen a été un point central de la communauté Røros. De 1646 à 1953, le cuivre a été fondu ici. La fabrique a été fermée 1953. En 1975, le bâtiment a brûlé. La fonderie d'aujourd'hui a été construite sur les ruines de l'ancienne fonderie. Le musée présente deux expositions permanentes : « Les mines de cuivre », qui explique une partie de l'histoire de Røros, et « Ti finpussa » qui expose des costumes portés par les seigneurs en 1800. La fonderie propose également des expositions temporaires.

KVITSANDEN ★★

Kvitsanden
Situé immédiatement à l'extérieur de la ville.

Le plus grand désert de toute l'Europe du Nord où les vents ont amoncelé les sables en grandes dunes. Quand la mine était active, la quasi-totalité des forêts autour de la ville fut rasée afin d'alimenter les fonderies de cuivre. À la fin du XVIIIe siècle, dans le cadre d'un programme de reforestation, des essais de plantation furent tentés, le sable fut recouvert de branchages et de tourbe, ensemencé de graminées, puis planté de pins et de bouleaux. La plus grande partie des Sables blancs reste aujourd'hui vide de toute végétation.

MINE OLAVSGRUVA

Malmplassen
✆ +47 72 40 61 70
www.rorosmuseet.no
Horaires variables, voir site Internet. Tours guidés 7j/7 l'été, jeudi et samedi l'hiver. Adulte 150 NOK.

Visite d'une galerie souterraine à 50 m sous terre et qui vous fait découvrir une vie et des techniques développées 300 années auparavant. Prévoir de bonnes chaussures de marche et des vêtements chauds, la température n'y excède pas 5 °C tout au long de l'année. La mine d'Olav, construite sous l'impulsion de Christian IV (roi du Danemark et de Norvège de 1588 à 1648), est située à Storwartz, où plusieurs mines étaient en activité de 1644 à 1977. La mine d'Olav est la dernière à avoir été fermée et avait alors atteint 90 mètres de profondeur.

RØROSVIDDA HOTELL €€

Øra, 25
✆ +47 72 41 10 89
https://rorosviddahotell.no
Ouvert toute l'année. Chambre double à partir de 1 050 NOK. Petit déjeuner inclus.

Un hôtel familial à l'ambiance calme. Grande salle de réception pour les repas. Buffet de petit déjeuner copieux et diversifié. Des chambres simples mais avec néanmoins tout le confort nécessaire pour passer une bonne nuit. La propreté est au rendez-vous. L'hôtel possède 34 chambres et une capacité totale d'environ 70 personnes. Situé à seulement 5 minutes du centre-ville, l'hôtel propose aussi le parking gratuit, et bien sûr un accès Internet wifi gratuit. L'équipe de l'hôtel vous aidera volontiers à planifier une sortie en mer.

HÔTEL RØROS €€€

An-Magrittsvei
✆ +47 72 40 80 00
www.roroshotell.no
Chambres double à partir de 1 500 NOK, petit déjeuner inclus. Restaurant, piscine.

Ce grand hôtel de 167 chambres, recouvert de bois et de lattes bleues, avec de grandes baies, possède une piscine design de 27 mètres de long, des bassins pour les enfants, une salle de fitness, un sauna, un solarium, et même un tennis et un mini golf. Le buffet de petit déjeuner est gourmand, avec du pain bien frais et des produits locaux. En décembre, l'hôtel organise des week-ends « Noëls nordiques » aux flambeaux à Kanefart, la version norvégienne de la troïka russe. Vous avez la possibilité de réserver des excursions en traîneaux à rennes ou à chiens.

VERTSHUSET RØROS - HÔTEL HISTORIQUE €€€

Kjerkgata, 34 ✆ +47 72 41 93 50
www.vertshusetroros.no
Chambre double à partir de 1 750 NOKK, petit déjeuner inclus. Menu entrée, plat, dessert 650 NOK.

Occupant une vieille maison de bois, ce restaurant comporte des petits salons typiques. Les murs exposent des photos du film *An Magrit*, tourné ici en 1969 d'après le roman de Johan Falkberget et interprété par Liv Ullmann. Des chambres, dont certaines avec vue sur l'église, sont à louer dans de petites maisons dans la cour. Au sous-sol, le pub Rammkjellar'n occupe la cave qui constituait jadis, le coffre-fort de la compagnie de la mine. On y mange une cuisine traditionnelle goûteuse.

Roros.

ALASKAN HUSKY TOURS

Kopparleden 9001
+47 954 19 225
husky-point-rros-as.business.site
Ouvert tous les jours de 10h à 16h, prix sur demande.

Ketil et Evelyn Anguyak Reitan élèvent et conduisent des chiens de traîneau depuis les années 1970. Profitez de leur savoir-faire exceptionnel et de leur expérience pour découvrir le côté sauvage de la Norvège. Leurs chiens sont tous de sympathiques huskies d'Alaska. Ketil et Evelyn vous apprendront même comment mener 5 ou 6 chiens. Faire du traîneau à chien, c'est aussi percevoir d'une autre façon le territoire, ressentir une vitesse de déplacement inhabituelle et bien sûr appréhender l'interaction homme-animal si étonnante parfois.

RØROS HESTESPORTSENTER

Kvernengan
+47 91 51 93 63
www.roroshestesportsenter.no
Tour d'une heure 180 NOK. Balade de 3 heures 490 NOK. Ouvert à l'année. Appeler avant.

Situé à 6 km au nord-ouest du centre-ville, ce centre d'équitation propose de nombreuses formules, des balades d'une ou trois heures, mais également des randonnées à la journée pour profiter au maximum d'une expérience en pleine nature, seuls avec les chevaux. Pour ces longues sorties, il faut avoir plus de 8 ans et avoir déjà fait un petit peu d'équitation. Le déjeuner est inclus dans le prix. Les chevaux sont de race islandaise (célèbres pour leur quatrième allure naturelle, le *tølt*), nordland, døle ou anglo-arabe. Sentiers équestres balisés en été.

RØROS HUSKY ADVENTURES

Johan Falkbergets vei 800, 7372 Glåmos
+47 915 15 228
www.roroshusky.no/en
De mi-novembre à fin avril, en fonction de l'enneigement. À partir de 2 100 NOK pour un tour de 2h30.

Røros Husky est une entreprise familiale détenue et exploitée par Torgeir Øren et Mary Amundsen. Ils élèvent et conduisent les chiens depuis 1975. Ils possèdent une trentaine de huskies d'Alaska dociles et très bien éduqués. Pendant des années, Torgeir était un des meilleurs mushers d'Europe pour les courses de longue distance. Sortie à la journée sur le plateau de Gauldal (Gauldalsvidda) et dans des zones légèrement boisées. Au programme aussi, les sorties sur plusieurs jours ! Il n'est pas nécessaire d'avoir déjà fait du traîneau à chien.

ORKANGER ★

Au sud-ouest de la ville de Trondheim, sur la route 710, se trouve la ville d'Orkanger qui compte environ 8 100 habitants, ce qui en fait la deuxième plus grande ville du Sør-Trøndelag, après Trondheim. Orkanger est l'un des centres industriels les plus importants de tout le Trøndelag. On y trouve notamment de grandes entreprises comme Technip Offshore Norway AS, AS Vigor, Washington Mills ou la fonderie Thamshavn Elkem AS. Quelques bâtiments, comme le Thamspaviljongen, valent vraiment le coup d'œil ! Orkanger est un nom composé du préfixe *Ork*, issu de la rivière Orkla, et du suffixe *angr* qui signifie en vieux norvégien le « fjord étroit ».

BÅRDSHAUG HERREGÅRD - HÔTEL HISTORIQUE

102 Orkdalsveien
+47 72 47 99 00
https://baardshaug.no/en
Chambre double à partir de 1 450 NOK. Pêche du saumon depuis un site privé sur la rivière Orkla.

Le manoir de Bårdshaug fut construit en 1900 pour le ministre Christian Thams. Architecte de formation, il travaillait comme directeur pour les mines d'Orkla et fut aussi consul en Belgique et président de plusieurs sociétés en Afrique et en Europe. Christian Thams établit la première ligne de chemin de fer électrique de Norvège, le Thamsbanen.

Le Bårdshaug Herregård comprend le manoir, de style Empire en bois, 2 bâtiments du chemin de fer, et une construction meublée d'antiquités.

FEMUNDSMARKA ★

À partir de Røros, on peut faire une excursion de 34 km jusqu'au lac Femund, le troisième lac de Norvège. Autour du lac, les parcs nationaux Femundsmarka et Gutulia sont réputés pour abriter les troupeaux de rennes les plus méridionaux de Norvège (quelque 4 000 têtes) ainsi que des forêts aux arbres de plus de 250 ans. Super sentiers de randonnée dans le parc national de Femundsmarka, où l'on peut aussi pratiquer la pêche et le canoë-kayak. C'est l'une des régions les plus préservées du sud de la Norvège, avec de nombreuses espèces d'oiseaux, d'insectes et de vie sauvage en général. Pensez aux jumelles !

Plus d'informations :
www.femundsmarka.net

FORÊTS SÉCULAIRES DE GUTULIA ★

Gutulia Nasjonalpark
https://gutulianasjonalpark.no
Petite route, entre Elgå et Femundsenden, jusqu'au lac Gutulisjøen.

Situé immédiatement au sud de Femundsmarka, parmi de denses forêts vierges de conifères, ce tout petit parc national permet d'admirer des épicéas âgés de 250 ans, et des pins, plus vieux encore. La vie est partout, de l'arbre mort tombé au sol qui fourmille d'insectes, aux lichens qui dégringolent des arbres. On peut notamment y voir des pics noirs et des geais de Sibérie. Entre lac et montagnes, cette forêt est accessible à tous types de marcheurs.

PARC NATIONAL DE FEMUNDSMARKA ★★

Femundsmarka Nasjonalpark
www.visitnorway.com
Superficie 390 km². Aller à Sørvika ou Jonasvollen et bateau pour traverser le lac Femund. Sentiers balisés et refuges.

© LVDPROD - SHUTTERSTOCK.COM

Forêts de résineux et blocs de granit erratiques couvrent ce terrain glaciaire aux douces ondulations, parcouru par les rennes semi-domestiques et les bœufs musqués sauvages. Ce parc est contigu à deux grandes réserves naturelles et à un parc national, du côté suédois. Les ours bruns ne connaissent pas les frontières et viennent souvent de Suède pour semer la panique dans les troupeaux de moutons, aiguisant la haine ancestrale que leur vouent les fermiers.

TRONDHEIM ★★★★

Entre son fleuve Nidelva et la mer, Trondheim a des airs insulaires où il fait bon se promener, se perdre et se retrouver. Vélos et piétons déambulent dans les rues bordées de maisons à taille humaine et aux façades en bois peint. Troisième ville de Norvège avec plus de 200 000 habitants, Trondheim est aussi un pôle d'attraction universitaire, de recherche et technologique. C'est une ville très vivante et moderne qui a su conserver en même temps ses traditions et l'art de vivre norvégien. Avec ses galeries d'art, ses musées, ses restaurants, ses commerces, ses terrasses de café et surtout sa population, Trondheim a décidément de quoi séduire !

Histoire

L'histoire de Trondheim est importante. Fondée, selon les historiens, par Olav Tryggvason en l'an 997, la ville était la capitale de la Norvège de 1030 à 1217. À l'époque d'Olav Tryggvason, il semble qu'un village existait déjà sur les lieux, Nidaros, de son nom viking, hérité du fleuve Nidelva, qui entoure encore aujourd'hui la ville. En 1070 a commencé la construction de la cathédrale Nidarosdomen, où repose à présent le tombeau de saint Olav. La restauration de la cathédrale, commencée il y a une centaine d'années, a attiré de nombreux artistes. Les Journées de Saint-Olav pendant le dernier week-end de juillet sont marquées par des manifestations diverses, expositions, concerts et grandes messes. Aujourd'hui, on ne peut pas explorer décemment Trondheim sans visiter ce mastodonte d'architecture qu'est la cathédrale Nidaros. Élargie au fil des décennies, entre le roman et le gothique, elle est à la fois le lieu de pèlerinage et de villégiature de nombreux croyants, mais au-delà d'être un symbole religieux, elle représente un symbole culturel pour tout un pays.

Quartiers

Trois quartiers méritent vraiment toute votre attention :

- **Bakklander** : à l'est de la rivière Nidelven, la vieille ville. Ses maisons de bois colorées, celles des travailleurs de l'époque, réinvesties par de petits cafés, restaurants ou galeries. On se balade dans les rues piétonnes et pavées. Le quartier est assez alternatif, les étudiants aiment y traîner et nous aussi !
- **Bryggene** (les entrepôts) : les plus anciens entrepôts datent du XVIIIe siècle. Une agréable promenade dans un décor de briques rouges presque moyenâgeux où de larges terrasses s'étalent sur les quais.

▶ **Gamle Byro** (le vieux Pont) : le premier pont construit à cet emplacement fut bâti en 1681 à l'occasion de la construction de la forteresse de Kristiansten. De chaque côté du pont, il y avait une Maison des octrois, un poste de garde et de douane. Le bâtiment du poste de la rive ouest existe toujours (c'est une école maternelle). Le pont actuel fut bâti en 1861.

Se restaurer

Ces dernières années, Trondheim a vu grandir son nombre de restaurants et d'endroits où sortir. La ville s'est modernisée et de nouveaux quartiers voient le jour. Les plus agréables et goûteux se regroupent sur les quais Bryggen, dans les anciens comptoirs de commerce maritime, ainsi que dans les petites rues piétonnes de Bakklandet.

Tourisme

▶ Le festival de jazz de Trondheim a lieu tous les ans mi-mai. Plus d'infos sur www.jazzfest.no

▶ Les journées de Saint-Olav, en juillet, sont le plus grand évènement de la ville. Plus d'infos sur www.olavsfestdagene.no

▶ Un festival de gastronomie, Trondersk-matfestival, a lieu fin juillet en ville. Plus d'infos sur www.tronderskmatfestival.no

▶ Tous les hivers, le marché de Noël investit le city square central de Trondheim pendant onze jours. Associé au marché fermier, les stands d'artisanat et de spécialités locales animent la place qui devient un espace convivial et vivant où il fait bon s'attarder sous les lampions les sombres journées d'hiver !

▶ L'office de tourisme propose de nombreuses excursions dans la nature environnante, sur les fjords ou dans la ville. Renseignements sur place. En réservant à l'avance, on peut même obtenir des tours guidés en français.

Transports

▶ **Trains** quotidiens pour Oslo, Bodø et la Suède. Trains régionaux et départs des bus pour l'aéroport. La gare routière est à côté de la gare ferroviaire. Petit conseil : opter pour les trains de nuit si vous souhaitez gagner du temps.

▶ **Avion.** L'aéroport relie Trondheim à toutes les grandes villes de Norvège, dont Oslo, Kristiansand, ainsi qu'à Londres.

▶ **Express côtier.** Les grands paquebots Hurtigruten qui longent les côtes norvégiennes s'arrêtent à Trondheim. Départs quotidiens pour le sud : terminus Bergen. Pour le nord : terminus Kirkenes.

ASSOCIATION D'ART - TRONDHJEMS KUNSTFORENING ★

Bispegt, 9A ✆ +47 907 29 133
www.tkf.no

Ouvert le jeudi de midi à 18h, vendredi 10H-16h, le week-end 12H-16h. Entrée gratuite.

Cette galerie de peinture jouxte la cathédrale. Sur les marches, le Skrubbefar, un bronze de Dyre Vaa, monte la garde. Immédiatement à l'entrée, on découvre l'immense toile de Karl Uchermann (1892), figurant un élan dévoré par des loups. Plus loin, on retrouve Peter Balke avec ses marines bistrées du Grand Nord sous la tempête. Tidemand et Gude, également présents, étaient les grands peintres de la période romantique norvégienne. Le café du musée est ouvert tous les jours de 11h à 20h.

CATHÉDRALE DE NIDAROS - NIDAROSDOMEN ★★★

Bispegaten 5
✆ +47 73 89 08 00
www.nidarosdomen.no

Sept-avril : lun-sam 9h-14h (dim 16h), juin-août : lun-ven 9h-18h, sam 14h, dim 17h. 90 NOK.

La cathédrale Nidaros a gardé le nom viking de l'actuelle ville de Trondheim, inspiré du fleuve Nidelva. Bâtie au XIIe siècle, en 1653, sur la tombe de saint Olav, la cathédrale lui est entièrement dédiée. Converti au christianisme en France et proclamé roi à son retour à Trondheim. En 1024, il tente de christianiser la société avant de fuir sous la pression du peuple. Quand il revient, il meurt pendant la balade de Stiklestad et est enterré sur place, sous un tas de sable. Selon la légende, les gens qui piétinaient le tombeau guérissaient de leurs maladies. Un an et cinq jours plus tard, on décide d'ouvrir son tombeau et on retrouve une dépouille intacte, ses cheveux et ongles avaient poussé. On décide alors de construire autour de lui les prémices du monument actuel. La cathédrale est construite en « pierre de savon », dans un style où le gothique domine, mais de plus anciennes parties sont d'inspiration romane. Les vitraux sont magnifiques et ne datent que du XXe siècle. Avec sa façade richement sculptée et ses splendides vitraux, elle n'est pas sans rappeler Notre-Dame de Paris. Le dernier roi sacré dans la cathédrale a été Harald V en 1991. L'intérieur de la cathédrale est finalement plus sobre que l'extérieur, si vous n'optez pas pour une éducative et agréable visite guidée, il peut être plus intéressant d'y entrer pour écouter un concert. Aujourd'hui protestante, la cathédrale reste un lieu de pèlerinage et un symbole culturel du pays.

ÎLE AUX MOINES - MUNKHOLMEN ★★

Munkholmen
✆ +47 73 52 87 15
www.munkholmen.no
Départs toute les heures du quai Ravnkloa, variable selon les saisons. Prix A/R adulte 95 NOK, enfants 50 NOK.

Cette toute petite île entourée de remparts était jadis le lieu de supplice de Trondheim. Un couvent bénédictin construit vers l'an mille (l'un des premiers de Scandinavie) a été transformé en forteresse-prison en 1658, un peu comme Alcatraz ou le château d'If. Aujourd'hui, c'est un joli site touristique très couru, avec une petite plage et un café-restaurant qui sont ouverts pendant toute la période estivale. Possibilité d'avoir des visites guidées en période estivale.

NORDENFJELDSKE KUNSTINDUSTRIMUSEUM ★

Munkegata 3-7 ✆ +47 73 80 89 50
www.nkim.no
Musée fermé pendant l'édition de ce guide. Anciens horaires et tarifs à vérifier sur le web ou à l'Office de Tourisme.

Situé dans un bâtiment conçu par Herman Krag, le musée des Arts et Métiers, outre ses collections d'artisanat et de mobilier, possède des tapisseries exécutées d'après les cartons de Gerhard Munthe. Ces motifs racontent toute l'épopée viking et illustrent parfaitement l'Olympe norvégien. Boutique et café. Trois autres lieux sont associés au musée : la résidence royale de Trondheim, véritable joyau, le manoir d'Austrått, l'un des plus vieux du pays, et le Centre Hannah Ryggen.

LA LIGNE DU SANG

La Nordlandsbanen (Ligne du Nordland en norvégien), plus longue ligne de chemin de fer de Norvège (729 km) et la seule du pays à s'aventurer au-delà du cercle polaire, compte parmi les plus belles routes ferroviaires du monde ! La locomotive, impassiblement, se fraie un chemin dans des paysage sublimes, tantôt en altitude, tantôt à la lisière de la mer et de ses îlets. L'histoire de cette ligne n'est toutefois pas toute rose puisque ce sont des dizaines de milliers de Russes et de Yougoslaves, fait prisonniers par les nazis, qui moururent au cours de son édification, justifiant son surnom de Ligne du sang. Un monument leur rend hommage dans le massif des Saltfjellet.

PALAIS DES ARCHEVÊQUES - ERKEBISPEGÅRDEN ★★★

Erkebispegården
✆ +47 73 53 91 60
www.nidarosdomen.no
Juin à août : lun-sam 10h-17h, sam 10h-15h, dim 12h-16h. Adulte 90 NOK, enfant 40 NOK, étudiant 50 NOK.

Le palais des archevêques, symbole de la ville, se trouve juste derrière la cathédrale. Ce fut la résidence des pontifes jusqu'à la Réforme, la Norvège étant devenue d'obédience luthérienne à cette époque. À partir de 1556 et pendant une centaine d'années, le palais a abrité les suzerains danois avant d'être repris par l'armée. Au bout de la rue Bispegata, qui passe devant la cathédrale, se trouve Gamle Bybro, le vieux pont-levis avec ses portiques ornés, peints en rouge.

© JOAKIM SANDBERG - SHUTTERSTOCK.COM

Île aux Moines - Munkholmen.

© DARIUSZ BRUHNKE - SHUTTERSTOCK.COM

Aurore boréale sur Trondheim.

RÉSIDENCE ROYALE DE STIFTSGÅRDEN ★★

Munkegt, 23 ✆ +47 73 80 89 50
www.nkim.no/stiftsgarden
Ouvert du 1er juin au 15 août sur RV avec visites guidée. Visite en anglais à 12h. Réservation en ligne ou sur place.

Presque en face de la cathédrale, la résidence royale à Trondheim est le plus grand palais en bois de toute la Scandinavie. L'édifice a été construit en 1778, dans un style à mi-chemin entre le rococo et le classicisme. La plupart des meubles actuellement au palais sont du style Biedermeier, mais on trouve du mobilier Hepplewhite dans le cabinet chinois et du mobilier gustavien dans le salon rouge. C'est la résidence officielle du roi et de la reine lorsqu'ils sont à Trondheim.

ROCKHEIM

14 Brattørkaia
✆ +47 73 60 50 70
www.rockheim.no
Du mardi au vendredi 10h-16h, week-end 11h-17h. Fermé le lundi. Adulte 150 NOK, gratuit - de 15 ans, seniors 120 NOK.

Bienvenue au musée national consacré à la pop/rock musique. Ce musée ultra moderne a vu le jour en 2010. Construit sur plusieurs étages, le Rockheim se veut à la fois éducatif et interactif. On apprend à la fois sur l'histoire de la musique en Norvège, la naissance de la pop musique dans le pays et à travers le monde. Le Rockheim invite ses visiteurs à être acteur de la visite. Il y a également une galerie qui accueille de nombreuses expositions tout au long de l'année, et une médiathèque avec une très belle documentation. Superbe vue du 5e étage.

RINGVE MUSEUM ★★

Lade Allé, 60
✆ +47 73 87 02 80
ringve.no
De juin à août 7j/7, 10h-17h. De septembre à mai du mardi au dimanche 11h-16h. Adulte : 150 NOK, gratuit - 15 ans.

Ce musée, le seul de Norvège à s'être spécialisé dans les instruments de musique, se compose de maisonnettes blanches formant une petite cour carrée. La collection du musée est riche d'environ 2 000 instruments venus du monde entier. On y voit, entre autres, le violon *hardangerfele* dont les sonorités si particulières ont inspiré Edvard Grieg, ainsi que le *nuckelharpe*, variante suédoise des violons munis de sous-cordes. Agréable café, boutique-souvenir, jardin botanique est expositions temporaires complètent parfaitement ce lieu.

SAMFUNDET - STUDENT SOCIETY

Elgsetergt, 1
✆ +47 970 088 466
www.samfundet.no/en
Ouvert toute l'année. Suivre la programmation sur le site Internet.

C'est une grande association étudiante qui existe depuis 1927. Installé dans cette étonnante maison ronde et rouge, Samfundet organise des évènements, des soirées, des expos et plusieurs autres activités. Intéressant pour côtoyer de près la jeunesse vibrante de Trondheim et du monde entier. Chaque année, ils organisent UKA, le plus grand festival culturel étudiant de Norvège géré par les étudiants et ISFit, l'un des plus grands festivals internationaux des étudiants.

SJØFARTSMUSEUM - MUSÉE DE LA MARINE ★

Kjøpmannsgata 75
✆ +47 73 52 89 75
www.trondheimsjofart.no
Du mardi au vendredi 10h-15h, le samedi 12h-16h. Entrée adulte 90 NOK, gratuit - 16 ans.

Le musée de la Marine a élu domicile dans une ancienne prison construite en 1725. En fonction jusqu'en 1835, elle était jadis surnommée le bagne des esclaves. Le légendaire Gjest Baardson, Robin des Bois norvégien, y avait été mis aux fers. Le musée abrite notamment une petite collection de bateaux à voiles, quelques jolies figures de proue ainsi que des instruments de navigation. La boutique du musée propose de superbes ouvrages illustrés, des jeux et de jolis petits objets.

SVERRESBORG FOLKEMUSEUM [MUSÉE DU FOLKLORE] ★★

Riiser-Larsens vei 16 ✆ +47 73 89 01 00
www.sverresborg.no
Du mardi au vendredi 10h-15h, week-end 11h-15h, fermé le lundi. 01/06-13/09 : 180 NOK. 14/09-31/05 : 140 NOK

À 4 km du centre-ville, accessible à pied ou en bus, ce musée de plein air comporte une soixantaine de bâtiments, y compris les vestiges du château du roi Sverre. Parc animalier, église en bois debout, bâtiments de ferme, ancien atelier de cordonnerie et des maisons anciennes qui étaient autrefois en plein centre. Dans le musée, une auberge du XVIIIe siècle maintient les traditions grâce à son restaurant qui continue à servir une cuisine authentique dans une demeure de 1739.

OFFICE DU TOURISME

11 Kongens Gate
✆ +47 73 53 69 94
www.visittrondheim.no
Ouvert du lundi au samedi de 10h à 18h, fermé le dimanche.

Vous trouverez toutes les infos nécessaires sur la ville et sa région. Possibilité de découvrir la ville à pied, ou à vélo et pour cela il suffit de faire la demande à l'office pour trouver un guide francophone ou anglophone. Au moment de la rédaction de ce guide, seul le minuscule bureau situé dans le centre commercial Torg est ouvert. Il ne propose pas autant de services qu'un office de tourisme habituel mais répond néanmoins très bien aux besoins courants si vous passez quelques jours à Trondheim. Renseignez-vous sur les visites guidées !

TOUR TYHOLT - TYHOLTTÅRNET ★★

Otto Nielsens vei 4
✆ +47 73 87 35 00
www.egon.no
Ouverte du lundi au jeudi de 10h à 23h. Vendredi et samedi 10h-23h30. Dimanche 11h-22h. Mieux vaut y aller en bus.

© SAIKO3P - SHUTTERSTOCK.COM

Cette tour construite par les Postes et Télécommunications mesure 120 m de hauteur. Un ascenseur monte à la terrasse d'où l'on a une vue panoramique imprenable sur Trondheim, le fjord et les environs. Elle abrite le fameux restaurant rotatif Egon, situé à 74 m de hauteur et qui tourne sur lui-même en une heure. C'est l'une des attractions les plus visitées de Trondheim. Si vous y allez à pied, la balade d'une petite heure vous permettra d'explorer d'autres quartiers de la ville.

TOUR PHOTO : MY MAGICAL MOMENTS

Oyvind est photographe. Il propose de vous embarquer dans son univers, à l'affût des jolis points de vue. Des escapades de deux heures dans Trondheim et ses points d'intérêt ou encore une chasse aux aurores boréales de trois heures (pensez à vous munir de vêtements chauds !), sur la côte ou en forêt, Oyvind s'adapte à vos goûts et vos envies et saura partager techniques et conseils. Une façon agréable de découvrir la région et l'occasion de rentrer avec de jolis clichés.

TRAMWAY POUR LIAN

St Olavsgata

✆ +47 72 55 23 55

Départ de la rue Saint-Olav toutes les heures à 15 et 45. Trajet 25 min (9 km). Ticket à acheter à bord (50 NOK).

Ce vieux tram ressemble à un petit train campagnard qui s'essouffle un peu en grimpant la colline à travers bois, avant d'arriver au terminus. Ici, le restaurant Lian domine la ville, la vallée et le fjord. Sa cuisine propose des spécialités comme des *kjøttkaker* (boulettes de viande en sauce). De la terrasse extérieure en demi-cercle, on a une très belle vue sur les environs. En contrebas se trouve un petit lac, avec en son milieu, une minuscule île piquée d'un arbre unique. Quand il fait beau, c'est un lieu de baignade et de bronzage très prisé.

TRIPPS BÅTSERVICE

Ilsvikøra 18

✆ +47 95 08 21 44

www.trippsbatservice.no

Durée : 1 heure 10. Horaires très variables selon la périodes, voir site Internet. Prix adultes 95 NOK, enfants 50 NOK.

Ce bateau propose un circuit guidé qui passe par différents ports du fjord, et s'arrête ensuite sur l'île aux Moines. A la fin de la visite, il remonte la rivière Nidelva, afin de permettre aux visiteurs d'apercevoir la ville et ses monuments importants. Départs toutes les demi-heures en pleine saison. Avant de monter à bord, pensez à acheter les billets qui sont aussi valables pour le retour. Prendre ce petit bateau vous permettra de voir la ville sous une autre perspective, depuis l'eau, et de fouler de vos pieds la charmante île aux Moines.

AÉROPORT TRONDHEIM LUFTHAVN VÆRNES

Stjørdal ✆ +47 67 03 25 00

www.avinor.no/lufthavn/trondheim

Situé à 35 km au nord du centre-ville, il vous faudra prendre le train, un taxi ou le bus qui passe fréquemment.

Mini-banque avec billetterie cartes de crédit 24h/24. Guichet d'information touristique. Navettes tous les quarts d'heure en semaine. Trains plus rares pour le centre-ville. Terminus de la navette à Leutenhaven, en passant devant l'hôtel Radisson SAS et la gare ferroviaire. Ne pas hésiter à indiquer au chauffeur où vous souhaitez vous arrêter. Trajet 45 minutes. L'aéroport relie Trondheim à toutes les grandes villes de Norvège ainsi qu'à plusieurs villes européennes.

GARE FERROVIAIRE - TRONDHEIM SENTARSTAJON

Jernbanegate

✆ +47 73 53 00 10

www.nsb.no

Trains quotidiens pour Oslo, Bodø et la Suède. Trains régionaux et départs des bus pour l'aéroport. La gare routière est à côté de la gare ferroviaire. Petit conseil : opter pour les trains de nuit si vous souhaitez gagner du temps. Pour avoir un ordre d'idée, le trajet Trondheim-Oslo dure à peu près 7h30. Les départs sont réguliers et les tarifs tout à fait abordables. A bord des transports en commun, les Norvégiens sont souvent assez rigoureux sur le respect du silence.

HURTIGRUTEN - EXPRESS CÔTIER

✆ +47 73 56 15 15

www.hurtigruten.com

Les grands paquebots Hurtigruten qui longent les côtes norvégiennes s'arrêtent à Trondheim. Départs quotidiens pour le sud : terminus Bergen. Pour le nord : terminus Kirkenes. Vous pouvez ainsi vous arrêter à Trondheim lors d'une grande croisière de plusieurs jours pour aller admirer les aurores boréales vers le cercle polaire arctique, mais vous pouvez aussi réserver une place à bord du bateau pour un aller simple le long des fjords avec votre moyen de locomotion.

KYSTEKSPRESSEN - EXPRESS CÔTIER

Brattørkaia 17

✆ +47 738 90 700

www.fosennamsos.no

Une compagnie de bus et de ferries qui dessert tout le Trondelag au départ de Trondheim, et notamment les îles Fosen, Hitra, Frøya et Sula. Très accessibles à pied depuis le centre-ville en passant par la gare ferroviaire, prendre l'express côtier pour une journée ou plus vous permettra d'explorer les îles alentour tout en faisant un tour en mer. Départs réguliers, réservation non obligatoire mais possible via le site Internet. Prendre la ligne 800 pour Kristiansund.

SINGSAKER SOMMERHOTELL €

Rogertsgt, 1 ✆ +47 73 89 32 29
sommerhotell.singsaker.no
Ouvert de mi-juin à mi-août.
Chambres de 580 à 1 500 NOK selon critères.
Petit déjeuner, parking et wifi inclus.

Une auberge de jeunesse charmante, située un peu à l'écart de l'hyper centre mais très accessible à pied (15 minutes de la cathédrale Nidaros). On apprécie le calme des lieux, la grande pelouse. Ce magnifique bâtiment loge les étudiants pendant l'année universitaire et les touristes l'été. Les installations sont rudimentaires mais propres. L'hôtel possède 103 chambres, avec ou sans salle de bains privée selon les goûts et les moyens. Les jours de beau temps, on peut prendre son petit déjeuner dans le jardin sur de grandes tables en bois.

BRITANNIA HOTEL €€€

Dronningens gate 5
✆ +47 738 00 800 - www.britannia.no
257 chambres et suites, 6 bars et restaurants dont un étoilé au guide Michelin. Chambre à partir de 235 €.

Idéalement situé en plein cœur de Trondheim, cet hôtel de luxe récemment rénové avec goût et matériaux nobles est l'endroit idéal pour passer un séjour où le temps s'arrête. Le buffet du matin est magnifique, avec des produits locaux ultra frais de la meilleure qualité et un service irréprochable. Le spa vous permettra de vous détendre après une journée de marche. L'hôtel accueille régulièrement des artistes en résidence et offre ainsi des expositions d'art et des concerts de qualité. Britannia fait partie des meilleurs au monde.

TRONDHEIM VANDRERHJEM - AUBERGE DE JEUNESSE €

Weidemannsvei, 41
✆ +47 73 87 44 50
www.trondheimvandrerhjem.no
Lit en dortoir (4 pax) dès 335 NOK, chambre dès 500 NOK (sans salle de bains ni WC privés).

L'auberge de jeunesse de la ville, 220 lits, au calme. Les équipements sont de qualité, tous types d'hébergement : du dortoir à la chambre privative ou familiale. Située sur les hauteurs de la ville, la vue est jolie, et une cuisine est à disposition des hôtes. L'auberge de jeunesse manque un peu de charme, mais il s'agit tout de même de la meilleure option d'un point de vue rapport qualité-prix pour les petits budgets. C'est aussi une belle façon d'échanger avec d'autres voyageurs.

HOTEL BAKERIET €€

Brattørgata, 2
✆ +47 73 99 10 00
www.hotelbakeriet.com
Chambre double : 1 275 NOK, petit déjeuner inclus. Wifi.

Repris par Best Western Plus, l'hôtel Bakeriet a gardé la qualité de ses prestations. Cette maison d'angle de 1860, à la charmante façade gothique encadrée de petites tourelles, était à l'origine une boulangerie. En écho à l'histoire du lieu, fours à pain de 1897 et ornements d'époque trônent encore entre les murs de l'hôtel. Les tarifs sont assez raisonnables pour la Norvège et pour une prestation de cette qualité : tout est très propre, la chambre bien équipée et décorée avec soin. Animaux acceptés, salle de fitness et restaurant.

BEST WESTERN CHESTERFIELD HOTELL €€

Søndre gate, 26
✆ +47 407 30 509
Chambre double à partir 1 125 NOK. C heck-in à partir de 14h.

À côté de la réception se trouve le très beau lobby-bar avec de profonds fauteuils en cuir installés devant une cheminée surmontée de trophées de chasse et d'accessoires d'équitation. Au fond, la belle salle à manger pour le petit déjeuner est en bois sombre et en tentures rouges. Les chambres sont grandes et claires, décorées de manière assez classique, parfois dans un style presque *british*. Il est situé en centre-ville, à proximité de tous les restaurants, magasins et monuments.

THON HOTEL TRONDHEIM €€

Kongensgate, 15
✆ +47 73 88 47 88
www.thonhotels.com
131 chambres entre 900 NOK et 2 200 NOK.
Toutes commodités.

Cet établissement ne fait pas partie des plus chics de la chaîne Thon Hotels, et pourtant il répond tout à fait aux attentes : être bien accueilli, bien dormir, profiter d'un bon petit déjeuner. Les chambres sont assez classiques, avec toutefois des touches de couleurs pétillantes ici et là. On y trouve tout le confort typique de la chaîne et on profite de la situation géographique parfaite, en plein cœur de la vieille ville. Le check-in peut se faire dès 15h et le check-out à 12h. Le petit plus : le café est offert en permanence dans l'entrée de l'hôtel.

CLARION HÔTEL GRAND OLAV €€€

Kjøpmanssgt, 48 ✆ +47 73 80 80 80
www.nordicchoicehotels.no

Prix d'été et de week-end : chambre double à partir de 1 380 NOK, chambre simple à partir de 1 180 NOK.

Olavskvartalet, c'est pratiquement tout un quartier mis sous verre, comprenant une galerie marchande d'une vingtaine de boutiques et surtout la grande salle de concerts Olavshallen. Dans cette bulle, l'hôtel prend ses aises, avec ses restaurants, ses bars et ses cafés. Au sous-sol, on débusque d'autres brasseries encore et une discothèque pour les oiseaux de nuit. Les chambres sont grandes et claires dans des coloris beiges. Notons que les tarifs sont avantageux hors saison mais aussi en réservant en ligne, directement sur le site de l'hôtel.

RADISSON BLU ROYAL GARDEN HOTEL €€€

Kjøpmannsgata, 73
✆ +47 73 80 30 00

Chambre double 1 179 NOK.
Les prix baissent les week-ends et pendant l'été.

Situé sur les quais du fleuve Nidelven, un peu plus bas que les entrepôts de l'ancien Bryggen, c'est un gigantesque complexe hôtelier de près de 300 chambres. Les trois structures de verre et d'acier sont reliées entre elles par des jardins suspendus et des terrasses d'une hauteur vertigineuse. Le tout est entouré par un restaurant chic et cher : le Prince Olav, un plus modeste : le Restaurant Bakkus, deux bars : Olav et Galleriet et tous les services qu'un tel standing peut procurer.

BROR TACOS & BURGERS €

Olav Tryggvasons gate 29
✆ +47 45 83 15 26
www.brorbar.no

Ouvert du lundi au jeudi 11h-23h, vendredi-samedi 11h à minuit, dimanche 15h-23h. Burgers de 98 NOK à 149 NOK.

En plein cœur de Nordre, dans une jolie maison blanche typique du vieux Trondheim, bienvenue chez Bror Tacos & Burgers. Très bonne adresse souvent investie par la jeunesse de Trondheim. Large choix de burgers et tacos avec différentes options végétariennes et vegans. Les chefs ont fait le choix de la qualité des produits choisis, on aime beaucoup et on hésite à y retourner le lendemain. L'équipe est de surcroît très sympathique et propose un service à la fois simple et parfait, dans la juste mesure. On est attirés par les plats que l'on voit passer.

KAFE SKURET €

Fosenskaia, 40 D
✆ +47 484 13 504
www.kystlaget-trh.no/kafe-skuret

Ouvert de mai à septembre tous les jours de 11h à 1h. Sandwiches et salades autour de 70 NOK.

Sur un quai longé au tout début par la gare centrale, cet endroit est idéal pour tous les voyageurs ! Il s'agit d'un hangar à bateaux pour hiverner, qui au retour des beaux jours se transforme en un bar assez rustique, tout en bois, en caisse et en filets de pêcheurs ; un décor qui est aussi l'âme de ce lieu. De solides gaillards hantent les tables avant de retourner restaurer leurs vieux chalutiers… Les bacalao sont délicieux, la bière locale, la Dahl, aussi. Pas forcément très accueillants mais parfait pour qui cherche une ambiance locale.

LILLE SKANSEN €

Nedre Ila 2
✆ +47 73 92 11 51
www.lille-skansen.no

Ouvert du lundi au jeudi 11h-21h, vendredi et samedi 11h-23h, dimanche 11h-19h. Menu midi à partir de 169 NOK.

Au bord de l'eau Lille Skansen est une adresse sans prétention. Vous y êtes bienvenus à toute heure de la journée pour venir déguster un bon burger, des pâtes, un croque-monsieur, du poisson. Ce restaurant est donc fait pour toute la famille et aussi pour les plus jeunes car ils proposent des menus enfants. Vous pouvez également tout simplement aller y boire un café ou pourquoi pas, y manger un bon dessert, comme leur crumble d'avoine aux baies du moment, ou encore leur gâteau au chocolat maison avec sa boule de sorbet à la framboise.

BAKLANDET SKYDSSTATION €€

33 Ovre Bakklandet ✆ +47 73 92 10 44
skydsstation.no

Ouvert du lundi au vendredi de 11h à 1h du matin. Ouvre à midi le samedi et dimanche.

Après le pont-levis, sur les pavés de la vieille ville se dresse la façade jaune d'un des plus charmants restaurants de Trondheim. Classée monument historique, la maison au parquet qui craque date de 1791. Derrière le bar, 248 aquavit différents attendent d'être dégustés. Si comme nous, vous avez un penchant pour la soupe de poissons, celle de la maison est délicieuse. Saumon fondant, crevettes roses croquantes, carottes, fenouil, du goût ! Les murs penchent sous les cadres d'époque, les étagères se courbent sous les babioles en tout genre, un vrai café-brocante.

CAFE NI MUSER BAR €€

Bispegata 9A
✆ +47 73 53 63 11
www.nimuser.no
Plats à partir de 145 NOK.

Café Ni Muser est un café et en même temps qu'un lieu artistique. Grande cour arrière pour profiter des jours ensoleillés autour d'une tasse de bon café en belle compagnie. Situé juste à côté du musée d'art de Trondheim, du cinéma, du théâtre et de la cathédrale Nidaros, cet endroit est parfait pour faire une pause avant de continuer votre programme de visites. La carte est variée et les prix restent raisonnables pour la qualité des produits proposés. Deux chefs pâtissiers se relayent pour proposer toutes sortes de gâteaux, de pâtisseries et de pains.

COW SEA €€

Ferjemannsveien 12
✆ +47 73 50 50 60
www.cowsea.no
Ouvert du lundi au jeudi 15h-11h, vendredi 15h-2h, samedi 13h-2h, dimanche 14h-11h.
Le CowSea Experience 349 NOK.

Cow Sea est un restaurant qui propose à la fois de la viande, burgers et autres steaks et de délicieux sushis ! Mélange curieux pourrions-nous penser à première vue, mais ici, on fait les deux très bien ! Le plat de la maison « le Cow Sea Experience » est un plat à partager qui propose une variété de mets, du sushi au grill. Un mélange de cultures et de saveurs intéressant ! Cette formule de restaurant permet également de contenter tout le monde, petits et grands, adeptes de sushis ou fan de burgers juteux et très joliment garnis de bons produits.

EGON SØNDRE €€

Thomas Angells gate, 8
✆ +47 73 51 79 75
www.egon.no
Ouvert du dimanche au jeudi 10h à 23h, vendredi et samedi jusqu'à minuit.
Compter 200 à 300 NOK par plat.

Faisant partie d'une chaîne de restaurants convenables et bon marché au cadre rustique, celui-ci a choisi un décor de poutres et de pierres apparentes, de vieux outils de travail, d'antiques machines à coudre Singer et de lampes à abat-jour verts. Une pizza-lunch avec salade coûte autour de 150 NOK. À la carte : salade de chèvre chaud à la grenade et aux airelles, english breakfast, nombreuses tartines, les smørbrød. Également au menu, des plats asiatiques et des plats de viande et de poisson. Il y a aussi un menu spécial pour les enfants.

HAVFRUEN €€

Kjøpmannsgata 7
✆ +47 73 87 40 70
www.havfruen.no
Entrée 150 NOK, plat 310 NOK, dessert 150 NOK.
Du mardi au samedi de 17h à 1h. Fermé le dimanche et lundi.

Havfruen signifie « la sirène » en norvégien. En plein cœur de la vieille ville de Trondheim, cette maison en bois rouge qui a plus de 100 ans, est plantée sur la rivière, les pieds dans l'eau, offrant ainsi une très belle vue sur la ville et la rivière. Restaurant de poisson, de fruits de mer, une belle carte qui varie en fonction des arrivages de poissons et de la saison. Tous les soirs, on vous propose un menu de trois à cinq plats, sinon, plats à la carte. Excellent restaurant si vous avez envie de vous faire plaisir et de découvrir des mets raffinés.

HECTOR €€

Tmv-kaia 25
✆ +47 48 28 94 82
www.hectormexican.no
Ouverture lundi au vendredi à 15h, samedi 13h, dimanche 15h. Brunch le samedi de 14h à 17h.
Plats 150-200 NOK.

Hector n'est pas un endroit comme les autres. Il suffit déjà d'aller jeter un œil sur le site Internet pour s'en rendre compte. Le design est au rendez-vous, l'humour aussi. Service irréprochable pour ce restaurant d'inspiration résolument mexicaine. Des tacos à gogo, des bijoux sur les tables, la sangria qui coule à flots. La formule brunch du samedi est vraiment sympa. Réservation vivement recommandée. Presque tous les week-ends, des DJs se relayent du côté du bar où là aussi il est judicieux de réserver une table. Une véritable expérience !

TROLL €€

Fosenkaia 4A
✆ +47 73 48 79 90
www.trollrestaurant.no
Ouvert toute la semaine de 16h à 10h.
A la carte à partir de 279 NOK pour un plat.
Menus 3 plats à 469 NOK.

Les maîtres-mots de Lars Laurentius Paulsen, le manager, sont les suivants : tradition et renouveau. Ou comment remettre au goût du jour les traditions culinaires norvégiennes d'antan. C'est tout le pari de ce restaurant, relevé haut la main ! Il y a également une petite scène où viennent se produire quelques artistes. Au menu, de la morue, du saumon cuisiné aux petits légumes, steak de renne au chou avec des champignons et bien sûr une sélection végétarienne. Troll est également réputé pour sa bonne bière et sa carte des vins.

3B KAFE

Brattørgata, 3bis
✆ +47 41255783
www.cafe3b.no
Ouvert tous les jours de 17h à 2h.

Dans le plus ancien établissement de restauration de la ville, vous trouverez un tout petit café branché où l'on peut manger des plats pas trop chers, avec une musique et une ambiance innovante et sa propre galerie d'art… On y sert de vrais cafés express français et des cappuccinos italiens. Mais, pour un peu plus de couleur locale, la bière Lysholmer des brasseries E.-C. Dahl de Trondheim est tout à fait indiquée. Concerts très régulièrement avec à chaque fois des artistes invités et groupes différents. Voici un lieu pour passer une agréable soirée en musique !

ANTIKVARIATET

Nedre Bakklandet 4
✆ +47 73 18 50 14
Ouvert tous les jours de midi à 1h30.

Après avoir traversé le pont Gamle Bybro, la jolie terrasse guinguette de l'Antikvariatet attire l'œil. On voudrait s'y blottir sous un plaid le temps d'un verre. A l'intérieur, l'ambiance est tamisée, bougies sur les tables en bois et bibliothèques aux murs. Sur une table, on joue au backgammon quand, sur une autre, on sort un accordéon. Quelques petits plats à grignoter. Au fond du couloir, une autre salle, tapissée par les livres, aux multiples tireuses à bières pour abreuver les spectateurs les soirs de concert. Et tous les dimanches c'est scène ouverte !

ILA BRAINNSTASJON

Ilevollen 32B
✆ +47 489 55 036
www.ilabrainnstasjon.no
Ouvert de 16h à 23h mercredi et jeudi.
De 16h à 1h le vendredi. De 13h à minuit le samedi et de midi à 19h le dimanche.

La petite maison rouge est toujours pleine ! Ce bar alternatif est sûrement le QG de nombreux Trondheimois. N'hésitez pas à jeter un œil à leur page Facebook, des événements sont souvent organisés, de la soirée échange culturel au petit concert. Mais une chose est sûre, le dimanche à 14h, c'est jazz ! Vous pouvez d'ailleurs les contacter si vous voulez participer à une jam session. Il est aussi possible de régaler ses papilles, au menu, beaucoup de choix : brunch, salades, tartines, burger et bien sûr la soupe de poisson (*fiskesuppe*).

GOLF - BYNESET GOLFSENTER AS

Folkvand, Spongdal
✆ +47 72 59 51 51
www.bynesetgolf.no
A partir de 300 NOK pour un parcours de 9 trous.
Ouvert de mi-avril à fin-octobre.

Un parcours de golf à environ 20 minutes en voiture à l'extérieur de Trondheim. Le parcours Nord est un spectaculaire parcours de 18 trous (par 72). Le parcours Sud est un 9 trous (par 32). La vue sur les fjords est simplement sublime et très originale. Les parcours ont été conçus par le célèbre architecte Donal Steel. Vérifier les conditions météorologiques avant d'y aller. Le club house du Golf Bysenet est ouvert de 8h à 20h (18h le vendredi et le week-end) en saison.

HITRA

▸ **Hitra** est la plus grande île au sud du Cercle polaire et fait partie de la région Fosen, un district de forêts, de vallées, de lacs, de falaises et de montagnes. Hitra est réputée pour sa pêche en mer. Les paysages de cet archipel composé de 2 500 îles et îlots sont très variés : montagnes, collines couvertes de forêts, près de 800 petits lacs poissonneux, récifs polis par l'action des vagues et criques bien abritées. Filan est le centre administratif de la commune.

▸ **Au nord de Hitra, Frøya** (qui signifie « l'île principale ») est tournée vers le large. L'île possède quelques 4 000 îlots et récifs. L'économie locale dépend du commerce des produits de la mer. Aux alentours de l'île, se trouve Sularevet, l'un des plus grands gisements au monde de récifs coralliens d'eau froide.

Se loger

▸ Angelamfi Hitra. (www.angelamfi.com) Ces cabanons de pêcheurs ont été transformés en chalets de tourisme de très haut standing.

▸ Dolmsundet hotell Hitra. (www.dolmsundet.no) L'établissement propose des chambres, appartements, chalets et terrain de camping. Possibilité de louer des bateaux.

Transports

On accède généralement aux îles de Hitra et Frøya au départ de Trondheim, en bus, ferry (comptez deux heures de navigation) ou tout simplement en voiture (on peut en louer une à l'aéroport de Trondheim).

STIKLESTAD ★★

A environ 90 km au nord de Trondheim, sur la E6, Stilkestad a vu se dérouler une bataille historique pour la Norvège en 1030.

L'histoire commence à la naissance d'Olav Haraldsson le Saint, en 995. Ce guerrier s'embarque très jeune en raid viking et se convertit à cette occasion au christianisme (il reçut le baptême à Rouen en 1014). Élu roi de Norvège à Trondheim en 1015, il se heurte à l'opposition grandissante des Bønder (« grands fermiers ») de la région et fuit le pays en 1028 pour Gardarrike (Byzance). Lorsqu'il revient pour reconquérir son royaume, le roi Olav est tué par l'écrasante armée païenne durant cette fameuse bataille de Stiklestad, le 29 juin 1030. C'est Tore Hund (Tore le Chien) qui a le funeste privilège de soulever la cotte de mailles du roi, afin lui donner le coup d'épée fatal. Par la suite, Olav fut canonisé par l'Eglise catholique de Rome et il reste le saint le plus important de l'Eglise norvégienne. La bataille de Stiklestad est aujourd'hui vue comme un tournant dans la conversion des Vikings païens au christianisme.

Aujourd'hui, sur ces anciens champs de bataille, cohabitent paisiblement une église, un musée et un théâtre en plein air.

▸ **Stiklestad célèbre le plus grand saint de Norvège lors du Saint Olav Festival**. Plus d'infos sur www.stiklestad.no

Tourisme

▸ **Pour plus d'infos sur la ville et,** surtout, sur la bataille, rendez-vous au centre national culturel de Stiklestad, www.stiklestad.no

ÉGLISE DE STIKLESTAD ★★

Stiklestad Kirke

www.stiklestad.no

Ouverte sur demande au centre culturel et durant cinq jours fin juillet pour le festival de Saint Olav.

Cette église a été érigée sur le lieu de bataille, et son autel se trouve à l'endroit même où tomba Saint Olav. Olav est immortalisé par une statue du sculpteur Dyre Vaa, qui le représente brandissant sa croix d'or au-dessus de la tête de ses sujets. Chaque année, depuis près de 1 000 ans, quelque 300 amateurs se retrouvent sur les champs de la bataille pour rejouer la même tragédie le jour de la fête du saint, le 29 juin. Cette gigantesque représentation théâtrale attire plus de 20 000 spectateurs. Le chœur de l'église abrite des fresques d'Alf Rolfsen (1930).

FORT D'AUSTRÅTT ★★★

Austrått

✆ +47 72515510

Ouvert tous les jours de mi-juin à mi-août.
Tours guidés toutes les heures de 11h à 15h.
Adulte 100 NOK, enfant 50 NOK

Le site d'Austrått existe depuis la Renaissance. Son histoire est en partie racontée dans la pièce d'Ibsen *Dame Inger d'Austrått*, qui trace le portrait puissant de la maîtresse des lieux Inger d'Austrått au XVIe siècle. Au XVIIe siècle, le gouverneur danois Ove Bjelke fait raser la bâtisse médiévale et la remplace par le château actuel qui date de 1656. Austrått devient ensuite une place défensive, réarmée de manière toujours plus moderne pour chaque époque. Fermé en 1968, il est rénové en 1990 et ouvre aux visiteurs. Cafétéria et sentiers de promenade.

TRØNDELAG

Église de Stiklestad.

STIKLESTAD NASJONALE KULTURSENTER ★

Stiklestad allé 350
✆ +47 74 04 42 00
www.stiklestad.no
Ouvert tous les jours de 9h à 18h.
Adulte : 200 NOK, enfant 90 NOK.

Le centre culturel de Stiklestad, inauguré en 1992, est conçu comme une promenade à travers l'histoire du roi Olav. Né païen et baptisé à Rouen, Olav Haraldsson, plus tard appelé Olav le saint, est celui qui imposa le christianisme en Norvège par la force de son épée. Des reconstitutions impressionnantes dans un théâtre en plein air permettent de plonger les touristes dans cette époque et notamment dans la grande bataille qui eut lieu sur ces champs, aujourd'hui paisibles.

GRONG GÅRD GUESTHOUSE €€

Grong Gård og Gjestegård ✆ +47 74 33 11 16
www.grong-gard.no
16 chambres + 9 pendant l'été. Chambre simple à partir de 800 NOK, double 980 NOK. Petit déjeuner inclus.

Une ferme-auberge proposant des formules motel ou appartement dans un cadre paisible et campagnard. C'est bien évidemment un très bon endroit pour pratiquer la pêche au saumon du 1er juin au 31 août. Les propriétaires pourront d'ailleurs vous renseigner et vous indiquer les bons coins de pêche. Cet endroit était à l'origine une station de bus, devenue un hôtel en 1773. Les voyageurs éreintés trouvaient refuge pour la nuit sur leur long parcours. Les habitants des montagnes voyageaient alors à cheval et pour aller se procurer du sel et du poisson sur la côte.

GRONG ★

Grong est une petite ville située dans la partie centrale de Namdalen, sur les rivières Namsen et Sanddøla. Aussi appelée Medjå, Grong est le centre administratif de la municipalité de Grong. La ligne Nordland Line s'y arrête et la route E6 passe à l'ouest du village. Si vous allez vers le Nord, ce peut être là un endroit stratégique pour passer une nuit. Grong a trois chutes d'eau importantes : Fiskumfoss, Formofossen et Tømmeråsfossen. Fiskumfoss est particulièrement importante puisqu'elle alimente une centrale hydroélectrique. La ville a également construit une échelle à saumon pour aider et inciter les poissons à passer les chutes d'eau.

NAMSSKOGAN ★★

À Namsskogan commencent les grandes forêts sauvages de pins et de sapins. Véritable eldorado pour les chasseurs, la région regorge d'élans, daims et cerfs, mais aussi de rennes sauvages et visons, lagopèdes et autres perdrix des neiges. On y trouve même quelques castors et ours bruns qui, eux, sont protégés. L'animal le plus rare est le lynx, c'est lui qui supporte le moins bien la proximité de l'homme. L'animal est roi sur cette commune s'étendant sur 1 417 km² et ne comptant que 843 habitants. Pas de doute, vous vivrez ici une expérience grandeur nature. Vous trouverez un hôtel simple mais correct en face du parc animalier.

LA PRESQU'ÎLE DE FOSEN

L'histoire de la grande presqu'île de Fosen est étroitement liée à la pêche. L'abondance des harengs provoquait périodiquement dans ces fjords paisibles de véritables ruées vers l'or. Råkvåg, à Rissa, est l'un de ces villages autrefois favorisés par la migration des poissons, mais qui ont vu cette manne s'épuiser il y a tout juste 30 ans. Les gens ont alors dû partir vers le nord, dans leurs petites embarcations, pour les pêches saisonnières aux îles Lofoten. Johan Bojer, natif de Rissa, décrit très bien cette dure époque dans son roman *Le Dernier Viking* (traduit chez Calmann-Lévy).

NAMSSKOGAN FAMILIE PARK (WILDLIFE PARK) ★★

Trones
✆ +47 74 33 37 00
www.familieparken.no
De fin-mai à mi-août 10h-18h (19h en juillet).
325 NOK.

C'est un parc animalier avec des espèces nordiques comme ces élans qui se laissent caresser au moment du repas. Font également partie de la ménagerie, des ours bruns, des martres, des putois, des moutons dont la race remonte à l'âge de pierre et des renards rouges à bout de queue blanche. Un petit lac avec un immense troll (géant des montagnes) est aménagé, qui permet aux enfants d'aller en barque pêcher de vrais poissons. On peut aussi pratiquer l'équitation.

ÎLES LOFOTEN - VESTERÅLEN

Environ 25 000 personnes vivent aujourd'hui entre le 67e et le 68e parallèle nord, sur un archipel de 1 227 km^2 qui s'avance dans la mer, long de 150 km : les îles Lofoten. Dans la langue scandinave médiévale, Ló signifie le lynx et Fótr, le pied. Si l'on en croit les racines étymologiques, les Lofoten étaient jadis comparées au pied d'un lynx. Ici, bien plus qu'une institution et encore très présente aujourd'hui, la pêche fait vivre les habitants des Lofoten depuis 6 000 ans. Celle qui règne en maître, c'est la morue ! Ici, des paysages exceptionnels s'entremêlent : des fjords profonds et leurs falaises abruptes aux plaines fertiles, des petits ports pittoresques colorés par les cabanes de pêcheurs rouges sur pilotis, en passant par les plages de sable blanc qui s'étirent sur les côtes... Et ces lumières ! Les îles principales sont Austvågøy, Gimsøy, Vestvågøy, Flakstadøy, Moskenesøy, Værøy et Røst.

Îles Lofoten – Vesterålen
VÆRØY
Værøya
Måstad
RØST
Røstlandet
Vedøya
Storfjell
Eggum
FLAKSTADØYA
VIKTEN
RAMBERG
FREDVANG
NUSFJORD
MOSKENESØYA
Vestre Nesland
MOSKENESØYA
MOSKENES
20 KM

ANDENES
Bleik
Stave
Nordmela
ANDØYA
Sellevoll
Bø
Å
Stø
Nyksund
Risøyhamn
Sørsand
Myre
Toften
Tinden
Bremnes
Hovden
Nykvåg
Borkenes
Vik
VESTERÅLEN
Sortland
Straume
Sigerfjord
Bø
Stokmarknes
Hennes
Melbu
Bjerknes
Lødingen
Laukvik
Laupstad
HOV
GIMSØY
AUSTVÅGØYA
Vestbygd
Sydalen
Ulvågen
SVOLVÆR
Dal
KABELVÅG
Storjord
TAMSUND
HENNINGSVÆR
Ulvsvåg
Oppeid
Drag
Skutvik
Myrland
Innhavet
Bogøy
Holkestad
Musken
299

302 ● ● ÎLES RØST ET VÆRØYA

L'archipel de Røst, situé à la pointe sud des Lofoten, compte pas moins de 365 îles et îlots. Røst est un repaire pour plusieurs espèces oiseaux, qui viennent nidifier dans les creux des falaises au sud de Røstland. Près de 5 millions d'espèces y ont été recensées. La chasse à mains nues de l'aigle marin, qui se pratiquait depuis le Moyen Âge, est maintenant interdite. À l'extrémité, le phare de Skomvær, le plus exposé de la Norvège, veille sur les Lofoten.

302 RØST ★★★

Dans l'archipel de Røst se trouve l'île principale, Røstlandet, où se concentrent le gros de la population et les services principaux. Elle ne s'élève qu'à 11 m au-dessus du niveau de la mer ! L'église de l'île fut emportée par une tempête en 1835. Le village éponyme est le centre administratif de l'archipel.

303 VÆRØYA ★★

304 ● ● MOSKENESØYA - FLAKSTADØYA

Moskenesøya. Les glaciers et autres forces naturelles ont formé l'île de Moskenes, composée de montagnes abruptes et de plages étroites. C'est l'un des paysages les plus sauvages et impressionnants de Norvège. Les agglomérations, après avoir privilégié traditionnellement l'ouverture sur la haute mer, sont situées sur le versant est de l'île où baignent de petits ports de pêche. Le sommet de Hermannsdalstind, à 1 029 m au-dessus de la mer, se dresse sur la plus haute montagne de l'ouest des Lofoten. Ici, on trouve un grand nombre de lacs poissonneux. Plusieurs villages concentrent l'animation, notamment Sorvagen, A et Reine (centre administratif). Ce dernier est souvent désigné comme le plus joli village des Lofoten. L'île de Flakstadøya se situe au nord de Moskenesoya. La plupart des habitants de l'île vivent dans les villages traditionnels de Ramberg, Fredvang, Napp, Sund et Nusfjord.

Flakstadøya. L'île de Flakstadøya est réputée pour son environnement naturel permettant un large choix d'activités sportives et nautiques notamment. Sur cette île, on trouvera aussi nombre de bons restaurants et d'options d'hébergement. Le centre administratif est Ramberg, qui compte quelques commerces, une librairie et un garage. A l'extérieur de la ville, on trouvera une très belle église en bois debout, construite vers 1780. Enfin, Nusfjord est un charmant village de pêche très bien conservé.

304 REINE ★★★

Un village emblématique des îles Lofoten, à ne surtout pas manquer ! Les couleurs vives de ses cabanes de pêcheurs sur pilotis contrastent avec la pierre noire des falaises qui entourent la baie. Un spot exceptionnel qui mérite une belle photo depuis le pont à l'entrée du village.

305 MOSKENES ★★
306 FREDVANG
306 NUSFJORD ★★
306 MYRLAND
306 VIKTEN ★★
307 RAMBERG ★★

PAGES

● ● VESTVÅGØYA - AUSTVÅGØYA

308

Vestvågøya. L'île de Vestvågøya se situe au nord de Flakstadoya. Elle compte les localités de Stamsund et Leknes. Cette île est la deuxième plus grande des Lofoten de par sa superficie. Elle se caractérise par de hautes montagnes et de larges étendues de verdure, mais aussi par des plages magnifiques. Autour de Leknes, sa plus grande ville, l'île possède toutes les qualités pour attirer à la fois surfeurs, parapentistes et marcheurs. Aussi, c'est là que l'on va trouver Ballstad, l'un des plus grands villages de pêcheurs actifs à Lofoten. L'huile de foie de morue est encore produite ici ! Enfin, les amateurs d'art seront conquis, on y trouve de belles peintures murales sur les rorbus et cabanes de pêcheur.

Austvågøya. Situé au nord de Vestvågøya, l'île d'Austvågøya est la plus proche du continent et donc souvent la première escale lors d'un séjour aux Lofoten. C'est là que se situe la localité de Svolvaer, centre administratif des Lofoten. La plupart des hôtels et des hébergements touristiques se trouvent à Svoalver et aux alentours. Déjà au départ de Svoalver, quelques randonnées sont possibles. Beaucoup choisiront d'ailleurs d'y séjourner la totalité de leur séjour et d'organiser des excursions à la journée au départ de Svoalver. Kabelvåg, Henningsvaer sont les localités proches de Svoalver, et offrent déjà une autre dynamique et une image plus authentique de ces îles. En quelques mots, l'île d'Austvågøya promet un très bel aperçu de ce que peuvent offrir les îles Lofoten dans leur globalité.

308 **LEKNES ★**

309 **STAMSUND ★**

309 **BORG**

SVOLVÆR ★★★

310 Située près de l'archipel de Vesterålen, la petite ville de Svolvær connaît une activité touristique récente. Svolær n'est pas la plus jolie des villes de l'archipel mais elle est dynamique et très agréable. On y trouve des petites boutiques et des bars-restaurants très cosy.

313 **SKROVA**

313 **KABELVÅG**

HENNINGSVÆR ★★

314 Il serait impensable de visiter les îles Lofoten sans faire un détour par le village de Henningsvær. Vous emprunterez l'une des plus belles routes de l'archipel pour rejoindre ce village à cheval sur plusieurs îlots. Entouré par la mer, sur un fond de falaises escarpées, Henningsvær restera gravé dans votre mémoire.

● ● ANDØYA

316

L'île d'Andøya est au nord d'Austvågøya. Elle compte l'une des villes les plus importantes des Vesterålen, Andenes.

316 **ANDENES ★★★**

RØST ★★★

Tout petit, cet endroit vit essentiellement de la pêche et la plupart des habitants travaillent dans ce domaine. En haut saison, ce sont alors des centaines de bateaux qui pêchent au large des côtes. Depuis une bonne dizaine d'années, le tourisme s'y est développé de façon drastique, ce qui a permis d'apporter un revenu supplémentaire aux gens.

Histoire

Les Nessekonger, les dynasties du Nord. Au Moyen Âge, les commerçants de Bryggen à Bergen régnaient en seigneurs tout-puissants sur toute la Norvège du Nord. Chaque été, ils montaient aux Lofoten acheter les produits de la pêche à une population qui vivait le restant de l'année sur le maigre crédit que Bergen voulait bien lui accorder. Une loi stipulait même que « nul habitant du Nord n'est autorisé à se rendre à l'étranger faire du commerce ». En 1572, ce monopole était enfin cassé, et les gens du Nord pouvaient vendre leur pêche eux-mêmes à qui ils voulaient. Kabelvåg fut le premier village à obtenir une licence d'auberge, établissement qui fut suivi de beaucoup d'autres. Les tenanciers de ces auberges reprirent le flambeau du monopole de Bergen pour devenir les nouveaux Nessekonger, littéralement « les rois des îles ». Ils encaissaient pour l'État les taxes de pêche et d'usage de séchoirs à morue, ainsi que les loyers des *rorbuer* (cabanes de pêche sur pilotis). La campagne de privatisation des Lofoten, dans les années 1820, désigna tout naturellement les Nessekonger comme les repreneurs de droit. Conséquence : des villages entiers tombèrent sous la coupe d'un seul propriétaire qui, le plus souvent, avait une position dominante dans la politique locale et dans les banques. Les pêcheurs continuaient donc à hypothéquer tous leurs biens et à vivre à crédit. Aujourd'hui, certains pensent que c'est la raison pour laquelle il n'existe pas d'usines à retraiter le poisson aux Lofoten. Ces dures conditions de vie sont décrites par Knut Hamsun dans *Benoni et Rosa*. L'un des plus puissants de ces rois, Arne Johansen, décédé en 1989, régnait d'une main de fer sur Stamsund. Tout lui appartenait : l'hôtel, l'épicerie, la station-service, l'usine, les quais. Même l'église qui domine Stamsund était propriété privée de la famille. Aujourd'hui, seule la grande maison aux murs bleu ciel qui contraste avec la modestie des autres habitations, rappelle les richesses de jadis. D'autres dynasties comme celles des Ellingsen à Å, des Sverdrup à Reine, des Jentoft à Ballstad, continuent à régner, contrôlant le plus souvent la location des rorbuer depuis Oslo. Hartvik Arve Sverdrup, qui a reçu Reine en héritage, est peut-être le plus sympathique de ces roitelets contemporains. La demeure familiale sert de bureaux à la commune, et son propriétaire vit dans des bâtiments plus modestes. Mais un homme d'affaires d'Oslo vient de racheter le restaurant Gammelbua ainsi qu'un certain nombre de rorbuer pour les restaurer et les louer à ses semblables de la jet-set internationale. Enfin, Nusfjord, une perle classée au patrimoine mondial par l'Unesco, a été rachetée corps et âmes par un autre promoteur touristique à l'automne 1992. Pour 8 millions de couronnes, ce nouveau Nessekonge d'Ålesund règne sur les 50 rorbuer dans son fjord privé... mais, les Norvégiens vous le diront, presque tout appartient encore à ce groupe omniprésent dans le tourisme scandinave, ce qui n'est pas nécessairement mal puisque tout est soigné et dans le respect le plus strict de la tradition.

Pratique

Tourisme durable dans les Lofoten : les règles à respecter.

- Camper uniquement dans les lieux prévus à cet effet.
- Ne pas laisser de traces sur son passage.
- Suivre les sentiers déjà présents au lieu d'en créer de nouveaux.
- Utiliser les poubelles et les toilettes publiques.
- Respecter la propriété privée : camper à moins de 150 mètres d'une cabine ou d'une maison est interdit.
- Sur la route, attention aux cyclistes dans les tunnels.
- Respecter les interdictions de feu en plein air.
- Respecter la faune et la flore.
- Faire appel aux professionnels du tourisme pour les activités.

Sortir

Trois festivals ont lieu sur l'île chaque année : Lundefestivalen (www.lundefestivalen.no) et ses animations variées en juin, Querinidagene (www.querini.no) dédié à la culture début août et In the Name of Cod début mars, la fête du cabillaud.

Røst.

RØST BRYGGEHOTELL €€

✆ +47 76 05 08 00

www.rostbryggehotell.no

Chambre double de 850 à 1 000 NOK, en fonction de la saison.

Un joli hôtel, tout rouge, d'une belle allure traditionnelle et idéalement situé au bord de l'eau sur l'île principale Røstlandet. Il offre un confort très reposant et de grandes fenêtres afin de bénéficier des paysages somptueux. On peut choisir entre une chambre double ou un appartement tout équipé. L'hôtel loue des vélos, des voitures, des bateaux et des cannes à pêche. Il est aussi possible de réserver plusieurs sortes d'activités, de la sortie en bateau à la visite guidée de l'île, pour profiter au maximum de la beauté de l'archipel.

TORGHATTEN NORD - FERRY

Rost

✆ +47 908 20 700

www.torghatten-nord.no

Compter entre 900 et 1 200 NOK pour un AR adulte avec voiture vers Bodo.

Départs tous les jours depuis Bodø, Værøy et Moskenes. La réservation est recommandée, surtout en haute saison, mais pas obligatoire. Les piétons peuvent également réserver un billet en ligne. Sur place, la disponibilité de sièges n'est pas garantie. Paiement par Carte Bleue Visa ou MasterCard uniquement. Les animaux sont acceptés à bord et ont des espaces dédiés. Ces bateaux vous permettront de naviguer facilement avec ou sans votre véhicule entre les îles et de rejoindre le continent pour poursuivre votre aventure en terres norvégiennes.

KÅRØY RORBUCAMPING €€

Kårøy Rorbucamping

✆ +47 76 09 62 38

www.karoy.no

Chambre double pour 2, 4 ou 6 personnes, salles de bains commune. Cuisine à disposition. A partir de 200 NOK/pers.

Du 1er mai au 15 septembre, le camping propose de nombreuses activités (bateau, randonnée, musée, etc.) autour de l'archipel de Røst. Au total, l'établissement compte 45 lits, répartis dans des chambres privées et des chalets. La wifi est disponible et les pièces communes ont la télévision. Kårøy Rorbucamping n'est pas sur l'île principale, Røstlandet, mais sur un îlot à proximité. Il vous faudra donc louer ou emprunter un bateau pour s'y rendre, de quoi donner à votre séjour une allure toujours plus exotique ! Utilisez vos propres draps ou payez un supplément.

VÆRØYA ★★

Le voyage entre Moskenes et Værøy vous fera traverser l'un des courants océaniques les plus féroces, le célèbre maelström qui inspira Jules Verne dans *Vingt Mille Lieues sous les mers* et Edgar Allan Poe dans sa nouvelle *Une descente dans le Maelström*. Sur l'île, les villages de Sørland et Norland comptent environ 750 habitants. Værøy possède une plage de sable blanc protégée par des montagnes d'une beauté étrange. Les parois de roche lisse se dressent à une hauteur de 400 m, interdisant tout autre accès que par la mer. Une des dernières îles des Lofoten, Værøy est un véritable sanctuaire d'oiseaux. La capture d'aigles est une des traditions de Værøy.

Balade

▶ **De Nordlandshagen à Måstad.** Sur l'île, un belle opportunité de balade vous attend. Depuis le port, traversez Sørland et continuez jusqu'à l'embranchement avec la Fv91. Prenez à gauche, en direction du nord. Suivez la route qui vous fera contourner l'île par la côte, jusqu'à une ancienne piste d'atterrissage. Continuez tout droit sur le sentier face à vous. Vous allez cheminer quelque temps entre mer et montagne, avant d'atteindre un replat. Il vous faudra alors basculer de l'autre côté, à l'intérieur de la falaise, pour atteindre Måstad. Faites demi-tour pour rejoindre Sørland.

Transports

▶ **Bateau.** Toute l'année, la compagnie Torghatten Nord propose des départs quotidiens depuis Bodø, Værøy et Moskenes. Possibilité d'embarquer un véhicule. www.torghatten-nord.no

REINE ★★★

Avec ses 300 habitants, Reine est un hameau des plus emblématiques. il a d'ailleurs été primé « plus beau paysage de Norvège ». En effet, les sites des environs sont grandioses, avec des montagnes sculptées et façonnées par les glaciers de l'ère tertiaire comme nulle part ailleurs. Elles s'élèvent autour du hameau comme pour le protéger. Les *rorbuer* de Reine escaladent de leurs pilotis les rochers du port et bien visibles, les étendoirs à poisson jonchent les côtes. D'autres hameaux isolés alentour n'ont que le bac de Reine pour les relier au reste de la région. En haute saison, des concerts classiques sont donnés dans la petite église.

Balade

▶ Reinebringen. Impossible de manquer cette immense falaise qui domine les villages de Reine, Sakrisøy et Hamnøy. Pour ceux qui s'en sentent le courage, un sentier de 3 km aller-retour vous permet d'accéder au sommet de ce pic et de découvrir une vue absolument splendide sur les environs. Cette randonnée est le plus populaire des îles Lofoten, et ce n'est pas pour rien. Perché sur ce promontoire, vous apercevrez le lac Reinevatnet logé au creux des falaises. Attention l'ascension n'est pas une balade du dimanche ! Un total de 1 566 marches, en plus de quelques portions en terre battue, vous attendent, avec un dénivelé positif de 510 mètres ! Il faut être très en forme et s'aventurer sur le chemin (et seulement sur le chemin !) avec grande prudence. Par temps de pluie, mieux vaut rester en bas, de même si le sentier est trop boueux. Le départ de la randonnée se fait avant l'entrée du tunnel de Ramsvik. Garez-vous sur le parking du port à Reine, ou à 1,3 km le long de l'E10 en direction du sud, sur le parking prévu à cet effet.

▶ Hamnøy. Suivez l'E10 en direction du nord vers le village d'Hamnøy et rendez-vous sur les lieux de la plus célèbre carte postale des Lofoten ! C'est depuis le pont d'Hamnøy, à l'entrée du village, que vous pourrez prendre la photo parfaite des *rorbuer*, ces cabanes de pêcheurs rouges typiques aux Lofoten, avec en fond ces pics rocheux qui surgissent des eaux. L'hiver la neige recouvre le paysage et le contraste des couleurs est tout simplement merveilleux.

Tourisme

L'office de tourisme de l'île se trouve dans le centre culturel.

Transports

▶ Bus. Le Lofotekspress circule toute l'année vers Narvik ou Å. www.177nordland.no.

BUNES BEACH

Prendre le ferry depuis Reine, jusqu'à Vindstad, suivre les indications « Bunes » dans le village.

Site naturel

Comptez environ une heure de randonnée, au départ de Vinstad. Bunes est une des plus belles anses de toutes les îles Lofoten, avec sa plage de sable blanc et une eau complètement turquoise et des falaises accueillantes de part et d'autre. L'endroit est plutôt bien gardé de la foule car il est un peu plus difficile d'accès (on ne peut pas y aller par la route). Prenez le soin de vérifier l'horaire des ferries avant de partir pour ne pas vous faire surprendre. Il est cela dit tout à fait possible de camper sur place avec un bon duvet.

MUSÉE DU JOUET ET DE LA POUPÉE ★

Sakrisoy

✆ +47 76 09 21 43

www.sakrisoyrorbuer.no

Overt tous les jours de 10h à 20h de juin à août (18h en mai). Adulte 60 NOK.

A quelques minutes de Reine seulement se trouve l'unique musée de ce genre en Norvège. Il a ouvert ses portes en 1992 sur une initiative personnelle. Le musée expose une collection de plus de 1 500 poupées et jouets qui datent de 1860 à 1965. Un musée qui rappellent de nombreux souvenirs aux plus âgés et qui bien souvent étonne les plus jeunes. Au premier étage, une boutique d'antiquités et de souvenirs. Vente de café et de gaufres à la norvégienne.

CATOGÅRDEN €€

✆ +47 992 23 228

www.catogarden.no

Salle de bains et WC partagés, chambre double à partir de 80 €.

Un endroit merveilleux au cœur du village de Reine. Vous pourrez choisir entre vue sur la mer ou vue sur les montagnes, dans une maison décorée avec beaucoup goût et des chambres d'un grand confort. Au rez-de-chaussée, un salon fourni de toutes sortes d'accessoires de musique vous feront passer de belles soirées. A 8h le matin, cours de yoga offert par la maison dans une grande salle qui est à votre disposition le reste du temps. On peut même y regarder des films sur rétro-projecteur ! Et si vous avez encore peur de vous ennuyer, réservez une sortie en kayak !

REINE RORBUER AS €€

Reine Rorbuer AS
✆ +47 76 09 22 22
Ouvert de mai à août, tous les jours midi et soir. Repas de 400 à 600 NOK.

L'ancienne épicerie du village abrite l'un des restaurants les plus sympathiques des Lofoten. Le sol a gardé ses dalles de pierres naturelles et les murs sont en planches brutes. Au premier étage, les deux salles sont décorées d'une petite barque suspendue au plafond et agrémentée de quelques morues séchées. Le service est assuré par des jeunes filles branchées, habillées de leurs traditionnels tabliers de cuir empruntés aux pêcheurs. La carte propose une soupe de poisson, de la morue, bien évidemment, de la viande de mouton salée et séchée.

SMAKEN AV LOFOTEN €€

✆ +47 76 09 21 00
www.smakenavlofoten.no
Ouvert toute l'année. A partir de 790 NOK la chambre double. Café, activités.

Depuis 4 ans, ce jeune couple, propriétaires des lieux, fait de son mieux pour vous proposer le meilleur de ce que peut offrir les Lofoten. Avec un total de 26 rorbuers, plus 8 chambres et 4 rorbuers à Sorvagen, l'endroit est un vrai petit complexe de vacances, avec des activités proposées tous les jours : pêche ou même de belles randonnées accessibles facilement. D'avril à septembre, vous aurez même la chance d'apercevoir les baleines qui s'approchent des cabines, posées sur l'eau. Un joli petit café, attenant est l'endroit idéal pour faire une pause !

MOSKENES ★★

La commune de Moskenes est située dans la partie sud de l'île du même nom, l'une des plus touristiques de l'archipel. C'est aussi dans ce charmant petit village qu'arrive le ferry en provenance de Bodø. C'est donc un point de départ pour de nombreux voyageurs qui partent à la conquête des îles Lofoten, en randonnée, en bus ou en voiture. Moskenes est très accessible puisqu'il est traversé par l'E10, l'unique grand axe de circulation. S'il n'y a pas grand-chose à faire à Moskenes, vous pourrez tout de même vous y loger pour profiter d'un cadre magnifique et de la proximité avec le charmant port de Sørvågen, ses boutiques et restaurants.

Balade

- Munkebu. Pour ceux qui souhaitent se dégourdir les jambes, direction Munkebu, sur les hauteurs de Sørvågen. Départ entre les lacs de Tindsvatnet et Sørvågvatnet pour une balade tout en dénivelé entre les lacs de montagne. Très vite vous apercevrez une super chute d'eau, qui provient du lac Stuvdalsvatnet. Une vue imprenable et paysages à couper le souffles sont au rendez-vous ! Le sentier Tindstinden continue en réalité de grimper jusqu'à un pic qui offre une vue magnifique sur la côte nord de l'île. Le chemin est escarpé.

Transports

- Bateau. Toute l'année, la compagnie Torghatten Nord propose des départs quotidiens depuis Bodø, Værøy et Røst. Possibilité d'embarquer un véhicule. www.torghatten-nord.no
- Bus. Le Lofotekspress circule toute l'année vers Narvik ou Å. www.177nordland.no.

MAREN ANNA €€

✆ +47 76 09 20 50
www.marenanna.com
Ouvert toute l'année. Terrasse extérieure. Plat à partir de 295 NOK.

C'est au sud des Lofoten, à Sorvagen que l'on trouvera l'une des meilleures adresses de l'île. Bienvenue au Maren Anna, où Annette, Jean Baptiste et leur équipe vous accueillent toute l'année, avec le sourire. Leur spécialité ? Le Stockfish bien sur ! On vous invite aussi à goûter la soupe de poisson, du lieu noir et bien d'autres spécialités cuisinées avec soin et imagination. En journée, on pourrait comparer l'endroit à une bonne brasserie, tandis que le restaurant revêt sa robe de soirée et s'apparente à ce que l'on appelle une « bonne table ».

LOFOTEN EXPERIENCE

✆ + 47 95 33 88 20
www.lofotenexperience.com
Activités toute l'année, en fonction des saisons. Voir site.

Jean-Baptiste est français. Il est passionné par la Norvège et en particulier par les Lofoten où il est installé depuis déjà plusieurs années. Randonnée, ski, surf, balades nocturnes, Jean-Baptiste est le guide parfait si vous souhaitez vous aventurez au-delà des sentiers battus ! Il vous fera découvrir les Lofoten à sa façon. Avec une grande connaissance du terrain et des locaux, il saura également vous donner de nombreux conseils pour parfaire votre séjour. Le petit plus, c'est le repas local au restaurant Maren Ana, qu'il tient avec sa compagne à Sørvågen !

FREDVANG

Fredvang est un petit village situé au nord de l'île de Moskenesøya dans l'archipel des Lofoten et fait partie du comté de Nordland. Le pont Fredvang permet de le relier par la route à l'île de Flakstadøya. L'été est une période privilégiée, puisque c'est de là que débute le sentier pour se rendre à la magnifique plage de Kvalvika. Comptez environ une heure de balade jusqu'à la plage. La randonnée vous fera longer le Torsfjorden et passer le col de Skoren (204 m). De là, on devinera la plage de Kvalvika qui se dessine doucement.

RANDONNÉE JUSQU'À LA PLAGE DE KVALVIKA

Site naturel ouvert toute l'année.

De Fredvang partent plusieurs sentiers menant tous au même endroit : Kvalvika. Environ 30 minutes de montée pour arriver au sommet (superbe vue sur la plage) et à peu près 30 minutes de descente vers la plage. Bienvenue sur l'un des plus beaux trésors des Lofoten. Prendre l'E10 en direction de Fredvang, après avoir quitté l'E10 et traversé le pont, traversez le village pendant à peu près 3 km. Vous apercevrez un hangar à bateau avec un parking, où vous pouvez stationner.

MYRLAND

Voici une toute petite localité située dans le nord de Flakstadøya, comté du Nordland. Des paysages à couper le souffle s'offrent à vous, entre les montagnes enneigées selon la saison, les plages de sable blanc, le vent, les oiseaux... Attention, les conditions météorologiques peuvent être assez rudes, ne partez donc pas en randonnée sans une couche de chaleur supplémentaire et un coupe-vent/pluie. Pas vraiment de possibilité d'hébergement dans cette bourgade, alors pensez à une option pour la nuit avant de vous y rendre. Sauf évidemment si vous y êtes en juin, il ne fera presque pas nuit ! Un endroit idéal pour faire de belles balades.

STORSANDNES

Site naturel

Moins connue que ses grandes sœurs, Haukland ou Uttakleiv, la plage de Storsandes est un véritable petit paradis. L'endroit est idéal pour admirer les aurore boréales car pas de pollution lumineuse. Si vous avez la chance d'avoir avec vous un bon sac de couchage en duvet d'oie et un matelas, n'hésitez pas à vous y installer pour vous endormir au son de la nature et bercé par les étoiles. La plage est très grande et on aperçoit les montagnes au loin. N'oubliez pas le thermos d'eau chaude, ça peut servir, même par une belle nuit d'été !

NUSFJORD ★★

À Kilan, tournez à droite et dirigez-vous vers le sud sur 7 km pour rejoindre Nusfjord. La petite route qui mène à ce minuscule hameau traverse des paysages grandioses. Quelques *rorbuer* se serrent les uns contre les autres autour du port en forme de fer à cheval, formé par un étroit bras de mer, entre de hautes montagnes. Grand élevage de saumons dans le fjord en face. Ne manquez pas un séjour au nouveau Nusfjord Arctic Resort, un hébergement avec spa qui fait déjà partie de *De Historiske* (hôtels de prestige à travers la Norvège). Nusfjord était déjà peuplé en 425 avant J.-C. ! Un village très pittoresque dont il faut prendre le plus grand soin.

VIKTEN ★★

Situé sur l'île Flakstadoya à l'ouest de la E-10, au bout de la R811, se trouve le petit village de Vikten. Une fois arrivé, il vous faudra continuer à pied ou rebrousser chemin, car la route ne va pas plus loin. La beauté du paysage côtier vaut pourtant ce demi-tour. Niché sur un replat entre deux falaises, les habitations semblent coincées entre mer et montagnes. La plage offre un face-à-face grandiose et quelquefois effrayant avec l'immensité de la mer de Norvège. Cette côte, orientée nord-ouest offre les plus belles vues sur le soleil de minuit. Moins protégée que la côte intérieure, la côte est souvent battue par de violentes tempêtes.

GLASSHYTTA PÅ VIKTEN

Napp
✆ +47 97 71 60 23
http://glasshyttavikten.no
De juin à août, ouvert de 10h à 19h, et en septembre de 10h à 16h.

Au bout de la petite route apparaissent quelques maisons avec Glasshytta, une soufflerie de verre artisanale, complétée d'une petite salle d'exposition, d'un café et d'une terrasse donnant sur la mer. En 1977, Åsvar Tangrand fut le premier dans le nord de la Norvège a soufflé le verre. Aujourd'hui, on vient de loin pour l'observer au travail. Prenez du temps pour observer ce processus magique et une fois la visite terminée, vous profitez du panorama exceptionnel depuis la terrasse. L'île de Flakstad est habitée par une colonie d'aigles de mer.

RAMBERG BEACH

Site naturel

On ne pourra pas la rater lors d'un séjour dans les Lofoten. Située sur la route qui mène à Reine depuis Leknes, la plage de Ramberg est l'une des plus belles des îles mais aussi l'une des plus populaires. Très appréciée pour une balade lors du soleil de minuit. Sable blanc, anse entourée de montagnes, eau turquoise..., on se croirait dans les îles des Caraïbes (sans les palmiers et la chaleur !) ou en Nouvelle-Zélande (sans les fougères géantes !). Un endroit superbe où il fait bon rester plusieurs heures. Pensez à vos chaussures de rando pour explorer le coin !

RAMBERG ★★

Au nord de l'île de Flakstadøy, l'unique route qui suit le bord de mer se cramponne à flanc de montagne. Très exposée, la côte essuie parfois des tempêtes surréalistes. Ramberg offre une magnifique plage de sable blanc. L'hiver, on assiste à un contraste fascinant entre le bleu de l'eau et le blanc qui recouvre la baie. Dès le retour du soleil, les températures très agréables font le bonheur des locaux et des touristes ! L'office de tourisme de Ramberg est ouvert de 10h à 21h tous les jours uniquement de mi-juin à fin août, du lundi au samedi entre 10h et 16h le reste de l'année. Le Lofotekspress circule toute l'année vers Narvik ou Å.

RAMBERG GJESTEGÅRD €€

Ramberg Gjestegård as
✆ +47 76 09 35 00
www.ramberg-gjestegard.no
Logement à partir de 1 250 NOK, emplacement 270 NOK. L'été, plat autour de 300 NOK. Fermé en novembre.

Didier Kurtz, un cuisinier alsacien, a ouvert cet auberge–restaurant dans ce village au centre des Lofoten. Les langues de morue séchées à l'air libre puis marinées avec des baies de genièvre sont une de leurs spécialités. L'établissement a une vue panoramique sur l'océan et l'on peut profiter, en privilégiés, du spectacle du soleil de minuit, pourquoi pas un verre à la main. On pourra loger dans de petits chalets de pêcheurs authentiques. Un endroit sympathique, idéal pour se détendre et goûter aux plaisirs locaux, chez le plus norvégien des Alsaciens !

ÎLES LOFOTEN - VESTERÅLEN

Ramberg.

LEKNES ★

En continuant la E-10 vers le sud, on atteint Vestvågøy, l'île la plus peuplée des Lofoten. Elle abrite notamment la ville de Leknes. Une ville idéale pour se ravitailler, aller faire du shopping ou simplement pour faire une pause dans un café-restaurant. Leknes abrite également un aéroport régional, ce qui permet aux visiteurs de commencer ou de terminer leur séjour à un point stratégique de l'archipel. Si la ville n'a rien d'exceptionnel, le cadre lui n'est pas des plus déplaisants ! Encore une fois l'E-10 longe de très jolies baies et falaises qui vous inciteront sûrement à vous arrêter pour une photo, particulièrement près du village de Napp.Au nord de Leknes se trouve l'une des plus belles plages de l'archipel, Hauklandstranda. La randonnée jusqu'au point de vue de Mannen est relativement facile et prend peu de temps. Ceux qui le souhaitent peuvent continuer jusqu'à la pointe, Veggen, qui s'élève à 489 mètres. D'en haut, vous pourrez apprécier la beauté de la plage et le dégradé des eaux de la mer de Norvège. Au creux de la falaise, le lac de Vasskarvatnet et de l'autre côté, la plage d'Uttakleiv.

Transports

- Avion. L'aéroport de Leknes est desservi par Widerøe depuis Bodø. La compagnie propose un service de location de vélo pour vous déplacer plus facilement une fois sur l'archipel. Plus d'information sur le site. www.wideroe.no/en/home/fly-with-us/fly-and-bike
- Bus. Le Lofotekspress circule toute l'année vers Narvik ou Å. www.177nordland.no.

Poissons séchés sur le port de Leknes.

HAUKLAND BEACH

Site naturel

Elle est composée de deux anses parfaites de sable très blanc et très fin. Comme dans les romans du siècle dernier, imaginant des îles mystérieuses, Haukland vous démontre ici que la réalité est au moins aussi étonnante. Au pied de l'abrupte montagne, les pâturages où paissent des moutons apportent une note inattendue. Penser à apporter son pique-nique, il n'y a pas la moindre boutique à des dizaines de kilomètres à la ronde. Un de ces endroits de bout du monde où l'on se sent merveilleusement à l'écart de toute civilisation.

UTTAKLEIV BEACH

Suivre la même route que pour Haukland Beach, il s'agit de la plage voisine, située à deux kilomètres.

Site naturel

Grande sœur de Haukland Beach, Uttakleiv est moins connue mais pourtant non moins belle. Deux façons d'y accéder, par la route, prendre le tunnel et suivre les indications depuis Haukland Beach, ou par le sentier côtier qui démarre de Haukland. Le sentier rend l'arrivée sur Uttakleiv on ne peut plus spectaculaire. Il s'agit d'ailleurs de la plage la plus photographiée de toute la Norvège. L'été, c'est une des destinations préférées des Norvégiens pour admirer le soleil de minuit, pour les feux de camp et les campings, sur la plage ou sur les dunes !

UNSTAD ARTIC SURF €€

105 Unstadveien

✆ +47 970 61 201

www.unstadarcticsurf.com

Camping, bungalows tous types, chambres, bar, restaurant, sauna, café, wifi, vélos, école de surf, prêt de planches...

Tommy et son équipe vous accueillent à bras ouverts. Situé en plein cœur des îles Lofoten dans un cadre entre mer et montagnes, construit à quelques mètres de la plage, on y vient été comme hiver, admirer les aurores boréales ou profiter du soleil de minuit. Les amoureux et passionnés des vagues sont ici au paradis. Le complexe respecte l'environnement. Pour avoir moins de monde, y aller plutôt en juin ou en septembre. La route est longue pour s'y rendre, mais à peine arrivé, on comprend vite qu'elle n'en valait pas la peine. Un vrai coup de cœur !

STAMSUND ★

Avec ses 1 400 habitants, Stamsund est le village de pêcheurs le plus important de l'archipel des Lofoten. Les eaux autour de Stamsund sont riches en poisson et de nombreuses personnes profitent du séjour pour pêcher et sortir en bateau. Symbole du développement des Lofoten, Stamsund comprend une vie culturelle riche : le village abrite trois théâtres fixes et l'école d'art des Lofoten. Le festival de théâtre de Stamsund a lieu entre fin mai et début juin. L'Hurtigruten fait une escale quotidienne depuis Stamsund, vers le nord à 19h30 (arrivée Svolvær 21h) et départ de Stamsund tous les jours à 22h30 vers le sud (arrivée Bodø à 2h30).

HURTIGRUTEN - EXPRESS CÔTIER

www.hurtigruten.fr

Toute l'année

Escale quotidienne de l'Express Côtier, ce grand paquebot qui réalise des croisières en Norvège. Départ quotidien de Stamsund vers le Nord à 19h30 (arrivée Svoalver 21h) et départ de Stamsund tous les jours à 22h30 vers le sud (arrivée Bodo à 2h30). Ce peut être une bonne option si vous voulez faire une partie de votre séjour en Norvège en bateau pour ne pas avoir à faire trop de route. Offres promotionnelles saisonnières sur le site Internet, pensez à regarder.

SKJÆRBRYGGA ROBUER & RESTAURANT €€

Skjæret 2

✆ +47 76 05 46 00

Restaurant ouvert tous les jours de 11h à 23h. Plat à partir de 249 NOK. Hôtel ou cabine à partir de 1 300 NOK.

L'hébergement à Live Lofoten est résolument sympathique et offre un cadre très reposant. Vous aurez le choix entre hôtel ou rorbu. Bâties vers 1910, les cabines de haut standing sont situées dans la lignée la plus proche de la mer et ont leurs fondations sur la pierre qui fait partie du quai de pierre le plus long de l'Europe du Nord. Le restaurant, plutôt réputé, propose une cuisine typique à base de poisson principalement. Plusieurs activités à réserver sur place.

LOFOTHEST

Valbergsveien 966

✆ +47 90 59 03 09

www.lofothest.no

Cours, excursions à partir de 960 NOK pour une balade de 2-3h.

Runa partagera avec vous, sa passion et sa connaissance du terrain pour vous emmener à la découverte des montagnes des Lofoten à dos de cheval. Ici ce sont des chevaux islandais, réputés pour leur robustesse, leur petite taille et leur quatrième allure. Des cours sur demande sont possibles et excursions à la carte. Voici une façon épatante de découvrir un endroit et ses reliefs. Petits ruisseaux à traverser, sentiers un peu difficiles, votre fidèle destrier en fera son affaire. Une expérience que vous ne serez pas près d'oublier !

STAMSUND ALPINSENTER

5 Georg Hansens vei

✆ +47 76 08 94 11

https://alpinlofoten.no

Dénivelé est de 1 700 m. Forfait journalier adulte 230 NOK. Location de ski : 200 NOK ; snowboard : 250 NOK.

Un très bel endroit pour les fans de glisse qui pourront profiter de quelques pistes bien raides pour se faire plaisir. Non seulement c'est une des rares stations de ski des Lofoten, mais c'est aussi une des mieux exposées. Face à vous, la mer à perte de vue et les falaises des alentours qui viennent habiller le décor. Et il y en a pour tous les goûts, car les pistes de descente sont entourées de pistes de ski de fond entretenues. On trouve aussi un café avec terrasse, ouvert aux mêmes heures en même temps que les pistes, pour faire une petite pause bien méritée.

BORG

Borg est une petite localité située dans le nord des îles Lofoten. La commune est connue pour son chouette Musée viking de Lofotr. Il s'agit d'une reconstruction à l'identique d'un village viking, d'après des fouilles archéologiques. Ce musée nous permet ainsi une immersion dans la vie des Vikings telle qu'elle était il y a plus de 1 000 ans de ça. Dans les alentours de Borg, des hommes et des femmes cultivent les terres et produisent encore leur propre fromage et leur viande. Une petite localité qui se trouvera certainement sur votre route (en plein sur la E10) et qui vaut la peine de s'arrêter quelques heures pour le musée ou plus dans les environs.

LOFTR VIKING MUSEUM

prestegårdsveien
© +47 76 15 40 00
www.lofotr.no
Ouvert toute l'année. Horaires très précis, voir site web. Adulte 170 NOK, enfant 6-5 ans 130 NOK, famille 535 NOK.

Borg, aux Lofoten, fut à l'époque viking, l'un des plus grands chefs-lieux vikings de toute la Norvège du Nord. C'est en 1981 que les fouilles ont commencé et que l'on a découvert l'emplacement de ce site, impressionnant. Aujourd'hui, l'endroit a été reconstruit à l'identique ; pour nous offrir un voyage de près de 1 000 ans en arrière. Le site constitue la plus grande ferme-village viking jamais mise au jour. Le nouveau musée viking est construit autour de l'excavation de la maison commune, longue de 83 m. Tassée et ramassée sur elle-même, elle est à la fois ingénieuse, pratique, impressionnante et parfaitement démonstrative des structures politiques et économiques. Des expositions d'objets trouvés lors des fouilles, des bateaux vikings de 23 et 30 m qui embarquent les volontaires, des pièces de théâtre et des repas, tout est fait pour vous plonger dans ces temps héroïques, à la rencontre les différents artisanats du village qui expliquent leur travail. Le musée organise des nombreux événements chaque mois de l'année, vous pouvez voir leur riche programmation sur leur site Internet. Notamment le festival Viking organisé tous les ans au mois d'août. Un super musée qui promet de passer de bons moments. Des visites guidées ont lieu en plusieurs langues. Une assez grande boutique-souvenir avec des t-shirts, des livres, des petits objets à rapporter, des cartes postales sympa que l'on ne trouve pas partout. Connexion Internet gratuite dans tout l'établissement. À faire particulièrement en famille, les enfants vont adorer !

SKOLESTUA GJESTEGÅRD €€

Haverringen 3
© +47 76 08 46 16
Restaurant et hébergement. Ouvert toute l'année. Buffet à partir de 200 NOK/pers. (250 NOK avec plat chaud).

Comme à la maison, Rodolf et Anita vous ouvrent la porte de leur petite maison. Buffet varié tous les jours : large choix de salades, poissons, saumon et autres produits locaux soigneusement préparés. Skolestua est une ancienne école, la salle de restaurant nous y fait vite penser d'ailleurs : chaises d'école, tables en bois, ardoises, donnant sur le fjord. Bien aménagée, cette petite auberge est un petit paradis au cœur des Lofoten. Rudolf et Anita seront ravis de vous donner des conseils sur les îles et feront de très bons guides.

SVOLVÆR ★★★

Svolvær est le point de départ d'excursions dans le fameux Trollfjord ! Son centre-ville animé par les boutiques, cafés et restaurants donne à Svolvær des allures de ville. Elle aussi à flanc de montagne, elle profite d'un cadre agréable qui mérite de s'y arrêter, ne serait-ce que pour flâner dans le port.

Svinøya, village de pêcheurs. À un kilomètre et des poussières du port, Svinøya est un ancien petit village de pêcheurs, très pittoresque. Depuis 1964, un long pont permet d'y accéder facilement, mais à l'époque il faut imaginer la traversée en bateau. Ici, nous étions dans le centre-ville de Svolvaer, le cœur de l'activité, et notamment de la pêche. Svinøya est racheté pour l'équivalent de 12 000 NOK en 1828 par Gunnar Berg. Ce dernier construit alors les trois premières maisons dans les trois ans à suivre et ouvre une maison d'hôtes. Les pêcheurs avaient l'habitude de retourner la coque de leur bateau pour dormir dessous. De rudes conditions qui sont alors palliées par la location saisonnière des rorbus, ces fameuses petites cabanes rouges. Les générations se succèdent, en 1978, John Berg est le cinquième héritier. Mais depuis les années 1950, les pêcheurs ont désormais de plus gros bateaux, ils peuvent vivre à bord, les cabines se vident. Alors, John Berg décident à l'automne 1992 de rénover les cabines. Aujourd'hui, les rorbus du village sont donc retapés, mais gardent un style d'époque malgré un intérieur moderne et confortable. Très vite, John réalise qu'il manque quelque chose : un restaurant. De poisson bien sûr ! Au printemps 1995, ouvre le restaurant réputé Børsen Spiseri.

Transports

Avion. L'aéroport de Svolvær Helle se situe à 6 km de Svolvær. (www.avinor.no) Il est desservi par la compagnie Widerøe depuis Bodø, Røst, Stokmarknes et Oslo. La compagnie propose un service de location de vélo pour vous déplacer plus facilement une fois sur l'archipel.

Bus. Le Lofotekspressen circule toute l'année vers Narvik ou Å. La ligne 18-743 circule également entre Svolvær et Henningsvær. www.177nordland.no.

Bateau. Hurtigruten, Express Côtier. Le célèbre bateau de croisière Hurtigruten s'arrête à Svolvær tous les jours, dans les deux sens. À 22h vers le nord et à 20h30 vers le sud.

MAGIC ICE ★

Fiskergata 36
✆ +47 76 07 40 11
www.magic-ice.no

Ouvert toute l'année. De mi-juin à mi-août de midi à 23h et de mi-août à mi-juin de 18h à 22h. Adulte 225 NOK.

Depuis 2003, les Lofoten possèdent leur palais des Glaces. Mais ici, le jeu sur les reflets et les lumières n'a rien à voir avec Versailles. Il s'agit de sculptures de bateaux, d'animaux, de tout ce qui fait la culture régionale, mais surtout l'Icebar en glace ! Un univers glacial et unique qui vaut le détour, ne serait-ce que pour apprécier le talent des sculpteurs sur glace ! Féerique. C'est aussi un bar, et vous n'aurez certainement pas souvent l'occasion d'apprécier un cocktail dans un décor pareil. Un endroit hors du commun à ne pas manquer !

BUS LOFOTEKSPRESSEN

www.177nordland.no

Travel Pass Norland 990 NOK adulte 495 enfant, valable 1 semaine pour les bus et bateaux.

Bus locaux reliant les villages des Lofoten. Départ de Narvik tous les jours pour les Lofoten (de Svoalvaer à A) (ligne 23-760 Lofotekspressen). Très pratique. Le site internet et l'application 177 Nordland est téléchargeable est vous renseigne sur les horaires et tarifs. Le Travel Pass Nordland est très pratique et économique : pour 100 € par adulte, vous pouvez voyager en bus et en bateau dans toute la région du Nordland. C'est également un gain de temps et plus de tranquillité. Une bonne option surtout pour ceux qui voyagent en sac à dos !

TUVA (477 M)

E10

Site naturel

Comptez de 2 à 4 heures de randonnée. Très belles vues depuis le sommet. On recommandera cependant de la faire par temps secs puisque certaines sections peuvent être assez glissantes. N'hésitez pas à passer à l'office de tourisme afin de vous procurer des cartes de randonnées et prévenir de votre départ. Faites comme les locaux, prenez avec vous une barre de KVIKK LUNSJ que l'on trouve partout ! Regardez la météo avant de partir. Forêt de bouleaux, petits lacs, quelques ruisseaux ici et là. Vous pouvez aussi partir avec un guide.

SVINØYA RORBUER €€

Gunnar Bergs vei 2
✆ +47 76 06 99 30
www.svinoya.no

Ouvert toute l'année. Hébergement, activités, bar et restaurant. 55 rorbuers. À partir de 1 150 NOK la nuit.

Bienvenue dans l'une plus ancienne maison de l'île. Située un peu à l'écart de la ville, après avoir traversé un grand pont, ce petit village de pêcheur est très charmant. C'est sans doute d'ici que vous pourrez vous procurer au mieux, tout l'esprit et la qualité de vie des Lofoten. Ici, il y a tout ce qu'il faut : hébergement, restauration, activités au départ de l'établissement. Les *rurbuers*, petites maisons de pêcheur, sont toutes, bien équipées et de tout confort. Le matin, un excellent petit-déjeuner est servi dans à Borsen Spiseri, un restaurant réputé.

Aurore boréale près de Svolvaer.

THON HOTEL LOFOTEN €€

1 Torget
✆ + 47 76 04 90 00
www.thonhotels.com
Chambre double à partir de 1 356 NOK.
Restaurant et bar.

Situé sur le port, cet hôtel moderne offre 161 chambres confortables. Certaines d'entre elles présentent une belle vue sur le fjord. Le restaurant de l'hôtel donne l'occasion de goûter à la cuisine locale, tournée vers les produits de la mer. Au menu, poissons frais et crustacés ! Le personnel de l'hôtel pourra réserver pour vous de nombreuses activités comme les excursions en mer pour apercevoir les baleines. Fidèle aux standards de la chaîne hôtelière, c'est une valeur sûre bien que moins atypique. Il est situé en plein cœur de village, un avantage !

SCANDIC HOTEL SVOLVÆR €€€

Lamholmen ✆ +47 76 07 22 22
Chambres doubles à partir de 1 049 NOK (réduction le week-end). Petit déjeuner inclus. Également restaurant.

Un très bel hôtel, offrant confort, espace et architecture lumineuse dans le cadre d'un vaste *rorbuer*. Certaines chambres sont même équipées d'un trou permettant de pêcher directement de son lit (ou presque !). L'hôtel est situé sur un îlot central et son positionnement assure d'une part une jolie vue sur la ville depuis la plupart des chambres, et de l'autre une proximité directe avec tous les commerces. Côté restaurant, on vous propose une carte traditionnelle avec des recettes locales et donc principalement à base de poisson.

BACALAO SJØMATBAR OG PUB €

Havnepromenaden, 2 ✆ +47 76 07 94 00
www.bacalaobar.no
Bar, restaurant, concert.
Ouvert tous les jours de 10h30 à 1h et jusqu'à 2h30 le week-end. Plats à partir de 150 NOK.

Une très belle adresse à Svolvær. On peut le recommander en tant que bar mais Bacalao propose aussi une jolie carte pour se restaurer et ce, à des prix très raisonnables (burger, salades, *fish & chips*, moules-frites, plats végétariens). QG de la jeunesse locale, bar spacieux à l'ambiance tamisée et au décor surf, feu de cheminée l'hiver et playlist ambiance : l'endroit est chaleureux et cosy, on s'y sent vite bien. L'été, le Bacalao sort sa grande terrasse sur le port. Les week-ends, des groupes viennent également s'y produire.

BØRSEN SPISERI €€

Gunnar Bergs vei 2
✆ +47 76 06 99 30
www.svinoya.no/en/restaurant
Ouvert de 18h à 22h. Plats à partir de 290 NOK.

Le restaurant du Svinøya Rorbuer, le Børsen Spiseri, offre une cuisine exceptionnelle dans un cadre on ne peut plus charmant, rempli d'histoire. Dans cette vieille maison de 1828, au plancher craquant, on s'installe confortablement autour d'une des tables en bois éclairées à la bougie pour déguster la spécialité, la morue séchée, ou *stockfish*, sous toutes ses formes ! Bien sûr, le restaurant propose un choix de plusieurs plats (à base de poisson, bien sûr, mais pas que) issus de produits locaux et cuisinés avec invention et originalité.

LOFOTEN AKTIV

✆ +47 76 07 30 00
www.lofoten-aktiv.no
Activités toute l'année.

Passionné et expérimenté, Jann Engstad est la personne idéale pour partir à la rencontre de la nature norvégienne, été comme hiver. Depuis de nombreuses années (près de 35 ans), il travaille en tant que guide pour individuel mais aussi pour les groupes. Il sera content de vous transmettre sa passion tout en veillant à assurer les activités en toute sécurité et tout en continuant de promouvoir l'éco-tourisme. Tous les guides sont expérimentés et natifs des Lofoten. Sur le site, vous pourrez avoir un détails des activités proposées en fonction de la saison.

XX LOFOTEN

J.E. Paulsens gate 12
✆ +47 91 65 55 00
www.xxlofoten.no
Activités toute l'année. Départ de Svolvær ou alentour (Kabelvåg, Henningsvær).

Une équipe de professionnels, connaisseurs de la région, vous propose un bon nombre d'activités. Les thèmes sont divers, de l'ascension du Tjeldbergtinden, aux tours à vélo, en bateaux jusqu'au Trollfjord ou en kayak de mer, et des sorties pêches. Tout au long de l'année, vous pourrez varier les plaisirs et découvrir cette magnifique région des Lofoten sous différents angles. Certaines activités sont à la demande et la réservation se fait en fonction du nombre de personnes. Une très bonne adresse d'activistes de toute confiance à Svolvaer.

SKROVA

C'est un de nos coups de cœur sur l'archipel d'Austvågøya. Au large de Svolvær, l'île de Skrova est un bijou. Une petite pépite que l'on appelle la Hawaii des Lofoten. Ses eaux sont turquoise, son sable blanc et ses montagnes se gravissent à travers de jolis sentiers avant d'offrir une vue captivante. Autrefois, Skrova, véritable eldorado de la pêche, était le rendez-vous de l'élite. Ici ont vécu les plus grandes fortunes norvégiennes. Aujourd'hui, toujours très bonne pêcheuse, Skrova a d'autres atouts. Seulement 200 habitants, deux bars restaurants, et pourtant bien vivante. La culture, et notamment la photographie fait partie intégrante de l'île. Accrochée au séchoir à poissons sur le port, sur les pierres du tunnel ou encore les murs du restaurant Fotobrygga, la photo participe à raconter l'histoire de l'île et de la Norvège du Nord, ajoutant une touche de culture là où on ne l'attend pas. Et l'énergie de Skrova ne s'arrête pas là, puisqu'elle accueille chaque année une flopée d'artistes pour le Skrova Festival. La musique s'empare alors de l'île pendant 24h. Du port jusqu'au phare, les spectateurs se déplacent de lieu en lieu au fil des concerts.

Se loger

▸ **Glamping sous un tipi à Skrova.** Skrova est une destination idéale pour le glamping. Plus d'info sur : https://lofoten.info/skrova

KABELVÅG

Au Moyen Âge, Kabelvåg était le village le plus peuplé de la Norvège de Nord grâce à la pêche des Lofoten. Aujourd'hui, c'est un charmant village, célèbre pour avoir vu éclore la toute première église des Lofoten, construite en 1103 par le roi Øystein. Celle que l'on aperçoit aujourd'hui à l'entrée du village, surnommée Lofotkatedralen (la cathédrale des Lofoten) lorsque l'on arrive par le nord, a été construite dans les années 1890 pour accueillir une population toujours plus nombreuse. Le village abrite également un musée consacré à l'histoire des îles Lofoten, le Lofotmuseet ainsi qu'un aquarium dédié principalement au cabillaud, le Lofotakvariet.

GALLERI ESPOLIN

✆ +47 76 15 40 00

www.museumnord.no/galleri-espolin

Ouvert toute l'année. Horaires très précis, regardez sur le web. Adulte 100 NOK.

Une très belle galerie qui rend hommage à l'un des maîtres de l'histoire de l'art en Norvège, Kaare Espolin Johnson (1907-1994) et grand amoureux des îles Lofoten. Une belle manière d'en savoir plus sur la culture maritime dans le pays. Exposition et mise en vente de certaines œuvres. Située à 10 minutes de Svolvær et juste à l'extérieur de Kabelvåg, la galerie Espolin est reliée à deux autres musées, le Lofoten Museum et l'Aquarium du Lofoten. De ce fait, vous pouvez acheter un billet combiné pour les 3 musées, simple et pratique !

LOFOTEN AQUARIUM

Storvåganveien 28 ✆ +47 76 07 86 65

www.museumnord.no/en/lofoten-aquarium

Fermé décembre et janvier. Ouvert tous les jours du 1er juin au 31 août de 10h à 18h. Adulte 130 NOK.

L'Aquarium vous apprendra d'avantage sur la morue Skrei d'Atlantique qui, tous les ans, migre de la mer des Barents aux Lofoten. La morue est le fondement de la pêche aux Lofoten, et ce depuis des siècles. On en saura bien sûr d'avantage sur la faune arctique (crustacés et autres animaux marins des Lofoten). Ne ratez pas le nourrissage des phoques et des loutres, ainsi que l'exposition sur l'art de la coexistence, mettant en avant l'importance de l'aquaculture, la pêche et les activités pétrolières en Norvège, sur les animaux marins. Boutique souvenirs et café.

TJELDBERGTIND (367 M)

Suivre la direction Kabelvåg sur l'E10 depuis le rond-point. Suivez les indications « Kjeldbergtinden skyfelt » après avoir passé la station Esso.

Site naturel.

Comptez deux à trois heures de randonnée pour vous rendre jusqu'aux deux sommets. Préférez l'excursion par temps clair, la vue à 360° sera d'autant plus impressionnante. Il s'agit de la randonnée la plus accessible depuis Svoalver. C'est aussi une bonne mise en jambes avant les randonnées du sud. Tout public. Et rappelez-vous, en montagne, (même s'il s'agit d'une balade facile) prenez un coupe-vent et des habits chauds, prévenez de votre départ, vérifiez la météo, prenez un petit encas, et surtout, n'ayez pas honte de faire demi-tour si besoin !

Eglise de Kabelvåg.

HENNINGSVÆR ★★

Construit sur un groupe d'îlots, Henningsvær est un village connu entre autres pour son stade foot au bord de l'eau. Une route de 7 km suit une côte à flan de falaise avant d'arriver aux deux ponts qui relient le village à la terre ferme. Été comme hiver l'ambiance y est chaleureuse et le port du village est toujours au cœur des animations. Pleines de charme, avec un petit air hipster-bobo, les ruelles de Henningsvær sont très populaires de mai à août. Cafés, restaurants et boutiques animent le quotidien, et à plusieurs occasions la musique envahit le village pour le plus grand bonheur des habitants comme des visiteurs. À ne rater sous aucun prétexte !

Balade

▸ Festvågtinden. Prêt pour l'une des plus belles vues de l'archipel ? Enfilez vos baskets et prenez la route en direction de Festvåg, après les deux ponts à la sortie de Henningsvær. Si vous êtes en voiture, laissez votre véhicule sur le parking de Festvåg, et rendez-vous ensuite au début du sentier quelques mètres en arrière, au creux du virage de la baie d'Urvika. Une marche de difficulté moyenne entre deux et trois heures vous attend. Avec un dénivelé de 500 mètres sur 1,5 kilomètre, attention au cardio. La pente est raide et l'ascension peut s'avérer dangereuse, ne partez que si la météo le permet. Le sentier est bien visible et il vous suffira d'emprunter le même chemin pour redescendre. Au sommet, profitez d'une vue spectaculaire sur Henningsvær et ses alentours. C'est l'endroit idéal pour observer le soleil de minuit !

LOFOTEN OPPLEVELSER

Opplevelser
✆ +47 905 81 475
www.lofoten-opplevelser.no

Randonnées, excursions sous le soleil de minuit ou aurores boréales... Détails et tarifs sur le site Internet.

Rolf, un passionné de l'aigle des mers et de l'orque, embarque les curieux sur des hors-bord puissants pour découvrir ces grands rapaces. Quatre couples vivent dans les falaises, et Rolf qui connaît leurs habitudes permet de les observer en toute tranquillité. Et ceux qui n'ont jamais froid peuvent aussi plonger dans l'eau cristalline en compagnie des orques. Jasmin, sa compagne australienne, plonge l'hiver sur la grande barrière de corail avec les grands requins blancs et adore ces grosses bêtes très joueuses. Une initiation dont on se souvient longtemps !

FINNHOLMEN BRYGGE €

Hellandsgate 85
✆ +47 40 05 09 99
www.finnholmen.no

Ouvert l'été. Chambre double 1 250 NOK.

À l'autre bout du village est regroupé un ensemble de *rorbuer* dont les plus anciens datent des années 1800. Restaurés avec goût, ils sont équipés d'un coin cuisine et d'une douche. Une chambre froide et un grill, pour surgeler et cuire les poissons tout frais pêchés, sont à la disposition des clients. Dans le bâtiment principal donnant sur les quais, un adorable petit café tout en bois blanc est agencé autour de sa cheminée centrale. Le *rorbu* est une cabane de pêcheurs sur pilotis caractéristique du nord de la Norvège, plus précisément des Lofoten.

HENNINGSVÆR RORBUER €€€

Banhammaren 56 ✆ +47 76 06 60 00
www.henningsvar-rorbuer.no

Minimum de 2 nuits en pleine saison. Cabine à partir de 1 350 NOK. Ouvert toute l'année. Sauna 500 NOK.

Ce complexe hôtelier propose plusieurs services : un hébergement confortable – toutes les cabines disposent d'une cuisine et d'une salle de bains – un restaurant, ainsi que de multiples activités. On pourra ainsi profiter des tours guidés pour pêcher dans les environs, en bateau ou en kayak, ou encore passer quelques heures dans un sauna traditionnel. Un établissement très complet dans un décor magnifique, sur un des îlots Henningsvær. La quasi-totalité des cabines a vue sur la mer ou les montagnes et accès à une terrasse, de quoi passer de bons moments !

FISKEKROGEN €€

Dreyers gate 29
✆ +47 994 17 900
www.fiskekrogen.no

Ouvert toute l'année. Plat principal 260 NOK environ. Hébergement en rorbuer.

Sur la marina Henningsvær Feriebrygge, voici le meilleur restaurant de poisson des Lofoten, avec son bar et sa terrasse chauffée. Au menu, soupe de poissons : flétan, bar et autres loup marin, saumon de mer, lieu noir, morue fraîche. En plus d'une vue et d'une atmosphère exceptionnelle, c'est l'occasion de vous familiariser avec les spécialités des îles Lofoten et de la côte norvégienne plus largement. Une chose est sûre, le choix est large et la qualité garantie. Plats raffinés et ambiance détendue, conviviale, comme d'habitude dans les Lofoten !

KLATREKAFEEN €€

Misværveien 10
✆ +47 90 95 46 19

Café, restaurant, école d'escalade, location de ski, hébergement. Dortoir à partir de 300 NOK, chambre 500 NOK.

Comme ils le disent ici, le Klatrekaféen c'est à la fois « un pub anglais, une maison de thé népalaise, un restaurant du sud de la France et un camp de base sur l'Everest » et c'est vrai, au détroit d'une jolie ruelle décorée de drapeaux de prière népalais, le Klatrékaféen c'est un peu tout ça, un joli mélange des genres, un endroit chaleureux qui offre à chacun d'être un peu chez soi et pourtant si loin. La café restaurant offre de quoi se régaler, petits plats, pâtisseries boissons etc. Notre endroit coup de cœur à Henningsvaer.

TREVAREFABRIKKEN

www.trevarefabrikken.no

Dortoir à partir de 510 NOK, chambre à partir de 3 000 NOK. 2 nuits minimum. Sauna 150 NOK. Lunch 149 NOK.

Lieu incontournable d'Henningsvær, Trevarefabrikken est un projet mené par 4 amis qui se sont lancé le défi de rénover un immense bâtiment où l'on épluchait autrefois les crevettes, pour y accueillir des visiteurs venus du monde entier. Ces murs chargés d'histoire abrite aujourd'hui des chambres d'hôtels, une immense salle où l'on mange et assiste à toutes sortes d'événements, un café et un sauna avec vue sur la mer. Après plusieurs mois de rénovation, Trevarefabrikken rouvre ses portes pour vous faire vivre le meilleur d'Henningsvær.

Panorama d'Henningsvaer.

ANDENES ★★★

À Andenes l'horizon est libre sur la mer, et aucune montagne ne vient s'interposer entre vous et le soleil de minuit, qui brille ici du 16 mai au 26 juin. Mais on vient surtout pour participer aux safaris de baleines. Attention, il faut comprendre par safari l'embarquement pour suivre ces mammifères avec la quasi-certitude (96 à 99 % de chance) d'en apercevoir. Peu d'endroits au monde peuvent en promettre autant car la situation y est unique. Les baleines se nourrissent en effet dans les eaux extrêmement riches à environ une heure du port d'Andenes. Il s'agit donc d'un véritable bassin, d'un réservoir unique. Au XVIIe siècle, période de récession dans les Lofoten, Andenes survécut grâce aux capitaux des baleiniers hollandais qui opéraient à partir du village. Aujourd'hui, le safari en mer dure de 5 à 6 heures et il arrive que le bateau s'approche à 10 ou 15 m d'un cachalot de 70 tonnes pour une vingtaine de mètres. On y croise aussi des épaulards, de petits rorquals et des dauphins. Au large d'Andenes, le plateau continental chute brutalement à une profondeur de 2 000 m. Les courants marins butant sur la paroi apportent du plancton qui nourrit les poissons et les pieuvres qui nourrissent à leur tour les cétacés. C'est le seul endroit de Norvège où l'on peut observer des baleines si près des côtes. Les safaris se font à bord d'anciens baleiniers, du 25 mai au 15 septembre. Noter que les vents sont parfois si violents au large d'Andenes que les sorties peuvent être reportées.

ROCHER AUX OISEAUX

Bleiksøya (île)

Excursions guidées de 2 heures, inscription au centre baleinier d'Andenes (saison du 1er juin au 20 août).

Au large d'Andøya s'élève ce rocher aux oiseaux, l'un des plus connus du pays. Un bateau de pêche local se rend chaque jour dans cette île où l'on peut observer un grand nombre d'espèces. Entre 70 000 et 80 000 couples de macareux, plus de 4 000 couples de mouettes tridactyles et des centaines de cormorans, de guillemots, de pétrels, entre autres oiseaux de mer, viennent ici nidifier. Pensez à prendre vos jumelles et pourquoi pas un carnet de croquis pour vous ou pour dessiner vous-même vos cartes postales. Un très bel endroit.

WHALE CENTER - MUSÉE DES BALEINES ★

Hamnegata

✆ +47 76 11 56 00

www.whalesafari.com

Ouvert tous les jours du 25 mai au 15 sept, en semaine sinon. Horaires précis, voir web. Entrée+visite guidée 140 NOK.

Le centre propose des expositions sur les baleines et rend compte des recherches menées par les scientifiques norvégiens sur ces fascinants mammifères. C'est ici que l'on réserver les excursions guidées de 2 heures vers le rocher aux oiseaux dans l'archipel d'Andenes (saison du 1er juin au 20 août). Un bateau de pêche local se rend chaque jour dans cette île où l'on peut observer des macareux, des mouettes tridactyles et bien d'autres oiseaux de mer !

WHALE SAFARI ★★★

1 Hamnegata

✆ +47 76 11 56 00

www.whalesafari.no

Toute l'année. 1 240 NOK par adulte, 895 NOK par enfant de 5 à 13 ans.

Whale Safari fait partie des compagnies les plus expertes de Norvège pour l'observation des baleines. Notons que Andenes est idéalement situé entre les îles Lofoten et le Cap Nord. Le billet inclut l'entrée et la visite du centre baleinier qui ouvre à 9h selon les saisons. Une visite guidée du musée des cétacés est inclus dans le prix du billet. Le Whale Safari, propose aussi des hébergements et un restaurant. Le centre des cétacés est situé près du phare d'Andenes, impossible à louper. En mer, pensez à mettre des vêtements chauds !

ANDENES GRØNNBUENE RORBU HOTELL €€

Storgata 53 ✆ +47 76 14 90 90

www.andeneshotell.no

Ouvert toute l'année. Chambre double 950 NOK, appartement ou chalet pour 2 à 4 personnes 1 500 NOK. Restaurant.

Ce complexe hôtelier est situé le long du port. On peut y loger dans des chambres doubles, un appartement ou un chalet tout équipés. Ce sont d'anciens hangars de pêcheurs qui ont été réaménagés. Pour récupérer les clés il faut aller à la réception du Thon Hotel Andrikken, où vous pourrez également prendre votre petit déjeuner si vous le souhaitez. Ce ne sont pas les maisonnettes les mieux aménagées que l'on connaisse, mais c'est très correct et au moins de quoi bien se reposer.

NORD-NORGE

La Norvège est un pays d'une beauté incroyable et les contrées du Nord ne sont pas une exception. Parfois hostiles, ces terres aux mille paysages se parcourent avec prudence et envie. Vous jalouserez les communautés éparpillées le long des côtes et des rares axes routiers qui traversent l'intérieur des terres, elles qui vivent dans un si beau décor. Mais vous admirerez aussi leur courage et leur force, elles qui bravent les nuits interminables, les jours sans fin et les tempêtes qu'apportent l'hiver. Comment peut-on vivre ici ? Au pays des extrêmes, ce que la nature vous impose, elle vous le rend bien, à sa manière. Ouvrez grand les yeux et sillonnez les routes de Norvège, entre fjords, plaines et plateaux. Au pays paisible, beauté et quiétude sont deux choses que vous apprendrez à apprécier comme jamais. De belles découvertes et, on l'espère, de nombreuses aventures inoubliables vous attendent.

25 KM
Nordland
Sortland
Bø
Stokmarknes
Bjerkv
NARVIK
Lødingen
SVOLVÆR
Elvegård
LEKNES
HAMSUND
Kjøpsvik
Drag
Sørvågen
Leinesfjord
Ritsem
Værøy
Røst
KJERRINGØY
Fenes
RAGO
Straumen
Ståloluokta
BODO
Fauske
Rognan
Inndyr
HORNVIKA
Tollå
Glomfjord
Junkerdal
Myken
Tjongsfjord
SALTFJELLET-SVARTISEN
Örnvi
Storforshei
Lovund
Jäkkvik
MO I RANA
SUÈDE
Nesna
Laisvall
Sandnessjøen
Norra Ammarnäs
Klippen
MOSJØEN
Innervik
Tärnaby
Trofors
BRØNNØYSUND
Sorsel
Kittelfjäll
Södra Grannäs
Storuman
Terråk
Vers NAMSSKOGAN

Troms - Finnmark
NORDKAPP
Hornvika
GJESVÆR
KAMØYVÆR
HONNINGSVÅG
GAMVIK
MEHAMN
KJØLLEFJORD
BERLEVÅG
KONGSFJORD
Sørøya
HAMMERFEST
Seiland
VARDØ
VADSØ
Ringvassøya
ALTA
Utsjoki
NORDREISA
TROMSØ
KIRKENES
KARASJOK
Zapolyarnyy
SVANHOVD
Finnsnes
MÅLSELV
ØVRE PASVIK
RUSSIE
KAUTOKEINO
Inari
HARSTAD
Hinnøya
VERS TRANØY
NARVIK
SUÈDE
FINLANDE
Ivalo
45 KM
Saariselkä

Océan Arctique
Vestf
Valhallfonna
Åsgardfonna
SPITZBERG
Ny-Ålesund
Pyramiden
Île
Rijpsburg
YMERBUKTA
LONGYEARBREEN
BARENTSBURG
Mer du Groenland
Mer de

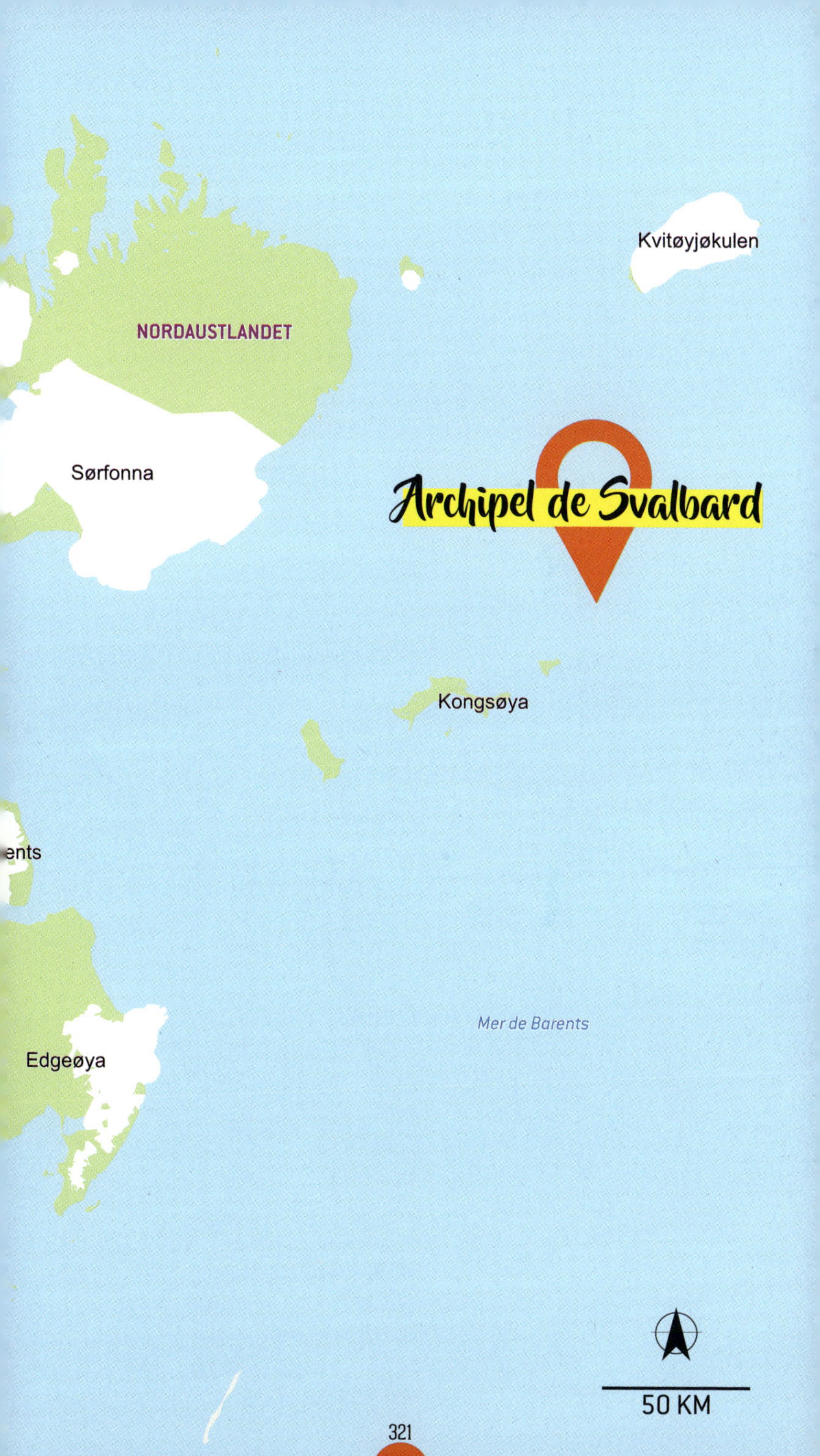
Kvitøyjøkulen
NORDAUSTLANDET
Sørfonna
Archipel de Svalbard
Kongsøya
ents
Mer de Barents
Edgeøya
50 KM

Le glacier Kongsbreen au Spitzberg.

PAGES

326 ## ●● NORDLAND

Le département du Nordland s'étire tout en longueur pour ne devenir qu'une très mince bande côtière de montagnes sauvages creusées par de profonds fjords. Cette partie est la plus étroite de la Norvège avec, à un certain point, seulement 6,3 km entre le fond du fjord et la frontière suédoise. En revanche, le département s'étire sur près de 600 km, davantage que la distance Paris-Lyon. Au fur et à mesure que l'on s'approche du cercle polaire, le soleil du Grand Nord finit par ne plus se coucher du tout (ou ne plus se lever du tout, selon la saison). Il ne descend que pour effleurer l'horizon dans un flamboiement magnifique avant de repartir aussitôt dans le ciel, et ce long voyage d'été dure presque trois mois au cap Nord. La lumière magique des nuits claires, qui remplace les aurores boréales de l'hiver, bouleversera votre rythme de vie et vous ôtera toute envie de dormir. C'est aussi cette nature grandiose du Nordland qui influença toute l'œuvre de Knut Hamsun. Ici se dresse le deuxième glacier de Norvège, le Svartisen (les glaces noires). Pays de contrastes, le Nordland comprend aussi l'extraordinaire archipel des Lofoten, une sorte de Caraïbes du Grand Nord (la chaleur en moins), baigné par le Gulf Stream venant tout droit du golfe du Mexique.

Point de contact avec la Laponie suédoise, Narvik est aussi un nœud de communication essentiel pour la Norvège. Une ville sympathique entre les montagnes, et bien plus vivante qu'il n'y paraît grâce à ses bars, cafés et événements.

340 ## ●● TROMS

Le Troms est par définition le comté du soleil de minuit, alors qu'en hiver il enregistre le plus grand nombre d'aurores boréales au monde. Tromsø, la capitale du comté, surnommée la « Paris du Nord », est l'endroit idéal pour admirer ce phénomène impressionnant. Le Troms est aussi réputé pour sa côte dentelée, pour ses fjords et ses îles pleines de surprises. Bordé par le Finnmark et le Nordland, il partage une frontière avec le comté suédois de Norrbotten. Dans cette région magnifique, la vie est dure et le gouvernement doit inciter (réduction d'impôts, offres d'emplois, locations à prix réduits) les Norvégiens pour déménager, y habiter ou y rester. Mais le Troms c'est aussi un mélange des cultures, un comté où Sâmes et Norvégiens cohabitent depuis toujours.

Ici commence la chaîne des Alpes de Lyngen : fjords, glaciers, vallées et ski inoubliable.

PAGES

344 **TROMSØ ★★★★**

Ville incontournable de ces terres du Nord, Tromsø est un vrai souffle d'air frais ! La population y est jeune et dynamique et les activités ne manquent pas. Il faut dire que les alentours attirent nombre d'amoureux de la nature !

357 ● ● FINNMARK

Département le plus vaste de la Norvège, le Finnmark comprend moins de 2 % de la population répartie dans 15 % de la surface du pays. Sur la façade maritime, les étés sont frais et les hivers relativement cléments. La région ne jouit pas d'un climat très stable. Même en été, une tempête peut provoquer en quelques instants des chutes de neige, du brouillard ou du crachin. A l'intérieur des terres, l'immense plateau de Finnmark est une plaine de toundra quasi désertique comportant seulement deux villages lapons, Karasjok et Kautokeino. Dans ces immensités (48 000 km²), on peut randonner pendant plusieurs jours, voire plusieurs semaines, sans rencontrer âme qui vive. Les étés sont chauds. Quand le soleil éclaire 24h/24, les températures peuvent atteindre 32 °C. Mais les hivers extrêmement rigoureux voient parfois le thermomètre descendre à -50 °C. A l'intérieur du plateau, la neige, qui tombe dès le début du mois d'octobre, reste présente jusqu'à fin mai. Cette longue nuit hivernale est éclairée de fabuleuses aurores boréales. En avril ou mai, le temps s'adoucit. Bien que situé plus au nord que les glaces du Groenland, le Finnmark bénéficie d'un climat moins rigoureux. Le Gulf Stream, au large des fjords, modère les effets de ses latitudes extrêmes.

Des saisons très marquées. En été, aux immenses étendues de neige succèdent les paysages de marécages, de lacs et de rivières, vestiges d'une lointaine époque glaciaire qui a raboté le plateau parsemé de quelques bouleaux rabougris. Les immenses prairies de la toundra s'étendent à perte de vue, par endroits légèrement vallonnées et traversées de rivières à saumons et d'innombrables lacs poissonneux. Les marais abondent en mûres arctiques et en linaigrettes balançant leurs plumets cotonneux dans la brise estivale. Mais ces paysages humides sont alors infestés de moustiques, de moucherons et de taons, véritable plaie du Grand Nord. Apparus avec le brusque redoux, ces insectes assaillent les ruisseaux à l'eau glaciale d'où jaillit l'éclair argenté d'un saumon qui illumine, pour un bref instant, la dense nuée noire des moucherons. L'automne, qui commence dès la fin du mois d'août, est court, intense, magnifique. Pendant les deux premières semaines de septembre, les paysages parsemés de bouleaux arctiques et de buissons de myrtilles indigo se parent de leurs plus belles couleurs qui s'embrasent sous le soleil automnal, avant d'être ensevelis sous le linceul blanc.

Les Sâmes, les Kvenes et les Norvégiens vivent ici depuis des générations. A la fin du siècle dernier eut lieu ici une importante immigration de Finlandais, chassés de leur pays par la famine. Leur culture kvene s'est superposée aux deux

cultures déjà existantes. De multiples vieilles maisons reflètent la diversité de cette population. Horsnes, Signaldalen et Skibotn constituent trois haltes intéressantes pour cette raison. Skibotn, tout particulièrement, où se tient depuis des générations un marché au centre-ville, qui fut le véritable lieu de rencontre des nomades du Grand Nord. Des bunkers, des ponts et certaines petites routes d'accès portent les traces de la Seconde Guerre mondiale : « la ligne de défense Lyngen » (Lyngen-linja).

●● ARCHIPEL DE SVALBARD / SPITZBERG

C'est vers la fin du XIIe siècle que les Vikings découvrent cette terre qu'ils surnommèrent « côtes froides ». L'ensemble de l'archipel du Svalbard appartient à la Norvège depuis la fin de la Première Guerre mondiale et le Traité de Paris de 1920. C'est une terre démilitarisée depuis ce traité. L'archipel polaire appartient à la Norvège, mais – et c'est un cas unique dans la politique internationale – les citoyens de plus de 70 pays signataires du Traité de Spitzberg à Paris en 1920 peuvent vivre et travailler dans l'archipel au même titre que les Norvégiens. Aujourd'hui, l'archipel ne compte que des villages norvégiens et russes, mais abrite également des stations de recherche chinoises et polonaises. Jusqu'à ces dernières années, il n'y avait aucune infrastructure pour accueillir les touristes au Spitzberg. En effet, les premiers vols organisés datent de 1959 et l'aéroport de Longyearbyen ne fut ouvert qu'en 1975. Aujourd'hui, une ligne régulière effectue plusieurs vols par semaine entre l'aéroport et Tromsø par un vol assez rapide d'1h45. Au fil des années, on a assisté à une demande croissante pour découvrir cette nature fascinante à l'extrême limite de la civilisation. De ce fait, les croisières organisées depuis différents ports en Norvège permettent d'effectuer un beau voyage à travers ces îles.

L'archipel des Svalbard est constitué de plusieurs îles et îlots, on en compte près de 30 au total.

Spitzberg, l'île principale : 37 673 km², dont 22 000 km² sont occupés par des glaciers

Nordaustland : 14 443 km²

Edgeøya : 5 030 km²

Barentsøya : 1 330 km²

Kvitøya : 700 km²

Prins Karls Forland : 640 km2.

Kong Karls Land : 340 km²

Bjørnøya : 178 km²

Hopen : 46 km²

NORD-NORGE

BRØNNØYSUND ★★

Brønnøysund est un charmant village de pêcheurs de 5 000 habitants, situé sur une presqu'île, en face de Torghatten. Bien qu'un petit aéroport y accueille des vols en provenance d'Oslo, de Trondheim et de Bodø, et que l'Express côtier y fasse escale, il n'y a pas beaucoup de passage. Sa topographie résume bien le pays. Une Norvège miniature qui possède pour particularité son Brønnøysund Register Centre : une structure du ministère de la Justice où sont collectées, enregistrées et analysées de très nombreuses données économiques et commerciales nationales afin de procurer une meilleure sécurité et efficience de la politique. Mais la ville possède aussi une surprise naturelle : Torghatten, une montagne de 160 m de longueur et de 35 m de hauteur, ornée d'une béance de 15 à 20 m créée par une érosion millénaire. Et cela permet de belles histoires...

Pour aller voir l'île de Torghatten de plus près, il faut traverser le joli pont qui s'élance au-dessus des 550 m du petit détroit de Brønnøysund et parcourir encore 8 km avant d'arriver au pied de la montagne. À partir de là, il faut 20 minutes de montée à pied pour arriver au célèbre trou. Les scientifiques, moins poétiques que la légende, expliquent qu'il a été formé par l'érosion, au temps où le niveau de la mer était plus haut qu'aujourd'hui. Au bout de la route, on a construit un centre de vacances, avec de grandes baies vitrées sur la montagne et sur la mer. Toutes sortes de bateaux et de scooters d'eau y sont à louer.

THON HOTEL BRØNNØYSUND €€

Sømnaveien 98

✆ +47 75 00 89 00

www.thonhotels.no

Chambre double 1 346 NOK. Petit déjeuner inclus.

L'hôtel est situé au centre de Bronnoysund, non loin du quai d'embarquement. Avec son design contemporain et ses lignes épurées, il séduit une clientèle d'affaires. Cela dit, les touristes apprécieront aussi le confort de ses chambres et le petit-déjeuner bien fourni. La plupart des chambres ont une bouilloire, un sèche-cheveux, une télévision, un bureau et une chaise. Offres promotionnelles sur leur site Internet. Check-in 15h, check-out 12h. Parking gratuit avec station de chargement pour voiture électrique. Café à volonté dans l'entrée.

SVANG RESTAURANT OG VINBAR €€

Storgata 77

✆ +47 960 44 193

https://svangrestaurant.no

Ouvert du mardi au samedi à partir de 17h.

Svang a ouvert ses portes en 2018 et est déjà l'un des meilleurs restaurants de la ville ! Le poisson est à l'honneur et particulièrement ceux qui ont été pêchés le jour ou la veille dans le coin. Les légumes proviennent également des fermes alentour dans la mesure du possible, et le restaurant a globalement une conscience éthique. Des plats très très bien présentés et des saveurs qui se mélangent particulièrement bien. Il fait aussi bar à vin. Une réussite !

Brønnøysund.

MOSJØEN ★

Mosjøen est la plus ancienne ville de la région du Helgeland. Cette bourgade de 10 000 habitants, située sur une lagune de sable au fond du fjord de Vefsna, vit paisiblement de son usine d'aluminium et il n'y a pas grand-chose à y faire. La rue Sjøgata, qui a gardé ses vieilles maisons de bois colorées classées et ses quais du XIXe siècle, ne manque toutefois pas de charme, et il faudra également vous arrêter à l'intéressant Monument aux morts. Prévoyez donc de ne passer que quelques heures à Mosjøen, à moins que vous ne souhaitiez profiter des superbes sentiers de randonnées alentour (le Oyfjellvarden Hiking Trail en tête).

MONUMENT AUX MORTS ★

Sjøgt. 23 E
✆ +47 75 11 01 00
www.helgelandmuseum.no
Ouvert toute l'année. Monument en plein air.

Au bout du parking du musée se dresse un mémorial en souvenir des très nombreux prisonniers yougoslaves, russes et polonais morts ici entre 1942 et 1945. La Norvège du Nord était un point stratégique pour les Allemands. Les nombreux ports sans glaces hivernales leur permettaient de dissimuler leurs sous-marins et autres navires de guerre. Les nazis ont fait construire le chemin de fer jusqu'à Bodø, au prix de sacrifices humains considérables.

Dans ces contrées rudes, surtout en hiver, il n'était guère besoin de fours à gaz pour exterminer les prisonniers. Dans le Saltdal, il y avait une quinzaine de camps avec environ 30 000 prisonniers. Le monument aux morts du cercle polaire est très émouvant, surtout quand on porte le regard vers les rails du chemin de fer, de l'autre côté de la E6. A la vue de ces paysages désolés, on n'imagine que trop bien dans quelles conditions inhumaines s'accomplissait le travail des prisonniers. Le vent glacé qui descend de la montagne noire d'en face, en passant par les deux gros rochers du sacrifice lapon tout en bas, donne froid dans le dos, au sens propre comme au sens figuré.

Un nombre impressionnant de ces monuments aux morts et de ces « routes du sang » marquent la contrée. Les nazis pratiquant la tactique de la terre brûlée à la fin de la guerre, presque toutes les habitations de la Norvège du Nord ont été rayées de la carte. Le monument est en plein air et accessible gratuitement à n'importe quelle période de l'année. Une halte commémorative recommandée.

LE SOLEIL DE MINUIT

Le point d'orgue du flamboyant été au-delà du cercle polaire, c'est le fameux soleil de minuit. À partir du 23 juin environ, et durant quelque six semaines, le soleil reste présent 24h/24. C'est une fantastique journée de 3 mois, orchestrée par un astre qui n'en finit pas de tourner dans le ciel, sans jamais se coucher, n'offrant qu'un crépuscule incertain entre 22h et 2h du matin. En contrepartie, dès la fin novembre, débute la nuit polaire. Le soleil n'apparaît alors plus à l'horizon que vers le 10 janvier. En effet, au nord du cercle polaire arctique (66° 33'), l'hiver se perd huit longs mois sous la neige, dans les tempêtes. Mais à cette nuit complète de trois mois succède aussi brutalement le bref printemps, et le cycle recommence... Plus vous allez vers le nord, plus le soleil de minuit dure longtemps, quelques repères :

Cercle polaire : du 12 juin au 1er juillet.

- Bodø : du 4 juin au 8 juillet.
- Svolvær : du 28 mai au 14 juillet.
- Harstad : du 25 mai au 18 juillet.
- Andenes : du 22 mai au 18 juillet.
- Tromsø : du 20 mai au 22 juillet.
- Alta : du 19 mai au 24 juillet.
- Vardø : du 17 mai au 26 juillet.
- Hammerfest : du 16 mai au 27 juillet.
- Berlevåg : du 15 mai au 28 juillet.
- Cap Nord : du 14 mai au 29 juillet.
- Longyearbyen : du 19 avril au 22 août, 126 jours !

FRU HAUGANS HOTEL €€

Strandgt, 39
✆ +47 75 11 41 00
www.fruhaugans.no
Chambres double entre 750 NOK et 2 000 NOK selon la saison. Restaurant.

L'hôtel est situé derrière la rue Sjøgata, une ancienne rue en centre-ville qui mérite d'être classée. Bâti il y a deux siècles, c'est le plus ancien hôtel de Norvège du Nord. Un fils de grand fermier et un capitaine au long cours obtinrent une licence royale en 1794 pour l'exploitation d'une auberge et l'autorisation de faire du commerce à Mosjøen. Plus tard, en 1885, Mme Ellen Haugan acheta l'hôtel, resté dans la famille depuis cette époque. On peut pêcher le saumon et la truite à partir du grand jardin qui entoure l'établissement.

MO I RANA ★★

Cet ancien comptoir de troc est situé tout au fond du fjord de Rana. La famille Meyer acheta l'endroit en 1860 pour y faire du commerce. À la fin du XIXe siècle, avec l'exploitation des mines de fer dans la vallée de Dunderdalen et le développement du chemin de fer, la ville prospéra. Troisième plus grande ville de la Norvège du Nord et héritière de l'industrie du fer, c'est un centre de commerce et de service. La Norwegian Iron Company, aussi appelée Mo Industrial Park (MIP), est en réalité divisée en des centaines de petites entreprises. C'est aussi la porte d'entrée du parc national de Saltfjellet – Svartisen, qui se situe à environ une heure au nord.

SALTFJELLET-SVARTISEN ★★

Le parc national de Saltfjellet-Svartisen se situe au cœur du Nordland entre la commune de Mo i Rana et celle de Bodø. Avec ses 370 km², c'est le plus grand glacier de Scandinavie du Nord. Après 50 longues années de conflit entre les producteurs d'énergie et les amoureux de la nature (qui consomment aussi de l'énergie, ce n'est pas un paradoxe incompatible !), cette zone a été désignée parc national en 1989. Aujourd'hui, il s'agit du parc national le plus riche et intact de toute la Norvège. C'est également le seul qui possède une frontière avec la Suède, ce qui permet aux espèces animales de pouvoir migrer. La faune et la flore y sont très riches.

POLARSIRKELEN ★

Fritjof Nansensgt 22
✆ +47 75 11 01 33
www.arctic-circle.no
Ouvert du lundi au vendredi de 10h à 16h, samedi de 11h à 15h. Entrée 50 NOK.

Le petit musée expose des animaux de l'Arctique naturalisés, dont un immense ours blanc. Au premier étage, quelques bateaux de pêche typiques du nord. Le diaporama qui passe toutes les heures les paysages et les saisons de Norvège est le même que celui, gratuit, de l'office du tourisme d'Oslo. Une boîte aux lettres permet de faire oblitérer ses cartes postales du cercle polaire. Boutique de souvenirs, cafétéria qui sert de petits plats chauds et quelques spécialités du nord. Le menu enfant est à moitié prix avec une glace en prime.

SCANDIC MEYERGÅRDEN HOTEL €€€

Nansensgate, 28
✆ +47 75 13 40 00
www.meyergarden.no
Chambre simple dès 935 NOK, double dès 1 385 NOK. Prix en fonction de la saison. Restaurant et Lobby Bar.

Un hôtel de la chaîne Scandic avec beaucoup de charme puisqu'il est installé dans une bâtisse vieille de plus d'un siècle (sa construction remonte aux années 1890 !) flanquée d'un jardin privé propice à la détente. Les nombreuses chambres qu'abrite l'hôtel sont très confortables et affichent une déco bien sentie. L'hôtel se trouve par ailleurs à proximité de la gare et le restaurant, nommé Søilen, sert un délicieux menu arctique. Très bonne adresse.

SALTFJELLET-SVARTISEN NASJONALPARK - PARC NATIONAL ★★

Saltfjellet Svartisen
www.norgesnasjonalparker.no
Site naturel

Superficie : 2 105 km². Le parc et les 4 zones protégées contiguës s'étendent depuis la côte norvégienne et le fjord Melfjord, à l'ouest, jusqu'à la chaîne de montagnes longeant la frontière suédoise et que recouvre le glacier de Svartisen. Avec ses 370 km², c'est le plus grand glacier de Scandinavie du Nord. Les forêts de bouleaux abritent une flore étonnamment riche pour la latitude, et des espèces aussi rares que le rhododendron arctique poussent sur les zones calcaires.

SALTSTRAUMEN CAMPING €

Saltstraumen
✆ +47 75 58 75 60
www.saltstraumen-camping.no
Ouvert toute l'année. Emplacement tente : 250 NOK ; camping-car, caravane : 300 NOK ; chalet avec 2 chambres 1 100 NOK.

Le camping est situé près de la mer où l'on peut aisément plonger, faire du kayak ou effectuer un safari maritime. C'est ici que se trouve le plus fort courant de marée au monde ! Cela est dû au fait que d'un côté se trouve la mer, de l'autre le fjord, et la variation du niveau de la mer est d'environ 2 mètres par jour ! La pression est donc incroyable et crée des tourbillons qui se déplacent en permanence. Bref, pour en revenir au camping... il est au top niveau installations et surtout idéalement situé pour admirer ce phénomène unique au monde !

BODØ ★★

Port sur la mer de Norvège, Bodø, avec ses 52 500 habitants, est le terminus des chemins de fer norvégiens et le chef-lieu du département du Nordland. La ville, complètement reconstruite après les bombardements allemands de 1940 (tout comme la quasi-totalité des habitations de la Norvège du Nord), est assez quadrillée mais charmante. Le flot de touristes qui y transitent à destination de l'archipel des Lofoten et du Grand Nord ne s'y arrêtent pas toujours, et c'est bien dommage. La ville surnommée *Bodø By light*, offre de très jolis paysages, nombres d'activités touristiques et un centre-ville jeune et dynamique, coloré par les fresques des street-artistes. Le soir, les locaux se baladent sur le port après dîner. On peut y acheter quelques crevettes fraîches à déguster au soleil couchant. De nombreux restaurants, bars et autres adresses sont apparus ces dernières années, faisant de la ville un lieu de séjour à part entière.

La montagne de Rønvikfjell, à 3 km du centre-ville, est un bon point d'observation du soleil de minuit, qui brille ici sans interruption de début juin à mi-juillet. Vers le nord, un superbe panorama s'étend sur les îles de Landego et de Hamarøy (toute l'enfance de Knut Hamsun), au large, dans le lointain, on devine le mur de Lofotveggen et, vers le sud, les légendaires montagnes de Sulitjelma et le glacier de Svartisen, que l'on vient de quitter.

Excellent lieu de marche, de randonnée et d'escalade (peu importe la saison), Bodø est aussi connue dans le monde pour posséder le plus fort courant au monde (le *saltstraumen*, au sud de la ville). Enfin, la ville du nord compte la plus dense population d'aigles des mers d'Europe.

▸ **La ville accueille le Musikkfestua**, festival de musique en août. Plus d'infos sur www.nmfu.no
Ainsi que le HopNorth Festival, festival des arts de la rue, réunissant de nombreux artistes du monde entier. Prenez le temps de vous balader au détour des rues de Bodo, vous serez surpris par le nombre de graffs sur les murs.

Transports

▸ **Train :** Terminus du chemin de fer norvégien. Des trains de jour et de nuit partent pour Trondheim tous les jours. Possibilité de rejoindre Fauske en 40 minutes et de se diriger ensuite vers Narvik en bus.

▸ **Bus :** Départs des bus urbains, régionaux et des long-courriers Nor-Way Bussekspress pour les Lofoten, Hamarøy, le Troms et le Finnmark. Une autre compagnie, Silverexpressen, rejoint la Suède, la Finlande et la Russie.

▸ **Bateau :** L'embarcadère se trouve derrière la gare de chemin de fer Jernbanestasjon. Plusieurs options sont proposées pour rejoindre et quitter la ville. Les vedettes rapides desservent la côte et les îles des alentours. Informations à Sentrumsterminalen. Le ferry de Moskenes relie la ville aux îles Lofoten. Comptez 3 heures 30 de traversée.

▸ **Bateau Hurtigruten :** l'Express côtier pour Kirkenes et Bergen fait des escales quotidiennes.

LA RÉGION DE SALTEN

Bodø est le point de départ idéal pour découvrir le reste de la région de Salten. C'est indéniable, les alentours de la capitale du Grand Nord offrent une nature spectaculaire et nombre d'endroits pittoresques. Le cercle arctique est déjà une expérience à part entière. Côté nature, le Rago National Park est l'un des parcs nationaux les plus spectaculaires et les plus sauvages de Norvège où l'on crapahute sur les roches, entre les chutes d'eau et les sommets enneigés. Des paysages à couper le souffle ! La région abrite le plus grand glacier d'Europe du Nord : le glacier Svartisen. Ici, les aventuriers se hisseront au sommet, d'autres en profiteront pour faire du kayak en contrebas et les plus rêveurs se délecteront de la vue autour d'un café. Quant aux aficionados de culture et de littérature, ils visiteront le centre de Hamsun. Le paysage ne semble pas avoir changé depuis l'époque où il inspirait le célèbre auteur Knut Hamsun à écrire des livres tels que *Pan, L'Éveil de la glèbe* et *Vagabonds*.

C'est aussi l'occasion de s'offrir une nuit complètement insolite. Comme une rencontre secrète entre nature et architecture. Au-dessus du front de mer de Manshausen, on s'installe dans de jolies cabines de mer au design moderne, pour un moment suspendu. Ceux qui opteraient pour une retraite insolite, dans une cabane écologique sur une île : The Arctic Hideway. Il y a aussi la Villa Haugen. Un hôtel de charme avec une vue imprenable où luxe, calme et volupté s'accordent aux exquises aventures arctiques !

LE MAELSTRÖM

Il est connu comme l'un des plus forts courants océaniques dans le monde. « On sait qu'au moment du flux, les eaux resserrées entre les îles Féroé et Lofoten sont précipitées avec une irrésistible violence. Elles forment un tourbillon dont aucun navire n'a jamais pu sortir. De tous les points de l'horizon accourent des lames monstrueuses. Elles forment ce gouffre justement appelé « le Nombril de l'Océan », dont la puissance d'attraction s'étend jusqu'à une distance de quinze kilomètres. Là sont aspirés non seulement les navires, mais les baleines, mais aussi les ours blancs des régions polaires. » Jules Verne, *Vingt Mille Lieues sous les mers*.

BODØ KUNSTFORENING - ASSOCIATION D'ARTS DE BODØ ★

Moloveien 10 ✆ +47 75 52 23 22

www.bodokunst.no

Ouvert de mercredi à dimanche de midi à 16h, Tarifs 50 NOK adultes, gratuit pour les moins de 18 ans.

Un très bel endroit qui présente différentes œuvres, objets, toiles et meubles. Un luxe et des audaces artistiques qui peuvent surprendre dans un lieu quelque peu reculé… Expositions temporaires d'artistes principalement norvégiens ou scandinaves. Il s'agit une association sans but lucratif dont le but est de promouvoir l'art et la culture sous toutes ses formes. De nombreux événements sont organisés en plus des expos. Programmation en ligne ou par email.

FERME DE LØP - LØP GÅRD ★★

Lop Gard

✆ +47 75 50 35 00

www.nordlandsmuseet.no/en/lop-gard

Ouverte l'été, samedi et dimanche de midi à 16h.

Située à 8 km du centre de Bodø cette vieille ferme, gérée par le Nordland Museum, a été complètement restaurée. Le mobilier et bâtiments en bois illustrent à merveille les constructions de l'époque. Certaines parties du bâtiment sont vieilles de plusieurs centaines d'années. Cette ferme a été occupée à plusieurs reprises par les membres du gouvernement mais aussi des skippers de bateaux en escale à Bodø. Possibilité de faire une visite guidée en anglais, sur réservation uniquement. Nous vous conseillons de vérifier les horaires avant d'y aller.

FORT DE NYHOLMEN - NYHOLMEN SKANDSE ★★

Nyholmen

✆ +47 75 54 80 00

Ouvert toute l'année. Entrée libre.

C'est grâce au travail des bénévoles que ce fort, symbole de la résistance de la ville face à la marine anglaise, a pu être entièrement restauré. Ce site fut choisi comme site du millénaire. Achevé en 1810, cet édifice militaire avait pour but de défendre les côtes norvégiennes contre la marine anglaise, et de protéger les céréales importées de Russie malgré le blocus auquel était soumis les Norvégiens. Aucun combat n'eut jamais lieu dans ce fort.

GALERIE BODØGAARD ★

Skeiddalen, 2

✆ +47 901 53 954

www.bodogaard.no

Ouverte tout l'année, du mardi au vendredi de midi à 15h, samedi et dimanche de midi à 16h. Fermé le lundi.

Créée par l'artiste Oscar Bodøgaard et son fils Harald Bodøgaard en 1985. Officiellement ouverte au public en 1989, elle accueillit pas moins de 1 200 personne le jour de son ouverture ! Cette galerie, située à 2,5 km du centre-ville, est l'une des plus importantes du nord de la Norvège. Elle abrite des millions d'objets d'art et d'artisanat, certains ayant appartenu aux tsars russes. Y sont également organisés des événements tels que des concerts qui accompagnent généralement les vernissages d'expositions temporaires. Joli lieu qui bouge !

MUSÉE NATIONAL DE L'AÉRONAUTIQUE ★★

Olav V gate

✆ +47 75 50 78 50

luftfart.museum.no

Lundi au vendedi 10h-16h, week-end 11h-17h (en été : 7j/7 10h-18h). 160 NOK.

Le bâtiment du musée, en forme d'hélice, s'étend sur plus de 10 000 m². Deux grandes aires d'exposition sont consacrées aux collections civiles et militaires. Au programme de la visite : l'histoire de l'aéronautique, la découverte de nombreux appareils (Junkers, Ju-52, Mosquito) et des simulateurs de vols pour se mettre dans la peau des pilotes. Une visite intéressante et complète pour entrer dans l'histoire norvégienne par le biais de l'aviation.

Fort de Nyholmen - Nyholmen Skandse.

ÎLE ET MUSÉE DE KJÆRRINGØY ★★★

Kjærringøy
www.kjerringoy.info
Fin-mai à fin-août, 7j/7 de 11h à 17h.
Liaisons en bus (ligne 18-510) entre Bodo et Kjerringoy, toutes les heures.

Situé à une quarantaine de kilomètres au nord de Bodø, cette charmante petite presqu'île montagneuse abrite un hameau de pêcheurs, ancien comptoir aujourd'hui transformé en musée de plein air. C'était le dernier port des pêcheurs saisonniers avant l'archipel des Lofoten, à l'époque des *Travailleurs de la mer* de Victor Hugo. A la fin du siècle dernier, des centaines de petits bateaux s'y rassemblaient pour attendre des vents favorables leur permettant de traverser les eaux dangereuses du Vestfjord. La figure locale la plus connue était Erasmus Zahl, propriétaire de tout le hameau, et le premier à avoir aidé Knut Hamsun (prix Nobel de littérature en 1920) dans ses débuts difficiles.

La maison de Sirilund est bien la même que celle décrite dans son roman *Benoni et Rosa*. Leur version télévisée ainsi que le film, tirés de son œuvre *Pan*, ont été tournés dans cette île. Depuis, de nombreux tournages s'y sont déroulés (dont celui du film *Dina*, avec Gérard Depardieu en vedette), le lieu bénéficiant d'une lumière magnifique, ce qui permet aujourd'hui une belle exposition sur les films tournés dans l'île. Avec un peu d'humour et beaucoup de volonté, les habitants de l'île se définissent comme vivant dans l'Hollywood de la Norvège. On trouvera ici un café et une boutique de souvenirs aménagés dans la nouvelle étable (Nyfjøsen). Une visite recommandée pour saisir d'un peu plus près l'ambiance de la Norvège profonde et pour en prendre plein les mirettes !

NEWTON FLIGHT ACADEMY

Olav V gate
✆ +47 75 50 78 50
www.luftfartsmuseum.no
Ouvert du lundi au vendredi 10h-16h, le week-end 11h-17h. Billet adulte 175 NOK, enfant 90 NOK, famille 450 NOK.

Le Newton Flight Academy est l'issu d'un travail commun entre la FIRST Scandinavia et le Musée de l'aviation, visant à proposer l'apprentissage de quelques bases et premières notions pour diriger un avion et voler. Au total, 3 simulateurs de vols, un choix important de destinations et de conditions météorologiques et... la sensation réelle de voler. Parfait pour les passionnés d'aéronautique désireux d'en savoir plus sur le métier. Renseignements et réservations à l'avance. Ce musée est si complet qu'il est de renommée mondiale !

NORDLAND MUSEUM ★

Prinsensgate, 116
✆ +47 75 50 35 00
www.nordlandsmuseet.no
Horaires précis voir web. Entrée adulte 60 NOK. 20 NOK pour les enfants.

Chose rare, le bâtiment a été construit pour être un musée. A l'époque il retraçait simplement l'industrie de la pêche, puis en 1947, il devient musée culturel. Le musée retrace l'histoire culturelle de la ville, des Vikings à la vie quotidienne des familles de paysans-pêcheurs des îles Lofoten, en passant par les Samis. Devant l'entrée est exposé un menhir de l'âge de pierre. Un film de 20 min dans la petite salle noire retrace d'une jolie manière l'histoire de Bodø avant que la guerre éclate. Une nouvelle salle au rez-de-chaussée est dédiée à de petites expos.

RANDONNÉES GUIDÉES AVEC NORDLAND ADVENTURES

✆ +47 90 63 60 86

https://en.nordlandturselskap.no

Excursions de 3h à 11h à découvrir sur le site.

Envie de randonner, mais pas tout seul ? L'option idéale se trouve à coup sûr proposée par l'équipe de Nordland Adventure. Sur les montagnes ou les plages, Bodø et Salten regorgent de sommets spectaculaires avec des vues à couper le souffle sur lesquels vous pourrez vous aventurer, le temps d'une randonnée guidée dans un magnifique paysage ! De quoi s'aérer les poumons tout comme il faut et continuer votre périple avec de belles images plein les yeux !

RØNVIKFJELLET

Point de vue.

C'est depuis Rønvikfjellet que l'on obtient la plus belle vue sur la ville et ses alentours ainsi que le meilleur endroit pour observer le soleil de minuit. Un bus circule tous les jours depuis le centre-ville (renseignements à l'Office de tourisme). Une balade facile et accessible à tous. Des petits sentiers partent ici et là et il est assez difficile de se perdre car on peut se repérer facilement en levant le nez. Petits ruisseaux, jolies pierres et vue imprenable ! On a beaucoup aimé cette petite randonnée pour toute la famille.

STORMEN BIBLIOTEK ET SALLE DE CONCERT

Storgata 1A

✆ +47 75 55 61 00

www.stormen.no

Ouvert du lundi au jeudi de 8h à 21h, le vendredi de 8h à 18h, le samedi de 10h à 16h et le dimanche de 12h à 16h.

D'une architecture moderne, le bâtiment est imposant, très spacieux et agréable. Très belle vue sur le port depuis l'intérieur. Le Stormen abrite à la fois, la magnifique bibliothèque et trois salles de concert de styles très variés. Si le projet était ambitieux, il fut relevé haut la main par les architectes anglais DRDH, connus dans le monde entier. Bodø se place donc de plus en plus sur la scène nationale voir internationale. Une belle réussite !

ALBMI ADVENTURES

✆ +47 46 62 62 53

Infos, prix et contact par mail ou téléphone, excursions toute l'année.

Albmi Adventures c'est l'histoire d'un projet humain. Un projet écolo, responsable et unique monté par un jeune couple de culture sami, André et Outi. Ils vous emmèneront à la fois à la rencontre des terres encore vierges du nord de la Norvège. Ils ont choisi Bodø comme camp de base ; Bodø, idéalement située au-dessus du cercle polaire Arctique, entre mer et montagne, garantie une plongée au cœur de cette nature lapone encore bien préservée. Au programme : aurores boréales, randonnées au coucher de soleil, treks de plusieurs jours, kayaks, escalade...

NORDLAND TURSELSKAP

Kvalvikveien 18

✆ +47 90 63 60 86

www.nordlandturselskap.no

Toute l'année

Des guides qualifiés et sympathiques proposent plusieurs formules selon les niveaux : simple randonnée ou excursions sportives (escalade, spéléo, safari, saut à l'élastique). Quelques exemples : voyage à la journée en canoë, excursion d'escalade à la journée sur le Hamarøyskaftet, randonnée de 6 heures vers Hovdsundet, une plage sublime, randonnée glacière à la journée sur le Svartisen, ou encore balade avec des chiens de traîneaux, soit comme passager, soit avec votre propre traîneau ! Il y en a pour tous les niveaux ! Amusez-vous bien !

POLAR TOURS

15 Teglverkveien

✆ +47 75 56 30 00

www.polartours.no

Ouvert tous les jours, toute l'année, de 8h à 16h. Prix et réservations en ligne, mail ou par téléphone.

Polar Tours propose des tours toute l'année, le départ se fait sur le quai Hurtigruten. Tours guidés jusqu'au détroit de Saulstraumen ; le tour se fait en bus puis en bateau zodiac sur le courant. Propose aussi des excursions à la découverte des Northern Lights en hiver, c'est la chasse aux aurores boréales. Une boisson chaude vous sera proposée pour vous réchauffer le temps de l'observation du ciel. Pensez éventuellement à prendre une couverture en plus et pourquoi pas un petit matelas type matelas de camping isolé, ça pourra vous être utile !

BODØ VANDRERHJEM - AUBERGE DE JEUNESSE €

Sjogata 57
✆ +47 48 13 45 05
www.hihostels.com
Ouvert toute l'année. Dortoirs 4 à 8 lits à partir de 350 NOK, chambre privée double 950 NOK. Petit déjeuner inclus.

Une auberge de jeunesse plutôt basique, où les équipements sont neufs mais manquent de chaleur. Il faut reconnaître que le salon ressemble plus à une salle de conférence qu'à un nid douillet. Au final, les prix raisonnables et la cuisine en accès libre sont les deux points positifs de l'établissement, avec sa situation centrale. Possibilité de faire votre *check-in* par enveloppe en cas d'arrivée tardive. Accessible aux personnes à mobilité réduite.

BODØ HOTELL €€

Prof. Schyttesgt, 5
✆ +47 75 54 77 00
www.bodohotell.no
Chambre double à partir de 1 560 NOK. Petit déjeuner inclus. Restaurant.

Cette grande bâtisse blanche, moderne, abrite un hôtel très sobre, où la décoration est minimaliste. Les chambres sont contemporaines, quelques touches de couleurs égaient ça et là les couloirs. Pas de surprise, c'est un hébergement correct, doté d'un restaurant sur place. La plupart des chambres sont dotées d'un petit bureau et d'une chaise, d'un écran plat de télévision. Toutes ont sanitaires et salle de bains privée et connexion Internet gratuite. Lits confortables. Un hôtel que l'on choisit surtout pour sa localisation en plein centre-ville.

CLARION COLLECTION HOTEL GRAND €€

Professor Schyttes gate 1
✆ +47 75 54 61 00
www.nordicchoicehotels.no/norge/bodo
Chambre double lits twin à partir de 1 071 NOK. Petit déjeuner. Restaurant.

Idéalement situé en centre-ville, l'hôtel se trouve à quelques minutes du phare, de l'Eglise de Bodin et du musée du Norland (Nordlandfylkesmuseum). Il offre des prestations classiques de qualité. Site Internet très facile pour la réservation et où vous trouverez sans doute des offres promotionnelles très intéressantes. Le dîner est quasiment toujours inclus dans le prix de la chambre, ce qui fait au final une prestation très correcte niveau tarif.

MANSHAUSEN €€

Leinesfjord
✆ +47 23 38 22 00
www.manshausen.no
Tarif sur demande.

À 500 m du village de Nordskot, un lieu unique et extrêmement privilégié : on trouve ici sept cabines faites de bois et verre, conçues par l'architecte Snorre Stinessen, les pieds à moitié dans l'eau et faisant face à la mer. On vous laisse imaginer le spectacle à travers les grandes baies vitrées... Chacune est dotée d'une chambre double ainsi que d'une chambre d'amis, d'une salle de bains et d'une petite cuisine. Les petits déjeuners se prennent dans la pièce principale. Une expérience spectaculaire et hautement recommandée !

OPSAHL GJESTEGAARD €€

Prinsens gate 131
✆ +47 75 52 07 04
opsahl-gjestegaard.no
Chambre dès 695 NOK, petit déjeuner inclus. Prix en fonction de la chambre et de la saison.

Une adresse pleine de charme et avec du cachet ! Opsahl Gjestegaard est une belle maison construite en 1947, après la destruction de la ville. Aujourd'hui entièrement rénovée mais dont on a préservé le style ancien. Cette chambre d'hôte propose une dizaine de chambres, toutes différentes. D'ailleurs, chacune d'elles porte le nom d'une personnalité et est décorée en fonction. Le matin, un excellent petit déjeuner buffet est proposé. L'été, l'accès est laissé à la cuisine afin que vous puissiez cuisiner comme à la maison, à votre guise.

RADISSON BLU HOTEL €€

Storgt, 2
✆ +47 75 51 90 00
www.radissonblu.com/hotel-bodo
Chambre à partir de 836 NOK/personne. Petit déjeuner inclus. Restaurant.

Un grand hôtel de 190 chambres confortables et modernes, qui bétonne de sa façade noire une partie du port de plaisance. Son restaurant et ses buffets de fruits de mer, son dancing et son bar panoramique spécialisé dans les cocktails, offrant une vue à 360° sur la ville, monopolisent une bonne partie des sorties de la ville. L'hiver vous pourrez sans doute admirer les aurores boréales directement depuis votre chambre ou le ponton un peu plus bas. Chambres avec tout ce qu'il faut, café et thé à volonté à la réception. Wifi. Fitness.

THE ARCTIC HIDE AWAY €€

✆ +47 971 59 726 1
http://thearctichideaway.com/en
Toute l'année.

Dans la série insolite... je voudrais le Arctic Hide Away ! Véritable lieu d'exception où s'articulent dix cabanes dont la moitié sont dédiées au couchage. Pour le reste, salle à manger, sauna, studio détente... Ici, on vient pour se couper du monde et profiter de la vue : extraordinaire. Le lieu est conçu au départ par des artistes pour les artistes, d'où le nom du lieu, un endroit en dehors de toute sollicitation extérieure (sauf la nature !) idéal pour la concentration et la créativité. On est séduit par le design, le luxe et le calme qui règnent là-bas !

VILLA HAUGEN BOUTIQUE HOTEL €€

Grøtøya 11
✆ +47 907 59 282

Cette villa de trois étages, perchée sur une butte, donne directement sur la mer. Véritable voyage dans l'Angleterre des années 1920, son mobilier a été chiné auprès de maisons de vente internationales, mêlant le kitsch au baroque. Les cinq chambres (pour un total de 16 couchages, très confortables) donnent sur les fjords, tandis que le salon communautaire invite à des soirées en toute détente autour d'un bon feu de cheminée. Petit déjeuner sur demande.

AGAMAT €

Storgate 10
✆ +47 75 50 41 90
www.agamat.no
Ouvert du lundi au vendredi de 9h à 17h, samedi de 10h à 16h.

Cette sandwicherie, boulangerie, pâtisserie et traiteur sert des plats chauds et froids à un bon rapport qualité/prix. Pour un plat de poisson, compter de 149 à 179 NOK. D'autres plats sont moins chers, comme les lasagnes, servies accompagnées d'une salade (85 NOK). L'établissement propose aussi des tapas. Cet endroit ne paye pas de mine mais leurs produits maison sont très bons et peuvent éviter une autre sortie au restaurant beaucoup plus onéreuse. Les desserts et gâteaux sont à commander la veille pour le lendemain. Un anniversaire à fêter ?

EN KOPP €

Sjogata, 3
✆ +47 75 52 46 40
http://en-kopp.no
Ouvert tous les jours de 10h à minuit sauf mercredi 22h. Compter environ 150 NOK par repas.

L'établissement est réputé pour la dégustation et la vente de café, mais il vend également de délicieux petits mets salés et sucrés faits maison. Cuisine plutôt exotique, d'inspiration turque et... mexicaine, donc, en fait, cuisine du monde ! Plusieurs options végétariennes. Évidemment des burgers, mais aussi les fameuses gaufres à six cœurs typiques de la Norvège. Très sympa quel que soit le type de pause : pour le café, le déjeuner, le goûter ou le dîner, ou même simplement pour boire un verre de vin. Les chocolats chauds sont à tomber !

GREAT GANDHI €

Dronningensgate 25
✆ +47 75 52 60 30
https://great-gandhi.no
Ouvert tous les jours 14h-23h. Jusqu'à minuit vendredi et samedi. Plats 185-230 NOK. Possibilité de prendre à emporter.

Un restaurant de cuisine indienne. La carte est variée et les plats sont très bons. Si vous en avez assez des burgers et des sushis, que vous avez envie d'un repas léger et pourquoi pas végétarien, alors voici le Great Gandhi. Pour les indécis, c'est-à-dire, en d'autre termes, pour ceux qui n'aiment pas choisir pour ne pas renoncer, ce restaurant a eu la bonne idée de proposer un buffet avec trois plats au choix (type curry d'agneau + korma végétarien + curry de poulet) avec de la salade, du riz, des naans, café et dessert, le tout pour 389 NOK. Au top !

BJØRK €€

Storgata 8, 2.etg ✆ +47 75 52 40 40
www.restaurantbjork.no
Ouvert tous les jours de 10h à 22h (sauf le dimanche à partir de 15h). Plats 295 NOK à 330 NOK.

Bjørk Restaurant est situé au deuxième étage de la *Glasshuset* (Galerie commerciale). L'endroit est branché et tendance avec ses baies vitrées. En soirée, l'endroit est parfait pour les occasions, tout comme pour les repas de tous les jours. Au menu : pizzas, tapas, viandes sans oublier la recommandation du chef : la morue grillée servie avec ses petits pois et patates aïoli. En dessert, nous vous recommandons le Bomboloni : un petit pain chaud fourré à la crème citron servi avec sa crème de pistache et compote de poire. À la fois élégante et sans prétentions.

LØVOLDS €€

Tollbugata 9
+47 75 52 02 61
Ouvert du lundi au vendredi de 9h à 18h, samedi de 10h à 16h. Plats autour de 160 NOK.

Une option plutôt sympa et très populaire auprès des Norvégiens. Lovolds est une chaîne native de Bodø et on y mange dans une ambiance de cantine familiale. Le grand plus, c'est la vue sur le port, les bateaux, les mouettes qui jouent avec le vent et le soleil. On choisit parmi une sélection de plats classiques, sandwiches et autres salades. Chaque jour de la semaine une spécialité est proposée à un tarif spécial, par exemple mardi c'est un wrap aux crevettes + café pour 85 NOK. Une adresse avec beaucoup de plats à base de viande.

MELKEBAREN

16 Storgata
+47 90 61 98 34
Ouvert du lundi au vendredi de 7h30 à 17h, le samedi de 10h à 17h, le dimanche de 12h à 16h. Café à partir de 25 NOK.

Notre recommandation pour un très bon café équitable au centre de Bodø. Cette toute petite adresse offre d'excellents cafés et chocolats (goûtez le chocolat au fromage « brown cheese » et ceux à la morue) ainsi que des pâtisseries très réussies. On y trouve également des glaces artisanales aux saveurs originales et franches ! Sur demande, les portes de l'usine de torréfaction vous seront ouvertes, dévoilant un peu les secrets de cette gourmande et singulière petite adresse. Le local du Melkebaren est bien connu des habitants de Bodø ! À tester !

OHMA BODO €€

Storgata 2
+47 75 56 46 50
www.ohma-asian.no
Ouvert dimanche au jeudi 15h-21h, vendredi 11h-22h, samedi 13h-22h. Buffet midi à partir de 195 NOK.

Restaurant asiatique à la fois spacieux et intimiste. L'atmosphère est détendue, accueillante et chaleureuse. Décoration lounge et classe mêlant luminaires et matériaux en bois. Ohma est sans aucun doute le meilleur restaurant de sushis de la ville. Influences thaïlandaises également. Là aussi il y a la possibilité de prendre l'option buffet, ce qui est vraiment génial pour pouvoir goûter à tous les plats et faire le plein de saveurs ! Vous pouvez commander à emporter. Une équipe souriante et aux petits soins. Une adresse pour les gourmands !

PUBLIC

Sjøgata 14
+47 902 33 360
https://utibodo.no/Hjem
Ouvert tous les jours de 20h à 3h.

Petit bar sans prétention, mais à la bonne ambiance. Très intimiste, très sombre (il faut aimer !), avec des petites bougies, il s'agit d'un pub orienté rock. L'établissement propose des soirées quiz musique et invite régulièrement des DJs. Il y a aussi une table de billard, ce qui est bien sympa ! Mais attention au piège de l'alcool, car en Norvège, cela va vous coûter très cher très vite ! Et puis, quid de la balade à vélo le lendemain si vous rentrez dans un état pas possible dans votre hébergement ? Une soirée animée en perspective !

CRAIG ALIBONE CHOCOLATE

Torvgata 1
+47 75 56 00 60
www.craigalibone.com
Ouvert de mardi à vendredi de 10h à 17h. Le samedi de 10h à 15h.

Originaire de Leicester en Angleterre, ce chef pâtissier a choisi de s'installer dans la ville montante de Bodø, pour ouvrir sa belle boutique de chocolat. Après des études de cuisine à Yssingeaux grâce auxquelles il a pu être formé par certains des plus grands pâtissiers du Monde, Craig a ainsi démarré sa carrière de pâtissier en France. Aujourd'hui, Craig propose une pâtisserie raffinée, la seule de la ville, et en tant que Maître Chocolatier, il veille à offrir une forme d'élégance, de saveur, ainsi qu'une belle touche d'originalité dans ses produits.

PARC AQUATIQUE NORDLANDSBADET ET SPA BODØ SPEKTRUM

Plassmyrveien 11 +47 75 59 15 00
https://bodospektrum.no
Spa ouvert de 15h à 21h du lundi au jeudi, le vendredi de 12h à 22h, le samedi de 12h à 20h et le dimanche de 12h-18h.

Le parc aquatique avec des toboggans, une piscine de plongée, une piscine extérieure, une piscine à vagues, une rivière artificielle et bien plus encore sera l'occasion d'une virée aquatique en famille qui fera vraiment du bien à tout le monde, de quoi détendre les petites tensions qui naissent au cours d'un voyage ! Au deuxième étage, vous trouverez le spa et centre de bien-être Bodø Spektrum pour adultes pour vous détendre après de belles randonnées !

RAGO ★★

D'une superficie de 171 km², le parc national de Rago a été créé en 1971. Le plus inaccessible des parcs nationaux de Norvège est un ensemble tourmenté de crêtes déchiquetées, de profondes failles et de blocs erratiques d'où les rivières dévalent en cascades ou en rapides sur la roche nue. Contigu aux parcs nationaux suédois de Padjelanta, Sarek et Stora Sjöfallet (situés de l'autre côté de la frontière), le parc Rago s'intègre dans un immense ensemble protégé de 5 700 km². L'accès est difficile. On trouve deux chalets-refuges, mais peu d'aménagements.

▸ **Plus d'infos** sur www.nordlandnasjonalparksenter.no

HAMSUND

Hamsund fait partie de la commune de Hamarøy, dans le comté du Nordland. La localité est connue pour avoir été le lieu où le célèbre auteur norvégien Knut Hamsun a passé les premières années de sa vie. Plusieurs endroits incontournables à voir et des paysages somptueux, à l'instar du petit lac Storjordpolden souvent pris par les glaces. Hamsund est un point de départ pour de nombreux safaris arctiques, pour aller voir les baleines, les orques ou les renards polaires par exemple. Vous pourrez aussi y faire de l'équitation sur les formidables petits chevaux islandais qui ont une quatrième allure par rapport aux chevaux ! Un joli coin.

HAMSUND SENTERET 🏛 ★

Vestfjordveien 1464 8294 Hamarøy
✆ +47 75 50 34 50
http://hamsunsenteret.no
Horaires très variables selon les mois, voir site web.

À Hamsund on peut voir la petite ferme au toit de tourbe où le futur grand écrivain passa son enfance.Dans l'album de photos de famille, on peut suivre la vie de Knut Hamsun du berceau à la tombe. Toutes ses œuvres sont présentes, ainsi que de nombreux objets personnels. Une exposition d'images extraites des films inspirés par ses livres est installée dans la grange. Il faut absolument aller voir le musée Hamsun, superbe bâtiment d'architecture moderne en plein milieu de la nature et contenu très riche. Il y a aussi un petit café.

NARVIK ★★★

Narvik est une ancienne ville minière située sur une pointe entre deux fjords. C'est par son port qui n'est jamais saisi par les glaces, le deuxième plus grand de Norvège, que la Suède exporte son minerai venant de Kiruna par voie ferrée. Deux trains assurent quotidiennement la liaison avec Kiruna, seul moyen de joindre cette ville, non reliée au réseau de chemin de fer norvégien. À Narvik, les souvenirs de guerre toujours présents. Dès le début de la Seconde Guerre mondiale, les Allemands occupèrent la ville pour alimenter leur usines en fer. Des combats acharnés, dont la fameuse bataille de Narvik, rayèrent quasiment la ville de la carte.

Tourisme

En quittant Narvik par la E6, en direction de Tromsø, à Gratangen, près du petit monument aux morts, s'ouvre une vue splendide sur ce fjord, théâtre de combats meurtriers durant la Seconde Guerre mondiale. Autre curiosité, ici, à 300 km au-dessus du cercle polaire sous le soleil de minuit, l'herbe pousse à une vitesse phénoménale, jusqu'à 3 cm en 24 heures. L'autre grande attraction des environs de Narvik, c'est la découverte des baleines. On se rendra en voiture ou en bus à Andenes, sur les Lofoten, pour assister à ce spectacle magique. Enfin, ne manquez pas de monter à l'un des trois points de vue de Narvik pour apprécier la beauté du fjord, une carte délivrée par l'office de tourisme les indique. Nous vous conseillons celui situé à l'est, qui offre une vue sur la ville et le fjord.

Transports

▸ **Aéroport de Harstad-Narvik.** L'aéroport est à Evenes, à 80 km de Narvik. Vols intérieurs uniquement. www.avinor.no ; post@avinor.no ; ✆ +47 67 03 43 80. Une navette dessert l'aéroport au départ de la gare routière de Narvik. Adulte 297 NOK. Réservation sur www.flybussen.no

▸ **Gare ferroviaire.** Stasjonsveien 1. Terminus de la seule et unique ligne desservant Narvik, en provenance de Suède. Compter 24 heures pour aller à Stockholm, en passant par Luleå, au nord-est de la Suède. Un voyage unique à travers les paysages désertiques de Laponie. www.sj.se ; info@sj.se ; www.thearcticroute.com/arctic-routes ; ✆ +47 76 94 18 51.

▸ **Taxi.** Kongensgate 45. Comptez 1 590 NOK pour un transfert vers l'aéroport d'Evenes. Tél. 07 550 ; www.narviktaxi.no ; taxi@narviktaxi.no

La ville de Narvik.

GROTTES

Site naturel

Autour de Narvik il existe plusieurs grottes qui se visitent et où il est possible de faire de la spéléologie en été. Renseignements à l'office de tourisme pour les horaires et les jours. Une activité sportive pour ceux qui ne sont pas claustrophobes évidemment ! La grotte de Trollkirka par exemple est réputée pour être assez extraordinaire, avec des cascades, des trous façonnés au fil des années par l'eau et la glace, des failles ici et là. Peut être également déconseillé au personnes sujettes au vertige, demandez à votre guide !

LE TRAIN DE L'ARCTIQUE

Stasjonsveien 1
✆ +47 57 63 14 00
À partir de 520 NOK le billet adulte.

Le Train de l'Arctique circule sur la ligne Ofoten entre Narvik, dans le nord de la Norvège, et Abisko, en Laponie suédoise. Cette ligne est considérée comme l'une des plus spectaculaires d'Europe, avec des vues sur des paysages changeants, allant des fjords aux régions sauvages de l'Arctique. C'est la ligne de chemin de fer la plus septentrionale de Norvège et elle a été construite entre 1898 et 1903 pour assurer l'expédition du minerai de fer du nord de la Suède tout au long de l'année. D'autres activités sont possibles soit en Norvége soit en Suède, été/hiver.

MUSÉE DE LA GUERRE - KRIGSMINNEMUSEET ★

Kongens gate 39
✆ +47 76 94 44 26
www.warmuseum.no
Ouvert tous les jours de de 10h à 16h.
Adulte : 120 NOK.

On peut y suivre pas à pas la destruction de Narvik, les débarquements des alliés, la vie sous l'occupation allemande jusqu'à la fin de la Seconde Guerre mondiale. Le musée a déménagé il y a peu, il s'est modernisé et il se trouve désormais au centre de Narvik, à Kongens Gate, dans le même hall que la Bibliothèque et l'office de tourisme. Le musée est très bien détaillé et permet de mieux comprendre l'histoire de la ville. On y trouve régulièrement des expositions temporaires..

MUSEUM NORD - NARVIK ★

Administrasjonsveien 3 ✆ +47 76 96 00 50
www.museumnord.no/narvik
Toute l'année lundi, mercredi, vendredi 10h-15h, 7j/7 en juin, 10h-16h, samedi & dimanche 12h-15h.

Le musée s'attarde sur l'histoire locale de la ville, et ses nombreuses transformations à la suite de l'extraction de l'acier dans la mine de Kiruna et son transport en train jusqu'à Narvik. Découvrez comment s'est construit ce chemin de fer et son impact sur la population sur une période de plus de 100 ans. Encore aujourd'hui cette ligne ferroviaire et l'extraction du fer à la mine de Kiruna sont un moteur économique de poids dans la région. Le musée se situe dans les anciens bâtiments administratifs de NSB, la compagnie ferroviaire norvégienne, datant de 1902.

© VICHIE81

La ville de Narvik en hiver.

PÉTROGLYPHES

Einerveien

Accès libre.

Fait rarissime, au milieu de la ville, des pétroglyphes ont été identifiés. Les contours et les figures de Brennholtet, des rennes principalement, sont estimés vieux de 5 000 ans environ. Ont-ils été dessinés dans l'espoir de réaliser une bonne chasse ? Ou pour laisser une trace aux générations futures ? Comme un rituel ? Ou encore tout simplement pour le plaisir de l'art ? Les archéologues ne peuvent évidemment pas le savoir et seules sont émises des hypothèses plus ou moins vraisemblables. Celle de l'art est assez jolie non ?

NARVIKFJELLET ★★

Skistuaveien

✆ +47 76 94 16 05

Ouvert l'été de 13h à 21h. En hiver, lorsque la station de ski est ouverte. Pass : 3h pour 261 NOK, journée 310 NOK.

Un téléphérique mène jusqu'au sommet de Fagernestoppen et son restaurant. Une fois en haut, un magnifique point de vue s'offre sur la ville qui s'avance dans le fjord bleu, entouré de montagnes tachées de neige. Décor de rêve pour dévaler les pentes ! Avec 9 pistes et 6 télésièges, la station est une véritable cour de récréation pour les locaux qui y passent leurs soirées et leur week-end. Au fur et à mesure de la saison, le soleil revient, la lumière change et l'atmosphère en haut des pistes est très particulière, avec des couchers de soleil à couper le souffle !

TRAIN OFOT - OFOTBANEN ★

Stasjonsvn 1 ✆ +47 76 92 32 50

www.visitnarvik.com/en/Ofotbanen

Un trajet touristique de 3 heures jusqu'à Kiruna. Départ de Narvik 7j/7 à 10h48 et 15h15 (environ 150 NOK).

Le chemin de fer a été construit en 1902 malgré les foudres de dame Nature dans l'unique but de transporter les minerais, et parfois quelques passagers, aujourd'hui les touristes ! A Kiruna, il est possible de visiter la mine et d'en apprendre plus sur son origine, son fonctionnement, et sur son importance. Elle est si productive qu'elle est à l'origine du déplacement de la ville entière de Kiruna !

Itinéraire : Narvik - Riskgränsen (Suède) - Kiruna - Luleå. A partir de la frontière la ligne est connectée au réseau suédois et prend le nom de Malmbanan.

BREIDABLIKK GJESTEHUS €€

Tore Hunds Gate, 41

✆ +47 76 94 14 18

www.breidablikk.no

Chambre simple à partir de 800 NOK, double 1 195 NOK. Dortoir de 6 personnes 350 NOK. Petit déjeuner inclus.

Cette petite auberge très confortable est une maison familiale en bois qui surplombe la ville. Entièrement rénovée, elle propose une décoration moderne et scandinave, recréant un cadre très accueillant et chaleureux. Les chambres sont belles et surtout d'un grand confort. Seul les dortoirs n'ont pas de salle de bains et toilettes privatives. Depuis la terrasse, on a une très jolie vue sur le fjord en face et les montagnes coiffées de neige, l'endroit idéal pour prendre son petit déjeuner ou pour faire pause en milieu de journée.

QUALITY HOTEL GRAND ROYAL €€€

Kongensgata, 64
✆ +47 76 97 70 00
www.choice.no
Chambre simple à partir de 895 NOK, petit déjeuner et wifi.

Un des rares bâtiments à ne pas avoir été détruit durant la guerre, le Grand Royal Hotel se situe à mi-chemin entre la gare et la place centrale. En plein cœur de ville, position stratégique. Imposant immeuble de 6 étages, 107 chambres sont disponibles, décor sobre et moderne. L'hôtel est confortable et conforme aux standards de la chaîne. Au rez-de-chaussée, son restaurant, le Royal Blue, propose une cuisine internationale, dans une atmosphère chic et feutrée.

FISKEHALLEN €

Kongens gate 42
✆ +47 934 84 839
Ouvert de 9h30 à 16h30 de lundi à vendredi et de 11h à 14h le samedi. Plat à partir de 90 NOK.

Une envie de déguster les spécialités locales du nord ? Fiskehallen, la halle au poisson, est l'endroit idéal pour se procurer du poisson frais et de qualité à préparer soi-même ! On peut aussi commander des plats tout prêts, préparés par les cuisiniers du restaurant de poisson qui se trouve dans la halle. Les plats sont à déguster sur place ou à emporter. L'endroit est bien entendu un endroit très fréquenté par les locaux, et il offre aux touristes l'opportunité de goûter aux poissons locaux. Authenticité et fraîcheur garanties à Fiskehallen ! A ne pas manquer !

LINKEN RESTAURANT ET BAR €€€

Kongens gate 64
✆ +47 76 97 70 00
Voir horaires sur le Facebook ou téléphonez. Perturbations Covid.

Il s'agit du restaurant situé au dernier étage du Quality Grand Royal Hotel, une des meilleures tables de la ville, sans oublier la vue panoramique ! En hiver, vous pouvez admirer les aurores boréales tout en dégustant de bons plats locaux, avec quelques notes de cuisine française ! Téléphonez à l'hôtel Norcid Choice Grand Royal pour être sûr des horaires et éventuellement y réserver une table. C'est chic, c'est bon, ça coûte cher, mais c'est un sacré régal pour les papilles autant que pour les yeux. Parfois repas thématiques.

TIND RESTAURANT €€€

Kongensgate 33
✆ +47 76 96 14 00
Dîner tous les soirs de lundi à samedi de 18h à 22h30. Carte à partir de 200/250 NOK.

Le restaurant du Scandic Hotel est une des meilleures adresses de Narvik. L'endroit est à la fois moderne, chic et pourtant sans prétention. Une bonne adresse pour les repas d'occasion. Notons qu'au XVIe et dernier étage du Scandic City, on trouvera le bar, panoramique le Totta doté d'une superbe terrasse. Idéal pour terminer la soirée en beauté. Tous les matins un super petit déjeuner est servi. Sous forme de buffet, vous pourrez y passer un bon moment et sauter le déjeuner sans aucun problème ! Beaucoup de choix en salé mais aussi en sucré.

NARVIKGUTEN PUB

Dronningensgate 60
✆ +47 76 94 79 20
www.narvikguten.no
Café, bar et buffet pizzas le vendredi soir à partir de 15h (100 NOK/pers.). Ouvert tous les jours de 11h à 1h.

Une de nos adresses préférées à Narvik. Ce petit pub est situé un peu à l'écart et accueille une clientèle à la fois locale et de touristes. Ambiance assurée et nombreux événements organisés (quizz, buffet de pizzas, jeux...). Enfin, notons la bonne sélection de bières qui contentera les amateurs ! La folie de la soirée risque de vous gagner... pensez à rentrer vous allonger un peu à un moment donné ! Certaines bières sont bien fortes !

TØTTA BAR

Kongensgate 33
✆ +47 76 96 14 09
Ouvert de lundi à jeudi de 11h à 0h30, vendredi et samedi jusqu'à 2h30 et dimanche de 18h à minuit.

Le bar panoramique situé au XVIe étage de la tour Scandic, nous donne très vite l'impression de surplomber la ville. Le soir en hiver, les chanceux pourront y admirer les aurores boréales. On sert également des petits plats (snacks, salades...) à bon prix. Il faut juste comme d'habitude faire un peu attention à ce qu'on décide de boire avec le repas car l'addition peut vite devenir très salée en Norvège ! Ceci dit, avec tant d'eau de mer à proximité, ce n'est pas si étonnant ! Plus sérieusement, c'est un bar chic avec une vue remarquable.

TRANØY ★

Dans ce hameau au bord de la mer, Knut Hamsun travailla dès l'âge de 15 ans, comme apprenti dans la vieille épicerie du village. Tout en ayant conservé son charme d'antan, la boutique a été reconvertie en galerie d'art avec une exposition permanente de gravures de Karl Erik Harr illustrant les œuvres les plus connues de Hamsun. La maison voisine, l'adorable pension d'Edvarda est, elle aussi, restée inchangée. Mais Horst Tapper, le défunt acteur vedette de la série télévisée allemande *Derrick*, s'y était fait construire une maison de vacances. Depuis sa propriété de 140 m², il jouissait d'une vue grandiose sur le Vestfjord et les Lofoten.

PARC NATIONAL ET VALLÉE D'ÅNDERDALEN ★★

Anderdalen Nasjonalpark
✆ +47 481 52 290
www.nasjonalparkstyre.no/Anderdalen
Senja est accessible par la route ou par ferry.

Située sur l'île de Senja et entourée d'imposantes montagnes surgissant de la mer, cette vallée est, pour l'essentiel, couverte de marais et de bouleaux de montagne. Les pins, dont les formes rampantes et tourmentées s'accrochent aux falaises de la côte, ajoutent au caractère sauvage de l'endroit. Bien moins connu que les îles Lofoten, Senja est encore aujourd'hui épargnée par les foules. Un petit bijou surgi des eaux. Peu d'aménagements. Superficie : 69 km².

PHARE - TRANØY FYR ★★

Tranoy Fyr
✆ +47 997 04 499
www.tranoyfyr.no

À 30 km, ce phare, qui n'est plus habité depuis 1970, est un lieu très prisé des peintres et des écrivains. Un pont piéton relie le rocher du phare à la terre ferme. Les seuls habitants du lieu sont une vingtaine d'eiders qui viennent ici nidifier. Attention, le temps peut changer très vite ! À tout moment, les éléments peuvent se déchaîner autour de ce phare isolé dans la mer, donc bien regarder la météo. L'été, vous y trouverez un charmant petit restaurant qui sert des petits déjeuners avec du pain frais fait maison. Déjeuner et dîner.

HARSTAD ★

Harstad se situe sur la plus grande île de Norvège, Hinnøya, qui baigne à l'est des archipels de Vesterålen et Lofoten. On trouve à Harstad les traces de plusieurs périodes historiques, à travers plusieurs sites. L'âge viking, le Moyen Âge, la Seconde Guerre mondiale sont bien représentés dans la ville. Harstad est un vrai paradis pour les amoureux de culture et de nature. L'hiver, on y pratique la motoneige, le traîneau à chiens et l'été la randonnée et le kayak entre autres. Le Festival d'art de la Norvège du Nord a lieu à Harstad durant la semaine de la Saint-Jean. À ne pas rater si vous êtes dans le coin ! Plus d'infos sur www.festspillnn.no

Se restaurer

Notez aussi que Harstad compte quelques chouettes restaurants/cafés : De 4 Roser, un café qui propose une cuisine composée de produits locaux (Torvet 7, Harstad), Røkenes Gård og Gjestehus et sa cuisine norvégienne traditionnelle qui sait mêler histoire et gastronomie (Stornesveien 127, Harstad) et Umami, une adresse japonaise travaillant avec le meilleur des produits locaux (Havnegata 23 A, Harstad).

Transports

- **Aéroport de Harstad-Narvik.** L'aéroport est à 45 km de Harstad. Vols intérieurs uniquement. Une navette dessert l'aéroport au départ de l'hôtel Thon et de la gare routière. Adulte 266 NOK. www.avinor.no ; post@avinor.no ; +47 67 03 43 80
- **Hurtigruten - Express côtier.** Escale quotidienne de l'Express Côtier. Départ vers le nord vers 6h45, vers le sud à 8h30. www.hurtigruten.fr

ADOLF GUNS ★

Richard Kaarbøsgt 11 ✆ +47 77 01 89 89
https://arcticoncepts.zaui.net
Ouvert toute l'année. De mi-juin à mi-août, visites guidées en norvégien. Autres langues, prévenir 48h avant. 195 NOK.

Les Adolf Guns sont les plus grands canons du monde. Ils ont été construits par les occupants allemands durant la Seconde Guerre mondiale et installés sur la place forte de Trondenes. Aujourd'hui, quatre sont encore sur place mais un seul est entièrement préservé et entretenu (en état de marche). Ce sont les plus gros canons navals placés à terre pendant la Seconde Guerre mondiale, dans toute l'Europe. Ils formaient la plus puissante batterie de Hitler sur son mur de l'Atlantique. Souvenir d'une période lourde et traumatisante pour le nord de la Norvège également.

ÉGLISE - TRONDENES KIRKE

Trondenes Kirke
www.destinationharstad.no
Visites l'été uniquement, sur demande à l'office de tourisme.

Sur un site qui remonte à l'époque des Vikings, l'église gothique a été construite vers 1250. Autour de l'église, gisent des restes de fortifications servant à protéger une ancienne église en bois. À l'est de l'église dort un petit lac. Selon la légende, les premiers chrétiens de la Norvège du Nord furent baptisés dans ses eaux. Un endroit assez reposant pour pique-niquer en famille par exemple. L'église en elle-même est aussi très jolie et étonnamment assez lumineuse et aérée, avec sa galerie supérieure et son sol en carreaux noirs et blancs.

TRONDENES HISTORISKE SENTER

Trondenes Route 122 ✆ +47 77 01 83 80
stmu.no
En été, 7j/7 de 10h à 17h ; hors saison du mardi au vendredi 11h-15h, samedi dimanche 11h-16h. Adulte 125 NOK.

Le centre historique de Trondenes est un musée d'histoire régionale qui couvre une vaste période, depuis l'âge de pierre jusqu'à nos jours. Une partie importante des expositions sont consacrées aux Vikings et au Moyen Âge. Le musée est très interactif. Il est situé dans un décor absolument magnifique, au bord de l'eau, à 3 kilomètres du centre d'Harstad. L'endroit est idéal pour faire une pause après la visite ; on trouve un restaurant, un café et une boutique de souvenirs.

HARSTAD CAMPING €

Nessevegen 52
✆ +47 971 65 529
https://harstadcamping.no
Fermé de mi-novembre à fin avril.
Tente + voiture 280 NOK, camping-car/caravane 350 NOK, cabine à partir de 1 300 NOK.

Situé sur la côte au sud de la ville, le camping d'Harstad est fait pour vous si souhaitez profiter d'une vue imprenable sur les montagnes et de la proximité avec l'eau. Le cadre est idyllique et le camping reste proche de la ville, où se trouvent la plupart des services et des activités. Le confort est standard pour un camping norvégien, et à quelques mètres du camping seulement, vous pourrez embarquer sur un ferry à destination de Sørrollnes, situé sur une île au large d'Harstad. L'île offre une belle possibilité de balade à la journée.

F2 €€

Fjordgata 2
✆ +47 77 00 30 00
https://f2hotel.no
Chambre double à partir de 850 NOK, appartement à partir de 1 095 NOK.

F2 propose différents types de logements, de la chambre à l'appartement, tout seulement en plein centre d'Harstad. Certes la décoration n'est pas très originale mais les chambres sont entièrement équipées, et le confort est au rendez-vous pour un prix tout à fait correct ! Vous avez également accès à une salle commune avec tv au premier étage. Pas de réceptionniste, vous procéderez à un self-check in très simple avant de pouvoir vous installer. A deux pas de tous les commerces et de toutes les activités, F2 est un bon compromis entre confort et petits prix.

NORD-NORGE

© LAILA R - SHUTTERSTOCK.COM

Harstad.

SCANDIC HOTEL HARSTAD €€

Strandgt, 9
✆ +47 77 00 30 00
www.nordic.no
À partir de 1 345 NOK la chambre double. Les prix baissent pendant les week-ends.

À l'image de la chaîne, ici encore, l'hôtel répond à tous les critères de qualité. Spacieux, agréable, chaleureux et idéalement situé, le Scandic Harstad est idéal pour les séjours en famille comme pour les séjours professionnels. Tous les jours, on y sert un excellent petit déjeuner, repas sur commande le midi et le soir ; l'endroit accueille aussi des événements en soirée (concerts, etc.). Connexion Internet gratuite. Vous pourrez probablement tomber sur une offre Internet en allant sur leur site. Parking 100 NOK pour 24 heures.

THON HARSTAD HOTEL €€

Sjøgaten, 11
✆ +47 77 00 08 00
www.thonhotels.no
Chambre double autour de 1 300 NOK.

Fidèle à la qualité et au confort de la chaîne Thon, l'hôtel d'Harstad est de bon standing. Situé au cœur de la ville, près des quais, la position est stratégique et vous permettra de découvrir la ville et ses alentours très facilement. La décoration est chaleureuse et multicolore, une touche de gaieté qui est la bienvenue surtout pendant les mois d'hiver ! Les chambres sont tout confort et offre, surtout, une très belle vue sur le fjord ! On retrouve les services habituels : restaurant, bar, salle de sport et possibilité de réserver certaines activités.

CLARION ARCTICUS HOTELL €€€

Havnegata 3 ✆ +47 77 04 08 00
www.clarionhotel.com
Chambre double à partir de 1 250 NOK (prix d'été) et 1 150 NOK (prix d'hiver). Petit déjeuner inclus.

L'hôtel se trouve sur le front de mer, la plupart des chambres, le bar et le restaurant bénéficient d'une vue imprenable sur le port et la côte. Sans parler du sauna qui tient sa promesse de détente grâce à sa fenêtre d'angle ! L'hôtel a été récemment rénové et offre désormais un confort très moderne à l'image de la chaîne. Les chambres sont entièrement équipées, spacieuses et pour certaines vraiment luxueuses. Une salle de sport est à disposition pour l'ensemble de la clientèle et il est possible d'emprunter des cannes à pêche à la réception contre une caution.

MÅLSELV ★

À 130 km au sud-est de Tromso se trouve Malselv. C'est à partir d'ici que frayent les saumons de l'Atlantique. Ils remontent les méandres de la rivière à travers les terres plates du delta jusqu'à cet obstacle difficile. En bas de la cascade se trouve le bassin, auquel Målselv doit sa célébrité. Grâce à l'échelle à saumons haute de 450 m, les poissons les plus vivaces atteignent les eaux au cœur des forêts de Dividalen. Le nom de cette ville dérive du vieux norrois Malr qui signifie un sac, en référence à la forme du fjord Malangen et lev qui veut dire la rivière. La nature environnante est vraiment magnifique, prenez donc le temps de l'explorer.

PARC NATIONAL D'ØVRE DIVIDAL ★★

Ovre Dividal Nasjonalpark
www.norgesnasjonalparker.no

© TRAVEL TELLY - SHUTTERSTOCK.COM

Le paysage est typique du Grand Nord norvégien : pins et bouleaux, montagnes, marais et lacs, importants dépôts morainiques. Des rennes semi-domestiques peuplent ces grands espaces qui accueillent également les 4 grands carnassiers de Norvège : le lynx, le glouton, le loup et l'ours brun. Accès par la 87, puis route locale jusqu'à Frihetsli, ensuite piste forestière. Sentiers balisés. Refuges non gardés. Superficie : 770 km² protégés depuis 1971.

Nordreisa.

POLAR PARK ★★

Bonesveien 319 9360 Bardu
✆ +47 48 24 00 00
www.polarpark.no
Tous les jours 10h-15h. Entrée adulte 315 NOK, enfant de 3 à 15 ans 250 NOK.

Le parc animalier le plus septentrional au monde, où l'on peut observer des animaux de l'Arctique dans leur environnement naturel. Le parc abrite notamment des espèces du Grand Nord, dont 4 grands prédateurs : ours brun, loup, lynx et glouton. Très agréable et étonnant pour les enfants. Et ceux qui le sont restés. Prévoir du temps (minimum 2 heures) car les animaux sont parfois cachés et il faut être patient pour les observer. Il est possible de réserver une visite guidée avec un gardien du zoo qui apportera de la nourriture aux prédateurs pour les attirer.

BARDUFOSS HOTELL €€

Fagerlidal, Bardufoss
✆ +47 77 83 05 00
www.bardufosshotell.no
1 390 pour une chambre double. Petit déjeuner inclus.

L'hôtel est agréable et les chambres offrent un confort moderne. L'établissement propose également de nombreuses activités comme le ski, bains polaires, sauna, solarium, piscine intérieure, salle de fitness, connexion Internet gratuite. Vous pourrez aussi louer un canoë ou un kayak dans les environs, ou encore emprunter une canne à pêche. Le petit déjeuner sous forme de buffet est copieux, bon et propose des produits frais (option sans gluten et sans lactose sur demande). Les chambres sont confortables et presque toutes équipées d'une bouilloire et d'un bureau.

BARDUFOSSTUN €€

Ole Reistadvei, 4
✆ +47 77 83 46 00
www.bardufosstun.no
Chambres à partir de 725 NOK. Chalets à partir de 1 115 NOK par nuit.

Bardufosstun a été construit autour de la thématique du sport. Depuis plus de 50 ans, nombreux sont les athlètes du nord de la Norvège (comme Jan Lindvall, Vegard Ulvang, Marianne Dahlmo, Fred Børre Lundberg, Bjarte Engen Vik) qui voient cet établissement comme un bon centre d'entraînement. Les équipements sont multiples et le site est parfait pour se dépenser et aller explorer la région et les environs immédiats. À seulement deux heures en voiture de Tromsø, Harstad et de Narvik. Des offres spéciales sont proposées sur le site.

NORDREISA ★★

Au sud de la commune de Nordreisa, se trouve le parc national du même nom d'une superficie de 806 km². Le Parc national de Reisa a été créé en 1986 afin de « préserver une vallée montagneuse, belle et encore sauvage, et pour préserver sa flore et sa faune ainsi que les ressources géologiques ». La rivière Reisaelv a creusé un profond canyon à travers le plateau montagneux. Les cascades, dont celles de Mollisfossen (hautes de 269 m) y sont nombreuses. Le parc sert de pâturage aux rennes semi-domestiques de Kautokeino. Depuis Olderdalen près de Nordreisa, il est possible de prendre le bateau jusqu'à Lyngseidet, dans les magnifiques alpes de Lyngen.

TROMSØ ★★★★

Tromsø est définitivement vivante. Dans cette ville de 75 900 habitants, aux portes de l'Arctique, les gens sortent toute la semaine, et d'autant plus l'hiver. Alors que la neige recouvre la ville de son manteau blanc, les bars sont pleins. Ville universitaire depuis 1960, professeurs et étudiants se mélangèrent, et Tromsø, très à gauche, a vu les endroits où sortir se multiplier dans les années 1980. À l'époque, quand les bars fermaient à minuit à Oslo, ils veillaient jusqu'à 3h du matin à Tromsø, ce qui a assis sa réputation de fêtarde. Depuis toujours, la place de « capitale de la Norvège du Nord », se dispute entre Tromsø et Bodø. Même si officiellement, Bodø remporte le titre, c'est à Tromsø, celle qui possède, en outre, la cathédrale la plus septentrionale du monde, que la majorité des gens du Nord vit. D'une manière générale, tout ce que vous verrez ou ferez ici sera le plus septentrional d'Europe ou du monde. Tromsø s'étend sur une grande île reliée au continent par un pont long d'1 km, à plus de 40 m au-dessus du détroit. Du côté de la mer, la ville est abritée du large par la grande Kvaløya, l'île aux Baleines. Le centre-ville a gardé quelques-unes de ses vieilles maisons de bois. Le cœur de Tromsø, c'est la Vestregata, sa rue principale : « La grande rue, c'est notre théâtre. » C'est ici que tout se passe. Des plus vieilles enseignes au départ du Polar Night Marathon en passant par les festivités Sami en février. Le palmier de Tromsø que vous verrez au détour de nombreuses rues, ressemble à une plante verte géante. Il peut atteindre 3 m de hauteur. Contrastant avec la végétation plus modeste des montagnes du Grand Nord, c'est une plante importée qui s'est bien acclimatée, surtout sur l'île de Tromsø. Une fois que les monopoles de Bergen et Trondheim furent cassés, la ville put développer son commerce fondé sur la pêche et la chasse à la baleine. C'est ici que les explorateurs recrutaient leur équipage et qu'ont commencé les plus grandes expéditions polaires, dont celles de Nansen et d'Amundsen. La « cité arctique » de Tromsø reste toujours le meilleur point de départ pour l'archipel du Svalbard (Spitzberg). Au début du XXe siècle, quand les premiers touristes sont arrivés à Tromsø, ils trouvèrent des théâtres, des gens éduqués, ouverts sur le monde et la politique, à la mode, là où ils s'attendaient à des « barbares ». C'est à cette époque qu'un Allemand dit : « Si l'on dit de Copenhague qu'elle est le Paris du Nord, alors Tromsø est le Paris du Grand Nord. » Aujourd'hui, si la ville universitaire déborde d'activités culturelles et nocturnes, ce n'est pas pour ces raisons qu'on l'appelle la « Paris du Nord ». À Tromsø, les caractères sont bien trempés. « Les meilleurs gros mots sont dans le Nord, le silence est à Oslo. » Les clichés norvégiens veulent que le Tromsøværing (habitant de Tromsø) soit optimiste et ait la répartie facile. Il est vrai que dans des conditions difficiles, l'humour au quotidien est indéniablement un plus afin de survivre en période d'obscurité. Les brasseries qui produisent la bière la plus populaire de Norvège, la Mackøl, reconnaissable à l'ours blanc sur les cannettes, sont installées dans la ville.

C'est la seule bière norvégienne vendue en France. Sur le port, les anciens bars de marins, dont la fameuse auberge du Cormoran, le Skarven en norvégien, sont devenus des rendez-vous très à la mode. L'été, on sort toute la nuit, en plein jour, grâce au soleil de minuit. Il arrive même que l'on coure toute la nuit, pendant le marathon de minuit de Tromsø, célèbre pour démarrer à minuit pile. Plus d'infos : www.msm.no

Et quand vient l'hiver, on espère qu'Aurore, *green lady* capricieuse, sera de la partie pour danser dans le ciel. Généralement, elle aime se montrer entre 18h et 1h du matin.

Histoire

Tromsø et la vie polaire

La chasse aux phoques. Les gravures rupestres témoignent de l'importante ressource que constituait le phoque pour les chasseurs dès l'âge de pierre. La chasse, pratiquée sur la côte norvégienne, se développa dans les régions arctiques avec l'arrivée de nouveaux bateaux et d'hommes spécialement formés et équipés. La première expédition polaire partit de Hammerfest l'été 1819. Très vite, d'autres bateaux y participèrent et la chasse polaire, dont les prises comprenaient à l'époque des morses, des rennes, du duvet et des plumes d'oiseaux. La chasse devenait une tradition norvégienne. Après 1860, Tromsø a vu s'amplifier le phénomène et les équipages ne se concentrèrent plus que sur la chasse au phoque. Aujourd'hui, le *MS Polstjerna*, navire historique, trône sur le port de Tromsø. Le colosse de la chasse arctique aurait ramené à son bord plus de 97 000 phoques.

Pendant la Seconde Guerre mondiale, la Norvège ne participa pas à la chasse aux phoques. Après 1945, les lions de mer s'étant multipliés, la chasse devint alors plus lucrative. Cela dura dix ans, avant que le nombre de bateaux de chasse ne diminue. Dans les années 1970, des changements radicaux eurent lieu, notamment grâce aux militants qui réussirent à donner à la chasse aux phoques une image négative aux yeux du grand public.

Ceci entraîna le vote en 1973 par l'Union européenne, pour l'interdiction d'importation de peau de phoque. Marchés et prix s'écroulèrent et le nombre de navires en activité passa de 34 en 1971 à 4 de nos jours.

Henry Rudi : « Le roi de l'ours polaire ». C'est une figure à Tromsø. En 1908, il réalise son rêve d'enfant et part hiverner pour la première fois. Résultat de la chasse : 90 ours polaires... Du Svalvard au Groenland, en passant par Jan Mayen, l'enfant de Tromsø fit 27 saisons de chasse hivernale, dont plusieurs seul. Résultat : entre 1908 et 1948, « le roi de l'ours polaire », comme on l'appelle, tua pas moins de 713 ours blancs. Dans les années 1950, quand il prend sa retraite à Tromsø, l'homme devient une légende vivante et inspire les journalistes de l'époque. Nombre d'articles à son sujet tapissent aujourd'hui les murs de la brasserie Ølhallen. En 1953, Henry Rudi reçoit la médaille royale du mérite pour sa contribution dans l'Arctique. Il meurt en 1970. Aujourd'hui, la loi internationale sur la protection totale de l'ours polaire promulguée en 1976 est encore en vigueur.

La chasse, une histoire d'hommes ? Traditionnellement, les femmes ne participent pas à la chasse. Les hommes partaient en général d'avril à septembre, se préparant aux risques de faire naufrage pendant leur voyage ou sur la zone de chasse. Même si quelques femmes y participèrent, c'était souvent en tant qu'épouses ou ménagères... Mais Wanny Woldstad, déjà connue en 1925 pour être la première femme chauffeur de taxi de Tromsø, allait devenir la première chasseuse. L'hiver 1932, elle hiverna pour la première fois au Svalbard, aux côtés du chasseur expérimenté Anders Sæterdal. Elle devint très vite un partenaire d'égal à égal. Wanny, également conférencière, se servit plus tard de son journal pour écrire un livre, qu'elle intitula *La Première Femme chasseur au Svalbard*.

Sports / Loisirs

Nichée au cœur des fjords, aux pieds des montagnes, la ville recèle de petits secrets pour les amoureux de sports en pleine nature. Les étés se prêtent à la randonnée pour tous les niveaux, quand les hivers, les habitants de Tromsø troquent naturellement les chaussures de running contre les skis. Ici, vous rencontrerez beaucoup d'amateurs de hors-piste et de ski de fond. Une des rares villes où la piste de ski de fond reste d'ailleurs éclairée toute la nuit.

Tourisme

Tromsø est une des rares villes à ne pas avoir été touchée par les bombes pendant la guerre. Persistent encore quelques vieilles maisons en bois. Les anciens entrepôt d'époque sont rénovés, leur façade repeinte et ils jouissent d'une nouvelle vie, réinvestis en hôtel ou en restaurant. Il faut flâner sur le Bryggen, le vieux port, pour profiter de leur charme pittoresque.

Escapade à Sommarøy. Après environ une heure de route en voiture depuis Tromsø, à travers des paysages magnifiques, le spectacle continue aux abords du petit village de pêcheurs de Sommarøy. L'eau est turquoise et transparente, les plages de sable blanc fin... L'été et l'hiver, il s'y passe toujours quelque chose car les communautés qui y vivent savent vivre ! Le kayak est une activité idéale ici pour aller naviguer entre les îles et observer les oiseaux et les poissons parfois. Prenez votre maillot de bain, les plages de Hawaï n'ont qu'à bien se tenir !

L'office de tourisme est situé au Samuel Arnesensgate 5.

Transports

L'aéroport est situé à 5 km du centre-ville. Vols en direction des autres aéroports du nord de la Norvège : de Alta, Vadsø, Trondheim, Bodø, Kirkenes, Hammerfest... mais aussi vers Oslo, Bergen et Mourmansk en Russie. Navettes entre le centre-ville et l'aéroport, comptez 110 NOK et un temps de trajet entre 10 et 15 minutes. Réservation sur www.bussring.no/airport-express.

Gare routière près de l'office de tourisme. Avec Snelandia, liaison avec Narvik et Alta. https://snelandia.no

Avec Lapin Linjat, bus vers Kilpisjärvi et le reste de la Finlande via la Suède. www.eskelisen.fi/en

Entre décembre et mars, départs sur les arctic routes pour Alta, Narvik et Lyngen, Rovaniemi en Finlande. En plus d'être pratiques, ces bus vous font traverser les immenses étendues du grand Nord dans leur décor hivernal, une traversée féerique. www.thearcticroute.com/arctic-routes/

Express côtier. Escale journalière vers le nord et vers le sud. Ferries pour Harstad (2 heures 30), Finnsnes (1 heure 15) entre 2 et 4 départs par jour. Ferries pour Skjervøy entre 1 et 2 départs par jour. En été, ferries Brensholmen (Tromsø) – Botnham (Lenvik, Senja) et Gryllefjord (Senja) – Andenes (Andøy, Vesterålen).www.senjafergene.no ; www.tromskortet.no

Hurtigruten. Kirkegata 1. Escale journalière des paquebots de croisière vers le nord à 18h30 et vers le sud à 1h30. www.hurtigruten.com ; ✆ +47 76 96 76 00.

CAPITALE DU GRAND NORD

C'est bien connu, Tromsø est une ville où l'on aime faire la fête ! Hiver comme été, celle que les Norvégiens aiment appeler le « Paris du Nord » vit la nuit. Ville étudiante certes, Tromsø est surtout un point de passage important pour ceux qui se rendent au Cap Nord et la dernière « grande ville » avant d'affronter le Grand Nord. Tous les bars sont pourtant concentrés dans la même rue (la rue principale) et vous n'aurez que l'embarras du choix. On retiendra quand même, le Bastard Bar pour venir faire un peu de musique et le Cafe Sånn, qui se transforme vite en club techno à partir de 23h. Ces endroits ferment vers 3h.

CATHÉDRALE ARCTIQUE - ISHAVSKATEDRALEN ★

Hans Nilsens vei 41
✆ +47 47 68 06 68
www.ishavskatedralen.no
Ouvert tous les jours de 9h à 19h, dimanche de 13h à 19h. Entrée : 50 NOK, gratuit pour les moins de 15 ans.

© DIEGO FIORE - SHUTTERSTOCK.COM

Elle a été dessinée par Jan Inge Hovig, et construite principalement en béton. Son architecture symbolise la lumière d'été et la nuit hivernale. C'est l'une des grandes fiertés de Tromsø et on peut l'apercevoir du fjord, lorsqu'on arrive en bateau. La grande mosaïque de verre de 23 m de hauteur est une œuvre de Victor Sparre. La *ishavskatedralen* n'est pas à proprement parler une cathédrale, mais une église paroissiale. La cathédrale de Tromsø est la seule cathédrale en bois du pays.

JARDIN BOTANIQUE ALPINO-ARCTIQUE

Tromsø Museum
✆ +47 77 62 07 82
www.uit.no/botanisk
Ouvert tous les jours de la semaine, 24h/24, du 1er juin au 30 septembre. Entrée gratuite.

Appartenant à l'Université de Tromsø, un jardin à découvrir surtout à partir du printemps et pendant l'été possède toutes les variétés de fleurs de l'Arctique en provenance de tous les continents. Pour les passionnés et les amoureux des plantes et des arbres. Un certain nombre de petits oiseaux fréquentent aussi ce bel endroit. Un joli café ouvert l'été. Expositions temporaires parfois dans le jardin. Une balade ressourçante et très instructive pour tous.

MUSÉE D'ART DE NORVÈGE DU NORD

Sjøgata, 1
✆ +47 77 64 70 20 - www.nnkm.no
Ouvert tous les jours de 10h à 17h. Entrée : 100 NOK. Accès pour les personnes handicapées.

Inauguré en 1988, ce musée d'art de la Norvège du Nord s'efforce d'exposer des œuvres rattachées à la culture du Grand Nord. On y trouve quelques paysages romantiques de Dahl, de Tidemand et Gude et, bien sûr, des marines de Peter Balke. Il expose également des artistes internationaux sur des thématiques variées, qu'il soient politiques ou purement artistiques, rattachés à des sujets de société ou idéologiques. Le musée compte un café, et une boutique dédiée à l'art same.

MUSÉE DE LA PERSPECTIVE

Storgata 95
✆ +47 77 60 19 10
www.perspektivet.no
Ouvert toute l'année du mardi au dimanche de 10h à 16h, le week-end de 11h à 17h. Entrée gratuite.

Ce musée de la Perspective se veut provocant et plein d'humanisme, de respect et d'ouverture d'esprit à travers ses collections et ses expositions. Il propose des expositions photo temporaires sur l'histoire de la ville de Tromsø, également des expositions d'art contemporain, dans le but de présenter l'histoire sous différents angles. Celui qui aime la photographie sera comblé. Une très belle exposition en noir et blanc vous replonge dans le Tromsø et la Norvège des années 1960. Une bonne introduction à la ville, sa région et ses habitants, rapide et gratuite.

NORD-NORGE

MUSÉE POLAIRE - POLARMUSEET

Søndre Tollbugate, 11B
✆ +47 77 62 33 60
www.polarmuseum.no
Ouvert mi-juin à mi-août 7j/7 9h-19h, le reste de l'année 11h-17h. Entrée : 100 NOK, enfant - 18 ans gratuit.

Dans une maison des douanes classée Monument historique, des expositions sur la chasse et les recherches scientifiques dans les régions polaires, ainsi que des photos des expéditions d'Amundsen. L'été de nombreuses activités pour les enfants sont organisées. Allez sur leur site web pour prévoir votre visite et réserver des places. Exposition permanente sur ce qu'était Svalbard aux XVIIe et XVIIIe siècles. Le musée organise des expositions temporaires également.

MUSÉE UNIVERSITAIRE DE TROMSØ

Lars Thørings veg 10
✆ +47 77 64 50 00
www.uit.no/tmu
Horaires d'ouverture de chaque musée et tarifs spécifiques sur le site de l'université.

Le musée universitaire de Tromsø se compose en réalité de trois musées et d'un jardin botanique : le bâtiment principal de Norges arktiske universitetsmuseum, Polarmuseet, *MS Polstjerna* et Tromsø arktisk-alpine botaniske hage. L'ensemble de ces musées mettent en lumière différents aspects de la culture et de la nature du nord de la Norvège, entre autres culture lapone, archéologie, géologie, etc. Le jardin est à découvrir à partir du printemps et pendant l'été.

POLARIA ★

Johansensgt 12
✆ +47 77 75 01 00
www.polaria.no
Ouvert de 10h à 18h de septembre à mai, jusqu'à 19h en été. Tarifs adulte 200 NOK.

Un concept, à la fois musée, centre d'études et parc d'attractions, ouvert en 1998. L'architecture est séduisante, épousant la forme de bloc de glace et les attractions – principalement des phoques adorables – bien conçues pour approcher la vie sauvage des froids extrêmes. Vous pouvez tester vos connaissances en réalisant le quiz sur le site Internet. Nourrissage des phoques à 15h en été et à 12h30 à partir du 1er septembre. Un lieu très intéressant pour toute la famille et qui permet de découvrir la faune et la flore sous-marines des eaux du Grand Nord.

ARCTIC TRIP ROY SÆTRE

Skogveien 177
✆ +47 47 66 34 47
www.arctictrip.no
Ouvert toute l'année. Excursions.

Venez à la rencontre d'un couple de guides locaux situé a Nordkjosbotn, carrefour stratégique donnant sur la route des Alpes Lyngen, la route vers la Laponie finlandaise et le nord de la Norvège. Ils proposent des rando-raquettes, d'observer les aurores boréales, et même de passer une nuit dans un petit igloo transparent de fabrication maison. Les repas sont en général partagés avec Roy et se composent principalement de spécialités locales savoureuses. Accessible depuis Tromsø avec le bus n° 100, 1h05 de trajet magnifique et confortable.

© BRYGGEJENTENE

© BRYGGEJENTENE

NORD-NORGE

NORTHERN NORWAY TRAVEL

5 Samuel Arnesens Gate ✆ +47 413 66 111
https://northernnorwaytravel.no
Accessible aux personnes à mobilité réduite, et aménagements pour handicapés mentaux. Compter 150 € pour 4-6h de kayak.

Northern Norway Travel est un tour opérateur expérimenté et professionnel de la ville de Tromsø. Ils prépareront sur mesure vos activités hivernales comme estivales dans la ville de Tromsø et ses alentours. Vous pourrez vous adonner aux joies de la rando à pied, du kayak, de la chasse aux aurores boréales, des visites guidées culturelles du centre-ville, de la rando en raquettes l'hiver et d'aller admirer des fjords avec leurs tours en minibus.

BRASSERIE MACK

Storgata 4
✆ +47 800 80 440
www.mack.no
Visites guidées d'une heure du lundi au vendredi à 15h30, le samedi à 14h30. Adulte 200 NOK.

La brasserie Mack est la plus septentrionale au monde, rien que ça ! Profitez de votre passage dans la ville pour suivre une visite et prendre part à une dégustation dans le plus vieux bistrot de la ville datant de 1928. Pour les puristes ! Cette bière est une véritable institution. Elle a toujours autant la cote que depuis son lancement, et ce serait dommage de ne pas goûter à ce plaisir 100 % local. Mack a également sa propre boutique, Kjeller 5, son bar Ølhallen, et offre des cours pour ceux qui souhaiteraient apprendre à brasser leur propre bière !

L'ÎLE DE SENJA

L'île de Senja est un véritable coup de cœur pour les touristes se rendant en Norvège. Elle est un condensé de tous les atouts du Nord de la Norvège : spot idéal pour les aurores boréales en hiver, soleil de minuit inoubliable en été. Grande de 1 586,3 km², elle est la 2e île de Norvège par sa superficie. Difficilement accessible, elle reste peu touristique. Huit mille habitants, traîneau à chiens, surf sur la plage et petits villages de pêcheurs promettent une escapade secrète qui vaut le coup de se déplacer : le mieux est de louer un 4x4 à Tromsø et de faire 2h50 de route.

▸ Plus d'info sur : https://nordnorge.com/en/destinasjon/senja

BRIM

✆ +47 77 65 11 00
www.brimexplorer.com
Tromsø de novembre à avril, départ sur le quai devant l'hôtel Clarion. Lofoten de mai à septembre, départ Svolvær.

Brim repose sur un concept simple et révolutionnaire : le bateau hybride. Sur les vaisseaux de la compagnie, partez explorer les fjords aux alentours de Tromsø dans le calme absolu, un moyen extraordinaire de découvrir ce que la nature a à nous offrir, tout en la respectant. Brim propose des excursions toute l'année, en lien avec les saisons. L'hiver, sillonnez des paysages à couper le souffle à la recherche d'oiseaux et de baleines, ou tentez d'apercevoir les aurores boréales. L'été, les expéditions se font dans les îles Lofoten, au départ de Svolvær.

TÉLÉPHÉRIQUE - FJELLHEISEIN

Solliveien 12
✆ +47 77 63 87 37
www.fjellheisen.no
Ouvert tous les jours de 10h à 1h en été et jusqu'à 23h en hiver. AR 240 NOK adulte et 110 NOK enfant (3-15 ans).

À seulement une dizaine de minutes à pied de la cathédrale, un téléphérique monte jusqu'au sommet du Storsteinene d'où l'on a une vue spectaculaire sur la ville et ses environs. Une fois là-haut, vous avez la possibilité de vous restaurer ou de vous promener sur les petits sentiers pour profiter plus longtemps du calme. Conseil futé : on s'achète une petite pâtisserie dans le centre-ville que l'on déguste là-haut, assis sur la montagne, dominant la ville.

AMI HOTEL €

Skolegata, 24
✆ +47 948 155 55
www.amihotel.no
Chambre à partir de 550 NOK (toilettes communes). WiFi. Le petit déjeuner est à 90 NOK.

Situé dans le centre-ville à quelques pas de la rue piétonne, ce B&B familial qui a ouvert en 1999 est proche des attractions et d'un parc. Il compte 17 chambres décorées de manière sobre et agréable, entièrement équipées. Certaines chambres partagent leur salle de bains. Une cuisine est à disposition, ce qui n'est pas négligeable étant donné les prix dans les restaurants norvégiens. Le tout est décoré dans un style traditionnel. L'hôtel propose des prix réduits pour les étudiants et les entreprises, un bon plan à ne pas manquer.

NORTHERN NORWAY
Travel
REJOIGNEZ-NOUS DANS UNE
AVENTURE
UNIQUE
POUR EXPLORER L'ARCTIQUE
À TROMSØ, DANS LE NORD DE LA NORVÈGE.
Commencez votre voyage par un transfert aéroport avec nos chauffeurs professionnels reserver une chasse aux aurores boréales, un Tour des fjords, des randonnées et des promenades en ville avec nos guides sympathiques et qualifiés.
RÉSERVEZ SUR
www.northernnorwaytravel.no
E-mail: booking@northernnorwaytravel.no
Instagram: @northernnorwaytravel

ENTER BACKPACK HOTEL €

Parkgata, 4

✆ +47 77 66 83 00

https://entertromso.no

Chambre double 865 NOK. Petit déjeuner.

Hôtel confortable et bon marché, situé à 400 m du centre de Tromsø. Les parties communes de l'hôtel et les chambres sont très sympathiques, la décoration reste simple dans un style scandinave, moderne et chaleureux. Les chambres sont entièrement équipées avec les éléments standard. La pension compte 20 petites chambres. Du salon commun, on voit la cathédrale de l'autre côté du pont. Une option de logement centrale et très pratique. Il est possible de réserver une place de parking si jamais vous arrivez en voiture. Le petit déjeuner est inclus, comme la wifi.

SMARTHOTEL TROMSØ €€

Vestregata 6

✆ +47 415 36 500

https://smarthotel.no/tromso

Chambre double 870 NOK. Wifi.

La solution idéale pour ceux qui souhaitent s'offrir un séjour confort à prix réduit ! Smarthotel réunit tous les avantages et les services d'un hôtel dans une prestation à prix raisonnable. Situé en plein centre-ville, l'hôtel n'a rien à envier à ses concurrents. Les chambres sont confortables, joliment décorées et spacieuses dans l'ensemble. L'hôtel met à disposition des vélos pour tous les résidents. Pour 100 NOK vous pourrez accéder à une salle de gym, et l'hôtel propose également des services de pressing et la location de véhicules.

TROMSØ ACTIVITIES HOSTEL €

Storgata 107

https://tromsoactivities.com

Ouvert toute l'année. Chambre en dortoir à partir de 250 NOK. Minimum 2 nuits.

Cette auberge de jeunesse propose des hébergements parmi les plus attractifs de la ville et constitue l'option idéale pour les voyageurs au budget serré ! Elle attire de nombreux jeunes venus faire l'expérience du Grand Nord et l'ambiance y est donc chaleureuse, conviviale et dynamique. Située en plein centre-ville, elle n'est qu'à quelques pas de la grande rue commerçante et des activités phares que la ville a à proposer. Les chambres sont correctes et meublées du strict minimum. L'établissement propose également des activités en toutes saisons.

THON HOTEL TROMSO €€

Grønnegata 50 ✆ +47 77 69 80 50

www.thonhotels.no

A partir de 900 NOK pour une chambre simple standard et 1 100 NOK pour une chambre double. Petit déjeuner inclus.

Un hôtel spacieux, accueillant et coloré à l'image de la chaîne Thon. Les chambres sont claires avec des tentures imprimées et un mobilier en bois sombre. Le style est sobre et scandinave. Le confort est au rendez-vous et les chambres bien évidemment entièrement équipées. L'hôtel, situé en plein centre, vous permet d'accéder rapidement à tous les commerces et activités. Vous trouverez une salle de sport en libre accès, et au neuvième étage, un bistrot avec une vue panoramique sur Tromsø, l'endroit rêvé pour apprécier les lumières si particulières du Grand Nord !

TROMSØ CAMPING €

Elvestrandvegen 10

✆ +47 77 63 80 37

www.tromsocamping.no

Ouvert toute l'année. Chalet à partir de 1 575 NOK. Tente + voiture ou camping car/caravane à partir de 325 NOK.

Ce camping situé en dehors de Tromsø offre un cadre de séjour idyllique ! Au bord de l'eau et à l'écart du tumulte de la grande ville, les chalets sont installés en pleine nature, au pied d'une gigantesque falaise. L'hiver le site prend des airs de conte de fées quand la rivière gèle et que la neige recouvre les toitures. À quelques minutes seulement du centre-ville, c'est l'endroit idéal pour ceux qui souhaitent séjourner au calme tout en restant près d'une ville dynamique et d'un environnement qui offre une grande quantité d'activités en tout genre. Foncez !

VIKING HOTELL €€

Grønnegt, 18-20

✆ +47 77 64 77 30

vikinghotell.no

Chambre double à partir de 890 NOK. Propose également des appartements. Petit déjeuner inclus.

Un petit hôtel situé au centre-ville dans une rue parallèle à la grande rue Storgata. Chambres claires, modernes avec douche, WC et télé à écran plat, petit déjeuner compris. Matelas confortables et assez fermes. Prix compétitifs en été surtout juillet et août, moins en juin, pensez à regarder sur leur page Internet. Le petit déjeuner comprend beaucoup de fruits, de bons yaourts et du jus frais. Check-in 15h, check-out 12h, mais possibilité de leur demander de garder vos affaires la journée de votre départ. Internet gratuit.

WANDERING OWL

Strandvegen 41B
✆ +47 484 60 081
www.wanderingowl.com
Compter environ 110 € pour une balade de 5 heures.

Wandering Owl fait partie des meilleures entreprises de guides. Leurs guides sont tous des photographes professionnels et guides nature agréés. Soucieux de la préservation de la nature, toutes les activités se feront en petit groupe (ou même en privé), ce qui augmente d'ailleurs les chances de voir des animaux et de faire votre randonnée dans le calme. Vous pouvez y réserver des activités telles que la chasse aux aurores boréales en hiver par nuits claires ou encore des rando-kayak dans les fjords en été ! Sortie sportive et conviviale en perspective.

CLARION HOTEL WITH €€€

Sjøgata 35-37
✆ +47 77 66 42 00
www.clarionhotel.com
Chambre double à partir de de 1 640 NOK. Prix réduits les week-ends.

L'un des meilleurs hôtels de la ville, il a été reconstruit en 1989 dans le même style que l'entrepôt maritime qui brûla en 1972. L'hôtel porte le nom du capitaine With, dont le portrait orne les murs parmi d'autres vestiges du temps des grands bateaux à vapeur. Un club de détente avec salle de gym, sauna et bain bouillonnant occupe le dernier étage. A travers les grandes baies vitrées s'ouvre une superbe vue sur la cathédrale arctique, au-delà du détroit. Les chambres sont très joliment décorées dans des tons chauds en plus d'être très confortables.

SCANDIC ISHAVSHOTEL €€€

Fredrik Langes gate 2
✆ + 47 77 66 64 00
www.scandichotels.no
A partir de 1 250 NOK la nuit en chambre double. Petit déjeuner. Parking payant.

Très bien situé sur le port de Tromsø, face à la Cathédrale Arctique, le Scandic hôtel vous accueille dans un hall spacieux, au design moderne et baroque. On y prend le petit déjeuner, en regardant le port par les grandes baies vitrées. Les chambres sont agréables, décorées à la scandinave et à la tombée de la nuit, les lumières de la ville offrent un joli spectacle. La plupart ont une vue imprenable sur les collines, le port et ses navires. Le Roast bar et restaurant est le lieu idéal où s'étaler dans les canapés avec un verre de vin après une longue journée.

BÅRSTUA 1840 €

Søndre Tollbodgate 8
✆ +47 926 95 366
https://barstua.no
Sur réservation

Juste derrière le Polar Museet, dans la zone historique de Tromsø, le café Bårstua a investi une ancienne baraque en bois d'antan. On vient y grignoter un *reindeer wrap,* une soupe de poisson ou le plat du jour pour un prix raisonnable. Ici, les fonds sont dédiés à une association œuvrant contre les addictologies. On peut aussi se blottir dans le canapé au coin de la cheminée avec un café chaud et un gâteau maison ou profiter d'un rayon de soleil sur la jolie terrasse. L'été, le lieu devient un lieu de fête, avec concert et après-midi farniente au soleil !

BURGR €

Skippergata 6A
✆ +47 940 96 129
www.burgr.no
Ouvert lundi au vendredi 15h-21h, samedi et dimanche de 12h à 21h. Burger à partir 144 NOK.

Envie d'un bon Burgr sans prétention ? C'est ici. Dans ce tout petit restaurant, trois grandes tables hautes, une terrasse, et Mario. Le héros de notre jeu préféré semble avoir été élu mascotte du lieu. Les Beatles dans les haut-parleurs et aux murs, placardées, les célèbres affiches Pac Man, Sonic ou encore Zelda... Mais avant qu'on y fasse des burgers, sachez qu'entre ces murs, à l'époque où Tromsø n'accueillait qu'à peine 80 habitants, s'est érigé le premier bistrot de la ville. Là où les pêcheurs venaient troquer un poisson contre un ou deux verres de vin.

AMTMANDENS €€

Grønnegata 83
https://amtmandens.com/forside
Horaires très précis voir web.

Manuela et Ricardo nous arrivent d'Italie, tout comme leur délicieux produits ! Dans ce bar à vin chaleureux, on choisit entre la banquette douillette, le petit salon sur l'estrade, ou les tables hautes, avant de commander un bon vin, chilien, français ou italien... Pour l'apéritif, nous vous conseillons les *Fjøls*, ce sont des planches de fromage et charcuterie, à déguster sans modération. On y sert toutes sortes de planches à déguster à l'italienne dans une ambiance tamisée et une décoration à la fois chic, et décontractée.

BARDUS BISTRO €€

Cora Sandels gate
✆ +47 926 74 888
www.bardus.no
Ouvert du mardi au vendredi de 11h à 22h00, le samedi à partir de midi, le dimanche de midi à 16h.

Tenu par deux jeunes figures de Tromsø, le Bardus bistro, attenant au Bardus bar, saura vous faire découvrir les spécialités locales de manière inventive. Ici, l'ambiance est bistronomique dans l'assiette et décontractée à table. Les produits sont frais, locaux et de saison et la cuisine influencée par le sud de l'Europe, dont la France nous présumons. Dans un décor boisé, on s'installe volontiers pour un repas qui va traîner. En période estivale, si le soleil s'invite au rendez-vous, on s'installe sur la terrasse-véranda pour profiter d'un peu de douceur.

MALANGEN RESORT €€

Malangsveien 1660
✆ +47 77 65 58 00
www.malangenresort.com
Chambre double à partir de 1 800 NOK, petit déjeuner buffet inclus.

Petit complexe hôtelier situé à seulement une heure de Tromsø avec une vue imprenable sur les fjords. Les pieds dans l'eau, vous pouvez réserver vos nuits en chambre d'hôtel, chalet ou mini-appartement, propres, confortables et bien agencés. Équipe professionnelle et sympathique, vue superbe sur les alentours, bon petit déjeuner. Vous pourrez aussi vous offrir des moments inoubliables en réservant des activités typiques de l'Arctique comme le traîneau à chiens, nourrir les rennes, moto-neige et autres activités aussi hivernales qu'estivales !

HILDR GASTRO BAR €€

Skippergata 11
✆ +47 940 96 247
www.hildr.no
Ouvert du mercredi au samedi de 18h à 22h.

Le cadre est charmant dans ce restaurant qui propose une cuisine raffinée et inventive aux couleurs locales. Les assiettes font plaisir aux yeux et aux papilles ! Les tables et chaises en bois, les rideaux rayés et les tableaux aux murs nous donnent envie de nous éterniser dans cette atmosphère chaleureuse et presque comme à la maison. On vous sert dans des plats en fonte, des marmites et autres récipients incongrus. Une adresse intimiste recommandée. Et les soirées les plus douces et ensoleillées, la terrasse arborée du Flamingo vous attendent juste à côté !

VERTSHUSET SKARVEN €€

Strandtorget 1
✆ +47 77 60 07 20
www.skarven.no
Ouvert tous les jours de 11h à 23h.
Plats à partir de 200 NOK.

Situé face au port les lieux sont divisés en plusieurs parties, si au rez-de-chaussée on retrouve un café servant en moyenne pour 115 NOK une cuisine simple mais de qualité, à l'étage uniquement le soir, un restaurant de poisson, l'Arctandria, avec des spécialités de baleine et steak de phoque, mais aussi d'autres plats plus courants. Après Noël, les locaux viennent déguster le *Mølja*, littéralement « mélange ». Il se cuisine au retour de pêche à la morue, avec des carottes et des pommes de terre. Toujours au même endroit, juste à côté, un bar à cocktails sympa.

AGENTURET ØL OG VINBAR

Sjøgata 12
www.compagniet.no/en/agenturet
Ouvert de 11h à 2h du lundi au jeudi,
3h vendredi et samedi, 18h-2h le dimanche.

À deux pas du port, l'Agenturet est un bar élégant. Ambiance cosy éclairée à la bougie, autour du bar en pierres apparentes. C'est dans un bâtiment de 1840, que l'on vient boire du bon vin et de bonnes bières. Environ 120 bières différentes et 250 vins au choix, autrement dit de quoi satisfaire les amateurs aussi bien que les connaisseurs. Repas servis de 11h à 18h, tout est fait maison. Les prix sont assez corrects et l'équipe est très avenante et souriante. Un endroit d'où l'on ressort à priori entièrement satisfait et repu !

BLÅ ROCK CAFE

Strandgt, 14-16
✆ +47 77 61 00 20
www.blarock.no
Ouvert tous les jours de 11h30 à 2h,
le vendredi et samedi jusqu'à 3h30.

C'est le Hard Rock Café local, tout en bleu dur. Les jeunes y dégustent pizzas et bières en bonne harmonie avec la musique rock. Le restaurant se targue d'avoir les meilleurs burgers de la ville. L'endroit se transforme en discothèque les vendredis et samedis. On peut s'installer sur 3 niveaux à des tables plus ou moins grandes et dans des ambiances légèrement différentes. L'endroit est assez jeune, animé, sympa pour commencer la soirée. On préférera peut-être aller danser ailleurs car même en fin de semaine, l'ambiance n'est pas celle d'un club.

ØLHALLEN

Macks Bryggeri
✆ +47 904 08 847
www.olhallen.no
Du lundi au samedi de 12h à 00h30.

Au bout de la rue principale, Ølhallen signifie la halle de la bière. C'est le pub de la brasserie la plus septentrionale du monde, mais aussi le plus vieux pub de Tromsø. Ici, les chasseurs de phoques venaient se raconter leurs histoires, aujourd'hui chaque vendredi, c'est le passage obligé à la débauche pour les locaux. Au cœur des vieilles pierres, l'ambiance est feutrée et les pintes bien remplies. Les murs rendent hommage à Henry Rudi, célèbre chasseur d'ours polaires. L'atmosphère taverne des murs de briques rend l'endroit plus que chaleureux.

SVERMERI KAFÉ OG REDESIGN

Skippergata 2
✆ +47 901 91 901
Ouvert tous les jours de 11h à 16h,
à partir de midi le dimanche.

Ce café brocante a élu domicile dans ce bâtiment d'époque, qui abritait autrefois la rédaction du plus vieux journal de Tromsø. Aujourd'hui, les locaux viennent manger une foccacia ou une soupe maison à l'heure du déjeuner, installés sur les chaises d'écolier ou sur les fauteuils tapissés, dans le coin café à l'entrée ou dans la pièce spacieuse et lumineuse un peu plus haut. Un endroit vraiment sympa, pour tous les budgets et où l'on mange dans de la belle vaisselle dépareillée.

© BRYGGEJENTENE

© BRYGGEJENTENE

© BRYGGEJENTENE

BRYGGEJENTENE

Ersfjordvegen
✆ +47 905 699 94
https://bryggejentene.no
Salon de thé avec pâtisseries maison.
Ouvert du lundi au samedi toute l'année.

Ce salon de thé fort sympathique est situé à seulement 15 minutes de Tromsø en voiture. Il s'agit d'une entreprise familiale qui a repris un ancien bâtiment de pêche construit par le grand-père puis rénové par la petite-fille qui en a fait un café/brocante. La cuisine proposée est composée de spécialités locales 100 % fait maison. On peut aussi y acheter de la décoration, des petits meubles et également des vêtements. Lieu magnifique les pieds dans l'eau. Compte Instagram bien fourni si vous affectionnez ce réseau social. Une belle adresse !

© BRYGGEJENTENE

© BRYGGEJENTENE

TROMSØ RAILSTATION

Strandgata 33
✆ +47 77 61 23 48
Ouvert tous les jours de midi à 2h, jusqu'à 3h30 les vendredi et samedi.

Tromsø et Bodø se sont toujours disputé le titre de capitale du Grand Nord, encore aujourd'hui ! L'histoire raconte que les habitants de Bodø, cherchant à se démarquer, direnț à Tromsø, ville non desservie par le train, « nous au moins on peut boire un verre au café de la gare ! ». Ni une, ni deux, Tromsø créa son « café de la gare ». Un bar populaire, où l'on s'assoit sur des sièges de trains, sirotant sa bière au rythme des annonces farfelues dans les haut-parleurs. Et puis ici, aucun risque de louper son train ! Des concerts assez souvent.

CHASSE AUX AURORES BORÉALES

Informations sur le site de Visit Tromsø ou au directement à l'office : Samuel Arnesens gate 5.

Le tourisme autour des aurores boréales s'est développé dans les années 2000. Aujourd'hui, Tromsø, même si son tourisme estival se développe petit à petit, reste une destination hivernale. Et notamment pour la chasses aux Aurores. L'hiver, quand la neige a repeint la ville d'un joli blanc, on observe les hordes de touristes qui quittent le centre-ville à partir de 18h pour s'éloigner de la pollution lumineuse et assister au ballet magique et coloré des aurores boréales.

VERDENSTEATRET

Storgata 93 B
✆ +47 77 75 30 90
www.verdensteatret.no
Cinéma, café. Petits déjeuners.
Ouvert tous les jours 11h-2h et jusqu'à 3h30 le week-end. Adulte 130 NOK pour le cinéma.

Ouvert par une bande de joyeux copains, il s'agit du café attenant au cinéma de 1916 : une de nos adresses fétiches avec des événements toute la semaine, concerts intimistes, DJs en soirée. Des films de qualité sont proposés et idem pour les concerts. Voir la programmation en ligne ou directement sur place, demander le 1er jour de votre arrivée ! Large choix de vinyles à votre disposition pour écouter la musique de votre choix. Le jeudi soir, on y sert aussi de bons plats maison, tapas et sandwichs. Bon esprit et décoration sympa.

COMPAGNIET

Sjøgtata 12
✆ +47 77 66 42 22
www.compagniet.no
Ouvert du lundi au samedi de 16h à 23h (restaurant) et du mercredi au samedi jusqu'à 2h (bar–boîte). Fermé le dimanche.

Un excellent restaurant au menu varié inspiré de la cuisine française. L'intérieur est chic, banquettes en cuir, tapisserie fleurie et jolis lustres. Dur de s'imaginer que cet endroit se transforme en une des boîtes de nuit les plus atypiques et fréquentées de la ville, les vendredis et samedis soir ! Dans un vaste bâtiment en bois restauré, une clientèle jeune vient fête en fin de semaine. Ambiance assurée, pour les moins de 25 ans. L'endroit fait également bar à vin et à bière, pour ceux qui auraient envie de passer une bonne soirée, peut-être un peu plus calme.

69 NORD

Sommarøyvegen 90
✆ +47 993 62 570
www.69nord.com
Sortie journée, semaine et vente.
Exemple de programme : Voile Rando au départ de Tromso, 6 jours : 1 920 €.

Basée à Tromsø, l'agence 69 Nord est tenue par un sympathique Français. Pour Olivier Pitras, explorateur, le Grand Nord n'a pas de secrets. Le skipper propose aux touristes une pléiade d'activités dans le nord de la Norvège et le Grand Nord. Au programme : séjours ski voile, séjour voile et parapente. Des activités qui s'adressent aussi bien à des débutants qu'à des sportifs confirmés et font une part belle au développement de l'écologie. Olivier a d'ailleurs pris part à la réalisation d'un documentaire intitulé « L'Odyssée climatique du Southern Star ».

GRÜNDER

Storgata 44
Du mardi au jeudi de 18h à 1h30, le vendredi et le samedi jusqu'à 3h.

Un lieu à l'intérieur très sympathique, presque chic. Un long bar se trouve sur la droite en rentrant, l'ambiance tamisée vous invitera à aller vous installer dans l'un des canapés situés sur des petites estrades. On y vient plutôt bien habillé, sans en faire trop. La soirée commence en douceur puis se transforme en afterwork jusqu'à ce que, le week-end, le DJ se mette aux platines et fasse bouger toute la salle sur des airs en tous genres. L'été on apprécie la terrasse qui donne sur une rue animée du centre-ville. Une bonne adresses pour goûter à la vie nocturne.

KAUTOKEINO ★★

Kautokeino est située à 130 km au sud de Karasjok, et représente la plus grande commune de Norvège en superficie, 9 687 km². Sur le haut plateau de Finnmarksvidda, seulement 3 000 habitants vivent là avec 100 000 rennes ! C'est d'ailleurs de leur exploitation que dépend la survie de la ville qui est un centre culturel lapon. Pour vous imprégner de la culture lapone, c'est ici qu'il faut rester. L'immensité du plateau est à couper le souffle. La compagnie Snelandia circule entre Kautokeino et Alta. En été, la compagnie Lapin Linjat Bus relie Kautokeino à Alta et à Rovaniemi, en Finlande, une fois par jour. Depuis Karasjok, seulement 4 départs par semaine.

PÂQUES SÂMES

Avril et mai (entre les Rameaux et Pâques) sont les périodes les plus intéressantes pour visiter le Finnmark. C'est l'époque des fêtes religieuses avec des messes solennelles, des confirmations, des baptêmes, et surtout des mariages traditionnels. Un mariage same est un événement haut en couleur avec parfois jusqu'à 700 convives. Depuis la nuit des temps, les Sâmes ont organisé des courses de rennes afin de se montrer sous leur meilleur jour pour ces festivités de retrouvailles. En effet, leur vie est toujours rythmée par la transhumance des troupeaux, une longue migration des hauts plateaux vers les fjords, où les rennes restent jusqu'à l'automne.

JUHLS SILVERGALLERY ★

A 2,5 km du centre
✆ +47 78 48 43 30
Ouvert tous les jours de 9h à 18h, jusqu'à 20h en juillet. Entrée et visites guidées gratuites.

Au bord de la rivière, à la sortie de Kautokeino, Frank et Regine Juhls ont créé un véritable sanctuaire d'art populaire. Depuis plus de 40 ans, dans cet atelier spécialisé dans le travail de l'argent, ils font plus que de la simple création de bijoux. La beauté de l'art sâme révèle ici son profond sens artistique. Les bijoux (notamment les couteaux, au manche en bois de renne finement décoré de motifs animaliers ou symboliques) sont de véritables merveilles. Outre les orfèvres au travail, on peut aussi voir les moutons, les chevaux et les poulets de la ferme.

KAUTOKEINO BUGDETUN

Gnr 66 Bnr 48,
✆ +47 406 11 406
rdm.no
Ouvert en semaine de 9h à 15h, l'été jusqu'à 18h et le samedi de 12h à 18h. Entrée : 80 NOK.

Les expositions de ce petit écomusée donnent un aperçu des modes de vie populaire dans le Kautokeino d'hier et d'aujourd'hui. Le musée comprend une petite ferme same, avec un corral de rennes. On y découvre l'architecture traditionnelle. Une exposition nous informe sur les Samis des rivières, qui vivent de la pêche en eau douce et de la chasse. Un endroit sympathique où s'attarder pour découvrir la culture locale. L'été, profitez de la vente de plats typiques à déguster sur place ou à emporter. Vous trouverez également une boutique de souvenirs.

L'église de Kautokeino.

MAISON DE LA CULTURE DE KAUTOKEINO

Bredbuktnesveien 50A
https://arkitekturguide.uit.no
Ouvert du mardi au vendredi de 8h à 15h30.

C'est un bâtiment qui abrite le seul théâtre sami subventionné par l'État. Le centre de recherche de l'Institut nordique sâme y a pris également ses quartiers. L'établissement est à admirer, compte tenu de son architecture originale, récompensée en 1987 par le prix de la Norvège du Nord. Il s'agit de l'un des premiers bâtiments pensés pour s'intégrer au mieux à la culture sâme et aussi aux conditions climatiques. On y trouve aussi une bibliothèque, un café et un cinéma.

ARTIC MOTELL & CAMPING €

✆ +47 78 48 54 00
www.kauto.no
Du 1er juin au 15 septembre.
Chalet à partir de 500 NOK, tente 200 NOK, lavvu 1 050 NOK par personne. Sauna.

Perdu au milieu des immensités du plateau du Finnmark, le petit camping de Kautokeino semble complètement hors du temps. Situé au sud du village, vous n'aurez que la nature comme voisin. À quelques mètres des emplacements seulement, se trouve Kautokeino elva, de quoi se rafraîchir lors des beaux jours, ou pêcher une bonne partie de l'année. Plutôt que de dormir en tente ou en chalet, faites l'expérience de dormir dans une tente sâme traditionnelle, la fameuse lavvu. Plusieurs activités sont organisées depuis le camping, de quoi occuper tout le monde !

THON HOTEL KAUTOKEINO €€

Biedjovaggeluodda 2
✆ +47 23 08 02 00
www.thonhotels.com
Tarif chambre 1 300 NOK. Petit déjeuner inclus.

Grand luxe à l'hôtel Thon de Kautokeino ! Dans ce bâtiment design ouvert en été 2008 la chaîne Thon propose 63 chambres, toutes entièrement équipées conformément à la gamme de confort de la marque. Le bâtiment surplombe le petit village de Kautokeino, la plupart des chambres pouvant profiter d'une vue splendide sur les environs. Le restaurant de l'hôtel propose une carte de spécialités locales sames mêlées à une cuisine moderne internationale à découvrir absolument. Ajoutez à cela sauna, bain à remous, salle de sport et un parking gratuit. Confort garanti !

KARASJOK ★★★

Il faudra traverser les plaines désertiques du Finnmark, filer sur de longues lignes droites à travers les forêts de bouleaux et la toundra et rencontrer quelques rennes au bord de la route, avant d'arriver à Karasjok. Située à une vingtaine de kilomètres de la Finlande, la petite ville de près de 3 000 habitants est la capitale des Sames et abrite le Parlement same et le Centre des artistes sames. L'activité principale reste essentiellement l'élevage des rennes. Le climat à Karasjok est assez continental avec des hivers assez froids, et plutôt rudes, et des étés relativement agréables. Un bel endroit, perdu au milieu d'étendues sauvages, de quoi faire rêver.

Histoire

- Le Parlement sâme de Karasjok a été construit en 2000. Construction en bois moderne, le travail architectural est de Stein Halvorsen et Christian Sundby. Les Sâmes voulaient être représentés et obtenir la même protection et les mêmes opportunités de développement que les autres Norvégiens. Les Sâmes vivent sur ces terres depuis toujours, bien avant l'établissement des pays. Le but du Parlement est donc de défendre la force et les intérêts sames en Norvège, assurant la protection de la langue sâme et de leur culture. Depuis 1989, ont lieu les élections sames, conjointement avec les élections norvégiennes. Le Sámediggi est constitué de 39 membres, élus tous les 4 ans, depuis les 7 circonscriptions norvégiennes. Pour pouvoir voter, il faut avoir plus de 18 ans et être enregistré au Parlement. Il faut, bien sûr, être sâme et le parler (ou avoir quelqu'un de sa famille le parlant). Ces conditions sont les mêmes en Suède et en Finlande.

Tourisme

- L'office de tourisme est situé au Leavnnjageaidnu 1, au sein du Sapmi Park. Ouvert du 10 juin au 26 août tous les jours de 9h à 19h, le reste de l'année du lundi au vendredi de 9h à 16h. www.visitsapmi.no/karasjok
- La petite église de bois a été construite en 1807, c'est une des plus vieilles en Laponie norvégienne, et également le seul monument qui ne fut pas détruit par les Allemands durant la Seconde Guerre mondiale.

Transports

- **Bus.** Liaisons avec Alta, Hammerfest, Kautokeino, Kirkenes et la Finlande. https://snelandia.no ; www.eskelisen.fi/en

NORD-NORGE

ÉGLISE - KARASJOK KIRKE

© ILONA BRADACOVA - SHUTTERSTOCK.COM

Petite église de bois. Construite en 1974 pour remplacer celle qui avait été construite en 1807 et qui était devenue trop petite. Il s'agit de l'une des plus vieilles en Laponie norvégienne, et également le seul monument qui ne fut pas détruit par les Allemands durant la Seconde Guerre mondiale. Elle vaut la visite si vous êtes dans les parages. L'église est toujours en activité et vous pourrez, si vous le souhaitez, entendre une messe en norvégien ou en sâme. Il y a aussi des chants de temps à autre. La forme de cette église est inhabituelle !

MUSÉE DES COLLECTIONS SÂMES ★★

Mari Boine Geaidnu 17

✆ +47 78 46 99 50

www.rdm.no

Ouvert l'été, tous les jours de 9h à 18h. Entrée : 75 NOK, gratuit pour les enfants jusqu'à 12 ans.

Ce musée, fondé en 1972, est la première institution culturelle sâme en Norvège. Consacré à la culture sâme, c'est à la fois un musée de plein air, et une galerie composée de plusieurs collections. Il comprend une « maison de rivière » et un modèle de campement de gardiens de rennes. Il expose environ 5 000 objets traditionnels en tout genre : des costumes traditionnels, de l'artisanat… C'est l'endroit idéal pour découvrir ou approfondir ses connaissances sur la culture sâme.

PARC NATUREL ET VESTIGES CULTURELS ★

Ouvert

À 5 km de Karasjok, un parc naturel équipé de barbecues, d'un refuge contre la pluie, de toilettes et d'une aire de jeux pour les enfants. Pensez évidemment à vous informer des conditions météorologiques (ou simplement regardez le ciel !) avant de vous aventurer dans un espace naturel, même si celui-ci est équipé et n'est vraiment pas loin de Karasjok. Pas très bien indiqué mais l'office de tourisme saura vous expliquer la route. Prévoyez de quoi allumer le barbecue !

PARLEMENT SÂME

www.samediggi.no

Ouvert toute l'année du lundi au vendredi de 9h à 15h. Entrée gratuite.

Bâtiment qui abrite la délégation samie élue démocratiquement et qui siège aux élections générale de Norvège. La présidente est Aili Keskitalo. Visite guidée toutes les heures. La délégation samie est élue tous les 4 ans. Superbe architecture qui vaut vraiment le coup d'œil et n'hésitez pas à entrer si vous en avez la possibilité car les balustrades en bois, les lampes et les grandes fenêtres qui donnent sur la forêt donnent un impression assez magique, surtout pour un tel lieu public ! Bibliothèque qui contient des livres dans toutes les langues sames.

SÁMI DÁIDDAGUOVDDÁŠ ★

Suomageaidnu 14

✆ +47 902 440 62

https://samidaiddaguovddas.no

Ouvert toute l'année du mardi au vendredi de 10h à 16h et le samedi de 11h à 16h. Entrée gratuite.

Le musée Sámi Dáiddaguovddáš est spécialisé dans l'exposition et la vente d'œuvres d'art et d'artisanat sames. Le centre, créé en 1986, est l'un des canaux les plus importants pour la diffusion de l'art contemporain same. Le musée se veut un lieu de rencontre et de discussions pour les visiteurs et les artistes contemporains. On y découvre plusieurs expositions permanentes comme des expositions temporaires sur des thématiques variées. Un arrêt obligatoire pour tous les amateurs d'art qui souhaitent découvrir le travail d'artistes sâmes, locaux ou non.

NORD-NORGE

Le parlement sâme (Samediggi) à Karasjok, en Norvège.

SAPMI PARK ★★

Leavnnjageaidnu 1,
✆ +47 78 46 88 00
www.visitsapmi.no/karasjok
L'été, ouvert tous les jours de 9h à 19h, le reste de l'année en semaine de 10h à 14h. Adulte 195 NOK.

Ce parc dédié à la culture same présente en première partie un film (25 minutes) sur l'histoire de ce peuple, puis il est possible de visiter plusieurs bâtiments qui recréent les modes de vie des Sâmes durant l'été (tentes traditionnelles ou *lavvu*, abris pour la nourriture, enclos avec quelques rennes). Les lieux ne sont pas bien grands et on en a vite fait le tour, à la différence de la boutique qui est immense. Tout le personnel est habillé en habit traditionnel. L'occasion de découvrir un peu plus la culture sâme, peuple originel de ces terres du Nord.

ENGHOLM HUSKY ★

Route 92
✆ +47 915 866 25
www.engholm.no
Activité à partir de 150 NOK par personne. Ouvert toute l'année.

Été comme hiver, Engholm husky aura de quoi vous divertir, et saura vous proposer des activités adaptées à l'aventure que vous souhaitez vivre. Qu'il s'agisse d'une balade en traîneau à chiens, d'une journée en ski de fond, d'une sortie canoë, ou même d'un sauna, cette équipe de passionnés saura vous faire découvrir sa région et ses traditions. Vous pourrez également loger sur place, dans des chalets traditionnels tellement cosy que vous n'arriverez plus à les quitter ! À deux ou en groupe, vous trouverez chaussure à votre pied.

KARASJOK CAMPING AS €

Avjuvargeaidnu
✆ +47 970 72 225
www.karacamp.no
Ouvert toute l'année.
Camping à partir de 310 NOK, cabine à partir de 480 NOK, dortoir 250 NOK.

Depuis 1989, Magnus Halonen tient ce petit camping entouré de nature en plein pays sâme. Situé tout près du village et à proximité de la rivière, c'est l'endroit idéal pour se ressourcer : calme et sérénité sont toujours au rendez-vous. Le camping propose de nombreuses activités en plein air, été comme hiver, entre scooter des neiges, balade à vélo, randonnée, sauna et spa... de quoi profiter au mieux des environs ! Tente, camping-car, chambre ou chalet, dortoir : le camping propose plusieurs types d'hébergement pour satisfaire tous les publics !

NEDRE MOLLISJOK FJELLSTUE €

Mollisjok
✆ +47 94984722
www.mollisjok.com
Prix sur demande selon saison.

A quelques kilomètres de Karasjok, situé entre Alta et Karasjok, à 70 km entre les deux villes, ce complexe de 54 chambres simples est perdus entre les sentiers de randonnée et les étendues d'eau. A la croisée de deux rivières, l'endroit est idyllique et on ne peut plus calme ! En toutes saisons, les amoureux de la nature et des espaces vierges seront comblés ! Les chalet en bois sont rustiques mais rénovés et fonctionnels, idéal pour un séjour au vert selon le mode de vie local !

ENGHOLM HUSKY DESIGN LODGE €€

Karasjok Vandrerhjem ✆ +47 91 58 66 25
www.engholm.no

Réserver à l'avance. A partir de 700 NOK la nuit en chalet. Voir le calendrier et les prix sur le site Internet.

Sven vous accueille dans son établissement qu'il a construit de ses mains. Des cabines en pleine forêt, au milieu des huskies. Le chenil est constitué de 50 chiens au top de leur forme et prêts à vous emmener en balade ! Différentes activités sont organisées tout au long de l'année, avec en priorité les excursions en traîneau tiré par des huskies les mois d'hiver. En été, démonstration du dressage des huskies en traîneau à chiens, canoë et camping sur l'île privée des propriétaires !

SCANDIC HOTEL KARASJOK €€

Leavnnjageaidnu 3 ✆ +47 78468900
www.scandichotels.com

Chambre double à partir de 1 550 NOK. Petit déjeuner inclus. Parking gratuit.

Anciennement Rica, le Scandic est le seul hôtel de standing dans la région de Karasjok. C'est un hôtel moderne mais construit selon l'architecture des Sâmes. Le confort répond au standard de la chaîne, avec une décoration soignée dans le style traditionnel et des chambres tout confort. Ajoutez à cela un magnifique sauna, un espace de détente et une salle de sport à disposition des clients de l'hôtel. Les environs sont beaux et sauvages, un cadre relaxant et idéal pour profiter à la fois du confort et de l'atmosphère particulière de Karasjok.

STORGAMMEN - LA MAISON DE TOURBE €€

Leavnnjageaidnu 1
✆ +47 78 46 88 60

Ouvert de juin à septembre tous les jours midi et soir, le reste de l'année généralement sur réservation.

Le restaurant de l'hôtel Scandic offre, dans un cadre traditionnel sâme, des recettes ancestrales utilisant des produits locaux, adaptées toutefois aux goûts du jour. Au rez-de-chaussée avec vue sur l'extérieur, le cadre n'est pas désagréable. Et comme le veut la tradition, le repas se prend autour d'un feu de bois. On y sert aussi le petit déjeuner. C'est également le seul restaurant haut de gamme de Karasjok. S'y retrouve beaucoup de locaux qui se mêlent aux invités de l'hôtel.

ALTA ★★

Alta est devenue la plus grande ville du Finnmark avec 20 400 habitants, avec des liaisons quotidiennes par avion pour Oslo (toutes les 2 heures). Avec des températures moyennes de - 8,5 °C en hiver et de 13,5 °C en été, Alta, qui couvre 3 840 km², reçoit des précipitations moyennes de 394 mm, c'est-à-dire moins qu'au Sahara ! Un marché aux puces se crée de temps en temps spontanément sur la place du parking du supermarché. On y voit parfois des Sâmes dans leurs costumes chatoyants (la boutique Husfliden, dans le supermarché, vend de l'artisanat du Nord et des objets lapons authentiques). La rivière Alta est réputée chez les étrangers fortunés pour être l'une des meilleures rivières à saumons du monde. L'idéal est de remonter la rivière Alta jusqu'au fameux canyon Sautso (le plus grand d'Europe), à bord de longs bateaux fluviaux, spécialement conçus pour les rivières du Nord. Et surtout Alta est enregistrée par l'Unesco, comme patrimoine mondial : les gravures rupestres sont visibles au musée d'Alta.

Pratique

- **Arctic Pass.** En partenariat avec la compagnie d'autocars Boreal, la région du Finnmark propose ce Pass de 3 à 7 jours qui permet de voyager dans toute la région. Pour 3 jours, 690 NOK, pour 6 jours 1 290 NOK. www.arcticpass.no

Transports

Liaison en avion avec Oslo, Honningsvåg, Hammerfest, Tromsø, Kirkenes, Mehamn, Vadsø, Båtsfjord et Hasvik. Liaison en bus avec Kautokeino, Karasjok, Tromsø, Øksfjord, Hammerfest, Nordkapp ; avec la Finlande par la Laponie suédoise.

ALTA KIRKE (ÉGLISE)

BorealisAlta
www.nordlyskatedral.no

Entrée 50 NOK.

Depuis que ses portes ont ouvert en 2013, la Northernlight Cathedral fait la fierté d'Alta. Son corps d'acier qui s'élève en spirale dans le ciel ne laisse pas indifférent. À l'intérieur, un Christ de bronze rapporté de Toscane par bateau, bien différent de ceux que l'on voit habituellement. Créé par l'artiste Brandes Pieter, qui n'aime pas les représentations traditionnelles, celui-là regarde le ciel et reflète la joie. Au sous-sol, le petit musée Boréalis vous en dira plus sur les légendes et les explications plus scientifiques autour des aurores boréales.

TIRPITZ MUSEUM ★

Kåfjord
✆ +47 92 09 23 70
www.tirpitz-museum.no
Ouvert du 15 juin au 15 août tous les jours de 10h à 17h. Tarif adulte 90 NOK, enfant (de 7 à 12 ans) 50 NOK.

Ce musée retrace l'histoire de ce lieu qui, durant la Seconde Guerre mondiale, constitua la principale base maritime des soldats allemands, où stationnèrent les navires de guerre *Tirpitz* et *Scharnhorst*. Exposition consacrée à ces navires dont beaucoup de photos. Un musée situé dans un bel endroit, riche en objets d'exposition. C'est un arrêt presque obligatoire pour les amateurs d'histoire locale et pour les curieux qui souhaitent en connaître plus sur les événements marquants qui ont eu lieu dans la région au cours de la Seconde Guerre mondiale.

IGLOO HOTEL SORRISNIVA €€€

Sorrisniva 20 ✆ +47 78 43 33 78
www.sorrisniva.no
Ouvert de mi-janvier à mi-avril.
Compter 2 360 NOK pour une chambre.
Entrée pour l'Igloo Hotel 200 NOK par adulte.

À 20 km d'Alta, dans ce qui est l'ancien Alta Friluftspark, se trouve l'Igloo Hotel et Restaurant. Il propose des chambres faites de glace, ainsi qu'un bar et une église de glace. L'hôtel, construit par des artistes hors pair est un plaisir pour les yeux. En plus des visites guidées de l'hôtel, on peut aussi réserver des activités organisées par Sorrisniva et pourquoi ne pas célébrer son mariage dans l'église de glace ? Une expérience unique ! Le tout dans un cadre de nature à couper le souffle et qui regorge d'opportunités de balades.

ALTA RIVER CAMPING €€

Steinfossveien 5,
✆ +47 94 03 27 79
www.alta-river-camping.no
Cabine à partir de 500 NOK, chalet 1 000 NOK, chambre 550 NOK, camping 250 NOK.
Sauna et chalets à barbecue.

Comme la plupart des villes lapones, Alta est entourée de nature magnifique. Sa localisation en fait une étape presque obligatoire et l'idéal est donc de se loger au plus près de la nature et en bord de rivière. À la sortie de la ville en direction de Kautokeino, ce camping loue des petits chalets et des chambres doubles, triples, quadruples, basiques mais fonctionnels ! Réception ouverte 24h/24 dans le petit kiosque-épicerie qui vend aussi des permis de pêche pour les cours d'eau secondaires de l'Alta. Une belle étape en perspective.

IGLOO HOTEL SORRISNIVA €€

Sorrisniva 20
✆ +47 78 43 33 78
www.sorrisniva.no
Ouvert tous les soirs.
Compter 300 à 400 NOK pour un repas.

Le restaurant Laksestua appartient à l'Igloo Hotel. Le cadre est soigné, mélange de bois et de lignes modernes. On y goûte du renne, de l'agneau, du saumon, des baies locales ramassées dans les environs et bien d'autres spécialités samies. Une belle adresse, pour les budgets confortables, qui permet de vivre l'aventure du dépaysement jusqu'au bout. Rassurez-vous si certains locaux sont en glace, le restaurant lui, est bel et bien en dur ! Pas besoin d'enfiler les affaires de ski, et aucun risque de rester collé aux couverts !

HOLMEN HUSKY LODGE €€

holmen 100 ✆ +47 90 53 0983
www.holmenhusky.no
A partir de 475 NOK.
L'hiver, hébergement vendu seulement avec les activités. Entre 990 et 1 050 NOK.

Voilà une adresse glamping version norvégienne. Dans ce joli domaine, on dort blotti au coin du poêle, dans une habitation typiquement same, le *laavu*. Presque à ciel ouvert, votre petite chambre ronde vous réserve alors de belles surprises à la saison des aurores boréales. Les parties communes sont agréables et chaleureuses et il fait bon profiter du sauna et du Jacuzzi quand les températures extérieures hérissent les poils. Et bien sûr, comme son nom l'indique, des sorties en chiens de traîneau sont organisées ! Tout ça dans un décor fantastique, été comme hiver.

TRASTI ET TRINE €€

gargiaveien 29
✆ +47 91 90 04 60
www.trastiogtrine.no
Autour de 750 NOK le menu traditionnel 3 plats, 950 NOK le menu cinq plats.

Comme si l'on entrait dans un village miniature, nous sommes chez Trasti et Trine. À la fois chambre et table d'hôtes : dans un chalet, les chambres, dans l'autre, une petite boulangerie, ici, le restaurant et là, le chenil... Une fois dans le restaurant, on troque ses chaussures contre de jolis chaussons en laine qui glissent sur le parquet. Sur la table, les assiettes sont en bois, gravées Trasti et Trine. Une ambiance et un accueil chaleureux, à l'image de cette région ! De belles surprises vous attendent, et vous n'êtes pas près de les oublier !

HAMMERFEST ★★★

Avec 11 000 habitants, Hammerfest est la ville la plus septentrionale du monde ! On retrouve un peu partout en ville le symbole de l'ours blanc. Même si l'animal n'est pas présent sur le continent, Hammerfest était à l'époque le port de départ des missions de traque à l'ours blanc dans le Spitzberg. On peut d'ailleurs aujourd'hui devenir membre du Club de l'ours blanc ! Aujourd'hui, Hammerfest est une ville agréable, dans un environnement propice aux activités de pleine nature grâce aux îles et au Parc national Seiland. Elle vit toujours de ses activités pétrolières, mais aussi grâce à Findus et bien sûr du tourisme grâce à l'escale du *Hurtigruten*.

Histoire

Hammerfest est l'une des plus anciennes villes de Norvège ! Elle obtient son statut de ville en 1789, grâce à son port, elle devient l'un des centres commerciaux les plus importants du Finnmark. Durant les guerres napoléoniennes, les échanges avec les Pomores de la Russie du Nord étaient considérables car il était impossible de se ravitailler par le sud, et le grain russe était important dans la région. En 1917, Hammerfest sera victime de la révolution d'octobre. Le nouveau pouvoir russe va en effet mettre fin au commerce entre Pomores et Norvégiens. Les revenus disparaissant, vont apparaître famines et épidémies. Pour relancer son économie, la ville va développer ses gisements de gaz naturel et pétrole. Hammerfest ne sera pas épargnée par la Seconde Guerre mondiale, et sera entièrement détruite par les Allemands en 1944. Le musée de la Reconstruction explique d'ailleurs très bien cette partie de l'histoire de la ville. En 2005, Hammerfest a été inscrite sur la liste du patrimoine mondial de l'Unesco car la ville possède la borne la plus au nord de l'arc géodésique de Struve.

Transports

- **Avion.** Liaison avec les aéroports d'Alta, Honningsvåg, Tromsø, Kirkenes, Mehamn, Vadsø, Båtsfjord et Hasvik. https://avinor.no
- **Bus et ferry – Snelandia.** Liaisons en bus avec Alta, Honningsvåg, Karasjok, Lakselv et Kirkenes. Liaison avec Havøysund en ferry. https://snelandia.no
- **Hurtigruten.** Départ tous les jours vers le nord à 6h45 et vers le sud à 12h45. www.hurtigruten.fr

La ville aujourd'hui

Aujourd'hui, la cité industrielle se transforme, se réinvente, tente de développer son tourisme estival, gardant son sens de l'accueil. Allemands, Russes, Américains, Français... la ville a toujours été un théâtre multiculturel. Et sur le port, le passé de pêcheurs regarde le futur industriel de la ville, de l'autre côté de la baie. Si vous vous rendez à Hammerfest, préparez-vous à faire des rencontres inattendues... Malgré les quelques barrières qui bordent la vallée, les habitants de la ville vivent au quotidien avec un animal « aussi intelligent que le chien » : le renne !

- **La ville a aussi son propre chant :** « Hammerfest, byen vår, gamle, gode venn og felle! Som du står der, traust ved fjellet, våre hjerter mot deg slår. Hør! Det suser inn fra Vågen. Kjenn den friske uværsblest! Det er havets hymne, til deg, Hammerfest. »

NORD-NORGE

© ZIGGI WANTUCH, VISIT HAMMERFEST

Vue sur Hammerfest depuis le promontoire.

ARC GÉODÉSIQUE DE STRUVE ★★★

whc.unesco.org/fr/list/1187

Obélisque principal à Hammerfest. Autres structures à Alta, Lodiken, Bealjášvárri.

Selon la description faite par l'UNESCO, l'Arc de Struve s'étend de Hammerfest jusqu'à la mer Noire et traverse 10 pays sur plus de 2 820 km. Le projet a été réalisé à l'origine par Friedrich Georg Wilhelm et représente la première mesure exacte d'un long segment de méridien qui a contribué à définir et mesurer la taille et la forme exactes de la Terre ; elle a joué un rôle essentiel dans le développement des sciences de la Terre et l'établissement de cartes topographiques précises.

▸ Pour plus de renseignements, voir le site de l'UNESCO.

ASCENSION DU MONT SALEN

À 15 minutes seulement depuis le centre, l'ascension du mont Salen qui surplombe la ville fait partie des immanquables, lors d'une visite à Hammerfest. En haut, un point de vue a été aménagé. De là, la vue sur les îles de Håja, Hjelmen et Saroya en face, est extraordinaire. Possibilité de louer des vélos électriques à l'office pour 360 NOK l'heure. Idéal pour assurer la montée et continuer la balade jusqu'au prochain sommet. Balade très facile si vous avez l'habitude de marcher. Pensez à prendre les jumelles pour observer les îles au loin !

ÉGLISE - HAMMERFEST KIRKE ★★

Kirkegata 21

www.kirken.hammerfest.no

Ouvert du lundi au vendredi de 9h à 14h.

Cette église impressionnante, consacrée en 1961, est connue pour son architecture originale qui s'inspire des séchoirs à morue qui se trouvaient autrefois dans le village. Elle n'est pas sans rappeler l'architecture de la cathédrale arctique de Tromsø. Située dans la ville, prise entre la montagne et la rive, elle succède aux nombreuses églises que la ville a connues. Les deux dernières étant été réduites en cendres, l'une par l'incendie de 1890, l'autre par les troupes allemandes.

MUSÉE DE LA RECONSTRUCTION D'APRÈS-GUERRE ★

Kirkegata 19 ✆ +47 78 40 29 40

www.kystmuseene.no

Ouvert de 10h à 16h en été. Au même endroit que l'office de tourisme. Ouvert en fonction des horaires de l'office.

Exposition consacrée à la reconstruction de l'après-guerre, époque où tout était à rebâtir après la destruction quasi totale des villes. On apprend les conditions d'évacuation et de vie dans la région au cours de la Seconde Guerre mondiale. Ce musée donne une idée de ce que pouvait être la vie des réfugiés et des gens qui devaient reconstruire leur maison après l'évacuation dramatique et forcée de la population pendant la Seconde Guerre mondiale. Des pièces authentiques sont aménagées.

THE ROYAL & ANCIENT POLAR BEAR SOCIETY ★

Havnegata, 3

✆ +47 78 41 21 85

isbjornklubben.no

Voir horaires de l'office de tourisme. Entrée libre.

Isbjørnklubben, ou littéralement le club de l'ours polaire, est dédié à la préservation de l'histoire et de la culture à Hammerfest, entre autres à la pêche en Arctique, la chasse et les expéditions polaires. Vous apprendrez comment les habitants de la région se sont adaptés aux changements auxquels la ville a dû faire face au cours de son histoire. Vous pouvez également devenir membre de ce club mondialement connu et recevoir l'insigne de l'ours polaire en souvenir !

VISITE DES ÎLES EN BATEAU ★★

✆ +47 78 41 21 85

Renseignements à l'office de tourisme, toute l'année. Tarif 150 NOK. Durée entre 2 et 3 heures.

Cette excursion est à recommander seulement par très beau temps où vous pourrez passer un peu de temps dehors. Elle a été rajoutée pour les touristes, mais sa vocation première est de transporter les habitants de l'île. Le paysage est agréable, les maisons isolées laissent place aux côtes désertiques des îles, un rêve.

Randonnées sur les îles. Les deux îles proposent de nombreux sentiers de randonnée pour un ou plusieurs jours. Attention toutefois à l'horaire des bateaux.

AKKARFJORD HOSTEL €

Akkarfjord Skole

✆ +47 78 41 91 34

www.akkarfjordskole.no

Rejoindre l'île de Sørøya par le ferry depuis Hammerfest. 100 NOK/nuit. Sauna, piscine. Cuisine, salon à disposition.

A quelques minutes de ferry de la ville la plus au nord du pays, bienvenue sur l'île de Sørøya. Un véritable havre de bonheur. L'auberge propose un dortoir de 14 lits et deux chambres doubles. L'endroit est propre, cosy mais plutôt simple. Situé dans le village de Akkarfjord, l'auberge est tenue par les étudiants et les professeurs de l'école locale. Vous aurez accès au sauna et la piscine de l'école et un petit supermarché se trouve à quelques pas pour faire les courses nécessaires. Du village, démarrent plusieurs sentiers de rando. Une alternative intéressante !

STORVANNET CAMPING €

Storvannsveien 103

✆ +47919 90 236

www.nafcamp.no

Compter 190 NOK pour une tente, 240 NOK pour un camping-car. Ouvert de mi-mai à fin septembre.

À l'extérieur de la ville. Une centaine d'emplacements pour tente et près de 200 emplacements pour caravane. Sur place, kiosque épicerie et café. C'est assez spartiate mais il y a néanmoins tout le confort nécessaire pour rester quelques nuits ou une semaine. Et puis, de toute façon, on n'y va pas pour rester enfermé à l'intérieur. Si possible, en Norvège, essayez de vous déplacer en fonction de la météo, suivez le soleil, même si cela signifie changer vos plans. Vos vacances n'en auront que meilleure saveur, et c'est comme ça que font les locaux !

SCANDIC HOTEL HAMMERFEST €€

Sørøygt, 15

✆ +47 78 42 57 00

Chambre double à partir de 1 350 NOK. Réduction le week-end. Petit déjeuner inclus. Wifi.

Le Scandic Hammerfest est installé en plein cœur de la ville. Il offre 85 chambres bien décorées et bien équipées, avec vue sur le fjord ou sur la ville. La salle de restaurant offre aussi une très jolie vue sur la mer. L'établissement possède également une cheminée, un piano-bar et une discothèque. Notez que l'adresse est réputée comme servant l'un des meilleurs petits déjeuners du pays et c'est un vrai délice ! En somme, un hôtel qui correspond au standing et qui satisfera votre envie de confort et de proximité avec le centre-ville et ses activités.

THON HOTEL HAMMERFEST €€€

Strandgt, 2-4

✆ +47 78429631

www.thonhotels.no/hammerfest

Chambre double à partir de 1 700 NOK. Wifi.

Cet hôtel de 52 chambres est ouvert toute l'année. En plein centre-ville près du port et de toutes les activités, cet hôtel propose un service et une qualité irréprochables avec des chambres toutes spacieuses et lumineuses, entièrement équipées et décorées de couleurs chaudes. La plupart des chambres ont une vue sur le port et sur la mer à l'horizon de quoi profiter pleinement des magnifiques lumières estivales offertes par le soleil de minuit ! Les parties communes sont elles aussi soignées. Hôtel de haut standing, comme le veut la chaîne.

BRYGGA MATHUS €€

Strandgata 16

✆ +47 401 89 600

https://bryggamathus.no

Du mardi au jeudi 15h-21h, le vendredi et le samedi jusqu'à 22h. Plats entre 150 et 400 NOK.

Situé sur le port, Brygga Mathus cuisine des produits locaux et de saisons à des prix tout à fait raisonnables et dans un cadre idéal. L'intérieur chaleureux boisé et chaleureux vous fera apprécier d'autant plus les plats raffinés de ce restaurant. En été une terrasse permet d'apprécier les rayons bienvenus du soleil. En plus de la restauration, une boutique ouverte aux mêmes horaires que le restaurant permet de se procurer des produits frais, locaux et de qualité toute l'année. Une belle opportunité pour ceux qui souhaitent goûter à d'autres spécialités !

MIKKELGAMMEN €€

Salen

✆ +47 78 41 21 85

Sur réservation uniquement.

Ce restaurant se trouve sur les hauteurs de la ville, dans une habitation sâme typique. On y sert une cuisine same traditionnelle, notamment de la soupe et des plats à base de renne. On s'installe ainsi confortablement sur les tapis de bouleau et de peau de renne, pour déguster l'une des spécialités à la lumière de la bougie. Vous pourrez profiter d'une jolie vue sur les alentours et d'un cadre idéal pour faire une pause tout en vous initiant aux traditions culinaires et architecturales de la culture sâme. On vous y accueille en toutes saisons, sur réservation.

DU VERDEN €€

Strandgata 32

✆ + 47 45 25 07 00

www.duverden.no/hammerfest

Ouvert du lundi au samedi de 17h à 22h.
Plats 200-350 NOK.

Dans un cadre chaleureux et élégant, Du Verden offre une cuisine à son image : raffinée et de qualité. Une jolie baie vitrée donnant directement sur la promenade du port vous fera profiter de l'extérieur même en plein hiver. L'été, une superbe terrasse, très classe, permet de s'installer à l'extérieur et d'apprécier les rayons du soleil tant attendus. En soirée, les couleurs sont à couper le souffle. Côté cuisine, les plats sont variés, locaux et à des prix très accessibles. Un endroit à visiter absolument pour un moment détente !

JERNTEPPET

Strandgata 24

✆ +47 41 29 58 88

www.jernteppet.no

Ouvert de lundi à jeudi, de 19h à minuit, jeudi et vendredi de 17h à minuit, le week-end de 16h à 3h.

Le Jernteppet signifie « le rideau de fer », en norvégien. Un des bars les plus sympathiques de la région, avec un large choix de bières du monde entier. La clientèle est très riche et variée, jeunes et moins jeunes viennent ici échanger. L'été, la terrasse qui donne directement sur le port fait des heureux car l'emplacement est idéal pour observer le soleil de minuit. L'hiver, l'ambiance est tout aussi sympathique : cosy et petites bougies... Prix normaux pour la Norvège, c'est-à-dire une dizaine d'euros la bière. À tester néanmoins !

GJESVÆR ★

Au bout d'une petite route à l'ouest du Cap Nord, Gjesvær se présente comme une rangée de maisons coincées entre les rochers et le large, avec une vue magnifique sur les îlots qui se dressent face au port. C'est également un point idéal de l'île pour admirer le soleil de minuit, et ses 130 habitants disent même que c'est souvent plus ensoleillé ici qu'au Cap Nord. Le village est relié avec le reste de l'île par une route, qui n'existe que depuis 1976, remplaçant ainsi les voies maritimes qui étaient le seul moyen de venir à Gjesvær. Il n'y a pas grand-chose à faire à Gjesvær, si ce n'est profiter du calme et de la beauté des environs.

COLONIE D'OISEAUX DE GJESVÆRSTAPPAN ★★

Gjesværstappan

Cet archipel d'une centaine d'îles et d'îlots rocheux abrite d'immenses colonies d'oiseaux nicheurs, y compris l'une des plus grandes colonies de Macareux moines de Norvège du Nord. Ces oiseaux cohabitent avec d'autres espèces comme les fous de Bassan, les pygargues à queue blanche, les pingouins torda, les eiders, les grands cormorans, les fulmars et les labbes parasites. On estime la population d'oiseaux nicheurs sur ces îles à quelque 3 millions d'individus.

BIRD SAFARI

Nygårdsvei 38

✆ +47 41 61 39 83

www.birdsafari.com

En individuel : 950 NOK. de juin à septembre.

Le spectacle est au rendez-vous avec des milliers d'oiseaux de différentes espèces dont les plus présents sont les macareux, les cormorans, les fous de Bassan, et différentes variétés de mouettes. Pensez à prendre vos jumelles et vos appareils photo !

Autre possibilité, celle de demander au propriétaire pêcheur du restaurant Terrasen (✆ +47 950 377 22 – www.stappan.no) de vous emmener à bord de son petit bateau de pêche. Visites plus flexibles et plus personnalisées. De la même façon il organise une aventure originale à la découverte du soleil de minuit.

BARENTS CABIN CRUISE €€

Walsøenesvegen 34
+47 99 28 94 23
www.barentscabincruise.com
Ouvert toute l'année. Cabine à partir de 900 NOK pour 2 pers.. Restaurant–grill, ouvert tout l'été.

Situées sur le port, les cabines offrent une vue sur la mer. Elles sont entièrement équipées avec petite cuisine équipée, salle d'eau privée avec eau chaude, TV, connexion Internet, parking. Petite terrasse avec barbecue à disposition. Le prix comporte également la location d'un petit bateau. Mais des excursions en mer sont aussi proposées. Chouettes balades à faire juste à côté et si vous êtes chanceux, vous pourrez peut-être apercevoir de magnifiques oiseaux sans avoir à faire une balade organisée ! Draps de lits et serviettes fournis.

LA CIVILISATION KOMSA

Si étrange que cela puisse paraître, ce pays rude est habité depuis une dizaine de milliers d'années. En 1925, on y découvrit les premiers vestiges d'une ancienne culture, Komsa, qui n'avait rien en commun ni avec les Sâmes, ni avec les Norvégiens. On ne sait guère d'où elle vient, si ce n'est qu'elle présente des similitudes avec d'autres cultures contemporaines comme avec la Carélie ou la Finlande actuelle. Cette civilisation semble s'être développée dans la région proche des rivages, une hypothèse confirmée par les gravures rupestres. Les membres de la civilisation komsa constituèrent pendant longtemps deux groupes ethniques distincts.

GJESVÆR CABINS €€

Nygårdsveien 38
+47 416 13 983
www.birdsafari.com
Ouvert du 15 mai au 15 septembre. C hambre double à partir de 850 NOK.

Voici une option plutôt bon marché. Les chambres sont assez rudimentaires, mais elles offrent un confort correct et sont très bien situées, sur le port, face à la mer cristalline et aux îles environnantes. Vous aurez aussi l'option de réserver un *rorbu*, une cabane de pêcheur traditionnelle. L'endroit est idyllique, moins fréquenté que le Cap Nord et propice à la détente et au ressourcement. Cette compagnie organise de nombreuses visites guidées pour découvrir les oiseaux des environs en bateau, un incontournable si vous pensez résider à Gjesvær !

NYGÅRD HOLIDAY HOME €€€

Kobbensveien 8
+47 95 03 77 22
www.stappan.no
Appartementsà partir de 1 200 NOK. Petit déjeuner 120 NOK. Draps en location.

A quelques mètres du port, ces appartements récemment rénovés sont tout confort. L'établissement propose également un restaurant. Une vaste terrasse de bois, une partie abritée contre la pluie et le vent, juste quelques plats affichés à la carte, dont une assiette de fruits de mer, ou une délicieuse soupe de poissons dont le propriétaire garde jalousement la recette. Le lieu est aussi reposant qu'enchanteur. Ici, plus qu'au cap Nord (rempli de touristes), on a la sensation d'être au bout du monde. Le lieu idéal pour partir à l'aventure et échapper au quotidien !

Colonie d'oiseaux de Gjesværstappan.

NORDKAPP ★★★

Le cap Nord est une falaise de 307 m de haut qui s'élève au-dessus de l'océan Arctique. Cette côte exposée aux fureurs de l'océan Arctique est dépourvue de la barrière des îles qui forment une ceinture protectrice plus au sud. Ici, quand la mer se déchaîne, elle martèle directement la roche nue. L'hiver, les tempêtes sont assez fréquentes et la route vers le cap Nord se retrouve parfois coupée. Le cap Nord est un lieu touristique, avec parking et accès payants. Nordkapp n'est pas le point le plus septentrional d'Europe continentale. Ce prix revient à Knivskjelodden, que l'on atteint après une randonnée de 18 km (AR) inaccessible par véhicule !

Pratique

- **Horaires :** du 18 mai à mi-août de 11h à 1h ; les deux dernières semaines d'août de 11h à 22h ; du 1er janvier au 17 mai et d'octobre à fin décembre 11h-15h. En septembre de 11h à 17h. Film de 15 minutes projeté sur un écran panoramique de 180° sur les paysages et la nature du Cap Nord. www.visitnordkapp.net

Tourisme

- **Avertissement.** Le cap Nord étant situé dans un environnement subarctique, sa nature est très vulnérable. Les traces que laissent les activités de l'homme – la circulation automobile, les feux de camp, le camping, le prélèvement des pierres – sont ineffaçables. Les randonnées permettent une découverte agréable de l'île, mais respectez le site : suivez les balises et les sentiers.

Transports

Tous les moyens de transport pour le Cap Nord partent de Honninsvåg. Le paquebot Hurtigruten passe d'ailleurs devant le Cap Nord, juste après avoir accosté à Honninsvåg, sans s'y arrêter. Ceux qui choisissent de réaliser l'excursion au Cap Nord, avec la compagnie Hurtigruten, prendront le bus depuis Honninsvåg.

- **Le meilleur moyen de rejoindre le Cap Nord, reste le bus** (245 NOK avec droit d'entrée). Nous ne saurions trop vous conseiller de l'emprunter, sachant qu'en pleine saison, le parking du Cap Nord, comme la route pour y accéder peuvent être très encombrés. Par ailleurs, en hiver, un seul bus au départ de Honninsvåg, à midi, attention à ne pas le rater. Le bus se prend au niveau du débarcadère, sur le port, non loin de l'office de tourisme. Pensez à acheter votre billet à l'avance pour vous assurer une place assise. Entre mi-mai et fin août, deux départs à 11h et 21h30 (retour 13h15 et 0h45). En plein été, un autre bus part à 17h. Attention à vérifier ces horaires à l'office de tourisme, ils sont susceptibles de changer.
- **Le taxi** reste une autre solution, au cas où vous voyagez à plusieurs ou que vous n'ayez pas eu le bus. Cette dernière option reste onéreuse (comptez 1 300 NOK aller/retour depuis Honningsvag).
- **Toutefois, avec une voiture privée,** vous serez bien sûr plus libres au niveau des horaires et surtout, vous aurez l'opportunité d'éviter la visite aux heures d'arrivée des groupes. Notez que le Cap Nord reste une zone naturelle donc accessible à toute heure de la journée. Les horaires d'ouverture que nous avons notés plus haut, sont les horaires d'ouverture du musée.

LA CORNE - HORNET ★★

Hornet

« Hornet » est un promontoire rocheux en forme de corne qui se trouve au nord-est de la falaise du cap Nord, en contrebas et au bord de la mer. À l'époque préchrétienne, « Hornet » était un lieu sacré pour la population same de Magerøya, qui le considérait comme le domaine des dieux. « Hornet » ne peut être admiré qu'à distance. Du temps des Vikings, la région était soumise à leur imposition et, parfois, mise à sac. Le chef de Håløy faisait du commerce avec les Sâmes jusqu'à la mer Blanche, en Russie. Mais la colonisation norvégienne du Finnmark ne commença probablement qu'au XVIe siècle. L'abondance de poissons attirait les pêcheurs de l'Europe du Nord. Pour s'assurer des territoires, on construisit la forteresse de Vardø et plusieurs églises fortifiées. Hornvika, ou la baie de la Corne était l'endroit où les bateaux de touristes accostaient avant 1956 et la construction de la route au Nordkapp.

Le Finnmark était en essor jusqu'à la fin du XVIIe siècle, période à partir de laquelle la pêche subit une crise sérieuse. Plusieurs sites le long des côtes furent abandonnés par les Norvégiens. Les XVIIIe et XIXe siècles virent affluer des immigrants du nord de la Finlande et de la Suède, ainsi que des paysans du sud de la Norvège. Il en résulte de nombreux conflits avec les Sâmes qui occupaient ces terres depuis des siècles. Un roman contemporain d'un auteur sâme, Alio Gaup, *Le Tambour magique*, a été traduit en français aux Editions du Rocher, en 1992. Un lieu chargé d'histoire qui vaut le détour si vous passez par là.

CAP NORD - NORDKAPP ★★★★

Fiskeriveien 4D

✆ +47 78 47 70 30 - www.nordkapp.no

Office de tourisme ouvert du lundi au vendredi de 11h à 14h. Entrée Nordkapphallen 310 NOK (films, expo, resto, café...)

Au bout de la falaise du cap Nord se trouvait autrefois un lieu de sacrifices rituels sames. Aujourd'hui, il ne reste plus qu'un grand parking, passage obligatoire pour accéder au centre touristique caché dans la falaise et inauguré en 1988. Pas moyen d'éviter de payer, la route est entourée de barrières. Sinon, sachez qu'une entrée est valable pour 24 heures. De nombreux petits malins viennent donc planter leur tente dans le parc. Un bon moyen de bénéficier d'un endroit étonnant, d'un environnement radicalement différent, et d'économiser une nuit d'hôtel avec vue imprenable sur le lever et le coucher de soleil sur le cap ! Il faudra pourtant faire avec les ronrons incessants des autocars qui nuisent indéniablement à la majesté de lieux. Quoi qu'il en soit, le lieu a ce quelque chose de magique car on sait que l'on se trouve au point le plus au nord, au bout de l'Europe, et cette pensée suffit. La route qui mène au cap Nord est pour beaucoup dans ce cheminement. Une lente progression, l'aridité des paysages, tout concourt à faire encore et toujours du cap un endroit à part. Si le bout du monde est fascinant, le chemin qui y mène ne l'est pas moins.

▶ Hormis cette vue vers un horizon bleu, la vaste structure touristique creusée dans la falaise abrite un complexe moderne de boutiques, cafétérias et restaurants (où les prix sont corrects). Un petit musée est consacré aux premières personnalités qui sont venues au cap Nord. Le prêtre-explorateur italien Pietro Negri, à la recherche du bout du monde, fut l'un des premiers touristes à visiter le cap Nord en 1664. Ensuite suivirent, en 1873, Oscar II, roi de Suède-Norvège, et Louis-Philippe chassé de France en 1795 et déguisé en visiteur tout à fait ordinaire. À l'époque, le seul moyen d'approcher la falaise du cap Nord consistait à prendre le bateau, puis grimper les 300 m au sommet, la route carrossable traversant le plateau n'ayant été ouverte qu'en 1956. Cette route sera d'ailleurs de nouveau bientôt ouverte et l'épreuve physique donnera accès à une somptueuse vision sur ce cap. À l'intérieur du hall, un « bar à champagne » a été aménagé face à une baie panoramique avec une superbe vue sur le soleil de minuit qui dure du 16 mai au 28 juillet (quand il n'y a pas de brouillard). Une petite terrasse extérieure est accrochée au-dessus d'un précipice de 300 m donnant sur l'océan glacial Arctique. Le brouillard monte souvent de l'océan, enveloppant la pointe du cap Nord qui semble alors flotter entre ciel et mer. Ici, c'est le bout du monde ! À faire si vous pouvez.

KAMØYVÆR ★★

Petit village de pêcheurs de 150 âmes situé entre Honningsvåg et la pointe du Cap Nord. Il abrite notamment un grand hôtel Arran tenu par une famille same, reconnaissable à sa façade en bois et à sa couleur bleue, l'une des couleurs des Sâmes. L'intérêt touristique y est donc limité ! Il y a cependant une galerie d'art au premier étage de la maison jaune. Ici, pas de chats noir et blanc qui se baladent dans les rues au son des cigales comme dans les villages du sud de la France ! Le climat est rude, même si heureusement pour les habitants, le village est protégé de la pleine mer par les îles Lille Kamøya (petite Kamøya) et Store Kamøya (grande Kamøya).

Le port de Kamøyvær.

THE GALLERY

EvArt

✆ +47 78 47 51 37

www.evart.no

Ouvert de mi-mai à mi-août tous les jours de 12h à 22h, l'hiver sur rendez-vous.

Eva Schmutterer, d'origine allemande s'est installée ici il y a quelques années maintenant. Inspirée par la beauté des paysages et surtout par ses couleurs, elle s'est mise à créer des œuvres représentant ce cap Nord qu'elle aime tant. En parcourant la galerie on remarquera en thème de prédilection tantôt une église, tantôt le port, tantôt ce fameux soleil de minuit que tant de touristes viennent ici admirer. Ces œuvres sont faites de grands aplats de couleurs et de dégradés infimes. Comment fait-elle ? Allez lui demander son secret !

HONNINGSVÅG ★★

Centre administratif de la région, et dernière véritable halte avant le cap Nord, Honningsvåg n'a pas un charme fou. Entièrement détruite durant la Seconde Guerre mondiale, la ville a tout de même un petit port très actif. Elle s'anime finalement deux fois par jour, grâce au flot de touristes déversé par l'Express Côtier Hurtigruten. Le tourisme se développe donc, mais l'économie repose encore essentiellement sur l'exploitation d'hydrocarbures. L'appel du cap Nord se fait sentir de plus en plus fort et c'est d'ici que vous organiserez votre aventure. Honningsvåg est la « ville près du cap Nord », c'est d'ailleurs la principale raison de s'y arrêter.

Tourisme

Il est possible de réserver des excursions au Cap Nord à l'office de tourisme du Cap Nord situé à Fiskeriveien 4D.

Transports

- Avion. Liaison avec les aéroports de Hammerfest, Tromsø, Kirkenes, Mehamn, Vadsø, Båtsfjord et Hasvik. https://avinor.no
- Bus. Liaisons avec Alta, Hammerfest, Lakselv et avec la Finlande avec les compagnies Boreal, Snelandia et Lapin Linjat Bus. (https://snelandia.no ; www.eskelisen.fi/en ; www.boreal.no/forside)
- Hurtigruten. Escale de l'express côtier Hurtigruten tous les jours avec un départ à 14h45 vers le nord et à 17h45 vers le sud. www.hurtigruten.fr

MUSÉE DU CAP NORD - NORDKAPPMUSEET ★★

Holmen 1, ✆ +47 78 47 72 00

www.kystmuseene.no

En été, ouvert tous les jours 10h à 17h.
Le reste de l'année du lundi au vendredi 12h à 15h. Entrée 80 NOK.

Ce charmant petit musée explique les dures conditions de vie dans ces contrées où un homme sur quatre meurt en mer. Comment vivre d'ailleurs au 71e parallèle depuis 10 000 ans ? C'est ce qu'explique ce musée. L'exploitation du duvet de l'eider dans l'île de Store Tamsøy a cessé après la guerre, toutes les habitations de la Norvège du Nord ayant été rasées par les nazis. D'un équilibre économique déjà fragile, la situation des habitants des îles n'a jamais pu se rétablir.

PORTAIL DE L'ÉGLISE - KIRKEPORTEN

Fiskeriveien 4D
✆ +47 78477030
www.nordkapp.no

Cette formation géologique est un régal pour les yeux ; il s'agit d'une faille de plusieurs mètres de large en forme de « portail » dans un promontoire rocheux. Le soleil de minuit brille à travers ce « portail » entre minuit et 2h, c'est assez impressionnant. De là on voit très bien au loin la corne (Hornet). La balade pour accéder à Kirkeporten est très sympa aussi : 2,5 kilomètres à partir du camping Kikeporten ou du Nordkapp Turisthotell. Comptez 1h en tout.

PROMONTOIRE DE KNIVSKJELODDEN

Knivskjelodden
Accès libre, randonnée facile de 18 km.

C'est le point le plus septentrional d'Europe (71° 11' 08"), le vrai cap Nord. Mais il est vrai que cette pointe possède une apparence nettement moins dramatique ! Avec son sentier balisé de 18 km aller-retour au départ de la route E69, c'est un excellent point de vue pour admirer la falaise du cap Nord, et éviter la foule ! Toutefois, Magerøya reste une île reliée au continent par une route. Le Cap Nordkinn près de Mehamn est en réalité l'extrémité nord du continent européen.

NORDKAPP CAMPING €

Skipsfjord 20
✆ +47 78 47 33 77
www.nordkappcamping.no
Ouvert du 1er mai au 15 septembre.
Chalet 1 ou 2 personnes 690 NOK, tente et voiture 190 NOK, chambre double 850 NOK.

Campez à 71° de latitude nord, au beau milieu de la nature, sur l'île de Mageroy. Entre mer et montagne, le site est incroyable. Heidi et Bernt vous accueilleront avec le sourire et feront leur possible pour que votre séjour se passe bien. Électricité pour le côté camping en plus, 100 NOK. Connection Internet gratuite sur tout le site de camping. Possibilité de vider les sanitaires du camping-car et de faire le plein d'eau. Le camping possède même un sauna. Cuisine tout équipée pour les résidents. Un endroit pour le moins hors du temps !

NORDKAPP VANDRERHJEM €

Kobbhullveien 10
✆ +47 91 82 41 56
www.nordkapp.no
Chambre avec toilettes séparées à partir 550 NOK.

Le grand bâtiment rouge à l'entrée d'Honningsvåg abrite l'auberge de jeunesse. Si vous venez en bus, prévenez le chauffeur, qui vous déposera non loin. Attention l'auberge est assez excentrée. REMA, le supermarché, n'est pas très loin mais le village Honningsvåg est à au moins 40 minutes de marche ou à 10 minutes en bus. Les chambres, de la simple à celle pour 6 personnes, sont plutôt minimalistes. L'endroit n'est pas particulièrement chaleureux mais tout y est très propre et fonctionnel, et c'est l'essentiel ! L'accueil est sympathique.

NORTH CAPE CABINS €

Skolegt. 5
✆ +47 95 13 88 91
www.northcapecabins.no
Tarifs entre 600 et 900 NOK par nuit pour 1 à 2 personnes.

Sans doute le moins cher de tous les moyens pour dormir. Un ensemble de petits complexes de cabines et de cabanes de pêcheurs disséminés dans les bourgs de l'île. Les cabines sont disponibles de mai à septembre, mais il est également possible d'en louer en hiver, idéal pour admirer les aurores boréales si le temps le permet (se renseigner avant en leur envoyant un courrier électronique). Réductions si vous restez quelques jours : 10 % + 5 jours, 15 % + 10 jours et 20 % pour un séjour supérieur à 15 jours. Location draps et serviettes en plus.

ARCTIC HOTEL NORDKAPP €€

Storgata 12B ✆ +47 463 53 772
Chambre à partir de 850 NOK.

Le plus vieil hôtel d'Honningsvåg. Le bâtiment et la décoration intérieur n'ont rien d'exceptionnel, mais le tout est un véritable mélange de neuf et de vieux, un ensemble confortable, fonctionnel et surtout en plein centre-ville. Proche des commerces et du port, il vous suffira de marcher quelques mètres pour atteindre boutiques et autres restaurants. Au rez-de-chaussée, le bar restaurant Havly a ouvert en 2018 et et propose une ambiance résolument moderne. Cuisine raffinée, lumière tamisée, on y passe volontiers un moment, ne serait-ce que pour prendre un café.

SCANDIC HOTEL HONNINGSVÅG €€

Nordkappgt, 4
✆ +47 78 47 72 20
Ouvert de septembre à mi-mai.
Chambre à partir de 1 075 NOK.

Situé à côté de l'office du tourisme, face au port, ce très grand bâtiment de béton peint en blanc abrite 174 chambres et un bar-restaurant. Si le charme n'est pas vraiment au rendez-vous et que la décoration n'est pas tellement moderne, les chambres sont extrêmement confortables et l'accueil est excellent. Le personnel est souriant, aimable toujours là pour vous renseigner. L'hôtel est situé en plein centre, près des commerces, bars et restaurants, à quelques pas seulement.

ARTICO ICE BAR

Sjøgata 1 A
✆ +47 78 47 15 00
www.articoicebar.com
Ouvert de février à septembre.
Entrée 149 NOK par adulte, 50 NOK par enfant.

Sur les quais, José Mijares et sa femme ont bâti un étonnant et envoûtant endroit. Un bar de glace. José est un spécialiste des grandes traversées en traîneau des espaces blancs. Très connu dans son pays, il vit sa passion à deux pas du cap Nord en proposant une échappée dans un igloo de glace. Sièges et tables sont faits entièrement en glace et les dessins, les textures, les lumières et les reflets sont tous variés. Un bar et surtout une authentique galerie d'art dédiée à la glace. Il est aussi possible de réserver plusieurs activités via l'Artico Polar Academy !

CAFE CORNER

Fiskeriveien 2A
✆ +47 94005292
www.corner.no
Ouvert lundi au vendredi de 11h à 23h,
le samedi jusqu'à 2h, le dimanche 12h-23h.
Plats autour de 195 NOK.

Ce café sans prétention situé vers le port permet de déjeuner avec vue sur l'embarcadère et l'arrivée des ferries. L'endroit est très populaire, tant auprès des touristes que des locaux de tous âges, qui discuter, jouer au billard et traîner autour d'un verre. Une ambiance assez étrange dans ce village du bout du monde, où chacun semble se demander ce qu'il fait là. Il n'en est pas moins un lieu sympathique pour se restaurer de spécialités locales, ou boire un coup avec une vue dégagée sur le port et sur les falaises environnantes.

NØDEN PUB

Fiskeriveien 2
✆ +47 78 47 63 40
www.noden.no
Ouvert du mardi au vendredi de 20h à 2h, le dimanche à partir de 17h, jusqu'à 2h les soirs de match.

Un pub rustique et vivant, où se retrouvent les locaux et les touristes de passage. Ambiance animée, surtout les soirs de match, qui sont suivis assidûment et accompagnés des chants des supporters. On s'assoit volontiers pour boire un verre, peut-être une Isbjørn, cette bière brassée à Tromsø, dans la brasserie la plus septentrionale du monde. Il n'est pas rare d'en venir à discuter avec les bavards du coin. Une bulle de joie et de bonne humeur dans ces terres au climat rude et dans un village autrement assez calme. Adresse recommandée.

GALERIE WEST OF THE MOON

Storgata 4B
www.evart.no
Ouvert tous les jours de juin à août de 11h à 16h30, du lundi au samedi de 11h à 15h.
Les horaires peuvent varier.

Une merveilleuse et insoupçonnable petite boutique dans le centre-ville. Y sont exposées les œuvres de collage d'Eva Schmutterer, une artiste allemande expatriée dans ces contrées isolées du Finnmark. Son atelier et sa boutique principale se trouvent dans le petit village de Kamøyvær, à quelques minutes d'Honningsvåg. Les œuvres d'Eva s'inspirent de la nature et des mille et une couleurs qu'offre l'île de Magerøya. Vous serez chaleureusement accueilli par Jérôme, lui aussi expatrié, et il sera difficile de repartir sans l'une des magnifiques images !

DESTINASJON 71° NORD - SAFARIS

Fiskeriveien 8 ✆ +47 78 28 93 20
www.71-nord.no
Aventures hivernales à partir de 655 NOK,
estivales à partir de 750 NOK.

L'agence Destinatjon 71° Nord offre plusieurs activités hivernales et estivales pour permettre aux visiteurs de découvrir la région du Cap Nord. De fin mai à fin septembre une excursion de 3 heures 30 à bord d'un petit Zodiac pour pêcher ce fameux crabe géant qui vit sur les côtes entre Mourmansk et Tromsø. Les crabes sont véritablement gigantesques ! L'hiver, direction le Cap Nord en quad ou moto-neige, l'aventure vous attend chez Destinatjon 71° Nord.

GAMVIK ★★

La commune de Gamvik possède plusieurs comptoirs de pêche pittoresques à visiter : Mehamn, Gamvik et Skjånes. L'endroit est un haut lieu de pêche et l'on déguste dans les restaurants du poisson fraîchement sorti de la mer de Barents. Au bout de quelques lacets, le port de Gamvik semble coupé du monde. On y voit d'un côté la nature et de l'autre la mer à perte de vue, une sensation résolument étrange et agréable. On peut admirer à Gamvik un phare réaménagé en hôtel tranquille. C'est le phare à terre le plus septentrional d'Europe ! La vue est imprenable et les lumières sont évidemment somptueuses, l'endroit rêvé pour se déconnecter.

MUSÉE LOCAL - GAMVIK MUSEUM ★

Strandveien 93
✆ +47 78 49 79 49
http://kystmuseene.custompublish.com
Ouvert toute l'année de 9h à 16h.
50 NOK par adulte, 25 NOK en tarif réduit.

Le musée est installé dans l'ancien entrepôt de stockfish de la station baleinière Brotkorbbruket. À travers plusieurs expositions, ce musée présente Gamvik et ses environs sous toutes leurs coutures. De la préhistoire à l'histoire des villages de pêches côtiers, en passant par la Seconde Guerre mondiale. Une visite qui se fait bien en famille et qui permet d'en apprendre beaucoup sur l'histoire de la pêche locale et en général. Musée riche et bien documenté.

PHARE - SLETTNES FYR ★★

Slettnes
✆ +47 78 49 76 02
slettnes-fyr.blogspot.com
Ouvert de juin à septembre.

Le phare le plus septentrional du monde, qui se trouve à la même latitude que l'Alaska. Des visites sont organisées en été. On peut le rejoindre par un sentier au départ de Gamvik (5 km). Le phare se trouve au milieu du parc naturel. La route qui serpente dans le parc a été construite en 1930. Elle mène à Varnesovnen, une grotte utilisée durant les évacuations à l'automne 1944. Le phare est aujourd'hui un gîte où l'on peut être hébergé entre juin et août chaque été. Une aubaine pour les amateurs de grands espaces, de randonnées ou encore de pêche !

MEHAMN ★

Mehamn est le centre administratif de la province de Gamvik, la plus septentrionale de toute l'Europe continentale. Elle compte environ 1 100 habitants vivant principalement des activités liées à la pêche. Le port de Mehamn est très dynamique. Il est facile de se loger et de trouver de quoi faire à Mehamn. À la sortie du village en direction de Gamvik, une magnifique plage à l'eau turquoise attend les baigneurs ou les curieux ! Pour rejoindre Mehamn et Gamvik en bus, réservez le trajet sur www.flexx.no, ✆ +47 75 77 18 88 au plus tard à 21h la veille du départ. Avec l'express côtier Hurtigruten, tous les jours vers l'est et l'ouest.

NORDIC SAFARI WILDLIFE ADVENTURES

✆ +47 90 14 75 09
www.nordicsafari.no
Ouvert toute l'année. Lit en dortoir à 450 NOK, chambre à partir de 650 NOK.
Camping : emplacement 250 NOK.

Nordic Safari vous offre la possibilité de découvrir la région en traîneau ou en bateau. Une très belle randonnée le long de la côte vers le cap Nordkyn qui héberge des oiseaux splendides et rares, avec vue sur le cap Nord, la plus au nord de l'Europe, vous est aussi proposée ! Possibilité de pêche au saumon ou de chasse à la perdrix. Renseignements auprès de la commune de Gamvik ou de celle de Mehamn. L'établissement fait également auberge de jeunesse, camping et loue des *rorbuer*.

MEHAMN ARCTIC HOTEL €€

Værveien 40
✆ +47 78 49 67 00
www.mehamn.no
Chambre à partir de 1 070 NOK.

Un solide hôtel pour grand froid, aux chambres spacieuses. Les deux propriétaires sont des sportifs de niveau international (lutte pour monsieur, et ski de fond pour madame). Il sert aussi de salle de sport (entrée gratuite au sauna et aux instruments pour les hôtes), de salle de spectacle, de bar et de lieu de rencontre pour la commune. L'endroit idéal pour faire connaissance avec la population locale et pour se faire une meilleure idée de la vie dans ces contrées reculées, sans compter la proximité avec la nature, toujours !

KJØLLEFJORD ★

Dans ce minuscule port, la majorité des 900 habitants possèdent des racines sâmes. Les pêcheurs se tournent de plus en plus vers l'industrie touristique, espérant bénéficier de l'attrait du cap Nord. Nous vous conseillons d'être parmi les premiers : le coin est ravissant et authentique. Si vous arrivez en voiture, vous emprunterez l'une des routes les plus incroyables du Finnmark depuis le fjord. C'est lorsque l'on pénètre dans le Kjøllefjord, que l'on aperçoit la majestueuse falaise de Finnkirka. On la compare souvent à une cathédrale. Imposante, cette œuvre de la nature a traversé les époques, le froid et les vagues. Pendant longtemps, elle a servi de lieu sacré au peuple sâme.

© INGER ERIKSEN - SHUTTERSTOCK.COM

Kjøllefjord.

FALAISE DE FINNKIRKA

C'est lorsque l'on pénètre dans le Kjøllefjord que l'on aperçoit la majestueuse falaise de Finnkirka. On la compare souvent à une cathédrale parce qu'elle en a décidément l'allure. Imposante, cette œuvre de la nature a traversé les époques, le froid et les vagues. Pendant longtemps, elle a servi autrefois de lieu sacré au peuple sâme. Les plus chanceux pourront la découvrir de nuit, lorsqu'elle est éclairée. D'autres pourront s'exercer à la grimper. Une chose est certaine, de là-haut, la vue est à couper le souffle. Pensez à vous équiper.

DAVVI SIIDA €€

Finngammvannet
✆ + 47 947 99 864
www.davvisiida.no

A 8 km de Kjollefjord. Cabine à partir de 850 NOK, tente 180 NOK, caravane/camping-car 200 NOK.

A quelques kilomètres du joli port de Kjollefjord, Eiinor et Ailu, en couple depuis 30 ans, ont créé Davvi Siida. Ici, au bord de la rivière, entre les rennes et le *laavu*, on s'exerce à la pratique du lasso et on dîne au coin du feu dans la tente traditionnelle same en écoutant l'histoire du peuple qu'Eliinor et Ailu portent fièrement en eux et transmettent de la plus belle des manières : le partage. On ne vous en dit pas plus, c'est formidable et émouvant. Côté logement, de vrais petits *lodges* agréables à vivre. Et un sauna !

HOTEL NORDKYN €€

Strandveien, 136
✆ +47 78 49 81 51
www.hotelnordkyn.no

Chambre à partir de 1 125 NOK.
En auberge chambre à partir de 790 NOK.

Un bon hôtel, donnant directement sur le fjord et le port ! Vue imprenable sur l'impressionnante falaise qui entoure la ville. Dans le café-restaurant, une atmosphère chaleureuse, colorée, et l'accueil qui va avec ! L'hôtel, dans les chambres comme dans les parties communes, est décoré avec goût et on s'y sent presque comme chez soi. L'hiver, difficile de s'arracher aux fauteuils installés près de la cheminée. Une partie de l'établissement est une auberge de jeunesse, chambres à moitié prix. Une adresse recommandée pour les courts comme les longs séjours !

VISIT NORDKYN

Kirkevegen 15,
✆ +47 78 49 81 51
www.visitnordkyn.com

Cet organisme fait la promotion de la péninsule de Nordkyn, mais aussi du Finnmark dans son ensemble. Le site propose toute l'année quantité d'activités dans les environs de Alta, partie Nord de la Norvège. Randonnées, excursions en bateau, en motoneige, à la pêche au crabe royal, au saumon ou la chasse à la perdrix… On trouve aussi de nombreux conseils pour se restaurer, se loger, et découvrir les plus jolis coins de ces contrées lointaines. L'un des guides, figure locale d'un enthousiasme réjouissant, vous fera découvrir tout cela !

BERLEVÅG ★★

Au pied de la montagne, la petite ville est faite de blocs de bois peints en gris, en jaune, en rose et en bien d'autres couleurs. L'hiver elle essuie des tempêtes particulièrement violentes qui ont, en 1992, coûté la vie à 42 marins du village. Si la commune de Kongsjford, à une trentaine de kilomètres de Berlevåg, offre des paysages qui valent tous les kilomètres parcourus, la nationale RV890 entre Konjsfjord et Bervelåg n'en vaut pas moins la peine. Elle suit la côte battue par les vents et traverse un paysage de fjords et de falaises déchiquetées, un cadre sauvage et spectaculaire. Sur la route, une très jolie plage de sable blanc.

Balade

- **Veinesodden batteri.** À la hauteur de Konjsfjord , si vous cherchez à vous dégourdir les jambes, traversez le village en direction du bras de mer qui vous offrira une vue imprenable sur Kongsjford et ses alentours.

- **Tanahorn.** À l'ouest de Berlevåg, Tanahorn (la corne de Tana) offre un point de vue magnifique. Pour l'atteindre, il vous suffira de suivre un sentier facile d'accès et sans trop de dénivelé au départ de Store Molvik, à 4 kilomètres de Berlevåg. Traversez le village et dépassez l'aéroport pour trouver la piste qui mène jusqu'au point de départ. Tanahorn surplombe le fjord de Tana et offre une belle vue la mer des Barents et sur la péninsule de Nordkinner, où se trouve la commune de Gamvik.

BERLEVÅG HAVNEMUSEUM - MUSÉE DE LA PÊCHE ★

Havnegata
✆ +47 78 98 13 66
www.kystmuseene.no
Ouvert toute l'année. Entrée : 70 NOK.

Ce petit musée local nous informe sur la culture d'une civilisation vivant de la pêche, sur son évolution et sur les techniques de construction particulières des brise-lames de la jetée du port, le Svartoksmoloen. Les nombreuses tentatives visant à assurer la sécurité du port s'étaient toutes soldées par des échecs jusqu'à ce qu'une solution française préconisant l'emploi de tétrapodes en béton se révèle enfin fiable. A combiner avec les autres musées de la côte.

PHARE DE KJØLNES ★★

www.nordkapp.no/en
Contacter l'office de tourisme local pour connaître les tarifs et disponibilités.

À 6 km, ce phare est un point de repère sur les côtes escarpées qui donnent sur l'océan Arctique. C'est l'un des plus mythiques de toute la côte. Depuis son automatisation en 1994, il fait également office d'hébergement pour les groupes de visiteurs de passage. La vue est imprenable et il est difficile de rêver mieux si l'on cherche à s'écarter des foules et à se reconnecter avec la nature. Ce phare est classé patrimoine culturel depuis 1998. Il fonctionnait au kérosène vers 1900 puis a subi les aléas de l'histoire et notamment de la Seconde Guerre mondiale.

NORD-NORGE

Phare de Kjølnes.

BERLEVÅG PENSJONAT & CAMPING €

Havnegata, 8
✆ +47 41 54 42 55
www.berlevag-pensjonat.no
Chambre dès 815 NOK, appartement 1 300 NOK, caravane/camping-car 175 NOK, tente 145 NOK.
Ouvert toute l'année.

Ce terrain de camping (4-étoiles) est situé dans un hameau de pêche toujours en activité. L'opportunité pour les plus curieux de découvrir le quotidien et le cadre de vie des communautés de la côte. Idéalement situé, à deux pas de la mer, l'établissement propose des places de camping mais aussi des chambres traditionnelles et chaleureuses. C'est aussi ici que se trouve l'Office de tourisme. On peut d'ailleurs y réserver plusieurs activités extérieures.

PHARE - KJØLNES FYR €€

Kjolnes
✆ +47 78 92 89 90
www.destinasjon-71nord.no
Compter 600 à 1 000 NOK par personne pour une nuit.

À 5 km de la ville, une expérience unique : dormir dans un phare du bout du monde ! Soleil de minuit, vagues sans fin, ou aurores boréales selon la saison dans un environnement préservé et des chambres maintenues à l'identique des années 1950. Design traditionnel allié au confort d'un hébergement unique en son genre. Baignades arctiques et méditations avec Esther Utsi, une Sâme, qui pratique la technique du Healing, tout est là pour l'expérience du Grand Nord ! Une expérience hors du commun et au plus proche des éléments pour une déconnexion garantie !

ARCTIC GLASSTUDIO ★

Samfunnsgata, 8
✆ +47 78 98 11 55
https://arcticglasstudio.no
Ouvert toute l'année en semaine de 9h à 16h, le samedi de 11h à 14h.

Un magasin où Daniela Salathé fabrique sous vos yeux de magnifiques œuvres d'art de verre. Des boules pour le sapin, des dessous de plat et des vases, mais aussi et surtout de belles œuvres. Vous pouvez également commander en ligne, pour ne pas prendre le risque de casser votre nouvelle acquisition sur le chemin du retour.

▶ **Rebroussez chemin jusqu'à Tana Bru,** et continuez quelques kilomètres jusqu'à l'embranchement de la route E75 vers Vardø. Une autre ville, Vadsø, est située sur les rives du Varangerfjorden, quasiment en face de Kirkenes.

VADSØ ★

Construite au XVIe siècle, elle a subi la destruction massive de ses habitations durant la Seconde Guerre mondiale pendant l'occupation de la ville par les Allemands. Aujourd'hui encore, elle fait triste mine avec ses maisons grises et des activités bien moins attrayantes qu'ailleurs. Par avion, liaison avec les aéroports de Tromsø, Kirkenes, Hammerfest, Berlevåg, Vardø et Båtsfjord. L'express côtier fait escale à Vadsø tous les jours, départ vers le nord à 7h15 du matin.

▶ **Ekkerøy : la perle de Varanger.** Nichée dans le fjord Varanger, la péninsule d'Ekkerøy, autrefois une île, n'accueille plus que 25 habitants. Reconnue réserve naturelle depuis 1983, c'est le paradis des oiseaux. C'est ici qu'ils viennent faire leur nid chaque année, dans le creux des majestueuses falaises qui plongent à 40 mètres dans la mer. Pendant la guerre, des occupants allemands vivaient sur la péninsule. Ils y ont construit des casernes et des entrepôts pour leurs armes. Quand on se balade sur les sentiers au-dessus des falaises, on fait un saut dans l'histoire, car persistent encore quelques fortifications de l'époque, ainsi que les « caves » où logeaient les munitions. De là-haut, la vue est splendide, l'été on ramasse quelques myrtilles qui tapissent le sol. Tentez de trouver les *cloudberries*, les jaunes, « c'est notre or », disent les habitants du Finnmark. Véritable coup de cœur pour son charme et son authenticité, Ekkerøy est un voyage dans le voyage.

MUSÉE RUIJA KVENMUSEUM ★

Hvistendalsgate 31
✆ +47 40 70 45 00
www.varangermuseum.no
Ouvert toute l'année. Entrée libre.

Les Kvens étaient des Finnois émigrés vers le Ruija, « le Pays de la mer », en s'y établissant en tant que fermiers, mineurs et pêcheurs. Toute la région du Varanger garde encore l'empreinte de leur culture. À travers les différents éléments de leur habitat, le musée Ruija montre les vestiges de cette région multiculturelle comme la ferme Tuomainen, une ferme typique de Kvens de 1840 ; la propriété Esbensen ; le hameau de pêche Kjeldsen près d'un rocher de nidification d'oiseaux ; et le parc Vadsøya avec sa faune et sa flore arctique.

EKKERØY €

Skogholtet 9

+47 78 94 00 10

www.ekkeroy.no

Chalets à louer de mai à septembre.
A partir de 1 000 NOK, tarif dégressif.

Sur la jolie presqu'île Ekkerøy, le long de la côte à l'entrée du fjord de Varanger, offrez-vous le luxe de louer une maison de vacances en plein milieu du village ou une cabane de pêcheur sur le quai. Toutes les maisons sont équipées et en bon état. Face à la mer des Barents, protégé par la péninsule de Varanger, optez pour le séjour détente, ou actif, grâce aux activités proposées par le logeur : visites guidées, randonnées, pêche, balades en bateau ! Amateurs de calme et de paysages apaisants, voici votre nouveau petit coin de paradis !

EKKERØY FERIEHUS €€

+4790 89 15 58

www.ekkeroy.net

Deux nuits minimum. A partir de 3 400 NOK.

Ancienne journaliste et écrivain, Ingjerd aime raconter des histoires. Et elle continue à travers ce lieu, Ekkerøy Feriehus, créé en 2011. Tout au bout du charmant village, dans un jardin de bord de mer, Ingjerd et Trond, son mari, ont construit de jolies maisonnettes aux grandes baies vitrées donnant sur la mer et accueillent les gens de passage dans ce paradis. Les passionnés d'oiseaux, amoureux de nature et amateurs de sauna traditionnel seront ravis ! Vous y trouverez tout le confort et le calme nécessaires pour apprécier les lieux.

HAVHESTEN €

ekkerøy

+47 90 50 60 80

www.ekkeroy.no/havhesten/havhesten.htm

Au bord du quai d'Ekkerøy. Ouvert seulement l'été.

Dans le village d'Ekkerøy se trouve ce petit restaurant au bord de l'eau, ouvert en été seulement. On y trouve une délicieuse et onctueuse soupe de poisson, saumon, morue, crevettes... Ou encore le célèbre *King Crab*, dans le cadre charmant et authentique de l'ancien petit village de pêcheurs ! Des produits locaux bien sûr, frais, et préparés de manière traditionnelle. Un régal ! Pour les curieux, c'est ici qu'il faut venir s'éduquer à la cuisine des côtes. Si le temps est clément, vous pourrez même manger en terrasse face à la mer !

KONGSFJORD ★

Kongsjford dépend de la commune de Berlevåg, qui se trouve à une trentaine de kilomètres. Les glaciers sont superbes, la région offre des paysages qui valent tous les kilomètres parcourus. Une nature tranquille et vaste, des températures bien fraîches et un temps souvent sec, absolument parfait pour regarder les aurores boréales de septembre à mars. Ici, on remplit ses poumons d'air frais et on laisse son regard se perdre à l'horizon. Approximativement 45 habitants vivent ici à l'année. L'école de Kongsfjord a été obligée de fermer en 2004 par manque d'effectifs, les quelques élèves doivent aujourd'hui se rendre jusqu'à Berlevåg.

PARC NATIONAL DE STABBURSDALEN ★★

Stabbursdalen

Stabbursdalen est une vallée qui s'ouvre sur la rive ouest du Porsangerfjord. Les pins qui bordent le littoral sont très anciens, certains sont âgés de 500 ans.

La vallée se rétrécit vers l'intérieur pour ne former qu'une gorge étroite, avant de s'élargir de nouveau en collines douces où affleure le rocher nu. Les paysages aux importants dépôts morainiques rappellent l'ère glaciaire. La rivière Stabburselva, qui irrigue le parc, est une bonne rivière à saumons.

KONGSFJORD GJESTEHUS AS €€

Veines +47 78 98 10 00

www.kongsfjord-gjestehus.no

Ouvert toute l'année. Chambre à partir de 1 200 NOK. Plusieurs activités disponibles.

Pour des vacances de rêve, nous vous conseillons de bénéficier de l'hospitalité d'un des Norvégiens les plus célèbres du pays. Le propriétaire des lieux, Ase, tenait en effet un rôle dans un film documentaire qui eut un grand succès en Scandinavie : *Cool and crazy*. La maison résume tout le confort scandinave. Restaurant ouvert de mi-juin à mi-août de 11h à 20h, le reste de l'année sur réservation. Un magnifique B&B avec une vue éblouissante et une décoration en harmonie avec les environs, formes épurées et lignes pures. Confortable, cosy, très agréable.

VARDØ ★

Vardø est située sur une petite île qui fait face à la mer de Barents. Reliée au continent par un long tunnel (et le premier tunnel sous-marin de la Norvège). À l'exception de quelques petits musées et d'une petite église, la ville n'est pas très dynamique. Les paysages alentour eux valent le déplacement ! Faites une petite balade vers le nord de l'île avant de repartir. Son climat rude n'est pas affecté par le passage du Gulf Stream.

Balade

- **Nasjonal turistveg.** La route touristique qui mène à Vardø offre des paysages côtiers tout bonnement magnifiques et vous ne regretterez pas ces kilomètres parcourus. Le long de cet axe qui quitte le fjord et fait le tour de la péninsule, entre la mer des Barents et le Parc national de Varangerhalvøya, de nombreuses plages vous donneront la possibilité de faire de belles photos. Continuez même jusqu'au hameau de Fiskevœret Hamningberg, abandonné par ses habitants dans les années 1960.

Transports

- **Avion.** Liaison avec les aéroports de Tromsø, Kirkenes, Hammerfest, Berlevåg, Vadsø et Båtsfjord. www.avinor.no
- **Bus vers Varanger et la Finlande.** www.snelandia.no ; www.eskelisen.fi/en
- **Hurtigruten.** Tous les jours, départ à vers le sud à 16h45, vers le nord à 3h30. www.hurtigruten.fr

HAMNINGBERG ★★

© SASHA64F - SHUTTERSTOCK.COM

Hamningberg (*Hámmanbirgi*, en langue same) est un petit hameau de pêcheurs exposé aux fureurs de l'océan glacial Arctique. Il comptait encore 250 habitants en 1900, fut épargné pendant la Seconde Guerre mondiale puis fut finalement abandonné par ses habitants dans les années 1960. Ce village est situé à l'extrémité Est de la Norvège tout au bout de la péninsule de Varanger, au bord de la mer de Barents. La faune et la flore y sont malgré tout assez riches et on peut y voir des oiseaux, des renards roux, et d'autres espèces typiques de ces latitudes.

MUSÉE POMOR ★

✆ +47 40 48 03 32

www.varangermuseum.no

Ouvert de la mi-juin à la mi-août tous les jours de 11h à 17h. Tarif adulte : 70 NOK, enfant : 30 NOK.

La ville compte plusieurs musées qui retracent les événements marquants de l'histoire de la région. Les différentes expositions sont disséminées les bâtiments de la ville. On trouve par exemple : le musée des Pomors russes, le mémorial de Steilneset ou le monument aux sorcières brûlées au cours du XVIIe siècle, la forteresse de la ville qui date du début du XVIIIe siècle, Tuomainengården une habitation traditionnelle kvène, et bien d'autres ! Les plus curieux feront le tour des monuments à visiter pour s'imprégner de l'histoire riche et méconnue de la région.

STEILNESET MEMORIAL ★

www.varangermuseum.no

Entrée libre.

Il s'étire au bord de l'eau comme un long navire de toile tendue et d'acier. Le mémorial de Vardø a été inauguré en 2011 à la mémoire des victimes de la chasse aux sorcières. On pénètre dans un long corridor sombre. Aux murs, les noms et l'histoire de chacune des victimes sont inscrits, éclairés d'une petite flamme. Juste à côté, la seconde partie de l'œuvre de Louise Bourgeois, *Flammehuset*, « brûle » en silence : une chaise enflammée symbolisant la chasse aux sorcières est placée dans un hall arrondi réalisé par Peter Zumthor. Une visite prenante. Incontournable.

VARDØHUS FESTNING - FORTERESSE DE VARDØ ★★

Festningsgaten
✆ +47 91 68 85 58
www.forsvarsbygg.no
Ouvert en été tous les jours de 10h à 21h, en hiver tous les jours de 10h à 18h. Entrée libre.

Un fort existait ici déjà en 1307, mais la forteresse présente, en forme d'étoile, date de 1730. Elle s'inspire du modèle français, les fortifications permettant d'apercevoir l'ennemi où qu'il soit. Le musée de Lushaugen se consacre aux expéditions polaires et à la vie locale. Il s'agit du fort situé le plus au nord du monde, surnommé le poste frontière de la Norvège dans le Nord-Est. Les événements sont organisés de temps à autres : concerts, lectures, et même un café des langues.

VISITE EN BATEAU DE HORNØYA

kaigata
✆ +47 90 17 95 85
www.vardohavn.no
De février à septembre, 500 Kr l'aller-retour. A partir de 600 NOK la nuit par personne.

Lîle de Hornøya est un bijou, un détour incontournable pour les amoureux de nature et d'oiseaux. Pour les volatiles qui y résident par milliers, l'île est un paradis. Sur place les règles sont strictes et doivent être respectées à la lettre, car ici, on ne rigole pas avec la préservation de la faune et de la flore. On reste sur les sentiers balisés uniquement, on ne pollue pas et on ne dérange sous aucun prétexte les animaux. Il est possible de se loger sur l'île.

VARDØ HOTEL AS €€

Kaigata, 8
✆ +47 78 98 77 61
www.vardohotel.no
Ouvert toute l'année.
Chambre à partie de 1 170 NOK.

L'hôtel Vardø propose un menu de poissons basé sur les produits de la pêche dans le fjord de Varanger, comme les célèbres crabes géants Kamtchatka, les coquilles Saint-Jacques et d'autres fruits de mer. Situé sur l'eldorado des oiseaux, l'hôtel propose bien évidemment des excursions en bateau vers Hornøya. Et sur le toit, nombre d'entre eux viennent faire leur nid, alors pendant les périodes de naissances, les passionnés demandent à y assister. Les chambres quant à elles sont sobres mais confortables, avec pour certaines, une vue sur le port.

KIRKENES ★★

Le petit port, proche de Mourmansk, souvent dans la brume, abrite quelques vieux rafiots d'une autre époque et battant pavillon russe. Les coques sont rouillées, les passerelles tordues. La ville semble un peu à l'avenant, brève escale à destination de fjords plus riants, fin du voyage depuis Oslo ou début vers Bergen..., mais elle mérite beaucoup plus qu'un court passage. Les environs résument en effet tout ce que peu proposer le Grand Nord. Trois frontières se rencontrent à 70 km au sud de Kirkenes : russe, finlandaise et norvégienne. Mais aussi trois types de végétation : la taïga, la steppe sibérienne et la flore arctique, une nature capable de supporter des écarts de température allant de -52 °C à +32 °C ! Il est possible d'apercevoir des ours bruns, des rennes en liberté et, si vous louez un canot sur la rivière Pasvik, de vous faire accompagner par des phoques curieux... Il est bien difficile de comprendre cette ville, son atmosphère, sa nature et ses habitants, en arrivant d'une grande ville. En revanche, elle conclut de manière parfaite un long périple vers le nord : ici, il faut du temps pour contempler !

Pratique

Après la ville minière de Kirkenes, en direction du hameau Grense Jacobselv, on longe le fleuve du même nom, qui sépare la Norvège de son puissant voisin russe. Tout au bout de la route, à Neiden, la chapelle Oscar-II, bâtie en 1809, se dresse comme un ultime bastion du protestantisme contre le voisin orthodoxe de l'Est. Un dernier panneau routier nous prévient : « Vous quittez l'Occident »... Le lieu est réputé pour le soleil de minuit qui se reflète dans un décor naturel exceptionnel. Attention, la route qui y mène est fermée en hiver, ouverture seulement de mai à octobre.

- **Ne vous amusez pas cependant à passer la frontière sans visa,** vous pourriez rester du côté russe plus longtemps que prévu.

Transports

- **Aéroport de Kirkenes (Hesseng).** Vols vers Oslo et Tromsø principalement. Navette en bus.
- **Bus vers Varanger.** www.snelandia.no
- **Hurtigruten.** Arrivée à 9h et départ à 12h30 en direction du sud. Première et dernière escale. www.hurtigruten.fr

ANDERSGROTTA

Andersgrotta

Ouvert toute l'année sauf en décembre.
Entrée adulte : 120 NOK. Prévoir des vêtements chauds même en été.

Cette grotte creusée dans la pierre se trouve sous l'une des collines de la ville et a abrité les civils réfugiés là pendant les bombardements allemands de la Seconde Guerre mondiale. La visite de 25 minutes montre surtout l'histoire de Kirkenes pendant cette douloureuse époque, avec la présentation d'un film et de photos. Un lieu incontournable qui fait partie du réseau de musées présent dans toute la Norvège du Nord. Un bon moyen de se figurer le quotidien de la population en ces temps de guerre, mais aussi la reconstruction qui s'en est suivi.

BARENT SAFARI ★

Fjellveien, 28
✆ +47 78 99 87 42
www.barentssafari.no

Ouvert toute l'année. Activités saisonnières.

Départ depuis le centre d'information touristique. Cette excursion en bateau fluvial (une belle œuvre de bois) jusqu'à la frontière russe près de Boris Gleb est axée sur la découverte (en allemand et anglais) de l'histoire et sur la culture de la région. D'autres excursions sont également proposées dans toute la région, jusqu'à la Finlande, le long de la frontière russe, en moto-neige par exemple. De belles aventures qui permettent de découvrir les paysages fascinants du Grand Nord en toutes saisons tout en prenant du plaisir.

MUSÉE TRANSFRONTALIER - VARANGER MUSEUM ★

Forstevannslia
✆ +47 78 99 48 80
www.varangermuseum.no

Ouvert toute l'année. Tarif adulte 70 NOK, gratuit pour les moins de 16 ans.

À l'entrée de la ville, ce musée moderne possède une exposition permanente retraçant l'histoire de la Seconde Guerre mondiale et celle de la société minière A/S Sydvaranger. La mise en scène est impressionnante et très claire. Les documents sont nombreux. La partie consacrée à l'histoire lapone est passionnante pour appréhender cette histoire différente, ignorant les frontières. Le réseau de musées de Laponie norvégienne permet de mieux comprendre les communautés du Nord.

SOLLIA GJESTEGÅRD €€

storskog
✆ +47 78 99 08 20
www.storskog.no

Entre 500 et 1 000 NOK la nuit.

Sur les hauteurs de Kirkenes, face à la Russie, Sollia a eu plusieurs vies. Dispensaire pour les enfants atteints de tuberculose en 1929, hôpital en 1944 quand Kirkenes fut bombardée... Puis maison d'hôtes depuis 1970. Aujourd'hui, ses nouveaux propriétaires lui ont donné un coup de jeune et une trentaine de chambres sont réparties entre chambres doubles, appartements et cabines. Notre coup de cœur va pour les petites cabines vitrées au joli mobilier, ouvertes sur la nature ! Allongez-vous sur votre lit et attendez que les aurores s'invitent à votre nuit étoilée.

WIKAN VILLMARKSOPPLEVELSER DESTINASJON KIRKENES

✆ +47 78 99 98 18
https://pasvik.no

Hoyde 96 est un ancien mirador militaire datant de la guerre froide qui a vue sur la frontière russo-norvégienne et la ville de Nikel en Russie. De cette hauteur, vous pourrez contempler parfaitement les différents paysages ! On est témoin chaque année dans les parages de la tour de la présence d'ours et quelques espèces d'oiseaux peu communes. Vous pourrez selon la saison, goûter aux joies des traîneaux de chiens, de safari en skidoo, et manger des plats traditionnels sous la tente.

JARFJORD SEA RESORT €€€

Kjerrisnesveien 484
✆ +47 403 15 888
https://jarfjordsearesort.com

Ouvert toute l'année. A partir de 350 €.

Situé sur la côte, face à la mer des Barents, Jarfjord Sea Resort vous propose de séjourner dans des chalets modernes dans un cadre à couper le souffle. Un traitement exclusif, des chambres au grand confort, design et à la décoration extrêmement soignée. Le site comprend un bar et un restaurant où l'on déguste les spécialités locales entre autres. Des activités sont proposées pour vous faire découvrir les coutumes et la nature environnante. À toute heure, vous pouvez vous offrir le luxe d'un spa et d'un bain dans la mer de Barents.

SNOW HOTEL €€€

Sandnesdalen 14

+47 78 97 05 40

www.kirkenessnowhotel.com

Ouvert toute l'année. A partir de 3 100 NOK par personne. Inclus transfert, petit déjeuner, dîner 3 plats, sauna.

Après Alta, Kirkenes est la 2e ville en Norvège à proposer un hôtel en glace. On fait difficilement plus dépaysant ! Un hôtel pas tout à fait comme les autres puisqu'il est fait entièrement de glace et de neige ! Ceux qui ne souhaitent pas dormir sur place pourront toujours visiter les lieux, qui sont assez magiques puisque l'intérieur est décoré d'impressionnantes sculptures. L'hôtel est une véritable œuvre d'art. L'établissement propose également des excursions avec des chiens de traîneau, pour faire de votre voyage dans le Grand Nord une aventure inoubliable.

GAPAHUKEN RESTAURANT €€

Storskog

+47 78 99 08 20

Ouvert de 16h à 22h l'été, sur réservation le reste de l'année.

Le restaurant n'est pas dans le centre de Kirkenes, mais au bord de la rivière Neitijårvi, face à la frontière russe et juste en contrebas de l'hôtel Sollia, c'est en fait la même famille qui tient les deux endroits. Au coucher du soleil, la terrasse est un endroit magique. À l'intérieur, on peut jeter un œil au saumon qui rôtit dans la poêle ou au renne qui mijote, la cuisine est ouverte au centre. Au menu des plats très locaux, comme le fameux Kingcrab ou du renne. Menus enfants au top. Un régal, pour le lieu et dans l'assiette !

KIRKENES SNOW HOTEL €€

Sandnesdalen 14

+47 78 97 05 40

www.kirkenessnowhotel.com

Ouvert toute l'année.
Compter 500 à 900 NOK par repas.

Dans un restaurant atypique tout en rondins de bois, avec une vue splendide sur la rivière, vous êtes dans les conditions idéales pour apprécier les produits locaux servis par le restaurant. Au menus, des plats variés et adaptés à tous les goûts. On pourra goûter entre autres des spécialités à base de renne, de poisson, et de nombreux autres produits locaux. Pas de panique, cette structure-là n'est pas en glace ! Vous pouvez aller manger en toute tranquillité. L'hiver, un feu réchauffe même les corps et l'atmosphère. Il n'y a plus qu'à s'asseoir et à profiter.

SVANHOVD ★

Après la ville minière de Kirkenes, en direction du hameau Grense Jacobselv, on longe le fleuve du même nom, qui sépare la Norvège de son puissant voisin russe.
Tout au bout de la route, à Neiden, la chapelle Oscar-II, bâtie en 1809, se dresse comme un ultime bastion du protestantisme contre le voisin orthodoxe de l'Est. Un dernier panneau routier nous prévient : « Vous quittez l'Occident »...
Le lieu est réputé pour le soleil de minuit qui se reflète dans un décor naturel exceptionnel. Attention la route qui y mène est fermée en hiver, ouverture seulement de mai à octobre.

BIRK HUSKY €€

Melkefoss

+47 90 97 82 48

www.birkhusky.no

Environ 1 150 NOK la chambre double et 600 NOK la cabine.

Perdu en pleine nature, le Birk Husky vaut le détour. Sept chambres dans la maison d'hôtes, sur le terrain boisé, trois cabines donnent sur la rivière pour un séjour plus rustique, mais aussi des tentes suspendues pour les plus petits budgets ou les amoureux de nature en quête d'aventure. Le restaurant est chauffé au feu de bois et la vue est imprenable. Cuisine traditionnelle. Comme son nom l'indique, Birk Husky, c'est aussi une expérience aux côtés des chiens. Vivent ici 46 adorables huskys d'Alaska, avec qui vous pourrez partir en vadrouille pendant l'hiver.

ØVRE PASVIK ★

Øvre Pasvik est un parc national norvégien. Il présente une immense taïga sibérienne. Le parc a été créé en 1970 et élargi en 2003. Il couvre une superficie de 119 km². Depuis 1991, la Finlande a également déclaré cette zone sauvage comme protégée. Et en 1992, de l'autre côté de la frontière, les autorités russes ont créé un parc jumeau, un *zapovednik* (réserve naturelle). Il y a notamment dans ce parc la plus grande forêt primaire de pins de toute la Norvège ! Sentiers rando balisés. 2 refuges ouverts. On vous conseille la balade de 5 km à partir du parking de Grensefoss jusqu'à Treriksrøysa, là où la Norvège, la Finlande et la Russie se rencontrent !

LONGYEARBYEN

Longyearbyen est le centre administratif du Spitzberg et forme l'extrême limite de la civilisation dans l'hémisphère Nord. La plupart de ces habitants n'y demeurent pas en permanence mais ils travaillent durant l'hiver pour Det Store Norske (les grands charbonnages de Norvège), dans le cadre d'un contrat annuel – au salaire très valorisé – et conservent leur domicile principal sur le continent. Cependant, un certain nombre d'entre eux découvrent une manière de vivre au plus près de la nature à Svalbard et s'y fixe avec leur famille pendant des années. Des scientifiques effectuent des recherches sur « le trou » de la couche d'ozone, ainsi que sur la faune et la flore arctiques. A ces personnes, il faut ajouter le tourisme « extrême » qui se développe assez fortement. Anciennement village traditionnel, Longyearbyen devient au fil des années, une ville moderne où viennent s'installer multiples entreprises et industries. C'est là que se trouve l'aéroport ouvert en 1975 et qui relie ainsi l'archipel au reste du continent. Beaucoup seront surpris, dans la ville, on y trouve un choix d'activités culturelles (dont deux musées très intéressants). C'est aussi bien sûr le point de départ de l'essentiel de l'offre touristique dans les Svalbard. Pour ceux qui feront le choix d'y rester un petit moment, il y a plusieurs bars et restaurants. La ville voit depuis plusieurs années, sa population augmenter. De ce fait, elle se modernise et se dote d'infrastructures se prêtant à l'accueil du tourisme. La ville reçoit des mineurs, des chercheurs, des étudiants et de plus en plus de touristes à la recherche d'une expérience hors du commun. De ce fait, cette ancienne cité minière devient peu à peu une capitale forte d'une diversité ethnique intéressante. On compte en effet plus de 40 nations représentées.

Se loger

Longyearbyen n'est qu'une minuscule agglomération minière située dans une vallée entourée de montagnes. Elle se résume à de petites maisons de bois peintes de couleurs vives et à quelques boutiques de première nécessité.

Transports

Vols pour Tromsø, mais aussi pour Oslo et même Berlin.

VIGILANCE OURS POLAIRES

Petit point sécurité : ces terres et la faune qui y vit sont encore assez sauvages, la présence d'ours polaires implique une vigilance constante. Ne partez jamais seul et encore moins en pleine tempête, car c'est à ce moment-là que les attaques fortuites se produisent : manque de visibilité, et selon le vent, les ours peuvent ne pas sentir votre odeur, c'est pourquoi si vous tombez nez à nez, leur surprise se traduit par un réflexe de protection qui ne sera sans doute pas très agréable pour vous, qui, rappelons-le, êtes sur leur territoire. Le Svalbard est le royaume de l'ours polaire. Vous verrez les panneaux l'indiquant !

© KACA SKOKANOVA - SHUTTERSTOCK.COM

Les ours polaires sont très nombreux aux Svalbard.

FORLANDET NASJONALPARK ★★

Forlandet Nasjonalpark
www.npolar.no

Les paysages de cette grande île, qui s'étire tout en longueur au large de la côte ouest, sont composés de plages, de hautes montagnes et de glaciers. Située à l'extrémité septentrionale du passage du Gulf Stream, l'île de Forlandet jouit d'un climat arctique relativement doux. Grâce au réchauffement dû au Gulf Stream, on peut y observer les colonies de nidification les plus septentrionales du monde. Le Parc national a une superficie de 640 km² pour la partie terrestre et de 4 647 km² lorsque l'on inclut la partie maritime. Pourquoi ne pas y aller avec un guide ?

NORD-NORGE

GLACIER SVEA

www.npolar.no/en/about-us

On y accède depuis Longyearbyen, après trois heures de navigation. Le glacier fait 5 km de large, 30 km de long et près de 50 m de haut, autant dire qu'il est très impressionnant, notamment lorsqu'on l'approche en kayak. Le nom du glacier provient d'une ancienne appellation de la Suède. Évidemment, on ne s'y aventure pas sans guide, sauf aventuriers de l'extrême, auquel cas vous n'aurez peut-être pas ce guide entre les mains ! Ne pas s'approcher trop près car chute de blocs de glace fréquents. Vous serez surpris par le bruit que fait un glacier !

NORTH POLE EXPEDITION MUSEUM

Post box 644

✆ +47 990426465

https://northpolemuseum.com

Ouvert du jeudi au lundi de 9h à 14h.

Adulte 100 NOK.

C'est en novembre 2008 que le North Pole Expedition Museum a ouvert ses portes. Il met en lumière les efforts héroïques réalisés par les hommes, pionniers de l'aviation, pour atteindre le pôle Nord. Un musée riche en documentations (films, photos, enregistrements vocaux et matériels d'aviation). Vous y trouverez également une petite boutique-souvenir qui propose de nombreux articles autour du Grand Nord. Un café vous accueille avec des boissons chaudes, essayez donc le chai latte !

NORDVEST SPITZBERGEN NASJONALPARK

Superficie : 3 560 km².

Ce parc national a été établi en 1973 et recouvre la partie nord-ouest de l'île de Spitzberg. Il abrite des rennes de Svalbard (espèces plus petites que celles de Norvège), des morses ainsi que de nombreuses colonies d'oiseaux pélagiques. Le parc comprend aussi l'île de Magdalenfjord. Virgohamna, sur l'île de Danes était le point de départ de l'expédition (manquée) de l'ingénieur S. A. Andrée en 1897 pour atteindre le Pôle Nord en ballon à hydrogène.

SØR-SPITSBERGEN NASJONALPARK ★★

Sor-Spitsbergen Nasjonalpark

Cette réserve couvre la partie sud de l'île de Spitzberg. Les paysages arctiques sont composés à 65 % de glaciers et de neiges éternelles. On y trouve plusieurs colonies d'oiseaux de mer mais aussi des colonies d'oies et d'eiders. C'est une aire de reproduction privilégiée. Ce parc national est en outre le plus grand de Norvège avec sa superficie de 5 300 km². Il a été créé en 1973 par le gouvernement. L'été, il y a beaucoup de petits lacs et de zones recouvertes d'herbe rase.

Maisons colorées de Longyearbyen.

L'ARCHIPEL DE SVALBARD

UNE SITUATION GÉOGRAPHIQUE AU CLIMAT PARTICULIER

Les Svalbard sont situés en plein océan glacial Arctique, à mi-chemin entre le cap Nord et le pôle Nord (soit à plus de 650 km au nord des côtes norvégiennes, à 1 000 km du pôle). Situé à la limite de la banquise permanente, cet archipel de 63 000 km² est presque aussi grand que l'Irlande. Les Svalbard s'étendent entre 10° et 28° de longitude est et 76° et 81° de latitude nord. L'archipel forme l'extrême pointe de l'Europe, à 550 miles nautiques du PNG. Au-dessus de 81° de latitude nord commence le pack, puis la banquise permanente qui passe par le pôle et rejoint les côtes de l'Alaska. Du fait de la proximité du pôle, les Svalbard sont plongés dans l'obscurité totale dès le 15 octobre et jusqu'aux environs du 20 février. Mais à l'approche du mois d'avril, jusqu'à la mi-août, il y règne alors un jour permanent. Sous l'influence du Gulf Stream, l'archipel jouit de températures relativement clémentes, mais il est sujet au climat océanique, alors le temps peut changer très rapidement. Les moyennes annuelles sont de -8 à -12 °C, avec des relevés de -1 °C à 1 °C au mois de juin au niveau de la mer. Une variation de -1 °C est à estimer par 100 m d'altitude. Entre des falaises immenses, dorées ou bleutées selon la position du soleil, dans un sol qui se transforme en marécages pendant l'été, poussent des champs entiers de linaigrette arctique, petite plante des marais à houppe cotonneuse. La surface de la terre ne dégèle en été que sur un mètre de profondeur. Svalbard est un désert arctique avec très peu de précipitations.

Svalbard abritent une biodiversité unique au monde

Souvent considéré comme un laboratoire à ciel ouvert ou comme un paradis pour géologues, le territoire des Svalbard intrigue. Aujourd'hui, plus de la moitié des terres est protégée à travers des réserves naturelles, des parcs nationaux, des réserves ornithologiques ou encore par des réserves botaniques. Au niveau biologique, l'archipel bénéficie de mers très riches, donnant les plus grandes concentrations d'oiseaux et d'ours blancs de l'Atlantique Nord. De nombreuses espèces d'animaux polaires bénéficient également de ces mesures de protection : les oiseaux comme le macareux, le goéland sénateur, la sterne arctique, et les mammifères comme le renard polaire, le renne arctique, les phoques et les baleines.

Des activités en pleine nature

Nombreux sont ceux qui choisiront la croisière comme moyen de transport. Une très belle façon d'explorer ces terres. Pour ceux qui choisissent de tenter l'aventure en indépendant, il est important de noter que toutes les activités, sans exception, sont encadrées par au moins un guide armé. Aux Svalbard, les activités ne manquent pas : excursions en bateau, randonnées sur les glaciers, expéditions à motoneige ou en traîneau. Bien que la grande majorité des terres soient glacées, il reste de grands espaces pour la marche. Il faut prévoir des vêtements chauds, coupe-vent, pulls, bonnets, gants et surtout de bonnes chaussures de marche, éventuellement des bottes en caoutchouc, les sols étant souvent détrempés en été. N'oubliez pas que l'île de Svalbard subit un climat arctique et qu'il faut s'habiller en conséquence. Enfin, d'une manière générale, n'oubliez pas qu'il est absolument interdit de cueillir les fleurs, de déranger la faune et la flore d'une manière générale et bien évidemment de laisser des ordures dans la nature.

Le Spitzberg

Seulement les plus chanceux s'y rendent. En effet, sa situation géographique n'est pas très accessible, ce qui d'une certaine façon participe à rendre la destination encore plus fascinante. Le Spitzberg, comme l'ensemble de l'archipel des Svalbard, est doté d'un climat doux. Un climat permettant ainsi l'existence d'une faune et d'une flore intéressantes. Bienvenue au cœur du royaume des baleines, des rennes, des oiseaux, et bien sûr de l'ours polaire. Pour l'environnement, privilégiez des séjours longs ou encore trouvez du travail là-bas pour quelques mois ! La destination attire pour le panel d'activités diverses et variées qui sont proposées dans ce cadre magique où l'on se sent vite chanceux, comme privilégié d'être arrivé là en voyage, dans une terre si préservée, encore intacte, mais pourtant déjà en danger. Si la croisière est la meilleure façon de voyager au Spitzberg et d'explorer ces terres indomptées, vous pourrez bien sûr pratiquer un certain nombre d'activités sur place : traîneau à chiens, raquettes, ski, trek et randonnées ou encore kayak de mer.

SVALBARD MUSEUM

Vei 231 - 1
✆ +47 79 02 64 90
www.svalbardmuseum.no
Ouvert tous les jours de 10h à 17h.
Adulte 100 NOK.

Le musée des Svalbard est un musée d'histoire naturelle et culturelle. D'intérêt pédagogique, son but est de présenter l'Arctique, ainsi que de mettre en valeur son histoire, sa beauté et les problématiques environnementales auxquelles il se confronte aujourd'hui. Le musée présente donc plusieurs thématiques, depuis la découverte du territoire, à son exploitation minière, jusqu'à l'arrivée du tourisme actuel. En 2008, le musée Svalbard a reçu le prix du musée du Conseil de l'Europe pour le meilleur musée européen. On vous le recommande vivement !

LONGYEARBYEN CAMPING €

Postboks 15 ✆ +47 79 02 14 44
www.longyearbyen-camping.com
Ouvert de mai à septembre. Emplacement de tente, par personne et par jour : 150 NOK. Douche chaude 5 minutes : 10 NOK.

Symbole du développement des voyageurs indépendants dans ces terres extrêmes, il existe à Longyearbyen un excellent camping pour passer des vacances inoubliables sans dépenser trop d'argent. Les services proposés sont impeccables : sanitaires, cuisine commune, etc. Possibilité de louer des tentes, des sacs de couchage et des matelas ou matelas confort. Location de vélos. Depuis 2021, une barrière électrique et 2 chiens protègent le camping de visiteurs potentiellement dangereux. Possibilité d'obtenir un certificat de baignade tout nu, on n'arrête pas le progrès !

COAL MINERS' CABINS SVALBARD €€

Postboks 500
✆ +47 79 02 63 00
www.spitsbergentravel.no
Chambre double à partir de 900 NOK.
Petit appartement : 1 690 NOK.
Petit déjeuner inclus.

Cette auberge et guest house complètement rénovés en 2015, compte pas moins de 146 lits, répartis dans des chambres simples, doubles et des appartements. C'est une option d'hébergement confortable et peu chère (pour le site). L'auberge a investi d'anciennes maisons de mineurs, ce qui ajoute au cachet Grand Nord des lieux. Le soir, vous pourrez déguster les burgers et autres spécialités grillées au charbon du restaurant Coal mineur's Bar & Grill !

GJESTEHUSET 102 €€

✆ +47 900 30 321
www.gjestehuset102.no
Chambre double twin 749 NOK l'hiver.

Gjestehuset 102 est situé à Ny Byen, à environ 2 kilomètres du centre de Longyearbyen. Cet hôtel historique offre un confort satisfaisant et surtout une ambiance chaleureuse et conviviale. L'établissement jouit d'une situation parfaite pour d'observer les spectaculaires aurores boréales, vous pourrez également apercevoir des renards ou des rennes sauvages par la fenêtre de votre chambre. L'atout de Gjestehuset 102 est certainement le prix des chambres, qui reste l'un des plus attractifs des Svalbard. Possibilité de réserver des activités selon la saison.

RADISSON BLU POLAR HOTEL SPITSBERGEN €€

✆ +47 79 02 61 00
www.spitsbergentravel.no
1 925 NOK pour une chambre double twin, petit déjeuner inclus.

Un hôtel de charme, très cosy à une encablure du pôle… un rêve, ou une surprise, situé sur les hauteurs de Haugen avec vue sur Longyearbyen, le glacier Longyear et les montagnes Hiorthfjellet.

Construit pour les structures dirigeantes du Norske Spitsbergen Kulkompani, maintenant c'est pour les touristes qui vont loin et aiment se soigner. Il est de coutume de se déchausser à l'entrée, une habitude prise lorsque, dans le temps, les mineurs revenaient du travail plein de boue.

BASECAMP HOTEL SPITSBERGEN €€€

Trapper's Hotel
✆ +47 79 02 46 00
https://en.visitsvalbard.com
Chambre double twin à partir de 1 790 NOK.
Petit déjeuner inclus.

Une structure qui organise de véritables expéditions (traîneau à chiens, kayak sur une mer gelée, rencontre des ours blancs, etc.), mais qui propose aussi des chambres dans le Trapper's Hotel, construit en gros rondins de bois dans le style trappeur jusque dans les moindres détails. Les prix varient un peu selon la saison. Chambres confortables avec salle de bains privée et enfin, pas de télévision ! Ouvert toute l'année. Connexion Internet gratuite. Super petit dej !

HUSET €€

Huset

+47 79 02 50 02

www.huset.com

Du mardi au samedi 17h-21h.
Menu « Nordic Tasting » 900 NOK.

Sur les hauteurs de la ville, un grand chalet avec pub, cafétéria et kiosque à journaux. Le restaurant est réputé dans tout le pays pour ses spécialités arctiques et l'inventivité de la cuisine. Le week-end, l'endroit se transforme en discothèque. Le menu Nordic Tasting permet de goûter à des saveurs inhabituelles et vraiment délicieuses, comme le renne aux carottes fermentées, ou encore le King crabe à l'estragon. Dessert vraiment bon. Tout est soigné, présenté avec goût et le plus important, c'est un vrai régal ! Tip top !

NANSEN €€

+47 79 02 34 50

Ouvert midi et soir. 300 NOK le plat, menu 4 plats 665 NOK.

Au sommet de l'Hôtel Radisson Blu, ce restaurant est à recommander pour sa vue et sa lumière exceptionnelle. La carte propose des spécialités « polaires », avec viande de phoque et de renne. Le concept culinaire est la cuisine asiatique mélangée à quelques idées scandinaves. Vous pouvez y aller en motoneige, il y a bien sûr un endroit pour les garer devant le restaurant ! Les fenêtres sont très grandes, pour permettre d'avoir une vue imprenable sur la nature environnante. Une expérience formidable pour les yeux et les papilles.

BARENTSBURG

Barentsburg est un village minier russe d'environ 471 habitants. C'est ici que viennent travailler aujourd'hui un peu plus de 400 Russes et Ukrainiens. À une certaine époque, il y a eu jusqu'à 1 000 citoyens russes à Barentsburg. La ville est aujourd'hui comme restée figée dans le temps et c'est là que se trouve l'intérêt de la visite. Une courte escale vous permettra déjà de saisir l'ambiance qui règne ici. Barentsburg est comme ancrée dans une autre époque, celle de l'ère soviétique révolue. Il s'agit de l'une des plus grandes colonies de Svalbard. Bien que russe, ce village possède un code postal norvégien et des numéros de téléphone norvégiens également.

BARENTSBURG POMOR MUSEUM

Entrée 50 NOK, ouverture à l'année en fonction des heures d'arrivée et départ des croisières.

Un petit musée explicatif sur l'histoire de la ville russe, son attrait géologique et plus généralement sur la découverte des Svalbard. Attention, la visite se fait en russe uniquement ! Bien que le musée se situe en territoire norvégien, il appartient à la Russie qui l'a construit en 1963. En fait, cet endroit a été vendu à l'Union soviétique par les Néerlandais en 1932 et c'est pourquoi il est toujours géré par la Russie aujourd'hui. Le musée a été fondé pour retracer l'histoire des Pomors, les colons russes d'origine qui vivaient là et exploraient la zone.

BARENTSBURG HOTEL €€

Starostina

+47 79 02 76 19

www.goarctica.com

Ouvert toute l'année. A partir de 1 800 NOK la nuit, petit déjeuner inclus. Restaurant et bar.

L'hôtel qui surplombe l'Isfjord, a été totalement rénové en 2013. L'hiver, on y accède depuis Longyearbyen en motoneige (60 kms environ), tandis que l'été, on peut rejoindre l'hôtel en bateau. Les 43 chambres sont confortables, toutes équipées d'une salle de bains privée et d'une TV écran plat et canapé. Le restaurant sert de bonnes spécialités russes ; de quoi se ravitailler avant de partir explorer les terres glacées ! Sur place, le personnel, fort sympathique, est disponible pour vous délivrer les meilleures informations sur les activités de la région.

YMERBUKTA

Ymerbukta est réputé pour sa baie dans laquelle émerge le magnifique glacier Esmark. Le nom de ce glacier de 15 km de long fait référence au géologue danois Jens Esmark, géologue et professeur en minéralogie à l'Université d'Oslo. Les croisières qui font la liaison Longyearbyen - Barentsburg s'organisent généralement de façon à passer devant. Il se situe sur la Terre d'Oscar II et débouche dans la baie Ymerbukta (la baie de Ymer) sur le côté nord de l'Isfjorden. Comme il fond déjà à vue d'œil, ne tardez pas trop pour prendre un billet d'avion pour y aller ! Et pourquoi ne pas trouver un petit job et rester quelques mois à Svalbard ?

ORGANISER SON SÉJOUR

Il n'est pas toujours évident de savoir par où commencer lorsque l'on décide de partir quelque part, et en même temps, c'est un moment très excitant qui permet une première prise de contact avec quelques éléments du pays, une première approche en terre inconnue qui peut-être deviendra plus tard un terrain connu. Voici donc quelques bonnes adresses pour vous permettre de préparer plus facilement votre voyage et répondre à quelques petites questions que vous pourriez vous poser. Prenez le temps de construire un voyage qui vous ressemble et vous correspond, tant question budget que pour vos centres d'intérêt et vos envies. Et si vous souhaitez ne pas planifier exprès une partie de votre séjour pour laisser la part belle aux surprises, c'est tout à fait possible en Norvège car vous trouverez toujours une fois sur place un hébergement et des solutions de dernière minute selon votre ressenti et, aspect non négligeable, selon la météo !

ARGENT
La devise norvégienne est la couronne. La couronne norvégienne (kroner, abréviation « Kr » ou NOK) est divisée en 100 øre. Il existe des pièces de 50 øre, de 1, 5, 10 et 20 NOK ; les billets se présentent sous forme de 50, 100, 500, 1 000 NOK. Il n'y a pas de problème pour changer des euros mais en revanche il est difficile de payer en espèces presque partout maintenant ! Taux de conversion : 1 € = 10,05 NOK – 1 NOK = 0,09 € (février 2022). Cartes de crédit : les cartes de crédit internationales (Visa, Mastercard, American Express) sont acceptées sans difficulté. Tous les taxis norvégiens acceptent les cartes de crédit.

BUDGET / BONS PLANS
Le budget moyen pour visiter la Norvège est très élevé. Il se situe aux alentours de 2 000 NOK (200 € !) par jour par personne en cas de logement à l'hôtel, et 900 NOK (90 €) en cas de séjour en camping-car. Le coût de la vie élevé (surtout la nourriture et les services) en Norvège est en corrélation avec des salaires élevés. Oslo a tenu à plusieurs reprises le titre de capitale la plus chère du monde. En tant que touriste, un tel niveau de vie peut être handicapant : la nourriture, notamment la viande, peut être 50 % plus chère qu'en France. Ce budget varie en fonction des activités effectuées.

PASSEPORT ET VISAS
Les ressortissants de l'Union européenne peuvent séjourner trois mois en Norvège sans visa, avec seulement une carte d'identité ou un passeport valide. Au-delà de ces trois mois, il faut faire une demande de permis de séjour auprès des bureaux de la police de la ville de résidence. Conseil : Avant de partir, pensez à photocopier/prendre en photo et vous envoyer par mail tous les documents que vous emportez avec vous. Vous emporterez un exemplaire de chaque document et laisserez l'autre à quelqu'un en France. En cas de perte ou de vol, les démarches de renouvellement seront ainsi beaucoup plus simples auprès des autorités consulaires.

PERMIS DE CONDUIRE
Les permis délivrés dans l'un des pays de l'UE/EEE sont valables en Norvège pendant toute leur période de validité.

VACCINS OBLIGATOIRES
Aucun vaccin n'est obligatoire pour se rendre en Norvège et une pharmacie de voyage classique fera l'affaire. La Norvège souffrant d'un déficit de médecins, le pays a eu recours à des médecins étrangers, notamment des Français. Il arrive même à certains patients de se faire payer le voyage et le traitement par l'État pour aller se faire soigner en Suède ou au Danemark...

SÉCURITÉ
Étant donné le faible taux de criminalité dans le pays, la Norvège reste probablement comme l'un des pays les plus tranquilles où il n'apparaît pas nécessaire de prendre des mesures de sécurité particulières pour se promener dans la rue ou dans n'importe quel autre endroit. Oslo est réputée comme l'une des villes les plus sûres du monde.

DÉCALAGE HORAIRE
Il n'y a pas de décalage horaire avec la France et la Belgique.

LANGUES PARLÉES
Les Norvégiens citadins parlent presque tous un anglais impeccable. Le français est pratiqué à très moindre échelle. Le norvégien comprend deux standards différents à l'écrit : le bokmål et le nynorsk. En Laponie, les Sâmes parlent le sâme, une langue finno-ougrienne.

COMMUNIQUER
Très bonne couverture téléphonique et Internet. Vérifiez auprès de votre opérateur, mais souvent vous pourrez recevoir des appels et téléphoner gratuitement depuis/vers la France et parfois même vers un numéro norvégien depuis la Norvège.

ÉLECTRICITÉ ET MESURES
Les prises électriques sont les mêmes qu'en France ainsi que le voltage/ampérage : aucun adaptateur n'est donc nécessaire. Il en va de même pour les poids et mesures car la Norvège utilise le système métrique. On pèse donc en grammes et mesure en mètres. Au cours de conversations avec des locaux, il pourra cependant être remarqué l'emploi du « mil » pour une distance. Cette mesure, typique pour la Norvège, représente 10 km par mil (donc rien à voir avec le mile britannique). Elle s'emploie particulièrement dans le nord de la Norvège où les distances entre les villes deviennent rapidement assez impressionnantes (de Narvik à Tromsø, il y a 60 mil, soit 600 km !).

L'ASSURANCE VOYAGE, LE BON RÉFLEXE POUR PARTIR L'ESPRIT TRANQUILLE

avec CATHERINE DIBOUES, responsable du marché voyage, loisir et mobilités chez Allianz TraveL

En cas d'annulation de voyage, peut-on bénéficier d'un remboursement des frais engagés ?

L'assurance voyage propose une indemnisation lorsque l'on doit abandonner son projet de séjour pour une raison indépendante de sa volonté. Contrairement aux idées reçues, les assurances liées aux cartes bancaires ne proposent pas toutes une assurance annulation.

Que se passe-t-il en cas de retard de vol ?

Avec l'assurance voyage Allianz Travel, les frais supplémentaires liés à l'attente sont pris en charge, à partir de 2h de retard. Il peut s'agir des frais de restauration, de transport lors d'un changement d'aéroport ou d'une éventuelle nuit d'hôtel.

L'assurance voyage couvre-t-elle la perte ou le dommage des bagages ?

Allianz Travel indemnise les voyageurs en cas de bagages endommagés ou perdus par la compagnie aérienne. Cela comprend l'indemnisation du bagage et son contenu.

Quelles sont les destinations couvertes par votre zoning Europe svp ? Est-ce uniquement l'UE ou l'ensemble du continent européen ?

Les pays européens ont des accords avec l'administration française. Avant de partir, il faut demander la carte européenne d'assurance maladie. La sécurité sociale et la mutuelle prennent alors en charge les frais médicaux, selon leurs barèmes. Les frais médicaux étant majoritairement plus élevés qu'en France, l'assurance voyage permet de se voir remboursé du reste à charge.

En cas de souci de santé sur place, que faut-il faire ?

En cas de doute ou pour des symptômes légers, nous proposons un service de téléconsultation médicale, par téléphone et en visio, qui permet d'être conseillé et orienté par un professionnel ainsi que d'obtenir une ordonnance si besoin. Pour une situation plus grave, il est nécessaire d'appeler les urgences locales, dont les numéros sont disponibles sur notre application mobile. Une fois à l'hôpital et dans un état stable, on appelle Allianz Travel pour déclencher les procédures de prises en charge. Notre centre d'assistance fonctionne 24h/24, 7j/7.

© ELIZAVETA - STOCK.ADOBE.COM

BAGAGES

- Une trousse de toilette : pour l'hiver, pensez aux crèmes hydratantes, au baume à lèvres. Il est toujours pratique et agréable de voyager avec des produits de toilette, mais attention à la législation si vous prenez l'avion, vos flacons et tubes ne doivent pas faire plus de 100 ml chacun pour passer en cabine.
- Trousse à pharmacie : fiche du groupe sanguin, crème solaire, pansements, antiseptique et pour les ampoules
- Vêtements adaptés : en hiver, pour votre confort, adoptez le style norvégien, à savoir chaussettes chaudes (avec une base de laine de préférence), chaussures chaudes (de ski, de randonnée), sous-vêtements chauds, gants, bonnet/chapeau, écharpe. Pour l'été, n'oubliez pas votre maillot de bain !
- Documents importants : adresses et numéros de téléphone de vos contacts dans le pays, adresses et numéros de téléphone de vos proches, guide de voyage. Documents à avoir sur soi : billets d'avion, porte-monnaie, passeport/pièce d'identité. Sur simple demande à la sécu (site web Ameli), obtenez la carte européenne d'assurance maladie qui simplifiera vos démarches en cas de souci.

LES PHRASES CLÉS

Bonjour, je voudrais réserver un billet aller/retour pour…
Hei, jeg vil ha en enkeltbillett/tur-returbillett til ..

J'ai raté mon avion. Je voudrais échanger mon billet s'il vous plaît.
Jeg kom for sent til flyet. Jeg vil gjerne endre billetten min

Mon vol est très en retard. Ma correspondance sera bien assurée ?
Flyavgangen min er veldig forsinket. Vil jeg rekke flyet mitt?

Mes bagages ont été égarés, à qui dois-je m'adresser ?
Bagasjen min er kommet bort, hvem skal jeg snakke med?

Louez-vous des voitures avec chauffeur ?
Leier dere ut noen bil med fører?

Je n'ai presque plus d'essence. Où se trouve la station-service la plus proche ?
Jeg er nesten tom for drivstoff. Hvor finner jeg en bensinstasjon?

S'Y RENDRE

Vous pouvez aller en Norvège de bien des façons : en bus, en train, en bateau, en voiture, en moto et en avion. Une option à la fois économique et écologique serait par exemple d'y aller à 4 ou 5 en voiture. Comptez 16h Paris-Hirsthals au nord du Danemark pour prendre un ferry express pour Larvik. Si vous devez y aller en avion, préférez un vol direct, ça coûte souvent moins cher, c'est mieux pour la planète et ça met en général le même temps global de voyage que si vous faites escale quelque part. En plus, pas de risque que les bagages ne suivent pas, ni de manquer la correspondance à cause d'un vol retardé (du vécu !). Le prix moyen aller-retour avec des compagnies régulières sera de 250-300 euros, parfois moins avec les compagnies low-cost. Une astuce : pour aller dans l'ouest ou le nord de la Norvège, vous pouvez atterrir à Oslo puis prendre un train, cela vous fera voir le pays en même temps ! Bonne route !

AIR FRANCE

✆ 09 69 39 36 54
www.airfrance.fr
Réservations en ligne ou par téléphone, tous les jours de 8h à 20h.
Toute l'année, la compagnie nationale Air France propose de nombreux vols tous les jours au départ des aéroports de Paris : plusieurs destinations en France, en Europe et à l'international. La compagnie, qui existe depuis 1933, est synonyme de qualité, de service et de confort. Sa flotte est majoritairement constituée d'Airbus âgés d'une dizaine d'années. Au départ de l'aéroport de Paris Charles-de-Gaulle, Air France propose trois vols quotidiens et directs en direction du très bel aéroport d'Oslo. Comptez 2 heures 20 min de voyage.

NORWEGIAN

✆ +33 970 738001
www.norwegian.com
Cette compagnie assure des liaisons quotidiennes entre Paris et Oslo, mais également avec Helsinki, et Copenhague. Vous pouvez également utiliser cette compagnie pour les vols intérieurs, ce qui peut s'avérer pratique si vous allez dans le nord de la Norvège. Site web opérationnel avec offres promotionnelles de temps en temps. Des billets vraiment pas chers, normal c'est du low cost : ne vous attendez donc pas à avoir un wrap au saumon et à l'aneth accompagné d'une coupe de champagne à bord. Maintenant tout est payant, même le café.

LUFTHANSA

✆ 01 70 48 91 70
www.lufthansa.com
La compagnie allemande propose toute l'année plusieurs vols quotidiens pour Oslo au départ des aéroports de Paris et de la province via Francfort et Munich. Souvent, on se retrouve sur un Airbus A320. Attention à prévoir un temps de correspondance assez long, 1h30. Plus de café offert dans l'avion, mais un maigre chocolat au lait. L'achat de billet se fait en ligne, mais vous pouvez heureusement encore leur téléphoner et demander votre carte d'embarquement à l'aéroport devant une vraie personne. Comptez 2h20 de voyage en vol direct.

SAS (SCANDINAVIAN AIRLINES SYSTEM)

✆ 0 825 325 335
www.flysas.com
SAS offre des voyages pour des prix similaires à Air France, mais parfois plus chers, dans un confort satisfaisant.
Scandinavian Airlines System est une compagnie aérienne fondée en 1946 à partir de la compagnie danoise pionnière du consortium, Det Danske Luftfartselskab. SAS propose aujourd'hui des vols directs pour rejoindre la Norvège. Depuis Paris, la majorité des aéroports de Norvège sont desservis. Vols directs au départ de Paris, Biarritz, Lyon, Marseille, Nice et Toulouse. Des vols avec escale sont également programmés les week-ends. Service correct à bord.

EASY VOLS

✆ 08 99 19 98 79

www.easyvols.fr

Pour voyager malin, il faut faire ses recherches en toute efficacité, sans perdre trop de temps à jongler d'un site à un autre. Pour trouver le bon vol au bon prix, l'idéal est la plateforme comparatrice de vols. Easyvols permet de comparer en temps réel les prix des billets d'avion chez plus de 700 compagnies aériennes et pas seulement des compagnies low-cost. Vous pouvez économiser jusqu'à 70 % du prix si vous êtes prêts à saisir au vol les meilleures offres. Des avis avisés de clients sont aussi consultables sur le site Internet.

MISTERFLY

✆ 08 92 23 24 25

www.misterfly.com

Ouvert du lundi au vendredi de 9h à 21h.
Le samedi de 10h à 20h.

MisterFly.com est le nouveau-né de la toile pour la réservation de billets d'avion. Son concept innovant repose sur un credo : transparence tarifaire ! Cela se concrétise par un prix affiché dès la première page de la recherche, c'est-à-dire qu'aucun frais de dossier ou frais bancaire ne viendront alourdir la facture finale. Idem pour le prix des bagages ! L'accès à cette information se fait dès l'affichage des vols correspondant à la recherche. La possibilité d'ajouter des bagages en supplément à l'aller, au retour ou aux deux... tout est flexible !

COLOR LINE

Filipstadveien 25 - **OSLO** ✆ +45 99 56 19 00

www.colorline.com

Départ tous les jours sauf fériés.
Aller simple Ferry Hltshals-Larvik 110 € avec voiture + 2 pers. 3h45 en mer.

Traversées au départ d'Oslo à destination de Kiel en Allemagne. Départ à destination de Kiel tous les jours. Tous les horaires disponibles sur le site internet.

Également liaisons entre Larvik ou Kristiansand vers Hirtshals sur la pointe nord du Danemark (attention cette traversée peut secouer fort !), et de Sandefjord vers Strömstad en Suède. Prix variables selon la destination, la catégorie de cabine et la taille du véhicule, arrivée à 10h le lendemain. De très bons services à bord. Une compagnie fiable. Offres promotionnelles sur leur site Internet.

OPTION WAY

✆ 04 22 46 05 23

www.optionway.com

Option Way est l'agence de voyages en ligne au service des voyageurs. L'objectif est de rendre la réservation de billets d'avion facile en vous faisant économiser. 3 bonnes raisons de choisir Option Way :

- la transparence comme mot d'ordre. Finies les mauvaises surprises, les prix sont tout compris, sans frais cachés ;
- des solutions exclusives qui vous permettent d'acheter vos vols au meilleur prix ;
- le service client, basé en France, joignable gratuitement, composé de véritables experts de l'aérien. Ils sont là pour vous, n'hésitez pas à les contacter.

DFDS SEAWAYS

Akershusstranda 31 - **OSLO**

www.dfdsseaways.no

Nombreuses traversées et croisières

Liaisons quotidiennes en ferry-croisière, entre Oslo et Copenhague au Danemark. Départs chaque jour de Copenhague et d'Oslo pour une arrivée le lendemain. Soirée à bord telle une véritable mini-croisière, avec 4 restaurants, bars, boutiques, sauna, bain bouillonnant, discothèque, casino, cinéma, jeux pour enfants et de très confortables cabines. Traversée inoubliable dans le fjord d'Oslo. La compagnie propose aussi beaucoup d'autres croisières et traversées en aller-simple ou aller-retour, avec ou sans voiture. Contactez-les pour élaborer votre voyage.

SÉJOURS ET CIRCUITS

Dénicher un hébergement au gré de votre voyage ne vous tente pas trop ? Vous aimez au contraire avoir un itinéraire bien précis avant de partir pour avoir le sentiment de tout voir, d'avoir tout fait ? Et dernier point mais pas des moindres, vous préférez que quelqu'un d'autre s'en charge ? Voici pour vous une liste non exhaustive de tours opérateurs et agences de voyage fiables, réactifs et spécialistes de la Norvège. N'hésitez pas à leur expliquer vos souhaits, votre budget et vos envies. Les prestations vous coûteront souvent un peu plus cher, mais parfois il peut y avoir de bonnes surprises ! Des voyages sur mesure vous seront proposés afin de partir en Norvège l'esprit libre, sans avoir à s'occuper de quoi que ce soit. Pour vous, ce sera : croisière le long des côtes ? Trek de quelques jours pour arpenter les montagnes norvégiennes ? Une semaine de ski de randonnée nordique, rando en kayak ? À vous de choisir !

66° NORD

36-37, quai Arloing
LYON (9e)
✆ 04 27 18 61 20
www.66nord.com
Ouvert du lundi au vendredi de 9h à 13h et de 14h à 18h.

66° Nord spécialiste des terres polaires depuis 1998, est à la fois réceptif et tour opérateur. Cette agence de professionnels passionnés par la nature, propose des voyages à la carte, des voyages en famille, des découvertes naturalistes, des raids à skis au printemps et des expéditions arctiques, toujours en petit groupe, à destination du Grand Nord. L'agence propose tout naturellement une trentaine de voyages en Norvège. Vous aurez l'embarras du choix entre les thèmes : fjord, neige, randonnées, que ce soit dans le sud, en Laponie ou au Spitzberg.

AMPLITUDES

60, rue Sainte-Anne - **PARIS** (2e)
✆ 01 42 86 84 98
www.amplitudes.com
Ouvert du lundi au vendredi de 10h à 19h et le samedi jusqu'à 18h. Contact clients agence de Toulouse (second numéro).

Spécialiste des voyages sur mesure, en solo, en couple ou en groupe, des voyages en famille et des circuits privatifs depuis près de 30 ans, l'agence de voyages toulousaine Amplitudes et son antenne parisienne proposent des formules adaptées avec comme ligne directrice : « hors des sentiers battus ». Le catalogue est dense : ils vous emmènent en Italie, en Colombie, aux Etats-Unis, au Cap-Vert, au Bénin...

Amplitudes propose un circuit découverte très bien pensé : « Aurores boréales, hôtel de glace et flocons lapons », de 6 jours et 5 nuits.

ATALANTE

36, quai Arloing
LYON (9e)
✆ 04 72 53 24 80
www.atalante.fr
Ouvert du lundi au vendredi de 9h à 18h et le samedi de 10h à 13h et de 14h à 18h.

Depuis plus de trente ans, Atalante est spécialisé dans le trekking et plus particulièrement dans le trek de haut niveau et les randonnées dans les steppes. Si certaines destinations demandent des qualités spécifiques, il n'est toutefois pas nécessaire d'être un athlète de haut niveau pour se faire plaisir. Atalante propose des treks pour toutes les conditions physiques. Optez par exemple pour une « Chasse aux aurores boréales en Norvège » en 8 jours (facile) ou bien des treks « Entre fjords et montagnes dans les Lofoten » en 13 jours (difficulté moyenne).

CERCLE DES VOYAGES

31, avenue de l'Opéra - **PARIS** (1er)
✆ 01 40 15 15 11
www.cercledesvoyages.com
Ouvert du lundi au vendredi de 9h à 20h et le samedi de 10h à 18h30.

Les conseillers du Cercle des Voyages sont des spécialistes qui partageront avec vous leurs conseils et leurs petits secrets pour faire de votre voyage une expérience inoubliable et personnalisée. Confiez-leur vos habitudes de voyages, les différentes régions que vous souhaitez découvrir et élaborez ensemble un voyage sur mesure, qui vous ressemble. Leur agence en plein cœur de Paris vous accueille du lundi au samedi.

De nombreux voyages sont proposés en Norvège, notamment un autour dans les fjords ou encore le voyage de Bergen à Oslo en train.

CLIO

34, rue du Hameau - **PARIS** (15e)
✆ 01 53 68 82 82
www.clio.fr
Agence ouverte du lundi au vendredi de 10h à 18h, le samedi de 10h à 13h et de 14h à 16h.

En choisissant Clio, vous optez pour une conception du voyage originale et enrichissante. Le succès des voyages Clio est basé sur trois principes. On vous propose un itinéraire pour vous faire découvrir les différentes facettes d'un pays, d'une ville ou d'une région. On vous apporte l'éclairage nécessaire pour mieux apprécier son histoire et son patrimoine lors d'une escapade à l'occasion d'une exposition ou d'un festival musical.

Leur voyage « La Norvège en croisière » vous emmène de Bergen au cap Nord en passant par les Lofoten.

COMPTOIR DES VOYAGES

2-18, rue Saint-Victor
PARIS (5e)
✆ 01 53 10 30 15
www.comptoir.fr
Ouvert du lundi au samedi de 10h à 18h.
Conseillers disponibles dès 10h par téléphone.

Comptoir des Voyages a comme concept de vendre une destination animée par de vrais spécialistes originaires ou ayant vécu dans le pays. Au nombre de onze, les Comptoirs ont chacun leur spécificité mais sont tous spécialisés sur le voyage en individuel à la carte. Des croisières dans les fjords, plusieurs itinéraires individuels (à moduler selon les souhaits de chacun), un programme neige en Laponie et des week-ends et courts séjours (« A la recherche des aurores boréales » de 5 jours et 4 nuits dans les îles Lofoten) sont proposés pour la Norvège.

EXPLORA PROJECT

2, Avenue de Genève
ANNECY
explora-project.com
Agence en ligne, consulter le site Internet.
Service client du lundi au vendredi de 9h à 18h.

Explora Project, c'est l'agence des nouveaux explorateurs ! Cette startup annécienne composée d'une trentaine de passionnés est spécialisée dans le voyage d'aventure durable. Son catalogue d'expédition s'étend dans toute l'Europe, du niveau 1, le plus accessible, au niveau 5, pour les aventuriers en quête de challenge ! Son expertise et son engagement la placent au premier rang des acteurs du tourisme durable. C'est aussi la première agence de voyage à mission de France.

Avec Explora, en Norvège, vous ferez du ski dans les fjords.

ANAPIA VOYAGES

5, Oletako Bidea
ASCAIN / AZKAINE
✆ 06 88 62 62 66
www.anapiavoyages.fr
Ouvert du lundi au vendredi de 10h à 20h.
Sur rendez-vous uniquement.
Rendez-vous à Aix-en-Provence, Lyon.

© ANAPIA VOYAGES

Anapia Voyages, basée au pays basque, a été créée par Sylvia, une Péruvienne vivant depuis plus de trente ans en France. Elle propose des séjours dans la région de Tromsø et des itinéraires de 8 jours pour saisir l'essentiel de la Norvège, d'Oslo à Ålesund en passant par l'incontournable Route des Trolls et des autotours de 15 à 21 jours. Le plus d'Anapia ? Panacher sur mesure des sites incontournables et des lieux inédits, des petites structures d'hébergement de charme, mais surtout organiser une vraie rencontre avec les populations.

GRANDS ESPACES

✆ 03 80 84 89 91
www.grandsespaces.ch

Ce croisiériste suisse se spécialise dans les expéditions polaires. Pionnier depuis 1987 avec l'organisation des premières croisières en bateaux polaires et brise-glace en Arctique et en Antarctique, Grands Espaces vous mène au plus près de la banquise, des icebergs, des ours et des Inuits. Ces Grand Nord et Grand Sud, qui peuvent paraître absolument inaccessibles, le sont désormais à tous, grâce aux multiples voyages proposés. Une aventure magique vous attend à coup sûr.

Les fjords de Norvège ainsi que le Spitzberg sont à l'honneur avec Grands Espaces.

HUWANS

18, rue Séguier
PARIS (6e)
✆ 01 44 32 09 30
www.huwans.com
Ouvert du lundi au vendredi de 10h à 19h et le samedi de 10h à 18h.

Huwans, engagé dans une logique de tourisme responsable, attache une grande importance à la préservation de l'environnement et souhaite respecter l'héritage culturel des populations rencontrées lors des voyages. Spécialiste des voyages randonnée, trekking et aventure, le tour-opérateur programme plusieurs voyages en Norvège, dont le trek de 13 jours « Entre fjords et montagnes dans les îles Lofoten », avec un niveau modéré et 11 jours de marche, ou le circuit découverte d'une durée de 8 jours, « Chasse aux aurores boréales en Norvège ».

KONTIKI

37 Boulevard de Grancy
✆ +41 22 389 70 80
www.kontiki.ch/fr
Ouvert du lundi au vendredi de 9h à 17h30. Ouvert le samedi de janvier à juin, de 9h à 12h, uniquement sur rendez-vous.

Kontiki-Saga Voyages SA est l'organisateur suisse de voyages le plus connu pour la Suède, la Norvège, la Finlande, le Danemark, l'Islande, le Groenland et l'Écosse. Plusieurs voyages combinent la Norvège à la Suède et la Finlande. Un voyage permet de découvrir le Grand Nord en voiture de location, en bateau de croisière et en train (Stockholm en avion, Helsinki en ferry, Kirkenes en voiture, Bergen avec l'Hurtigruten et Oslo en train). Sinon, optez pour l'un des 50 voyages qui sont proposés en Norvège : chasse aux aurores boréales, fjords, traîneau à chiens...

LES MATINS DU MONDE

156, rue Cuvier
LYON (6e)
✆ 04 37 24 90 30
www.lesmatinsdumonde.com

Une petite équipe à votre écoute pour vous proposer un voyage adapté à toutes vos envies. Vous trouverez dans cette agence des conseils personnalisés, des voyages originaux et hors des sentiers battus. Vols secs, avec ou sans accompagnateur, hébergements variés, randonnée à pied, voyage culturel... à vous de déterminer le type de voyage qui vous correspond le mieux.

Spécialiste des voyages « sur mesure », vous découvrirez la Norvège selon vos envies : ski et randonnée dans les Alpes de Lyngen, découverte de l'île de Senja, extrême nord du Finnmark...

MER ET VOYAGES

75, rue Richelieu
PARIS (2e)
✆ 01 49 26 93 33
www.mer-et-voyages.com

Envie de prendre le large, de larguer les amarres ? Mer et Voyages ravit les passionnés de la mer en assurant des voyages maritimes aussi diversifiés qu'originaux : traversée en cargo d'un océan, voyage vers le Grand Nord à bord d'un brise-glace ou bien encore cabotage dans les îles. Pour la Norvège, Mer et Voyages propose trois croisières francophones (8, 9, 12 jours) à la découverte des plus beaux fjords de Norvège, sans oublier les charmants petits ports. Départs depuis Paris avec des transferts prévus vers Dunkerque ou Hambourg.

NOMADE AVENTURE

40, rue de la Montagne-Sainte-Geneviève
PARIS (5e)
✆ 01 46 33 71 71
www.nomade-aventure.com
Ouvert du lundi au samedi de 9h30 à 18h30. Circuits sur mesure. Activités.

Nomade Aventure, comme son nom l'indique doublement, est une agence qui vous change de vos habitudes sédentaires. Avec ses voyages placés sous le thème de la nature, de la culture et de la rencontre, elle vous propulse vers de nouvelles aventures. Loin des meutes de touristes, vous mettrez à profit les bonnes connaissances des agents sur la région en profitant à la fois de circuits originaux et de spots incontournables. On hésitera entre un grand tour du Spitzberg, les aurores boréales en petit groupe, une aventure aux îles Lofoten...

NORD ESPACES

35, rue de la Tombe-Issoire
PARIS (14e)
✆ 01 45 65 00 00
www.nord-espaces.com
Informations et prises de contact en ligne.

Nord Espaces est spécialiste des pays nordiques et programme la Norvège été comme hiver. Durant les beaux jours, plusieurs itinéraires, permettant au voyageur de faire un tour complet du pays ou de concentrer son séjour sur une région en particulier. Il est par exemple possible d'opter pour le circuit « Des fjords rien que des fjords » (11 jours) ou encore de faire une croisière à bord de l'Express-côtier. En hiver, des séjours multi-activités, des safaris en motoneige ou en traîneaux de chiens, des séjours en chalet, appartement, hôtel ou hôtel Spa.

ODYSSÉE MONTAGNE

291, route Les Barbolets
SERVOZ
✆ 04 50 91 20 83
www.odyssee-montagne.fr

Odyssée Montagne, c'est d'abord Sandrine et Pierre, un couple d'amoureux de la montagne et des grands espaces. Ensemble, ils ont créé leur agence en 1994, qui s'est agrandie, accueillant en son cœur une équipe de guides passionnés. Alpinisme, randonnée glaciaire, trekking, via ferrata, les déclinaisons des défis nature proposées par Odyssée Montagne sont multiples. En Norvège, l'agence programme des randonnées en ski de 12 jours au Spitzberg, ski de rando et bateau de Lyngen au Finnmark, ski de rando et bateau dans les Lofoten...

TERRE ET NATURE VOYAGES

23, rue d'Ouessant
PARIS (15e)
✆ 01 45 67 60 60
Ouvert du lundi au vendredi de 9h30 à 19h. Sur rendez-vous en dehors de ces horaires.

Terre et Nature Voyages est une agence spécialisée destinée à tous les amoureux de la mer. Animée par une équipe de passionnés, l'agence met son expertise pour proposer des séjours uniques. Que ce soit le kitesurf, le windsurf, la voile ou encore la plongée, ce tour-opérateur parcourt les océans pour débusquer les meilleurs spots. Terre et Nature Voyages propose aventure, découverte et culture. Trek, randonnée à pied, chiens de traîneaux, canoë, voile, VTT, trail, raids multisports, croisières… vous attendent ! Plusieurs séjours riches en émotion.

QUARTIER LIBRE

Le Britannia, Allée C,
20, boulevard Eugène-Deruelle
LYON (3e)
✆ 04 78 53 39 28
www.quartier-libre.fr

Quartier Libre propose des programmes complets de 8 à 13 jours sur la Norvège et la Scandinavie. Des fjords au cap Nord en passant par les îles Lofoten, cette programmation variée inclut également la Finlande et une partie de la Suède (combiné « Vision scandinave »). Plusieurs circuits en Norvège : « Découverte norvégienne », qui permet de visiter les villes importantes (Oslo, Bergen et Lillehammer) ainsi que le Sognefjord ; ou enfin « Norvège des fjords », avec au programme Oslo, Bergen, le glacier Briksdal et les fjords royaux.

TERRES OUBLIÉES

✆ 04 37 48 49 90
www.terres-oubliees.com

Le savoir-faire de l'équipe de Terres Oubliées s'observe à travers la diversité des formules proposées : des voyages d'exploration, qui s'adressent à ceux pour qui l'effort et l'isolement sont un moteur d'émotions. Terres Oubliées propose de très beaux séjours thématiques pour arpenter le pays des fjords. Parmi eux, des séjours photo, tels que « Varanger : le paradis ornitho ! » en 10 jours, ou encore un séjour en ski nordique « Glaciers, banquise et ours polaire » au Spitzberg en 16 jours et un trek « au soleil de minuit » en 8 jours.

SCANDITOURS

54-56, avenue Bosquet
PARIS (7e)
✆ 01 55 87 84 80
www.scanditours.fr
Ouvert du lundi au vendredi de 10h à 18h.

Scanditours, numéro 1 en France sur les pays nordiques, propose toujours de nouveaux itinéraires, accompagnés ou en toute liberté. L'offre est donc assez complète : à destination de la Norvège, Scanditours propose entre autres des autotours (8 ou 11 jours) ; des circuits accompagnés pour parcourir les fjords dont un circuit d'Oslo à Bergen qui passe par le cap Nord ; un circuit accompagné « Féeries de Norvège du nord » de 7 jours à la découverte des Lofoten et de la Laponie, un circuit d' « Oslo à Stavanger » de 8 jours ou encore 2 circuits « Norvège des vikings »

OFFTRACK EXPERIENCE

Evenmoveien 158 ✆ +4798001213
offtrackexperience.com
Ouvert toute l'année. Chien de traîneau, voilier, plongée.

Cette compagnie franco-norvégienne opère depuis 1998 et organise des expéditions à taille humaine en plein cœur de l'Arctique. Delphine Garcin et Espen Prestbakmo, deux passionnés des terres polaires, vous accompagneront été comme hiver dans des périples dont on se souvient très très longtemps avec le sourire aux lèvres. Préparez-vous à profiter de prestations à la fois professionnelles et respectueuses de la nature et des animaux. Le lieu propose aussi un hébergement de qualité et tout confort dans des bâtiments en bois style rustique scandinave.

LASTMINUTE

✆ +39 0892 586 132

www.lastminute.com

Des vols secs à prix négociés, dégriffés ou publics sont disponibles sur Lastminute, agence de voyage en ligne. créée il y a plus de 20 ans. On y trouve également des week-ends, des séjours, de la location de voiture... Mais surtout, Lastminute est le spécialiste des offres de dernière minute permettant ainsi aux vacanciers de voyager à petits prix sans avoir à s'y prendre plusieurs semaines à l'avance. Que ce soit pour un week-end ou une semaine, une croisière ou simplement un vol, des promos sont proposées et renouvelées très régulièrement.

EXPEDIA FRANCE

✆ 01 57 32 49 77

www.expedia.fr

Vous pouvez télécharger l'application mobile pour planifier votre séjour.

Expedia est le site français n° 1 mondial du voyage en ligne. Un large choix de 300 compagnies aériennes, 240 000 hôtels, plus de 5 000 stations de prise en charge pour la location de voitures et la possibilité de réserver parmi 5 000 activités sur votre lieu de vacances. Cette approche sur mesure du voyage est enrichie par une offre très complète comprenant prix réduits, séjours tout compris, départs à la dernière minute... Son algorithme et sa base de données permettent en effet de proposer des formules vol et hôtel à peu près n'importe quand.

NORWAY'S BEST

5742 Flåm

FLÅM

✆ +47 57 63 14 00

www.norwaysbest.com/fr

Norway's Best est le spécialiste national des principales attractions du pays. Parmi celles-ci, citons le célèbre chemin de fer de Flåm, les croisières sur les fjords de Nærøyfjord et Geirangerfjord, classés au patrimoine mondial de l'Unesco, et le train de l'Arctique à Narvik, qui permet de découvrir de près le paysage arctique et les événements historiques importants.

En manque d'inspiration et pas encore prêt à réserver votre aventure norvégienne ? Découvrez toutes leurs destinations et inspirations sur leur site web en version française.

LILIGO

www.liligo.com

Un des leaders et des pionniers de la formule. Liligo interroge agences de voyages, compagnies aériennes (régulières et low cost), trains (TGV, Eurostar...), loueurs de voitures, mais aussi 250 000 hôtels à travers le monde pour proposer les offres les plus intéressantes en temps réel. Les prix incluent les frais de dossier, d'agence... Une fois la recherche établie et l'offre sélectionnée par l'utilisateur, le comparateur le met directement en relation avec le site marchand. Quelques astuces sont délivrées en ligne pour bénéficier des offres les plus intéressantes.

EASYVOYAGE

✆ 08 99 19 98 79

www.easyvoyage.com

Le concept peut se résumer en trois mots : s'informer, comparer et réserver. Des infos pratiques sur plusieurs destinations en ligne (saisonnalité, visa, agenda...) vous permettent de penser plus efficacement votre voyage. Après avoir choisi votre destination selon votre profil (famille, budget...), le site vous offre la possibilité d'interroger plusieurs sites à la fois concernant les vols, les séjours ou les circuits. Grâce à ce moteur performant, vous pouvez réserver directement sur plusieurs bases de réservation (Lastminute, Go Voyages et bien d'autres).

QUOTATRIP

www.quotatrip.com

Voyages sur mesure.

QuotaTrip est une nouvelle plateforme de réservation de voyage en ligne qui met en relation des voyageurs à la recherche d'expériences authentiques et uniques et des agences de voyages locales sélectionnées pour leurs compétences et leur sérieux. Le réseau de QuotaTrip couvre près de 200 destinations dans le monde entier. Le but de ce rapprochement est simple : proposer un séjour entièrement personnalisé aux utilisateurs. QuotaTrip promet ainsi l'assurance d'un voyage serein, sur mesure, sans intermédiaires et sans frais supplémentaires.

INTERVIEW

LE VOYAGE-SUR-MESURE

AVEC STEVEN LE CHEVALIER ET MATHIEU VALLY DE QUOTATRIP

Quel est le concept de l'agence QuotaTrip ?
Quotatrip est la première plateforme de mise en relation entre voyageurs et agences locales. Grâce à elle, les voyageurs peuvent enfin échanger en direct avec des agences qui sont sur place et concevoir un voyage unique, au meilleur prix et 100% personnalisé.

Pourquoi voyager avec des agences locales ?
À l'inverse des agences traditionnelles, les agences locales sont des expertes de la destination choisie. Ce sont aussi les mieux placées pour concevoir des séjours qui sortent des sentiers battus. Elles sont ainsi en mesure de répondre à l'ensemble des envies, le voyageur rentre dans l'univers de l'equi-tourisme = le tourisme sans intermédiaire.

Quels sont les autres avantages pour les voyageurs ?
Il y a une multitude d'avantages. Cela permet notamment de ne pas voyager comme tout le monde, d'organiser de manière simple et rapide un séjour sur mesure et au meilleur prix. Fini les mauvaises surprises, les voyageurs posent toutes les questions qu'ils souhaitent et bénéficient d'un accompagnement sur mesure, de la conception du projet jusqu'à sa réalisation en toute sécurité car les agences référencées sont sélectionnées et recommandées par les journalistes des guides du Petitfute en toute impartialité.

Les démarches sont-elle simples à effectuer ?
Les sites de voyage en ligne font perdre beaucoup de temps aux internautes sans pour autant répondre entièrement à leurs désirs. QuotaTrip propose un formulaire simple et rapide qui permet de décrire les souhaits, les envies et les besoins. L'internaute reçoit aussitôt gratuitement et sans engagement les offres de trois ou quatre agences locales avec qui il peut ensuite échanger afin de personnaliser son projet grâce à la messagerie mise en place.

Quelles sont les destinations proposées ?
Notre plateforme propose plus de 21 000 projets de voyage sur plus de 100 destinations à travers le monde. De l'Amérique latine en passant par l'Asie et l'Afrique, nos mille agences partenaires sont là pour répondre à vos projets de voyage.

Décrivez votre projet de voyage.
Échangez en direct avec les agences locales et partez au meilleur prix.

***Plus d'informations** : quotatrip.com*

© D.R

© D.R

© D.R

SE LOGER

Une bonne partie de votre budget voyage en Norvège sera dédié à l'hébergement. Si la question financière n'en est pas une pour vous, il existe pléthore d'hôtels de charme et de luxe magnifiques un peu partout en Norvège, même en pleine campagne. Design scandinave souvent mis à l'honneur avec beaucoup de goût ! Pour les autres ou ceux qui n'affectionnent pas les hôtels, il existe plein de possibilités de logement tout aussi magnifiques. Les campings sont très nombreux (même tout au nord !) tout comme les petites cabanes en bois et refuges disséminés dans le pays. En ville, vous préférerez les auberges de jeunesse et les campings, parfois un tout petit peu excentrés mais qui permettent parfois d'être presque en pleine nature tout en étant à quelques stations de transport en commun du centre-ville. Alors, suite supérieure avec vue sur le fjord ou nuit à la belle étoile dans un bon sac de couchage pour se réveiller au chant des oiseaux ?

BEWELCOME €€

www.bewelcome.org

Le système est simple : être hébergé chez l'habitant, partout dans le monde. C'est le site Internet qui se charge de contacter les accueillants et les postulants puis de les mettre en contact, que ce soit en ligne ou dans la vraie vie. Avec leur carte interactive, les profils *des « welcomers »* s'affichent, avec leurs disponibilités. Certains font part de leurs projets de voyage afin de pouvoir trouver des affinités, des opportunités d'action avec les membres du site. Idéal pour un voyage solidaire et plein de belles rencontres !

HOME EXCHANGE €€

www.homeexchange.fr

Abonnement annuel 130 €.

Et si vous échangiez votre maison avec d'autres pour partir en vacances ? HomeExchange est une plateforme d'échange de maisons et d'appartements entre particuliers. L'idée : un site Internet pour échanger son logement (studio, appartement, villa...) moyennant un abonnement annuel à l'agence en ligne, qui se charge de la présentation du bien et de la mise en contact des intéressés. Un excellent moyen de faire des économies pour partir en vacances et économiser ainsi les frais d'hébergement sur place. Le choix est large, avec plus de 400 000 offres dans 159 pays.

COUCHSURFING €€

www.couchsurfing.com

Plateforme internet pour séjourner chez l'habitant. Tarif d'adhésion : 15€ environ.

Couchsurfing est le service d'hébergement gratuit en ligne regroupant le plus d'adhérents. Il suffit de s'inscrire pour accéder aux profils des locaux ou faire sa demande d'hébergement pour quelques jours, voire quelques semaines. En échange, vous pouvez par exemple inviter votre hôte à manger, lui offrir un cadeau ou bien l'accueillir chez vous. Le site Internet met en place des systèmes de contrôle : notation des membres, numéro de passeport exigé à l'inscription, etc. Les participants ont accès à des hébergements volontaires dans plus de 200 pays.

WORKAWAY €€

www.workaway.info

Ici, le système est simple : être nourri et logé en échange d'un travail. Des fermes, des maisons à retaper, ou plus simplement des vendanges ou cueillettes... Une expérience unique en son genre où l'on ne paye pas son hébergement avec de l'argent mais en rendant des services. Ce mode de logement alternatif, s'il n'est pas de tout repos, est de plus en plus populaire. Lors de notre dernière visite, des hôtes proposaient le gîte et parfois le couvert, majoritairement en échange de la pratique de l'anglais avec eux... Un bon deal !

SE DÉPLACER

Selon votre mode de locomotion, la question du déplacement ne se pose évidemment pas de la même façon. Si vous voyagez en voiture, beaucoup de sociétés de location et pas de souci du côté des routes car elles sont très bien entretenues. Nombreux péages payants inévitables en revanche. Si vous êtes à pied, vous n'aurez que l'embarras du choix et il peut être judicieux de combiner les moyens de transports : train, bus ou encore ferry express pour rejoindre tel ou tel endroit en aller simple par exemple. Les réseaux ferroviaires, routiers et maritimes sont très bien faits et desservent tout le pays, même les plus petits recoins. Acheter les billets en ligne revient moins cher mais oblige à avoir un téléphone intelligent. Le pouce fonctionne bien en Norvège même si c'est une pratique qui tend malheureusement à se perdre. À propos, si vous êtes perdu, les locaux vous indiqueront volontiers le chemin.

WIDERØE

Vollsveien, 6
✆ +47 81 00 12 00
www.wideroe.no
Consulter le site pour les différentes destinations et les liaisons saisonnières.

Compagnie régionale norvégienne créée en 1934. Elle dessert 42 destinations dans plusieurs pays : Norvège, Suède, Danemark, Royaume-Uni, Allemagne. Elle opère de nombreux vols internes, dont tous ceux vers les aéroports du nord du pays. Elle relie, au départ de Tromsø et/ou entre elles, les villes de : Kirkenes, Vadsø, Vardø, Batsfjord, Berlevag, Mehamn, Honningsvåg, Hammerfest, Hasvi, Lakselv, Alta, Sørkjosen, Andenes, Storkmarknes, Svolvær, Harstad/Narvik, Leknes, Bodø, Rost. Elle opère les vols au départ de Trondheim, Bergen vers Tromsø.

VY

OSLO
www.vy.no/en
Train et bus

Vy (Norges Statsbaner ou NSB pour « Chemins de fer de l'État norvégien » jusqu'en avril 2019) est la compagnie ferroviaire nationale. Elle opère les lignes de train et de bus, ainsi que le transport de fret. Elle existe depuis 1854, date de l'inauguration de la première ligne de chemin de fer norvégienne. La compagnie de train relie toutes les villes des environs d'Oslo, ainsi que les trois aéroports. Une gare se trouve dans l'aéroport de Gardermoen, et vous pourrez y acheter vos billets. À Moss et à Torp, on rejoint la gare en navette (inclus dans le prix).

HURTIGRUTEN

www.hurtigruten.fr
Toute l'année

La compagnie Hurtigruten propose toute l'année des traversées en bateau sur l'express côtier qui navigue le long des côtes norvégiennes pour vous rendre de port en port et effectuer seulement un bout de trajet. Sont aussi proposées des croisières thématiques aller-retour tout compris à bord. Certes un peu chères, ces croisières ont l'avantage d'être sur des bateaux relativement petits. Le site internet est très bien fait et vous y trouverez souvent des offres promotionnelles intéressantes. L'entreprise est fiable car beaucoup d'expérience.

AVIS

Sjogata 4
OSLO
✆ +47 23 23 92 02
www.avis.fr
Agence ouverte en semaine de 8h à 16h.

Pratique, vous pouvez réserver une voiture avant votre départ depuis la France par téléphone ou sur leur site Internet. Plus vous vous y prendrez en avance plus les prix seront bas. Offres supplémentaires selon saison sur le web. Plusieurs types de voitures : automatiques, manuelles, essence, diesel, électriques, petites, grandes..., en d'autres termes le choix habituel ! Nous vous déconseillons la 100 % électrique car même s'il y a vraiment beaucoup de bornes de chargement en Norvège, parfois ce n'est pas suffisant et là, bonjour les galères !

S'INFORMER

Si vous lisez ce guide en entier, vous serez déjà *a priori* bien informés ! Mais bien évidemment, il est impossible de recenser tous les chouettes lieux, les activités sympas à faire et encore moins les événements éphémères et les lieux tout nouveaux. Pour cela, contactez les offices de tourisme (OT) des régions que vous prévoyez de traverser. Les sites Internet sont des mines d'informations mises à jour régulièrement et les personnes qui travaillent dans les OT sont très réactives si vous envoyez un email. Sur place, vous pourrez bien sûr prendre connaissance de tous les bons plans de la semaine, pour tout ce qui relève du spectacle vivant, des expos temporaires, marchés aux puces et soirées dégustation de bières locales ! Pensez à mettre un peu à jour votre anglais avant le départ, cela vous sera utile où que vous alliez ! À savoir : bon nombre de Norvégiens parlent espagnol ou français. Et vous, apprenez quelques mots de norvégien !

CARNETS DE VOYAGE

36, Boulevard de la Bastille
PARIS (12e)
phoenix-publications.com

Trimestriel consacré à des destinations de voyage avec des focus dédiés à la découverte des régions.

Trimestriel consacré à des destinations de voyage avec des focus dédiés à la découverte des régions, *Carnets de Voyage*, le magazine des voyages réussis. Tous les 3 mois, la revue vous invite à découvrir à travers ses reportages le meilleur des destinations. Grande ou petite escapade à la découverte d'une ville, d'une région, en France, en Europe ou dans le monde à travers des reportages photo uniques complétés de conseils pratiques et de bonnes adresses pour nous faciliter le voyage avec enfin, un agenda des rendez-vous à ne pas manquer.

ECOVOYAGEURS

www.ecovoyageurs.com

Ce site d'écotourisme vous propose une sélection de voyages respectueux de la nature et des hommes, pour voyager autrement, loin du tourisme de masse. Des expériences en immersion avec des offres de qualité sont proposées par des acteurs reconnus à contacter directement et en toute confiance. Il promeut également des activités non polluantes et favorise au maximum la mobilité douce. Et il n'y en a pas de plus douce que la marche à pied ! Pour la Norvège, vous retrouverez une page dédiée au tourisme responsable dans les fjords norvégiens.

NORVEGE-FR

www.norvege-fr.com

Évasion au cœur de la Norvège. Informations, culture et forum de discussion. Un site très riche en informations diverses et variées. Recettes de cuisine, infos sur le mode de vie des locaux, une page dédiée aux actualités dans tout le pays et dans de nombreux domaines, comme l'écologie, la politique, les sciences, ou encore leur rubrique insolite qui permet de lire des choses rigolotes qui se passent au pays des trolls, comme par exemple cette vidéo qui montre des policiers norvégiens qui utilisent leurs boucliers en guise de luge, fallait le faire !

VISIT NORWAY

www.visitnorway.fr

Office national du tourisme norvégien. Voici LE site plein d'informations pratiques sur la Norvège ! Très détaillé et bien illustré, vous y trouverez de nombreuses propositions de chouettes coins à découvrir, des infos sur les modes de transport, des liens vers toutes sortes de musées, de sorties, de balades, d'activités à faire en famille, entre amoureux ou entre copains. Des bons plans pour tous les budgets et surtout dans vraiment tout le pays, même les coins les plus reculés. Egalement des liens vers les offices de tourisme de régions en particulier. Top !

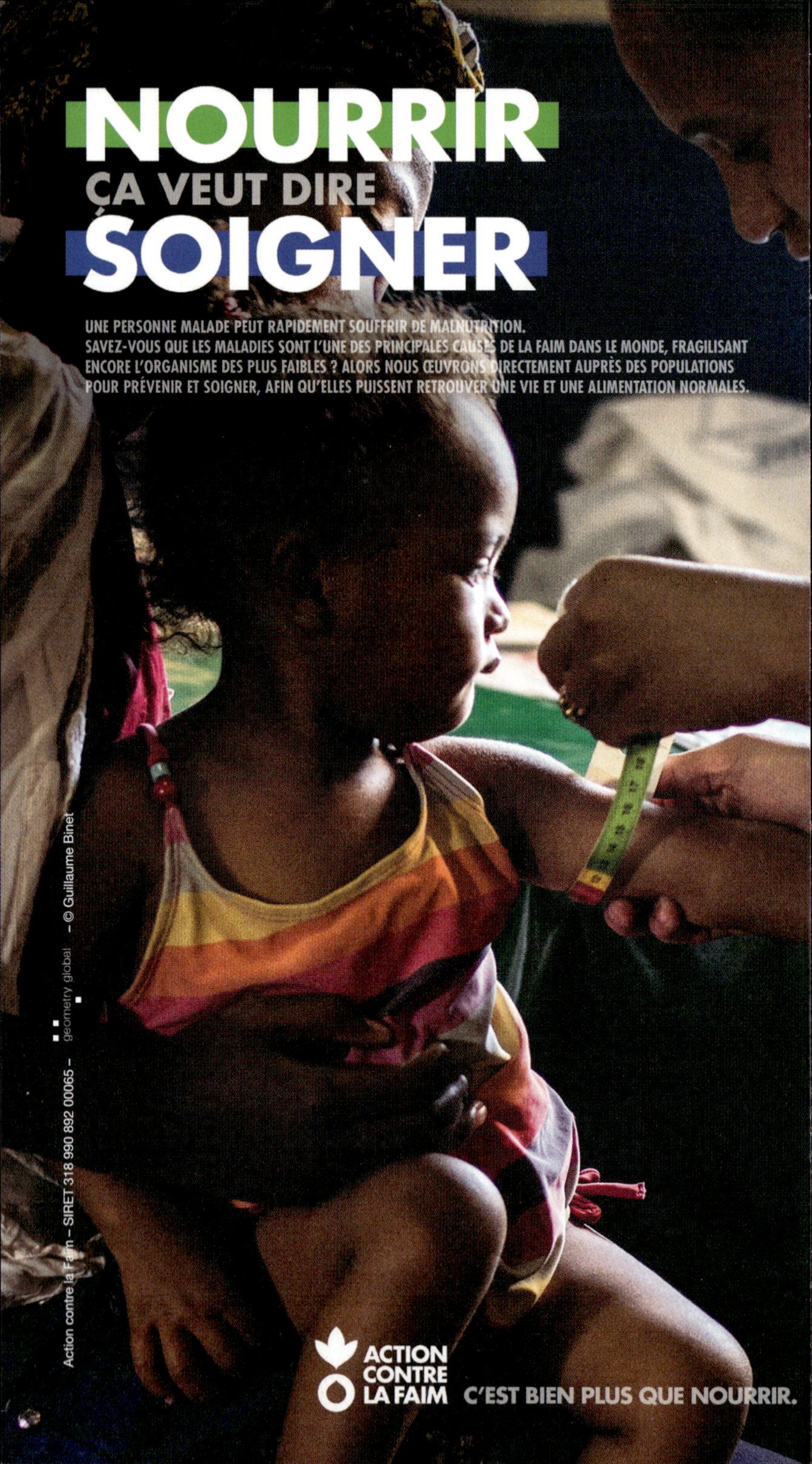
NOURRIR
ÇA VEUT DIRE
SOIGNER
UNE PERSONNE MALADE PEUT RAPIDEMENT SOUFFRIR DE MALNUTRITION.
SAVEZ-VOUS QUE LES MALADIES SONT L'UNE DES PRINCIPALES CAUSES DE LA FAIM DANS LE MONDE, FRAGILISANT ENCORE L'ORGANISME DES PLUS FAIBLES ? ALORS NOUS ŒUVRONS DIRECTEMENT AUPRÈS DES POPULATIONS POUR PRÉVENIR ET SOIGNER, AFIN QU'ELLES PUISSENT RETROUVER UNE VIE ET UNE ALIMENTATION NORMALES.
ACTION CONTRE LA FAIM
C'EST BIEN PLUS QUE NOURRIR.
Action contre la Faim – SIRET 318 990 892 00065 – geometry global – © Guillaume Binet

RESTER

Vous réalisez que vous aimez le froid et les nuits claires, que skier et randonner sans avoir à faire des kilomètres vous manque ? Vous aimez la sonorité de la langue norvégienne et avez rencontré votre moitié ? Le tri sélectif (plutôt rigoureux ici) ne vous fait pas peur, au contraire, et vous appréciez le respect des règles, les rues propres ainsi que le calme dans les transports en commun ? Ou tout simplement vous avez en vie de changer d'air et de vie ? En tant que citoyen européen, il est plutôt facile d'étudier en Norvège et/ou d'y travailler. Pour obtenir un visa travail, il faut au préalable un contrat de travail signé, que vous pouvez obtenir en vous rendant sur place en tant que voyageur au départ. Le travail ne manque pas, surtout dans la restauration. Selon vos diplômes, vous pourrez aussi trouver quelque chose dans votre domaine. Là encore il vous faudra maîtriser l'anglais et apprendre au moins des rudiments de norvégien.

ACTION CONTRE LA FAIM

14, boulevard de Douaumont
PARIS (17e)
✆ 01 70 84 70 70
www.actioncontrelafaim.org/
Par téléphone de 9h à 13h et de 14h à 18h.

ONG internationale spécialisée dans la lutte contre la faim dans le monde, active dans les domaines de la nutrition, santé, sécurité alimentaire, de l'eau, de l'assainissement. L'association intervient dans des situations de crise. Le but étant de rendre les populations autonomes d'un point de vue de la nutrition, en apportant une aide concrète et en formant les intervenants locaux qui prendront le relais. Ses missions de volontariat durent de trois mois à un an en Afrique, Asie, Amérique, Europe centrale, dans le Caucase, au Moyen-Orient et dans les Caraïbes.

CAPCAMPUS

www.capcampus.com

CapCampus fut l'un des premiers portails étudiants français en ligne. Dans la rubrique dédiée aux stages et aux premiers emplois, vous trouverez aussi des offres pour l'étranger, classées par pays. Celles pour les Etats-Unis ne sont pas très nombreuses, le mieux est de consulter le site régulièrement pour ne pas passer à côtés des offres intéressantes. Le site est également utile pour se familiariser avec la vie aux Etats-Unis, car il propose également toutes les informations pratiques pour bien préparer son départ et son séjour à l'étranger.

CLUB TELI

Les Clarets
SAINT-PIERRE-D'ENTREMONT
✆ 04 79 85 24 63
www.teli.asso.fr

Le Club Teli est une association d'aide à la mobilité internationale créée voici bientôt 30 ans, forte de 4 000 adhérents en France et dans 65 pays. Si vous souhaitez séjourner à l'étranger, quel que soit votre projet, vous trouverez par le biais de ce club des infos et des offres de stages, de jobs d'été et de travail pour francophones. Si vous avez besoin d'aide pour envoyer des candidatures, le Club peut vous aider à mettre votre CV aux normes du pays où vous souhaitez partir. Pour bénéficier de ces aides et informations, il faut adhérer.

VIE - VOLONTARIAT INTERNATIONAL EN ENTREPRISE

✆ 04 96 17 26 50
https://mon-vie-via.businessfrance.fr

Le VIE est destiné aux jeunes de 18 à 28 ans. Il s'effectue en entreprise, dans une ONG, dans une collectivité locale ou dans un service de l'État – allant de l'ambassade à l'établissement culturel en passant par le consulat. Par ailleurs, il peut durer de 6 à 24 mois et être renouvelé une fois, de deux ans au plus. Enfin, sa rémunération mensuelle est constituée d'un salaire fixe de 723,99 € et d'une indemnité supplémentaire dont le montant varie selon la mission.

Bergen.

INDEX

ÉDITION

Directeurs de collection et auteurs : Dominique AUZIAS et Jean-Paul LABOURDETTE

Auteurs : Camille VOURC'H, Martin FOUQUET, Juliette COURTOIS, Kévin GIRAUD, Baptiste THARREAU, Romain RISSO, Priscilla PARARD, Amandine GLEVAREC, Sylvie DEL COTTO, Mathias DESHOURS, Elisa VALLON, Camille RENEVOT, Manon LIDUENA, Jean-Paul LABOURDETTE, Dominique AUZIAS et alter

Directeur Editorial : Stéphan SZEREMETA

Rédaction Monde : Laure CHATAIGNON, Morgane VESLIN, Pierre-Yves SOUCHET, Natalia COLLIER

Rédaction France : Briséis CREAC'H-MENUT, Mélanie COTTARD, Audrey VEDOVOTTO, Nicolas WODARCZAK

FABRICATION

Maquette et Montage : Romain AUDREN, Julie BORDES, Delphine PAGANO

Iconographie et Cartographie : Anne DIOT, Julien DOUCET

WEB ET NUMÉRIQUE

Directeur Web : Louis GENEAU de LAMARLIERE

Développeurs : Guillaume BARBET, Adeline CAUX et Roland SPOUTIL

Intégrateur Web : Mickael LATTES, Antoine DION

Webdesigner : Caroline LAFFAITEUR

Community Traffic Manager : Alice BARBIER, Mariana BURLAMAQUI et Noémie LE SAUX

DIRECTION COMMERCIALE

Directeur commercial : Guillaume VORBURGER

Coordinatrice des Régies commerciales : Manon GUERIN assistée de Jonas HESOL

Account Manager Marketplace : Leila ROUGEOT assistée de Lola FAVRE-MOT

Responsable Régies locales : Michel GRANSEIGNE

Responsables Développement régie inter : Jean-Marc FARAGUET, Guillaume LABOUREUR et Camille ESMIEU

Chefs de Publicité Régie nationale : Caroline AUBRY, François BRIANCON-MARJOLLET, Perrine DE CARNE MARCEIN, Jonathan TOUTOUX, Amélie NOEL,

Régie Norvège : Anne RAVIER, Kévin BOURNE

DIFFUSION ET PROMOTION

Directrice des Ventes : Bénédicte MOULET assistée d'Aissatou DIOP

Responsable des ventes : Jean-Pierre GHEZ assisté de Nelly BRION

Relations Presse-Partenariats : Jean-Mary MARCHAL

ADMINISTRATION

Président : Jean-Paul LABOURDETTE

Directrice des Ressources Humaines : Dina BOURDEAU assistée de Sandra DOS REIS et Eva BAELEN

Directrice Administrative et Financière : Valérie DECOTTIGNIES

Comptabilité : Guillaume PETIT, Aminata BAGAYOKO, Jeannine DEMIRDJIAN

Recouvrement : Fabien BONNAN assisté de Sandra BRIJLALL

Responsable informatique : Elie NZUZI-LEBA

PETIT FUTÉ NORVÈGE

LES NOUVELLES EDITIONS DE L'UNIVERSITE
18, rue des Volontaires - 75015 Paris.
✆ 01 53 69 70 00 - Fax 01 42 73 15 24
Internet : www.petitfute.com

SAS au capital de 1 000 000 €
RC PARIS B 309 769 966
Couverture : *Bergen*
© VYCHEGZHANINA - iStockphoto.com
Impression : CORLET IMPRIMEUR
14110 Condé-en-Normandie
Achevé d'imprimer : janvier 2023
Dépôt légal : 17/05/2022
ISBN : 9782305057590

Pour nous contacter par email, indiquez le nom de famille en minuscule suivi de @petitfute.com
Pour le courrier des lecteurs : info@petitfute.com

IMPRIMÉ EN FRANCE